L'ART
DE VÉRIFIER LES DATES
DES FAITS HISTORIQUES,
DES CHARTES, DES CHRONIQUES,

ET AUTRES ANCIENS MONUMENTS,

DEPUIS LA NAISSANCE DE NOTRE-SEIGNEUR.

Cet ouvrage se trouve aussi :

Chez ARTHUS-BERTRAND, libraire, rue Hautefeuille, à Paris.

L'ART
DE VÉRIFIER LES DATES
DES FAITS HISTORIQUES,
DES CHARTES, DES CHRONIQUES,
ET AUTRES ANCIENS MONUMENTS,

DEPUIS LA NAISSANCE DE NOTRE-SEIGNEUR;

Par le moyen d'une Table Chronologique, où l'on trouve les Olympiades, les Années de J. C., de l'Ère Julienne ou de Jules César, des Ères d'Alexandrie et de Constantinople, de l'Ère des Séleucides, de l'Ère Césaréenne d'Antioche, de l'Ère d'Espagne, de l'Ère des Martyrs, de l'Hégire; les Indictions, le Cycle Pascal, les Cycles Solaire et Lunaire, le Terme Pascal, les Pâques, les Épactes, et la Chronologie des Éclipses;

Avec deux Calendriers Perpétuels, le Glossaire des Dates, le Catalogue des Saints; le Calendrier des Juifs; la Chronologie historique du Nouveau Testament; celle des Conciles, des Papes, des quatre Patriarches d'Orient, des Empereurs Romains, Grecs; des Rois des Huns, des Vandales, des Goths, des Lombards, des Bulgares, de Jérusalem, de Chypre; des Princes d'Antioche; des Comtes de Tripoli; des Rois des Parthes, des Perses, d'Arménie; des Califes, des Sultans d'Iconium, d'Alep, de Damas; des Empereurs Ottomans; des Schahs de Perse; des Grands-Maîtres de Malte, du Temple; de tous les Souverains de l'Europe; des Empereurs de la Chine; des grands Feudataires de France, d'Allemagne, d'Italie; des Républiques de Venise, de Gênes, des Provinces-Unies, etc., etc., etc.

PAR UN RELIGIEUX DE LA CONGRÉGATION DE SAINT-MAUR;

Réimprimé avec des corrections et annotations, et continué jusqu'à nos jours,

Par M. DE SAINT-ALLAIS, chevalier de plusieurs Ordres, auteur de l'Histoire généalogique des Maisons souveraines de l'Europe.

TOME NEUVIÈME.

A PARIS,
RUE DE LA VRILLIÈRE, N°. 10, PRÈS LA BANQUE.

VALADE, IMPRIMEUR DU ROI, RUE COQUILLIÈRE.

1818.

le refusa et se mit en devoir de l'empêcher. Tohoan battit les troupes qu'on lui opposa. Mais les maladies s'étant mises dans l'armée des Mongous, ils furent contraints de revenir sur leurs pas, continuellement harcelés par les Ngan-nan dans leur retraite. Le général Liheng, blessé d'une flèche empoisonnée, mourut sur la route.

Ce revers ne fit pas oublier à Houpilaï l'affront qu'il avait reçu des Japonais à l'île de Ping-hou, et sans cesse il pensait à en tirer une vengeance éclatante. Les préparatifs qu'il fit pour cette nouvelle expédition interrompant le commerce, occasionnèrent plusieurs révoltes, qu'il vint à bout de réprimer. La mort de Tchinkin, son fils aîné, qu'il avait nommé prince-héritier, étant arrivée dans ces entrefaites, le plongea dans un deuil, que tous les ordres de l'état partagèrent avec lui. Les grands saisirent cette occasion pour lui remontrer le danger de l'entreprise qu'il projetait, et ils le firent efficacement. Dès lors il n'y pensa plus. Mais, l'an 1287, il reprit la guerre contre le Ngan-nan. Tohoan, son fils, la fit d'abord heureusement. Vainqueur en plusieurs rencontres, il obligea à la fin le roi de Ngan-nan à se sauver par la mer. Il aurait dû s'en tenir là, et prévenir, par son retour, l'incommodité des chaleurs du climat, auxquelles les Mongous n'étaient point habitués. En s'obstinant à y rester, il eut le chagrin de voir son armée dépérir par les maladies qu'elles y causèrent. Le roi de Ngan-nan, instruit de ce désastre, reparut, et remporta sur les Mongous une grande victoire, qui le remit en possession de ses états. Il continua néanmoins de se regarder comme vassal de l'empereur, et en signe de dépendance, il lui envoya une statue massive d'or.

En 1289, Houpilaï fit ouvrir un grand canal, qui commençait, suivant le père Martini, au nord de la ville de Sotsiuen, sur les bords du Hoang-ho, allait à Tsi-ning, de-là à Lit-sing, où il se déchargeait dans la rivière de Ouëi. Ce canal, long de deux cent cinquante *ly*, subsiste encore, et le père Martini dit en avoir admiré vingt semblables, d'une grande beauté (1).

---

(1) De la jonction de plusieurs de ces canaux par le moyen des lacs et des rivières où les uns commencent et les autres aboutissent, est formé le grand canal appelé *yun-leang*, ou canal, dont le cours ouvre une communication facile d'une extrémité de la Chine à l'autre, de manière qu'on peut voyager très-commodément, et transporter avec facilité toutes sortes de marchandises depuis Pé-king jusqu'à Canton, c'est-à-dire dans l'espace de six cents lieues et plus, quoique le canal royal proprement dit n'en ait que trois cents. On prétend que dans une si grande étendue de pays la terre s'est trouvée si molle et le terrain si

Le prince Haïtou, chef de la horde Palhou, avait cependant élevé une grande révolte en Tartarie. Battu par le général Peyen, il répara cet échec par une victoire qu'il remporta sur l'armée impériale. Mais Peyen le contraignit ensuite de se retirer dans les montagnes. Le général Peyen continua de faire la guerre aux alliés de Haïtou. Depuis quatre ans, Houpilaï avait pour principal ministre, Sang-ko, qui désolait les peuples par ses injustices et ses concussions. L'empereur, après avoir plusieurs fois rejeté, comme des calomnies, les plaintes qu'on lui faisait contre cet homme dangereux, ouvrit enfin les yeux sur sa conduite, et l'ayant condamné à mort l'an 1291, il cassa tous les mandarins qui avaient eu part à ses déprédations.

Peyen, ayant été desservi auprès de l'empereur par des envieux, fut rappelé de Tartarie par ce monarque qui fit partir Timour, son petit-fils, avec Yu-si-temour, pour le remplacer. Mais, à leur arrivée, Peyen rechassa dans les montagnes Haïtou qui avait reparu, après quoi il remit le commandement au jeune prince, qui le caressa beaucoup et lui fit de riches présents.

Le premier jour de l'an 1294, Houpilaï tomba malade, et mourut quatre jours après, dans la quatre-vingtième année de son âge et la trente-cinquième de son règne. « Houpilaï, » dit le père de Mailla, doit être considéré comme un des plus » grands princes qui ait existé, et dont les succès aient été plus » constants. Il les dut au talent qu'il avait de connaître ses » officiers et de les commander. Il porta ses armes dans les » contrées les plus éloignées, et rendit son nom si formidable, » que plusieurs peuples vinrent d'eux-mêmes se soumettre à » son empire; aussi n'y en a-t-il jamais eu d'une si vaste éten-» due ». Cet empire, selon la remarque de M. Deshautesrayes, comprenait la Chine, la Tartarie chinoise, le Tibet, le Tong-king, la Cochinchine; plusieurs autres royaumes à l'occident et au midi de la Chine, ainsi que le Léao-tong et la Corée au nord, lui payaient tribut. Outre cela, tous les princes mogols

---

uni, qu'il n'y a eu ni montagnes à aplanir, ni rochers à couper. Les Chinois ignorent l'art de nos écluses. Ils y suppléent par une invention assez grossière, mais qui ne laisse pas d'avoir son utilité. Pour favoriser la jonction de deux canaux dont le niveau est quelquefois inégal de douze à quinze pieds, ils élèvent entre l'un et l'autre canal un massif de pierre, consistant en deux glacis ou plans inclinés. Lorsqu'on veut faire monter ou descendre un bateau, on le guinde par le moyen d'un cabestan sur une pointe de ce double glacis, d'où on le laisse glisser dans le canal de la même manière qu'on lance un vaisseau dans la mer. On a soin de mouiller auparavant le glacis. D'ailleurs on ne sait faire tel saut qu'à des bateaux légers.

L'ART DE VÉRIFIER LES DATES.

SUITE DE LA CHRONOLOGIE HISTORIQUE DES EMPEREURS DE LA CHINE.

XXe. DYNASTIE.

DES MONGOUS, OU YEN.

HOUPILAI-HAN, OU CHITSOU.

1280. (17e. année *Keng-chin*, du LXIIe. cycle.) HOUPILAÏ, depuis long-tems maître de la Chine septentrionale, réunit cet empire tout entier dans sa main par la mort de Ti-ping. Il prit alors le nom de CHITSOU; mais l'histoire le désigne plus communément sous son premier nom, même depuis qu'il fut parvenu à l'empire. Cependant, malgré l'extinction de la dynastie impériale des Song, il s'élevait encore des mécontents;

qui, sous prétexte de soutenir des princes qui n'étaient plus, travaillaient à satisfaire leur propre ambition, en soulevant les peuples. Celui qui se montra le plus redoutable, fut Tching-koué-long, qui, ayant débauché quelques dixaines de mille hommes dans le Fou-kien, s'empara de la forteresse de Kao-ngan-tchaï. Il fut battu par Ouen-tchetou, avec perte de son armée. Mais il eut le bonheur de s'échapper et ne reparut plus.

Houpilaï perdit, l'an 1281, à la 2ᵉ. lune, l'impératrice Hon-kilachi, son épouse, princesse douée des plus belles qualités de cœur et d'esprit. Les trésors des Song ayant été transportés à la cour des Mongous, Houpilaï l'avait invitée à les venir voir, mais elle ne fit que jeter dessus un coup-d'œil, et se retira. L'empereur la suivit, et demanda ce qu'elle désirait de ces trésors. « Les Song, lui dit-elle, les ont amassés pour leurs » descendants, et ils ne sont à nous, que parce que ces descen- » dants n'ont su les défendre : comment oserais-je en prendre » la moindre chose! » Lorsque l'impératrice régente des Song, arriva dans le nord, elle se sentit incommodée par le changement de climat. Honkilachi pressa son époux de la renvoyer dans les provinces du sud. Mais ne pouvant obtenir cette grâce, elle employa tous ses soins pour rétablir sa santé et lui rendre sa captivité moins dure.

Depuis long-tems Houpilaï méditait la conquête du Japon. L'an 1281, suivant le père de Mailla, ou 1283, selon Kœmpfer, il envoya une flotte de quatre mille voiles et de deux cent quarante mille hommes dans ce royaume. Mais cette expédition ne réussit pas. La flotte à la hauteur de l'île de Ping-hou, fut battue par une violente tempête qui en submergea la plus grande partie. Les soldats qui purent échapper au naufrage, se sauvèrent dans l'île où les Japonais les massacrèrent à la réserve de trois qu'ils renvoyèrent en Chine.

Le royaume de Tchen-tching formant la partie maritime du Tonquin, s'était reconnu tributaire de Houpilaï dès qu'il eut achevé la conquête de la Chine. Mais les Mongous y ayant érigé un tribunal pour la perception des tributs, le prince-héritier de ce pays prit les armes pour s'y opposer; et s'étant retranché dans une ville située sur un rocher, il obligea le général Sotou, qui était venu l'assiéger, de se retirer après avoir vainement livré plusieurs assauts. Houpilaï, informé à Chang-tou en Tartarie, que ces troupes n'avaient pu réduire l'héritier de Tchen-tching, fit partir Tohoan, son fils, accompagné du général Liheng, avec une armée, pour faire rentrer les peuples de ce pays sous le joug qu'ils avaient secoué. Mais Tohoan ayant fait demander au roi de Ngan-nan, contrée qui comprend le Tonquin et la Cochinchine, le passage sur ses terres, ce prince

qui régnaient en Perse, dans le Turquestan, dans la grande et petite Tartarie, depuis le Nieper jusqu'au détroit d'Anian, et depuis les Indes jusqu'à la mer glaciale, étaient ses vassaux et lui payaient tribut comme à leur seigneur suzerain, en qualité d'empereur des Mogols et de possesseur du trône d'Oloughiurt. « Houpilaï, ajoute-t-il, est loué d'avoir été fort modéré dans ses passions, d'avoir aimé et gratifié les gens de lettres de toutes les nations et de toutes les sectes, à qui il accorda plusieurs priviléges et qu'il exempta de tributs et de subsides... Ce prince rougit de la barbarie des Mongous, et adopta les mœurs des Chinois, dont il étudia les livres et de qui il apprit le grand art de gouverner. Il ne négligea rien de ce qui pouvait contribuer à la gloire de son empire, au bonheur de ses peuples et à rendre son nom immortel. Les canaux qu'il fit creuser de toutes parts dans la Chine, pour la jonction des rivières et le transport des marchandises; les académies et les colléges qu'il fonda en grand nombre; les soins qu'il donna aux progrès de l'agriculture, de l'astronomie et des mathématiques; les grands hommes en tout genre qu'il attira à sa cour, et la multitude des livres étrangers qu'il fit traduire en mongou, les manufactures qu'il encouragea, les ports qu'il ouvrit aux étrangers et la liberté du trafic qu'il leur accorda; les vaisseaux qu'il fit construire pour faire fleurir le commerce, enfin le code des lois qu'il fit publier : telles ont été les occupations de ce prince, malgré la multitude de ses conquêtes et des guerres qu'il eut à soutenir en Tartarie contre des princes de son sang. Ces occupations et les qualités particulières qui distinguaient Houpilaï, font oublier les reproches qu'on lui a faits d'avoir été trop attaché à l'argent, aux femmes et aux bonzes, et le font placer à juste titre au nombre des plus grands monarques de la Chine. »

Eclipses du soleil arrivées sous ce règne.

L'an 1282, le premier jour de la septième lune, 5 août.
L'an 1287, le premier jour de la dixième lune, 7 novembre.
L'an 1289, le premier jour de la troisième lune, 23 mars.
L'an 1290, le premier jour de la huitième lune, 5 septembre.
L'an 1292, le premier jour de la première lune, 21 janvier.

TIMOUR-HAN, ou TCHING-TSONG.

1294. (31e. année *Kia-bu*, du LXIIe. cycle.) TIMOUR, fils de Tchinkin et petit-fils de Houpilaï, était, à la mort de son aïeul, en Tartarie occupé à réduire des hordes rebelles. Peyen, que le feu empereur avait fait son premier ministre, lui ayant mandé que ce prince l'avait déclaré son héritier, convoqua une grande assemblée des princes du sang et des autres seigneurs mongous, pour y faire confirmer ce choix en présence de Timour lui-même. Ceux qui formaient des prétentions au trône n'étaient pas disposés à seconder les vues du ministre, et trois mois se passèrent en contestations sans qu'on pût rien conclure. Peyen, appuyé de Yésun-témour, mit fin à ces querelles en déclarant, d'un ton menaçant et le sabre à la main, que les dernières volontés du feu empereur sur son successeur étant connues, elles devaient s'exécuter. L'action de Peyen fit trembler les princes, et aussitôt Canmala se mit à genoux devant Timour, son frère cadet; et les autres princes ayant suivi cet exemple, Timour fut proclamé empereur d'une voix unanime: c'est ce prince qui est connu sous le nom de TCHING-TSONG. Ceci arriva dans la 4e. lune de l'an 1294. Le nouvel empereur, au lieu de se transporter à Yen-king, siége de son empire, alla faire la visite de Sampoula. Mais sur les représentations de ses conseillers, il revint bientôt dans cette capitale. A la 12e. lune de la même année, mourut Peyen, général et ministre, après avoir parfaitement rempli ces deux emplois. On le compte parmi les grands hommes de la Chine. Le prince Haïtou persévérait toujours dans sa révolte. L'empereur apprenant qu'il s'était emparé de la ville de Palia (Parin), fit marcher contre lui, l'an 1297, le général Tchoangour, qui remporta deux victoires complètes sur deux de ses généraux, et l'obligea d'abandonner sa conquête. Mais Haïtou s'étant joint ensuite à d'autres princes rebelles de Tartarie, il entra, l'an 1301, sur les terres de la Chine avec une armée formidable. Il y eut encore en tête le général Tchoangour, qui, après une bataille sanglante, le contraignit d'aller chercher une retraite dans les montagnes, où peu de tems après il mourut de chagrin. Les armes de l'empereur ne prospéraient pas également dans le royaume de Papésifou, pays situé au sud-ouest de la Chine, où de mauvais conseils et le désir de rendre son nom célèbre l'avaient engagé à porter la guerre. Il eut lieu de se repentir de cette expédition dont il avait chargé son général Lieouchin. Songlougtsi, qui se mit à la tête des barbares, remporta plusieurs avantages considérables sur les Impériaux; et Lieouchin était près de tomber avec toute son armée entre les mains de l'ennemi sans le secours que Yesoutaï lui amena. Celui-ci, ayant pénétré par divers chemins dans le pays des rebelles, parvint à les faire rentrer dans le devoir.

L'empereur, étant tombé malade à la 12e. lune de l'an 1306, mourut le 8 de la 1re. lune de l'année suivante, âgé seulement de quarante-deux ans, dans la treizième année de son règne.

Ce prince était digne du trône qu'il occupait. « Il eut la gloire, » dit le P. de Mailla, de voir toute la Tartarie réunie à son empire. Sa clémence, sa droiture et sa libéralité, le rendirent » cher à ses peuples, convaincus qu'il ne travaillait qu'à leur » bonheur. » N'ayant point laissé de postérité légitime ni nommé de prince-héritier, le droit de lui succéder appartenait à ses deux neveux, Haïchan et Aï-yuli-palipata, fils de son frère Talamapala, mort avant lui. Le premier était en Tartarie, à la tête d'une grande armée, chéri et estimé des princes de sa famille. Mais l'impératrice veuve, qui ne l'aimait pas, voulait faire tomber la couronne à Honanta, prince de Ngan-si, fils naturel de son époux. Ses mesures étaient si bien concertées, qu'elles eussent réussi sans l'opposition du ministre Halahasun. Celui-ci ayant mandé au prince Haïchan et à son frère, de venir incessamment à Tatou (Pé-king), où l'élection devait se faire, détermina le second, qui arriva le premier, à céder le trône qui lui fut offert à son aîné qui était encore en route. Cette voix entraîna celles de toute l'assemblée.

Eclipses du soleil arrivées sous ce règne.

L'an 1294, le premier jour de la sixième lune, 25 juin.
L'an 1297, le premier jour de la quatrième lune, 23 avril.
L'an 1300, le premier jour de la deuxième lune, 21 février.
L'an 1303, le premier jour de la cinquième lune, et non pas de la dixième, 15 juin.
L'an 1304, le premier jour de la cinquième lune, 4 juin.

HAICHAN, ou OUTSONG.

1307. (44e. année *Ting-ouy*, du LXIIe. cycle.) HAÏCHAN, à la nouvelle de son élection, se rendit à Tatou pour la cérémonie de son couronnement. Il prit alors le nom de OUTSONG, et donna le titre d'impératrice à sa mère. Ses premiers soins furent ensuite d'honorer ses ancêtres dans le palais construit exprès pour y placer leurs tablettes. Il reconnut la générosité de son frère envers lui, en le déclarant son successeur le premier jour de la sixième lune, préférablement à son propre fils. A la septième lune, il décerna de nouveaux honneurs à Confucius, alléguant pour motif que sans les soins que ce philosophe a pris de faire connaître les anciens sages, ils seraient demeurés dans l'oubli, et que les grands hommes, qui ont paru depuis, auraient été privés de si beaux modèles à imiter.

Haïchan n'était point exempt de défauts. Ses amis se plaignaient qu'il était trop adonné au vin et aux femmes. Un mandarin lui ayant représenté qu'il ruinait par là son tempérament, il reçut docilement ses remontrances, et le traita honorablement. On lui reprochait aussi son trop grand attachement aux lama; et à l'occasion de cette faiblesse, un des historiens a remarqué que la dynastie des Han occidentaux ayant été renversée par les parents des reines, celle des Han orientaux par les eunuques, celle des Tang par les grands mandarins, celle des Song par de perfides ministres, celle des Mongous le fut par les lama. Haïchan pensa lui-même devenir la victime de son dévouement aveugle pour ces hypocrites. L'an 1310, Kokotchu, fils du prince Toula, que l'empereur avait condamné à mort l'année précédente pour cause de révolte, voulant venger la mort de son père par un semblable crime, se fit un parti considérable dans lequel entrèrent les lama d'occident au nombre de vingt-quatre. Le complot étant découvert, les lama furent condamnés à mort, et Kokotchu envoyé en exil. Mais l'empereur enveloppa dans la condamnation des premiers, Tching Arslan, capitaine de ses gardes, sur de pareilles accusations dont la vérité fut démontrée. Haïchan ne survécut guère à ces exécutions, étant mort sur la fin de la première lune de l'an 1311. Il ne régna donc qu'environ quatre ans. « Mais, suivant l'usage » assez constamment suivi d'attribuer à un empereur défunt » l'année entière dans laquelle il meurt, l'année 1311 est cen- » sée appartenir en entier à son règne. » (M. Deshauteraÿes.) Il laissa deux fils, Hochila et Tou-témour, ou Daoutmour, qu'il avait eus des deux reines; car l'impératrice TCHENKO, son épouse, ne lui donna point d'enfants. Ces deux princes parvinrent successivement au trône sous les noms de Ming-tsong et d'Ouen-tsong, après la mort de Yésun-témour. Le penchant excessif de Haïchan pour les plaisirs l'avait distrait sur la conduite de ses ministres, dont plusieurs abusèrent de leur pouvoir et commirent des injustices pour s'enrichir.

AÏ-YULI-PALIPATA, ou GIN-TSONG.

1311. (48ᵉ année *Sin-hay*, du LXIIᵉ cycle.) AÏ-YULI-PALIPATA ayant succédé, par le choix des grands, à l'empereur Haïchan, son frère, commença par faire justice des ministres qui avaient malversé sous le dernier règne, en les cassant de leurs emplois, pour leur en substituer d'autres plus capables et mieux intentionnés. A son inauguration, qui se fit le 18 de la 3ᵉ lune, il prit le nom de GIN-TSONG. Ce prince, d'un naturel doux et bienfaisant, avait l'esprit droit et solide; ennemi du faste et du luxe, il était modeste dans ses habits, affable, particulièrement à l'égard des personnes de mérite, et ne souffrait pas que ses courtisans se prévalussent de l'honneur qu'ils avaient d'approcher de sa personne pour enfreindre les lois. Il accorda sa protection aux sciences, et rétablit l'examen des gens de lettres sur le même pied où il était sous la dynastie des Song. Il s'appliqua beaucoup à la lecture, et acquit une grande connaissance de l'histoire, surtout de celle des Mongous. Livré uniquement aux affaires, il marqua beaucoup d'éloignement pour la chasse, la promenade et les plaisirs. La paix dont jouit son empire ne fut point capable de l'amollir, ni de le distraire de ses occupations utiles. Des marchands mahométans ayant apporté, l'an 1313, des bijoux à la cour, il dit aux grands ce que quelques-uns de ses prédécesseurs avaient répondu en pareille conjoncture, que les seuls bijoux dignes de son estime étaient les hommes de mérite qui pouvaient l'aider dans le gouvernement. Depuis que les Mongous étaient maîtres de l'empire, on n'admettait que rarement des Chinois dans les tribunaux. Gin-tsong, pour tenir la balance égale entre les deux nations, voulut qu'il y eût un pareil nombre dans chaque tribunal, et doubla pour cela les offices. Il n'y avait point, jusqu'à lui, de distinction extérieure entre les différents états. Les mandarins et le peuple, les gens de lettres et ceux qui ne l'étaient pas, les maîtres et les esclaves, étaient confondus. L'empereur remédia à cet abus, et fixa l'habit que chacun porterait à l'avenir : mandarins, lettrés, soldats, peuple et esclaves, tout fut obligé de se conformer à ce nouveau réglement. Le prince Hochila, fils de l'empereur Haïchan, parvenu à un âge mûr, paraissait fort mécontent de ce que son oncle avait nommé prince-héritier Choutépala, son fils, contre la condition qu'on lui avait imposée à son avénement à la couronne, de la faire passer après lui sur la tête d'un de ses neveux. L'empereur, commençant à se défier de ce prince, le nomma gouverneur de l'Yun-nan, et l'envoya résider en cette province, la plus éloignée de la cour, pour lui ôter ensuite toute espérance de lui succéder.

Malgré son zèle pour le bien public et son attention à le procurer, Gin-tsong avait pour premier ministre un tyran, nommé Tiémoutier, qui ne s'étudiait qu'à exercer mille concussions sur le peuple. Les créatures de cette âme noire se permettaient, à l'abri de son autorité, les plus grands désordres et les injustices les plus criantes. Les censeurs de l'empire et les mandarins les plus respectables, ayant présenté des mémoires à l'empereur contre la conduite atroce de ce ministre, il consentit à lui donner des juges. Mais l'impératrice mère, auprès de laquelle il avait trouvé un asile, refusait de le livrer et s'opposait à sa condamnation. Le chagrin que causa cette contradiction au monarque, lui occasionna une maladie qui le conduisit au tombeau le 11 de la 2e. lune de l'an 1320, à l'âge de trente-trois ans. De l'impératrice ANOCHÉLI, sa femme, princesse de Hongghila, il laissa, outre le prince-héritier, un autre fils nommé Outou-ssé-pouhoa. L'impératrice, après la mort de son époux, s'empara du gouvernement jusqu'au couronnement du prince-héritier, qui n'était occupé qu'à verser des larmes sur le cercueil de son père. Tiémoutier, conservé dans son poste par cette princesse, profita de l'interrègne pour se venger de ses accusateurs, dont il fit mourir un grand nombre sous divers prétextes.

Eclipses du soleil arrivées sous ce règne.

L'an 1312, le premier jour de la sixième lune, 5 juillet.
L'an 1315, le premier jour de la quatrième lune, 4 mai.
L'an 1319, le premier jour de la deuxième lune, 21 février.
L'an 1320, le premier jour de la première lune, 10 février.

CHOUTÉPALA, ou YNG-TSONG.

1320. (57e. année *Keng-chin*, du LXIIe. cycle.) CHOUTÉPALA, fils aîné de Aï-yuli-palipata, s'étant fait couronner à la troisième lune de l'an 1320, prit à cette cérémonie le nom de YNG-TSONG. Le respect qu'il avait pour sa mère ne lui permit pas de destituer le ministre Tiémoutier, à qui elle continuait toujours sa protection. Mais il lui refusa sa confiance, dont il honora Peï-tchou, qu'il lui avait donné pour collègue. Celui-ci descendant du fameux Mouholi, qui avait si puissamment secondé Tchinkis-han lors de la fondation de l'empire des Mongous, était rempli de fermeté, zélé pour les intérêts de son maître, instruit, modeste et irréprochable dans ses mœurs. Tiémoutier, pendant une absence de Peï-tchou, s'étant présenté aux portes du palais, dans le dessein de le supplanter, l'empereur lui en fit interdire l'entrée. Confus de cet affront, il rentre chez lui presque sans vie. S'étant mis au lit, il n'en releva pas, et mourut dans la 8e. lune de l'an 1322. L'impératrice-mère le suivit de très-près au tombeau. L'empereur libre, après la mort de sa mère, de rechercher les complices des violences de Tiémoutier, chargea Peï-tchou de cette commission. Les plus coupables désespérant de pouvoir échapper au châtiment qu'ils méritaient, complotèrent de s'affranchir de cette crainte en assassinant l'empereur et son ministre, et en élevant sur le trône Yésun-temour, petit-fils de l'empereur Houpilaï. Yésun-temour, loin d'approuver ce dessein, en avertit l'empereur. Mais la vigilance de ce monarque ne put le soustraire au sort qui lui était préparé. S'étant mis en route pour retourner de Chang-tou à la cour, il fut poignardé à Nanpo, dans son lit, par

Tiéché, fils adoptif de Tiémoutier, escorté d'une troupe de soldats, l'an 1323. Il n'avait encore que vingt et un ans, et ne laissa point d'enfants de SOUTOPOLA, son épouse, fille de l'empereur Tcheng-tsong ou Timour. Il fut sincèrement regretté de ses peuples, parce qu'il s'occupait de leur bonheur. Le fidèle Peï-tchou fut massacré en même-tems que son maître.

Eclipses du soleil arrivées sous ce règne.

L'an 1321, le premier jour de la sixième lune, 26 juin.
L'an 1322, le premier jour de la onzième lune, 9 décembre.

YESUN-TEMOUR, ou TAI-TING.

1323. (60e. année *Quey-hay*, du LXIIe. cycle.) YÉSUN-TE-MOUR reçut en Tartarie les marques de la dignité impériale, que lui apportèrent deux princes mongous après l'assassinat de Choutépala. Personne ne s'étant présenté pour lui disputer le trône, il en prit tranquillement possession sur les bords de la rivière de Lang-ku, où il avait son camp. La lenteur et la mollesse avec laquelle il poursuivit d'abord les assassins de son prédécesseur et leurs complices, jeta quelques nuages sur son innocence à l'égard de ce crime. Mais on lui rendit justice ensuite, lorsqu'on le vit sévir contre ces scélérats. Son règne ne fut remarquable que par des famines que l'intempérie de l'air occasionna. On lui doit néanmoins la justice de dire qu'il ne fut pas insensible aux maux de ses peuples. Il y aurait plus efficacement pourvu, s'il avait eu l'esprit plus fécond en ressources. Mais on convient qu'il eût été mieux à la tête d'une armée que sur le trône. Il mourut à la 7e. lune de l'an 1328, dans la trente-sixième année de son âge, à Chang-tou en Tartarie, où il avait été passer les chaleurs de l'été, suivant la coutume de ses prédécesseurs. De PAPOUHAN, princesse de Hongkila, sa femme, qui jouissait du titre et des honneurs d'impératrice, il laissa quatre fils, dont l'aîné, Asouképa, avait été nommé quelques années auparavant, prince-héritier. Mais Yen-témour réclama le trône en faveur des deux fils de l'empereur Haïchan, Hochila et Toutémour, qui tous deux étaient éloignés. Ayant mandé à Toutémour, qui était le plus voisin, de venir incessamment se mettre à la tête d'un parti considérable qu'il lui avait fait, il indiqua, en l'attendant, une assemblée de tous les mandarins de Pé-king ou Tatou, dans laquelle il fit conclure à rétablir les fils d'Haïchan dans les droits dont on les avait injustement dépouillés. Cependant l'impératrice avait fait déclarer empereur Asouképa à Chang-tou. Mais cette démarche fut inutile. Toutémour étant arrivé du Hou-kouang à Pé-king ou Tatou, y fut reçu avec applaudissement, et donna ses soins aux affaires du gouvernement. Mais il déclara en même-tems que le trône appartenait à Hochila, son aîné, et qu'à son retour il comptait l'en mettre en possession. Yen-témour lui remontra que dans les conjonctures présentes cette modération était hors de saison, et que le bien public exigeait qu'il se fit proclamer. Il se rendit alors, mais en protestant qu'il n'acceptait le trône que pour l'assurer à son frère. Ce fut dans cette disposition qu'il se fit couronner. Il y eut dès ce moment une guerre ouverte entre les deux partis. Celui de Tou-témour prévalut, et le prince Asouképa fut tué; l'on ne sait en quelle occasion ni en quel lieu. Sa mère, à la prise de Chang-sou, dont Yuélou se rendit maître, étant tombée entre les mains de ce général, fut conduite prisonnière à la cour avec plusieurs de ses plus illustres partisans. Tou-témour cependant souffrait avec impatience les retardements de son frère. Ayant enfin appris qu'il était arrivé à Honing, il chargea Yen-témour de lui porter le sceau de l'empire avec les habits et les ornements impériaux.

L'an 1327, le premier jour de la neuvième lune, 16 septembre, arriva une éclipse de soleil.

HOCHILA, ou MING-TSONG.

1329. (6e. année *Ki-se*, du LXIIIe. cycle.) HOCHILA ayant dirigé sa route vers Chang-tou, son frère s'avance à sa rencontre jusqu'à Tcheouhouchatou où ils se virent le 6 de la 8e. lune de l'an 1329. Le soir même, dans un grand repas que Hochila donna aux princes et aux grands de la cour, il fut saisi d'une attaque violente d'apoplexie, qui l'emporta subitement dans la trentième année de son âge. Le bruit se répandit qu'il avait été empoisonné, et le soupçon tomba sur Yen-témour qui s'était plaint hautement du peu de considération que les grands lui avaient marqué lorsqu'il était venu apporter le sceau de l'empire. Mais ces conjectures ne purent être vérifiées. Hochila avait eu pour première femme MAÏLAÏTI, après la mort de laquelle il épousa PAPOUCHA qu'il déclara impératrice. Celle-ci lui donna deux fils, Tohoan et Ilintchépan.

L'an 1329, le premier jour de la septième lune, 27 juillet, arriva une éclipse de soleil.

TOU-TÉMOUR, ou OUEN-TSONG.

1329. (6e. année *Ki-se*, du LXIIIe. cycle.) TOU-TÉMOUR, après l'inhumation de son frère, qui se fit à Chang-tou le 15 de la 8e. lune, prit de nouveau possession de l'empire sous le nom de OUEN-TSONG. Il était à peine sur le trône qu'il ordonna de faire une collection des coutumes de la dynastie des Mongous. Peu de tems après il supprima tous les ministres d'état, et ne conserva que Yuen-témour. Une distinction si honorable pour celui-ci excita la jalousie des grands, et les piqua d'autant plus vivement contre lui, qu'il traitait tout le monde avec une hauteur révoltante. Plusieurs seigneurs s'étant réunis pour le perdre, il fut informé du complot, et, les ayant fait arrêter, il les livra à la justice qui, par complaisance, non-seulement confisqua leurs biens, mais les condamna à mort par une sentence que l'empereur eut la faiblesse de confirmer. Zélé pour la secte de Foé ou des Hochang, ce prince employa pour rebâtir leurs temples des sommes immenses qui épuisèrent ses sujets.

A la Chine, le soin de transmettre à la postérité les événements de chaque règne n'était point abandonné à toute sorte d'écrivains; mais de tems immémorial il y avait un tribunal des historiens dont tous les membres étaient chargés de consigner le jugement qu'ils portaient de la vie et des actions de l'empereur régnant dans des mémoires qui ne doivent s'ouvrir qu'après l'extinction de sa dynastie. Tou-témour s'étant rendu, l'an 1331, dans la 9e. lune, à ce tribunal, témoigna le désir qu'il avait de savoir ce qu'on avait écrit sur sa personne. La crainte ferma la bouche aux principaux officiers. Mais un subalterne osa représenter à l'empereur qu'aucun de ses prédécesseurs n'avait violé le dépôt des mémoires de sa dynastie, et qu'il espérait que sa majesté ne serait pas la première à enfreindre la loi qui défendait d'y toucher. L'empereur n'insista pas, et loua la fermeté de cet officier et son exactitude à remplir son devoir. Il se mettait néanmoins lui-même peu en peine de mériter les suffrages du public, livré, comme il était, au plaisir et donnant toute sa confiance à Yen-témour qui n'était occupé qu'à flatter ses goûts. Il fut en conséquence peu regretté, lorsqu'à la 8e. lune de l'an 1332, une courte maladie l'enleva de ce monde à l'âge de vingt-neuf ans, dans la quatrième année de son règne. Il avait épousé, avant de parvenir au trône, POUTACHÉLI, qu'il nomma impératrice. Cette princesse, dès la première année du règne de son époux, fit périr par jalousie l'impératrice, veuve de Hochila, et reléguer Tohoan, son fils aîné, dans une île de la Corée.

L'an 1331, le premier jour de la onzième lune, 30 novembre, arriva une éclipse de soleil.

ILINTCHÉPAN, ou NING-TSONG.

1332. (9e. année *Gin-chin*, du LXIIIe. cycle.) ILINTCHÉPAN,

2ᵉ. fils de l'empereur Hochila, ou Ning-tsong, jeune prince que Tou-témour, son oncle, avait toujours considéré comme devant être son héritier, lui succéda effectivement à l'âge de sept ans par le crédit de l'impératrice Poutachéli, et contre le gré du premier ministre Yen-témour. Mais peu de jours après son inauguration il tomba malade, et étant décédé à la 11ᵉ. lune de l'an 1332, il dérangea par-là toutes les mesures de l'impératrice. Sa mort fut de près suivie de celle de Yen-témour, que l'excès de ses débauches avait avancée.

TOHOAN-TÉMOUR, OU CHUN-TI.

1332. (9ᵉ. année *Gin-chin*, du LXIIIᵉ. cycle.) TOHOAN-TÉMOUR, fils aîné de Hochila, ayant été rappelé par l'impératrice Poutachéli, de l'une des îles de la Corée, où elle l'avait fait reléguer, fut proclamé empereur, sous le nom de Chun-ti, à l'âge de treize ans, dans la 6ᵉ. lune de l'an 1332, après avoir promis à cette princesse, que le trône, après lui, passerait au prince Yentiékoussé, son neveu, fils de l'empereur Tou-témour. La hauteur avec laquelle Peyen, son premier ministre, fils du fameux général de ce nom, traitait ses égaux, et plus encore ses inférieurs, irrita Tankiché, son collègue, et fut la cause d'une guerre civile où ce dernier périt, l'an 1335, avec l'impératrice PEYAOU qui le protégeait. L'audace de Peyen le rendant de jour en jour plus insupportable, ses propres parents se crurent obligés de faire ouvrir les yeux à l'empereur sur sa conduite. Tohoan-témour, apprenant qu'il empiétait sur son autorité jusqu'à faire mourir, à son insu, les personnes qui avaient le malheur de lui déplaire, le relégua à Nan-ghan-tchéou sans vouloir l'admettre en sa présence avant qu'il partît. Peyen en conçut tant de chagrin qu'il tomba malade en route et mourut à Long-hing-y dans la province de Kiang-si. La disgrâce de ce ministre, mongou de naissance, n'éteignit pas dans le cœur des Chinois la haine que ses violences leur avaient inspirée contre sa nation, ni le désir d'en secouer le joug. L'entreprise très-dispendieuse que l'empereur fit, en 1351, de creuser un nouveau lit au fleuve Hohang-ho, pour réparer les dommages qu'il avait causés aux peuples voisins, en rompant ses digues par une inondation, fit un nombre prodigieux de mécontents, et devint la source d'un soulèvement presque général qui ne finit que par l'expulsion des Mongous. On vit des partis courir dans les provinces, ravager les campagnes, conquérir les villes; des pirates écumer les grands fleuves et les mers, enlever les vaisseaux marchands, se rendre maîtres des ports et ruiner le commerce; des ambitieux prendre le titre d'empereur dans les pays dont ils s'étaient emparés. Ce qu'il y eut de plus fâcheux, c'est que la discorde se mit parmi les ministres et les généraux de Chun-ti, et facilita par là les progrès des rebelles. Le ministre Toto fut celui qui servit Chun-ti avec le plus de sagesse et de désintéressement. Mais, s'étant fait donner Hama pour collègue, il n'éprouva de sa part que de l'ingratitude. Hama voyant l'empereur décidé pour les vains amusements et la volupté, ne s'occupa qu'à flatter ses goûts; et, s'étant rendu maître de son esprit, il parvint, l'an 1354, à faire exiler Toto, comme un censeur incommode, avec Yésien-Témour, son frère. Non moins habile à la tête des armées que dans le cabinet, Toto venait de remporter, sur le rebelle Tchang-tsé-tching, une victoire qui avait fait rentrer trois villes considérables sous l'obéissance des Mongous. Hama, craignant le retour de Toto, vint à bout de le faire périr l'année suivante. N'ayant plus alors de concurrent à redouter, il rougit de l'état où il avait réduit l'empire, en plongeant Chun-ti dans des débauches qui l'avaient rendu stupide au point de ne pouvoir donner aucune attention aux affaires du gouvernement. Chargé, par-là, de la haine publique qu'il ne pouvait se dissimuler, il se mit en tête, pour la détourner, de détrôner l'empereur et de mettre à sa place le prince-héritier, son fils, qui joignait, à beaucoup d'esprit, de la prudence et un grand discernement. Dans un entretien secret qu'il eut à ce sujet avec Toulon, son père, il fut entendu de sa sœur, femme de Toulon-Témour, compagnon des débauches de l'empereur. Ce monarque, instruit du mystère par son favori, voulut d'abord faire mourir Hama et Suésué, son frère, comme les mandarins l'en sollicitaient. Mais, étant revenu à des sentiments plus doux, il se contenta de les envoyer en exil. Cette espèce de grâce fut sans effet. Avant leur départ on les fit étrangler l'un et l'autre.

Tchu-yuen-tchang, qui, de simple lama, était parvenu aux premiers grades militaires, s'opposait alors, avec succès, aux progrès des rebelles, et préparait en même tems l'établissement d'une nouvelle dynastie sur la ruine de celle des Mongous. La modération avec laquelle il usait de ses victoires, et sa clémence envers les vaincus, lui soumirent sans violence un grand nombre de provinces. Toutes celles du Nord se rangèrent d'elles-mêmes sous ses lois. Chun-ti voyait cependant d'un œil indifférent la chute de sa dynastie s'accélérer. Licou-fou tong, chef du parti des *Bonnets rouges* dans le Ho-nan, lui donna pour rival, en 1355, Han-lin-eul, qu'il fit reconnaître empereur des Song, sous le nom de Ming-ouang. Celui-ci, qui se prétendait issu de l'empereur Hoeï-tsong, établit sa cour à Po-tchéou du Ho-nan, et se maintint, malgré la mésintelligence qui régnait parmi les Song, l'espace de cinq ans. Mais le général mongou Tchahan-Témour étant venu l'assiéger dans Caï-fong-fou, dont il s'était emparé, ruina son parti en forçant la place, et laissa à peine le tems à ce faux empereur de s'évader pour ne plus reparaître. La cour de Pé-king ne profita point de cet avantage pour rétablir son autorité. Elle était pleine d'intrigues et d'intérêts particuliers qui ne lui permettaient pas de s'occuper du bien général de l'état. Le prince-héritier, conformément aux vues de l'impératrice KI, sa mère, se donnait de grands mouvements pour engager le ministre Taï-ping à faire renoncer Chun-ti au trône en sa faveur. Ne pouvant le gagner, il fit des tentatives pour le perdre. Mais les grands prirent le parti du ministre, et le justifièrent. Taï-ping, néanmoins, las de se voir exposé journellement aux ressorts que l'intrigue faisait jouer, prit le parti de la retraite à la deuxième lune de l'an 1360. L'autorité, après lui, passa entre les mains de trois scélérats qui, ne pensant qu'à s'enrichir, achevèrent de perdre l'état en laissant ignorer à Chun-ti, leur maître, tout ce qui se passait. Les différents partis des Chinois n'étaient pas les seuls qui travaillaient à enlever l'empire aux Mongous. Ceux-ci, au lieu d'éteindre leurs haines particulières et de se réunir contre leurs ennemis communs, s'armèrent les uns contre les autres, et se firent une guerre ouverte. Toute la ressource de l'empereur était dans la valeur et l'habileté du général Tchahan-Témour, déjà célèbre par plusieurs victoires qu'il avait remportées sur les rebelles. Ayant fait rentrer, l'an 1361, le Ho-nan sous l'obéissance des Mongous, et soumis plusieurs villes du Nord qui avaient secoué leur joug, il commençait à faire renaître dans sa nation l'espérance de conserver l'empire. De toute la province de Chantong, il ne lui restait plus à réduire, au commencement de l'an 1363, que la ville de Ytou, dont il alla lui-même presser le siége entamé par un de ses détachements. Tien-fong, qui avait excité la révolte du Chantong, dont il était gouverneur, vint en personne se joindre aux assiégeants, avec un corps de troupes, feignant d'avoir repris les intérêts de la cause commune. Mais le perfide, dont le camp était séparé de celui de Tchahan-Témour, l'ayant attiré dans sa tente, le fit lâchement assassiner, après quoi il se jeta dans la ville avec les siens. Koukou-Témour, fils adoptif de Tchahan-Témour, continua le siége; et, ayant forcé la place, il immola aux mânes de son père l'auteur et les complices de sa mort. Mais il ne rétablit point, par cet acte de justice, la concorde parmi les Mongous. Leurs dissensions s'accrurent, au contraire, depuis qu'ils ne voyaient plus à la tête de l'armée impériale un général capable de leur en imposer. Ce qu'il y eut de plus déplorable pour eux, c'est que le prince-héritier, au lieu d'employer son autorité pour éteindre le feu des dissensions, ne la fit servir qu'à l'attiser.

Le fondateur des Ming se conduisait d'une manière bien différente. Mesuré dans toutes ses démarches, il faisait des conquêtes rapides, et d'autant plus solides, que les peuples qu'il s'attachait par sa clémence et ses bienfaits, s'empressaient de se mettre sous sa protection et lui demeuraient fidèles. Ses généraux, Su-ta et Tchang-yu-tchun, secondaient parfaitement ses vues. Ayant fait prisonnier, dans Ping-kiang, en 1365, Tchang-ssé-tching, qui, depuis l'an 1354, se portait pour empereur des Mongous, et soutenait ce titre avec habileté, ils ne trouvèrent presque plus d'obstacles aux progrès de leurs armes. Il arriva l'année suivante, pour combler le malheur des Mongous, que le prince-héritier, Ngaï-yuli-pata, s'étant brouillé avec le général Koukou-Témour, le fit dépouiller de tous ses emplois. Les villes qui étaient restées fidèles à l'empereur, ne voyant plus alors de chef capable de les défendre, ouvrirent leurs portes aux Ming dès qu'ils se présentèrent. La seule présence de leurs généraux ayant soumis, l'an 1368, les provinces de Kouang-tong, de Ho-nan et de Kouang-si, ils ne trouvèrent de résistance que dans la ville de Tong-tchéou, dans le Kiang-nan, dont le gouverneur Pouyen-Témour se fit tuer en la défendant. Cette place n'étant qu'à quarante *ly*, ou environ quatre lieues de Pé-king, toute la cour fut dans les plus vives alarmes. Chun-ti, malgré les remontrances des ministres et des grands, s'obstina à vouloir se retirer du côté du Nord avec le prince-hétier et la famille impériale. Il partit de Pé-king, et le 20 de la huitième lune de l'an 1368, les ennemis ayant attaqué une des portes de cette ville, s'en rendirent maîtres le lendemain. L'empereur avait pris sa route vers Chang-tou. Mais bientôt après son arrivée, il en sortit à l'approche des ennemis qui le poursuivaient, et se réfugia à Yng-tchang-fou. Ce fut sa dernière retraite. Il y mourut dans la quatrième lune de l'an 1370, à l'âge de cinquante-deux ans. Ainsi finit la dynastie des Mongous ou Yuen, qui comptent, depuis Tchinkis-han, leur fondateur, jusqu'à la fin du règne de Chun-ti, cent soixante-deux ans de durée, et quatre-vingt-neuf seulement depuis l'extinction entière de la grande dynastie des SONG.

Eclipses du soleil arrivées sous ce règne.

L'an 1334, le premier jour de la quatrième lune, 4 mai.

L'an 1336, le premier jour de la huitième lune, 6 septembre.

L'an 1338, le premier jour de la septième lune, et non pas de la huitième, 18 juillet.

L'an 1342, le premier jour de la quatrième lune, et non pas de la huitième, 5 mai.

L'an 1343, le premier jour de la quatrième lune, 25 avril.

L'an 1344, le premier jour de la neuvième lune, 7 octobre.

L'an 1345, le premier jour de la huitième lune, et non pas de la neuvième, 26 septembre.

L'an 1346, le premier jour de la deuxième lune, 22 février.

L'an 1347, le premier jour de la première lune, 11 février.

L'an 1350, le premier jour de la onzième lune, 30 novembre.

L'an 1352, le premier jour de la quatrième lune, 14 mai.

L'an 1353, le premier jour de la huitième lune, et non pas de la troisième, 28 septembre.

L'an 1358, le premier jour de la sixième lune, 7 juillet.

L'an 1360, le premier jour de la cinquième lune, 15 mai.

L'an 1364, le premier jour de la deuxième lune, et non pas de la huitième, 4 mars.

L'an 1366, le premier jour de la septième lune, 7 août.

L'an 1367, le premier jour de la septième lune, et non pas de la sixième, 27 juillet.

XXIe. DYNASTIE.
DES MING.
HONG-VOU.

1368. (45e. année *Vou-chin*, du LXIIIe. cycle.) Tchu-yuen-tchang, fils d'un pauvre laboureur, et devenu soldat, comme on l'a dit, après avoir demeuré parmi les bonzes ou lama, s'était avancé par son mérite aux premiers grades militaires. La mauvaise conduite des généraux sous lesquels il servit contribua le plus à son avancement. S'étant soustrait à leur commandement, il se fit chef de parti, dans la vue de détruire tous ceux qu'il voyait se former pour la ruine de l'empire. Devenu maître, avec une rapidité surprenante, des provinces de Kiang-nan, de Kiang-si, de Hou-kouang et de Tché-kiang, ses officiers le pressèrent de prendre le titre d'empereur, lui représentant que c'était le seul moyen de réunir les esprits et d'épargner beaucoup de sang. Mais, ayant horreur du nom de rebelle, il se refusa à leurs instances, et se contenta du titre de prince de Ou. Il arbora dès lors le cortége de prince, et se donna des officiers conformément à cette dignité. Dans un conseil de guerre, qu'il tint peu de tems après, il nomma des généraux pour aller conquérir les provinces de Fou-kien, de Kouang-tong et de Kouang-si. Il partit lui-même pour aller joindre son armée du nord au commencement de la 7e. lune intercalaire, prit sur sa route, presque sans effort, plusieurs villes, et sur la fin de la même lune se présenta devant la ville de Tong-tchéou, qu'il emporta d'assaut après quelques jours d'attaque. l'empereur des Yuen, ou Mongous, le voyant approcher de Yen-king, se sauva à Chang-tou, hors de la grande muraille, et, ne s'y croyant pas en sûreté, il s'enfuit à Yng-chang-tou. Les deux villes abandonnées par Chun-ti, étant sans défense, le prince de Ou alla prendre possession de la première, où il se fit reconnaître empereur de la Chine par les siens et par ceux des Yuen qui s'étaient soumis à lui, donna le nom de MING à sa dynastie et celui de HONG-VOU aux années de son règne, et voulut que cette année fut comptée pour la première. Su-ta, son grand général, qu'il fit marcher à la conquête de Taï-yuen, s'en rendit maître, après avoir fait prisonniers quarante mille hommes de cavalerie, qui couvraient la place. Cette victoire fut de près suivie de la soumission de tout le Chan-si. Hong-vou, cependant, ne demeurait pas oisif à sa cour. La première chose dont il s'occupa, fut d'empêcher le luxe de s'y introduire, en supprimant ce qui pouvait y donner lieu, et il commença par sa famille. Les Yuen avaient fait construire à Yen-king, un palais au milieu duquel s'élevait une grande tour d'une architecture très-riche et fort recherchée ; on voyait au-dessus deux statues qui sonnaient à chaque heure une cloche et battaient du tambour. Hong-vou eut la curiosité d'y monter avec une suite nombreuse ; et, après avoir examiné en silence ce travail merveilleux, il dit d'un air pénétré : « Comment peut-on négliger les affaires les plus importantes, » pour ne s'occuper qu'à élever des édifices si magnifiques. Si » les Yuen, au lieu de s'amuser à ces superfluités, s'étaient » appliqués à contenter les peuples, n'auraient-ils pas con- » servé le sceptre dans leur famille ? » S'adressant ensuite à quelques-uns de ses grands : « Je vous ordonne, leur dit-il, » de faire abattre cette tour, et qu'il n'en reste aucun vestige. » La plupart des chars et des meubles de l'empereur étaient ornés d'or et d'argent ; il ordonna d'y substituer le cuivre.

Le général Su-ta partit à la première lune de l'an 1369 pour la conquête du Chen-si. Li-ssé-tsi, qui en était gouverneur, après avoir vainement défendu plusieurs places, prit le parti de la soumission. Su-ta, voyant les provinces de Chan-si et de Chen-si, subjuguées, remet le commandement de l'armée à Fong-tsong-y, et retourne, dans la neuvième lune, à la cour, où il est reçu comme en triomphe. Ouang-pao-pao, général des Yuen, voulut profiter de son absence pour faire quelque entreprise ; mais après de légers succès, il échoua devant Lan-tchéou, défendu par Tchang-ouen. Su-ta part de la cour à la 2e. lune de l'an 1370, pour achever la conquête de ce qui restait soumis aux Yuen. Les villes devant lesquelles ses lieutenants se présentent, leur ouvrent leurs portes sans résistance. Chun-ti, dans le cours de cette expédition, étant mort à la 4e. lune, la guerre semblait devoir être terminée. Mais le prince-héritier, Ngaï-yu-lipata, s'étant renfermé dans Yng-tchang, menaçait d'y faire une longue et vigoureuse défense. La place, néanmoins, se rendit aussitôt que Li-ouen-tchong, envoyé contre elle avec un détachement, parut sous ses murs. Les reines et les princesses qui s'y trouvèrent, plusieurs princes de la famille royale, et les grands attachés à son service, furent tous conduits à la cour des Ming. Le seul prince-héritier des Yuen eut le bonheur de s'échapper. Hong-vou, marqua sa générosité envers Maïtilipala, l'un des prisonniers, petit-fils de Chun-ti. Les grands demandaient qu'il fût immolé dans la salle des ancêtres de la famille impériale. Hong-vou, loin d'acquiescer à cette demande barbare, déclara Maïtilipala prince du troisième ordre, dont il lui assigna le cortège et les appointements, et lui fit donner un palais pour lui et les princesses.

Dans la même lune où Chun-ti mourut, le général Su-ta força le camp de Ouang-pao-pao, qu'il mit dans un désordre effroyable, sans faire quartier à personne. On compta jusqu'à quatre-vingt-quatre mille hommes restés sur le carreau. Ouang-pao-pao, s'étant sauvé, alla joindre le prince-héritier des Yuen, qu'il fit déclarer empereur de sa nation. Il eut une espèce de revanche, l'an 1372, contre Su-ta, qui, l'ayant attaqué près de la rivière de Toula, avec une armée inférieure à la sienne, fut battu avec perte de dix mille hommes. Ouang-pao-pao, mécontent du prince-héritier des Yuen, se retira depuis au nord de la montagne de Hin-chan, dans le département de Holanalahaï, où il mourut au commencement de l'an 1375. Ngaï-yu-lipata, ne lui survécut que trois ans, étant mort l'an 1378. On lui donna pour successeur Toukouf-Témour, son fils, qui fut préféré à Maïtilipala, sans que cette préférence causât de trouble. L'empereur Hong-vou, le reconnaissant lui-même prince des Yuen, lui fit faire des compliments de condoléance sur la mort de son père, et de félicitation sur son élévation à la dignité de prince des Mongous.

Cependant Hong-vou méditait le dessein de réduire le Yun-nan par la voie des armes. Cette province était alors divisée en cinquante-deux fou ou grands départements, cinquante-trois tchéou ou départements du second ordre, et cinquante-deux hien ou départements du troisième ordre. Des excursions que firent les Tartares sur les terres de l'empire, l'obligèrent de suspendre pendant trois ans l'effet de cette résolution. Mais, ayant rechassé ceux qui étaient venus insulter ses états, il assembla une armée de trois cent mille hommes, qu'il fit partir sous la conduite de Fou-yeou-té pour cette expédition, dont il traça lui-même le plan. Elle fut pénible, mais heureuse; et en deux campagnes le Yun-nan tomba entièrement sous la puissance des Ming.

La mort du grand général Su-ta, arrivée à la 2e. lune de l'an 1382, plongea l'empereur dans un deuil qui lui fit suspendre toutes les affaires. Il avait coutume de dire que ce général était pour lui ce que les pieds, les mains et le cœur sont au corps. Pour honorer sa mémoire, il composa lui-même son épitaphe contenant l'éloge et le détail de ses exploits.

Le prince des Yuen ne fut pas soigneux d'entretenir la paix avec l'empire. Son général Nahutchu, capitaine expérimenté, ayant sous ses ordres plusieurs centaines de mille hommes, paraissait décidé à venger l'honneur de sa nation. Trois cent mille hommes que l'empereur envoya contre lui, l'an 1386, le réduisirent à mettre bas les armes l'année suivante, et à prendre le parti de la soumission avec toute sa horde. L'empereur devant lequel il vint se présenter, le reçut avec distinction, et le créa heou, avec les appointements de cette dignité. Tokous-Témour, malgré cette défection, n'était point encore disposé à se rendre. Mais les nouvelles pertes qu'il fit ensuite l'ayant obligé de se réfugier chez Yessoutier, son parent, celui-ci le fit massacrer dans le dessein de se faire reconnaître prince des Yuen. Il ne jouit pas tranquillement du fruit de sa lâche trahison : les généraux de l'empereur le harcelèrent continuellement, et le mirent souvent à deux doigts de sa perte. Hong-vou termina son long et glorieux règne le dixième jour de la 5e. lune intercalaire de l'an 1398. « Ce prince, dit le P. de Mailla, avait
» de grandes qualités et peu de défauts essentiels. Ennemi du
» faste, ses habits et son train étaient des plus modestes ; doué
» d'un sens droit et de beaucoup de pénétration, il connaissait
» bientôt le génie et les talents de ceux qui l'approchaient : ce
» discernement faisait qu'il employait chacun suivant sa capa-
» cité, et qu'il était toujours bien servi. Il saisissait avec une
» justesse admirable les avantages et les inconvénients d'une
» entreprise, et rarement il se trompait. Persuadé que l'intérêt
» personnel conduit toujours le peuple, il veillait à ce qu'on ne
» lui causât aucun dommage, et il donnait tous ses soins à lui
» procurer le nécessaire pour vivre en paix : cette conduite
» pleine de bonté, engagea les peuples à se soumettre facile-
» ment à sa domination, et le fit réussir dans tout ce qu'il
» entreprit. »

KIEN-OUEN-TI.

1398. (15e. année *Vou-yn*, du LXIVe. cycle.) Tchu-ouen, petit-fils de Hong-vou qui l'avait déclaré prince-héritier, lui succéda sous le nom de KIEN-OUEN-TI. Ses oncles, les princes de Yen, de Tchéou, de T'si, de Siang, de Taï et de Min, que la politique du feu empereur, leur père, avait éloignés dans la vue d'éviter le trouble, reçurent la nouvelle de son élévation avec beaucoup d'humeur. Les ministres Kitaï et Hoang-tsé-ting, informés que les deux premiers de ces princes avaient conjuré leur perte afin de dépouiller leur neveu, lui conseillèrent de s'assurer de leurs personnes et de commencer par le second. L'avis fut suivi, et Li-king-long, envoyé avec un corps de troupes dans le Ho-nan, se saisit du prince de Tchéou et de sa famille, qui furent amenés à la cour. Le prince, réduit au rang du peuple, fut ensuite exilé dans le Yun-nan. De semblables traitements qu'on fit à d'autres princes dont on se défiait, persuadèrent à celui de Yen, que son tour ne tarderait pas à venir. Pour se mettre en défense, il prit les armes l'an 1400, feignant de n'en vouloir qu'aux deux ministres, et protestant de les mettre bas dès que ces traîtres, comme il les appelait, seraient mis à mort. Les victoires éclatantes qu'il remporta dans la même année sur les armées nombreuses qu'on lui opposa, et les conquêtes rapides qu'il fit, déterminèrent les deux ministres à demander eux-mêmes d'être renvoyés du ministère et éloignés de la cour. Mais, quoique disgraciés en apparence, ils n'en eurent pas moins d'influence dans le gouvernement, et tout continua de se faire par leur ordre ou par leur conseil. Le prince à qui ce jeu n'en imposa pas, et qui d'ailleurs portait ses vues sur le trône, continua la guerre de son côté, et la fit d'autant plus heureusement, que les généraux qu'on lui opposa ne l'égalaient point en habileté. Une grande bataille, qu'ils gagnèrent sur lui, vers la fin de 1401, semblait néanmoins devoir le porter au parti de la soumission. Mais apprenant que l'empereur, dans le transport de sa joie, avait fait revenir à la cour ses deux ministres, ce rappel le décida plus que jamais dans sa révolte. L'an 1402, ayant battu le général Chan-kié, le succès de cette bataille le rendit maître de la plupart des villes du Houpé, et jeta l'empereur dans la consternation. Pour regagner le prince, il exila de nouveau ses ministres, confisqua leurs biens et lui manda lui-même cette disgrâce. La réponse du prince à l'empereur fut un doute affecté sur la sincérité de sa conduite, et des excuses sur le refus qu'il croyait devoir faire de licencier ses troupes. C'était annoncer qu'il était disposé à poursuivre les hostilités. Ce fut ce qu'il fit en effet et avec tant de prospérité, qu'ayant passé le Kiang sans opposition, l'an 1403, il arriva aux portes de Nanking où résidait la cour. L'empereur, perdant alors toute espérance, livra son palais aux flammes où l'impératrice MA-CHI, sa femme, se précipita; pour lui, s'étant déguisé en bonze avec quelques personnes de sa suite, il alla se cacher dans le Yun-nan où il mena une vie errante, pendant trente-huit ans, à la faveur de ce travestissement.

TCHING-TSOU, ou YONG-LO.

1403. (20e. année *Quey-ouy*, du LXIVe. cycle.) Tchutaï, prince de Yen, étant entré dans Nan-king après la fuite de Kien-ouen-ti qu'il croyait consumé dans les flammes avec sa femme, prit tranquillement possession du palais impérial où il se fit inaugurer sous le nom de TCHING-TSOU. Il est néanmoins plus connu sous celui de YONG-LO. Il choisit la ville de Péping pour y tenir sa cour du nord, et substitua au nom qu'elle portait celui de Chun-tien-fou, qu'elle a toujours conservé depuis. Au commencement de l'an 1405, il pourvut à l'établissement de ses fils, en nommant prince-héritier Tchu-kao-tchi, l'aîné, qu'il fit en même tems prince de Yen, et en donnant la principauté de Han à Tchu-koo-hiu, le second, et à Tchu-kao-soui, le troisième, celle de Tchao.

Le Ngan-nan, ou Ton-kin, faisait anciennement partie du royaume de Kiao-tchi ou de la Cochinchine. L'empereur en ayant créé roi Li-tsang à la 11e. lune intercalaire de l'an 1404, Tchin-tien-ping vint lui faire, l'année suivante, des représentations à ce sujet, disant que Li-ki-mao, père de Li-tsang, avait usurpé à son préjudice le Ngan-nan, après avoir exterminé la famille royale dont lui seul était le dernier rejeton. L'empereur, décidé à faire justice sur ce placet, fit partir pour le Ngan-nan, une armée sous les ordres de Tchang-fou. Ce général, après une grande victoire, amena, l'an 1407, Li-ki-mao et Li-tsang à l'empereur qui se contenta de reléguer le père dans la province de Kouang-si, et retint le fils auprès de lui.

Yong-lo fit deux expéditions contre les Tartares, et mourut, en revenant de la seconde, le dix-huitième jour de la 7e. lune de l'an 1425, à l'âge de soixante-cinq ans. Son corps fut rapporté à Pé-king où il avait transporté sa cour. A la nouvelle de sa mort on voulut engager l'empereur Kien-ouen-ti à remonter sur le trône; mais, content de la liberté que lui procurait l'état de Ho-chang, il rejeta constamment les offres qu'on lui faisait pour son rétablissement.

L'an 1413, et non pas 1414, le premier jour de la première lune, 1er. février, arriva une éclipse de soleil.

GIN-TSONG.

1425. (42ᵉ. année *Y-se*, du LXIVᵉ. cycle.) Tchu-kao-tchi prit, en succédant à l'empereur Yong-lo, son père, le nom de GIN-TSONG. Nommé prince-héritier dès l'an 1405, il avait administré les affaires avec beaucoup d'application et de capacité. Il débuta sur le trône par nommer prince-héritier son fils Tchu-kao-tchi, et l'envoya résider à Nan-king pour gouverner les peuples du midi, se réservant ceux du nord. L'empereur Yong-lo, son père, avait proscrit un grand nombre de mandarins à cause de leur attachement à l'empereur Kien-ouen-ti. Convaincu de leur innocence, Gin-tsong, donna un édit pour réhabiliter leur mémoire : cette démarche lui fit le plus grand honneur. Toute sa conduite porta l'empreinte de son caractère équitable et bienfaisant. Mais il n'occupa le trône que dix mois, et mourut à Pé-king, le 12 de la 5ᵉ. lune de l'an 1426, à l'âge de quarante-huit ans.

SUEN-TSONG.

1426. (43ᵉ. année *Ping-ou*, du LXIVᵉ. cycle.) Le nom que prit Tchu-kao-tchi, en succédant à Gin-tsong, son père, fut SUEN-TSONG. Le prince Tchu-kao-chiu, son oncle, exilé sous le dernier règne, à Lo-ngan, pour cause de révolte, nourrissait toujours dans son cœur les dispositions qui avaient causé sa disgrâce. Une fausse démarche qu'il fit en voyant son neveu placé sur le trône, décéla ses pernicieux desseins. L'empereur, en étant informé par le général Tchang-fou qu'il avait voulu mettre dans ses intérêts, vint l'investir avec un corps de troupes dans Lo-ngan, au moment qu'il s'y attendait le moins. Ne trouvant pas moyen d'échapper, il prit le parti de venir trouver en habit de deuil son neveu, et de lui déclarer les complices de la conspiration qu'il avait formée pour le supplanter : l'empereur l'ayant reçu avec bonté, le fit conduire à Pé-king, où il fut enfermé avec sa famille dans une maison commode et pourvue de tout ce qui était nécessaire à la vie. Cette révolte, étouffée dès sa naissance, ne laissa pas de coûter beaucoup de sang : les officiers que ce prince avait mis à la tête de ses troupes et ceux qui formaient son conseil, furent punis comme rebelles.

L'empereur Suen-tsong étant tombé malade, le premier jour de l'an 1436, mourut le lendemain.

L'an 1433, le premier jour de la sixième lune, et non pas de la septième, 17 juin, arriva une éclipse de soleil.

YNG-TSONG.

1436. (53e. année *Ping-chin*, du LXIVe. cycle.) YNG-TSONG, fils de Suen-tsong, fut reconnu pour son successeur, à l'âge de huit ans, par les soins de l'impératrice Tchang-chi, son aïeule, qui se fit en même-tems décerner la régence.

L'empereur déposé, Kien-ouen-ti, fut découvert, l'an 1441, sous l'habit de Ho-chan, qu'on lui fit quitter; après quoi il fut renfermé dans un appartement du palais, où il passa le reste de ses jours, qui ne fut pas de longue durée. L'impératrice régente étant morte à la dixième lune de l'an 1443, l'empereur prit en main les rênes du gouvernement, et revêtit de la plus grande autorité l'eunuque Ouang-tchin, que cette princesse avait mis à la tête de son conseil, après avoir été sur le point de le faire périr pour ses infidélités. Ce ministre continua d'exercer son despotisme en avançant, malgré leur indignité, ses créatures, et persécutant les gens de bien qui s'opposaient à ses volontés.

Sur la fin de 1444, on apprit que Tohoan, prince tartare de Chunning, était mort et que son fils Yésien lui avait succédé. Celui-ci, plus entreprenant que son père, se faisait bien plus craindre dans le nord de la Chine. Une armée de deux cent mille hommes, envoyée contre lui, n'osa pénétrer fort avant dans son pays, de peur de le rencontrer, et s'en revint après avoir battu quelques partis. Un autre rebelle Lu-tchuen, nommé Ssé-gin, fier d'une victoire qu'il avait remportée sur les Chinois, en 1438, avait pris le nom de Fo-fa que portaient les rois de Yun-nan. Il demeurait tranquille dans cet état reculé et ne paraissait pas disposé à pousser plus loin ses conquêtes. On apprit au contraire à la cour, que Yésien exerçait continuellement ses troupes et mettait tout en usage pour soulever les Tartares voisins de la Chine. Ouang-tching néanmoins, contre l'avis de l'empereur et de son conseil, s'obstina à vouloir, avant tout, exterminer Ssé-gin et sa famille. Il y réussit; une armée qu'il envoya contre le roi de Mien qui le protégeait, obligea ce prince à le livrer à un officier de la cour, qui le chargea de chaînes pour l'amener à l'empereur. Mais Ssé-gin, n'espérant point de grâce, se donna la mort sur la route. Yésien, frappé du sort de ce rebelle, voulut faire la paix avec l'empire, et pour la cimenter il fit demander en mariage une princesse à l'empereur. Mais elle lui fut ignominieusement refusée par le ministre; ce qui alluma le désir de la vengeance dans le cœur d'Yésien. Ayant levé une armée considérable, il fit de nouvelles excursions sur les frontières de la Chine. Le ministre Ouang-tching lui opposa une armée de cinq cent mille hommes, dont il se fit donner le commandement par l'empereur qui l'accompagna. Cette expédition fut très-malheureuse par l'incapacité du général. L'armée impériale étant venue camper à Tou-mou, à vingt *ly* de Hoaï-laï, dans un lieu où elle manqua d'eau, le prince tartare, dans la 8e. lune de l'an 1450, fondit sur elle, et engagea un combat furieux où plus de cent mille chinois périrent, et le reste fut mis en déroute. L'empereur lui-même tomba entre les mains des vainqueurs qu'il étonna par la tranquillité avec laquelle il soutint ce revers. Fantchong, capitaine de ses gardes, vengea sa captivité sur Ouang-tching qu'il défigura à coup de sabre. Yésien à qui ce prince fut amené, le reçut avec respect, et lui donna la première place. Mais l'impératrice, mère de Yng-tsong et son épouse, offrirent en vain leurs bijoux, qui montaient à des sommes très-considérables, pour obtenir sa rançon. Yésien l'emmena avec lui en Tartarie. L'impératrice mère avait eu soin, dès qu'elle apprit la captivité de son fils, de signifier aux mandarins, que Tching-ouang, frère puîné de Yng-tsong, aurait soin du gouvernement jusqu'à son retour; et deux jours après, elle fait reconnaître Tchu-kien-tchin, fils de l'empereur, âgé de deux ans, prince-héritier. Cette princesse désespérant de revoir l'empereur, son fils, crut important de ne pas laisser le trône plus long-tems vacant. Le 29 de la 8e. lune de l'an 1450, elle adressa aux grands un ordre portant, que le prince-héritier n'étant encore qu'un enfant et incapable de manier de long-tems les rênes du gouvernement, il fallait que le prince Tching-ouang montât sur le trône. Les grands, ravis de cet ordre, contraignirent le prince régent de céder aux désirs de l'impératrice sa mère.

KING-TI.

1450. (7e. année *Keng-ou*, du LXVe. cycle.) Tching-ouang, frère puîné de l'empereur Yng-tsong, fut salué empereur le 6 de la neuvième lune, 1450, par tous les mandarins d'armes et de lettres, avec les cérémonies accoutumées. Le tartare Yésien ne pouvant tirer de la captivité de Yng-tsong les avantages qu'il espérait, recommença les hostilités; et ses troupes s'étant répandues comme un torrent dans le Pé-tché-li, remplirent de consternation la cour de Pé-king. Le seul Yu-kien ne perdit point la tête. Ayant pourvu à la sûreté de Pé-king il attendit Yésien qui fut obligé de se retirer après plusieurs assauts donnés à cette ville. Yésien fit ensuite des propositions de paix qui, ayant été jugées illusoires, furent suivies de combats dont les Chinois sortirent victorieux par la valeur et l'habileté du général Ché-heng et de Ché-pieu, son fils. Le prince tartare avait amené avec lui l'empereur Yng-tsong. Désirant de s'accommoder avec la Chine, il invita lui-même ce prince à retourner à Pé-king. La cour impériale, apprenant ces dispositions d'Yésien, et doutant encore de leur sincérité, lui envoya des ambassadeurs, qui, en dix-sept jours, arrivèrent à un endroit appelé *Chépator*, où ce prince était campé. L'empereur, sur le rapport qu'ils firent du succès de leur voyage, fit partir pour la Tartarie Yang-chen, homme habile et éloquent, avec un cortége magnifique et plein pouvoir d'agir suivant les circonstances. Peyen-tiémour, à la garde duquel Yng-tsong était confié depuis la bataille de Tou-mou, voyant le retour de ce prince décidé, l'accompagne par honneur et par attachement une demi-journée. Ils versent des larmes en se séparant, et l'empereur continue sa route vers Pé-king, avec une escorte de cinq-cents chevaux, que le prince lui avait donnée. Le 16 de la 9e. lune de l'an 1451, il arrive à Pé-king, et refuse les hommages que les grands sont disposés à lui rendre, disant qu'il ne peut les recevoir, après le déshonneur qu'il a fait à l'empire et à ses ancêtres. S'étant retiré dans un hôtel particulier, il ne voulut se mêler aucunement des affaires de l'état, et persista plusieurs années dans cette disposition. L'empereur King-ti, son frère, jouissait tranquillement des fruits de la paix qu'il avait conclue avec les Tartares. L'an 1454, Yésien ayant tué Toto-pouha, son *kohan*, voulut s'assurer la jouissance du trône par une ambassade qu'il envoya, de concert avec les hordes qui lui étaient soumises, à la cour impériale, pour lui prêter hommage et payer le tribut. King-ti perdit, peu de tems après, Tchu-kien-tsi, son fils, qu'il se proposait de déclarer prince-héritier au préjudice de Tchu-kien-chin qui était en possession de cette dignité. Sa jalousie contre ses neveux et sa défiance envers son frère, s'étaient déjà manifestées en diverses occasions. Les remontrances que plusieurs mandarins osèrent lui faire à ce sujet, furent punies du dernier supplice. Il occasionna, par-là, une conspiration pour rétablir Yng-tsong sur le trône. L'an 1458, les partisans de ce dernier l'ayant fait entrer dans leur dessein profitèrent d'une maladie de King-ti pour le remettre en possession de l'empire.

YNG-TSONG, *rétabli.*

1458. (15e. année *Vou-yn*, du LXVe cycle.) YNG-TSONG ayant repris les rênes du gouvernement, tous les mandarins vinrent le reconnaître dans la salle du trône et le féliciter sur son rétablissement. Ché-heng qui avait le plus contribué à cette révolution, fait exécuter à mort Yu-kien, ministre de King-ti, sans égard pour les services importants qu'il avait rendus à l'état. Son mérite faisait tout son crime aux yeux jaloux de Ché-heng, qui n'eut pas de peine, aidé par Tchu-yeou-tchin, son collègue, à lui en supposer de plus réels. D'autres grands, d'une conduite irréprochable, subirent un semblable sort, par les artifices du même ministre. King-ti, malade, apprenant sa déposition, en mourut de chagrin le 19 de la 2e. lune, de l'an 1459.

L'ambition de Ché-heng n'était pas satisfaite du haut rang où il était élevé. Sur les prédictions d'un magicien, il s'imagina que le trône lui était destiné, ou à Ché-pien, son fils. Des officiers qu'il avait sous lui, ayant découvert le dessein où le père et le fils étaient de se révolter, en avertirent la cour. L'un et l'autre furent arrêtés et s'empoisonnèrent, l'an 1460, pour éviter une mort infâme.

Au commencement de l'an 1465, Yng-tsong étant tombé malade, jugea lui-même que son mal le conduirait au tombeau. s'étant fait apporter des pinceaux, il écrivit ses dernières volontés, et mourut le 17 de la première lune, à l'âge de trente-huit ans.

HIEN-TSONG.

1465. (22e. année *Y-yeou*, du LXVe. cycle.) Tchu-kien-chin, déclaré depuis long-tems prince-héritier, prit possession du trône après la mort de son père, sous le nom de HIEN-TSONG. Le règne de ce prince, qui fut de vingt-trois ans, n'offre presque aucun événement remarquable. Adonné au culte des idoles, il en fit réparer les temples aux frais de l'état. Sans un mérite éminent, il sut entretenir le calme en dedans et la paix avec ses voisins. On le blâme néanmoins d'avoir accordé trop de pouvoir aux eunuques. La quinzième année de son règne, il établit un tribunal composé de cette espèce d'hommes, auquel il donna le nom de Si-tchang, avec le droit absolu de vie et de mort sur tous ceux qu'on soupçonnait de révolte. Ouang-ché, qui en était le chef, et ses collègues, ne manquèrent pas, comme on l'avait prévu, d'abuser d'un pouvoir si exorbitant. L'an 1483, Su-yong, censeur de l'empire, ayant mis en évidence les crimes dont ils s'étaient rendus coupables, l'empereur en fut si frappé, que, les ayant fait charger de chaînes, il les condamna tous au dernier supplice. Les mandarins, qu'ils avaient injustement destitués, furent dans le même tems rétablis, et le tribunal Si-tchang aboli. Lin-sun, mandarin du tribunal des crimes, ne réussit pas également à désabuser Hien-tsong de ses préventions en faveur des Tao-ssé et des Ho-chang : deux sectes d'imposteurs adonnés à la magie. L'empereur irrité de la hardiesse des accusations qu'il formait contre eux, quoique bien prouvées, le fit mettre en prison, et nomma une commission pour instruire son procès. Les juges ne trouvant dans son placet aucun motif de le condamner, Hien-tsong chargea l'eunuque Hoaï-nghan de le faire périr. Mais l'eunuque, sans être ébranlé par les menaces dont l'ordre était accompagné, refusa de l'exécuter. Etonné de sa fermeté, l'empereur fit sortir de prison Lin-sun auquel il rendit son mandarinat. Ce prince ayant perdu la première des reines, ses femmes, en conçut un chagrin dont il mourut à la huitième lune de l'an 1487, dans la vingt-troisième année de son règne, et la quarantième de son âge.

HIAO-TSONG.

1487. (44ᵉ. année *Ting-ouy*, du LXVᵉ. cycle.) Tchu-yeoutang, fils de l'empereur Hien-tsong et de la princesse Ki-chi, succéda, sous le nom de HIAO-TSONG, à son père. S'étant fait représenter le placet de Lin-sun contre Litsé-song et les autres Ho-chang, il les trouva encore plus coupables, après d'exactes informations, que l'accusateur ne les avait dépeints ; et voyant qu'ils persévéraient dans leurs désordres, il les fit tous mourir. Il n'en fut pas moins attaché toutefois à la doctrine des Tao-ssé, qu'il avait sucée dès sa jeunesse. Ces charlatans continuaient toujours de vanter leur prétendu breuvage de l'immortalité, malgré les démentis que l'événement leur avait si souvent donnés, et s'attribuaient, avec aussi peu de fondement, le secret de faire de l'or et de l'argent. Les ministres voyaient avec chagrin l'empereur attaché opiniâtrément à ces erreurs. Ils tâchèrent de l'en déprendre dans un placet qu'ils lui présentèrent. Mais l'empereur se contenta de louer leur zèle, sans renoncer à ses opinions. Le règne de ce prince fut de dix-huit ans. Une maladie l'emporta, l'an 1505, dans la cinquième lune, à l'âge de trente-huit ans.

OU-TSONG.

1505. (2ᵉ. année *Y-tcheou*, du LXVIᵉ. cycle.) Tchu-heoutchao, fils de l'empereur Hiao-tsong, qui l'avait déclaré prince-héritier, lui succéda, dans sa quinzième année, sous le nom de OU-TSONG. Huit eunuques du palais, dont le principal était Lieou-kin, qui avait élevé le jeune empereur, formèrent le complot de le plonger dans la débauche, afin de le distraire par-là des soins du gouvernement, et de se rendre maîtres de l'autorité. Ils n'y réussirent malheureusement que trop. Les ministres d'état et les grands, alarmés de la conduite du prince, lui firent des remontrances fort vives, par un placet dont la lecture le fit frémir. Mais les eunuques qu'il avait congédiés, trouvèrent bientôt moyen de le regagner, et déployèrent leur ressentiment contre ceux qui les avaient desservis. Acharnés à les découvrir, ils eurent l'audace de faire publier, l'an 1507, un ordre supposé de l'empereur, dans lequel ils inculpaient de soupçons de révolte soixante des premiers et des plus considérables de l'empire, du nombre desquels étaient deux ministres d'état, trois présidents de tribunaux, douze censeurs, qu'ils déclaraient tous incapables de posséder aucune charge. Ces hommes respectables furent remplacés par des gens, la plupart obscurs et entièrement dévoués aux eunuques. La conduite atroce de ces derniers causa un soulèvement général dans l'empire. Du côté de Ningbia dans le Chen-si, Tchu-chi-fan, de la famille impériale des Ming et prince de Ngan-hoa, pensa à profiter des conjonctures pour s'élever au-dessus de son rang. Les troubles qu'il commençait d'élever ayant donné l'alarme à la cour, Yang-y-ting, ministre d'état, imagina de se servir de l'eunuque Tchang-yong pour perdre Lieou-kin qui en était l'auteur. Le premier de ces deux eunuques était ennemi de l'autre depuis une querelle fort vive qu'ils avaient eue ensemble, et malgré les soins qu'on avait pris de les réconcilier.

Comme le bruit de la révolte du prince de Ngan-hoa demandait d'être approfondi, le ministre persuada à l'empereur d'envoyer sur les lieux un homme de confiance, et fit donner cette commission à Tchang-yong. Celui-ci, à son retour, remet à l'empereur un manifeste répandu par le prince rebelle, contenant dix-sept chefs d'accusation contre Lieou-kin. Le monarque, en ayant pris lecture, se détermine, après avoir hésité quelque tems, à faire arrêter ce favori, et ordonner de faire des perquisitions chez lui. Un prodigieux amas d'armes offensives et défensives qu'on y trouva, fournit la preuve du dessein qu'on lui imputait d'exciter une révolution pour placer sa famille sur le trône impérial. On ne fut pas moins convaincu de ses déprédations, à la vue de deux cent quarante mille pains d'or, pesant dix *taëls* chacun (1), de cinquante-sept mille huit cents *taëls* monnayés, en tout vingt-quatre millions cinquante-sept mille huit cents *taëls* en or; de deux cent cinquante et un millions cinq cent quatre-vingt-trois mille six cents *taëls* en argent, de deux mesures ou *teou* de pierres précieuses, et d'autres effets d'un prix inestimable, énoncés dans l'inventaire qu'on fit de ses meubles. Condamné d'une voix unanime par ses juges,

---

(1) Le *taël* est une once chinoise qui est à l'once commune d'Europe comme 16 à 18.

on le fit mourir dans la prison même où il était détenu, par la crainte qu'on eut que ses partisans n'entreprissent de le sauver.

Le parti du prince de Ngan-hoa, quoique redoutable, fut promptement détruit par la sage conduite de Kieou-yueï, officier subalterne, qui, l'ayant surpris avec une partie de ses gens, les fit conduire à la cour où ils subirent le supplice dû aux rebelles. D'autres révoltes, qui s'élevèrent dans le même tems en différentes provinces, donnèrent plus d'exercice aux armes de l'empire. Pendant qu'on était occupé à les réprimer, Tchu-chin-hao, prince de Ning, de la famille impériale des MING, se faisait un parti dans le Kiang-si, sous prétexte de secourir le trône opprimé par les eunuques. Ou-tsong, en étant averti par ses mandarins, veut le faire arrêter. Il éclate, l'an 1519, et prend le titre d'empereur. Après s'être emparé de Nan-tchang, il s'attache à faire le siége de Nan-king. On le laisse se morfondre devant cette place, et on lui enlève Nan-tchang, dont les habitants eux-mêmes favorisèrent la conquête. S'étant embarqué avec son armée sur le Kiang, sa flotte est battue par celle des Impériaux, qui, l'ayant fait prisonnier, le conduisent à Nan-tchang. L'empereur ayant appris cette victoire à Nan-king, dans la huitième lune de l'an 1519, y fait amener le prince captif et les autres prisonniers. Son indolence naturelle et son éloignement pour les affaires le retiennent dans Kiang-nan jusqu'à la dixième lune de l'an 1520. Pressé par ses ministres, il part à la même lune pour Pé-king, emmenant avec lui ses prisonniers. Condamnés tous à mort, ils sont exécutés, le prince à leur tête, dans la douzième lune, au milieu des rues (1). Le 14 de la troisième lune de l'an 1521, Ou-tsong meurt sans laisser de postérité, et sans s'être choisi un successeur. Dès qu'il eut fermé les yeux, l'impératrice Tchang-chi, de concert avec les ministres, appela au trône Tchu-yuen-tsong, l'aîné des enfants du prince de Hien, second des fils de l'empereur Hien-tsong, quoiqu'il ne fût point à la cour.

CHI-TSONG.

1521. (18e. année *Sin-se*, du LXVIe. cycle.) Tchu-yuen-tsong, né à la huitième lune de l'an 1507, ayant appris par une ambassade que l'impératrice lui envoya, le choix qu'on avait fait de lui pour succéder à l'empereur Ou-tsong, partit de Ngan-lo-

---

(1) L'usage, en Chine, est d'exécuter les criminels à terre, et non sur un échaffaud.

tchéou, capitale de la principauté de son père, où il résidait, pour aller prendre possession du trône impérial. CHI-TSONG fut le nom sous lequel il voulut régner. Les Tartares, sous son règne, firent de fréquentes incursions sur les frontières de la Chine, qu'ils désolèrent malgré l'habileté des généraux qu'on leur opposa. Mansour, prince de Turfan, ne fut pas néanmoins heureux dans la première irruption qu'il fit en 1522. Les Chinois l'ayant rencontré devant Sou-tchéou qu'il voulait attaquer, le battirent si complètement, qu'il fit courir le bruit que lui-même avait été tué, afin qu'on ne le poursuivit pas. D'autres hordes, quoique divisées entre elles, semblèrent avoir conspiré pour venger le prince de Turfan. L'an 1529, à dixième lune, Yen-ta, à la tête d'un corps de cavalerie, entra sur les terres du département de Taï-tong, d'où il emporta un riche butin. À la cinquième lune de l'année suivante, ayant passé le Hoang-ho avec Kisiang, il ravagea le pays de Ning-hia : ensuite, repassant ce fleuve, ils firent les mêmes dégâts sur le territoire de Suen-hoa-fou, qu'ils parcoururent avec tant de célérité, que les troupes impériales ne purent les atteindre. Le Chan-si et le Chen-si éprouvèrent leur fureur en 1531. Douze hordes s'étant réunies sous leurs drapeaux, commirent tant d'horreurs en divers cantons, que les mandarins, en 1542, promirent à celui qui apporterait la tête de Yen-ta jusqu'à mille taëls, avec un mandarinat d'un troisième ordre : mais personne n'osa tenter l'aventure. Il demanda cependant en 1547, d'être reçu à faire hommage et de payer tribut, et renouvela ces offres dans les années suivantes ; on les rejeta toujours, parce qu'on ne les crut pas sincères. S'étant approché de Pé-king en 1550, il jeta l'effroi dans cette capitale. Mais apprenant que les troupes des provinces voisines se rassemblaient pour lui donner la chasse, il fit sa retraite en si bon ordre, qu'il ne perdit aucune des riches dépouilles qu'il emmenait. Etant revenu en 1557 avec deux cent mille chevaux, il emporta de force Yng-tchéou, ainsi que quarante petites places où il signala sa férocité. Le siége de Taï-tong, qu'il entreprit l'an 1558, ne lui réussit pas.

Outre cette guerre contre les Tartares, la Chine en soutenait une autre sur terre et sur mer contre les pirates du Japon, qui ne lui causaient pas moins d'embarras. Leurs hostilités avaient commencé dès l'an 1370, seconde année de l'empereur Hong-vou. Lanhoaï, leur roi, sur les plaintes que l'empereur de la Chine lui en porta s'était reconnu, pour l'apaiser, tributaire de l'empire. Mais cette démarche n'arrêta pas les pirateries des Japonais. L'avidité du butin les fit revenir plusieurs fois sur les côtes de la Chine, sous les empereurs suivants ; mais ce fut avec peu de succès jusqu'au règne de Chi-tsong. Les Japonais ne laissaient pas cependant de commercer avec les Chinois. Une querelle qui s'éleva, l'an 1523, entre les trafiquants des deux nations, occasionna des actes d'hostilité qui ne tournèrent pas à l'avantage des Chinois. Cette événement fit fermer la porte de la Chine aux étrangers, avec de sévères défenses d'y commercer avec d'autres qu'avec les régnicoles. Mais les Chinois ne laissèrent pas de trafiquer sous-main. Les vaisseaux étrangers se rendaient aux îles voisines où les Chinois leur portaient leurs marchandises. Ce commerce interlope procurait de grands avantages à l'empire; cependant quelque considérable que fut le bénéfice des marchands chinois, l'envie de gagner, et leur mauvaise foi à l'égard des étrangers, causèrent la guerre que les Japonais firent depuis sur les côtes de la Chine. Cette guerre commença l'an 1546, à l'occasion d'un marchand japonais, qui, après avoir livré son argent, ne put obtenir les marchandises de retour. Depuis cette époque, jusqu'en 1564 les Japonais ne manquèrent presque pas de faire chaque année des descentes sur les côtes de la Chine, qu'ils dévastèrent, mais non pas toujours impunément. Deux défaites que le général Tsi-ki-kouang leur fit essuyer en 1564, et auxquelles peu d'entre eux échappèrent, leur fit perdre l'envie de revenir. L'empereur cependant occupé du prétendu secret de l'immortalité, dont le leurraient les Taossé, paraissait insensible aux maux que ces descentes occasionnaient. Un mandarin lui ayant fait des remontrances dans un placet sur la chimère du secret qu'il recherchait, il en fut si choqué, que dans un premier transport, il le fit mettre en prison chargé de chaînes. Revenu de sa précipitation, il l'en retira bientôt après et le rétablit dans son poste. Ce fut une de ses dernières opérations. Etant tombé dangereusement malade à la dixième lune de l'an 1566, il connut qu'il touchait à sa fin. Ouvrant alors les yeux, il fit dresser un écrit, pour être publié après sa mort, par lequel il demandait pardon aux grands et à ses peuples de s'être laissé tromper par des imposteurs, et d'avoir négligé le soin de l'état pour s'abandonner à leur vaine science. Il vécut encore quelques jours, et mourut dans la soixantième année de son âge.

MOU-TSONG.

1567. (4e. année *Ting-mao*, du LXVIIe. cycle.) Tchu-taï-heou, fils de Chi-tsong, lui succéda sous le nom de Mou-tsong, à l'âge de trente ans. Le tartare Yenta, qui était resté tranquille pendant plusieurs années, s'imagina que dans un commencement de règne on serait moins surveillant. Dans cette idée, il s'avança, l'an 1567, à la cinquième lune, vers Taï-tong. Mais il y trouva Lieou-koué qui le contraignit de s'en retourner, sans avoir osé rien entreprendre. Son petit-fils, Pahan-naki, s'étant retiré avec dix autres à la cour de l'empereur, le désir de le ravoir l'engagea, l'année suivante, à faire la paix avec Mou-tsong, en se reconnaissant tributaire de la Chine. Dix-sept hordes de Tartares se joignirent, par leurs envoyés à l'ambassade qu'il envoya à la Chine, pour faire les mêmes soumissions. Mou-tsong finit ses jours le 26 de la cinquième lune de l'an 1572, justement regretté de ses peuples.

CHIN-TSONG.

1572. (9e. année *Gin-chin*, du LXVIIe. cycle.) CHIN-TSONG, fils de Mou-tsong, lui succéda en bas-âge, sous la régence de l'impératrice, sa mère. Des trois ministres d'état, Tchang-ku-tching eut le plus de part à la faveur. Il n'en abusa pas, et se servit du pouvoir qu'il avait sur l'esprit du jeune prince pour lui insinuer les vrais principes du gouvernement.

Le tartare Yenta vivait en paix avec l'empire dont il s'était reconnu tributaire sous le dernier règne. Comme le principal et presque l'unique commerce de sa nation consistait en chevaux, Pintou, son fils, sollicita à la cour impériale, l'établissement d'une foire de ces animaux à l'ouest du Hoang-ho. Sur le refus qui lui en fut fait, il se mit à ravager les frontières occidentales du Chen-si. On fut obligé de lui accorder sa demande, et il cessa ses hostilités. Le commerce des Tartares avec la Chine ne se bornait pas aux chevaux, ils apportaient aussi dans les foires des pelleteries et du ginseng, plante admirable, qui se trouve principalement en Tartarie et en Canada. Le père Martini se trompe, en disant qu'elle se rencontre aussi à la Chine.

L'an 1583, arrivée du père Mathieu Ricci, jésuite italien, à la Chine, pour y prêcher l'évangile. C'est le premier de sa compagnie qui ait pénétré dans cet empire (1). Après avoir essuyé bien des traverses, il fut reçu favorablement à la cour impériale, grâce à une montre à répétition et à une horloge dont il fit présent à l'empereur. L'horloge fut placée sur une tour bâtie exprès par ordre de ce prince. (M. Deshautesrayes.) Chin-tsong lui ayant demandé une carte géographique, il la disposa de façon que la Chine se trouvait située au milieu de la terre. On prétend que « pour que les ministres de la religion chrétienne ne cho-
» quassent point les Chinois, il plia la sévérité de l'évangile

---

(1) Saint François Xavier ne parvint point jusqu'à la Chine, et mourut, en y allant, dans l'île de Sancian.

» aux maximes et aux pratiques du Paganisme. Ce fut par cette
» ruse, ajoute-t-on, qu'il obtint de faire bâtir une église. »
(N. D. H.) Ricci mourut en 1610, à l'âge, non de cinquante-
huit ans, mais de quatre-vingt-huit. son nom en chinois était
Li-ma-teou.

Popaï, tartare d'origine et d'une naissance commune, s'étant
attiré des affaires avec le chef de sa horde, avait échappé au
châtiment en passant au service des Chinois. Intrépide dans les
combats, il y était parvenu, par une suite de belles actions,
au grade de lieutenant-général des troupes de l'empire. Mais le
vice-roi du Chan-si l'ayant irrité par ses mauvais procédés, il
se révolta et entraîna dans son parti les troupes de Ninghia,
avec lesquelles il se rendit maître de presque toute les places
d'armes du Hoang-ho. Pinglou, qu'il fit assiéger, l'an 1592,
jusqu'à deux fois par ses lieutenants, fut la seule place qui lui
résista. La fortune par-tout ailleurs favorisa ses armes. Les Impériaux, après avoir été battus par ses troupes, se rassemblèrent
au nombre de trois cent cinquante mille hommes autour de
Ninghia où ils l'investirent. Repoussés dans un violent assaut,
où ils étaient parvenus à se loger sur les remparts, ils imaginèrent de construire une digue pour faire refluer les eaux du
Hoang-ho dans la place. L'inondation ayant abattu une partie
des murs, les Impériaux, par un nouvel assaut se rendirent les
maîtres de la place où ils mirent le feu. Popaï, se voyant alors
sans ressource, se précipita dans les flammes où il fut bientôt
étouffé. Cet événement est du 5 de la neuvième lune de l'an
1592.

A cette guerre en succéda une autre bien plus terrible dans la
Corée contre les Japonais. Ceux-ci, sous la conduite de Ping-
sieou-ki, soldat de fortune, avaient envahi, l'an 1592, ce
royaume. Li-fong, ou Li-pan, roi de Corée, prince volup-
tueux, s'étant retiré dans le Leao-tong, supplia l'empereur de la
Chine non-seulement de le recevoir comme son sujet, mais de
réduire son royaume en province. Les généraux japonais apprenant que les Chinois faisaient défiler une armée considérable
en Corée, cherchèrent à gagner du tems, en déclarant que leur
dessein n'était pas de subjuguer cette péninsule, mais qu'après
avoir poussé leurs conquêtes jusqu'à la rivière de Ta-tong-kiang,
ils retourneraient au Japon. Cependant ils ne laissèrent pas de se
rendre dans Sior, capitale de Corée, et de mettre des garnisons
suffisantes dans les places les plus importantes. Dans le même
tems, Ping-sieou-ki se rendit maître du royaume de Chao-
ching, et prit le titre de Taï-ko. Les Chinois opposèrent ruse
à ruse, et firent entendre aux généraux du Taï-ko qu'ils venaient
au nom de l'empereur pour créer leur maître roi de Corée. Les

Japonais étant venus près de la ville de Ping-iang pour les recevoir comme amis, reconnurent bientôt leur erreur. Li-yusong qui commandait les Chinois, après quelques attaques, ayant fait donner un assaut général, ses troupes y entrèrent victorieuses le 8 de la première lune de l'an 1593. Ce ne fut que le prélude d'autres succès, qui furent tels qu'en peu de tems les Japonais perdirent quatre provinces de la Corée. Nous n'entrerons pas plus avant dans le détail de cette guerre. La suite ne fut pas également heureuse pour les Chinois. Les hostilités durèrent sept ans, et ne finirent qu'à la mort de Ping-sieou-ki, arrivée le 9 de la 7e. lune de l'an 1598 (1). Les Japonais évacuèrent alors la Corée, dont toutes les places rentrèrent ensuite sous l'obéissance de leurs anciens maîtres.

Les princes tartares Mantcheous, de la famille actuellement régnante en Chine, rapportent le commencement de leur dynastie, comme empereurs, aux dernières années de Chin-tsong. Il paraît certain qu'ils étaient de la race des Nu-tchin ou Nu-tché de Naukoan. Le chef de cette famille s'appelait Hetourgala, auquel succéda Sing-ou-tchi-hoang-ti, ensuite King-tsou-y-hoang-ti, qui fut remplacé après sa mort par Sien-tsou et Hiuen-hoang-ti, prédécesseur de Taï-tsou. Ces quatre premiers princes étaient chefs d'une petite horde de Tartares, établie à Sing-king. Partagés entre la culture de leurs terres et le soin de leurs troupeaux, ces Tartares vivaient en paix avec la Chine. Les mandarins ayant entrepris de les transférer par force dans le Leao-tong, ils prirent les armes, l'an 1616, sous la conduite de Taï-tsong, qu'ils proclamèrent empereur. Vainqueurs des armées qu'on leur opposa, ils forcèrent toutes les villes qu'ils attaquèrent, et portèrent la terreur jusque dans Pé-king. Ces désastres, joints à la perte de l'impératrice Ouang-chi, causèrent à Chin-tsong une maladie qui le conduisit au tombeau dans la quarante-huitième année de son règne, le 14 de la 7e. lune de l'an 1620.

KOUANG-TSONG.

1620. (57e. année *Keng-chin*, du LXVIIe. cycle.) Taï-chang-lou, fils aîné de Chin-tsong, lui succéda, à l'âge de trente-neuf ans, sous le nom de KOUANG-TSONG. Il avait d'excellentes qualités; mais la faiblesse de son tempérament succomba en moins d'un mois à l'application qu'il donna aux affaires. Un de ses

---

(1) Cette guerre est diversement racontée par le père du Halde et par le père de Mailla. L'éditeur de ce dernier laisse en doute auquel des deux est due la préférence.

médecins le voyant dangereusement malade, lui fit prendre le prétendu breuvage de l'immortalité, qui l'enleva le premier jour de la 9e. lune de l'an 1620.

HI-TSONG.

1620. (57e. année *Keng-chin*, du LXVIIe. cycle.) HI-TSONG, fils aîné de Kouang-tsong, qui l'avait recommandé, en mourant, à ses ministres, pour l'élever sur le trône après lui, refusa pendant quelques jours d'y monter. Cédant enfin aux représentations des grands, il en prit possession le sixième jour de la 2e. lune, à l'âge de seize ans.

Les Tartares étant retournés chez eux, paraissaient assez tranquilles. Mais, avertis que le vice-roi du Leao-tong faisait fortifier les endroits par où ils pouvaient y entrer, ils montent aussitôt à cheval, se jettent dans le Leao-tong; et, le 11 de la 2e. lune de l'an 1621, ils attaquent la ville de Fan-yang, défendue par le lieutenant général Hochi-hien, avec une forte garnison. Les assiégés, dans une sortie, sont complètement battus par les Tartares, auxquels s'étaient joints des Chinois déserteurs; après quoi les vainqueurs, poursuivant les fuyards, entrent pêle-mêle avec eux dans la ville, où ils massacrent tous ceux qui ne veulent pas se mettre à leur service. Leao-yang, capitale de la province, qu'ils assiégèrent ensuite, subit le même sort, malgré la brave défense du vice-roi, et les secours que lui portèrent différents partis de Chinois, répandus dans la campagne. Après la prise de cette place, les Tartares publièrent un édit, par lequel ils promettaient la vie à tous ceux qui voudraient se raser et s'habiller à la manière des Tartares (1). « Ainsi, un
» grand nombre de Chinois, peu jaloux d'être victimes de leur
» fidélité, s'empressèrent de se conformer à l'édit; et pour con-

---

(1) « Les Tartares se rasent dès que leurs cheveux commencent à
» pousser, et s'arrachent les poils de la barbe jusqu'à la racine, ne
» gardant que des moustaches; ils laissent croître derrière la tête une
» touffe de cheveux, qui pend négligemment sur l'épaule en forme
» de queue, et portent un bonnet de pluche rouge, ou d'un tissu de
» crin, teint en noir ou en écarlate. Sa forme est ronde avec une
» bordure de martre ou de castor.... Leurs habits, qui descendent
» jusqu'aux talons, ont des manches semblables à celles des Hongrois
» et des Polonais, mais pas tout-à-fait si larges que celles des Chinois...
» A leur ceinture pend, de chaque côté, un mouchoir pour s'essuyer les
» mains et le visage, de même qu'un couteau avec deux bourses où ils
» mettent du tabac. Ils portent, comme nous, leur cimeterre à gauche,
» mais la poignée est retournée, et ils le tirent du fourreau en passant

» vaincre leurs vainqueurs de la sincérité de leur soumission,
» ils s'habillèrent entièrement à la tartare. Cependant, malgré
» la solennité de leur promesse, les Tartares ayant permis aux
» marchands des autres provinces, qui se trouvaient alors à
» Leao-yang, de se retirer et d'emporter leurs effets, à peine
» furent-ils sortis, qu'ils tombèrent sur eux, et les pillèrent après
» qu'ils les eurent inhumainement massacrés ». (M. D. H.)

À la nouvelle de la prise de Leao-yang, la cour impériale fit faire de nouvelles levées de troupes pour marcher au secours du Leao-tong. Mais le vice-roi du Ssé-tchuen ayant ordonné la réforme d'une partie de celles de ce département, sans leur faire donner la paie nécessaire pour retourner en leur pays, causa, par cette injustice, une sédition. Les mécontents, après avoir tué le vice-roi dans Yong-ning du Ssé-tchuen, s'emparèrent de la plus grande partie de cette province, excités et encouragés par Ché-tsong-ming, gouverneur héréditaire du département de Yong-ning. La plupart des mandarins se donnèrent la mort pour ne pas survivre à la perte des villes dont la garde leur était confiée.

Dans ces entrefaites, on vit une héroïne, Tsin-leang, gouvernante de Ché-tchu, pendant la minorité de son fils, marcher, à la tête de ses troupes, au secours des Impériaux, et, après avoir couvert la ville de Tching-tchéou, s'emparer de celle de Ku-tang, pour avoir une communication, avec un détachement qu'elle avait laissé sur les bords du Kiang. De là, elle vola au secours de Tching-tou, que les rebelles, fiers d'une victoire qu'ils venaient de remporter sur les Impériaux, assiégeaient avec toute l'ardeur que ce succès leur inspirait. Ce serait un détail curieux, mais trop long, que le récit des ruses de guerre et des nouvelles machines que les rebelles mirent en usage pour emporter la place, ainsi que de celles qu'employa le gouverneur Tchu-yé-yuen, pour triompher de leurs efforts. A la fin, il y réussit, et délivra la ville d'un siége qui avait duré cent deux jours. Pour récompense, il obtint la vice-royauté de la province. De nouvelles défaites, qu'il fit essuyer aux rebelles, avec le secours de l'héroïne de Ché-tchu, obligèrent Ché-tsong-ming, leur chef, à se retirer à Tsun-y-fou, avec ce qu'il put recueillir des débris de son armée.

» la main droite derrière le dos. Leur chaussure est une espèce de
» patins, dont la semelle unie et sans talons est épaisse de trois doigts.
» Leurs bottines sont faites de cuir de cheval, apprêté, ou bien d'étoffe
» de soie; mais ils n'ont point l'usage des éperons. » (M. Deshautesrayes.)

Cette révolte était presque éteinte lorsqu'il s'en éleva une nouvelle dans le Kouei-tchéou, excitée par Ngan-pang-yen, d'une famille qui avait le gouvernement d'un pays assez étendu, nommé Chouï-si, sur les confins de cette province et de celle de Yun-nan. Des troubles dans le même tems, excités par Su-hong-iu, agitèrent le Chan-tong. Ngan-pang-yen brava, pendant deux ans, les armées de l'empire, envoyées contre lui, leur donna plusieurs échecs, et fit des siéges où il montra sa valeur et son habileté. C'est ainsi que les Chinois semblaient avoir conjuré, avec les Tartares, la ruine de leur empire. Une trahison, sur la fin de 1622, arrêta les progrès de Su-hong-iu. Livré par les siens au vice-roi Tchao-yen, il fut exécuté au milieu des rues de Teng-hien. Le général Ouang-san-chen, de son côté, poursuivait avec vigueur le rebelle Ngan-pang-yen. Mais, trahi par un des émissaires de celui-ci, qui avait passé à son service, il tomba dans une embuscade où il périt, l'an 1624, avec tout son monde, à l'exception de son frère et d'un autre officier. Les rebelles, cependant, avaient été si maltraités, et leur pays était si dévasté, qu'ils ne furent plus en état de rien entreprendre.

Les Mantcheous, contents des conquêtes qu'ils avaient faites dans le Leao-tong, demeuraient tranquilles au milieu de ces troubles. L'an 1625, le 11 de la 8ᵉ. lune, ils perdirent leur empereur Taï-tsou, qui, ayant quitté la ville d'Otololi à l'est de la montagne de Tchang-pi-chan, avait transporté le siége de son empire à Mougden, auparavant nommé Chin-yang. Son fils, Taï-tsong lui ayant succédé, le vice-roi du Leao-tong l'envoya féliciter sur son avénement au trône. Le Tartare, dans une lettre qu'il remit aux députés du vice-roi pour leur maître, détailla les griefs que sa nation avait contre les Chinois; témoignant d'ailleurs un désir sincère d'établir une paix solide entre les deux empires. Une réponse du vice-roi, peu satisfaisante, fut suivie d'une réplique qui précéda de peu de jours la mort de l'empereur Hi-tsong. Ce prince, d'une complexion faible, finit sa carrière l'an 1627, dans la 8ᵉ. lune, à l'âge de vingt-trois ans, sans laisser de fils.

Ce fut sous ce règne que les Chinois commencèrent à faire usage de l'artillerie. « Dès l'an 1620, la ville de Macao avait
» envoyé à l'empereur Chin-tsong trois grandes pièces avec des
» canonniers : elles furent conduites à Pé-king, où on les éprouva
» en présence des mandarins de la cour, et d'un concours prodigieux de spectateurs. Un accident changea en effroi l'admi-
» ration qu'elles causèrent : un portugais et quatre chinois furent tués. L'effet de ces machines terribles fit juger qu'elles
» seraient d'une grande utilité contre les Tartares, et on les
» transporta sur les frontières. Les Tartares, attirés par la cu-

» riosité, s'étant approchés pour les examiner, on leur lâcha
» une bordée qui en renversa plusieurs; les autres prirent la
» fuite; et depuis, ils furent plus circonspects à éviter la portée
» de ces machines, dont l'effet leur avait été si funeste la pre-
» mière fois. » (M. Deshautesayes.)

HOAI-TSONG.

1627, (4e. année *Ting-mao*, du LXVIIIe. cycle.) Tchou-yeou-kien, frère puîné de l'empereur Hi-tsong, lui succéda sous le nom de HOAÏ-TSONG. L'empereur des Mantcheoux, piqué du silence que le vice-roi du Leao-tong opposait à sa dernière lettre, recommença la guerre contre la Chine. Mais, après avoir conquis trois villes et treize bourgades, il suspendit les hostilités pour donner le tems à la cour de Pé-king d'entrer dans les vues pacifiques qu'il avait proposées. Voyant qu'on continuait à les dédaigner, il résolut de pousser la guerre avec toute la vigueur possible. On ne peut refuser des éloges aux précautions que son humanité lui suggéra pour prévenir les désordres que la guerre entraîne ordinairement après elle. Attentif à faire observer une discipline exacte parmi ses troupes, il ne leur permit d'exercer ni le massacre, ni le pillage dans les villes dont il se rendit maître. Il invitait même par des promesses, qu'il fut toujours fidèle à remplir, les garnisons des places, soit avant d'en faire le siége, soit après les avoir conquises, à s'enrôler sous ses drapeaux : ce qui lui réussit beaucoup mieux que la force de ses armes. On vit les villes s'empresser à l'envi de lui envoyer leurs clefs, des armées entières passer à son service. La désertion ne fut pas néanmoins universelle en Chine; et il se trouva des vice-rois, des généraux et des mandarins, qui aimèrent mieux se donner la mort que de manquer à la fidélité qu'ils devaient à leur souverain. Mais ces exemples furent rares, et n'arrêtèrent pas la rapidité des conquêtes du prince tartare. L'an 1629, le 17 de la 11e. lune, son armée s'avança jusqu'à vingt *ly* de Pé-king; et, le 16 de la lune suivante, un de ses détachements s'étant approché jusqu'à deux *ly* de cette capitale, lui rapporta qu'il avait aperçu près des murs un corps retranché de quarante mille hommes. Taï-tsong, dès le soir même, alla surprendre ce camp; et, l'ayant forcé dès la première attaque, il le joncha des cadavres des Chinois, et mit en fuite ceux qui purent échapper au glaive, ou les fit prisonniers. Il n'osa néanmoins tenter le siége de Pé-king, et se retira pour aller prendre d'autres villes.

Taï-tsong, en subjuguant les Chinois, prenait leur gouvernement pour modèle. Au commencement de l'an 1631, il établit six tribunaux semblables aux six tribunaux de Pé-king; savoir, le tribunal des mandarins de l'état, celui des tributs, celui des rites et cérémonies, celui de la guerre, celui des corvées, et le tribunal des ouvrages publics.

Quoique la guerre, que les Mantcheous faisaient à la Chine, leur frayât le chemin pour s'en rendre un jour les maîtres, l'empire avait encore plus à craindre de la part des Chinois même. Dans la plupart des provinces, on ne voyait qu'émeutes, que séditions, que révoltes. Il est aisé de préjuger combien ces troubles favorisèrent les progrès des Tartares. Ces progrès furent tels, que l'an 1635, le 5 de la 3e. lune, tous les princes et grands, Mantcheous, Mongous et Chinois, s'étant assemblés au palais, chaque nation présenta à Taï-tsong un placet écrit en sa langue, par lequel elle le priait de ne plus différer à se faire proclamer empereur de la Chine. Ce prince y consentit enfin; mais il voulut que son inauguration fût précédée par un sacrifice solennel, par lequel on immolerait une grande victime : ce qui s'exécuta dans la campagne le 11 de la même lune; après quoi Taï-tsong prit le titre d'empereur, et donna le nom de Ta-tsing à sa dynastie. Le reste de cette année et les suivantes, les Mantcheous ne cessèrent de faire des courses dans la Chine ; mais ils n'en devinrent maîtres que parce qu'ils y furent appelés comme auxiliaires, contre des rebelles qui la désolaient. Entre les différents chefs de ceux-ci, les deux plus redoutables étaient Tchang-hien-tchong et Li-tsé-tching. Le premier, après avoir causé beaucoup de mal dans le Chen-si, sa patrie, le Honan et le Hou-kouang, poursuivi par les Impériaux, s'enfuit dans le Kiang-nan, d'où il revint bientôt après avec de nouvelles forces, qui le rendirent maître de plusieurs places dans le Honan. Mais le général Tso-leang-yu l'ayant battu jusqu'à trois fois en 1640, le contraignit de se réfugier dans les montagnes avec peu de monde. Les débris de son armée furent recueillis par Li-tsé-tching, qui se vit avec ce renfort à la tête de cinq cent mille hommes. Il avait nouvellement échoué devant Kaï-fong-fou. Mais ayant repris ce siége au commencement de 1642, il réduisit la place, en neuf mois d'attaques, aux horreurs d'une famine plus grande que celle du siége de Jérusalem. Le général des Impériaux, pour dernière ressource, ayant fait couper les digues du Hoang-ho pour inonder le camp des ennemis, fit éprouver ce même désastre à la ville, où plus de deux cent mille hommes furent noyés. Le camp des rebelles souffrit beaucoup moins, parce qu'il était plus exhaussé que le fleuve. Devenus maîtres de Kaï-fong-fou, ils firent réparer les dégats du fleuve et écouler les eaux. Tandis que Li-tsé-tching pénétrait dans le Hou-kouang, Tchang-hien-tchong remplissait de sang et de carnage divers départements du Kouang-si. Ayant forcé Vou-tchang, il en fit jeter les habitants dans le Kiang, et porta même la barbarie jusqu'à les aller voir lutter contre les flots et les horreurs de la mort. Li-tsé-tchin, plus fort et plus habile que lui, étendait plus loin ses conquêtes avec moins de férocité. L'an 1643, se voyant maître de plus du tiers de l'empire, il se crut en état de succéder à la dynastie des *Ming*, et prit le titre d'empereur. Pour le réaliser pleinement, il proposa dans un conseil de guerre les moyens d'achever la réduction du reste de l'empire. Le résultat de la délibération fut, qu'ayant sous ses drapeaux un million d'hommes, il devait choisir les plus braves, et les mener par le Chan-si à la conquête de Pé king. Il suivit cet avis ; et, ayant passé le Hoang-ho, il soumit, avec plus ou moins de difficulté, toutes les villes qui se rencontrèrent sur son passage. Il ne douta plus alors qu'il ne vînt à bout de se rendre maître de la capitale de l'empire. Un détachement qu'il envoya, s'étant approché de la place, mit le feu dans un des faubourgs. Les rebelles, cependant, ne l'auraient jamais prise, si elle avait eu un homme de tête capable de la défendre. Cent cinquante mille hommes de troupes réglées, des provisions de guerre et de bouche suffisantes pour soutenir un long siége, et la présence du souverain, auraient fait échouer l'entreprise. Mais l'empereur lui-même ruina ses affaires par une confiance aveugle en ses ministres. La moitié de ses troupes effectives ayant été placée hors des murs pour arrêter l'ennemi, jeta bas les armes dès qu'elle aperçut Li-tsé-tching à la tête de trois cent mille hommes, et passa du côté des rebelles. Hoaï-tsong, apprenant quelques moments après que l'ennemi était déjà maître des portes, se pendit de désespoir le 19 de la 3e. lune de l'an 1644. Li-tsé-tching entra le même jour dans Pé-king ; mais il rencontra le général Li-koué-tching, qui lui disputa le terrein de rue en rue. L'ayant accablé par le nombre et fait prisonnier, il lui proposa de passer à son service. Le général y consentit, à condition qu'il ferait enterrer avec les honneurs dûs à leur rang l'empereur et l'impératrice qui avait précédé, par une mort également volontaire, la triste fin de son époux. Li-tsé-tching accorda la demande : mais après avoir assisté aux funérailles de ses maîtres, le général se poignarda pour ne pas servir un rebelle. N'étant plus obligé à tenir la parole qu'il avait donnée, Li-tsé-tching abattit le palais des ancêtres des *Ming*, et fit mourir tous ceux de cette famille qui se trouvaient à Pé-king. Maître de cette capitale, il ne mit plus de bornes à son ambition. Mais elle fut traversée par un brave chinois, rempli de l'esprit patriotique. C'était Ou-san-koueï, général des troupes impériales contre les Mantcheous, qu'il contenait par sa valeur dans les bornes de la Tartarie. Apprenant la mort de son souverain, il appela, pour la venger, ces mêmes oppresseurs de sa nation. Les Mantcheous n'avaient plus de monarque depuis la mort de Taï-tsong, arrivée l'an 1636, et se gouvernaient par un conseil national. Avec leur secours, Ou-san-koueï va se présenter devant Pé-king, et fait une horrible boucherie des rebelles commandés par un lieutenant de Li-tsé-tching. Celui-ci l'ayant joint près de Yong-ping-fou le 2 de la 4e. lune, avec une armée de soixante mille hommes, traînant avec lui le prince-héritier, deux autres princes du sang, et Ou-siang, père de Ou-san-koueï, leur livra bataille sans hésiter. La mêlée fut terrible ; mais, quoique supérieur en nombre, Li-tsé-tching fut obligé de prendre la fuite, après avoir laissé trente mille hommes sur le champ de bataille. S'étant retiré à Pé-king, les troupes qu'il y avait rassemblées essuyèrent devant cette ville une nouvelle défaite, qui coûta la vie au père du vainqueur. Li-tsé-tching, par une basse vengeance, fit couper la tête à Ou-siang, et la fit exposer sur les remparts, le 4 de la 4e. lune 1644, à la vue du camp des Impériaux. Pour raffermir son autorité chancelante, il se fit saluer empereur par tous les Mandarins qui se trouvaient dans la capitale. Il en sortit ensuite, emportant les trésors immenses dont la possession lui coûta tant de crimes.

Les Tartares, après le départ de Li-tsé-tchin, se crurent autorisés, par les secours qu'ils avaient donnés aux Chinois, à remplir le trône vacant de leur empire, et y élevèrent Chun-tchi, neveu de Taï-tsong, enfant de sept ans, qui, dès-lors, par ses qualités naissantes, donnait les plus grandes espérances. Mais les mandarins de la cour de Nan-king ne pouvant se résoudre à passer sous une domination étrangère, opposèrent à cette élection celle de Tchu-yeou-song, arrière-petit-fils de l'empereur Chin-tsong.

CHI-TSOU-TCHANG-TI.

1644. (21e. année *Kia-chin*, du LXVIIIe. cycle.) Tchu-yeou-song, prince de Fou, étant arrivé à Nan-king, sur une députation que les mandarins lui avaient faite, fut salué empereur, le 5 de la 5e. lune, sous le nom de Chi-tsou-tchang-ti, après avoir hésité trois jours s'il accepterait cette périlleuse dignité. La Chine se trouva ainsi divisée entre trois prétendants à l'empire. Ou-san-koueï, contraint de dissimuler l'entreprise des Tartares, tourna toutes ses forces contre Li-tsé-tching, qu'il réduisit, après deux nouvelles victoires remportées sur lui, à s'aller cacher avec une poignée de ses gens dans la montagne de Lo-kong. La faim l'ayant obligé d'en sortir, il fut tué avec sa troupe par des paysans qui les reconnurent pour des rebelles. La mort de Li-tsé-tching éteignit la rébellion, et laissa aux Tartares la liberté d'étendre leur domination dans la Chine. La conduite pleine de sagesse, qu'ils tinrent constamment envers les regnicoles, y contribua plus que la force de leurs armes; et la peine de voir un prince étranger assis sur le trône de leur nation, fut bientôt adoucie par la manière dont ils furent traités. « La » Chine en changeant de maître, ne changea, ni de forme, ni » de gouvernement. Les tribunaux de Pé-king subsistèrent sur » le pied qu'ils avaient été établis; et on se contenta de doubler » les emplois, afin d'avoir des places à donner aux Tartares.... » Les soldats chinois étaient incorporés dans les armées, et les » officiers élevés à des grades proportionnés à leur capacité et » à leurs services. » (De Mailla)

La cour de Nan-king se conduisait d'une manière bien différente. Guidés uniquement par leurs intérêts particuliers, et comptant pour rien l'utilité publique, les grands qui la composaient n'étaient occupés qu'à se supplanter. Le monarque, plongé dans la mollesse, vivait dans la même sécurité que s'il n'eût eu aucun ennemi à redouter. Pour tout remède aux dissensions et aux querelles qui s'élevaient parmi les courtisans, il se contentait de faire de continuels changements dans les places, sans faire aucun discernement des bons et des méchants, des hommes capables et de ceux qui ne l'étaient pas.

Les Tartares profitèrent des troubles qui régnaient à la cour de Nan-king pour avancer leurs conquêtes. Maîtres de toute la partie septentrionale de la Chine, ils passèrent le Hoang-ho dans la 2e. lune de l'an 1645, et après avoir soumis rapidement diverses places, ils arrivèrent, le 24 de la même lune, devant Yang-tchéou. Le général Ssé-ko-fou, qui avec des forces inférieures leur avait inutilement disputé le passage du fleuve, s'était jeté dans la place, où il fit la plus belle défense qu'on pouvait attendre d'un capitaine expérimenté. Mais, épuisé de fatigues, couvert de sang, environné de tous côtés par les ennemis qui avaient escaladé les murs, prêt à tomber entre leurs mains, il se tua lui-même : exemple qui fut suivi par plusieurs mandarins qui s'étaient renfermés dans Yang-tchéou. Maîtres de cette ville, les Tartares envoyèrent des détachements se saisir de tous les postes qui étaient le long du Kiang. Le 10 de la 5e. lune, un officier dépêché de Tching-kiang à Nan-king, apporta la nouvelle qu'ils s'étaient emparés du port. Le prince épouvanté, prend la fuite au milieu de la nuit avec un petit nombre de ses courtisans. Les Tartares paraissent le 14 sous les murs de la ville, dont les clefs sont apportées au général, avant qu'on la somme de se rendre. On fait courir après le prince fugitif, qui est atteint au moment qu'il allait s'embarquer sur le Kiang. Comme on est près de le saisir, un de ses courtisans le prenant à brasse-corps, se précipite avec lui dans le fleuve. Toute la famille des Ming ne fut point éteinte par sa mort. Il en restait plusieurs princes; mais presque également jaloux d'occuper un trône environné de tant de précipices, ils paraissaient disposés à ne point permettre qu'aucun d'entre eux y montât. Celui que les vœux des grands et de la nation y appelaient, et qu'on regardait comme le plus propre à réparer les malheurs de sa dynastie, était le prince de Lounngan. Possesseur des villes les plus riches et les plus puissantes de l'empire, ayant ses états placés près du théâtre de la guerre, tout ce qu'il y avait de bons officiers et de braves soldats dans les armées du prince de Fou, s'était retiré chez lui à Hang-tchéou, capitale du Tché-kiang, où il faisait sa résidence ordinaire. Ses qualités personnelles donnaient à la politique un nouveau motif qui devait le faire préférer à ses compétiteurs. Mais ni les prières des grands, ni les instances de toutes les personnes attachées à son service, ne purent lui faire accepter un trône qu'il prévoyait devoir lui être disputé par les princes de son sang. Il fit plus, il se sacrifia lui-même pour le salut de ses sujets. Les Tartares, dans le cours de leurs conquêtes, étant venus investir Hang-tchéou, il consentit à se remettre entre leurs mains, sous la promesse qu'ils firent d'épargner la garnison, les mandarins et le peuple. Cette conduite était fondée sur l'impuissance où il se trouvait avec ses propres forces de résister à une armée très-supérieure, n'ayant aucun secours à espérer des princes de sa famille, quoiqu'il les en eût très-fortement sollicités. Cette générosité aurait dû lui concilier l'estime et l'admiration des vainqueurs. Mais la politique ne leur permit pas de laisser vivre un rejeton de la famille des Ming, à laquelle ils enlevaient l'empire. Les mandarins, honteux de survivre à leur maître, se donnèrent eux-mêmes la mort, pour le suivre au tombeau.

Tandis que ces scènes d'horreur se passaient dans le Tché-kiang occidental, deux nouveaux prétendants à l'empire, tous deux de la famille des Ming, le prince de Lou et Tchu-tsing-kien, prince des Tang, travaillaient dans la partie orientale de cette province, à faire réussir les projets de leur ambition.

Opposés l'un à l'autre, le premier se contenta du titre de protecteur de l'empire, et le second prit hardiment celui d'empereur. Ce dernier ayant attiré dans son parti le fameux Tching-tchi-long, lui fit quitter le métier de pirate qu'il exerçait sur les côtes de la Chine, pour le mettre à la tête de ses troupes. Les entreprises du prince des Tang prospérèrent tant qu'elles furent conduites par ce général. Mais un événement les brouilla sans retour. Le prince de Lou ayant envoyé, l'an 1646, Tchen-kien, un de ses officiers, pour traiter avec le prince des Tang, celui-ci fit mourir l'ambassadeur sur ce que dans l'audience publique qu'il lui accorda, il ne lui donna que le titre en usage parmi les princes de l'empire. Tchin-tchi-long, ami de Tchen-kien, jura qu'il vengerait sa mort. S'étant retiré à bord de sa flotte, il offrit ses services au prince de Lou. On vit depuis ce tems, déchoir la puissance du prince des Tang par l'incapacité des généraux qu'il avait substitués à Tchen-tchi-long. Obligé de fuir après avoir été abandonné des siens, devant les Tartares qui le poursuivaient, il fut atteint à Ting-tchéou; et se voyant dans l'impossibilité d'échapper, il se précipita dans un puits, où il périt misérablement, l'an 1646. La mort de ce prince fut suivie de la perte du Fou-kien et du Kiang-si, qui tombèrent au pouvoir des Tartares.

Le prince des Tang laissait un frère qui s'était sauvé du Fou-kien, et prenait le titre de prince de Tchu-yué-ngao. A la nouvelle de la mort du premier, le second étant arrivé à Kouang-tchéou, capitale du Kouang-tong, y trouva les princes et les grands de la cour chinoise, occupés à délibérer sur le choix d'un successeur à l'empire, sans pouvoir rien conclure, tant ils étaient divisés de sentiments. Sa présence termina les différents, et réunit tous les partis en sa faveur. Il fut proclamé solennellement empereur, et s'empressa de prendre possession du trône. Mais dans le même tems, Kiu-ché-ssé, vice-roi du Kouang-si, appelé Thomas par les Chrétiens, dont il avait embrassé la religion, ayant assemblé les grands mandarins de son département, leur persuada que Tchu-yeou-tcié, prince de Yong-ming, étant petit-fils de l'empereur Chin-tsong, avait le droit le plus légitime à l'empire. Aussitôt il emporta l'unanimité des suffrages. Une députation qu'on lui fit pour lui annoncer son élection, l'ayant salué empereur, il refusa ce titre et se contenta de celui de prince de Kouëi. Tchu-yue-ngao lui ayant déclaré la guerre, les armées des deux compétiteurs se livrèrent, à Chang-foui, une sanglante bataille, dont celle du prince de Kouëi sortit victorieuse. Il n'eut pas le même bonheur contre les Tartares qui, l'ayant battu près de Kouang-tchéou, l'obligèrent de fuir de ville en ville. Mais Kiu-ché-ssé qui avait procuré son élévation, lui rendit le courage par une grande victoire qu'il remporta, l'an 1647, sur les Tartares devant Koueï-lin, qu'ils assiégeaient sous les ordres du général chinois Li-tching-tong. Kiu-ché-ssé lui procura, l'année suivante, un nouvel avantage encore plus éclatant sous les murs de la même place. Cet événement fit un tel effet dans l'empire, que les plus belles provinces vinrent faire leurs soumissions au prince de Koueï. Ce fut Li-tching-tong lui-même qui fut le principal auteur de cette révolution. Mais la fortune se lassa bientôt de favoriser les armes du prince de Koueï. Ses généraux Kin-tchin-hoan et Li-tching-tong ayant échoué, l'an 1649, au siège de Kan-tchéou, dans le Kiang-si, eurent le malheur de se noyer tous les deux, mais non pas dans la même rivière, en fuyant devant les Tartares. Les affaires de ce prince ne furent plus désormais qu'un enchaînement de peines et de disgrâces.

La Chine fut délivrée, vers le même tems, du rebelle Tchang-hien-tching, non moins redoutable aux Chinois, qu'aux Tartares. Les ravages qu'il commit dans le Chen-si, le Ho-nan, le Ho-kouang, le Kiang-nan, le Ssé-tchuen, surpassent toutes les horreurs qu'on peut imaginer. Sa fureur éclata surtout dans le Ssé-tchuen. S'étant rendu maître de Tching-ton, capitale de cette province, il y attira les lettrés, classe de gens qu'il haïssait mortellement, sous prétexte de les élever à de nouveaux honneurs; et trente-deux mille s'y étant rendus, il les fit tous égorger. Il fit subir le même sort à trois mille eunuques, et à tous les hochan qui se trouvaient dans Tching-ton. Ce ne fut point encore là où se termina la barbarie de ce monstre dans le Ssé-tchuen. Ayant appris qu'un de ses généraux, qu'il avait envoyé contre les Tartares, avait passé à leur service, il s'en prit à cette province, dont il fit massacrer jusqu'à six cent mille habitants, comme s'ils eussent été complices du général déserteur. Ses propres concubines furent les victimes de sa cruauté. Pour n'avoir aucun obstacle dans ses armées, et se préparer à repousser les Tartares qui venaient à lui, il fit égorger jusqu'à deux cent quatre-vingt de ces malheureuses, et persuada à ses soldats de faire le même traitement à leurs femmes, dont il périt dans cette boucherie jusqu'à quatre cent mille. Enfin, étant près de Han-tchong, il fut tué d'un coup de flèche par les soldats d'une armée de Tartares, qu'il était allé reconnaître.

L'an 1646, et non pas 1645, le premier jour de la première lune, 17 janvier, il arriva une éclipse de soleil.

XXIIᵉ. DYNASTIE.

DES TSING.

CHUN-TCHI.

1649. (26ᵉ. année *Ki-tcheou*, du LXVIII cycle.) Cette année est celle que les Chinois comptent pour la première de CHUN-TCHI. Il entrait alors dans sa quatorzième année. Ses oncles, qui exerçaient la régence, jugeant à propos de le marier, lui cherchèrent une épouse parmi les princes mongous. L'ambassade qu'ils envoyèrent pour en faire la demande, était magnifique. Mais en passant à Taï-tong, les jeunes gens qui la composaient ayant enlevé la fille de l'un des plus distingués de la ville, qu'on menait en pompe à son époux, excitèrent parmi les citoyens un soulèvement universel. Le gouverneur Kiang-tsaï, s'étant vainement plaint de cet attentat au chef de l'ambassade, fit main-basse sur tous les gens de sa suite. Il n'en demeura pas là. Il publia un manifeste pour exhorter la nation chinoise à la vengeance. Cet écrit produisit tout l'effet que le gouverneur pouvait espérer. Tout ce qu'il y avait de plus brave et de plus courageux dans le Chan-si et le Chen-si accourut pour se joindre à lui. Il engagea même dans son parti le prince mongou, dont la fille avait été l'objet de l'ambassade. La cour de Pé-king vint à bout de détacher de la ligue ce prince, et de renouer le mariage de sa fille avec le jeune empereur. Mais Kiang-tsaï n'en fut pas moins ardent à poursuivre les Chinois. Deux grandes batailles qu'il gagna sur eux, répandirent l'alarme dans Pé-king. S'étant ensuite retiré dans Taï-tong pour y faire reposer ses troupes, il y fut investi par le général Tsé-tching-ouang. Un fossé large et profond que celui-ci fit creuser autour de la place, semblait fermer toute issue aux assiégés. King-tsaï, à la tête de ses soldats, le force, après un combat de quatre heures; mais en poursuivant l'ennemi, une flèche dont il est atteint, lui enlève la victoire avec la vie.

Le prince de Koueï, malgré les derniers revers qu'il avait essuyés, s'était fait reconnaître empereur des provinces méridionales de la Chine. Mais ce titre ne le réconcilia point avec la fortune. Deux batailles qu'il perdit, en 1650, contre les Tartares, furent suivies de la prise de Koueï-lin, sa capitale, qui, se trouvant alors dégarnie de troupes, et n'espérant aucun secours d'ailleurs, ne put être défendue par le ministre

Kiu-ssé-ché et le grand général Tchang-long-tchang, qui s'y étaient renfermés. Ce fut en vain que le général ennemi proposa à l'un et à l'autre de passer au service des Tartares. Les trouvant inébranlables, il ne put refuser des éloges à leur fidélité : mais la politique ne lui permit pas de la laisser impunie. Tous deux, par ses ordres, subirent le dernier supplice. Les Tartares éprouvèrent plus de difficultés au siège de Kouang-tchéou, qu'ils firent ensuite. Secourue par une flotte que Tching-tching-kong, fils de Tching-tchi-long, lui avait amenée, elle se défendit pendant huit mois, et n'eut vraisemblablement pas été prise, si des traîtres n'en eussent ouvert une des portes aux ennemis.

L'an 1651, mourut le prince Tsé-tching-ouang, chef du conseil de régence à la cour de Pé-king. Le jeune empereur avait tant de respect pour lui, qu'il ne le nommait jamais que *Père Prince*. Il lui était en effet redevable du trône et de la réunion de l'empire sous ses lois. Chun-tchi, après sa mort, prit les rênes du gouvernement, et les mania avec une sagesse qui lui attira l'admiration générale. Toutes les provinces de la Chine lui obéissaient, mais il lui restait à soumettre la mer, que Tching-tching-kong infestait avec d'autant plus de liberté, que les Tartares n'avaient point de marine. Ce pirate leur avait voué une haine mortelle depuis qu'ils retenaient prisonnier à Pé-king, Tching-tchu-long, son père, qu'ils y avaient attiré sous les promesses les plus flatteuses. Le fils avait appris son métier du père, qu'il surpassa en habileté comme en férocité.

On vit arriver, en 1656, à Pé-king, une ambassade des Russes, nommés Oros par les Chinois. Elle avait pour chef une espèce de cosaque nommé Baikof, et pour objet l'établissement d'un commerce libre entre les deux nations. Le czar Alexis avait fait remettre à son ambassadeur la valeur de 40,000 roubles, tant en argent qu'en marchandises. A son arrivée, celui-ci fut reçu avec honneur. On vint à sa rencontre, et on lui assigna un logement convenable et une table somptueuse. Mais son opiniâtreté à ne vouloir pas se soumettre aux usages et aux formalités du pays, rendit sa légation inutile (1). Il ne fut point admis à l'audience de l'empereur ; on lui renvoya ses présents, et il fut reconduit aux frontières sans aucun honneur. (M. Lévesque, *Histoire de Russie*, tom. III, p. 456.)

---

(1) « Avant l'audience, qu'il se flattait d'obtenir, il devait com-
» mencer par rendre hommage devant le trône du vieux palais, où
» l'on garde le trésor et le sceau impérial. Tous les grands de la
» Chine sont obligés de rendre leurs respects à ce trône avant que
» de paraître aux yeux de l'empereur ; et l'empereur même, avant

Le pirate Tching-tching-kong, fidèle à sa haine contre les Tartares, continuait de désoler les côtes de la Chine. La province de Fou-kien fut celle qu'il incommoda le plus par ses descentes. Il battit les Tartares en diverses rencontres, emporta plusieurs villes, et se rembarquait toujours chargé de butin. Ce qui lui attachait le plus les Chinois, c'était le zèle qu'il montrait pour les intérêts du prince de Kouëi. Depuis ses derniers revers, ce prince s'était retiré dans le royaume de Mien, où il attendait le retour de la fortune. Ayant appris, l'an 1658, qu'il s'élevait un nouveau parti en sa faveur dans le Kouëi-tchéou, il se mit en marche avec une petite armée pour s'y rendre. Mais en traversant le Yun-nan, il fut pris avec son fils par le fameux Ousan-kouëi, qui les fit étrangler. Ils étaient les seuls qu'on reconnût alors pour être de la famille des Ming. En immolant ces deux victimes, on ôtait aux Chinois tout prétexte de révolte, et l'espérance de rétablir cette dynastie. Tching-tching-kong, cependant, venait de donner un rude échec sur mer aux Mantcheous. Honteux de le voir maître de la mer, sans avoir un seul vaisseau à lui opposer, ils s'étaient déterminés enfin à équiper une flotte qui fit voile vers les îles du Fou-kien, où l'on s'attendait à le rencontrer. Le pirate épargna aux Tartares la peine de venir le chercher. Étant allé au-devant d'eux, il leur coula à fond plusieurs vaisseaux, en prit un plus grand nombre, et regagna triomphant une des îles qui lui servaient de retraite. Là, s'étant fait amener quatre mille prisonniers, il leur fit couper le nez et les oreilles, voulant marquer par cette barbarie aux Tartares qu'ils n'avaient aucune paix à attendre de lui. Mais apprenant le triste sort du dernier des Ming, sous le nom duquel il avait jusque-là fait la guerre aux Tartares, il cessa pour un tems d'infester les côtes de la Chine, et tourna ses vues du côté de l'île Formose, dans le dessein de s'y former un établissement solide. Cette île était possédée alors par les Hollandais, nommés par les Chinois *Hong-mao*, à qui les Japonais l'avaient cédée. Tchong-tching-kong y ayant fait une descente en 1662, enleva aux Hollandais le fort nommé *Castel Zelandia*, qu'ils y avaient bâti en 1634, et parvint à les chasser de l'île, ainsi que de celle de Taï-ouan, dont il se forma un gouvernement sur le modèle de celui des Chinois. Mais un an et quelques mois

---

» son installation, n'est point exempt de cette cérémonie....... Tous
» les ambassadeurs y sont assujettis trois jours avant l'audience. Celui
» de Moscovie la regarda comme une dérogation à la majesté du czar,
» et refusa de s'y soumettre. Ce fut pour cette raison qu'il partit sans
» avoir été reçu à l'audience. » (M. Deshautesrayes.)

après, il mourut, laissant pour successeur Tching-king-maï, son fils.

La petite vérole, dans ces entrefaites, emporta, l'an 1661, l'empereur Chun-tchi. Le cours de sa vie ne répondit pas à la brillante aurore de ses premières années. Sur la fin de son régne, étant devenu éperdument amoureux de la femme d'un de ses officiers, il chercha querelle à celui-ci, et le maltraita de manière qu'il en mourut de chagrin au bout de trois jours. L'empereur ayant ensuite épousé sa veuve, en eut un fils dont la naissance fut célébrée par des réjouissances extraordinaires. Mais la mort de cet enfant, qui ne vécut que trois mois, fut suivie de près par celle de sa mère. Chun-tchi, s'abandonnant alors au désespoir, voulait attenter à sa propre vie. Il ordonna d'apaiser les mânes de cette princesse par le sacrifice de trente hommes qui s'offriraient volontairement : coutume barbare que son successeur abolit. Il fit brûler son corps, à la manière des Tartares, dans un cercueil de bois précieux, richement orné. Les superstitions des bonzes, qu'il avait jusqu'alors méprisées, devinrent ses pratiques familières ; il prit leur habit, embrassa leur règle, exhorta ses courtisans, de l'un et de l'autre sexes, à l'imiter. Livré entièrement au culte des idoles, il fit élever en leur honneur trois pagodes dans son palais. Ce fut en vain que le P. Adam Schall, jésuite, qu'il avait mis à la tête du tribunal des mathématiques, sous le nom de Tang-jo-ouang, et qu'il n'appelait jamais que *Ma-fa, respectable Père*, tenta de rappeler ce prince à lui-même. Il n'avait que ving-quatre ans lorsqu'il mourut. Il se fit néanmoins de grandes choses au commencement de son règne ; mais on en fut redevable aux qualités sublimes du prince Ama-ouang, son oncle et son tuteur. « Ce régent, dit M. Deshautesrayes,
» prépara le règne brillant de Kang-hi, comme on a vu chez
» nous, dans le même tems, le ministre de Louis XIII jeter,
» pour ainsi dire, les fondements de la gloire et de la puis-
» sance de Louis XIV. »

Ce fut la première année du règne de Chun-tchi que les Jésuites missionnaires apprirent aux Chinois la fabrique des armes et la fonte des canons qu'ils ignoraient. (De Mailla.)

KANG-HI.

1661. (38e. année *Sin-tcheou*, du LXVIIIe. cycle.) KANG-HI, fils de Chun-tchi, lui succéda à l'âge de huit ans, sous la régence de quatre grands qu'il avait désignés en mourant. Leurs premiers soins furent d'exclure les eunuques de l'administration des affaires. Le chef de ceux ci les avait rendus odieux par ses malversations : on lui fit son procès, et, après avoir condamné ce perfide à mort et chassé du palais plusieurs milliers d'eunuques, on fit graver sur une plaque de fer d'un poids énorme, qui subsiste encore aujourd'hui, une loi qui déclare les eunuques incapables d'être élevés aux emplois et aux dignités. Il s'en fallut bien que la régence tînt une conduite aussi sage vis-à-vis des prédicateurs de l'évangile. Sous le dernier règne, ils avaient joui d'une profonde paix, à la faveur de laquelle ils firent un grand nombre de prosélytes. L'enfer leur envia ces conquêtes, et suscita un homme accrédité, nommé Yang-kouang-sien, qui les dénonça à la régence comme des ennemis secrets de l'état, qui soufflaient l'esprit de révolte et de faction, en se servant, pour séduire les Chinois, du prétexte de les instruire de leur religion. Les temples où ils assemblaient ceux de leur loi étaient, selon lui, des maisons fortes, où ils se préparaient à faire une bonne défense en cas d'attaque. La calomnie, toute grossière qu'elle fût, prit faveur. Les régents publièrent un édit qui proscrivait le Christianisme, et enjoignait, sous des peines très-grièves, à tous ceux qui l'avaient embrassé d'y renoncer. Pour récompense de son zèle, l'accusateur eut la place de Tang-jo-ouang, qui fut mis en prison. Tous les Européens répandus à la Chine furent amenés à Pé-king, et le tribunal des crimes s'assembla conjointement avec celui des rites, non pour vérifier les accusations, mais pour statuer sur la peine qu'on infligerait aux accusés. Tang-jo-ouang, en sa qualité de docteur de la loi chrétienne et de chef des prosélytes, fut condamné d'abord à être étranglé, et ensuite, d'après une nouvelle délibération, à être mis en pièces. L'arrêt, confirmé par les régents, allait s'effectuer, lorsqu'un horrible tremblement de terre qui survint, dit le père du Halde, saisit d'effroi les juges, et les détermina à suspendre l'exécution. On accorda même un pardon général, dont le seul Tang-jo-ouang fut excepté. Sony, l'un des quatre régents et le plus ancien, ayant obtenu un nouveau sursis en sa faveur, fit sentir à ses collègues le danger auquel ils s'exposaient en faisant mourir un homme que le feu empereur Chun-tchi avait comblé d'honneurs. N'avaient-ils pas à craindre en effet, comme il leur fit observer, qu'un jour le jeune empereur, devenu majeur et gouvernant par lui-même, ne leur demandât compte de leur conduite à l'égard d'un homme que son père avait protégé. En conséquence, il leur conseilla de prendre l'attache de l'impératrice, mère de Chun-tchi, afin que sa signature les disculpât si jamais ils venaient à être recherchés à ce sujet. Son avis fut suivi; et la sentence ayant été présentée à l'impératrice, elle en fut si indignée que, l'ayant déchirée, elle ordonna que le missionnaire fût mis en liberté. Il en jouit peu, son grand âge et les maux qu'il avait soufferts en prison, terminèrent sa carrière le 15 août 1666, à la soixante-dix-septième année de son âge, après avoir passé quarante-quatre ans dans les missions. La mort de Sony, son libérateur, précéda la sienne de quelques mois. C'était le seul des quatre régents pour qui le jeune empereur eut une véritable estime. Ce prince, étant entré vers le même tems dans sa quatorzième année, prit en main les rênes du gouvernement, après s'être fait déclarer majeur avec solennité. Le premier usage qu'il fit de son autorité fut de casser le conseil de régence. Patourou-kong y avait pris le dessus, et s'était asservi ses collégues de manière que rien ne se faisait que par ses ordres. Mais comme ils étaient dictés par la passion, il avait fait un grand nombre de mécontens, qui, n'osant se plaindre ouvertement, gémissaient dans le silence, en attendant l'époque de la majorité du prince. Dès qu'il fut parvenu à terme, des hommes respectables lui présentèrent contre ce ministre douze chefs d'accusation, dont chacun était digne de mort. Patourou-kong fut arrêté, par ses ordres, avec toute sa famille, complice de ses vexations. Le tribunal des crimes ayant instruit leur procès, condamna le père et le troisième de ses fils à être mis en pièces, et ses autres enfans, au nombre de sept, à être décapités, avec confiscation de tous leurs biens. L'empereur, en confirmant l'arrêt, commua la peine du père en celle d'être étranglé : et l'exécution suivit de près le jugement.

La jeunesse extrême de l'empereur ne l'égara point sur ses devoirs. Méprisant les vains amusemens de son âge, il était continuellement appliqué à s'instruire, soit dans la science du gouvernement, soit dans l'art militaire, soit dans l'étude des lettres ; et comme il était doué d'une grande pénétration d'esprit, bientôt il devança les plus habiles dans ces diverses carrières.

Tang-jo-ouang, dans le tems qu'il présidait au tribunal des mathématiques, avait fait, de concert avec ses collégues et par l'autorité du gouvernement, une réforme considérable dans l'astronomie chinoise, d'après les principes qu'il avait apportés d'Europe. Yang-kouang-sien, son délateur et son successeur, entreprit de détruire l'ouvrage de cet habile homme ; et dans cette vue, s'étant associé plusieurs mandarins, il présenta une supplique à l'empereur, pour demander l'abolition de l'astronomie européenne, comme erronée, et le rétablissement de l'ancienne. L'empereur ayant pénétré le motif de cette supplique, en fit examiner le contenu dans une assemblée des divers tribunaux, à laquelle il voulut présider lui-même après s'être mis au fait de la matière. Nan-hoaï-gin (le père Verbiest) et

Yang-kouand-sien y comparurent par ses ordres. L'empereur, après avoir parlé dignement de l'importance d'employer dans le tribunal des mathématiques une astronomie sûre, leur demanda s'ils n'auraient pas quelque moyen sensible de faire voir à tous ceux qui étaient présents laquelle des deux astronomies marquait avec plus de justesse les révolutions des astres. Yang-kouang-sien, gardant le silence, Nan-hoaï-gin répondit qu'il y avait plusieurs moyens sensibles; et, ayant prié l'empereur de faire placer un gnomon devant l'assemblée, il proposa à son antagoniste de supputer, chacun suivant sa méthode, à quel point l'ombre marquerait le lendemain à midi; alors on jugera, dit-il, laquelle des deux méthodes est la plus exacte. Yang-kouang-sien n'ayant pu donner aucune supputation satisfaisante, l'européen détermina au juste les points qu'il avait indiqués. Confus d'une légère réprimande que l'empereur leur fit alors sur la précipitation de leur jugement, les chefs des tribunaux tournèrent leur indignation contre Yang-ouang-sien, qu'ils accusèrent de fourberie et d'imposture, demandant qu'il fût livré au tribunal des crimes pour y être examiné à la rigueur. On fit droit sur cette plainte; et l'accusé, convaincu de plusieurs injustices commises dans le tribunal dont il était le chef, fut condamné à la mort. Mais l'empereur lui fit grâce, et se contenta de l'exiler à Ouéï-tchéou, sa patrie. Il mourut peu de tems après son départ.

Nan-hoaï-gin, ayant obtenu la place de son antagoniste, donna, pendant cinq mois, des leçons de mathématiques à l'empereur. Il se servit de sa faveur auprès du monarque pour demander le rétablissement des Chrétiens. Mais tout ce qu'il put impétrer, ce fut le rappel des missionnaires avec une déclaration des mandarins, qui portait que la religion des Chrétiens n'enseignait rien de mauvais ni de contraire à la tranquillité de l'état. Il fut, néanmoins, défendu aux missionnaires de bâtir de nouvelles églises, et aux Chinois d'embrasser le Christianisme.

Ousan-kouëï, qui avait rappelé les Tartares en Chine pour l'aider à dompter les rebelles, avait eu pour sa récompense la principauté de Yun-nan, à la charge du tribut. Etant devenu assez puissant pour secouer le joug, il prit des mesures qui donnèrent de violents soupçons contre lui. L'empereur, pour approfondir ses intentions, le fit inviter de se rendre à sa cour. Ce fut alors qu'il déclara ouvertement sa révolte. Il avait déjà mis dans ses intérêts trois provinces de son voisinage, auxquelles se joignit Tching-king-maï, roi de Formose. Mais le défaut de concert entre les confédérés fit que bientôt ils se séparèrent. Battus en détail par les troupes impériales, ils firent, chacun à part, leur paix avec l'empereur, et laissèrent le chef de la ligue exposé à la vengeance du monarque. Le fils de Ousan-kouëi avait déjà payé de sa tête une conjuration qu'il avait formée à la cour même de l'empereur, où il était retenu comme en ôtage. Le père, battu de tous côtés, alla mourir dans le Yun-nan, cassé de vieillesse et accablé de chagrin, l'an 1679.

Tching-king-maï, peu de tems après avoir abandonné le parti de Ousan-kouëi, était mort, laissant pour successeur, dans le royaume de Formose, Tching-ké-san, son fils. Kang-hi, désirant recouvrer cette île, ainsi que celles de Pong-hou, occupées par les Hollandais, commença par faire publier une amnistie pour tous ceux qui avaient quitté leur patrie pour s'attacher au rebelle Tching-tching-kong, aïeul de Tching-king-maï. Cette déclaration ayant fait revenir une grande partie de ces transfuges, une flotte considérable, envoyée par le gouverneur du Fou-kien, vint attaquer les îles de Pong-hou, dont elle s'empara malgré la brave résistance des Hollandais. Cette conquête abattit le courage du prince de Formose. Mandé à la cour de Pé-king, il s'y rendit après avoir fait quelques difficultés, et y passa le reste de ses jours avec la qualité de comte qu'il transmit à son héritier.

Les progrès des Russes dans la Tartarie commençaient à donner de l'inquiétude à la cour de Pé-king. Les deux puissances étant convenues de fixer des limites entre les deux empires, les pères Gerbillon, François et Pereira, portugais, deux célèbres missionnaires, appelés en chinois, le premier, Sugé-chin, l'autre, Tchang-tching, furent chargés, l'an 1688 (et non 1684), d'accompagner, en qualité d'interprètes, les plénipotentiaires chinois, nommés pour cette opération. C'est de la relation de leur voyage qu'est tirée la description que le père du Halde nous a donnée de la Tartarie occidentale. La ville de Selinga était désignée pour le lieu des conférences. Mais les Chinois n'y parvinrent point, ayant été rappelés par l'empereur à l'occasion d'une guerre qui s'était élevée entre les Kalkas et les Eleutes. Mais l'année suivante, la négociation s'effectua dans la ville de Nipchou; et les limites des deux empires furent réglées entre les plénipotentiaires de l'une et de l'autre nations. Par-là fut terminée une guerre sourde, qui durait depuis trente ans.

L'empereur partit de Pé-king le 9 mai 1691, pour aller tenir les états de la grande Tartarie. Son cortége était nombreux et composé de la plus grande partie de sa cour. Outre les officiers et les troupes de sa maison, la plupart des grands de l'empire, les principaux princes du sang, les régules, les ducs, etc., partirent en même tems avec beaucoup de troupes, et prirent une autre route pour se rendre au lieu de l'assemblée qui se tint dans la plaine de Tolo-nor, ou des *sept réservoirs d'eau*, où il assit son camp, que le père Gerbillon, qui était du voyage, fut chargé de tracer. Il y reçut en grande pompe les hommages et les présents des princes Kalkas, ainsi que la visite du grand lama, qu'il lui rendit ensuite avec les cérémonies d'usage : après quoi il revint à Pé-king, où il rentra le 14 juin suivant.

L'empereur, dans son voyage, n'avait point pourvu à la sûreté des Kalkas contre les Eleutes. Après son retour, il crut devoir donner à cet objet une plus grande attention. Le kaldan ou khan des Tartares Eleutes, prince inquiet et entreprenant, était depuis long-tems en guerre avec les Kalkas. Mati, officier du tribunal, envoyé au kaldan pour l'inviter à la paix, fut tué sur la route par les gens de ce prince. L'empereur lui écrivit pour se plaindre de cette violation du droit des gens, et menaça d'en tirer vengeance, s'il ne recevait une prompte satisfaction. Peu de tems après, il fut attaqué d'une fièvre maligne, dont les missionnaire jésuites le guérirent en lui faisant prendre du quinquina contre l'avis des médecins chinois. Kang-hi, par reconnaissance, donna aux missionnaires une maison dans le Hoangtching, ou enceinte du palais qui avait appartenu au gouverneur du prince-héritier qu'il avait exilé. Cette maison, où les Jésuites firent bâtir une très-belle église aux frais de l'empereur, est la première qu'ils aient eue en Chine. Ce monarque ayant fait venir ensuite les missionnaires en sa présence, les assura de sa protection, et leur fit remettre des présents pour le roi de France.

Le kaldan, malgré les promesses qu'il avait faites de vivre en paix avec ses voisins, continuait de les troubler par les usurpations qu'il faisait sur leurs terres. Kang-hi, pressé par les Kalkas, se détermina enfin à marcher en personne contre lui. Ayant assemblé pour cette expédition près d'un million d'hommes, il en forma trois armées qui devaient se rendre en Tartarie par différentes routes. Tout étant réglé pour son départ, il offrit un sacrifice solennel au Tien, pour lui demander l'heureux succès de ses armes, et partit de Pé-king le 1er. avril de l'an 1696, accompagné de six de ses fils, et suivi des trois missionnaires jésuites, Gerbillon, Thomas et Pereira, dont le premier nous a laissé un journal exact de la route que tint ce monarque. Le kaldan s'étant avancé jusqu'à la rivière de Kerlon, prit la fuite dès qu'il apprit que l'empereur approchait, et força sa marche jusqu'à ce qu'il fût hors d'inquiétude et de danger. Mais en fuyant devant l'armée impériale, il tomba, le 12 juin, dans celle de Fiangu-pé, général chinois. Déterminé à tout risquer, il commença lui-même le combat, qui fut long et d'autant plus sanglant, que l'espérance de retraite manquait également aux deux partis. Le kaldan, vaincu, prit la fuite avec quarante ou cinquante hommes, tandis que le reste de ses gens cherchait son salut par différentes routes, laissant leur bagage, leurs femmes, leurs enfants et leurs troupeaux, à la merci du vainqueur. Cette grande nouvelle fut apportée par quelques-uns des principaux officiers du kaldan, qui venaient implorer la miséricorde de l'empereur au camp de Mao-lao-yé, général du détachement que sa majesté avait envoyé à la poursuite de l'ennemi. Ce seigneur dépêcha aussitôt au camp impérial un courrier par lequel on apprit que le lieu de la bataille se nommait Terelgi. L'empereur, après cette victoire qui mettait le kaldan aux abois, prit le parti de retourner à Pé-king. Un grand nombre de familles éleutes vinrent se ranger sous ses drapeaux, et plusieurs princes et princesses mongous et kalkas accoururent pour le féliciter sur sa route qu'il fit en chassant : exercice auquel il se plaisait beaucoup. Il arriva enfin triomphant à Pé-king le 7 juillet, suivi de son armée qui avait beaucoup souffert de la faim, de la soif et de l'incommodité des chemins dans les déserts de la Tartarie.

La déroute du kaldan n'éblouit point l'empereur, et ne l'empêcha pas de prendre toutes les mesures convenables pour se défaire d'un ennemi toujours à craindre tant qu'il verrait le jour. A cet effet, il envoya différents détachements en Tartarie, avec ordre de le chercher et de le mettre à mort partout où ils pourraient se saisir de sa personne. Il lui écrivit cependant des lettres très-pressantes pour l'amener à des sentiments de paix et l'engager à le venir trouver, avec assurance que s'il se rendait à ses invitations il serait traité favorablement. Mais voyant qu'il ne pouvait rien gagner sur cet esprit farouche, il se résolut de le pousser à bout par une nouvelle expédition. Etant parti de Pé-king le 14 octobre 1696, il reçut, le 25 décembre, sur les frontières des Eleutes, un ambassadeur du kaldan, avec une lettre de ce prince, par laquelle il promettait de se soumettre au cas qu'il pût obtenir son pardon. L'empereur confirma les assurances qu'il lui avait données ; et, comme la saison était rude, il prit le parti de retourner à Pé-king, où il rentra, le 12 janvier 1697, au milieu des acclamations.

L'empereur fit, au mois de février suivant, un nouveau voyage en Tartarie, sous prétexte de visiter les frontières des états qu'il avait en cette contrée ; mais, dans le vrai, pour contraindre le kaldan à venir lui faire ses soumissions. Etant à Chinmou, on lui amena le fils du kaldan, qui avait été pris par la garnison de cette place. Son nom était Septenparlchour. « C'était, dit le père Gerbillon, témoin oculaire de l'entrevue,

» un enfant de quatorze ans, assez bien fait. Il était vêtu d'une
» casaque de drap avec un bonnet de peau de renard; son air
» était triste et embarrassé. L'empereur le retint assez long-
» tems, toujours à genoux, et lui fit diverses questions. » Le
monarque le fit conduire en poste dès le lendemain à Pé-king.
Kang-hi arriva, le 17 avril, à Ning-hia, et n'en partit que le 5
mai suivant, ayant passé le tems du séjour qu'il y fit à chasser
et à régler les opérations des armées qu'il envoya en avant.
Mais étant à Pouctou, il y apprit la mort du kaldan. Kang-hi,
à cette nouvelle, ne put dissimuler la joie qu'il en ressentait.
« La guerre est enfin terminée, dit-il à ses grands, et nous
» allons goûter les douceurs d'une paix si ardemment désirée. »
Ayant alors donné ses ordres à son armée pour retourner sur
ses pas, il la précéda, et arriva le 4 juillet à Pé-king, accompagné de l'impératrice douairière et des reines qui étaient
venues au-devant de lui.

Jusqu'en 1709, la paix, depuis que Kang-hi était assis sur le
trône, avait constamment régné dans la famille impériale.
Cette année elle fut troublée par un événement imprévu. Le
second fils de l'empereur, qu'il avait nommé prince-héritier
parce qu'il était né d'une impératrice, fut tout-à-coup chargé
de fers; ses enfants et ses principaux officiers furent enveloppés
dans sa disgrâce; et tout cela par les artifices de son frère aîné,
qui avait le titre de premier régule. Mais l'innocence du prince
accusé ayant été découverte, il fut rétabli dans ses honneurs,
et ses calomniateurs subirent le châtiment qu'ils méritaient. Le
prince-héritier, par la suite, fut néanmoins dégradé de nouveau
pour des fautes réelles envers la personne de son père.

L'empereur faisait cependant travailler à la carte de la Chine
et de la Tartarie. Trois missionnaires jésuites, Bouvet, Régis
et Jartoux, auxquels se joignirent depuis leurs confrères Fabre-
bonjours, Antoine Cordova et Frédeli, furent chargés de cette
entreprise, qu'ils commencèrent en 1708, et dont ils vinrent à
bout dans le cours de l'an 1715. « Quoique ce grand ouvrage,
» dit le père de Mailla, laisse encore beaucoup d'incertitude
» sur plusieurs positions de différents endroits de la Tartarie,
» on peut l'envisager néanmoins comme un excellent morceau
» de géographie, qui donne de ces vastes contrées de la haute
» Asie des connaissances beaucoup plus détaillées et plus exactes
» que tout ce qu'on en avait avant cette époque. »

L'impératrice mère ayant terminé ses jours le 11 janvier 1717,
on prit le grand deuil à cette occasion dans tout l'empire,
quoiqu'elle ne fût pas la mère de l'empereur. Tous les mandarins, non en chaise, mais à cheval, vêtus de blanc, et sans

grande suite, allèrent, pendant trois jours, faire les cérémonies ordinaires devant la tablette de la princesse défunte.

Kang-hi tomba malade l'année suivante. Toute la cour fut alarmée, parce qu'il ne s'était pas encore choisi de successeur, et qu'on craignait qu'à sa mort les princes ses fils ne causassent du trouble pour faire valoir leurs droits à la couronne. Un des premiers mandarins l'ayant fait pressentir par son fils sur ses dispositions, l'empereur pardonna au fils son indiscrétion, et donna ordre de faire mourir le père : exemple de sévérité qui obligea les grands d'attendre en silence la déclaration de ses dernières volontés. L'empereur revint de cette maladie. Le 22 novembre 1720, un ambassadeur de Russie fit son entrée publique à Pé-king, avec beaucoup de pompe et de magnificence. Il fut reçu à la cour avec de grands honneurs. Cependant, par de bonnes et sages raisons, il n'obtint pas ce qui faisait l'objet de son ambassade : c'était d'ouvrir la liberté du commerce entre la Chine et la Russie, et d'établir des comptoirs dans les principales provinces de la Chine. Kang-hi jugea à propos d'en fixer le nombre à deux, l'un à Pé-king, l'autre à Chou-kou-paï-tsing, sur les frontières des Eleutes.

Depuis quatre ans, la Chine était en guerre avec les Tartares. L'an 1721, l'empereur reçut les compliments de félicitation des grands, à l'occasion d'une grande victoire que ses troupes venaient de remporter sur ces ennemis. Cette victoire valut aux Chinois la conquête de tout le Tibet.

Les Chinois de l'île Formose, la même année, s'étant révoltés à l'aide de ceux du Fou-kien, firent main-basse sur les troupes impériales, et égorgèrent les mandarins, à l'exception d'un seul qui eut le bonheur de se sauver. Les rebelles ne jouirent pas long-tems de l'impunité. De nouvelles troupes, envoyées par l'empereur, les forcèrent dans la capitale de l'île, et les dissipèrent après un massacre horrible.

Kang-hi, l'an 1722, au retour d'un voyage de Tartarie, étant allé chasser au tigre, près de Pé-king, fut surpris d'un vent du nord très-froid. Porté dans son lit, il sentit qu'il n'en reviendrait pas. Son sang, en effet, s'était coagulé de manière qu'aucun remède ne put le soulager. Peu de jours avant sa mort, il fit son testament pour assurer la couronne, après lui, au quatrième de ses fils. Ce monarque expira le 20 décembre, à l'âge de soixante-neuf ans.

« L'empereur Kang-hi, dit l'éditeur de ses Observations de
» physique, est un des plus grands princes qu'ait eus la Chine...
» Homme de lettres, savant philosophe, grand politique, ci-
» toyen, ami des hommes, et un peu guerrier ; il réunissait
» dans un degré supérieur les talents, les qualités et les vertus

» que tous les siècles ont destinés à l'admiration publique....
» Dès l'âge de huit ans, il était plein d'ardeur pour s'instruire.
» Il se levait dans sa jeunesse à trois heures du matin pour étu-
» dier.... Aussi devint-il un très-habile lettré. Eloquence, poé-
» sie, histoire, jurisprudence, antiquité, tout était de son
» ressort..... Il était si avare de son tems et si attentif à le bien
» employer, que quand on lit l'histoire de son règne, on ne
» comprend pas comment les soins qu'il donnait aux affaires,
» les détails où il entrait, les grandes choses qu'il a exécutées,
» lui ont pu laisser le tems d'ouvrir des livres; et quand on
» voit la collection de ses ouvrages dans tous les genres, on
» comprend encore moins qu'il ait pu tenir le gouvernail d'un
» si grand empire..... Comme ce grand prince était très-avide
» de connaissances et méditatif, il prenait occasion de tout pour
» s'instruire. En voyage comme dans son palais, il revenait, par
» ses réflexions, sur tout ce qui l'avait frappé, et s'en rendait
» compte à lui-même en les jetant sur le papier. Voilà pourquoi
» il y règne si peu d'ordre ; mais elles n'en peignent que mieux
» son génie, et sont dès là plus curieuses. Le recueil entier de
» ses observations serait fort considérable : nous ne donnons ici
» que celles qu'on trouve dans la quatrième partie de ses ou-
» vrages, dont la collection entière va à plus de cent volumes. »
(*Mémoires concernant les Chinois*, tome IV, page 452.)

Pour ne pas interrompre par une trop longue digression le récit des événements du règne de ce prince, nous avons renvoyé à la fin de cet article ce qui concerne l'état où la religion chrétienne se trouvait alors à la Chine. Mais il faut reprendre les choses de plus haut. Dès l'an 1556, Gaspard de la Croix, dominicain portugais, était entré à la Chine, où il avait prêché l'Evangile. Mais bientôt, chassé par les mandarins, il se retira dans l'île d'Ormus. L'an 1590, Jean Castro et Benavidez, du même ordre, et quelque tems après, leurs confrères, Martin et Mayor, vinrent, par commandement du pape Grégoire XIII, pour travailler à la conversion de ce grand empire. Mais les mandarins, gagnés, à ce qu'on prétend, par les jésuites, les obligèrent encore à vider le pays. Le P. Ricci, jésuite, et ses confrères, restèrent maîtres de la mission. Des sentinelles, qu'ils avaient postées à Canton, empêchaient d'autres ouvriers évangéliques que ceux de leur compagnie, de pénétrer à la Chine. Mais, en 1631, Ange Coqui, dominicain, ayant trouvé moyen d'y entrer par l'île Formose, fut suivi par Jean B. Moralez, son confrère, et Antoine de Sainte-Marie, franciscain. Ces trois prédicateurs ne pouvant s'accorder avec les jésuites sur les pratiques que ceux-ci permettaient à leurs prosélytes, furent bannis en 1638 par le gouverneur de Fou-ngan, dans le Fou-kien, après avoir essuyé pendant cinq jours un supplice aussi cruel qu'ignominieux. Moralez se rendit à Rome l'an 1643, et obtint l'année suivante un décret du saint-office, confirmé, l'an 1645, par Innocent X, portant défense, 1°. de dispenser les chrétiens des commandements de l'Eglise ; 2°. d'omettre dans le baptême plusieurs cérémonies ; 3°. de tolérer l'usure ; 4°. de permettre aux chrétiens de contribuer à la dépense des sacrifices et des fêtes des idoles ; 5°. d'autoriser les gouverneurs des villes à se prosterner devant l'idole Chinchoam, en rapportant leurs adorations à une croix cachée dans le lieu du sacrifice ; 6°. de souffrir qu'on rende à Confucius (1) un culte pour obtenir de

---

(1) « L'an 195, avant l'ère chrétienne, dit M. Deshauterayes, l'illustre fondateur de la dynastie des Han, revenant de Peï, sa patrie, visita le tombeau de Confucius, dans le pays de Lou, et il fut le premier qui lui sacrifia un bœuf. Ce conquérant se souciait fort peu de ce philosophe et de ses livres ; mais il voulait flatter les lettrés qui avaient fomenté la plupart des troubles dont son règne avait été agité, et les empêcher de blâmer son gouvernement en gagnant leur estime. Il est aisé de conclure de là que le sacrifice qu'il offrit à Confucius, en cette occasion, était une affaire de pure politique, et qu'il n'en attendait rien. Mais je ne pense pas qu'on puisse en dire autant des lettrés, qui élevèrent depuis des *miao* dans toutes les villes de la Chine, et réglèrent le culte qu'ils n'ont pas discontinué de lui rendre depuis le fondateur des HAN. Ils lui font des offrandes deux fois l'année, ainsi qu'à la nouvelle et à la pleine lune ; et ils croient que son esprit, qu'ils invoquent, se rend dans un magnifique cartouche appelé *le siége de l'esprit*, sur lequel son nom est écrit en grandes lettres d'or, et qu'il accepte les grains, les fruits, les soieries et les parfums qu'on brûle en son honneur, ainsi que le vin de félicité qu'on répand et les chairs des animaux qu'on immole. Ils offrent toutes ces choses après s'y être préparés et purifiés par l'abstinence et la continence, dans l'espérance d'obtenir toutes sortes de prospérités et de biens. Nos théologiens concluent de ceci que, quand il serait bien prouvé que dans leur institution ces cérémonies eussent été purement politiques, cela n'empêcherait pas que de la manière dont elles se pratiquent aujourd'hui, elles ne soient superstitieuses et idolâtriques. A l'égard du Tien, ou du *Chang-ti*, les anciens *king* ou livres classiques des Chinois, en parlent en termes si relevés, qu'il paraît impossible, au premier coup-d'œil, de ne pas le confondre avec le vrai Dieu. Il punit, il récompense, il place les rois sur le trône et les en fait descendre ; il les avertit de se corriger à la vue des phénomènes et des calamités qu'il leur envoie ; il aime les peuples, etc.. Pour dire en deux mots mon sentiment, il me semble que, si l'ancienne religion des Chinois n'est pas différente de celle qu'ils observent aujourd'hui, on doit en conclure qu'ils n'ont jamais reconnu de substance distincte de la matière, et par conséquent que les noms de *Tien* et de *Chang-ti*, ceux de *Li* et de *Taï-kié*,

lui la science et la sagesse, et pour le remercier de les avoir obtenues ; 7°. d'offrir des sacrifices aux ancêtres pour en obtenir des prospérités ; 8°. de supprimer dans l'instruction des catéchumènes le mystère de Jésus-Christ crucifié, et l'exposition du crucifix dans les églises, pour ne pas irriter un peuple qui a la croix en aversion et la regarde comme une folie. Ce décret ayant été apporté en Chine, l'an 1649, par Navarette, dominicain, et signifié au provincial des Jésuites, *Nous assurons*, écrivit celui-ci au P. Moralez, *qu'en tout ce que nous pourrons, nous obéirons à tout ce que nous ordonne le saint-siége*. Cependant sur un exposé où ils changeaient en honneurs civils et cérémonies politiques le culte qui faisait le sujet de la contestation, les Jésuites, le 23 mars 1656, obtinrent du pape, Alexandre VII, un décret favorable en apparence à leurs prétentions, mais dont les prêtres des missions étrangères ont prouvé dans leur quatrième mémoire que le véritable sens portait leur condamnation.

Nous supprimons, pour abréger, ce qui s'est passé dans cette grande affaire, jusqu'au pontificat de Clément XI. L'an 1699, le 20 de la dixième lune, Philippe Grimaldi, jésuite, et trois autres de ses confrères, présentèrent à l'empereur un placet dans lequel ils disaient : « Nous avons toujours jugé qu'on ho-
» nore Confucius en Chine comme législateur ; que c'est en
» cette seule qualité et dans cette unique vue qu'on pratique
» les cérémonies établies en son honneur. Nous croyons que les
» rites qu'on observe à l'égard des ancêtres ne sont établis que
» dans la vue de faire connaître l'amour qu'on a pour eux, et de
» consacrer le souvenir du bien qu'ils ont fait pendant leur vie.

» quelques attributs qu'ils leur donnent, ne peuvent être confondus
» avec celui du vrai Dieu ; que le culte rendu à Confucius et aux ancê-
» tres, quoique peut-être purement et simplement civil dans ses
» commencements, n'est pas plus exempt d'idolâtrie que celui que les
» Romains rendirent d'abord à leurs proconsuls du tems de la répu-
» blique, et ensuite à leurs empereurs. Enfin les *Kouei-chin*, ou cette
» foule d'esprits subalternes, auxquels les Chinois sacrifient, et qui
» président selon eux au ciel, à la terre, aux forêts, aux montagnes,
» aux fruits, etc., ne diffèrent pas de ceux des Grecs et des Romains,
» qui en avaient peuplé le ciel et la terre. » (Note sur la page 301, du
XI°. vol de l'*Histoire générale de la Chine*.) Remarquez, d'après le
même auteur, que le père Visdelou, dont le témoignage, dit-il, doit
être d'un grand poids, assure positivement, dans sa notice de l'Y-king,
que la religion actuelle des Chinois n'est pas différente de l'ancienne.
Le mérite de ce jésuite, fort attaché à M. de Tournon, le fit élever à
l'épiscopat et nommer vicaire apostolique en 1708, après vingt ans de
séjour à la Chine.

« Quant aux sacrifices du ciel, nous croyons que ce n'est pas
» au ciel visible, qui est ce ciel que l'on sait au-dessus de nous,
» qu'ils sont offerts, mais au maître suprême, auteur et con-
» servateur du ciel et de la terre, et de tout ce qu'ils renferment.
» Tels sont l'interprétation et le sens que nous avons toujours
» donnés aux cérémonies chinoises ; mais comme des étrangers
» ne sont pas censés pouvoir prononcer sur ce point important
» avec la même certitude que les Chinois eux-mêmes, nous
» osons supplier votre majesté de ne pas nous refuser les éclair-
» cissements dont nous avons besoin. » L'empereur, dit le
P. de Mailla (tom. XI, p. 303), lut ce placet avec attention, et
l'approuva comme conforme en tous points à la doctrine religieuse des Chinois.

Cette réponse, que les Jésuites se gardèrent bien de divulguer,
ne fut connue des missionnaires des autres ordres qu'après qu'elle
eut été envoyée à Rome lorsqu'il n'était plus tems d'écrire en
Europe. Elle n'en imposa pas cependant au pape, qui crut devoir
envoyer sur les lieux un légat à *latere*, pour connaître par ses
yeux l'état de la religion à la Chine. Ce fut Thomas Maillard de
Tournon, archevêque titulaire d'Antioche, qu'il nomma en
même tems patriarche des Indes. Arrivé, le 8 avril 1705, à
Canton, avec un décret de sa sainteté, du 24 novembre 1704,
contre les cérémonies chinoises, qu'il tint secret, il partit au
mois de septembre 1705, avec la permission de l'empereur,
pour Pé-king, et fut traité sur la route avec de grands honneurs.
Kang-hi, dès la première audience qu'il lui donna, le goûta
beaucoup, et parut avoir envie d'établir une étroite correspondance avec le pontife qui l'envoyait. Il accorda même au patriarche qu'il y eût toujours à la cour de Pé-king comme un
nonce, supérieur de tous les missionnaires ; mais bientôt après,
par l'intrigue de ceux qui n'avaient pas intérêt d'être éclairés
de si près, il fit entendre qu'un des jésuites qui étaient à Pé-
king, suffirait pour y remplir les fonctions de résident de la part
du pape. Des mandarins demandèrent ensuite, de la part de
l'empereur, au légat, comment sa déclaration avait été reçue
en Europe. C'était un piége dont le légat se tira en répondant qu'elle n'avait point paru authentique à Rome. Le légat
voyant l'empereur indisposé contre lui, demanda son audience de congé, et partit de Pé-king après l'avoir obtenue,
le 28 août 1706, pour Canton, laissant Charles Maigrot, vicaire apostolique du Fou-kien et évêque de Conon, exposé au
ressentiment de l'empereur. Ce prince l'ayant fait emprisonner
chez les Jésuites, le condamna depuis à la bastonnade et à
l'exil, pour le reste de ses jours, en Tartarie. Le légat reconduit sur des barques de l'empereur à Canton, ne put y arriver,

par un retardement affecté de ses conducteurs, que long-tems après le départ des bâtiments européens pour leur pays. Deux jésuites députés par l'empereur, avaient pris les devants pour ne pas rencontrer de contradicteurs à Rome. Le légat ne put parvenir, que le 17 décembre 1706, à Nan-king, où il fut retenu trois mois. Ce fut là qu'il eut connaissance de l'édit de l'empereur, daté du 13 de la 11e. lune 1706, par lequel il était défendu aux missionnaires de rester à la Chine sans une permission expresse et par écrit de la cour, qu'ils n'obtiendraient qu'après avoir approuvé la doctrine de Confucius, et promis avec serment, de ne plus retourner en Europe. Jusqu'alors il avait tenu secret le décret dont il était porteur. Il se détermina enfin à le publier le 25 janvier 1707. C'était un coup de foudre pour ceux qui y étaient opposés. Ils ne s'attendaient pas à voir le légat braver ainsi leur ressentiment et la colère de l'empereur au milieu de la Chine. Un appel du décret au saint siège, fut la ressource qu'ils imaginèrent pour en suspendre l'effet. Le légat étant arrivé, le 24 mai, de Nan-king à Canton, y reçut ordre d'aller attendre à Macao, le retour des pères Barros et Beauvolier, envoyés à Rome (1). Pendant le séjour qu'il y fit, le capitaine général, l'évêque et les missionnaires de Macao s'accordèrent à lui faire essuyer mille indignités, et cela au nom, mais dans le fait, à l'insu de l'empereur, à l'égard duquel on prenait les plus grandes précautions pour qu'il n'en fut pas instruit, non plus que la cour de Rome. La promotion de M. de Tournon au cardinalat, dont la nouvelle fut apportée à Macao, le 17 août 1709, acheva de perdre ce prélat: on enferma dans la forteresse six missionnaires chargés de la lui annoncer de la part du pontife; et lui-même resserré plus étroitement que jamais, fut réduit, pour toute nourriture, à boire de l'eau de la mer, qui entrait dans le puits de sa maison, et à ce qu'une femme âgée trouva le moyen de lui fournir en secret pendant quelque tems. Enfin il mourut d'un accident soudain, qui avait, dit-on, les apparences d'une apoplexie, le 8 juin 1710. (M. Deshauterayes, *note sur le XIe. vol. de l'Hist. de la Chine*, pag. 309 et suiv.) Ses ennemis, après sa mort, s'emparèrent de son corps, et saisirent tous les papiers de sa légation, dans l'espérance d'anéantir les preuves de leurs excès. Clément XI, instruit de ces violences, en temoigna son indignation, et parut vouloir en faire une justice exemplaire: mais les coupables trouvèrent moyen de l'apaiser. (*Anecd. de la Chine.*) L'inexécution de son décret, cependant, lui tenait au

---

(1) Ils périrent dans un naufrage, en allant à Rome.

cœur; et, l'an 1715, il le confirma par sa bulle *ex illa die* (1), qui ne fut pas mieux accueillie à la Chine, par ceux qui rejetaient le premier décret. Jugeant nécessaire d'envoyer sur les lieux un nouveau légat, il jeta les yeux sur Charles-Ambroise Mezzabarba, qu'il créa en même tems patriarche d'Alexandrie. Ce prélat étant parti de Rome, le 19 mai 1719, se rendit à Lisbonne, d'où il arriva, le 23 septembre 1720, à la vue de Macao, où il fut reçu avec les plus grandes démonstrations de respect. De là étant passé à Canton, il mit à la voile, le 29 octobre, pour Pé-king, aux frais de l'empereur, dans une barque magnifiquement ornée. Après avoir éludé les questions insidieuses que lui firent, sur l'objet de sa mission, quatre mandarins envoyés au-devant de lui, il fut admis solennellement, le 31 décembre 1720, à l'audience de l'empereur, et eut l'honneur de manger avec lui, mais à une table séparée, ainsi que les mandarins. Le monarque se contenta, pour cette fois, de faire quelques questions, qui firent juger au légat combien il était prévenu de l'opinion des missionnaires de Pé-king, en faveur des cultes chinois. « Comment, lui dit ce » prince, le pape peut-il juger de la nature des cérémonies » chinoises, qu'il n'a jamais vues? Aurais-je assez de présomp-» tion pour juger des coutumes de l'Europe, qui me sont » inconnues? » La réponse du légat fut que le pape ne prétendait point juger des usages de la Chine, et qu'il se bornait à régler ce que les Chrétiens établis à la Chine, pouvaient pratiquer de ces usages, sans blesser les principes de leur religion.

Ce ne fut pas la seule audience que le prélat obtint de l'em-

---

(1) A sa bulle, le pape joignit un formulaire que devaient signer tous les missionnaires de la Chine. Il était conçu en ces termes :
« Je N. missionnaire envoyé à la Chine par le saint siége, ou par
» mes supérieurs suivant les pouvoirs à eux accordés par le saint siége,
» obéirai pleinement et fidèlement au commandement apostolique
» touchant les cérémonies de la Chine, renfermés dans la constitution
» que notre saint père le pape Clément XI a faite à ce sujet, où la
» forme du présent serment est prescrite, et à moi parfaitement
» connue par la lecture que j'ai faite en entier de ladite constitution,
» et l'observerai absolument et inviolablement, et l'accomplirai sans au-
» cune tergiversation. Que si, en quelque manière que ce soit, ce qu'à
» Dieu ne plaise, j'y contreviens, toutes les fois que cela arrivera, je me
» reconnais et me déclare sujet aux peines portées par la même cons-
» titution; je le promets, je l'avoue, et je le jure de la sorte en
» touchant les saints évangiles. Qu'ainsi Dieu me soit en aide et ses
» saints évangiles. Je N. de ma propre main. » (*Anecd. de la Chine*, tom. Ier., Préf. p. xxiij)

pereur. Dans une autre (c'était la quatrième qui lui fut accordée le 14 janvier) ce monarque parut consentir à la demande qu'il lui fit au nom du pontife, de pouvoir annoncer l'évangile dans sa pureté, et témoigna sa joie de l'union qui allait, disait-il, régner désormais parmi les missionnaires. En le congédiant, il le chargea d'informer promptement le pape de ce qui s'était passé. Tous les missionnaires furent enchantés des discours de l'empereur, à l'exception des Jésuites qui, étant plus accoutumés au manége de la cour de Pé-king, ne purent se persuader que l'empereur eût parlé sérieusement. C'est ce qu'ils firent observer à Mezzabarba, lorsqu'ils le virent prêt à écrire au pape, pour lui rendre compte des dispositions de l'empereur. La lettre fut néanmoins faite; mais ayant été portée à la maison des jésuites français, pour être traduite en chinois, elle y resta entièrement oubliée.

Les Jésuites ne s'étaient point trompés. Le 18 janvier, quatre mandarins étant venus trouver le légat, lui présentèrent un ordre du prince, écrit en lettres rouges, au bas de la constitution du pape. Ils en firent lecture à haute voix, et il portait: « Tout ce qu'on peut dire en voyant ce décret, est de se
» demander comment des européens, ignorants et méprisables,
» osent parler de la grande doctrine des Chinois; eux qui ne
» connaissent ni les coutumes, ni les pratiques, ni les carac-
» tères qui la font connaître..... Il n'est pas à propos de per-
» mettre aux Européens d'annoncer leur loi à la Chine; il leur
» faut défendre d'en parler, et par ce moyen on s'épargnera des
» affaires et des embarras. »

A la lecture de ce fatal écrit, le premier mouvement du légat fut de dresser une requête pour demander la liberté de prêcher la doctrine chrétienne sans déguisement. Mais les Jésuites lui ayant remontré qu'il ne ferait par-là qu'irriter davantage le monarque, l'exhortèrent à suspendre plutôt la constitution. A quoi il répondit qu'il préférait la mort à une pareille lâcheté. Les Jésuites insistèrent avec beaucoup de feu sur le parti qu'ils proposaient, soutenant que la constitution n'était qu'une loi ecclésiastique qui ne réglait rien sur la foi; d'où ils concluaient qu'elle n'obligeait point étroitement, sur-tout dans la conjoncture d'un danger éminent: ils ajoutèrent même que le pape n'avait pu la donner sans blesser sa conscience. Morao et de Mailla, son confrère, se distinguèrent le plus dans cette dispute par leur emportement.

Dans la chaleur de cette scène révoltante, le mandarin Liping-tchong arriva brusquement; et prenant le légat par la gorge, l'accabla d'injures, sur ce qu'il l'avait mis en danger de perdre la tête pour l'avoir traité avec trop de bonté. Les valets de ce mandarin, joints à ceux des missionnaires, secondèrent ses violences, et traitèrent indignement le camérier du légat.

L'affliction où ce prélat était plongé ne lui avait pas permis de prendre de la nourriture depuis trois jours. Malgré son trouble et sa faiblesse, sur une sommation que les mandarins vinrent lui faire, le soir même de cette journée, de répondre à l'ordre de l'empereur, il écrivit sur-le-champ à ce monarque pour justifier sa conduite; et sa lettre finissait par ces mots : « Si votre » majesté me le commande, j'irai me jeter aux pieds du pape » pour lui expliquer les intentions de votre majesté. » Les Jésuites, qui étaient présents, le prirent au mot, et s'efforcèrent de lui persuader que le meilleur parti pour lui était de partir le plutôt qu'il pourrait, sans exposer sa dignité à de nouveaux outrages. L'empereur acheva lui-même par ses menaces de le déterminer à ce parti. Mezzabarba reçut enfin, le 1er. mars, son audience de congé. Kang-hi, qui jusqu'alors s'était plu à l'embarrasser par des questions plaisantes et malignes, dont le sens était souvent difficile à saisir, le combla de marques d'estime et de caresses, jusqu'à lui serrer les mains dans les siennes, au grand étonnement des Chinois qui jamais n'avaient vu l'empereur faire de pareils honneurs à personne, pas même à ses propres enfants. Kang-hi en le quittant lui souhaita un prompt retour, et le pria d'amener avec lui des gens de lettres, surtout de bons mathématiciens et un bon médecin. Il lui recommanda aussi d'apporter avec lui des livres les plus estimés en europe, et les meilleures cartes géographiques. Mezzabarba quitta Pé-king deux jours après ; et, s'étant rendu à Macao le 27 mai, il s'embarqua pour l'Europe le 8 décembre, emportant avec lui les os du cardinal de Tournon. « Le journal de cette » mémorable ambassade, qui précéda l'expulsion des mission- » naires, et acheva la ruine de la religion chrétienne à la » Chine, dit M. Deshauterayes que nous ne faisons qu'abréger, » a été écrit par Viani, confesseur du légat, vice-chancelier de » la visite apostolique et témoin de la plupart des événements » qu'il rapporte. Il proteste en finissant, poursuit notre auteur, » qu'il n'a eu égard qu'à la vérité, et que son ouvrage a été revu » avec attention par le légat même qui lui avait communiqué » toutes les pièces originales dont il est parlé. Du Halde, ajoute- » t-il, fait l'aveu que la légation de Mezzabarba fut prudente » et modérée ; mais si Viani représente fidèlement la conduite » des missionnaires de Pé-king, et qu'il faille leur attribuer » toutes les intrigues dont on les accuse dans ces Mémoires » pour faire échouer la légation, on sera contraint d'avouer » aussi qu'en qualité de défenseurs de l'idolâtrie chinoise, ils

» pouvaient être envisagés comme *la bande d'Isis*, ainsi qu'ils
» étaient appelés par quelques-uns de leurs confrères. »

YONG-TCHING.

1723. (40e. année *Quey-mao*, du LXIXe. cycle.) YONG-TCHING, quatrième fils de Kang-hi, lui succéda, en vertu de son testament, à l'âge d'environ quarante ans, et fut inauguré le 20 de la 1re. lune. Dès qu'il fut sur le trône, il montra la même activité que Kang-hi dans le gouvernement. Un quatorzième fils de Kang-hi, à la mort de ce prince, commandait en Tartarie contre le roi des Eleutes. Yong-tching, prenant ombrage de l'estime et de l'attachement que la nation lui portait, se hâta de le rappeler avec Po-ki, son fils, au nom de l'empereur défunt dont il ignorait la mort; et l'ayant en son pouvoir, il l'envoya garder la sépulture de Kang-hi. Morao, jésuite portugais, travaillait cependant à faire un parti à Sessaké, neuvième fils de Kang-hi, dans l'espérance qu'il protégerait la religion chrétienne. Ses intrigues ayant été découvertes, ils furent envoyés prisonniers l'un et l'autre en Tartarie, et quelques années après condamnés à perdre la vie (1). Le mandarin Tchao-tchang, qui avait si bien servi les adversaires du cardinal de Tournon et de Mezzabarba, convaincu d'avoir eu part à cette conspiration et du crime de péculat, fut condamné à porter la

_____

(1) « L'an 1726, le 22 de la 6e. lune (21 juillet), le tribunal des
» crimes présenta à l'empereur le résultat des aveux de Morao, qu'il
» appelle le *compagnon de la révolte de Sessaké*, et le pria de confirmer
» la sentence de mort qu'il avait portée contre lui. Les missionnaires
» de Pé-king avaient écrit à la cour de Lisbonne, à l'effet d'engager le
» roi de Portugal à envoyer un ambassadeur à Yong-tching, pour ob-
» tenir la grâce de Morao, tandis que de leur côté, à force de sollici-
» tations et d'argent, ils retardaient les informations, et empêchaient
» qu'on en vînt à une sentence finale. Don Alexandre Metello-Souza-
» y-Menesez s'embarqua pour la Chine; mais il arriva trop tard: la
» sentence avait déjà été rendue; et, quoique l'exécution fût suspendue,
» le général de Macao ayant donné avis à l'empereur de l'arrivée de
» Metello, ce monarque, pour n'être pas réduit au désagrément de
» refuser au roi de Portugal la grâce qu'il voulait lui faire demander
» par cet ambassadeur, dépêcha un courrier en Tartarie, avec l'ordre
» d'étrangler l'infortuné Morao, dont le corps fût ensuite brûlé et les
» cendres jetées au vent, après que sa tête eût été exposée sur un pi-
» quet. » (M. Deshauterayes, d'après les *Anecdotes de la Chine*. « Je
» les cite, dit-il, avec d'autant plus de confiance, que divers monu-
» ments, qui m'ont été confiés, attestent la vérité des faits qu'elles
» rapportent. »)

cangue (1) à une des portes de Pé-king, après que ses biens eurent été confisqués, et sa famille envoyée en exil. Lessihin, et son frère Taï-tou-ban, ou grand-maître des équipages de l'empereur, tous deux princes du sang, soupçonnés d'être complices de Sessaké, furent relégués au même lieu que lui, et reçurent le baptême dans leur exil. Ils suivaient en cela l'exemple du comte Jean, leur frère, non moins célèbre, sous l'empereur Kang-hi, par son attachement à la vraie religion, que par sa sagesse et son habileté dans la science militaire. Sou-nou, père de ces princes, n'approuvait pas cependant leur conversion, et les en avait même hautement blâmés. C'était d'ailleurs un personnage recommandable par les services importants qu'il avait rendus à l'état dans les postes de général des troupes de la Tartarie orientale et de gouverneur du Léao-tong. Mais la haine que l'on portait à ses enfants, retomba sur lui et l'enveloppa dans leur disgrâce. L'an 1724, au mois de juillet, il reçut ordre de partir avec toute sa famille, ses femmes, ses fils et ses petits-fils, ce qui faisait un nombre considérable, pour Yeou-oué, à quatre-vingt-dix lieues à l'ouest de Pé-king, au-delà de la grande muraille; et bientôt après on les confina dans un hameau à deux lieues de cette ville, avec défense d'en sortir. Sou-nou y mourut le 2 janvier de l'année suivante.

La persécution était alors ouverte en Chine contre les Chrétiens. Dès le 7 septembre 1723, Mouan-pao, tsong-tou du Fou-kien, par un édit qui fut confirmé par l'empereur, avait proscrit, dans cette province, l'exercice du Christianisme, et ordonné que les églises qu'elle renfermait seraient converties en écoles publiques ou en *miao* destinés à honorer les ancêtres (2). Les missionnaires alléguaient en vain, dans les placets qu'ils firent parvenir à la cour, deux édits de l'empereur Kang-hi, l'un de l'an 1692, qui permettait l'exercice de la religion chrétienne; l'autre de 1711, par lequel on accordait aux missionnaires qui étaient munis du *piao* (patente impériale) la liberté de demeurer dans les provinces. Le tribunal

---

(1) Espèce de pilori mobile composé de deux planches pesant jusqu'à 200 livres, et échancrées au milieu. On les joint ensemble après qu'on y a inséré le cou du coupable.

(2) Nous avons ci-devant appelé, avec le P. de Mailla, ces *Miao*, salle des ancêtres. Mais il est certain que ce sont de véritables temples où les Chinois invoquent les esprits de leurs ancêtres, qu'ils croient résider dans des tablettes inscrites de leurs noms, et leur font différentes oblations, de même que les Grecs et les Romains invoquaient et honoraient les mânes des personnes qui leur étaient chères. Les mânes de ceux-ci et les esprits des autres ne diffèrent que par leur nom.

des rites, à qui ces placets furent présentés, n'y eut aucun égard. Sa décision fut conçue en ces termes : « Les Européens » résidents à la cour sont utiles pour le calendrier et rendent » encore d'autres services ; mais ceux qui sont dans les pro- » vinces ne sont d'aucune utilité. Ils attirent à leur loi le peuple » ignorant, hommes et femmes ; ils élèvent des églises où ils » s'assemblent indifféremment sans distinction de sexe, sous » prétexte de prier. L'empire n'en retire pas le moindre avan- » tage... Quant aux Européens répandus dans le Pé-tché-li et » dans les autres provinces de l'empire, il faut amener à la » cour ceux qui peuvent être utiles, et conduire le reste à » Macao..... Que les temples qu'ils ont bâtis soient tous chan- » gés en maisons publiques ; qu'on interdise rigoureusement » cette religion : qu'on oblige ceux qui ont été assez aveugles » pour l'embrasser, de se corriger au plutôt. Si dans la suite ils » se rassemblent pour prier, qu'ils soient punis selon les lois. » L'empereur confirma cette sentence le 11 janvier 1724, et écrivit dessus avec son pinceau rouge : « Qu'il soit fait ainsi » qu'il a été déterminé par le tribunal des rites. Les Européens » sont des étrangers ; il y a bien des années qu'ils demeurent » dans les provinces de l'empire. Maintenant il faut s'en tenir » à ce que propose le tsong-tou du Fou-kien. Mais comme il » est à craindre que le peuple ne leur fasse quelque insulte, » j'ordonne aux tsong-tou et vice-rois des provinces, de leur » accorder une demi-année, ou quelques mois ; et pour les » conduire ou à la cour ou à Macao, de les faire accompagner » dans le voyage par un mandarin, qui prenne soin d'eux et les » garantisse de toute insulte. Qu'on observe cet ordre avec » respect. »

Le treizième prince, frère de l'empereur, à qui les mission-naires de Pé-king s'adressèrent pour faire révoquer ce funeste édit, ne put leur dissimuler que ce qui l'avait occasionné, c'étaient les disputes qui s'étaient élevées entre eux et les autres missionnaires sous le règne de son père. « Elles sont mainte- » nant terminées », répondirent-ils. Le prince n'en voulut rien croire, et il avait raison. Les missionnaires des autres ordres, et même plusieurs jésuites persistèrent dans leur opposition aux superstitions chinoises, et dans leur soumission aux constitutions apostoliques rendues à ce sujet.

La haine du Christianisme était peut-être la seule tache qu'on remarquât dans le gouvernement de Yong-tching. Ce prince était ennemi des vains amusements et continuellement appliqué au travail, attentif à tout, toujours prêt à recevoir des mémoires et à y répondre, ferme et dicisif, gouvernant entière-ment par lui-même ; jamais l'empire n'eut de maître plus absolu, plus chéri et en même-tems plus redouté. Apprenant, l'an 1725, que les pluies trop abondantes avaient ruiné les moissons et causé par-là une disette extrême dans les provinces de Pé-tché-li, de Ho-nan et de Chan-tong, il en fut pénétré d'affliction, et donna des ordres très-sévères aux grands de contribuer avec lui au soulagement des peuples. On compte jusqu'à quarante mille pauvres qu'il nourrit à ses frais pendant quatre mois à Pé-king où ils s'étaient réfugiés. Après les avoir renvoyés dans leur pays, il voulut que tous les ans, en faveur des indigents qui se trouvaient à Pé-king, et indépendamment des tems de disette, on distribuât, en cinq quartiers différents, depuis le premier de la 10e. lune jusqu'au 20 de la 3e. de l'année suivante, une quantité de riz suffisante pour la nourriture de six mille personnes.

Ce monarque était si jaloux de remplir toutes les obligations du trône, et craignait tellement d'avoir manqué à quelques unes, qu'il adressa, l'an 1726, le 5 de la 6e. lune, un ordre très-pathétique à ses principaux officiers, par lequel il les pressait de déclarer, sans aucun déguisement, ce qu'ils trouvaient à reprendre en lui. « N'allez pas vous imaginer, disait-il en » terminant cet écrit, que ce ne soit là que de belles paroles, » ou une pure cérémonie d'étiquette; ne craignez pas non plus » qu'il y ait rien à appréhender pour vous; expliquez-vous har- » diment : je l'attends de votre zèle. Après ces précautions, si » vous gardez le silence, si vous déguisez vos sentiments, vous » agirez entièrement contre l'intention très-droite et très-sin- » cère que je vous expose. » Quel monarque en Europe a jamais donné un pareil exemple!

Les trois années du deuil de l'empereur Kang-hi étant expirées, Yong-tching, pour encourager l'agriculture, déclara que son intention était d'observer tous les ans l'usage établi par ses prédécesseurs, de labourer la terre de ses propres mains. La cérémonie fut fixée au 24 de la 11e. lune de l'an 1726. Après s'y être préparé durant trois jours par le jeûne et la continence, l'empereur alla se prosterner dans le *miao* des ancêtres devant leurs tablettes, où les Chinois croient que leur esprit réside, pour les avertir du grand sacrifice qu'il devait offrir le lendemain au ciel. Ce jour solennel étant arrivé, l'empereur, en habit de cérémonie, entra dans un vaste champ situé dans la ville chinoise de Pé-king, et y laboura, sous une tente faite avec des nattes, l'espace d'environ une demi-heure, tandis que les paysans au son des instruments, chantaient d'anciennes hymnes à la louange de l'agriculture. Sur le terrein labouré il sema ensuite cinq sortes de grains, du froment, du riz, du millet, des fèves, et du *cao-léang*, autre espèce de millet. Les princes et les grands, à l'exemple du monarque, tracèrent à leur tour, en sa présence, plusieurs sillons en d'autres parties du même champ, après quoi il offrit le sacrifice du printems, pour prier le *chang-ti* ou le ciel de faire croître et de conserver les biens de la terre.

La mort de Sou-nou n'avait pas éteint la haine que Yong-tching portait à ce prince, ou *Peilé*, comme les Tartares l'appelaient, et à sa famille. L'an 1727, des mandarins envoyés exprès de la cour, firent venir ses fils et petit-fils au hameau de Sinpou-tsé, où ils étaient relégués, à Yeou-oué ; et en vertu d'un ordre du monarque qu'ils leur signifièrent, les depouillèrent du rang et des prérogatives de princes du sang ; après quoi leur ayant ôté la ceinture jaune, qui distingue la famille impériale, ils les renvoyèrent à Sinpou-tsé, où ils furent confondus avec le simple peuple. Cette nouvelle disgrâce loin de les affliger leur procura plus de liberté de vaquer aux devoirs du Christianisme. Leur dégradation fut suivie de la recherche des biens de Sou-nou, pour être mis en séquestre. Cette opération fut longue. Tandis qu'on y travaillait, trois fils de Sou-nou, savoir, un quatrième dont on ne marque point le nom, Lessihin et Our-tchen, nouvellement arrivés de l'armée de Tartarie, subirent un autre genre de peines. Le général de Yeou-oué les ayant mandés, fit des reproches au quatrième de n'être pas retourné à l'armée aussitôt que le deuil de son père avait été fini, et lui ordonna de partir sur le champ pour s'y rendre, avec défense de revenir avant la fin de la guerre. « Alors, ajouta-t-il, » vous vous rendrez à Sinpou-tsé. » A l'égard des deux autres, il les fit conduire chargés de neuf chaînes, à Pé-king, où ils arrivèrent le 7 juin 1725. Le troisième régule auquel ils furent livrés, les fit enfermer étroitement dans deux maisons séparées, où ils n'avaient de communication au dehors que par un trou pratiqué dans la muraille, par lequel des sentinelles leur passaient à manger. Le motif unique de la persécution qu'éprouvaient ces princes, était, suivant le P. Parennin, le Christianisme qu'ils professaient hautement. Mais le P. de Mailla, suivi et appuyé par M. Deshauterayes, prouve que la religion ne fut que l'accessoire des griefs que l'empereur avait contre la famille de Sou-nou. Ce prince en effet, comme on l'a déjà dit, n'avait jamais embrassé le Christianisme, et cependant après sa mort Yong-tching ordonna de déterrer son corps, de brûler ses os et d'en jeter les cendres au vent. Il n'exerça nulle rigueur au contraire envers San-kong-yé, ou le comte Jean, l'un des fils de Sou-nou, quoique chrétien, parce qu'il était d'une candeur et d'un esprit pacifique qui le mettait à l'abri de tout soupçon. L'an 1727, on tira de prison les frères de ce dernier pour les incorporer dans des bannières ou cohortes de Mongous, avec le rang de simples cavaliers. Mais ce ne fut pas là le terme des mauvais traitements qu'on leur fit essuyer. Condamnés ensuite pour la plupart par le tribunal des princes, à perdre la vie, l'empereur, par commutation de peine, ordonna qu'ils seraient exilés en différentes provinces, séparés les uns des autres; et pour comble de disgrâce on leur enleva leurs femmes et leurs enfants qu'ils ne revirent jamais. Ils soutinrent ces épreuves avec une fermeté vraiment chrétienne. Ce fut en vain qu'on entreprit d'ébranler la foi de Ou-tchan et de Sour-ghien, son frère, par de nouvelles menaces. Elle demeura immobile, et ils persévérèrent jusqu'à la fin de leurs jours, dont l'époque n'est point connue.

Yong-tching, en proscrivant la religion chrétienne, n'en fut pas moins zélé pour le maintien du bon ordre, l'observation de la justice et la réformation des mœurs. Son attention sur la conduite des mandarins les contint dans le devoir, dont très-peu s'écartèrent, et nul ne le fit impunément. C'était un ancien usage établi à la cour impériale d'élever d'un ou de plusieurs degrés, à proportion de leur mérite, les mandarins qui s'étaient distingués dans l'exercice de leurs charges, et d'abaisser également ceux qui avaient encouru le blâme par leur négligence ou leur infidélité; et ce qui était un puissant aiguillon pour l'émulation c'est que les uns et les autres étaient obligés d'énoncer, dans les écrits qu'ils rendaient publics, les degrés où ils étaient parvenus, ou ceux dont ils étaient déchus. Ainsi, en publiant un édit, ou quelque autre pièce, un mandarin, avancé en grade, mettait à la tête : *Moi.... gouverneur de.... qui suis honoré de tant de dégrés.* De même celui qui était déchu ne pouvait se dispenser, dans les pièces qu'il publiait, de faire part de sa honte en cette manière : *Moi.... gouverneur de.... qui ai mérité d'être abaissé de tant de dégrés.* Jamais peut-être cet usage ne fut observé avec tant d'exactitude que sous le règne d'Yong-tching. A l'égard des mœurs publiques, comme les empereurs à la Chine sont en même tems souverains pontifes, il crut, en l'une et l'autre qualités, devoir en faire l'objet capital de ses soins; et de là vient que plusieurs de ses édits renferment des leçons importantes de morale et des exhortations pathétiques à la vertu. Si l'on veut savoir quel effet son zèle à cet égard produisit parmi les peuples, on peut en juger par l'exemple suivant. « En 1728, à la 4e. lune, un marchand du
» Chen-si, allant à Mong-tsing acheter du coton, perdit en
» route sa bourse où il y avait cent soixante-dix onces d'argent.
» Un pauvre laboureur de Mong-tsing, nommé Chi-yeou,
» qui allait travailler à la terre, eut le bonheur de la trouver.

» Dans l'intention de la rendre, il s'occupa toute la journée de
» son travail, attendant que celui à qui elle appartenait vînt la
» chercher : personne ne parut. Sur le soir il retourna à sa
» maison, et montrant la bourse à sa femme, ils convinrent
» de chercher celui qui l'avait perdue et de la lui rendre. Ce-
» pendant Tsing-taï (c'était le nom du marchand) étant arrivé
» à l'auberge, et s'apercevant de la perte de sa bourse, la fit
» afficher aux portes et aux carrefours de la ville, il consentait
» de la partager de bon cœur avec celui qui la lui remettrait.
» Le laboureur Chi-yeou eut connaissance de ces bulletins : il
» alla trouver le capitaine de son quartier; et ayant fait venir
» le marchand du Chen-si, qui répondit juste à toutes ses
» questions, il jugea qu'elle lui appartenait, et il la lui remit
» entre les mains. Tsin-taï, transporté de joie la prend et en
» tire l'argent dont il présente la moitié au laboureur. Celui-
» ci, malgré sa pauvreté, la refusa. *Je n'ai aucun droit sur cet
» argent*, lui dit-il, *il est à vous, je n'en veux rien recevoir*. Le
» marchand insista, mais inutilement. Ne sachant comment
» lui marquer sa reconnaissance, il mit d'un côté cent sept
» onces d'argent, et d'un autre côté soixante-trois. *Je ne vous
» dissimulerai pas*, dit-il au laboureur, *que j'ai emprunté les
» cent-sept onces d'argent pour mon commerce; quant aux
» soixante-trois onces, elles sont réellement à moi; ainsi je vous
» prie de les prendre sans difficulté.* — *Je n'ai pas plus de droit
» sur les soixante-trois onces que sur le reste*, répliqua le labou-
» reur : *emportez tout, puisque tout vous appartient.* Ce combat
» de générosité parvint aux oreilles du vice-roi du Ho-nan.
» Il envoya cinquante onces d'argent au laboureur pour récom-
» penser sa vertu et celle de sa femme : il lui fit donner en
» même-tems un tableau avec une inscription en quatre carac-
» tères, contenant l'éloge de leur désintéressement et de leur
» sincérité. Enfin le gouverneur de Mong-tsing fit élever par
» son ordre un monument de pierre, près la maison du labou-
» reur, pour conserver un éternel souvenir de cette action :
» ensuite il en donna avis à l'empereur. Il saisit cette occasion
» pour louer le monarque dont la vertu égalait, disait-il, celle
» des empereurs Yao et Chun, et dont le gouvernement sur-
» passait en bonté ceux de Fou-hi et de Chin-nong. » (De
Mailla, tom. XI, p. 483 et suiv.)

Il y eut, en 1730, à Pé-king, et dans les environs, plusieurs tremblements de terre, horribles et consécutifs, dans le premier desquels plus de cent mille hommes périrent en un instant sous les ruines des édifices. Yong-tching fit preuve de son humanité par le soin qu'il prit de remédier à la misère que ce désastre avait occasionnée. Sa compassion même s'étendit sur les missionnaires de Pé-king, auxquels il fit présent de mille *taëls* pour aider à réparer leurs églises. Cela ne l'empêcha pas cependant, quelque tems après, de reprendre le projet d'expulser entièrement de la Chine, les missionnaires retirés à Canton. En 1732, les mandarins généraux de la province leur firent signifier, le 18 août, un ordre de se retirer dans trois jours à Macao, avec défense de jamais reparaître à Canton. Ils présentèrent inutilement des placets pour demander la révocation de cet ordre, ou du moins un plus long délai. Ils furent contraints de s'embarquer le 20 au soir pour Macao. Un officier envoyé par les mandarins, étant arrivé aussitôt qu'eux en cette ville, fit descendre les chrétiens et les domestiques qui les avaient suivis au nombre de cinq cents, et les envoya chargés de chaînes à Canton, où douze d'entre eux furent condamnés à vingt coups de bâton, et les autres à la prison. Les Européens résidents à Pé-king, persuadés que cet excès de rigueur venait des mandarins, firent de nouvelles instances auprès de l'empereur pour faire conserver au moins trois ou quatre missionnaires à Canton. Les motifs de politique qu'ils alléguaient ébranlèrent le monarque. Mais l'aversion des mandarins pour le Christianisme, traversa la négociation. Elle était encore suspendue lorsque la mort enleva Yong-tching, le 7 octobre de l'an 1735, dans une maison de plaisance voisine de Pé-king, à l'âge de cinquante-huit ans, dans la treizième année de son règne. Malgré les grands biens qu'il avait faits à la nation, il fut, en général, peu regretté. La sévérité dont il avait usé envers ses frères et les autres princes du sang qui avaient osé attenter à sa couronne, lui avait aliéné une grande partie des Chinois, qui leur étaient attachés; la proscription qu'il avait prononcée contre la religion chrétienne, en avait indisposé beaucoup d'autres, et le reste de la nation ne rendit à sa mémoire que des honneurs de bienséance et de cérémonie. Il laissa trois fils de ses concubines, et nul enfant de l'impératrice, qui mourut avant lui.

KIEN-LONG.

1735. (52e. année *Y-mao*, du LXIXe. cycle.) KIEN-LONG, fils de Yong-tching, qui l'avait déclaré prince-héritier en présence des grands, lui succéda à l'âge d'environ vingt-six ans. Il apporta sur le trône un esprit cultivé par les lettres, mais nulle connaissance du gouvernement, parce que son père l'avait toujours tenu dans l'éloignement des affaires. Ce fut donc une nécessité pour lui d'avoir des ministres; mais il ne leur donna pas une confiance aveugle, et sut les contenir dans la dépendance de ses volontés. Doux et bienfaisant par caractère, il ne tarda pas à faire ressentir à ses peuples, et surtout aux princes de sa famille, les effets de ses heureuses dispositions. Les fils des huitième et neuvième régules, ses oncles, étaient détenus en prison pour les fautes de leurs pères, auxquelles ils n'avaient point eu de part. Il donna ordre de les rétablir dans leur premier état. Voulant ensuite étendre la même grâce à toute sa famille, il ordonna pareillement de faire la recherche des autres princes du sang, dégradés depuis long-tems, et exilés soit en Tartarie, soit en différentes provinces de la Chine. Po-ki, fils du 14e. fils de Kang-hi, que Yong-tching, dès le commencement de son règne, avait fait enfermer avec son père, dans les prisons de *Tchang-tchun-yuen*, recouvra sa liberté d'une façon assez singulière. Un grand de la cour étant venu le trouver, ne lui dit que ces mots : L'empereur demande qui est-ce qui vous retient ici? Sortez. En disant ces mots, il se retira, laissant les portes de la prison ouvertes. Po-ki avait été quelque tems sous la garde de son frère aîné, mais frère consanguin seulement, qui l'avait traité avec beaucoup de dureté. Le mauvais naturel de ce frère s'était aussi manifesté à l'égard de leur père. Cité à ce sujet au tribunal des princes, il y fut, après une réprimande sévère, dépouillé de sa qualité de régule, qui fut transporté à Po-ki, et condamné à être renfermé dans un jardin, dont il faisait auparavant ses délices. Le père de Po-ki, qu'on croyait mort depuis long-tems, fut ensuite remis en liberté, et fit une entrée triomphante à Pé-king, où le peuple le reçut à genoux, frappant la terre de la tête, et portant en main des baguettes allumées de bois odoriférants. Le même jour, l'empereur brisa les liens d'un autre prince dont le frère aîné avait perdu la vie dans la captivité.

Les missionnaires, amis de tous ces princes, se promettaient qu'ils feraient beaucoup pour eux à la cour. Mais un enchaînement de circonstances fâcheuses fit évanouir leurs espérances. On vit sortir, le 24 avril 1736, du tribunal des ministres, un arrêt ratifié le même jour, qui ordonnait aux chefs des bannières d'examiner ceux qui avaient embrassé la religion chrétienne, de les exhorter à y renoncer, et de les punir s'ils y persévéraient. A l'égard des Européens, il était dit que l'habileté de quelques-uns dans les mathématiques, les faisait tolérer à Pé-king ; mais il était recommandé au tribunal des rites de les empêcher d'attirer aucun chinois à leur religion. La persécution fut alors ouverte. Les missionnaires, cependant, trouvèrent moyen de faire parvenir à l'empereur, un placet dans lequel ils opposaient au nouvel arrêt, l'édit de l'empereur Kang-hi, rendu en 1692, par lequel il permettait au peuple d'embrasser la loi des Chrétiens. Ce fut le frère Castiglione, jésuite, employé à peindre par l'empereur, qui se chargea de le présenter, au refus des princes et des grands, dont aucun n'avait voulu prendre sur lui cette commission hasardeuse. Le placet, néanmoins, quoique présenté par une voie si peu régulière, fit un meilleur effet qu'on ne semblait avoir lieu de l'attendre. Le bruit s'étant répandu que l'empereur en avait été frappé, les mandarins commencèrent à user de modération envers les chrétiens, et la persécution cessa entièrement au bout de deux mois : mais le calme fut de très-peu de durée. Dès l'an 1737, il s'éleva contre les Chrétiens un nouvel orage dont les suites furent plus fâcheuses que celles du précédent. Un chinois chrétien, attaché aux jésuites portugais, allait dans les hôpitaux baptiser les enfants trouvés. Il fut arrêté comme faisant usage d'une eau magique qu'il versait sur la tête des enfants en récitant certaines prières. Le tribunal des crimes ayant instruit son procès, le condamna à recevoir cent coups de *pan-tsé* et à quarante autres, après avoir porté la cangue pendant un mois. L'arrêt fut exécuté malgré tous les mouvements que les Européens, et surtout les Portugais, se donnèrent pour apaiser cette affaire. On alla plus loin ; et, le 27 novembre, on afficha dans Pé-king de grands *cao-chi* ou placards, dans lesquels, en proscrivant la religion chrétienne, on enjoignait de sévir contre ceux qui la professaient, et de les livrer au tribunal des crimes, pour être punis à la rigueur. L'empereur était alors au tombeau de Kang-hi, pour y faire les cérémonies chinoises. Les Européens, à son retour, lui présentèrent une supplique, où, rappelant à ce monarque toutes les grâces qu'ils avaient reçues de ses prédécesseurs, ils le priaient d'imposer silence à la calomnie qui les flétrissait, et d'arrêter la fureur aveugle de leurs persécuteurs. Le tribunal des crimes, irrité de ce qu'on s'était pourvu contre un de ses jugements devant l'empereur, opposa à cette supplique un mémoire rempli de fiel et d'artifice, pour soutenir ce qu'il avait fait. La réponse que l'empereur fit faire, par le grand-maître Haï-opang, aux Européens, fut que le tribunal des crimes s'était conformé aux réglements ; qu'on leur laissait à eux, seulement, la liberté d'exercer leur religion ; et que, du reste, ils n'avaient qu'à remplir leurs emplois à l'ordinaire.

« Nous ne sommes pas venus de six mille lieues, dirent sur
» cela les Européens, pour obtenir la permission de professer
» la religion chrétienne et d'en exercer les fonctions. Le motif
» qui nous a amenés dans cet empire, a été de la prêcher et
» de rendre à l'empereur tous les services dont nous sommes
» capables. Cette religion a été en divers tems examinée à la

» Chine, et jugée bonne, véritable, et exempte de tout mau-
» vais soupçon. Elle n'a point changé depuis. Pourquoi donc
» le tribunal des crimes fait-il emprisonner les Chrétiens et
» les punit-il? pourquoi fait-il afficher des placards par toute
» la ville et dans les provinces, pour obliger ceux qui en font
» profession à y renoncer? Si c'est être criminel que d'être
» chrétien, nous le sommes bien davantage, nous autres qui
» exhortons les peuples à embrasser le Christianisme. Cepen-
» dant on nous dit de continuer nos emplois. » Ces plaintes
furent rendues le lendemain, 14 décembre, à l'empereur, par
un des peintres que les missionnaires avaient au palais. Kien-
long sans l'aveu duquel les tribunaux avaient prononcé et les
ministres avaient agi, fit dire aux missionnaires, par le seizième régule, qu'il n'avait point défendu leur religion. Cette
réponse toutefois n'étant point rendue publique, le tribunal
laissa subsister les affiches injurieuses à la religion chrétienne,
et les mandarins continuèrent de tourmenter ceux qui en faisaient profession. De nouvelles instances que firent les missionnaires auprès de l'empereur, obtinrent à la fin de lui un
ordre de supprimer ces placards. Mais comme il ne fut que
verbal, plusieurs mandarins y eurent peu d'égard. Ce ne fut
qu'à Pé-king que les Chrétiens jouirent de l'exercice libre de
leur religion. La province de Fou-kien fut celle où ils furent
traités avec le plus de rigueur. L'évêque de Mauricastre et
quatre dominicains espagnols qui s'y étaient introduits, furent condamnés, l'an 1747, à perdre la tête (1). « Dans le
» tems que ces Européens furent pris, disent les juges dans
» le préambule de l'arrêt, et lorsqu'on les conduisait enchaî-
» nés à la capitale (de la province), on a vu des milliers de
» personnes venir à leur rencontre, et se faire un honneur de
» leur servir de cortège : plusieurs, s'appuyant sur le bran-
» card de leurs charettes, leur témoignaient par des pleurs,
» la vive douleur dont ils étaint pénétrés : des filles et des
» femmes se mettaient à genoux sur leur passage, en leur of-
» frant des rafraîchissements. Tous, enfin, voulaient toucher
» leurs habits, et jetaient de si hauts cris, que les échos
» des montagnes en retentissaient. Un bachelier, nommé

---

(1) L'empereur ayant confirmé la sentence, l'évêque fut exécuté le 26 mai; et reçut le coup de la mort avec une fermeté digne des pre-miers martyrs. Les quatre dominicains, et leur catéchiste, Ambroise Ko, furent marqués au visage avec deux caractères qui désignaient le genre de supplice auquel ils étaient condamnés, et qu'ils subirent, le 28 octobre, dans la prison.

» Tching-sieou, a eu l'imprudence de se mettre à la tête de
» cette multitude pour exhorter ces Européens, en disant :
» *C'est pour Dieu que vous souffrez ; que la mort ne soit pas ca-*
» *pable de vous ébranler.* Aussi, son exhortation a-t-elle pro-
» duit sur ces esprits un tel effet, que malgré la rigueur des
» examens et la terreur des menaces, lors du jugement, tous
» ont répondu unanimement qu'ils étaient résolus à tenir
» ferme, et ne changeraient jamais de religion. » Le même
» arrêt condamne un chinois chrétien à être étranglé pour
» avoir donné retraite à l'évêque de Mauricastre. Il ajoute :
« Quelques-uns des chrétiens seront seulement marqués au
» visage, les autres seront seulement condamnés à un certain
» nombre de coups de bâton. » La persécution s'étendit dans
les provinces voisines. Elle devint bientôt générale en vertu
des ordres secrets que l'empereur donnait de tems en tems à
tous les tsong-tou (gouverneurs-généraux) de rechercher dans
leurs départemens les Européens qui enseignaient la religion
du maître du Ciel (1). Les missionnaires ne sachant ou trouver
d'asile pour se soustraire aux poursuites du gouvernement,
étaient errans sur les lacs et sur les rivières ; plusieurs s'expo-
sèrent à retourner à Macao, au risque d'être arrêtés sur la route.
Mais ils ne furent pas entièrement à l'abri de l'orage dans cette
ville, quoique soumise aux Portugais. Un mandarin y exerçait
son pouvoir sur les Chinois, au nom de l'empereur ; et il fit
sentir, par de mauvais traitemens, aux réfugiés, le poids de
son autorité.

Les Eleutes, peuple remuant et ennemi de la dépendance,
avaient déjà été plusieurs fois, comme on l'a vu, soumis par les
empereurs, et avaient toujours secoué le joug dès qu'ils s'étaient
crus supérieurs en forces aux garnisons impériales établies sur
leurs frontières. Tsé-ouang-rabdan, qui s'était élevé parmi eux à
la souveraine puissance, avait trompé l'empereur Kang-hi par
de feintes soumissions. L'ayant engagé par là à retirer ses troupes, il leva le masque, porta le ravage de tous côtés ; et, volant
de conquête en conquête, il agrandit le pays de sa domination,
et augmenta le nombre de ses sujets. Il dévasta plus d'une fois

---

(1) Les Chinois disent, *adorez le Ciel*, et les Chrétiens, *adorez le Maître du Ciel.* Il paraît cependant que ce n'est que le gros de la nation chinoise qui adore le Ciel matériel; on en peut juger par l'édit de l'empereur Kang-hi, de l'an 1710; *ce n'est point au Ciel visible et matériel,* dit-il, *que nous adressons des sacrifices, mais au Maître du Ciel.* Ajoutons qu'il s'est même trouvé des lettrés, parmi les Chinois, si l'on s'en rapporte aux nouveaux Mémoires venus de Pé-king, qui ont prouvé la nécessité d'admettre la création.

le Si-tsang, pays qui comprend toutes les hordes, depuis les confins de la Chine jusqu'aux frontières de la Russie. La connaissance parfaite qu'il avait du pays, et les forts qu'il y avait élevés, rendirent inutiles les efforts des troupes que Kang-hi envoya pour le détruire. Battu à différentes reprises, il échappait toujours, et jamais on ne put réussir à le faire entièrement succomber. Yong-tching, successeur de Kan-hi, fut également dupe des artifices de Tsé-ouang-rabdan. Mais apprenant les dégats qu'il faisait dans le Si-tsang, il envoya, pour réprimer ses fureurs, un corps de troupes, auquel Ta-tsereng, chef de la principale horde du pays, joignit les siennes. Mais celui-ci, après être parvenu à se faire respecter des hordes voisines, et redouter de Tsé-ouang-rabdan même, se crut assez fort pour l'imiter dans sa révolte. Ayant surpris les troupes impériales, il les massacra pour la plupart, et s'enfonça ensuite dans le désert. Les différentes hordes du La-tsang, après son départ, envoyèrent des députés à Yong-tching, pour l'assurer de leur fidélité. L'empereur se fiant à leurs promesses, rappela, comme inutiles, les troupes qu'il avait envoyées sur leurs frontières. Mais lorsqu'elles se furent mises en marche pour revenir, les Eleutes tombèrent inopinément sur elles, et en firent un grand carnage. Tchering, prince mongou, gendre de Yong-tching, le vengea de cette perfidie par différentes victoires qu'il remporta sur les rebelles dont il extermina les chefs. Un nouveau roi qu'ils s'étaient donné à l'avénement de Kien-long au trône impérial, prit le nom de Kaldan, et vint faire ses soumissions à ce monarque. Il ne se départit point de la fidélité qu'il lui avait jurée tant qu'il vécut; mais après la mort de Kaldan, les querelles se renouvelèrent pour lui donner un successeur. Tandis que Tauoa-tsi se faisait reconnaître d'un côté, Amoursana, à la tête d'une troupe qui lui était dévouée, se proclamait insolemment chef des Eleutes, et arborait l'étendard royal devant sa tente. L'empereur, par des raisons de politique, prit le parti de ce dernier, et le nomma général des troupes qu'il envoya dans le pays. Tauoa-tsi, vaincu dans une bataille, fut pris et amené à Pé-king, où Kien-long le traita plutôt en ami qu'en captif. Il l'éleva même à la dignité de prince du premier ordre, et lui donna des revenus pour soutenir cette dignité. Amoursana pouvait s'attendre aux mêmes honneurs à Pé-king, où il était invité de se rendre. Mais résolu de soutenir les droits de sa royauté, dont on ne lui laissait que le titre, il souleva les Eleutes et les Mongous, avec le secours desquels il massacra deux généraux de l'empereur. Il ne jouit pas long-tems de son triomphe. Abandonné de ses troupes à l'arrivée de deux autres généraux de Kien-long, il se sauva chez les Cosaques, qui lui facilitèrent une retraite chez les Russes. Les troubles qui continuaient parmi les Eleutes lui faisaient encore espérer un retour de la fortune. L'an 1757, ayant rassemblé les débris de son armée, il la vit se grossir à mesure qu'il approchait des campagnes de l'Ily. Il s'avançait à grands pas, et se croyait déjà remonté sur le trône des Eleutes, lorsqu'il vit Tchao-hoeï, général des Impériaux, venir au-devant de lui avec une partie des troupes nouvellement arrivées. N'osant se mesurer avec un guerrier si redoutable, il prit la fuite, et courut se cacher avec précipitation dans le pays de Ta-ouan, et de là, ne s'y croyant pas en sûreté, il alla mourir dans les déserts de Sibérie. Le brave Fouté, lieutenant de Tchao-hoeï, acheva de réduire les rebelles, et vint à bout d'assujettir au joug vingt-cinq hordes qui avaient jusque-là joui d'une pleine liberté.

Dès que Kien-long vit le pays des Eleutes hors d'état de lui résister, son amour de l'ordre et de la justice le porta à y rétablir l'ancienne forme de gouvernement. Il créa quatre rois ou han (on prononce kan), et nomma vingt et un chefs de hordes sous des titres plus ou moins rélevés à proportion du nombre plus ou moins grand des familles qu'ils gouvernaient. Pour consolider le bonheur des Eleutes, Kien-long, bienfaisant de son naturel, leur fit distribuer de l'argent, des grains et les instruments nécessaires à l'agriculture, afin qu'ils pussent se procurer par leurs mains une vie douce et tranquille. Mais, accoutumés au désordre et au brigandage, ils ne tardèrent pas à rompre le lien social, par lequel on voulait les amener à des devoirs mutuels. Leur révolte éclata tout-à-coup par le massacre qu'ils firent des officiers et des soldats qui servaient à les contenir. Cette cruauté perfide ne resta pas impunie. De nouvelles troupes, envoyées sur les lieux, firent subir aux plus coupables la peine du talion. Trois de leurs han qui les avaient sourdement excités, furent attaqués séparément; et ayant été faits prisonniers, ils expièrent leur ingratitude dans les supplices; tandis que leurs vainqueurs changeaient en désert une partie de leurs hordes, vingt mille familles des Eleutes (1) abandonnèrent leurs demeures, pour se transporter sur les terres de Russie. Ces

---

(1) *Le royaume des Eleutes*, dit l'empereur Kang-hi dans l'Histoire de la conquête qu'il en fit, *est un grand royaume situé au nord-est de la Chine. Son nom n'a pas toujours été le même. Quand ils érigèrent leurs possessions en royaume, ils se déclarèrent nos vassaux. Le premier de leurs rois, qui vint en cette qualité nous rendre hommage, se faisait appeler Kousi-han. Il vint pour la première fois sous le règne de Chun-tché.* (Mém. conc. les Chinois, tom. Ier., pag. 331.)

châtiments ne domptèrent pas néanmoins l'obstination des rebelles. L'empereur, cependant, du fond de son cabinet dirigeait les opérations de son armée, d'après le compte détaillé que Tchao-hoeï, son généralissime, lui envoyait de ses projets et des mouvements des ennemis. « J'ai fait, dit-il lui-même dans
» le monument qu'il dressa de sa conquête, j'ai fait comme au
» jeu d'échecs, j'ai placé toutes les pièces, je les ai fait agir à
» propos. » Pour se conformer à ses intentions, Tchao-hoeï fut sévère envers les officiers qui manquaient à leur devoir. Deux seigneurs des plus distingués de l'empire furent condamnés à mort pour des fautes de simple négligence; et toute la grâce qu'il accorda à l'un d'eux fut de s'étrangler de ses propres mains. Un officier, pour éviter la mort, s'était rendu aux ennemis, après avoir vu hacher en pièces le détachement qu'il commandait. Le général ne l'ayant point en son pouvoir pour le punir personnellement de sa lâcheté, envoya des gens en son pays, qui se saisirent de sa famille, confisquèrent ses biens, et donnèrent ses femmes et ses enfants à des officiers en qualité d'esclaves; on fit un affront de plus aux garçons avant que de les livrer; on les revêtit d'habits de guerre, et leur attachant une flèche à chaque oreille, on leur fit faire en cet état le tour du camp, en criant à haute voix : *C'est ainsi que sont traités les fils d'un lâche*. Tchao-hoeï, l'an 1760, au retour de cette expédition, fut reçu d'une manière triomphante par l'empereur qui vint au-devant de lui, accompagné de toute sa maison (1).

---

(1) « Tchao-hoeï, dit un homme qui était sur les lieux, est celui
» en particulier à qui l'empereur doit le succès de ses armes. Ce
» grand homme dirigeait tout avec tant de sagesse, savait si bien tirer
» parti de tout, possédait dans un si haut degré l'art des ressources,
» avait tant de fermeté dans les revers, tant de constance à ne jamais
» perdre de vue son principal objet, qu'il a enfin couronné sa difficile
» entreprise des plus glorieux succès, contre l'attente universelle, et
» au-delà même de ce que son maître pouvait raisonnablement espérer
» de lui ou de tout autre qu'il eût pu choisir en sa place. Cependant
» malgré tant de grandes qualités, il n'a pas reçu de ses contemporains
» le tribut d'éloges dont il était digne. J'ai vu ici (et je le rapporte avec
» plaisir pour la consolation des personnes d'un mérite distingué...)
» j'ai vu la pâle envie, la basse jalousie, et l'ignorance crasse, le taxer
» de témérité, ou tout au moins d'imprudence, quand, par une suite
» de certains événements qu'il lui était impossible de prévoir, mais
» dont il lui est toujours revenu de la gloire, il s'est trouvé réduit aux
» extrémités les plus fâcheuses, contraint de passer les rivières à la
» nage, de traverser les déserts, de franchir les montagnes, sans vivres,
» sans munitions, et presque sans soldats; l'accuser ensuite d'en vou-
» loir imposer à son maître, lorsqu'avec une douceur de style et une

DES EMPEREURS DE LA CHINE. 83

Les Tourgouts, branche des Eleutes, avaient quitté leur patrie, sous le règne de l'empereur Kang-hi, pour se donner aux Russes qui les avaient placés entre le Jaïck et le Wolga. Dégoûtés ensuite de cette nouvelle domination par la différence des mœurs et du culte, peut-être encore par l'ingratitude du sol, ils partirent, au nombre de plusieurs centaines de mille, pour retourner sous l'empire de leurs anciens maîtres.

» clarté qui lui étaient propres, il lui annonçait les plus brillants succès.
» On lui prodiguait sans peine les épithètes de beau discoureur, de fin
» courtisan, de bel esprit, d'homme aimable ; mais on lui refusait
» obstinément le titre qu'il méritait le mieux, celui de grand général.
» Quelques réflexions sur la manière dont il forma son plan, dans des
» circonstances où tout paraissait désespéré, sur celle dont il l'exécuta,
» et sur les succès qui ont enfin couronné son entreprise, auraient dû,
» ce me semble, faire revenir sur son compte ceux-là même qui
» étaient les plus défavorablement prévenus. Cet habile général a trop
» bien réussi dans une guerre entreprise contre l'avis de tous les princes
» et de tous les grands ; dans une guerre qui a mis le deuil dans tant de
» familles des plus distinguées de l'empire, dont les unes pleuraient des
» pères ou des enfants, et les autres, des frères ou des neveux exécutés
» publiquement comme coupables de crimes d'état : il a reçu trop
» d'éloges et de bienfaits de la part de son maître pour qu'on ait pu
» être juste à son égard. A son retour de sa glorieuse expédition, l'em-
» pereur, environné de toute la majesté du trône, alla au-devant de lui
» jusqu'à une demi-journée de la capitale, le conduisit en triomphe,
» avec tout l'appareil des grandes cérémonies, dans l'un de ses propres
» palais, l'éleva à la dignité de comte de l'empire, le mit au nombre
» des ministres d'état, et lui fit l'honneur de désigner une princesse de
» son sang, sa propre fille, pour être l'épouse de son fils.
» Tchao-hoeï, tout entier dans les soins pénibles du ministère,
» jouissait en paix de la faveur de son maître et de toute sa gloire,
» lorsqu'après deux ou trois années sa santé commença à s'altérer. Il
» sentit ses forces diminuer sensiblement et prêtes à l'abandonner.....
» Il mourut quatre jours après s'être absenté de la cour, pour aller
» jouir, disait-il, d'un peu de repos dans son hôtel. L'empereur l'alla
» voir, quoiqu'il fût déjà mort ; mais il voulut qu'on supposât qu'il
» était encore en vie. On l'habilla, on l'assit sur une chaise, et sa
» majesté, en entrant dans son appartement, dit : *Je vous ordonne de*
» *rester comme vous êtes. Je viens vous voir pour vous exhorter à ne rien*
» *oublier pour rétablir promptement votre santé. Un homme tel que vous est*
» *encore nécessaire à l'empire.* Après ces mots, elle se retira. Quelques
» heures après, on divulgua la mort de Tchao-hoeï. L'empereur or-
» donna que son portrait serait mis dans la salle des grands hommes
» qui ont bien mérité de l'empire. » (*Note d'un missionnaire, placée au bas du Monument de la conquête du royaume des Eleutes, dressé par l'empereur Kien-long.* Mém. concernant les Chinois, tom. Ier, pag. 360 et suiv.)

« Harassés d'une route aussi longue et aussi pénible, et man-
» quant de tout, on leur distribua des étoffes pour s'habiller,
» des grains pour se nourrir pendant un an, des logements con-
» formes à leur manière de vivre, des instruments pour le
» labourage, et tous les ustensiles nécessaires pour les commo-
» dités de la vie. On divisa les terres, et on assigna à chaque
» famille une portion qui pût fournir à son entretien par la cul-
» ture. On désigna aussi des pacages pour les bestiaux. Enfin
» on fournit des bœufs et des moutons à ceux qui en man-
» quaient, et même plusieurs onces d'argent pour suppléer à
» leurs autres besoins. » (M. Deshauterayes.) Lorsqu'ils furent
remis de leurs fatigues, Oubaché, leur roi, fut mandé avec
ses principaux officiers, à la cour impériale, où ils reçurent
le plus favorable accueil. Le reste de la nation des Tourgouts
ne tarda pas à venir les rejoindre, et fut aussi bien traité. On
vit arriver, peu de tems après, d'autres hordes fugitives des Eleutes, qui n'eurent pas moins à se louer de la générosité de Kien-
long. Les Eleutes n'avaient point de villes ; ils campaient sous
des tentes, tantôt dans un endroit, tantôt dans un autre. Kien-
long a fait bâtir sur les bords de l'Ily une ville qui devient de
jour en jour plus peuplée. C'est-là qu'on envoie aujourd'hui les
chinois et les tartares qui ont mérité la peine de l'exil. (*Mém.
conc. les Chinois.*)

Les confins du Ssé-tchuen sont bornés par une chaîne de
montagnes, qui s'étend au-delà des terres de la domination de
la Chine. C'était-là qu'habitaient les Miao-tsé, peuple barbare
et jaloux à l'excès de sa liberté. Deux chefs souverains, indépendants l'un de l'autre, les gouvernaient, sous la dénomination de grand *Kin-tchouen* et de petit *Kin-tchouen*. L'empereur,
dont ils reconnaissaient en apparence l'autorité, leur faissait
des dons, et leur accordait, pour les apprivoiser, des manda-
rinats et d'autres dignités ; ils les confirmait encore par des
lettres patentes, à chaque mutation de règne dans leurs souverainetés. L'âpreté de leur séjour, presque inaccessible aux
étrangers, couvert d'épaisses forêts, et entre-coupé d'affreux
précipices, les mettait dans la nécessité de descendre souvent
dans la plaine pour se procurer les choses nécessaires à la vie.
Des querelles qui s'élevèrent entre eux et les Chinois en commerçant, occasionnèrent des hostilités réciproques qui furent
presque toujours à l'avantage des premiers. Ceux-ci, descendant de leurs montagnes par des défilés qu'ils connaissaient eux
seuls, faisaient sur les terres de leurs ennemis des excursions
subites, d'où ils retournaient ordinairement chargés de butin.
L'empereur, ayant en vain interposé son autorité pour arrêter
ces brigandages, crut devoir les réprimer par la force des armes.

Le général Ouen-fou, qu'il envoya contre les Miao-tsé à la tête de dix mille hommes, les ayant surpris dans la plaine, les obligea de prendre la fuite. Mais la témérité qu'il eut de les poursuivre dans leurs montagnes lui coûta cher. Il y perdit presque tous les siens, et lui-même ayant été pris, fut conduit au han qui, après l'avoir fait tourmenter pendant cent jours, le fit tuer à coups de flèche. Pour laver cet affront, l'empereur jeta les yeux sur Akoui, mantcheou, d'une race distinguée, et déjà célèbre par divers exploits éclatants. Ce nouveau général répondit à la confiance de son maître. S'étant fait instruire des défilés qui conduisaient aux retranchements des ennemis, il y parvint après avoir surmonté des obstacles qui eussent rebuté un courage moins opiniâtre que le sien. Pour attaquer à armes égales les Miao-tsé, il fallait du canon. Akoui n'ayant pas trouvé moyen d'en faire traîner après lui, s'était muni de plusieurs pièces de métal qu'il fit fondre pour son artillerie sur la montagne. Alors il livra l'assaut aux forts construits par les ennemis, et s'en étant rendu maître, non sans de grands efforts, il engagea différents combats, dont les succès le rendirent maître du petit *Kin-tchouen* en moins d'un mois. Le roi de ce pays allait pour dernière ressource s'enfermer dans une espèce de capitale, lorsqu'une maladie l'enleva sur la route. Les Miao-tsé, consternés, abandonnèrent leurs foyers et se retirèrent dans le grand Kin-tchouen. Ce fut-là qu'ils firent la plus vigoureuse résistance. On vit jusqu'aux femmes s'armer contre les Impériaux. Comme ils s'avançaient au hasard dans un pays couvert et inconnu, ils trouvaient partout la mort. Les uns étaient écrasés par des quartiers de pierre qu'on faisait rouler sur leurs têtes, d'autres étaient emportés par des coups de fusil sans voir d'où ils partaient et sans pouvoir s'en garantir. Des pelotons, enveloppés par le grand nombre, étaient taillés en pièces sans avoir le tems de se mettre en défense; quelques-uns étaient précipités du haut des rochers où ils avaient grimpé avec peine. Tous ces obstacles qu'on rencontrait à chaque pas, n'effrayèrent pas Akoui, et ne le rendirent que plus ardent à les vaincre. Après avoir emporté tous les postes qui se rencontraient sur la route de la capitale de cet état, il fit fondre des bombes et du canon pour en faire le siége. Elle tomba sous ses coups. Il ne restait plus alors à Sonom, han du grand Kin-tchouen, d'autre asile que Karaï, place très-forte, que son assiette et les ouvrages de l'art rendaient presque imprenable. Il s'y retira avec son armée qui en défendit les approches. Akoui, pour que le han ne pût lui échapper, fit ses dispositions pour serrer la ville de toutes parts. Mais il lui fallut environner une montagne et fondre une nouvelle artillerie. Cela fait, il commença l'attaque qui n'aboutit

d'abord qu'à écorner quelques rochers. Le han cependant effrayé, demanda une suspension d'armes de quelques jours, et envoya sa mère, sa femme et ses sœurs pour garantes de sa fidélité, demandant qu'on lui laissât la vie et aux siens, avec la permission de gouverner ses sujets au nom de l'empereur. Mais Akoui ayant exigé qu'il se livrât entre les mains de l'empereur, il rejeta cette condition, et le général continua de pousser vivement le siége. Le han se défendit en désespéré pendant trois semaines; après quoi il fallut céder à la force et se rendre à discrétion. Le vainqueur amène le rebelle avec tous ses courtisans à l'empereur, qui vint au-devant de lui, le 13 juin 1776, jusqu'à huit lieues de Pé-king, avec un cortège magnifique. Les environs du palais étaient ornés de montagnes artificielles, de ruisseaux qu'on avait fait serpenter dans les vallons, de galeries, de sallons variés à l'infini, qui offraient à la fois le spectacle le plus agréable et le plus superbe. Mais à cette fête, les deux jours suivants, on vit succéder une des cérémonies les plus capables d'inspirer la terreur. On la nomme *Hien feou*, et voici en précis comme elle s'exécuta. Sur les représentations du président des rites, les grands et les ministres d'état s'étant assemblés par ordre de l'empereur, procédèrent, suivant un ancien usage interrompu depuis long-tems, à la détermination du genre de supplice dont les rebelles devaient être punis. Akoui en avait fait conduire à Pé-king deux cent cinquante, tant de la parenté que de la cour de Sonom. Ce prince et quatorze de ses parents ou de ses courtisans furent condamnés, comme les plus coupables, à être coupés en pièces, dix-neuf autres à perdre la tête, seize à une prison perpétuelle, cinquante-deux à l'exil chez les Eleutes de l'Ily pour leur servir d'esclaves, quarante-cinq des principaux officiers envoyés aux Soloms pour être incorporés dans leurs troupes en qualité de soldats, trente-cinq autres aux Tartares *San-sing*, et cinquante-huit donnés aux officiers mantcheous qui s'étaient le plus distingués. La sentence ayant été confirmée par l'empereur, les prisonniers, le 25 de la quatrième lune 1776, furent présentés dans la salle des ancêtres, et conduits ensuite dans le *Ché-tsi-tan* pour faire amende honorable aux esprits qui président aux générations; après quoi, le lendemain, ils comparurent devant le trône qu'on avait préparé au monarque au-dessus de la porte *ou-men*, dans la galerie du palais. « La vaste cour que domine
» cette galerie, était bordée à l'orient et à l'occident par les
» drapeaux, les masses, les dragons, les figures symboliques,
» et toutes les autres marques de la dignité impériale dont les
» porteurs étaient habillés de soie rouge brodée en orangers
» sur deux lignes parallèles; les tribunaux de l'empire occu-

» paient un rang, et les gardes de l'empereur, armés comme
» en guerre, en formaient un troisième. Au-dessous de la
» galerie étaient les princes, les régules, les comtes, les grands
» mandarins... Dans la cour avancée, on voyait les éléphants
» de la couronne, chargés de leurs tours dorées, et à côté
» d'eux les charriots de guerre.... On observait un profond
» silence : il fut interrompu par le bruit effroyable des instru-
» ments les plus bruyants, et de la grosse cloche de Pé-king,
» qui annoncèrent la présence de l'empereur. Après que ce
» monarque eut reçu les félicitations de toute l'assemblée,
» Akoui lui présente les braves officiers qui l'avaient aidé à
» faire la conquête des deux *Kin-tchouen*; ensuite on fit avancer
» les captifs. » (M. Deshauterayes.) Le grand général de Sonom
demanda en vain grâce pour ce prince en considération de sa
jeunesse. On le conduisit avec les autres de sa compagnie, après
les avoir mis à la torture, dans des tombereaux à la place des
exécutions où ils furent coupés en pièces. Nous terminerons ici
le récit des événements arrivés sous le règne de Kien-long. Ce
monarque, âgé de soixante-seize ans, était encore vivant au
commencement de 1785, et continuait de faire les délices de la
Chine par sa bienfaisance, par son application au gouvernement,
par son amour pour les lettres, et par ses autres grandes qualités
dignes du trône, qu'il remplit avec tant de gloire et de majesté.

LEXIQUE TOPOGRAPHIQUE,

AVEC

LES LATITUDES ET LONGITUDES

DES PRINCIPALES PLACES

DE L'EMPIRE CHINOIS;

Déterminées dans les années 1710, jusques et compris 1716, par les mathématiciens que l'empereur Kang-hi chargea de dresser la carte de son empire. Les longitudes sont prises de Pé-king.

AVERTISSEMENT.

Il est à propos de prévenir nos lecteurs que les noms de *Koué*, de *Fou*, de *Lou*, de *Kiun*, de *Tchéou* et de *Hien*, donnés aux villes, en sont le distinctif.

Koué est le titre particulier qui désigne une principauté.

Fou indique la juridiction générale d'un grand département, de laquelle relèvent plusieurs Tchéou. On remarque cependant que, sur les limites de l'empire, certaines villes n'ont été élevées à ce titre de Fou qu'afin d'augmenter le nombre des mandarins qui veillent à leur sûreté.

Lou, qui signifie proprement un chemin, est particulier à la dynastie des Yuen, qui désignait, par ce titre, une juridiction à peu près semblable à celle des Fou, un peu moindre cependant.

Kiun indique une ville d'armes du premier ordre, où des officiers généraux faisaient leur résidence ordinaire.

Tchéou est un titre qui se donne à des villes considérables, mais qui cependant dépendent presque toujours des Fou; on dit presque toujours, par la raison qu'il y a des Tchéou qui n'en dépendent pas, et relèvent immédiatement des officiers généraux de la province et des tribunaux généraux de la cour, ainsi que les Fou. La différence entre les Tchéou et les Fou ne se règle ni sur l'opulence et la population des unes ou des autres, ni sur l'étendue du terrain qu'elles occupent, puisqu'il se trouve des Tchéou plus considérables que des Fou, mais sur les titres et l'autorité des mandarins qui les gouvernent.

Les *Hien*, ou villes du troisième ordre, ont aussi leur juridiction qui dépend le plus souvent des Fou, et quelques-unes des Tchéou.

Les *Tchin* sont de gros bourgs dans lesquels on trouve des auberges où l'on peut loger.

Les *Tching* sont comparables aux Tchin, avec cette différence néanmoins que ces bourgades sont moins marchandes que les Tchin, et qu'on y trouve rarement des auberges.

Les *Oueï* et les *Pao* ne sont pour l'ordinaire occupés que par des soldats et gouvernés par des mandarins d'armes. Les Pao ne sont proprement que des corps-de-garde renforcés. Les Oueï sont beaucoup plus considérables.

Les *Fou* sont des villes étrangères soumises aux Chinois, soit volontairement, soit par la conquête qu'ils en ont faite. Aussi la plupart ont-elles bientôt changé de titre en passant sous leur gouvernement.

Les *Koun* sont des espèces de forteresses élevées pour la garde des passages difficiles et des gorges de montagnes.

Les *Tchaï* sont aussi des forteresses sur le sommet des montagnes, défendues par des murailles ou par des palissades.

Les *Tchang* et les *Chi* sont de petites villes ou gros bourgs dans lesquels on fait commerce; savoir, de tems en tems dans les Chi, et toujours dans les Tchang.

Enfin les *Y* et les *T'sun* sont de simples villages; mais les Y sont les plus nombreux et les plus considérables.

Avec ces connaissances préliminaires, on peut juger, à la vue seule, de la terminaison des noms des villes et des bourgades, etc., de quelle importance elles peuvent être, et quels sont les titres dont elles jouissent.

La plupart des villes du Léao-tong ne subsistent plus; cependant on en fait mention relativement à l'histoire des Khitans ou Léao et des Kin ou Nu-tché; puissances tartares qui possédèrent quelques provinces septentrionales de la Chine pendant le règne des Song. En compensation, on a négligé d'en faire connaître d'autres qui subsistent encore sur les limites de la Chine, mais qui ne sont d'aucune utilité pour la lecture de cette histoire.

Les terminaisons de ces noms tartares, soit Man-tchéou, soit Mongous, signifient, savoir, Oula, fleuve; Pira, rivière; Omo, lac ou étang; Sekim, source de rivière; Mouren, rivière; Nor, lac ou étang; Poulac, fontaine, source; Alin, montagne; Hata, roche; Hotun et Hoton, ville; Cajan, village; Païtchan, lieu fermé d'une enceinte ; Tabahan, montagne ou passage de montagne.

Les empereurs s'étant souvent donné la liberté, surtout dans les changements de dynastie, de changer les noms de plusieurs villes, nous avons cru devoir rapporter dans les notes ces divers changements qui jettent une grande confusion dans la topographie de la Chine.

Villes.		Latitudes.	Longitudes.
Achto-kia-mon,	Tartarie occidentale,	45° 46' 48"	6° 13' 20" or.
Agalkou-alin,	Tartarie occidentale,	41 42 56	1 34 0 oc.
Algaïtou-alin,	Tartarie occidentale,	41 11 24	6 21 40 oc.
Altan-alin,	Tartarie occidentale,	41 10 20	9 15 55 oc.
Aomili-cajan,	Tartarie orientale,	47 23 0	15 27 30 or.
Apkan-alin,	Tartarie occidentale,	48 7 12	12 45 36 oc.
Apka-hara-alin,	Tartarie occidentale,	40 38 10	4 12 53 oc.
Artchato-kiamon,	Tartarie occidentale,	43 49 12	0 21 15 or.
Arou-soumme-hata,	Tartarie occidentale,	41 36 51	4 29 41 oc.
Astaï,	Tartarie occidentale,	43 2 35	22 48 20 oc.
Caï-fong-fou (1),	province de Ho-nan,	34 52 5	1 55 30 oc.
Canton. *Voy.* Kouang-tchéou.			
Catchar-hocho,	Tartarie occidentale,	41 21 22	8 6 10 oc.
Cha-hou-kéou,	province de Chan-si,	40 17 0	4 12 0 oc.
Cha-ma-ki-téou,	île de Formose,	22 6 0	4 9 20 or.
Chan-haï-koan,	province de Pé-tchéli,	40 2 30	3 22 6 or.
Chang-tou-pouritou,	Tartarie occidentale,	45 45 0	2 24 20 or.
Chang-tsaï-hien,	province de Ho-nan,	33 19 20	2 6 0 oc.
Chang-ssé-tchéou,	prov. de Kouang-si,	22 19 12	8 52 10 oc.
Chang-tchéou,	province de Chen-si,	33 51 25	6 35 0 oc.
Chang-yu-hien,	prov. de Tché-kiang,	29 59 14	4 25 7 or.
Chao-ou-fou (2),	prov. de Fou-kien,	27 21 36	1 8 0 or.
Chao-hing-fou (3),	prov. de Tché-kiang,	30 6 0	4 4 11 or.
Chara-omo,	Tartarie occidentale,	39 32 24	13 15 0 oc.
Chao-tchéou-fou (4),	prov. de Kouang-tong,	24 55 0	3 20 0 oc.
Cha-tching, ou Cha-ho,	province de Pé-tchéli,	40 25 25	0 6 36 oc.
Chan-tching-hien,	province de Ho-nan,	31 55 30	1 10 30 oc.

(1) Ses noms anciens sont : Ta-leang, Leang-tchéou. Caï-fong, Pien-tchéou, Tong-king, Nan-king, Nan-king-lou et Pien-leang-lou.

(2) Ses noms anciens sont : Tchaou-ou et Ping-tching.

(3) Ses noms anciens sont : Hoeï-ki, Yu-yuei, Ou-kiun, Tong-yang, Yuei-tcheou, Y-tching et Tchin-tong.

(4) Ses noms anciens sont : Chi-hing, Chi-king-tou-ouei, Tang-hing, Kouang-hing, Ping-tchin, Pan-tchéou et Tong-heng-tchéou.

DES EMPEREURS DE LA CHINE.

Villes.		Latitudes.	Longitudes.
Cha-tching (Bouche de la rivière de),	province de Pé-tchéli,	39° 1' 40"	1° 18' 5" or.
Ché-men-hien,	prov. de Hou-kouang,	29 30 30	5 5 27 oc.
Ché-ping-hien,	prov. de Kouei-tchéou,	27 0 20	8 26 40 oc.
Ché-tchéou-ouei,	prov. de Hou-kouang,	30 15 56	7 2 35 oc.
Ché-tching-hien,	prov. de Kouang-tong,	21 32 24	6 38 40 oc.
Ché-tsien-fou (1),	prov. de Kouei-tchéou,	27 30 0	8 18 40 oc.
Chin-mou-hien,	prov. de Chen-si,	38 55 20	6 22 30 oc.
Ching-hien,	prov. de Tché-kiang,	29 26 0	4 14 17 or.
Choui-king-hien,	prov. de Kiang-si,	25 49 12	0 27 16 oc.
Choui-tchang-hien,	prov. de Kiang-si,	29 49 12	0 44 40 oc.
Choui-tchéou-fou (2),	prov. de Kiang-si,	28 24 40	1 10 54 oc.
Congora - agirhan - alin,	Tartarie occidentale,	45 26 0	18 19 20 oc.
Couroumé-omo,	Tartarie occidentale,	47 51 36	4 1 50 oc.
Chun-king-fou (3),	prov. de Ssé-tchuen,	30 49 12	10 21 0 oc.
Chun-ning-fou (4),	prov. de Yun-nan,	24 37 12	16 18 35 oc.
Chun-té-fou (5),	prov. de Pé-tchéli,	37 7 15	1 49 30 oc.
Chun-té-hien,	prov. de Kouang-tong,	22 49 25	3 39 35 oc.
Ecouré-halha,	Tartarie occidentale,	47 37 0	5 15 52 oc.
Edou-cajan,	Tartarie orientale,	48 9 36	15 37 0 or.
Egué au Sélingué (Jonction de l'),	Tartarie occidentale,	49 27 10	12 22 15 oc.
Elgoui-poulac,	Tartarie occidentale,	45 14 12	19 40 25 oc.
Erdeni-tchao,	Tartarie occidentale,	46 57 36	13 5 25 oc.
Ergoustei,	Tartarie occidentale,	44 12 0	21 43 20 oc.
Fen-tchéou-fou (6),	province de Chan-si,	37 19 12	4 46 30 oc.
Fey-hiang-hien,	prov. de Pé-tchéli,	36 39 55	1 22 30 oc.
Fong-chan-hien,	île de Formose,	22 40 48	3 37 50 or.
Fong-hoan-tching,	prov. de Léao-tong,	40 30 30	7 45 30 or.
Fong-ting-y,	prov. de Fou-kien,	25 14 27	2 37 50 or.
Fong-tsiang-fou (7),	prov. de Chen-si,	34 25 12	8 58 55 oc.

(1) Ses noms anciens sont : Y-tchéou, Y-siuen et Ché-tsien.

(2) Ses noms anciens sont : Mi-tchéou, Tsing-tchéou, Kao-ngan et Choui-tchéou.

(3) Ses noms anciens sont : Ngan-han, Tang-kin, Yen-kiu, Pa-si, Nan-tchong, Ko-tchéou, Tchong-tchéou, Yong-ning, Tong-tchuen et Chun-king-lou.

(4) Son nom ancien est : Chun-ning.

(5) Noms anciens : Sin-tou-hien, Siang-koué, Hing-tchéou, Kiu-lou, Pao-y, Ngan-koué et Sin-té.

(6) Ses noms anciens sont : Si-ho-kiun, Si-ho-koué, Nan-sou-tchéou, Kiai-tchéou, Hao-tchéou et Fen-yang-kiun.

(7) On lui a donné les noms de Tchong-ti, Fou-fong, Tsin-koué, Tsin-ping, Yong-tching, Ki-tchéou, Ki-yang, Si-king, Koan-si, Tsin-fong et Tien-hing.

Villes.		Latitudes.	Longitudes.
Fong-yang-fou (1),	province de Kiang-nan,	32° 55′ 30″	1° 1′ 26″ or.
Fou-ngan-hien,	prov. de Fou-kien,	27 4 48	3 18 40 or.
Fou-ning-tchéou,	prov. de Fou-kien,	26 54 0	3 40 0 or.
Fou-tchéou-fou (2),	prov. de Fou-kien,	26 2 24	3 0 0 or.
Fou-tchéou-fou (3),	prov. de Kiang-si,	27 56 24	0 10 30 oc.
Fou-tsing-hien,	prov. de Fou-kien,	25 40 48	3 8 0 or.
Fou-yang-hien,	prov. de Tché-kiang,	30 4 57	3 27 7 or.
Gé-ho-hotun,	Tartarie occidentale,	41 3 36	1 30 0 oc.
Haï-fong-hien,	prov. de Kouang-tong,	22 54 0	1 9 36 oc.
Haï-fong-hien,	prov. de Chan-tong,	37 50 51	1 16 36 or.
Haï-tan-tching,	prov. de Fou-kien,	25 33 24	3 33 50 or.
Haï-tchéou,	prov. de Kiang-nan,	34 32 24	2 55 47 or.
Haï-tchou-cajan,	Tartarie orientale,	47 59 0	18 45 0 or.
Hami,	Tartarie occidentale,	42 53 20	22 23 20 oc.
Han-alin,	Tartarie occidentale,	47 49 30	9 5 17 oc.
Han-tchong-fou (4),	province de Chen-si,	32 56 10	9 16 5 oc.
Hang-yang-fou (5),	prov. de Hou-kouang,	30 34 38	2 18 23 oc.
Hang-tchéou-fou (6),	prov. de Tché-kiang,	30 20 20	3 39 4 or.
Háng-tching-hien,	prov. de Chen-si,	35 30 30	6 4 57 oc.
Hara-omo,	Tartarie occidentale,	39 19 12	12 14 24 oc.
Harapay-chang,	Tartarie orientale,	42 18 0	4 3 0 or.
Hara-tou-houton-kiamon,	Tartarie occidentale,	41 44 11	2 56 50 or.
Hatamal-alin,	Tartarie occidentale,	40 45 9	6 40 20 oc.
Hen-tchéou-fou (7),	prov. de Hou-kouang,	26 55 12	4 5 30 oc.
Heng-chan-hien,	prov. de Hou-kouang,	27 14 24	3 50 40 oc.
Heng-tchéou,	prov. de Kouang-si,	22 38 24	7 31 30 oc.
Hi-fong-kéou,	prov. de Pé-tchéli,	40 26 10	1 37 13 or.
Hia-men-so, ou Emoui,	prov. de Fou-kien,	24 27 36	1 50 30 or.
Hiang-chan-hien,	prov. de Kouang-tong,	22 32 24	3 30 0 oc.

(1) Ses noms anciens sont : Tchong-li, Nan-yen, Si-tchou-tchéou, Hao-tchéou, Ting-yuen, Lin-hao et Tchong-ton.

(2) Noms anciens : Min-tchong, Tsi-ming, Min-yuei, Tçin-ngan, Tçin-ping, Fong-tchéou, Siuen-tchéou, Kien-tchéou, Min-tchéou, Tchang-lo, Hoeï-ou et Tchang-ou-kiun.

(3) Noms anciens : Lin-tchuen-kiun et Chao-ou.

(4) Ses noms anciens sont : Leang-tchéou, Han-nan-tching, Y-tchéou-pou, Han-ning, Han-tchuen, Pao-tchéou et Hing-yuen.

(5) Ses noms anciens sont : To-yang et Mien-tchéou.

(6) Noms anciens : Tong-ngan, Ou-kiun, Tsien-tang-kiun, Yu-han-kiun, Ou-ching-kiun, Ta-tou-fou, Nan-tou-tou, Hiu-hang, Ou-yuei-koué et Ling-ngan-fou.

(7) Ses noms anciens sont : Siang-tong, Heng-yang, Siang-tchéou, Heng-tchéou, Tong-heng-tchéou, Heng-chan-kiun et Keng-hou-uan.

DES EMPEREURS DE LA CHINE.

Villes.		Latitudes.	Longitudes.
Hing-hoa-fou (1),	province de Fou-kien,	25° 25' 22"	2° 48' 50" or.
Hing-koué-tchéou,	prov. de Hou-kouang,	29 51 36	1 22 48 oc.
Hing-ngan-tchéou,	prov. de Chen-si,	32 31 20	7 6 49 oc.
Hing-ning-hien,	prov. de Kouang-tong,	24 3 36	0 46 40 oc.
Hing-ning-hien,	prov. de Hou-kouang,	23 54 40	3 29 16 oc.
Ho-hien,	prov. de Kouang-si,	24 8 24	5 12 0 oc.
Ho-kien-fou (2),	prov. de Pé-tchéli,	8 30 0	0 18 0 oc.
Ho-ku-hien,	prov. de Chan-si,	39 14 14	5 27 0 oc.
Ho-nan-fou (3),	prov. de Ho-nan,	34 43 15	4 0 50 oc.
Ho-ping-hien,	prov. de Kouang-tong,	24 30 0	1 33 35 oc.
Ho-si-hien,	prov. de Yun-nan,	24 16 10	13 38 40 oc.
Ho-tchéou,	prov. de Ssé-tchuen,	30 8 24	10 4 30 oc.
Ho-tchi-tchéou,	prov. de Kouang-si,	24 42 0	8 45 20 oc.
Ho-yuen-hien,	prov. de Kouang-tong,	23 42 0	1 54 40 oc.
Hoa-ma-chi,	prov. de Chen-si,	37 52 45	9 25 30 oc.
Hoa-tchéou,	prov. de Kouang-tong,	21 37 12	6 17 20 oc.
Hoan-ku-hien,	prov. de Chan-si,	34 57 36	4 45 30 oc.
Hoang-tchéou-fou (4)	prov. de Hou-kouang,	30 26 24	1 39 35 oc.
Hoaï-king-fou (5),	prov. de Ho-nan,	35 6 34	3 28 30 oc.
Hoaï-ngan-fou (6),	prov. de Kiang-nan,	33 32 24	2 45 42 or.
Hoaï-yukéou,	Tartarie occidentale,	40 54 15	1 22 10 oc.
Hoaï-yuen-hien,	prov. de Kouang-si,	25 15 56	7 10 40 oc.
Hoeï-li-tchéou,	prov. de Ssé-tchuen,	26 33 36	13 32 25 oc.
Hoeï-ning-fou,	prov. de Koueï-tchéou,	26 43 15	12 12 0 oc.
Hoeï-tchang-hien,	prov. de Kiang-si,	25 32 24	0 46 1 oc.
Hoeï-tchéou,	prov. de Ssé-tchuen,	31 25 12	12 48 0 oc.
Hoeï-tchéou-fou (7),	prov. de Kouang-tong,	23 2 24	2 16 0 oc.
Hou-tchéou-fou (8),	prov. de Tché-kiang,	30 52 48	3 27 54 or.
Hong-hien,	prov. de Pé-tchéli,	39 1 5	0 18 27 oc.
Hong-hoa-pou,	prov. de Chan-tong,	34 35 26	2 18 0 or.
Hongta-hotun,	Tartarie orientale,	42 54 1	13 36 0 or.

(1) Ses noms anciens sont : Pou-tchong, Pou-tien, Taï-ping et Hing-ngan.

(2) Noms anciens : Po-haï, Ho-kien, Yng-tchéou et Li-haï.

(3) Ses noms anciens sont : Lo-yang, San-tchuen, Ho-nan-kiun, Lo-tchéou, Tong-king, Yu-tchéou, Tong-tou, Si-tou, Si-king, Té-tchang-kiun, Tchong-king, Kin-tchang-fou et Ho-nan-lou.

(4) Ses noms anciens sont : Si-ling-hien, Tchong-tching, Si-yang-koué, Si-yang-kiun, Tsi-ngan, Heng-tchéou, Hoang-tchéou, Yong-ngan et Tsien-tchéou.

(5) Noms anciens : Ho-noui, Hoaï-tchéou, Nan-hoaï, Tsing-nan, Hoaï-mong et Hoaï-king.

(6) Ses noms anciens sont : Chan-yang, Pé-yen, Tchou-tchéou, Tong-tchou tchéou, Hoaï-yn et Chun-hoa.

(7) Noms anciens : Léang-hoa, Siun-tchéou, Long-tchuen, Haï-fong, Tching-tchéou et Polo.

(8) Ses noms anciens sont : Kou-tching, Ou-tching, Ou-hing et Tchan-king.

Villes.		Latitudes.	Longitudes.
Horaï-couré,	Tartarie occidentale,	43° 0' 40''	0° 25' 22'' or.
Houlé-cajan,	Tartarie orientale,	48 50 0	19 3 20 or.
Houptar-païtchan,	Tartarie occidentale,	42 21 30	19 30 0 oc.
Hourimto-keber,	Tartarie occidentale,	45 38 55	16 41 0 oc.
Houtchi-pira (Source de la),	Tartarie orientale,	43 31 0	13 15 0 or.
Iao-tchéou-fou (1),	province de Kiang-si,	28 59 20	0 13 38 or.
Indamou-cajan,	Tartarie orientale,	46 53 20	14 12 50 or.
Iong-tsé-hien,	province de Ho-nan,	34 56 40	2 44 30 oc.
Iong-yang-hien,	province de Ho-nan,	34 52 40	2 54 0 oc.
Iu-kao-hien,	prov. de Kiang-nan,	32 26 33	3 57 45 or.
Iu-ning-fou (2),	prov. de Ho-nan,	33 1 0	2 7 30 oc.
Kaï-hoa-hien,	prov. de Tché-kiang,	29 9 15	2 7 18 or.
Kaï-tchéou,	prov. de Kouëi-tchéou,	26 58 40	9 45 20 oc.
Kamnica-kiamon,	Tartarie orientale,	48 41 30	8 27 20 or.
Kan-tchéou,	province de Chan-si,	39 0 40	15 32 30 oc.
Kan-tchéou-fou (3),	prov. de Kiang-si,	25 52 48	1 40 54 oc.
Kao-ko-tchuang,	prov. de Pé-tchéli,	39 28 48	2 18 58 or.
Kao-tchéou-fou (4),	prov. de Kouang-tong,	21 48 0	6 2 15 oc.
Kao-tching-hien,	prov. de Ho-nan,	34 47 0	1 1 30 oc.
Kara-hotun,	Tartarie occidentale,	41 15 36	2 0 0 oc.
Kara-hotun,	Tartarie occidentale,	40 58 48	1 20 0 oc.
Kara-mannay-omo,	Tartarie occidentale,	40 18 12	8 4 30 oc.
Karak-sin-alin,	Tartarie occidentale,	40 59 52	4 45 53 oc.
Kécou-omo,	Tartarie occidentale,	46 24 0	15 36 48 oc.
Kerlon (Bouche du),	Tartarie occidentale,	48 50 24	0 45 0 or.
Ki-lin-kéou,	province de Pé-tchéli,	40 12 0	2 53 31 or.
Ki-longtchaï,	île de Formose,	25 16 48	5 9 30 or.
Ki-ngan-fou (5),	province de Kiang-si,	27 7 54	1 34 5 oc.
Ki-tchéou,	province de Chan-si,	36 6 0	5 54 0 oc.
Ki-tchéou,	prov. de Hou-kouang,	30 4 48	1 10 20 oc.
Ki-tchéou,	prov. de Pé-tchéli,	37 38 15	0 46 30 oc.
Kia-hing-fou (6),	prov. de Tché-kiang,	30 52 48	4 4 11 or.
Kia-ting-tchéou,	prov. de Ssé-tchuen,	29 27 36	12 33 30 oc.
Kia-yu-koan,	prov. de Chen-si,	39 48 20	17 37 45 oc.
Kiaï-tchéou,	prov. de Chen-si,	33 19 12	11 23 33 oc.

---

(1) Ses noms anciens sont : Po-yang, Ou-tchéou et Yong-ping.

(2) Ses noms anciens sont : Junan, Hiven-hou, Yu-tchéou, Hing-taï, Tsong-koan-fou, Chou-tchéou, Tchin-tchéou, Tsaï-tchéou, Hoaï-kang et Tching-nan.

(3) Sous les Han, on l'appelait Kan-yu-tou, ensuite Nan-pou-tou, Nan-kang, Tchang-kong, Kien-tchéou et Chao-siu.

(4) Ses noms anciens sont : Chi-king-tou-ouei, Tang-hing, Kouang-hing, Ping-tchin, Pan-tchéou et Tong-heng-tchéou.

(5) Noms anciens : Liu-ling, Ngan-tching et Ki-tchéou.

(6) Noms anciens : Ou-kiun, Hoeï-ki, Kia-ho et Siéou-tchéou.

Villes.		Latitudes.	Longitudes.
Kiang-chan-hien,	prov. de Tché-kiang,	28° 47' 20"	2° 22' 3" or.
Kiang-tchéou,	prov. de Chan-si,	35 30 32	5 15 0 oc.
Kiao-tchéou,	prov. de Chan-tong,	36 14 20	3 55 30 or.
Kien-ning-fou (1),	prov. de Fou-kien,	27 3 36	1 59 25 or.
Kien-ning-hien,	prov. de Fou-kien,	26 8 30	0 30 40 or.
Kien-tchang-fou (2),	prov. de Kiang-si,	27 33 36	0 12 18 or.
Kien-tchéou,	prov. de Ssé-tchuen,	30 25 0	11 51 0 oc.
Kien-yang-hien,	prov. de Fou-kien,	27 22 44	1 44 0 or.
Kiéou-kiang-fou (3),	prov. de Kiang-si,	29 54 0	0 24 0 oc.
Kiéou-lan-tchéou,	prov. de Yun-nan,	26 32 0	16 38 40 oc.
Kiéou-pi-tchéou,	prov. de Kiang-nan,	34 8 55	1 38 34 or.
Kin-hoa-fou (4),	prov. de Tché-kiang,	29 10 48	3 22 27 or.
Kin-men-so,	prov. de Fou-kien,	24 26 24	2 10 40 or.
Kin-té-tchin,	prov. de Kiang-si,	29 15 56	0 47 43 or.
Kin-tchéou,	prov. de Kouang-tong,	21 54 0	8 0 45 oc.
King-tong-fou (5),	prov. de Yun-nan,	24 30 40	15 24 30 or.
King-tchéou,	prov. de Léao-tong,	39 0 0	5 27 50 or.
King-tchéou,	prov. de Pé-tchéli,	37 46 15	0 6 30 oc.
King-tchéou-fou (6),	prov. de Hou-kouang,	30 26 40	4 23 40 oc.
King-yang-fou,	prov. de Chen-si,	36 3 0	8 46 0 oc.
King-yuen-fou (7),	prov. de Youang-si,	24 26 24	8 4 0 oc.
Kiong-tchéou-fou,	île de Hai-nan,	20 2 26	6 40 20 oc.
Kirin-ou-la-hotun,	Tartarie orientale,	43 46 48	10 24 30 or.
Kirra-alin,	Tartarie occidentale,	48 8 0	8 14 5 oc.
Kisan-omo,	Tartarie occidentale,	41 15 36	8 42 0 oc.
Koan-yang-hien,	prov. de Youang-si,	25 21 36	5 29 20 oc.
Kogin-po-kiamon,	Tartarie orientale,	41 4 15	2 46 40 or.
Kong-ngan-hien,	prov. de Hou-kouang,	30 1 0	4 31 10 oc.
Kong-tchang-fou (8),	prov. de Chen-si,	34 56 24	11 45 0 oc.
Kotourantaï-alin,	Tartarie occidentale,	41 58 20	1 8 57 oc.

(1) Ses noms anciens sont : Hoeï-ki-nan-pou-tou-ouei, Kien-ngan, Kien-tchéou, Kien-ning, Tchin-ngan, Tchin-ou, Yong-ngan et Tchong-y.

(2) Noms anciens : Lin-tchuen, Kan-kiang, Fou-tchéou, Kien-ou et Tchao-tchang.

(3) Anciennement : Sin-yang, Kiang-tchéou, Fong-hou et Fing-kiang.

(4) Anciennement : Tçin-tchéou, Vou-tchéou, Tong-yang, Ou-tching, Pao-vou-tchéou et Pao-ning.

(5) Anciennement : Ché-nan, In-seng, Kaï-nan-tchéou et Ouei-tchou-lou.

(6) Anciennement : Yng-tou, Pa-yng, Nan-kiun, Lin-kiang, Sin-kiun, Tchong-tchin, Kiang-ling, Yuen-ti-tou, Nan-tou, King-nan et King-hou-pé-lou.

(7) Anciennement : Ngao-tchéou, Yué-tchéou, Y-tchéou et Long-choui.

(8) Anciennement : Tien-choui, Siang-ou, Han-yang, Ouei-tchéou, Nan-ngan, Long-si, Tong-yuen et Kong-tchéou.

Villes.		Latitudes.	Longitudes.
Kouang-nan-fou,	prov. de Yun-nan,	24° 9′ 36″	11° 22′ 35″ oc.
Kouang-ngan-tchéou	prov. de Ssé-tchuen,	30 31 26	9 49 40 oc.
Kouang-ning-hien,	prov. de Kouang-tong,	23 39 26	4 29 35 oc.
Kouang-ping-fou (1),	prov. de Pé-tchéli,	36 45 30	1 34 0 oc.
Kouang-si-fou (2),	prov. de Yun-nan,	24 39 36	12 38 40 oc.
Kouang-sin-fou (3),	prov. de Kiang-si,	28 27 36	1 37 30 or.
Kouang-tchéou,	prov. de Ho-nan,	32 12 36	1 28 30 oc.
Kouang-tchéou-fou(4) appelé Canton par les Européens,	prov. de Kouang-tong,	23 10 58	3 31 29 oc.
Koué-hoa-fou,	prov. de Yun-nan,	23 24 30	12 6 45 oc.
Koué-ki-hien,	prov. de Kiang-si,	28 16 48	0 48 50 or.
Koué-tchéou,	prov. de Hou-kouang,	30 57 36	5 50 27 oc.
Koué-tchéou-fou (5),	prov. de Ssé-tchuen,	31 9 36	6 53 30 oc.
Koué-té-fou (6),	prov. de Ho-nan,	34 28 40	0 37 30 oc.
Koué-ting-hien,	prov. de Koué-tchéou,	26 30 0	9 22 20 oc.
Koué-tong-hien,	prov. de Hou-kouang,	26 3 36	2 54 30 oc.
Koué-yang-fou (7),	prov. de Koué-tchéou,	26 30 0	9 52 20 oc.
Koué-yang-tchéou,	prov. de Hou-kouang,	25 48 0	4 5 27 oc.
Kouei-lin-fou (8),	prov. de Kouang-si,	25 13 12	6 14 40 oc.
Kouisson,	Tartarie occidentale,	43 32 6	4 16 40 or.
Kou-kia-tun,	Tartarie occidentale,	42 42 0	0 28 0 or.
Koulonchannien-cajan,	prov. de Léao-tong,	40 5 30	7 27 50 or.
Kou-pé-kéou,	prov. de Pé-tchéli,	40 42 15	0 39 4 or.
Kou-tchéou,	prov. de Hou-kouang,	26 29 48	4 42 10 oc.
Kou-tching-hien,	prov. de Hou-kouang,	32 18 0	4 48 30 oc.
Kou-yuen-tchéou,	prov. de Chen-si,	36 3 30	10 7 30 oc.
Koukon-hotun,	Tartarie occidentale,	40 49 20	4 45 15 oc.
Kouren-pouha,	Tartarie occidentale,	42 16 53	3 33 0 or.
Koutoucton-hotun,	Tartarie occidentale,	40 31 20	4 40 30 oc.
Koutoukontey-alin,	Tartarie occidentale,	42 7 14	1 24 45 oc.
Ku-tchéou-fou (9),	prov. de Tché-kiang,	29 2 33	2 35 12 or.

(1) Anciennement : Ou-ngan et Ming-tchéou.

(2) Ancienn. : Touan-men-tchéou, Kouang-si-lou et Kouang-si-fou.

(3) Anciennement : Hiu-ou et Sin-tchéou.

(4) Anciennement : Yang-tching, Nan-haï-kiun, Kouang-tchéou, Pan-tchéou et Tsing-haï-kiun.

(5) Anciennement : Yong-ning, Pa-tong, Kou-ling, Pa-tchéou, Sin-tchéou, Yu-ngan, Tchin-kiang et Ning-kiang.

(6) Anciennement : Tang-kiun, Chang-kiéou, Leang-koué, Leang-kiun, Leang-tchéou, Song-tchéou, Soui-yang-kiun, Suen-ou-kiun, Koué-té-kiun, Nan-king, Song-tching et Koué-té-tchéou.

(7) Anciennement : Chun-yuen et Tching-fan-fou.

(8) Anciennement : Kouei-lin-kiun, Chi-ngan, Chi-kien-koué, Kouei-tchéou, Kien-ling et Tsing-kiang.

(9) Anciennement : Pi-kou-mié, Tai-mou, Sin-ngan, San-kiu et Long-yéou.

Villes.		Latitudes.	Longitudes.
Kun-tsé-pou,	province de Pé-tchéli,	41° 15′ 30″	0° 47′ 22″ oc.
Ku-tsing-fou (1),	prov. de Yun-nan,	25 32 24	12 38 30 oc.
Laï-ngan-hien,	prov. de Kiang-nan,	32 25 10	1 57 9 or.
Laï-ping-hien,	prov. de Kouang-si,	23 38 24	7 22 40 oc.
Laï-tchéou-fou (2),	prov. de Chan-tong,	37 9 36	3 45 10 or.
Laï-yang-hien,	prov. de Hou-kouang,	26 29 48	3 47 42 oc.
Laï-choui-hien,	prov. de Pé-tchéli,	39 25 10	0 39 18 oc.
Lan-tchéou,	prov. de Chen-si,	36 8 24	12 33 30 oc.
Lao-ting-tchéou,	prov. de Kouang-tong,	22 55 12	5 33 30 oc.
Léang-tchéou,	prov. de Chen-si,	37 59 0	13 40 30 oc.
Léao-tchéou,	prov. de Chan-si,	37 2 50	3 1 0 oc.
Léou-tsé-yn,	prov. de Chan-si,	39 30 40	5 24 30 oc.
Ley-tchéou-fou,	prov. de Kouang-tong,	20 51 36	6 48 20 oc.
Li-choui-hien,	prov. de Kiang-nan,	31 42 50	2 38 0 or.
Li-kiang-fou,	prov. de Yun-nan,	26 51 36	16 1 10 oc.
Lien-ping-tchéou,	prov. de Kouang-tong,	24 19 12	2 10 59 oc.
Lien-tchéou-fou (3),	prov. de Kouang-tong,	21 38 54	7 29 40 oc.
Lien-tching-hien,	prov. de Fou-kien,	25 37 12	0 21 20 or.
Liéou-tchéou-fou(4),	prov. de Kouang-si,	24 14 24	7 20 0 oc.
Lin-hien,	prov. de Chan-si,	38 4 50	5 30 40 oc.
Lin-kao-hien,	île de Kaï-nan,	19 46 48	7 13 40 oc.
Lin-kiang-fou,	province de Kiang-si,	27 57 36	1 1 30 oc.
Lin-ngan-fou (5),	prov. de Yun-nan,	23 37 12	13 24 0 oc.
Lin-chan-hien,	prov. de Kouang-tong,	22 24 0	7 28 20 oc.
Ling-pi-hien,	prov. de Kiang-nan,	33 33 26	1 4 17 or.
Ling-tsing tchéou,	prov. de Chan-tong,	36 57 15	1 28 30 or.
Lo-ouen-yn,	prov. de Pé-tchéli,	40 19 30	1 28 30 or.
Lo-ping-hien,	prov. de Chan-si,	37 37 50	2 43 30 oc.
Lo-ping-tchéou,	prov. de Yun-nan,	24 58 48	12 9 20 oc.
Lo-tching-hien,	prov. de Kouang-si,	24 44 24	7 50 40 oc.
Lo-yuen-hien,	prov. de Fou-kien,	26 26 24	3 16 30 or.
Long-han-koan,	prov. de Yun-nan,	23 41 40	18 32 0 oc.
Long-li-hien,	prov. de Koueï-tchéou,	26 33 50	9 36 0 oc.
Long-men-hien,	prov. de Kouang-tong,	23 43 42	2 24 40 oc.
Long-men-hien,	prov. de Pé-tchéli,	40 47 40	0 49 40 oc.
Long-nan-hien,	prov. de Kiang-si,	24 51 36	1 51 40 oc.

(1) Ses noms anciens sont : Hing-kou, Si-tsuan, Nan-ning, Kiu-tchéou, Tsing-tchéou, Ché-tching, Mo-mi-pou et Kiu-tsing-lou.
(2) Anciennement : Tong-lay, Laï-tchéou et Ting-haï.
(3) Anciennement : Ho-pou, Tchu-koan, Yueï-tchéou, Ho-tchéou et Tai-ping.
(4) Anciennement : Ma-ping, Long-tchéou, Siang-tchéou, Siang-kiun, Koen-tchéou, Nan-koen-tchéou et Long-tching.
(5) Anciennement : Lin-ngan, Nan-tchao, Tong-haï, Sieou-chan et Ho-pé.

Villes.		Latitudes.			Longitudes.		
Long-ngan-fou (1),	prov. de Ssé-tchuen,	32° 22′	0″		11° 49′	40″	oc.
Long-suen-hien,	prov. de Tché-kiang,	28 8	0		2 40	37	or.
Long-tchéou,	prov. de Chen-si,	34 48	0		9 30	36	oc.
Lou-ngan-fou (2),	prov. de Chan-si,	36 7	12		3 28	30	oc.
Lou-y-hien,	prov. de Ho-nan,	33 56	50		0 54	0	oc.
Lu-kiang-hien,	prov. de Kiang-nan,	31 16	49		0 48	40	or.
Lu-tchéou-fou (3),	prov. de Kiang-nan,	31 56	57		0 46	50	or.
Ma-ha-tchéou,	prov. de Kouei-tchéou,	26 26	24		9 1	30	oc.
Ma-ou-fou (4),	prov. de Ssé-tchuen,	28 31	0		12 10	0	oc.
Ma-tching-hien,	prov. de Hou-kouang,	31 14	24		1 36	49	oc.
Merghen-hotun,	Tartarie orientale,	49 12	0		8 33	50	or.
Mi-yun hien,	prov. de Pé-tchéli,	40 23	30		0 24	16	or.
Mien-tchéou,	prov. de Ssé-tchuen,	31 27	36		11 36	0	oc.
Mien-yang-tchéou,	prov. de Hou-kouang,	30 12	22		3 16	50	oc.
Ming-tsing-hien,	prov. de Fou-kien,	26 13	12		2 33	20	or.
Mohora-cajan,	Tartarie orientale,	47 18	45		14 40	40	or.
Mok-hocho,	Tartarie occidentale,	40 45	54		7 35	20	oc.
Moltchok-hocho,	Tartarie occidentale,	40 48	48		7 31	50	oc.
Mong-hoa-fou (5),	prov. de Yun-nan,	25 18	0		15 58	25	oc.
Mong-lien,	prov. de Yun-nan,	22 19	20		16 42	0	oc.
Mong-ting-fou,	prov. de Yun-nan,	23 37	12		17 14	40	oc.
Mong-tching-hien,	prov. de Kiang-nan,	33 22	50		0 9	0	or.
Mong-tsé-hien,	prov. de Yun-nan,	23 24	0		12 52	20	oc.
Moucden, ou Chin-yang,	prov. de Léao-tong,	41 50	30		7 11	50	or.
Mou-ma-pou,	prov. de Pé-tchéli,	41 4	20		0 21	6	oc.
Nan-fong-hien,	prov. de Kiang-si,	27 3	36		0 0	40	oc.
Nan-hiong-fou (6),	prov. de Kouang-tong,	25 11	58		2 33	20	oc.
Nan-kang-fou,	prov. de Kiang-si,	29 31	42		0 26	37	oc.
Nan-king,	prov. de Kiang-nan,	32 4	30		2 18	34	or.
Nan-ngan-fou (7),	prov. de Kiang-si.	25 30	0		2 28	38	oc.
Nan-ngao-tching,	prov. de Fou-kien,	23 28	48		0 48	20	or.

---

(1) Anciennement : In-ping, Kiang-yéou, Long-tchéou, Ping-ou, Long-men, Tching-tchéou, Yng-ling et Long-nan.

(2) Anciennement : Chang-tang-kiun, Lou-tchéou, Tchao-y-kiun, Kouang-y, Ngan-y, Tchao-té et Long-té-fou.

(3) Anciennement : Liu-kiang, Ho-sey, Tong-tchin, Nan-yu-tchéou, Ho-tchéou, Pao-sin et Liu-tchéou.

(4) Anciennement : Tsang-ko.

(5) Anciennement : Mong-ché-tching, Yang-koua-tchéou, Kai-nan et Mong-koa-tchéou.

(6) Anciennement : Hiang-tchéou, Nan-hiong-tchéou, Pao-tchang-kiun et Nan-hiong-lou.

(7) Anciennement : Heng-pou, Nan-ngan-kiun, et Nan-ngan-lou.

Villes.		Latitudes.	Longitudes.
Nan-nin-fou (1),	prov. de Kouang-si,	22° 43′ 12″	8° 25′ 30″ oc.
Nan-tchang-fou (2),	prov. de Kiang-si,	28 37 12	0 36 43 oc.
Nan-yang-fou (3),	prov. de Ho-nan,	33 6 15	3 53 55 oc.
Naring-chorong-alin,	Tartarie occidentale,	41 55 19	9 30 0 oc.
Ngao-chan-oueï,	prov. de Chan-tong,	36 20 24	4 33 30 or.
Ngan-chan-fou,	prov. de Koueï-tchéou,	26 12 0	10 36 0 oc.
Ngan-hoa-hien,	prov. de Hou-kouang,	28 13 12	5 2 40 oc.
Ngan-king-fou (4),	prov. de Kiang-nan,	30 37 10	0 35 43 or.
Ngan-lang-tchin,	prov. de Koueï-tchéou,	25 3 36	10 56 20 oc.
Ngan-lo-fou (5),	prov. de Hou-kouang,	31 12 0	4 56 32 oc.
Ngan-ping-tchéou,	prov. de Kouang-si,	22 43 12	9 40 0 oc.
Ngan-su-hien,	prov. de Pé-tchéli,	39 2 10	0 42 0 oc.
Ngan-tong-oueï,	prov. de Chan-tong,	35 8 20	3 21 30 or.
Ngen-hien,	prov. de Chan-tong,	37 15 10	0 1 40 oc.
Nhin-hia-koan,	prov. de Tché-kiang,	27 11 45	4 10 9 or.
Niéou-tchuang,	prov. de Léao-tong,	41 0 25	6 13 20 or.
Niman-cajan,	Tartarie orientale,	46 55 20	17 44 15 or.
Ningouta-hotun,	Tartarie orientale,	44 24 15	13 16 0 or.
Ning-hia-oueï,	prov. de Chen-si,	38 32 40	10 21 0 oc.
Ning-koué-fou (6),	prov. de Kiang-nan,	31 2 56	2 15 33 or.
Ning-po-fou (7),	prov. de Tché-kiang,	29 55 12	4 57 19 or.
Ning-tchéou,	prov. de Kiang-si,	29 0 45	1 58 20 oc.
Ning-tou-hien,	prov. de Kiang-si,	26 27 36	0 37 45 oc.
Ning-yuen-hien,	prov. de Hou-kouang,	25 32 54	4 40 59 oc.
Nouchon-cajan,	Tartarie orientale,	45 47 45	9 52 0 or.
Obtou-alin,	Tartarie occidentale,	40 23 5	4 26 50 oc.
Ochi-alin,	Tartarie occidentale,	40 56 57	5 13 33 oc.
Ongon-alin,	Tartarie occidentale,	40 59 6	4 38 20 oc.
Onnhin-chorong-alin,	Tartarie occidentale,	41 21 17	8 44 45 oc.

(1) Anciennement : Ping-nan-ngao, Tçin-king, Siuen-hoa, Nan-tçin-tchéou, Y-tchéou, Lan-ning, Yong-tchéou, Yong-ning et Kien-ou-kiun.

(2) Anciennement : Yu-tchang, Kiang-tchéou, Hang-tchéou, Long-hing et Hong-tou.

(3) Anciennement : Nan-yang-kiun, Nan-yang-koué, King-tchéou-kiun, Yuen-tchéou, Teng-tchéou et Chin-tchéou.

(4) Anciennement : Hi-kiun, Yu-tchéou, Tçin-tchéou, Kiang-tchéou, Hi-tchéou, Tong-ngan, Tching-tang-kiun, Té-kin-kiun et Ning-kiang.

(5) Anciennement : Yng-tchong, Yuen-tchong, Yun-tou, Kin-ling, Ngan-tchéou, Ouen-tchéou, Kin-chan, Ché-tching, Yng-tchéou et Fou-choui.

(6) Anciennement : Tan-yang-kiun, Siuen-tching-kiun, Hoaï-nan-kiun, Nan-yu-tchéou, Siuen-tchéou et Ning-koué.

(7) Anciennement : Yong-tong, Yueï-tchéou, Ming-tchéou, Hiu-hao, Ouang-haï, Fong-koué et King-yuen.

Villes.		Latitudes.	Longitudes.
Ou-kang-tchéou,	prov. de Hou-kouang,	26° 34′ 24″	5° 58′ 39″ oc.
Ou-mong-fou,	prov. de Ssé-tchuen,	27 20 24	12 42 0 oc.
Ou-ning-hien,	prov. de Kiang-si,	29 15 56	1 26 37 oc.
Ou-ping-hin,	prov. de Fou-kien,	25 4 48	0 16 0 or.
Ou-taï-hien,	prov. de Chan-si,	38 45 36	3 4 30 oc.
Ou-tchang-fou (1),	prov. de Hou-kouang,	30 34 50	2 15 0 oc.
Ou-tchéou-fou (2),	prov. de Kouang-si,	23 28 48	5 37 15 oc.
Ou-tchuen-hien,	prov. de Kouëi-tchéou,	28 24 0	8 16 11 oc.
Ou-ting-fou (3),	prov. de Yun-nan,	25 32 24	13 56 0 oc.
Ouan-ngan-hien,	prov. de Kiang-si,	26 26 24	1 47 20 oc.
Ouan-tchéou,	île de Haï-nan,	18 49 0	6 36 0 oc.
Ouen-tchang-hien,	île de Haï-nan,	19 36 0	6 14 50 oc.
Ouen-tchéou-fou (4),	prov. du Tché-kiang,	28 2 15	4 21 7 or.
Ouëi-haï-ouëi,	prov. de Chan-tong,	37 33 30	6 2 0 or.
Ouëi-koué-fou (5),	prov. de Ho-nan,	35 27 40	1 12 30 oc.
Ouëi-lin-tchéou,	prov. de Kouang-si,	20 40 48	6 45 24 oc.
Ouëi-lo,	Tartarie occidentale,	40 26 24	17 9 0 oc.
Ouëi-tchéou,	prov. de Chan-si,	39 50 54	1 52 30 oc.
Ouëi-tchéou-fou (6),	prov. de Kiang-nan,	29 58 30	2 3 20 or.
Ouker-tchourghé,	Tartarie occidentale,	42 26 56	3 37 20 oc.
Oulan-hata,	Tartarie occidentale,	41 36 27	4 13 20 oc.
Oulan-houtoc,	Tartarie occidentale,	41 55 22	1 1 0 oc.
Oulan-poulac,	Tartarie occidentale,	48 22 48	1 8 20 or.
Ouloussou-moudan,	Tartarie orientale,	51 21 36	10 23 0 or.
Ourtou,	Tartarie occidentale,	44 50 35	21 38 20 oc.
Ourtou-poulac,	Tartarie occidentale,	43 48 0	23 0 0 oc.
Osoro-couré,	Tartarie occidentale,	42 49 12	0 24 12 or.
Pa-tchéou,	prov. de Kiang-nan,	33 37 50	0 34 43 oc.
Pa-tchéou,	prov. de Ssé-tchuen,	31 50 32	9 43 28 oc.
Païhongour-alin,	Tartarie occidentale,	41 7 30	5 54 20 oc.
Paisiri-pouritou,	Tartarie occidentale,	48 23 50	13 31 42 oc.
Pansé-hotun,	Tartarie orientale,	41 29 0	9 6 40 or.
Pao-kang-hien,	prov. de Hou-kouang,	31 54 0	5 12 18 oc.
Pao-king-fou (7),	prov. de Hou-kouang,	27 3 36	5 7 10 oc.

---

(1) Anciennement : Ngo-koué, Hia-joui, Kiang-hia, Ou-tchang-tou, Yng-tchéou, Pé-jin-tchéou, Ngo-tchéou et Vou-tsing-kiun.

(2) Anciennement : Ping-pé-ngao, Tsang-ou et Kiao-tchéou.

(3) Anciennement : Koen-tchéou et Ta-tchéou.

(4) Anciennement : Tong-nghéou, Yong-kia, Tong-kia, Tsing-ngan, Tsing-haï, Yng-tao et Chqui-ngan.

(5) Anciennement : Kou-ouëi, Tchao-ko-kiun, Ki-kiun, Y-tchéou, Ouëi-tchéou et Ho-ping-kiun.

(6) Anciennement : Tan-yang-kiun, Siuen-tching-kiun, Hoaï-nan-kiun, Nan-yu-tchéou, Siuen-tchéou et Ning-koué.

(7) Anciennement : Tchao-ling, Tchao-yang, Tchao-tchéou et Mey-tchéou ou Min-tchéou.

DES EMPEREURS DE LA CHINE.

Villes.		Latitudes.	Longitudes.
Pao-king-fou (1),	prov. de Ssé-tchuen,	31° 32' 24"	10° 30' 0" oc.
Pao-té-tchéou,	prov. de Chan-si,	39 4 44	5. 40 0 oc.
Pao-ting-fou (2),	prov. de Pé-tchéli,	38 53 10	0 52 31 oc.
Para-hotun,	Tartarie occidentale,	48 4 48	2 49 50 oc.
Parin,	Tartarie orientale,	43 35 0	2 15 0 or.
Payen-obo,	Tartarie occidentale,	41 57 19	4 6 12 oc.
Pé-su-tchéou,	prov. de Kiang-nan,	34 15 8	0 57 0 or.
Peï-tchéou,	prov. de Ssé-tchuen,	29 50 24	8 58 31 oc.
Pé-king (3),	prov. de Pé-tchéli,	39 55 0	0 0 0 ...
Petounez-hotun,	Tartarie orientale,	45 15 40	8 32 20 or.
Pi-yang-hien,	prov. de Ho-nan,	32 48 40	3 6 0 oc.
Piloutaï-hotun,	Tartarie occidentale,	40 37 12	7 0 0 oc.
Ping-hoa-hien,	prov. de Tché-kiang,	30 43 0	4 17 24 or.
Ping-kiang-hien,	prov. de Hou-kouang,	28 42 20	3 4 5 oc.
Ping-léang-fou (4),	prov. de Chen-si,	35 34 48	9 48 0 oc.
Ping-lo-fou (5),	prov. de Kouang-si,	24 21 54	5 59 15 oc.
Ping-tchéou,	prov. de Kouang-si,	23 13 12	7 52 20 oc.
Ping-yang-fou (6),	prov. de Chan-si,	36 6 0	4 55 30 oc.
Ping-yn-hien,	prov. de Chan-tong,	36 23 2	0 6 0 or.
Ping-yué-fou,	prov. de Kouéï-tchéou,	26 37 25	9 4 52 oc.
Ping-yuen-tchéou,	prov. de Kouéï-tchéou,	26 37 12	10 45 20 oc.
Podantou-alin,	Tartarie occidentale,	40 57 0	6 6 0 oc.
Pong-choui-hien,	prov. de Ssé-tchuen,	29 14 24	8 14 38 oc.
Pong-hou,	(île de)	23 34 48	3 1 0 or.
Pong-tsé-hien,	prov. de Kiang-si,	30 1 40	0 6 40 or.
Porota-kiamon,	Tartarie orientale,	44 16 48	0 30 0 or.
Poroto-cajan,	Tartarie orientale,	43 48 0	5 50 0 or.
Poro-erghi-kiamon,	Tartarie occidentale,	44 56 26	5 18 20 or.
Poro-hotun,	Tartarie orientale,	44 1 30	2 57 30 or.
Poro-pira,	Tartarie occidentale,	48 22 48	10 0 0 oc.
Poudan-poulac,	Tartarie occidentale,	46 18 30	2 45 0 or.
Pou-kéou,	prov. de Kiang-nan,	32 8 0	2 12 50 or.
Pou-men-so,	prov. de Tché-kiang,	27 15 36	4 6 58 or.
Pou-ngan-tchéou,	prov. de Kouéï-tchéou,	25 44 24	11 49 20 oc.

(1) Anciennement : Pa-kiun, Pa-si-kiun, Pé-pa-kiun, Nan-léang-tchéou, Long-tchéou, Pan-long-kiun, Lang-tchong, Lang-tchéou et Ngan-té.
(2) Anciennement : Sin-tou, Tsing-yuen et Pao-tchéou.
(3) Chun-tien-fou, ou Pé-king ; anciennement : Yéou-tou, Yéou-tchéou, Chang-kou, Yu-yang, Kouang-yang, Yen-koué, Fan-yang, Yen-kiun, Tcho-kiun, Sie-tçin-fou, Yen-chan-fou, Ta-hing-fou, Ta-tou, Péping-fou, et finalement Chun-tien-fou.
(4) Anciennement : Ngan-ting, Ou-tchéou, Keng-yuen et Hing-ouéï.
(5) Anciennement : Chi-ngan, Lo-tchéou et Tchao-tchéou.
(6) Anciennement : Ping-yang, Tong-yang, Tang-tchéou, Tçin-tchéou, Ping-ho, Lin-fen, Ting-tchang et Tçin-ning.

Villes.		Latitudes.	Longitudes.
Pourong-han-alin,	Tartarie occidentale,	49° 36' 24"	11° 22' 45" oc.
Pou-tchéou,	province de Chansi,	34 54 0	6 13 30 oc.
Pou-tching-hien,	prov. de Fou-kien,	28 0 30	2 9 10 or.
Sahalien-oula-hotun,	Tartarie orientale,	50 0 55	10 59 0 or.
Sé-ma-tay,	prov. de Pé-tchéli,	40 41 30	0 48 22 or.
Sé-nan-fou (1),	prov. de Kouei-tchéou,	27 56 24	8 2 50 oc.
Sé-ngen-fou (2),	prov. de Kouang-si,	23 25 12	8 34 40 oc.
Serbey-alin,	Tartarie occidentale,	41 57 25	3 52 47 oc.
Sé-tching-fou (3),	prov. de Kouang-si,	24 20 48	10 10 40 oc.
Si-long-tchéou,	prov. de Kouang-si,	24 32 24	10 49 20 oc.
Si-ngan-fou,	prov. de Chan-si,	34 15 36	7 34 30 oc.
Si-ning-tchéou,	prov. de Chen-si,	36 39 20	14 40 30 oc.
Si-tchuen-hien,	prov. de Ho-nan,	33 5 0	5 1 20 oc.
Siang-tan-hien,	prov. de Hou-kouang,	27 52 30	3 46 38 oc.
Siang-chan-hien,	prov. de Tché-kiang,	29 34 48	5 13 57 or.
Siang-tchéou,	prov. de Kouang-si,	23 59 0	7 2 40 oc.
Siang-yang-fou (4),	prov. de Hou-kouang,	32 6 0	4 22 44 oc.
Siao-hien,	prov. de Kiang-nan,	34 12 0	0 44 51 or.
Sin-hien,	prov. de Chan-tong,	36 16 48	0 34 30 oc.
Sin-hoa-hien,	prov. de Hou-kouang,	27 32 24	5 18 48 oc.
Sin-hoeï-hien,	prov. de Kouang-tong,	22 30 0	3 55 40 oc.
Sin-ning-hien,	prov. de Kouang-tong,	22 14 24	4 16 20 oc.
Sin-tao-fou (5),	prov. de Chen-si,	35 21 36	12 30 0 oc.
Sin-tchang-hien,	prov. de Kiang-si,	28 18 0	1 50 27 oc.
Sin-tien-tsé,	prov. de Léao-tong,	41 16 30	5 13 20 or.
Sin-tchéou-fou (6),	prov. de Kouang-si,	23 26 28	6 37 20 oc.
Sin-yang-tchéou,	prov. de Ho-nan,	32 12 25	2 28 30 oc.
Sin-yé-hien,	prov. de Ho-nan,	32 4 25	4 3 30 oc.
Sing-y-hien,	prov. de Kouang-tong,	22 6 0	6 1 20 oc.
Siran-y-jousaï-po,	Tartarie orientale,	42 15 36	1 58 20 or.
Sirolin-pira,	Tartarie occidentale,	41 52 12	3 5 0 or.
Siuen-hoa-fou (7),	prov. de Pé-tchéli,	40 37 10	1 20 2 oc.
Song-kiang-fou (8),	prov. de Kiang-nan,	31 0 0	4 28 34 or.
Song-pan-oueï,	prov. de Ssé-tchuen,	32 35 40	12 52 30 oc.

(1) Anciennement : Ou-tchuen, Ou-tchéou, Ssé-tchéou, Ning-y, Ning-koua et Toan-men-tchéou.

(2) Anciennement : Ssé-ngen-tchéou et Li-yong.

(3) Anciennement : Ssé-tching-tchéou.

(4) Anciennement : King-tchéou, Yong-tchéou, Siang-tchéou, Tchong-y-kiun et Siang-yang.

(5) Anciennement : Long-si, Ti-tao, Ou-chi, Kin-ti, Kin-tching, Lin-tchéou, Ou-tching, Tchin-tao, Yen-tchéou et Hi-tchéou.

(6) Anciennement : Kouei-ping, Tsin-tchéou et Tsin-kiang.

(7) Anciennement : Ou-tchéou, Y-tchéou, Koué-hoa, Té-tchéou, Siuen-ning, Chun-ning, Siuen-tré et Ouan-siuen-fou.

(8) Anciennement : Hoa-ting-hien, Siéou-tchéou et Kia-hing-fou.

DES EMPEREURS DE LA CHINE.

Villes		Latitudes.	Longitudes.
Song-tsé-koan,	prov. de Ho-nan,	31° 27' 50''	1° 0' 0'' oc.
Soroto-anga,	Tartarie occidentale,	44 54 0	22 25 0 oc.
Soroto-poulac,	Tartarie occidentale,	47 2 20	2 11 50 or.
Sou-tchéou,	province de Chan-si,	39 25 12	4 1 30 oc.
Sou-tchéou,	province de Chen-si,	39 45 40	17 21 30 oc.
Sou-tchéou-fou (1),	prov. de Kiang-nan,	31 23 25	4 0 25 or.
Sou-tsien-hien,	prov. de Kiang-nan,	34 0 50	2 2 51 or.
Soui-ki-hien,	prov. de Kouang-tong,	21 19 12	6 42 30 oc.
Soui-tchéou,	prov. de Hou-kouang,	31 46 48	3 12 18 oc.
Soui-tchéou-fou (2),	prov. de Ssé-tchuen,	28 38 24	11 42 52 oc.
Sousai-po,	Tartarie orientale,	41 50 30	1 25 0 or.
Ssé-tchéou,	prov. de Ho-nan,	36 25 15	1 55 0 oc.
Ssé-tchéou-fou,	prov. de Kouei-tchéou,	27 10 48	7 54 0 oc.
Su-ouen-hien,	prov. de Kouang-tong,	20 19 24	6 50 0 oc.
Suen-ouei-ssé,	prov. de Yun-nan,	22 12 0	15 26 40 oc.
Suen-tchéou-fou,	prov. de Fou-kien,	24 56 12	2 22 40 or.
Ta-li-fou (3),	prov. de Yun-nan,	25 44 24	16 6 40 oc.
Ta-tchéou,	prov. de Ssé-tchuen,	31 18 0	8 51 0 oc.
Ta-tching-koan,	prov. de Yun-nan,	27 32 0	16 40 0 oc.
Ta-ting-tchéou,	prov. de Kouei-tchéou,	27 3 36	10 56 0 oc.
Ta-tsien-lou,	prov. de Ssé-tchuen,	30 8 24	14 37 40 oc.
Tahan-ten-alin,	Tartarie occidentale,	41 15 58	7 33 12 oc.
Taï-chun-hien,	prov. de Tché-kiang,	27 34 48	3 21 50 or.
Taï-ming-fou (4),	prov. de Pé-tchéli,	36 21 4	1 6 30 oc.
Taï-ngan-tchéou,	prov. de Chan-tong,	36 14 30	0 48 0 or.
Taï-ouan-fou,	île de Formose,	23 0 0	3 32 50 or.
Taï-ping-fou,	prov. de Kiang-nang,	31 38 38	2 4 15 or.
Taï-ping-fou (5),	prov. de Kouang-si,	22 25 12	9 21 20 oc.
Taï-ping-hien,	prov. de Ssé-tchuen,	32 8 28	8 20 0 oc.
Taï-tchéou,	prov. de Kiang-nang,	32 30 22	3 21 25 or.
Taï-tchéou-fou (6),	prov. de Tché-kiang,	28 54 0	4 40 54 or.
Taï-tchéou,	prov. de Chan-si,	39 5 50	3 30 30 oc.
Taï-tching-hien,	prov. de Pé-tchéli,	38 44 0	0 13 50 or.
Taï-tchuang-tsi,	prov. de Chan-tong,	34 42 0	1 34 30 or.

(1) Anciennement : Ou-kiun, Ou-tchéou et Ping-kiang.
(2) Anciennement : Kien-ouei, Ou-tchéou, Yuei-tchéou, Léou-tong, Nan-ki, Soui-nan et Soui-tchéou-lou.
(3) Anciennement : Y-tchéou, Yé-yu, Yao-tchéou, Nan-tchao, Si-nan-y et Yong-tchang.
(4) Anciennement : Ouei-kiun, Yang-ping, Koué-hiang, Ou-yang, Tien-yong, Ouei-tchéou, Ki-tchéou, Tong-king, Yng-tang-fou, Koan-tçin-fou, Ta-ming, Pé-king, *ou la Cour du Nord*, Ngan-ou-kiun et Taï-ming-fou.
(5) Anciennement : Hoaï-nan, Yu-tchéou, Nan-yu, Tang-tou, Sin-hé-tchéou, Yong-yuen et Ping-nan.
(6) Anciennement : Tchang-ngan, Lin-haï, Tchi-tching, Haï-tchéou, Lin-haï et Té-hoa.

CHRONOLOGIE HISTORIQUE

Villes.		Latitudes.	Longitudes.
Taï-tong-fou (1),	province de Chan-si,	40° 5' 42"	3° 12' 0" oc.
Taï-yuen-fou (2),	province de Chan-si,	37 53 30	3 55 30 oc.
Tao-tchéou,	prov. de Hou-kouang,	25 32 27	5 0 0 oc.
Tao-yuen-hien,	prov. de Hou-kouang,	28 52 10	5 17 21 oc.
Talalho-kara-palga-son,	Tartarie occidentale,	47 32 24	13 21 30 oc.
Talaï-haï,	Tartarie occidentale,	44 19 12	4 48 10 or.
Tan-choui-tching,	île de Formose,	25 7 10	4 43 30 or.
Tan-chan-hien,	prov. de Kiang-nan,	34 28 30	0 12 25 or.
Tang-tsuen,	prov. de Pé-tchéli,	40 13 20	1 16 22 or.
Tapcou-hinca, bord mérid.	Tartarie orientale,	44 33 0	16 34 0 or.
Tapson-nor,	Tartarie occidentale,	40 38 20	18 25 30 oc.
Tcha-lin-tchéou,	prov. de Hou-kouang,	26 53 40	3 5 27 oc.
Tchacca-hotun,	Tartarie orientale,	43 59 0	1 26 40 or.
Tchang-cha-fou (3),	prov. de Hou-kouang,	28 12 0	3 41 43 oc.
Tchang-ling-hien,	prov. de Tché-kiang,	31 1 10	3 14 27 or.
Tchang-hoa-hien,	île de Haï-nan,	19 12 0	8 8 0 oc.
Tchang-kia-kéou,	prov. de Pé-tchéli,	40 51 35	1 32 48 oc.
Tchang-ning-hien,	prov. de Kiang-si,	24 52 48	0 51 50 oc.
Tchang-ning-hien,	prov. de Kouang-tong,	24 6 45	2 37 20 oc.
Tchangouton,	Tartarie occidentale,	43 0 25	1 25 30 oc.
Tchang-pou-hien,	prov. de Fou-kien,	24 7 12	1 20 0 or.
Tchang-tchéou-fou (4),	prov. de Fou-kien,	24 31 12	1 24 0 or.
Tchang-tchéou-fou (5),	prov. de Kiang-nan,	31 50 56	3 24 17 or.
Tchang-té-fou (6),	prov. de Ho-nan,	36 7 20	1 58 30 oc.
Tchang-té-fou (7),	prov. de Hou-kouang,	29 1 0	5 1 43 oc.
Tchang-yang-hien,	prov. de Hou-kouang,	30 32 24	5 21 58 oc.
Tchao-king-fou (8),	prov. de Kouang-tong,	23 4 48	4 24 30 oc.

---

(1) Anciennement: Yun-tchong, Taï-kiun, Sin-hing-kiun, Ping-tching, Heng-tchéou, Pé-heng-tchéou et Yun-tchong-kiun.

(2) Anciennement: Tang-koué, Tçin-koué, Tchao-koué, Péking, *Cour du Nord*, Si-king et Ho-tong.

(3) Anciennement: Hiong-siang, Tchang-cha, Siang-tchéou, Tan-tchéou, Kin-hoa, Ou-ngan-kiun et Tien-lin-lou.

(4) Anciennement: Tchang-tchéou, Tchang-pou-kiun, Nan-tchéou et Tchang-tchéou-lou.

(5) Anciennement: Pi-ling, Tçin-ling et Tchang-tchéou.

(6) Anciennement: Han-tan, Ouei-kiun, Yé-tou, Siang-tchéou, Ssé-tchéou, Tsing-lou, Yé-kiun et Tchao-té-kiun.

(7) Anciennement: Y-ling, Ou-tchéou, Kien-ping, Yuen-tchéou, Ou-ling, Lang-tchéou, Ou-tching, Ou-chun, Ou-ping, Ting-tchéou et Yong-ngan.

(8) Anciennement: Soui-kien, Kao-yao, Sin-ngan, Toan-tchéou, Nan-soui-tchéou, Tching-tchéou, Hing-king et Tchao-king-lou.

DES EMPEREURS DE LA CHINE.

Villes.		Latitudes.	Longitudes.
Tchao-naïman-soume,	Tartarie occidentale,	42° 25' 0''	0° 11' 50'' oc.
Tchao-ngan-hien,	province de Fou-kien,	23 43 12	0 49 50 or.
Tchao-tchéou,	province de Pé-tchéli,	37 48 0	1 33 0 oc.
Tchao-tchéou-fou (1),	prov. de Kouang-tong,	23 36 0	0 46 40 oc.
Tchéfi-rajan,	Tartarie orientale,	47 49 12	16 11 20 or.
Tché-tching-hien,	prov. de Ho-nan,	34 8 20	0 57 0 oc.
Tché-yang-pao,	prov. de Fou-kien,	25 34 48	3 41 30 or.
Tchen-tchéou,	île de Haï-nan,	19 32 24	7 29 20 oc.
Tcherde modo-alin,	Tartarie occidentale,	40 52 3	4 12 40 oc.
Tchi-ngan-tchéou,	prov. de Ssé-tchuen,	28 30 0	8 57 30 oc.
Tchiskar,	Tartarie orientale,	47 24 0	7 27 40 or.
Tchi-tchéou-fou (2),	prov. de Kiang-nan,	30 45 41	0 58 34 or.
Tching-chan-ouei,	prov. de Chan-tong,	37 23 50	6 30 0 or.
Tching-hiang-fou (3)	prov. de Ssé-tchuen,	27 18 0	11 36 15 oc.
Tching-kang-tchéou,	prov. de Yun-nan,	24 11 35	16 52 0 oc.
Tching-kiang-fou (4)	prov. de Kiang-nan,	32 14 26	2 55 43 or.
Tching-kiang-fou (5)	prov. de Yun-nan,	24 43 12	13 24 9 oc.
Tchin-ngan-fou,	prov. de Kouang-si,	23 20 25	10 9 20 oc.
Tchin-ngan-hien,	prov. de Chen-si,	33 15 30	7 14 38 oc.
Tchin-ngan-hien,	prov. de Pé-tchéli,	36 30 0	1 36 39 oc.
Tching-ning-pou,	prov. de Pé-tchéli,	40 59 45	0 44 12 oc.
Tchin-tchéou,	prov. de Ho-nan,	34 42 0	1 26 0 oc.
Tchin-tchéou,	prov. de Hou-kouang,	28 22 25	6 20 0 oc.
Tchin-ting-fou (6),	prov. de Pé-tchéli,	36 10 55	1 43 30 oc.
Tching-tou-fou (7),	prov. de Ssé-tchuen,	30 40 41	12 18 0 oc.
Tchin-yuen-fou,	prov. de Kouéï-tchéou,	27 1 12	8 10 40 oc.
Tchol-hotun,	Tartarie orientale,	46 39 36	6 36 20 or.
Tchong-kiang-hien,	prov. de Ssé-tchuen,	31 2 24	11 44 54 oc.
Tchong-king-fou (8),	prov. de Ssé-tchuen,	29 42 0	9 46 30 oc.

---

(1) Anciennement : Ping-nan-yueï, Y-ngan, Yng-tchéou, Fong-yang-tchéou et Tchao-yang-kiun.

(2) Anciennement : Ché-tching-héou-y, Tsiou-pou et Kang-hoa.

(3) Anciennement : Man-pou-pou, Si-nan-fan-pou-tou, Man-pou-lou, Man-pou-fou et Man-pou-kiun.

(4) Anciennement : Pé-fou, Nan-tong-haï-kiun, Yen-ling-tchin, Yun-tchéou, Tan-yang-kiun, Tchin-haï-kiun, Tchin-kiang-kiun, Tchin-kiang-lou et Kiang-hoaï-fou.

(5) Anciennement : Yu-yuen, Koen-tchéou et Ho-yang.

(6) Anciennement : Ping-tchéou, Sien-vu, Hang-chan, Tchang-chan, Tching-té, Heng-tchéou et Tchin-tchéou.

(7) Anciennement : Tou-kiun, Kouang-han, Kin-tching, Kien-nan, Si-tchuen, Tchou-kiun, Y-tchéou, Chou-nan-tou, Mou-chou-kiun, Ta-tou-fou et Nan-king.

(8) Anciennement : Yong-ning-kiun, Pa-tou, Pa-kiun, Tchou-tchéou, Pa-tchéou, Yu-tchéou, Nan-ping et Kong-tchéou.

Villes.		Latitudes.	Longitudes.
Tchong-oueï,	province de Chen-si,	37° 39' 35"	11° 18' 0" oc.
Tchou-chan-hien,	prov. de Hou-kouang,	32 8 35	6 8 10 oc.
Tchou-hiong-fou (1),	prov. de Yun-nan,	25 6 0	14 45 20 oc.
Tchou-tching-hien,	prov. de Chan-tong,	36 0 0	3 29 30 or.
Tchoulgheï – hotun de Ou-souri-pira,	Tartarie orientale,	44 47 10	18 0 0 or.
Tchoulgheï-hotun,	Tartarie orientale,	43 20 10	15 8 20 or.
Tchu-lo-hien,	île de Formose,	23 27 36	3 44 0 or.
Tchu-ki-hien,	prov. de Tché-kiang,	29 44 24	3 47 55 or.
Tchu-tchéou-fou (2)	prov. de Tché-kiang,	28 25 36	3 27 54 or.
Tégou-cajan,	prov. de Léao-tong,	41 56 20	7 49 40 or.
Té-hing-hien,	prov. de Kiang-si,	28 54 50	1 13 38 or.
Tékélik,	Tartarie occidentale,	41 8 10	19 49 12 oc.
Té-king-tchéou,	prov. de Kouang-tong,	23 13 42	5 14 40 oc.
Téné au Kerlon (Jonction du),	Tartarie occidentale,	48 11 48	7 22 50 oc.
Teng-fong-hien,	prov. de Ho-nan,	34 30 10	3 27 10 oc.
Teng-tchéou-fou (3),	prov. de Chan-tong,	37 48 26	4 36 0 or.
Té-ngan-fou (4),	prov. de Hou-kouang,	31 18 0	2 50 50 oc.
Té-tchéou,	prov. de Chan-tong,	37 32 20	0 0 36 oc.
Thang-chan-hien,	prov. de Tché-kiang,	28 56 6	2 12 33 or.
Tien-koué-hien,	prov. de Hou-kouang,	26 48 0	7 28 16 oc.
Tien-ouang-sé,	prov. de Kiang-nan,	31 44 43	2 43 40 or.
Tien-tchéou,	prov. de Kouang-tong,	24 50 32	4 16 0 oc.
Tien-tching-kéou,	prov. de Chan-si,	40 28 30	2 24 30 oc.
Tien-tsin-oueï,	prov. de Pé-tchéli,	39 10 0	0 45 22 or.
Ting-haï-hien,	prov. de Tché-kiang,	30 0 40	5 32 5 or.
Ting-tao-hien,	prov. de Chan-tong,	35 11 18	0 44 30 or.
Ting-tchéou-fou (5),	prov. de Fou-kien,	25 44 54	0 1 5 or.
Ting-tchéou,	prov. de Pé-tchéli,	38 32 30	1 19 30 oc.
Ting-yuen-hien,	prov. de Kiang-nan,	32 32 46	1 4 17 or.
Toan-yao-tchin,	prov. de Kiang-nan,	29 57 40	0 16 0 oc.
Tol-alin,	Tartarie occidentale,	41 15 36	5 53 45 oc.
Tondon cajan,	Tartarie orientale,	49 24 20	19 58 40 or.
Tono-alin,	Tartarie occidentale,	47 7 12	6 35 16 oc.
Tong-gin-fou (6),	pr. de Kouéï-tchéou,	27 38 24	7 29 3 oc.
Tong-koan-oueï,	prov. de Ho-nan,	34 39 10	6 18 0 oc.
Tong-ming-hien,	prov. de Pé-tchéli,	35 23 5	1 10 15 oc.

(1) Anciennement: Ngan-tchéou, Pang-ouang, Oueï-tchou, ou Hoeï-tchou.

(2) Anciennement: Yong-kia-kiun, Kouo-tsang, Kouo-tchéou et Tçin-yun.

(3) Anciennement: Tong-méou-kiun, Tchang-kouang-kiun, Méou-tchéou et Ting-tchéou-fou.

(4) Anciennement: Ngan-lou, Nan-ssé, Ngan-tchéou, Yuen-tchéou, Siuen-oueï, Ngan-yuen et Fang-yu.

(5) Anciennement: Siu-lo, Ting-tchéou et Ling-ting.

(6) Anciennement: Tong-gin.

DES EMPEREURS DE LA CHINE.

Villes.		Latitudes.	Longitudes.
Tong-ngan-hien,	prov. de Hou-kouang,	26° 13′ 12″	5° 15′ 0″ oc.
Tong-ngan-hien,	prov. de Fou-kien,	24 44 24	1 50 50 or.
Tong-tao-hien,	prov. de Hou-kouang,	26 16 48	7 0 0 oc.
Tong-tchang-fou (1),	prov. de Chan-tong,	36 32 24	0 18 30 oc.
Tong-tchéou,	prov. de Chen-si,	34 50 24	6 37 35 oc.
Tong-tchéou,	prov. de Pé-tchéli,	39 55 30	0 13 30 or.
Tong-tchéou,	prov. de Kiang-nan,	32 3 40	4 12 40 or.
Tong-tchin-hien,	prov. de Hou-kouang,	29 15 36	2 41 35 oc.
Tong-tching,	prov. de Pé-tchéli,	40 12 30	1 55 16 oc.
Tong-tchuen-fou,	prov. de Ssé-tchuen,	26 20 56	13 2 51 oc.
Tou-ché-kéou,	prov. de Pé-tchéli,	41 19 20	0 39 41 oc.
Tougito-hotoc,	Tartarie occidentale,	44 46 48	1 2 20 or.
Tou-tchang-hien,	prov. de Kiang-si,	29 20 24	0 12 18 or.
Tou-yang-fou,	prov. de Kouang-si,	23 20 25	9 1 20 oc.
Tou-yuen-fou,	pr. de Kouéï-tchéou,	26 12 10	9 4 0 oc.
Tsao-hien,	prov. de Chan-tong,	34 58 46	0 48 0 oc.
Tsang-tchéou,	prov. de Pé-tchéli,	38 22 20	0 27 0 or.
Tsé-ki-hien,	prov. de Tché-kiang,	30 1 24	4 48 50 or.
Tsé-king-koam,	prov. de Pé-tchéli,	39 26 0	1 12 37 oc.
Tsé-tchéou,	prov. de Chan-si,	35 30 0	3 39 0 oc.
Tsi-nan-fou (2),	prov. de Chan-tong,	36 44 24	0 39 0 or.
Tsi-ning-tchéou,	prov. de Chan-tong,	35 33 0	0 16 30 or.
Tsiao-tchéou,	île de Haï-nan,	18 21 36	7 44 0 oc.
Tsing-chan-yn,	prov. de Pé-tchéli,	40 22 50	2 6 19 or.
Tsing-haï-oueï,	prov. de Chan-tong,	36 53 0	6 7 20 or.
Tsing-hoeï-téou,	prov. de Pé-tchéli,	38 1 0	0 53 50 oc.
Tsing-lan-oueï,	prov. de Hou-kouang,	27 4 48	7 54 40 oc.
Tsing-lo-hien,	prov. de Chan-si,	38 31 12	4 31 30 oc.
Tsing-ning-hien,	pr. de Kouang-tong,	23 26 24	0 18 40 oc.
Tsing-ping-hien,	pr. de Kouéï-tchéou,	26 37 12	8 48 32 oc.
Tsing-ping-hien,	prov. de Chan-tong,	36 52 0	0 12 30 oc.
Tsing-ping-pao,	prov. de Chen-si,	37 40 48	7 48 0 oc.
Tsing-tchéou-fou (3),	prov. de Chan-tong,	36 44 22	2 15 0 or.
Tsing-té-hien,	prov. de Kiang-nan,	30 24 37	2 5 43 or.
Tsing-yuen-hien,	pr. de Kouang-tong,	23 44 24	3 46 40 oc.
Tsoug-hoa-hien,	pr. de Kouang-tong,	23 33 36	3 10 40 oc.
Tsong-ming-hien,	prov. de Kiang-nan,	31 36 0	4 50 0 or.
Tsong-ngan-hien,	prov. de Fou-kien,	27 45 36	1 9 20 or.
Tsong-yang-hien,	prov. de Hou-kouang,	29 33 38	2 28 48 oc.
Tsou-ma-pao,	prov. de Chen-si,	40 24 0	3 33 0 oc.

(1) Ses noms anciens sont : Ping-yuen-kiun, Oueï-kiun, Nan-ki-tchéou, Po-tchéou, Po-pin-kiun, Tong-ping-lou et Tong-tchang-lou.

(2) Anciennement : Tsi-tchéou, Tsi-kiun, Lin-tsé, Té-kiun et Tsi-nan-lou.

(3) Anciennement : Tsi-kiun, Pé-haï, Y-tou, Ping-lou et Tching-haï.

Villes.		Latitudes.	Longitudes.
Tsuen-tchéou,	prov. de Kouang-si,	25° 49' 12"	5° 22' 40" oc.
Tsun-hien,	prov. de Pé-tchéli,	35 43 50	1 40 30 oc.
Y-fong-hien,	prov. de Ho-nan,	35 55 0	1 21 0 oc.
Y-lin-tchéou,	prov. de Hou-kouang.	30 49 0	5 18 10 oc.
Y-ou-hien,	prov. de Tché-kiang,	29 20 15	3 43 15 or.
Y-yang-hien,	prov. de Ho-nan,	34 31 20	4 16 30 oc.
Ya-tchéou,	prov. de Ssé-tchuen,	30 3 30	13 24 52 oc.
Yang-chan-hien,	pr. de Kouang-tong,	24 30 0	4 4 0 oc.
Yang-euth-tekouang.	prov. de Pé-tchéli,	38 20 0	1 5 25 or.
Yang-kiang-hien,	pr. de Kouang-tong,	21 50 20	5 3 40 oc.
Yang-tchéou-fou (1)	prov. de Kiang-nan,	32 26 32	2 55 43 or.
Yao-ngan-fou (2),	prov. de Yun-nan,	25 32 20	15 2 40 oc.
Yen-king-tchéou,	prov. de Pé-tchéli,	40 29 5	0 26 0 oc.
Yen-ngan-fou (3),	prov. de Chen-si,	36 42 20	7 4 30 oc.
Yen-ping-fou (4),	prov. de Fou-kien,	26 38 24	1 49 20 or.
Yen-tchéou-fou (5).	prov. de Chan-tong,	35 41 51	0 33 0 or.
Yen-tchéou-fou (6),	prov. de Tché-kiang,	29 37 12	3 4 17 or.
Yen-tching-hien,	prov. de Ho-nan,	33 38 20	2 23 50 oc.
Yen-tching-hien,	prov. de Kiang-nan,	33 21 55	3 32 51 or.
Ynden-hotun,	prov. de Léao-tong,	41 44 15	8 35 20 or.
Yng-tchéou,	prov. de Chan-si,	39 39 0	3 15 0 oc.
Yn-té-hien,	pr. de Kouang-tong,	24 11 32	3 33 30 oc.
Yn-yueï-tchéou,	prov. de Yun-nan,	24 58 20	17 42 40 oc.
Yo-chan-hien,	prov. de Kiang-nan,	31 30 6	0 7 8 oc.
Yo-tchéou-fou (7),	prov. de Hou-kouang.	29 24 0	3 34 5 oc.
Yong-fou-hien,	prov. de Fou-kien,	25 46 48	2 33 20 or.
Yong-ho-hien,	prov. de Chan-si,	36 48 0	5 51 0 oc.
Yong-kang-hien,	prov. de Tché-kiang,	28 58 0	3 43 15 or.
Yong-ngan-tchéou,	prov. de Kouang-si,	24 1 12	6 9 20 oc.

(1) Anciennement : Kiang-tou, Hoaï-nan, Kouang-lin, Kouang-tchéou, Nan-yen-tchéou, Ou-tchéou, Pang-tchéou, Kouang-ling, Chin-ssé, Hoaï-haï et Ouëi-yang.

(2) Ses noms anciens sont : Long-tong-hien, Yao-tchéou et Yao-ngan.

(3) Anciennement : Tsié-koué, Tong-ouan, King-ming, Tong-hia, Yen-tchéou, Tchong-y et Tchang-ou.

(4) Anciennement : Tan-tchéou, Kien-tchéou, Li-tchéou et Nan-kien.

(5) Ses noms anciens sont : Tong-lou, Siue-kiun, Lou-koué, Gin-tching, Lou-kiun, Tai-ning-kiun, Tçié-king-fou, Tai-ting-kiun et Yen-tchéou.

(6) Anciennement : Yen-ling, Sin-tou, Sin-ngan, Mou-tchéou, Soui-ngan. Yen-tchéou, Sin-ting-kien-të et Kien-ngan.

(7) Anciennement : Tchong-tching, Kien-tchang, Pa-ling, Pa-tchéou, Ping-tchin-kiun, Lo-tchéou, King-hou-pé-lou et Yo-yang.

Villes.		Latitudes.	Longitudes.
Yong-ning-fou (1),	prov. de Yun-nan,	27° 48' 28"	15° 41' 20" oc.
Yong-ning-hien,	prov. de Hou-kouang,	26 4 48	3 43 39 oc.
Yong-ning-tchéou,	prov. de Chan-si,	37 53 36	5 22 30 oc.
Yong-ning-tchéou,	prov. de Kouang-si,	24 7 12	6 52 20 oc.
Yong-ning-tchéou,	pr. de Kouëi-tchéou,	25 54 0	11 0 30 oc.
Yong-ning-tchéou,	pr. de Kouëi-tchéou,	27 52 48	11 5 20 oc.
Yong-pé-fou,	prov. de Yun-nan,	26 42 0	15 29 20 oc.
Yong-ping-fou (2),	prov. de Pé-tchéli,	39 56 10	2 25 28 or.
Yong-tchang-fou (3)	prov. de Yun-nan,	25 4 48	17 2 35 oc.
Yong-tchéou-fou (4)	prov. de Hou-kouang,	26 8 24	4 53 40 oc.
Yong-ting-hien,	prov. de Fou-kien,	24 44 54	0 24 0 or.
Yong-ting-ouëi,	prov. de Hou-kouang,	29 7 12	6 4 5 oc.
Yong-tsong-hien,	pr. de Kouëi-tchéou,	25 57 36	7 24 30 oc.
Yu-kang-hien,	prov. de Kiang-si,	28 40 48	0 10 0 or.
Yu-king-hien,	pr. de Kouëi-tchéou,	27 9 36	8 43 52 oc.
Yu-lin-ouëi,	prov. de Chen-si,	38 18 8	7 6 0 oc.
Yu-taï-hien,	prov. de Chan-tong,	35 7 21	0 18 0 or.
Yu-tching-hien,	prov. de Chan-tong,	37 2 30	0 22 30 or.
Yu-tching-hien,	prov. de Ho-nan,	34 38 35	0 19 30 oc.
Yu-tien-hien,	prov. de Pé-tchéli,	39 56 10	1 18 10 or.
Yu-tsé-hien,	prov. de Chan-si,	37 42 0	3 43 30 oc.
Yu-tsien-hien,	prov. de Tché-kiang,	30 14 27	2 54 27 or.
Yuen-kiang-fou,	prov. de Yun-nan,	23 36 0	14 18 40 oc.
Yuen-kiang-hien,	prov. de Hou-kouang,	28 45 30	4 15 0 oc.
Yuen-tchéou,	prov. de Hou-kouang,	27 24 30	7 3 20 oc.
Yuen-tchéou-fou (5)	prov. de Kiang-si,	27 51 32	2 5 24 oc.
Yuen-yang-fou (6),	prov. de Hou-kouang,	32 49 20	5 36 49 oc.
Yun-nan-fou (7),	prov. de Yun-nan,	25 6 0	13 36 50 oc.

---

(1) Ses noms anciens sont : Ta-lang et Yong-ning-tchéou.

(2) Anciennement : Lou-long, Lo-lang, Ping-tchéou, Pé-ping, Leao-hing, Nan-king et Hing-ping.

(3) Ses noms anciens sont : Pou-hoeï, Lan-tsang, Kai-yuen et Kin-tchi.

(4) Anciennement : Lin-ling, Yng-yang et Yong-yang.

(5) Anciennement : Y-tchun.

(6) Anciennement : Si-hivé, Fang-ling, Han-tchong, Si-hien, Tchang-li, Yuen-hiang, Nan-song, Tché-tchéou, Kiun-tchéou et Yuen-hien.

(7) Ses noms anciens sont : Y-tchéou, Kien-ning, Ning-tchéou, Koen-tchéou, Nan-ning, Nan-tchao, Chin-tchen et Tchong-king.

Après avoir donné la nomenclature des seize provinces qui composent la Chine proprement dite, et marqué la position géographique des principales villes qu'elles renferment, il est à propos de jeter un coup-d'œil rapide sur chacune d'elles en particulier, et d'en donner une notion, au moins superficielle, à nos lecteurs.

I. PÉ-TCHÉ-LI.

PÉ-TCHÉ-LI, l'une des régions les plus septentrionales de la Chine, terminée au nord par la grande muraille, s'étend sur environ cent quarante lieues dans sa plus grande longueur. Mais sa largeur est beaucoup moindre, surtout dans sa partie méridionale. Quoique l'élévation du pôle n'y passe pas le quarante et unième degré, les rivières y sont néanmoins glacées depuis la fin de novembre jusque vers la mi-mars (1). Les pluies y sont rares, et sont suppléées par de fréquentes rosées. Le pays est plat et peu fertile en riz; mais il est suffisamment pourvu des autres grains ainsi que des légumes, et les fruits y sont abondants. On divise cette province en neuf départements, dont chacun a sa ville capitale, et qui tous ensemble renferment cent quarante villes tant du second que du troisième ordre.

PÉ-KING, capitale du Pé-tché-li, l'est aussi de tout l'empire de la Chine depuis qu'en 1404, l'empereur Yong-lo y transporta sa cour. Le nom de cette ville était alors Pé-ping. Elle est sans contredit une des plus grandes de l'univers. Le P. le Comte lui donne sept lieues et demie de circuit, en y comprenant les faubourgs. Mais en les retranchant, son enceinte se réduit à quatre lieues communes et un quart. Pé-king est divisé en deux villes, la vieille ou chinoise, et la nouvelle ou tartare. La seconde n'est habitée que par les Tartares, depuis la conquête qu'ils firent de la Chine. La vieille avait été bâtie par les Chinois, qui s'y retirèrent et l'augmentèrent après avoir été chassés de la nouvelle. Les murs de Pé-king sont, à ce qu'on assure, de cinquante pieds d'élévation, et s'y large que plusieurs personnes à

---

(1) «Le froid de l'hiver est tel (à Pé-king) qu'on ne peut ouvrir aucune
» fenêtre du côté du Nord, et que la glace s'y maintient plus de trois
» mois de l'épaisseur d'un pied et demi.» (*Mémoires concernant les Chinois*, tome II, page 231.)

cheval peuvent s'y promener de front. Presque toutes ses rues sont tirées au cordeau. La plus grande à cent vingt pieds de large et une lieue de long. Toujours remplies d'hommes, sans que jamais on y rencontre de femmes, l'affluence n'y cause presque jamais aucun des accidents funestes qui sont si fréquents dans les capitales de l'Europe. C'est aux personnes à cheval ou en voiture à garantir des éclaboussures et des froissements les gens de pied. Des soldats préposés à cette police frappent à coups de fouet ou traînent en prison, suivant l'exigence du cas, les contrevenants. Les mêmes sentinelles veillent pendant la nuit à la sûreté des maisons, dont les voisins doivent répondre des vols qui s'y font. Les rues sont fermées, la nuit close, par des barrières, et sont aussi vides alors qu'elles sont fréquentées durant le jour. Chaque maison n'a qu'un étage et n'est occupée que par une seule famille. Les femmes ont leur appartement à part dans le fond, où nul autre que leur mari, leurs fils et leurs frères, ne peuvent y entrer. Les filles sont séparées des garçons dès l'âge de sept ans, et ne peuvent s'asseoir sur la même natte avec leurs frères. C'est la même discipline qui s'observe dans toute la Chine. Les danses, les promenades, les visites nocturnes, sont des plaisirs inconnus aux honnêtes gens à la Chine. Pé-king n'est point pavé. La milice, établie pour sa garde, est chargée d'en nettoyer les rues chaque jour, et d'en arroser le terrain durant les chaleurs. Dans les principaux quartiers, un tambour ou une cloche annoncent les différentes veilles de la nuit. La matière de ces cloches est la même que celle des nôtres; mais le battant est de bois, ce qui fait qu'elles rendent un son moins aigu et moins incommode. Le poids de la plus grosse est de cent vingt mille livres. Celle du palais de Moskou, si l'on en croit Rutufels, est de trois cent vingt mille; mais on n'a pas trouvé moyen de lui faire un béfroi pour la suspendre.

Le palais de l'empereur, situé au centre de la cité des Tartares, est l'édifice le plus remarquable de Pé-king. Son plan représente un carré oblong qui peut avoir deux milles d'Angleterre dans sa longueur sur un mille de large. Son enceinte, formée par de bonnes murailles, comprend non-seulement la demeure et les jardins du prince, mais une infinité d'habitations où logent ses ministres et ses officiers, ainsi que tous les ouvriers attachés à son service. Les femmes et les eunuques de l'empereur habitent seuls l'intérieur du palais, et ce lieu, fermé par une enceinte particulière, comprend neuf grandes cours qui communiquent par de grandes portes voûtées en marbre et surmontées chacune d'un gros pavillon. Sur la dernière cour est l'appartement de l'empereur, dont les portiques, qui en dé-

corent l'entrée, sont soutenus par de grosses colonnes d'un bois précieux. Il est environné d'une terrasse ou plate-forme pavée de marbre blanc, ornée de balustrades et coupée par trois escaliers posés aux coins et au milieu de la façade. Celui du milieu est une rampe douce sans degrés. La salle d'audience est d'environ cent trente pieds de longueur sur une largeur presque égale. Les lambris sont sculptés, peints en vert et ornés de dragons dorés. Un vernis rouge décore les colonnes qui soutiennent le toit, dont les tuiles, vernissées en jaune, réfléchissent l'éclat de l'or aux rayons du soleil. Les murailles sont d'une blancheur éblouissantes ; mais nues, sans tapis, sans miroirs, ni peintures. Le trône qu'on voit au milieu de la salle est de la même simplicité. Les autres appartements du palais sont un peu plus décorés que la salle d'audience. Les lambris sculptés et dorés, les cabinets vernis, les peintures, les nattes, les tapis, les porcelaines, en font le principal ornement. (*Hist. Mod.*, tom. I, p. 113 et suiv.) Quoique l'architecture de ce palais n'ait aucun rapport avec celle de l'Europe, on ne peut toutefois nier qu'elle n'ait de l'élégance et de la majesté. « Tous
» les missionnaires que nous avons vus arriver ici d'Europe,
» disent les jésuites de Pé-king, ont été frappés de l'air de
» grandeur, de richesse et de puissance du palais de Pé-king.
» Tous nous ont avoué que si les différentes parties dont il est
» composé, ne charment pas la vue comme les grands morceaux
» de l'architecture d'Europe, leur ensemble fait un spectacle
» auquel rien de ce qu'ils avaient vu ne les avait préparés. Ce
» palais a deux cent trente-six toises deux pieds de l'est à
» l'ouest, et trois cent deux toises neuf pieds du nord au
» midi. A quoi il faut ajouter que les trois avant-cours, quoi-
» que environnées de bâtiments, et plus grandes que les autres,
» ne sont pas comprises dans ces mesures. Tant de milliers de
» toises (la toise chinoise est de dix pieds), toutes couvertes,
» ou environnées de tours, de galeries, de portiques, de salles
» et d'immenses bâtiments, produisent d'autant plus d'effet,
» que les formes en sont plus variées, les proportions plus
» simples, les plans plus assortis, et leur totalité plus rapprochée du même but ; car tout s'embellit à proportion qu'on ap-
» proche de la salle du trône et des appartements de l'empe-
» reur. Les cours latérales ne peuvent être comparées à celle
» du milieu, ni celles-ci qui sont les premières à celles qui
» sont plus reculées. Nous ne disons rien des couleurs de l'or
» et du vernis qui donnent tant d'éclat aux grands bâtiments...
» A parler en général, notre architecture travaille sur des plans
» et d'après des pensées trop différentes de ce qu'on voit en
» Occident, pour qu'on puisse en juger sainement quand on n'a

» pas été à portée de les comparer autrement que par l'imagi-
» nation. » (*Mém. concern. les Chinois*, tom. II, p. 515.)

La population de Pé-king est évaluée aujourd'hui à deux millions de personnes. Elle était plus grande avant que l'empereur Kang-hi eût fait refouler dans les provinces un grand nombre de bouches inutiles. Les maisons ne suffisant point à Pé-king pour loger tout le peuple, un grand nombre de familles logent sur la rivière dans des bateaux, principalement occupées à la pêche.

La superstition a élevé en divers tems jusqu'à près de dix mille *miao* ou temples d'idoles à Pé-king et dans la banlieue. La plupart de ceux qui sont dans la première enceinte du palais, sont beaux, quelques-uns magnifiques. Ceux qui sont semés çà et là dans le reste de la ville et aux environs, sont presque tous bâtis sur des plans différents. Dans le grand nombre, il y en a qui sont immenses; quelques-uns sont médiocres, et les autres des chapelles. Ceux où il y a un grand nombre de lamas ou de bonzes et de bonzesses, sont communément beaux et bien entretenus. Les foires qu'il y a chaque mois, en différents quartiers de la ville, se tiennent toutes dans les grands *miao*, dont les vastes et nombreuses cours, toutes bordées de galeries, sont en effet très-propres à cela.

Sou-tchéou, autre ville du Pé-tché-li, est l'Amsterdam de la Chine. Les imprimeurs y sont plus accommodants que dans tout le reste de l'empire, quand on leur porte des livres qui ont des ailes, comme on dit à la Chine, c'est-à-dire qui piquent la curiosité et ne moisissent point dans les magasins.

Haï-tien, à deux lieues de Pé-king, où l'empereur demeure ordinairement, et dont on voit une belle description au vingt-septième recueil des *Lettres édifiantes et curieuses*, est le Versailles de la Chine.

Yen-tchéou est la copie de Haï-tien, mais copie plus grande que l'original.

II. LEAO-TONG.

Le Leao-tong, ou Quan-tong, situé au nord-est du Pé-tché-li, est terminé, au midi, par la grande muraille qui commence à l'est de Pé-king, par un grand boulevard bâti dans l'Océan. Il est renfermé à l'est, au nord et à l'ouest par une palissade plus propre à marquer ses limites qu'à en défendre l'entrée aux ennemis; car elle n'est faite que de pieux de bois de

sept à huit pieds de hauteur, sans être terrassée par-derrière, sans être défendue par un fossé, ni par le moindre ouvrage de fortification. En-deçà de la palissade étaient autrefois plusieurs places fortifiées par des tours de brique et des fossés. Elles sont maintenant ou détruites entièrement, ou à demi-ruinées, étant devenues inutiles sous le gouvernement des Mantcheous, contre lesquels elles avaient été bâties sous la dynastie précédente. Chin-yang, ou Mougden, est la capitale du pays; les Tartares ont pris soin de la faire rétablir, de l'orner de plusieurs édifices publics et de la pourvoir de magasins d'armes et de vivres. « Ils la regardent, dit le père du Halde, comme la capitale du
» royaume que forme leur nation ; de sorte qu'après même leur
» entrée dans la Chine, ils y ont laissé les mêmes tribunaux sou-
» verains qui sont à Pé-king, excepté celui qu'on nomme
» *Lipou* », dont la principale fonction est de préposer et de casser les officiers qui gouvernent le peuple. « Non loin des
» portes de la ville, ajoute le même auteur, sont deux magni-
» fiques sépultures des premiers empereurs de la famille ré-
» gnante, qui prirent le nom d'empereurs dès qu'ils commen-
» cèrent à dominer dans le *Léao-tong*. L'une est du grand-père
» de l'empereur (*Kien-long*), l'autre de son bisaïeul..... Elles
» sont fermées d'une muraille épaisse, garnie de ses créneaux...
» Plusieurs mandarins mantcheous, de toute sorte de rang,
» sont destinés à en avoir soin, et à faire dans le tems marqué
» certaines cérémonies qu'ils pratiquent avec le même ordre et
» les mêmes témoignages de respect, que si leurs maîtres
» vivaient encore. » Il règne dans cette province, aux mois de juillet et d'août, un vent si froid, surtout pendant la nuit, qu'on est obligé de prendre de gros habits et des fourrures. La raison qu'en donne le père du Halde, est que cette région est fort élevée et pleine de montagnes.

INDEN, aujourd'hui plutôt un gros bourg qu'une ville, fut le premier siége de l'empire des Mantcheous sur les Chinois. LOYANG est encore plus déchu de son ancienne splendeur.

La ville de FONG-HOANG-TCHING est en meilleur état, beaucoup plus peuplée et assez marchande, parce qu'elle est comme la porte de la Corée. C'est par cette ville que les envoyés du roi de Corée, ainsi que les marchands ses sujets, doivent entrer dans la Chine; ce qui a donné lieu à un grand nombre de chinois, correspondants des marchands coréens, d'y bâtir de bonnes maisons dans les faubourgs.

III. CHAN-TONG.

Le CHAN-TONG, dont le district comprend cent vingt villes, est borné au nord et à l'ouest par le Pé-tché-li, et à l'est par la mer. Cette province est très-fertile en blé, millet, riz, orge et fruits. On trouve, sur une espèce de chêne à feuilles de châtaigner, sur les frênes et sur l'arbre qu'on nomme fagara, espèce de poivrier, des chenilles ou vers à soie sauvages, qui donnent des cocons de la grosseur d'un œuf de poule. La soie de ces vers n'est pas, à la vérité comparable à celle des vers de mûriers, et ne prend jamais solidement aucune teinture. « Mais
» 1°. elle coûte moins de soins, ou plutôt n'en coûte presque
» aucun dans les endroits où le climat est favorable aux vers
» sauvages, parce que tout ce qu'on risque en les négligeant,
» c'est d'avoir une récolte moins abondante; encore est-on
» maître de l'avoir plus grande en multipliant le nombre des
» arbres qu'on destine à ces vers. 2°. Comme on ne dévide point
» les cocons de vers sauvages, mais qu'on les file, comme nous
» faisons le fleuret, ils dépensent moins de tems et de main-
» d'œuvre. 3°. La soie qu'ils donnent est d'un beau gris de lin,
» dure le double de l'autre au moins, et ne se tache pas si aisé-
» ment..... Les étoffes qu'on en fait se lavent comme le linge.
» 4°. La soie des vers sauvages, nourris sur des fagara, est si
» belle en certains endroits, que les étoffes qu'on en fait, dis-
» putent de prix avec les plus belles soieries, quoiqu'elles soient
» unies et de simples droguets. » (*Mém. concer. les Chinois*, t. II, p. 592 et 593.)

IV. CHAN-SI.

Le CHAN-SI, borné au nord par la Tartarie, confine du côté de l'orient au Pé-tché-li. Cette province est remplie de montagnes cultivées pour la plupart et coupées de terrasses depuis la racine jusqu'au sommet, pour retenir les eaux et les distribuer sur tout ce qui est en culture, le long de la montagne. Elle produit en abondance toutes sortes de grains, à l'exception du riz, qui y croît plus difficilement à cause de la rareté des canaux et des rivières.

C'est dans cette province que se trouvent le *pé-tun-tsé* et le *kaolin*, deux espèces de terre, qui, broyées et pétries ensemble, servent à la composition de la porcelaine. Lorsque cette pâte a pris la forme qu'on veut lui donner, on la fait sécher, après quoi on y applique la peinture et ensuite le vernis. Ces opérations achevées, on fait cuire les vases fabriqués au feu de réverbère. Mais il est à remarquer que c'est à trente lieues de l'endroit d'où l'on tire ces deux matières, à *King-té-ching*, dans le Kiang-si, qu'il faut les transporter pour les mettre en œuvre.

V. CHEN-SI.

Le CHEN-SI, la première province de la Chine, à ce qu'on prétend, qui ait été habitée, confine par le nord et le couchant à la Tartarie chinoise, et par l'orient au Kouang-si. On y compte cent quatorze villes. Cette province abonde en froment et en millet; mais on y recueille peu de riz. Elle renferme, dit-on, des mines d'or que le gouvernement a défendu d'ouvrir à cause des vapeurs funestes qu'elles exhalent. Mais on permet de chercher ce métal dans les rivières, et beaucoup de gens subsistent du gain qu'ils retirent en lavant le sable et en séparant l'or qui y est mêlé.

Le chemin qu'on a pratiqué dans cette province, à travers des montagnes et des précipices affreux, a quelque chose qui tient du prodige : plus de cent mille hommes furent employés à ce grand ouvrage qui fut achevé avec une promptitude incroyable. On aplanit plusieurs montagnes; on en joignit d'autres par des ponts d'une seule arche : et quand les vallées étaient trop larges, on construisait des piliers pour soutenir les voûtes qu'on fut forcé de multiplier. Ces arches sont assez larges pour que quatre bateaux y puissent passer de front, et l'on a muni de chaque côté les ponts de garde-fous pour la sûreté des passants. (Du Halde.)

VI. HO-NAN.

Le HO-NAN, situé au midi du Chen-si et du Pé-tché-li, est la plus riante et la plus délicieuse des provinces de la Chine. Ce pays est si uni, si bien cultivé, qu'il semble qu'on se promène dans un vaste jardin : tout y est campagne, excepté du côté de l'occident, où l'on voit des montagnes couvertes de forêts. On y trouve cent dix villes. (*Hist. mod.*, tome I.) Caï-fong-fou en est la capitale, ou plutôt elle l'était avant 1642, époque où l'empereur Hoaï-tsong, ayant fait percer une digue pour réduire la ville qui s'était soulevée, l'inonda presque entièrement : ce qui l'abîma, et fit périr près de trois cent mille âmes. Elle ne s'est point relevée de ce désastre.

VII. KIANG-NAN.

Le KIANG-NAN, borné à l'est et au sud-est par la mer, au sud par le Tché-kiang; à l'ouest par le Hou-kouang, au nord-est par le Ho-nan, et au nord par le Chang-tong, est coupé en

deux parties par le Kiang ou fleuve bleu qui s'y jette dans la mer. C'est la plus riche province de la Chine. On y compte cent sept villes. Sa capitale est Nan-king, qui l'était autrefois de tout l'empire avant que les empereurs eussent transporté leur siége à Pé-king. Nan-king passe pour la plus grande ville de la Chine, et c'est avec raison, si l'on a égard à l'étendue de son enceinte. Mais il s'en faut bien, comme on va le voir, que la ville remplisse entièrement cette enceinte. Le dedans de Nan-king n'a rien de remarquable. Les maisons sont basses à l'ordinaire. Les boutiques n'offrent rien de brillant. La tour est le seul objet digne de curiosité. Elle est telle que l'a décrite le père Lecomte, qui l'a lui-même considérée. C'est un édifice octogone de deux cents pieds de haut. Elle a neuf étages. De l'un à l'autre on compte vingt et une marches. Le premier en a quarante. Les toits sont couverts de tuiles vernissées, et toute la tour paraît revêtue de briques pareillement vernissées, ou d'une espèce de faïence : il ne paraît pas que ce soit de la porcelaine. « Ce
» fut du cinquième étage, dit un missionnaire, que nous consi-
» dérâmes la ville de Nan-king. Nous la dominions magnifique-
» ment. Nous eûmes beau faire, nous ne pûmes jamais l'esti-
» mer les deux tiers de Paris. Nous ne savions comment conci-
» lier ce qu'on dit de sa grandeur immense avec ce que nous
» voyions de nos propres yeux. Le lendemain nous tira d'affaire.
» Nous avions déja fait une bonne lieue au-delà de Nan-king,
» lorsque nous aperçûmes tout-à-coup les murs d'une ville,
» accolés à des montagnes et à des rochers : c'étaient les mu-
» railles même de Nan-king, qui, laissant la ville où elle est, s'en
» vont bien loin former une enceinte de quinze à seize lieues,
» dont douze ou treize ne sont ni habitées ni habitables. »
(*Mém. concer. les Chinois*, tom. VIII, pag. 297.)

VIII. HOU-KOUANG.

Le HOU-KOUANG, que sa fertilité fait nommer communément le *grenier* de la Chine, abonde non-seulement en grains, mais en légumes, en fruits, en volailles et en bestiaux. Cette province a le Ho-nan au Nord, le Tché-kiang à l'Est, le Ssé-tchuen à l'Ouest, le Kiang-si au Midi. Son district s'étend sur cent vingt-neuf villes, dont la capitale, appelée Vo-tchang, est aussi grande et aussi peuplée que Paris. Le Hou-kouang a presque la même étendue que la France.

IX. SSÉ-TCHUEN.

Le SSÉ-TCHUEN, où l'on compte quatre-vingt-dix-huit

villes, est borné au Nord par le Chen-si, à l'Ouest par la Tartarie occidentale, et à l'Est par le Hou-kouang. Sa figure forme sur la carte un carré irrégulier, tout aussi grand que l'Espagne et le Portugal réunis. Cette province produit une si grande quantité de soie, que des cocons on pourrait, dit un auteur, faire une montagne. Elle abonde d'ailleurs en mines de fer, d'étain, de plomb, en pierres d'azur, en cannes de sucre, en musc et en rhubarbe de la meilleure qualité. Ses chevaux sont aussi fort recherchés.

X. TCHÉ-KIANG.

Le TCHÉ-KIANG, l'une des plus petites contrées de la Chine, l'emporte sur presque toutes les autres par la richesse et par l'étendue de son commerce. Elle est baignée à l'Est par la mer, et confine par le Nord et l'Ouest au Kiang-nan. La mer couvrait autrefois une grande partie de cette province. L'industrie de ses habitants a repoussé, contenu et maîtrisé l'Océan, comme autrefois les Égyptiens domptèrent le Nil. Son district comprend quatre-vingt-huit villes avec un grand nombre de bourgades fort peuplées. Il s'en faut bien néanmoins que la bonté du sol soit égale ou presque égale dans toute l'étendue de cette province. Tandis que de riches moissons couvrent sa partie orientale, elle n'offre à l'Ouest que d'affreux rochers et des montagnes stériles. Tout bien évalué, sa principale richesse consiste dans les soies qui sont les plus belles de la Chine. Rien n'égale la beauté des étoffes qui se fabriquent au Tché-kiang. Cette province est une de celles qui produisent la plus grande quantité de ces roseaux qu'on appelle *Bambous*; il y en a des forêts entières. Ils sont très-gros, très-durs et d'un usage infini à la Chine. Quoique creux en dedans et partagés en nœuds, ils sont très-forts et soutiennent les plus lourds fardeaux. On les coupe en filets très-déliés dont on fait des nattes, des boîtes, des peignes, etc. Etant percés naturellement, on les emploie aussi à conduire l'eau d'un lieu à un autre. Ils servent encore aux lunettes d'approche, soit comme tuyaux, soit comme étuis, soit comme supports. L'arbuste qui donne le coton, dont le bas peuple chinois s'habille, est une des productions du Tché-kiang comme de plusieurs autres provinces de la Chine. Celle-ci fournit encore plusieurs drogues médicinales.

XI. KIANG-SI.

Le KIANG-SI, borné au Nord par le Kiang-nan et par le Ho-nan, à l'Ouest par le Hou-kouang, et à l'Est par une partie du Tché-kiang, est un pays fertile en toutes sortes de grains, fameux par ses manufactures d'étoffes et de porcelaine, abondant en mines d'or, d'argent, de plomb, de fer et d'étain, très-riche en un mot par lui-même, mais pauvre par la multitude de ses habitants, aux besoins desquels son territoire, malgré sa fertilité, suffit à peine. Cette province, qui a pour boulevards des montagnes, comprend treize villes du premier ordre, soixante-sept cités et plus de six millions d'âmes. Nang-tchang en est la capitale. C'est à King-té-ching, vaste et magnifique bourg du Kiang-si, que se fabrique presque toute la belle porcelaine de la Chine.

Le vernis de la Chine le plus estimé, se tire du territoire de Kán-tchéou, ville des plus méridionales du Kiang-si. Ce n'est point une composition comme plusieurs se le sont imaginé ; c'est une gomme roussâtre qui découle de certains arbres par des incisions qu'on fait à l'écorce jusqu'au bois, sans cependant l'entamer. L'été est la seule saison où l'on puisse tirer le vernis des arbres : il n'en sort point pendant l'hiver, et celui qui sort au printems et en automne, est toujours mêlé d'eau ; d'ailleurs ce n'est que pendant la nuit que le vernis coule des arbres ; il n'en coule jamais pendant le jour. On a parlé ci-dessus, à l'article du Chen-si, de la fabrique de porcelaine, établie à King-té-ching, qui rend cette ville du Kiang-si extrêmement peuplée, par le grand nombre des ouvriers et des marchands qu'elle y attire.

XII. FOU-KIEN.

Le FOU-KIEN, ou FO-KIEN, province maritime, a l'Océan à l'Est et au Sud-Est, le Tché-kiang au Nord et le Kouang-tong au Midi. Le commerce y est très-considérable et les montagnes y fournissent des bois pour la marine. Sa capitale est Fou-tchéou, l'une des plus célèbres villes de la Chine. La situation du Fou-kien favorise le commerce qu'elle fait au Japon, aux Philippines, aux îles de Java et de Sumatra, à Camboie, à Siam. Le pays est d'ailleurs fertile en grains, en soie, en coton, en mines de fer, d'étain et de vif-argent. Du reste, son étendue n'égale pas celle des autres provinces.

L'arbre de thé, dont les feuilles sont si recherchées de toutes les nations, est une des productions du Fou-kien.

On voit dans le Fou-kien un pont bâti sur la pointe d'un bras de mer, dont le passage est très-dangereux en barques, surtout dans les hautes marées. Il est composé de longs quartiers de pierre, qui portent sur des piliers isolés au nombre de trois cents, et assez élevés pour donner passage à de grosses barques, qui ne sont point forcées de baisser leurs mâts. Sa longueur est d'environ 500 pieds sur 20 pieds de large. Toutes les pierres qui traversent d'un pilier à l'autre sont d'un seul morceau : on a peine à comprendre où l'on a pu trouver de tels quartiers de pierre, et surtout comment on a pu les guinder, malgré leur poids énorme, sur des piliers si hauts.

XIII. KOUANG-TONG.

Le KOUANG-TONG, borné au nord par le Kiang-si, au nord-est par le Fou-kien, à l'ouest par le Kouang-si et le royaume de Tong-kin, et à l'est par la mer, se divise en dix contrées, qui contiennent dix métropoles ou villes du premier ordre, et quatre-vingt-quatre tant du second que du troisième. C'est peut-être la plus fertile des provinces méridionales de la Chine. Les campagnes, si l'on en croit le P. du Halde, y donnent chaque année deux récoltes de grain. Elle fournit de l'or, des pierres précieuses, des perles, de la soie, de l'étain, du vif-argent, du fer, du cuivre, du salpêtre, de l'ébène, du bois d'aigle, et divers bois de senteur. On y trouve plusieurs espèces de fruits rares et délicieux, tels que les bananes, les ananas, les li-tchi, et une espèce de citron dont le fruit est presque aussi gros que la tête d'un homme.

Parmi les villes du Kouang-tong, la plus considérable est *Kouang-tchéou*, que les Européens appellent Canton. Elle est bâtie sur une des plus belles rivières, qu'on nomme Ta-ho, dont l'embouchure est plus terrible par son nom *Hon-men* (porte du tigre) que par ses forts qui n'ont été construits que pour arrêter les pirates. Le nombre prodigieux d'étrangers et de régnicoles qu'attire le commerce de cette ville, la rend très-florissante. Ses habitants sont laborieux et très-adroits. Ils excellent surtout dans l'imitation des ouvrages qu'on leur montre, et dans l'exécution prompte des dessins qu'on leur donne. Les ouvriers de la ville, dont le nombre est incroyable, ne suffisant point pour le commerce qui s'y fait, on a établi à Fo-cham une grande quantité de manufactures qui ont rendu ce bourg célèbre dans toute la province. Fo-cham est à quatre lieues de Canton. Il a trois lieues de circuit, et ne cède en rien à Canton, ni pour les richesses, ni pour la multitude de ses habitants, qu'on dit cependant être de plus d'un million d'âmes. (Du Halde.)

L'île de HAÏNAN, au sud du Kouang-tong, est une dépendance de cette province. Mais une partie de ses habitants vit dans l'indépendance, et ne reconnaît point l'empereur de la Chine.

XIV. KOUANG-SI.

Le KOUANG-SI, situé au nord du Kouang-tong, renferme quatre-vingt-douze villes. Sa partie septentrionale, toute montagneuse, a quelques mines d'or; mais peu susceptible de culture, elle ne produit rien de plus. Les cantons situés à l'est et au midi sont meilleurs. Ce sont des plaines humides qui donnent une assez grande quantité de riz. « Ce » que cette province produit de plus remarquable, est une » espèce de cire blanche, que l'on trouve sur les arbres où » de petits insectes la déposent. » (*Hist. mod.*)

XV. KOEÏ-TCHÉOU.

Le KOEÏ-TCHÉOU, situé au midi du Kouang-si, n'est nullement comparable aux autres provinces méridionales de la Chine, ni pour la richesse, ni pour l'étendue des domaines. Cette province est remplie de montagnes inaccessibles, entre lesquelles il y a des vallées agréables et assez fertiles, surtout auprès des rivières. Elle contient dix villes du premier ordre et trente-huit autres tant du second que du troisième. Au défaut de la soie et du coton, on y fabrique des étoffes d'une certaine herbe assez ressemblante au chanvre, laquelle est très-propre à faire des habits d'été. (Du Halde.)

XVI. YUN-NAN.

Le YUN-NAN confine du côté du nord et de l'est au Sse-tchuen, au Koeï-tchéou et au Kouang-si. Les royaumes de Tong-kin, de Pégu, d'Ava et de Tibet le bornent au sud et à l'ouest. On y compte soixante-seize villes. Le grand nombre de lacs et de rivières dont ce pays est coupé, contribuent beaucoup à la fertilité de son terroir.

On voit dans cette province, à dix lieues de King-tong, un pont formé de l'assemblage de plusieurs chaînes de fer. Il est bâti sur un torrent qui n'est pas large, mais dont le lit est fort profond. Sur chaque bord, on a élevé deux grands massifs de maçonnerie, d'où pendent plusieurs chaînes qui traversent d'un bord à l'autre, et sur lesquelles on a jeté des madriers. Dans d'autres endroits, au lieu de chaînes, on a mis en travers de gros cables, qui soutiennent quelques planches tremblantes et mal assurées.

Gouvernement, mœurs, sciences, arts, industrie et population de la Chine.

Le gouvernement de la Chine, comme on l'a dû remarquer dans l'histoire abrégée que nous avons tracée de ses empereurs, est monarchique et absolu, sans être néanmoins despotique. Formé sur le modèle de la puissance paternelle, il fait envisager la nation entière comme une grande famille réunie sous un même chef, à qui l'on donne, pour mieux caractériser ce qu'il doit être, le titre de GRAND-PÈRE, ou de Père commun. De ce titre émanent également les obligations des peuples envers le monarque. Comme rien n'est plus sacré à la Chine que la piété filiale, tout sujet, en conséquence, est indispensablement tenu d'avoir, pour l'empereur, une soumission parfaite et le plus respectueux attachement. Le principe qui constitue l'esprit national est la source de l'admirable législation qui régit invariablement l'empire le plus ancien de l'univers, depuis sa fondation. « Les Chinois, comme
» les autres peuples, ont, à la vérité, subi des disgrâces et
» des révolutions. Mais ces violentes secousses n'ont rien changé
» à la constitution essentielle de leur état, et la même forme
» d'administration subsiste depuis plus de quatre mille ans.
» Ce qui fait l'éloge de ce gouvernement, c'est que les Tar-
» tares, maîtres de le détruire, l'ont respecté et s'y sont eux-
» mêmes soumis, abandonnant leurs propres usages pour
» suivre les lois d'un peuple vaincu. » (*Hist. mod.* t. I.)

Les devoirs réciproques des officiers publics et de ceux qui leur sont subordonnés, résultent de la portion d'autorité que l'empereur communique aux premiers. Établis pour entretenir le bon ordre et la tranquillité dans leur département, la loi ne leur pardonne ni les injustices qu'ils commettent, ni les désordres qu'ils dissimulent. Non moins sévère envers ceux qui leur désobéissent, elle ne fait aucune grâce à la rebellion.

Les seize provinces de la Chine, dont la plupart équivalent à un grand royaume, sont partagées en divers départements, auxquels préside un mandarin qui relève du vice-roi de la province, et celui-ci a pour supérieur le *Tsong-tou*, ou gouverneur-général.

Chaque capitale a deux tribunaux, l'un pour les affaires civiles, l'autre pour les affaires criminelles ; et tous ces tribunaux ressortissent aux six cours souveraines, établies, comme on l'a déjà dit, à Pé-king. La première, qu'on nomme *Lij-pou*, est chargée de veiller sur la conduite de tous les magistrats de l'empire, et d'avertir l'empereur des places qu'ils laissent vacantes par mort, afin qu'elles soient promptement remplies. Les fonctions de cette cour sont à peu près celles des inquisiteurs d'état. La seconde, nommée *Hou-pou*, a la surintendance des finances, le soin du domaine, de la dépense et des revenus de l'empire. Le nom de la troisième est *Li-pou* : c'est le tribunal des rites, auquel il appartient de veiller à l'observation des cérémonies qui concernent les sacrifices, la réception des ambassadeurs, les fêtes publiques, etc. On nomme *Ping-pou* la quatrième : c'est le tribunal des armes. La milice de tout l'empire est de son ressort. On donne à la cinquième le nom de *Hing-pou* : c'est comme la chambre criminelle de l'empire. Ses arrêts de mort ne s'exécutent néanmoins qu'après avoir été confirmés par l'empereur. La sixième et dernière, appelée *Cong-pou*, préside à tous les travaux publics, à l'entretien des palais de l'empereur, des temples, des arcs de triomphe, des digues, des ponts. La marine est aussi comprise dans son ressort. Chacune de ces cours souveraines se subdivise en plusieurs classes. On en compte jusqu'à quatorze dans celle des finances.

Quoique ces cours soient regardées comme souveraines, en ce qu'elles ont une autorité immédiate sur tous les tribunaux de provinces, elles sont elles-mêmes subordonnées au conseil de l'empereur. C'est le tribunal le plus absolu de l'empire. Toutes les affaires s'y décident en dernier ressort, et il n'y a point d'appel de ses jugements. Ce haut conseil, qui se tient en présence de l'empereur, n'est composé que de mandarins du premier ordre.

Chacune des cours souveraines est surveillée par un inspecteur qui assiste à toutes ses assemblées, pour rendre compte à l'empereur de toutes les délibérations, et l'avertir des malversations qui pourraient s'y commettre. De semblables officiers sont chargés d'éclairer, dans les provinces, la conduite des magistrats, outre les visiteurs extraordinaires que la cour y envoie de tems en tems. Souvent même l'empereur visite en personne les provinces, pour s'instruire, par ses yeux, de la conduite des gouverneurs, et recevoir les plaintes du peuple contre les mandarins.

Les mandarins sont de deux espèces, les lettrés et les militaires. L'étude de l'histoire nationale, de la morale puisée dans les livres classiques (1), et des mathématiques, est

---

(1) La morale à la Chine se réduit à cinq points capitaux. Les devoirs respectifs des pères et des enfants, du prince et de ses sujets, du mari

la route qui conduit les lettrés au mandarinat, après avoir passé par certains grades, qui répondent à ceux que nous appelons de maître-ès-arts, de bachelier et de docteur, grades qui ne s'obtiennent qu'après avoir subi de rigoureux examens. Ces mandarins lettrés se partagent en neuf classes, qui forment ensemble un nombre de treize à quatorze mille hommes. C'est dans les trois premières que l'empereur choisit les *Colao* ou ministres d'état, les officiers des cours souveraines, les *Tsong-tou* ou gouverneurs-généraux de provinces, ceux des grandes villes, les trésoriers-généraux des provinces, et les vice-rois.

Les mandarins sont respectés à proportion des honneurs qu'on rend à l'empereur, dont on croit qu'ils représentent la majesté. On les qualifie du nom de PÈRE en leur adressant la parole, et lorsqu'ils sont assis sur leur tribunal, on ne leur parle, comme à l'empereur, qu'à genoux. Jamais ils ne paraissent en public qu'avec l'appareil le plus imposant. Quatre hommes, et quelquefois huit, les portent sur leurs épaules dans une chaise magnifiquement ornée, précédés des officiers de leur tribunal, qui marchent en ordre sur deux lignes. Les uns tiennent devant le mandarin un grand parasol de soie, les autres frappent sur un bassin de cuivre pour avertir le peuple de se ranger. Le peuple, à leur passage, s'arrête et reste debout en silence. Un mandarin doit être accessible à toute heure du jour et de la nuit. Jamais il ne peut déposer en public la gravité de son caractère. Ce n'est que dans l'intérieur de son palais qu'il peut se livrer aux divertissements de société. Pour écarter tout esprit de partialité, la loi ne permet à personne d'exercer les fonctions du mandarinat ni dans sa patrie, ni même dans sa province natale.

Il n'y a ni procureur, ni avocat en titre d'office à la Chine. Chacun y plaide sa cause en personne et se fait assister par tel patron qu'il juge à propos de choisir. La justice est sommaire. Le demandeur expose ses moyens par écrit, le défendeur y répond. Le premier fournit des contredits, l'autre y réplique, et le magistrat ensuite prononce.

La noblesse n'étant point héréditaire à la Chine, excepté dans la famille de Confucius et dans la maison impériale, per-

---

et de sa femme, de l'aîné des enfants et de ses frères, et ceux de l'amitié et de la société. Cette partie est celle où les Chinois excellent le plus, et où jamais ils n'ont varié, tandis qu'en Europe elle a souffert et souffre encore de si mortelles atteintes par l'énorme différence des opinions.

sonne n'y a droit aux charges par sa naissance, et la route des honneurs est ouverte à tout homme qui a des talents cultivés par l'étude.

Les mandarins de guerre, sur lesquels roule tout le gouvernement militaire, sont au nombre d'environ dix-huit mille hommes qui ont sous leurs ordres plus de sept cent mille hommes d'infanterie et environ deux cent mille cavaliers. Ces troupes sont divisées en plusieurs légions, chacune de dix mille soldats, partagées en compagnies de cent hommes chacune. Les fusils, les sabres, les flèches et les cuirasses, sont leurs armes. Les enseignes des troupes tartares sont jaunes, et les troupes chinoises en ont de vertes. La paie du soldat étant forte à la Chine, le service modéré, le mérite toujours récompensé, les enrôlements y sont faciles, parce que l'état militaire y est regardé par le peuple, comme l'un des plus honorables et des plus avantageux.

Avant l'arrivée des missionnaires, les Chinois, quoique adonnés, dès l'origine de leur monarchie, aux sciences naturelles, y avaient fait peu de progrès. Privés du commerce des nations savantes par la défense qui leur était faite de voyager chez elles, et par la difficulté qu'elles avaient de pénétrer à la Chine, ils étaient réduits aux seules lumières de leur patrie, sans pouvoir y joindre celles qui pouvaient leur venir d'ailleurs. Il faut néanmoins convenir que, malgré cette privation, ils poussèrent les connaissances astronomiques assez loin pour être en état de calculer les mouvements respectifs du soleil et de la lune, et de prédire avec une certaine précision les éclipses de l'un et de l'autre de ces deux astres; ce qui supposait la connaissance de l'arithmétique et de la géométrie, au moins élémentaires. Mais pour la physique, elle était chez eux, à l'arrivée des missionnaires, en pire état qu'elle ne se trouvait parmi nous, lorsque, dans l'étude de cette science, Aristote et les scholastiques étaient nos seuls guides. On ne peut exprimer combien fut grande l'admiration des Chinois à la vue des nouvelles expériences de pneumatique, d'hydrostatique, de statique, d'optique, de catoptrique, de perspective, qu'on leur fit voir, de même que des instruments dont nous nous servons pour la navigation, l'astronomie et la mécanique. Les montres, les horloges, les carillons, les orgues, les lanternes magiques, et autres curiosités, furent pour eux des choses entièrement neuves, et les obligèrent de convenir, malgré l'orgueil national, que les Européens, dont ils avaient à peine ouï parler, étaient parvenus à un degré d'intelligence fort supérieur au leur.

Quoique leur attachement à la vie les ait toujours portés à cultiver avec soin la médecine, il est cependant certain que cette science est encore parmi eux infectée des préjugés de l'ancienne barbarie. L'horreur qu'ils ont pour les opérations anatomiques, arrête les progrès qu'ils pourraient faire dans la connaissance du corps humain. On prétend néanmoins qu'ils ont connu, vers le même tems que nous, la circulation du sang; mais c'est de nous certainement qu'ils ont appris les conséquences qui résultent de cette théorie pour la pratique. Il faut toutefois convenir que leurs médecins nous surpassent en un point, c'est dans la connaissance des différentes maladies et de leurs siéges par les divers battements du pouls. Il est rare qu'ils se trompent à cet égard, et qu'ils ne connaissent pas sûrement par là, sans avoir interrogé le malade, ce qu'il y a à craindre ou à espérer pour lui. Il ne paraît pas qu'il soient encore fort avancé dans la chimie, ni qu'ils en fassent usage dans la composition de leurs médicaments.

A les en croire, ils sont les inventeurs de la musique : mais dans le vrai, ils n'en connaissent ni les principes, ni les règles. Ils n'ont pas même l'idée de l'harmonie. La diversité des parties, et le contraste des voix et des instruments qui charment nos oreilles, tout cela choque celles des Chinois, qui le traitent de désordre et de cacophonie ridicule. Quant à la mélodie, ils passent de la tierce à la quinte ou à l'octave, et ignorent l'art des semi-tons. Ils n'ont point de notes, ni d'autres figures pour exprimer la diversité des tons; et cet art ne s'apprend chez eux que par routine. Un jour, l'empereur Kang-hi ayant joué devant deux missionnaires (Grimaldi et Pereira) un air chinois, le second prit ses tablettes, et, ayant noté l'air, il l'exécuta aussitôt. L'empereur surpris, lui demanda comment il avait appris en si peu de tems un air, que ses plus habiles musiciens n'étaient en état d'exécuter qu'après une longue étude et quantité de répétitions. Le missionnaire répondit que les Européens avaient trouvé l'art de marquer les sons sur le papier, au moyen de certains caractères dont ils se servaient; et pour le convaincre qu'il n'avançait rien qui ne fût vrai, il fit le même essai sur d'autres airs, qu'il joua sur le champ, après les avoir notés. L'empereur fut si frappé de la beauté de cette invention, qu'il institua une académie de musique, dont il confia la direction à l'un de ses fils. (*Hist. mod.*, tom. I.)

Mais la partie la plus pénible des études chez les Chinois, est la connaissance du langage et l'art de l'écriture. La langue chinoise, qui n'a qu'environ trois cent trente mots, tous monosyllabes indéclinables, sait néanmoins tellement en varier le sens par les différentes inflexions de la voix, et tellement les combiner, qu'ils lui suffisent pour exprimer toutes les pensées avec clarté et dans tous les genres de style. Son alphabet, outre cela, est beaucoup plus court que le nôtre ; car les lettres b, d, u, x et z ne s'y rencontrent point. Il n'en est pas de même de l'écriture dont les caractères montent, suivant quelques-uns, jusqu'à quatre-vingt mille, et selon quelques autres, à cinquante-quatre mille quatre cent neuf. Mais il suffit, pour écrire correctement, d'en connaître dix mille. Cette écriture est originairement hiéroglyphique, c'est-à-dire qu'elle exprime les choses matérielles par des images, et les choses intellectuelles par des symboles. Mais depuis long-tems ces caractères sont presque réduits à de simples lignes diversement tracées. Les Chinois écrivent de droit à gauche, et leurs lignes sont perpendiculaires, et non pas, horizontales, comme celles des Européens. On connaît le papier de la Chine, dont l'invention est antérieure à celle du nôtre. Trop mince pour admettre l'écriture sur la page et le revers, il ne la reçoit que d'un côté, et exige de plus une encre particulière, qui ne s'emploie qu'avec le pinceau (1).

L'art de l'imprimerie est ancien à la Chine, et continue de s'y exécuter avec des caractères immobiles, gravés sur des planches de bois. Pourquoi, dit-on, n'ont-ils pas adopté nos caractères mobiles de fonte, qui feraient un bien plus bel effet ? La réponse se tire de la prodigieuse multitude de leurs caractères, qui exigeraient une dépense énorme pour être fondus en métal, demanderaient un atelier immense pour être logés en autant de casses, et causeraient aux ouvriers le plus grand embarras, pour les tirer chacun à propos pour la composition (2). Au reste, les Chinois n'ont pas absolument rejeté la manière dont on imprime en Europe. Ils ont des caractères

---

(1) « Quoiqu'on se serve communément du pinceau pour écrire, » il y a cependant des Tartares qui emploient une espèce de plume » faite de bambou, et taillée à-peu-près comme les plumes d'Europe. » Mais parce que le papier de la Chine est sans alun et fort mince, le » pinceau chinois est plus commode que la plume. » (Du Halde.) En se servant de celle-ci, les Chinois doivent nécessairement employer une encre semblable à la nôtre.

(2) Il est vrai que la méthode chinoise est sujette à quelques inconvénients, vu la nécessité où l'on se trouve de multiplier les planches sans pouvoir remettre en œuvre les caractères que l'on a gravés. Mais d'un autre côté, il faut considérer que la matière de ces planches n'est pas chère ; que le graveur chinois travaille presque aussi vite que l'imprimeur européen ; qu'enfin, lorsque l'ouvrage est gravé en entier de cette manière, on n'en tire que le nombre d'exemplaires qu'on veut, suivant le débit, sans être exposé, comme nos libraires le sont tous les jours, à ne vendre qu'une très-petite partie des exemplaires tirés. (*Hist. Mod.*)

mobiles dont on se sert en quelques occasions, principalement pour les ordonnances et pour la gazette, qui s'imprime chaque jour au palais (1).

Des censeurs qui n'entendent pas un mot de chinois, et qui n'ont jamais vu la Chine, prononcent hardiment du fond de leur cabinet, que le génie poétique n'a point encore pénétré dans ce pays. Nous aimons mieux nous en rapporter aux savants missionnaires qui, étant parfaitement instruits de la langue, attestent que la Chine, comme l'Europe, enfante quelquefois de bonnes poésies, et citent pour exemple celles de l'empereur Kang-hi. Il est vrai que les drames chinois n'ont point la régularité des nôtres (2); mais en revanche, les mœurs y sont plus respectées, et la pudeur n'y est pas si souvent offensée que dans celles de l'Europe. Les mêmes détracteurs des Chinois leurs refusent la connaissance des règles du dessin et de la perspective dans la peinture, et cela d'après les buffets, les tablettes, les paravents, les parasols, les porcelaines, et autres semblables ouvrages qui nous viennent de la Chine. Mais les missionnaires nous apprennent que les figures grotesques qu'on y aperçoit, ces magots, ainsi qu'on les appelle, sont les fidèles représentations des divinités chinoises. Les étoffes de soie et les vases de porcelaine qui nous viennent de la Chine, prouvent que l'aiguille et le pinceau y tracent aussi régulièrement qu'en Europe, les fleurs, les arbres, les fruits, les animaux, et que l'habileté de nos peintres n'égale pas celle des Chinois pour la beauté du coloris.

Mais la partie des arts où les Chinois l'emportent sur les autres nations, c'est l'agriculture, le premier et le plus important des arts. Leur semoir a été trouvé si ingénieux et si utile, qu'il a été adopté en Europe. Ils ont uni leurs plaines autant qu'il a été possible, et ne leur ont ordinairement conservé que la pente qu'exigeait la facilité des arrosements, regardés avec raison comme un des plus grands moyens de l'agriculture. Mais qui n'admirera pas leurs coteaux générale-

---

(1) Cette gazette ne concerne que les affaires de la Chine. On y annonce les événements les plus remarquables arrivés dans l'empire; les promotions des principaux officiers, leur disgrâce, lorsqu'ils l'ont encourue, et les causes qui l'ont produite; les mariages et les morts des personnes les plus distinguées, etc.

(2) Il n'y a point de théâtre public à la Chine. Les comédiens vont jouer leurs pièces dans les maisons où ils sont appelés. Chaque personnage, en paraissant sur la scène, commence par décliner son nom et ses qualités. L'action dans chaque pièce n'est pas renfermée dans l'espace d'un seul jour; mais embrasse quelquefois plusieurs années.

ment coupés en terrasses, soutenues par des murailles sèches? On y reçoit les pluies et les sources dans des réservoirs pratiqués avec intelligence. Souvent même les canaux et les rivières qui baignent le pied d'une colline, en arrosent la cîme et la pente par un effet de cette industrie, dit un écrivain récent, qui, simplifiant et multipliant les machines, a diminué le travail des bras, et fait avec deux hommes ce que mille ne peuvent pas faire ailleurs. Ces hauteurs, ajoute-t-il, donnent ordinairement, par an, trois récoltes. A une espèce de radis qui fournit de l'huile, succède le coton, qui lui-même est remplacé par des patates.

Les Chinois, moins inventifs dans les autres arts, que les Européens, imitent facilement leurs ouvrages de main les plus délicats, soit de menuiserie, soit de sculpture, soit d'orfèvrerie, soit d'horlogerie.

Cette nation ayant chez elle toutes les choses nécessaires à la vie, pourrait aisément se passer, et s'est même passée long-tems du commerce avec l'étranger. Mais chaque province ayant ses richesses et ses besoins, est obligée d'échanger son superflu avec les autres, pour en tirer les choses qui lui manquent. Le père du Halde assure que le commerce qui se fait dans les différentes provinces de la Chine, dont la plupart, comme on l'a déjà dit, équivalent à de grands royaumes, surpasse celui que font entre elles toutes les nations de l'Europe.

Le trafic extérieur des Chinois est incomparablement moins considérable à tous égards que celui qui se fait au-dedans. Canton, Emou-y, Ning-po, villes maritimes, sont les seules qui commercent avec l'étranger. Les Chinois, d'ailleurs, sont extrêmement bornés dans leurs navigations. Jamais ils ne passent le détroit de la Sonde. Les marchandises qu'ils portent à Siam et à Manille, sont des soies, des porcelaines, des habits, du thé; et, en échange, ils reçoivent à Manille, des piastres. Les chargements pour Batavia, consistent principalement en thé vert, en porcelaines, en drogues médicinales, en feuilles d'or. Les retours se font en piastres, en épiceries, en bois de Sandal et de Brésil, en draps d'Europe. Au Japon, ils portent des drogues médicinales, des sucres, des cuirs, des étoffes de soie, des draps d'Europe; et ils en rapportent des porcelaines, des ouvrages de vernis, de l'or, du tombac et de l'acier. (*Hist. mod.*)

A la Chine, on ne fabrique point d'autres pièces de monnaie que des deniers en cuivre. Ils sont percés au milieu, et on les enfile comme des grains de chapelet. L'argent n'est point monnayé; c'est le poids seul qui décide de sa valeur. L'or n'a cours dans le commerce que comme marchandise. A la Chine, il est à l'argent comme 1 est à 10, au lieu qu'en Europe (1787), la proportion de l'un et de l'autre métal, est de 1 à 15; ce qui fait que l'or de la Chine est fort recherché par les Européens.

L'habillement des hommes, à la Chine, consiste dans une longue veste qui descend jusqu'à terre et dont un pan se replie sur l'autre et s'y attache avec quatre ou cinq clous d'or ou d'argent, un peu éloignés les uns des autres. Les manches, larges auprès des épaules, vont en se rétrécissant jusqu'au poignet, et se terminent en fer à cheval, qui leur couvre les mains. Ils se ceignent d'une large ceinture de soie, dont la couleur est jaune pour l'empereur et les princes du sang. Quelques mandarins, par distinction, la portent rouge. Le peuple est communément vêtu de coton teint en noir ou en bleu. Les Chinois portent, en été, un caleçon de lin, et en hiver, des hauts-de-chausse de satin fourré de coton ou de soie écrue. « Ils se couvrent, en été, d'une espèce de bonnet fait en » forme d'entonnoir; le dedans est doublé de satin; le dessus » est couvert d'un rotin travaillé très-finement. A la pointe » du bonnet est un gros flocon de crin rouge, qui se répand » jusque sur les bords. En hiver, ils portent un bonnet plus » chaud, bordé de zibeline, ou d'hermine, ou de peau de » renard, dont le dessus est couvert d'un flocon de soie rouge. » Les gens de qualité et ceux qui sont au-dessus du commun, » ne paraissent en public que bottés. Quand ils vont à pied, » ces bottes sont de satin, de soie, ou de toile de coton teinte » en couleur, et assez justes au pied, sans talon ni genouil- » lère; pour le cheval, elles sont de cuir très-souple. Leurs » bas à bottes sont d'une étoffe piquée et doublée de coton, et » montent plus haut que la botte, pour laisser voir le bord » qui est de velours ou de panne. Ils ont des chaussures plus » légères pour l'été. Un chinois qui fait des visites de consé- » quence, ou qui paraît en public, a, sur les habits qui » couvrent la peau, une longue robe d'une étoffe de soie, assez » souvent bleue, attachée avec une ceinture, et sur le tout, » un petit habit noir ou violet, qui descend aux genoux, fort » ample et à manches larges et courtes. » (*Anecd. chin.*) Les robes des Chinoises sont fort longues. Elles n'ont que le visage découvert; leurs mains sont toujours cachées sous des manches fort larges et si longues, qu'elles traîneraient à terre, si elles n'avaient soin de les relever. On sait le soin qu'on prend dès leur naissance, de leur tenir les pieds serrés dans leurs souliers, de manière qu'elles peuvent à peine marcher.

« On ne consulte point (à la Chine) les inclinations des » enfants, quand il s'agit de les unir par les liens du mariage. » Le choix d'une épouse est réservé au père ou au plus proche

» parent de celui qu'on veut marier ; et c'est avec le père ou
» avec les parents de la fille qu'on convient du mariage et qu'on
» passe le contrat : car il n'y a point de dot, à la Chine, pour
» les filles, et la coutume est que les parents de l'époux futur
» conviennent, avec les parents de l'épouse, d'une certaine
» somme qu'ils donneront pour arrêter le mariage, laquelle
» s'emploie à acheter les habits et autres ustensiles, que la
» mariée emporte le jour de ses noces. C'est ce qui se pratique
» surtout parmi les personnes de basse condition ; car pour
» ce qui est des grands, des lettrés et des personnes riches,
» ils dépensent beaucoup plus que ne valent les présents qu'ils
» ont reçus...... Comme les personnes du sexe sont toujours
» enfermées dans leurs appartements, et qu'il n'est pas permis
» aux hommes de les voir ni de les entretenir, les mariages ne
» se contractent que sur le témoignage des parents de la fille
» qu'on recherche, ou sur le portrait qu'en font de vieilles
» femmes, dont le métier est de s'entremettre de ces sortes
» d'affaires.... Quand, par le moyen de ces entremetteuses, on
» est convenu de tout, on passe le contrat, on délivre la
» somme arrêtée, et l'on se prépare à la célébration des noces.
» Elles sont précédées de quelques cérémonies : les princi-
» pales consistent à envoyer, de part et d'autre, demander le
» nom de la fille et le nom de l'époux, qui doivent s'épouser,
» et à faire aux parents des présents.... Lorsque le jour des
» noces est venu, on enferme la fiancée dans une chaise mag-
» nifiquement ornée : toute la dot qu'elle porte l'accompagne
» et la suit.... Un cortége de gens qui se louent l'accompagne
» avec des torches et des flambeaux, même en plein midi. Sa
» chaise est précédée de fifres, de haut-bois et de tambours,
» suivie de ses parents et des amis particuliers de la famille.
» Un domestique affidé garde la clef de la porte qui ferme la
» chaise, pour ne la donner qu'au mari. Celui-ci, magnifi-
» quement vêtu, attend à sa porte l'épouse qu'on lui a choisie.
» Aussitôt qu'elle est arrivée, il reçoit la clef que lui remet
» le domestique, il ouvre avec empressement la chaise. C'est
» alors que, s'il la voit pour la première fois, il juge de sa
» bonne ou de sa mauvaise fortune. Il s'en trouve qui, mé-
» contents de leur sort, referment aussitôt la chaise ; et ren-
» voient la fille à ses parents, aimant mieux perdre l'argent
» qu'ils ont donné, que de faire une si mauvaise acquisition....
» Dès que l'épouse est sortie de la chaise, l'époux se met à
» côté d'elle ; ils passent tous deux ensemble dans une salle,
» et là ils font quatre révérences au Tien, et après en avoir
» fait quelques autres aux parents de l'époux, on la remet
» entre les mains des dames qu'on a invitées à la cérémonie ;

» elles passent ce jour-là toutes ensemble en divertissements
» et en festins, tandis que le nouveau marié régale ses amis
» dans un autre appartement. » (Du Halde, tom. II, pag. 119
et suiv.)

On calomnie les Chinois, si l'on en croit les missionnaires de Pé-king, en les accusant d'être les meurtriers de leurs enfants, comme l'étaient autrefois les Grecs et les Romains, lorsque la pauvreté ne leur permet pas de les nourrir. Il est vrai qu'ils les exposent, disent ces apologistes, mais c'est avec toutes les précautions nécessaires pour les mettre à l'abri de la dent des bêtes carnacières, et des autres accidents qu'on peut prévoir. C'est ordinairement pendant la nuit qu'ils les exposent, assurés par l'expérience, que le jour ne se passera pas qu'ils ne soient recueillis par quelque passant. Il arrive même souvent que ces enfants sont adoptés par des personnes aisées, qui n'en ont point, et parviennent à une fortune, que leurs parents n'auraient pas été en état de leur procurer. Mais on ne peut nier, à moins de contredire les relations les plus authentiques, que les Chinois se croient permis d'étouffer à leur naissance les enfants dont le trop grand nombre leur est à charge.

Rien de plus irrégulier, et rien en même tems de plus varié que les jardins chinois. Plus ils s'éloignent de la symétrie des nôtres, plus ils se rapprochent de la nature dont ils imitent le beau désordre de toutes les manières imaginables. Ils présentent ordinairement trois sortes de scènes, les unes riantes, d'autres horribles, et d'autres enfin qu'on nomme enchantées.

« Les Chinois se servent de divers artifices pour exciter la sur-
» prise. Quelquefois ils font passer sous terre une rivière ou un
» torrent rapide, qui, par son bruit turbulent, frappe l'oreille,
» sans qu'on puisse comprendre d'où il vient. D'autres fois ils
» disposent les rocs, les bâtiments et les autres objets qui en-
» trent dans la composition, de manière que le vent, passant
» au travers des interstices et des concavités qui y sont ména-
» gés pour cet effet, forme des sons étrangers et singuliers. Ils
» mettent dans ces compositions les espèces les plus extraordi-
» naires d'arbres, de plantes et de fleurs; ils y forment des
» échos artificiels et compliqués et y tiennent différentes sortes
» d'oiseaux et d'animaux. Les scènes d'horreur présentent des
» rocs suspendus, des cavernes obscures, d'impétueuses cata-
» ractes qui se précipitent de tous les côtés du haut des mon-
» tagnes. Les arbres sont difformes et semblent brisés par la
» violence des tempêtes. Ici, l'on en voit de renversés qui inter-
» ceptent le cours des torrents, et paraissent avoir été emportés
» par la fureur des eaux; là, il semble que, frappés par la fou-

» dre, ils ont été brûlés et fendus en pièces. Quelques-uns des
» édifices sont en ruines, quelques autres consumés à demi par
» le feu. Quelques chétives colonnes dispersées çà et là sur les
» montagnes semblent indiquer à la fois l'existence et la misère
» des habitants. A ces scènes il en succède communément de
» riantes. Les artistes chinois savent avec quelle force l'âme est
» agitée par les contrastes, et ils ne manquent jamais de ména-
» ger des transitions subites et de frappantes oppositions de
» formes, de couleurs et d'ombres. Aussi des vues bornées
» vous font-ils passer à des perspectives étendues; des objets
» d'horreur, à des scènes agréables; et des lacs et des rivières,
» aux plaines, aux coteaux et aux bois. Aux couleurs sombres
» et tristes ils en opposent de brillantes, et des formes simples
» aux compliquées, distribuant, par un arrangement judicieux,
» les diverses masses d'ombre et de lumière, de telle sorte que
» la composition paraît distincte dans ses parties, et frappante
» en son tout. » (*Anecd. chin.* p. 306 et suiv.)

On a dit ci-devant que la population à la Chine surpasse de beaucoup celle de l'Europe. Nous en avons la preuve dans le dénombrement légal que l'empereur régnant fit faire dans toutes les provinces en 1761. Il monte à cent quatre-vingt-dix-huit millions deux cent quatorze mille cinq cent cinquante personnes. (*Mém. concer. les Chinois*, tom. II, p. 374.) Le nombre c'est encore accru depuis. La seule famille impériale, depuis environ quatre-vingts ans qu'elle est sur le trône de la Chine, est composée de deux mille princes actuellement vivants (1787).

CHRONOLOGIE HISTORIQUE

DES

EMPEREURS DU JAPON.

Le Japon, vaste pays, le plus reculé de l'Asie orientale, est un assemblage d'un nombre presque infini d'îles sous un même souverain, dont les trois principales sont Niphon, Xico ou Saikokf, située au sud-ouest de Niphon, et Sicoco ou Sicokf, placée au midi entre les deux, qu'elle n'égale ni l'une ni l'autre pour l'étendue. Mais la plus considérable est Niphon, qu'on peut, à quelques égards, comparer à l'Angleterre. Hachée et coupée de la même manière que celle-ci, mais dans un plus haut degré, par des caps, des anses, de grandes bayes, elle présente sur la carte une circonférence très-irrégulière qu'il n'est guère possible de déterminer au juste. Elle s'étend depuis le 33e. degré 20 m. de latitude jusqu'au 41e., et depuis le 146e. de longitude jusqu'au 160e. 30 m., en sorte qu'elle a environ deux cent cinquante lieues communes de France en longueur du sud-ouest au nord-est. Sa plus grande largeur est de cent cinquante lieues, et la moindre d'environ quarante. Le lac Otis, qui est dans le milieu de l'île, peut avoir trente-cinq lieues de long sur sept à huit de large. Un détroit la sépare au nord-est de l'île de Jeso, dont on parlera ci-après.

Toutes les îles qui forment le Japon furent divisées, l'an 590 de l'ère chrétienne, en sept grandes contrées qui, l'an 681, furent partagées en soixante-six provinces (et non pas quarante-huit seulement), auxquelles depuis on en ajouta deux autres après la conquête des îles d'Iki et de Tsussima, dépendantes auparavant du royaume de Corée. Dans la suite des tems, on a eu recours à de nouvelles subdivisions, et le nombre s'en est tellement accru, qu'on distingue aujourd'hui six cent quatre districts dans le Japon.

Outres ces îles et ces provinces, il y a quelques autres pays plus éloignés qui, à proprement parler, n'appartiennent pas à l'empire du Japon, quoiqu'ils reconnaissent l'empereur pour leur souverain ou vivent sous sa protection. Ce sont,

1°. L'île de LEQUEO ou LIQUEJO, entre le Japon et l'île Formose.

2°. TSIOSEN, qui est la troisième et la plus basse partie de la Corée. Elle est gouvernée au nom de l'empereur par le prince de Iki et de Tsussima.

3°. L'île de JESO, dont le gouvernement a été donné au prince de Matsumaï, qui a ses états particuliers dans la grande province d'Ossu. Elle est fort grande, mais remplie de bois. Ses habitants, à demi-sauvages, ne vivent presque que de chasse et de pêche.

Le Japon est borné par des côtes escarpées et par une mer orageuse et semée d'écueils, qui, ayant d'ailleurs très-peu de fond, ne peut recevoir que de petits bâtiments. Il semble, dit Kæmpfer, que la nature en rendant ces îles presque inaccessibles et d'ailleurs pourvues de toutes les choses nécessaires et même agréables à la vie, ait voulu en former un petit monde séparé et indépendant de tout le reste.

Le Japon doit moins à la nature sa fertilité qu'à l'industrie de ses habitants. Couvert de montagnes et d'un terrein pierreux, tout, jusqu'aux rochers, y est mis en valeur. C'est par là que, malgré son excessive population (1), il se suffit à lui-même sans le secours des autres nations. La nécessité rend sobres ses habitants. Le riz qu'ils cultivent avec un soin particulier et qui est le meilleur des Indes, les légumes, le poisson, dont les mers, les lacs et les rivières abondent, font leur nourriture ordinaire. Ils excellent dans les ouvrages de main, et surtout dans la fabrique de leur porcelaine (2) et dans celle des étoffes dont le pays fournit les matières.

---

(1) On compte au Japon treize mille villes, et neuf cent neuf mille huit cent cinquante-huit villages, selon Kæmpfer.

(2) « Un voyageur, dit le P. Charlevoix (*Hist. du Japon*, tome I, » page 19), m'avait assuré qu'il ne se faisait point de porcelaine au » Japon, et que celle que nous connaissons en Europe sous ce nom, » et qui est si estimée, se faisait à la Chine pour les Japonais qui l'y » venaient acheter. Il est certain qu'ils y en achètent beaucoup ; mais » il ne l'est pas moins que celle qui porte le nom de Japon se fabrique » dans le Figen, la plus grande des neuf provinces de Ximo. (Xico.)

Les trombes sont fréquentes dans les mers du Japon, et malheur aux vaisseaux sur lesquels ces colonnes d'eau viennent à crever. Les volcans ne sont guère moins communs dans plusieurs des îles de cet empire. Il en est un petit, voisin de Firando, qui a brûlé pendant plusieurs siècles. Un autre, vis-à-vis de Satsuma, jette continuellement du feu. Dans la province de Chieagen, une mine de charbon, qui s'est enflammée par la négligence des ouvriers, n'a point cessé de brûler depuis. On voit avec étonnement les flammes percer à travers les neiges et les glaces qui couvrent certaines montagnes.

Parmi les eaux chaudes, qui ne sont nullement rares au Japon, il n'en est point de comparables à celles qui tombent en gros volumes d'une montagne escarpée dans le territoire d'Arima, qui fait parti de l'île de Xico. Outre leur extrême chaleur, elles sont d'une qualité si âcre et si piquante, qu'elles s'insinuent jusqu'aux os; elles pénètrent au travers du corps lorsqu'on les jette dessus à grosses ondées. C'est là qu'on menait les Chrétiens pour les contraindre par ce cruel supplice de renoncer à la vraie religion; mais leurs persécuteurs, pour faire durer leurs souffrances, leur arrosaient seulement quelques parties du corps, sans jamais en jeter sur la tête, de peur qu'ils ne mourussent trop tôt. D'autres fois ils les exposaient à la vapeur de cette eau qui est si infecte, qu'ils n'y pouvaient résister trois jours entiers. Alors on les retirait, et un médecin leur donnait des remèdes pour les fortifier, afin qu'ils pussent endurer de nouveaux tourments. (D. Vaissète, *Geogr.* tom. IV.)

Les vers à soie ne sont pas d'un moindre produit au Japon qu'à la Chine; et peut-être les Japonais l'emportent-ils sur les Chinois pour la manière de la mettre en œuvre. On admire en Europe les étoffes tissues de soie, d'or et d'argent, qu'on y apporte du Japon. Le coton et le chanvre croissent aussi, de même que l'arbrisseau du thé, dans plusieurs provinces de cet empire. Un arbre particulier au Japon est le kassi, qui a la forme du mûrier et croît avec une vitesse surprenante. Son écorce sert à faire du papier, des cordes et même des étoffes. Le Japon a, de même que la Chine, l'arbre du vernis, et

---

» La matière dont on la forme est une argile blanchâtre qui se tire en
» grande quantité du voisinage d'Urisino et de Sunwota, sur les mon-
» tagnes qui n'en sont pas fort éloignées, et en quelques autres en-
» droits de cette même province. Quoique cette argile soit naturel-
» lement fort nette, il faut encore la pétrir et la bien laver, avant
» que de la rendre transparente, et l'on assure que ce travail est si pé-
» nible, qu'il a fondé un proverbe qui dit, que *les os humains sont*
» *un des ingrédients qui entrent dans la porcelaine.* »

il en a même de plusieurs espèces, dont la meilleure est l'étrusi de Jamatro. « A la cour, dit Kæmpfer, et à la table même de l'empereur, les ustensiles vernissés sont préférés à ceux d'or et d'argent. » L'arbre du camphre y est cultivé avec autant de succès que dans l'île de Sumatra. Le chêne du Japon a l'avantage de produire un gland qui, étant bouilli, est excellent à manger. Mais cet arbre n'y est pas aussi commun que le sapin et le cyprès. C'est avec ceux-ci que l'on construit les vaisseaux et les maisons.

Mais la plus grande richesse du Japon consiste dans les minéraux et les métaux. Le cuivre et l'étain, que ses mines fournissent, approchent pour la beauté, lorsqu'ils sont épurés, de l'or et de l'argent (1). Peu de personnes ignorent l'estime qu'on fait de l'acier du Japon, et de l'habileté avec laquelle on l'y emploie pour en fabriquer des sabres et d'autres instruments tranchants. Les mines de quelques provinces fournissent l'or et l'argent avec assez d'abondance. Les jaspes, les agates, les cornalines, se tirent des entrailles de plusieurs montagnes. Les plongeurs s'enrichissent à la pêche des huîtres qui renferment les perles. L'ambre gris se recueille sur plusieurs rivages de la mer; mais il se trouve principalement, dit Kæmpfer, dans les intestins d'une espèce de baleines. Des îles entières sont pétries de soufre. Les coquillages que nous admirons le plus en Europe sont méprisés au Japon, parce qu'ils y sont communs. Parlons maintenant de ses principales villes.

Dans l'île de Niphon, Meaco, qui était autrefois la capitale de l'empire, est encore aujourd'hui l'entrepôt de toutes les manufactures et marchandises du Japon. Avant l'affreux tremblement de terre qu'elle éprouva le 29 octobre de l'an 1730, on y comptait plus de six cent mille âmes. Ses rues sont étroites, mais régulières, et les maisons petites quoiqu'à deux étages. Le bois, l'argile et la chaux sont les matériaux qu'on y emploie pour bâtir. Mais le palais du dairo est vaste et magnifique; on le dit même couvert de lames d'or, c'est-à-dire vraisemblablement de tuiles vernissées en or. Osaca, à treize lieues de Meaco, est appelé au Japon *le théâtre des plaisirs et des divertissements*. Ce qui rend cette ville florissante par son commerce, c'est sa situation sur la rivière de Jédogaya à laquelle

---

(1) Les ustensiles, dit Kæmpfer, les crochets, les crampons dont on se sert pour les bâtiments et les vaisseaux, et tous les autres instruments qui sont de fer dans les autres pays, sont de cuivre et d'airain au Japon.

aboutissent plusieurs canaux. Osaca est défendu par un château d'une grande étendue et bien fortifié. Dans la ville, les différentes heures de la nuit s'annoncent par divers instruments de musique. Les rues sont étroites, mais régulières, et se coupent entre elles à angles droits. « Elles sont propres, sans autre pavé
» qu'un petit chemin de pierre de taille le long des maisons
» pour la commodité de ceux qui marchent à pied. L'extré-
» mité de chaque rue est fermée par de bonnes portes qui se
» ferment la nuit. Chaque façade des maisons présente la
» porte, une boutique pour les marchands et un atelier pour
» les artisans. Le toit est plat dans les maisons communes : il
» n'est couvert que de bardeaux ou de copeaux de bois ; mais
» le toit des bonnes maisons est revêtu de toile noire mastiquée
» avec de la chaux. » (*Hist. des Voyages*, tom. X, p. 564) (1).
Jedo, qui a succédé à Meaco dans le titre de capitale de l'empire, est regardée comme la plus vaste et la plus belle du Japon. Son assiette sur la rivière de Torikan, à l'embouchure d'un golfe auquel elle donne son nom, la rend très-favorable au commerce. On a construit sur la rivière un pont de quarante-quatre brasses de longueur. La population de cette ville est innombrable. Son étendue, où les maisons se pressent, en est la preuve. Kæmpfer dit qu'il mit un jour entier à parcourir la ville d'un bout à l'autre dans sa longueur. Mais il faut observer, d'après le même auteur, qu'elle est bâtie en forme de croissant. « Elle n'est point entourée d'une muraille, dit-il, non plus
» que les autres villes du Japon; mais elle est coupée par plu-
» sieurs fossés ou canaux, avec de hauts remparts élevés des
» deux côtés, à la plate-forme desquels on a planté des rangées
» d'arbres. Cela a été fait, ajoute-t-il, moins pour la défense
» de la ville que pour prévenir les incendies qui n'y arrivent
» que trop souvent, et qui y feraient sans cela d'étranges ra-
» vages. » Les palais des princes et les temples consacrés aux divinités de toutes les sectes et de toutes les religions établies au Japon, sont les seuls édifices bâtis en pierre. On donne au

---

(2) « On voit régner, suivant la même histoire (*ibid.*), dans
» toutes les maisons japonaises une propreté qui fait l'admiration des
» étrangers. Elles n'ont ni tables, ni chaises, ni rien qui ressemble aux
» meubles de l'Europe. L'escalier, les balustrades et les lambris sont
» vernissés. Le plancher est couvert de nattes et de tapis. Les chambres
» ne sont séparées l'une de l'autre que par des paravents, de sorte qu'il
» suffit de les ôter pour faire une seule pièce de plusieurs chambres,
» comme on en fait plusieurs d'une seule avec cette facilité à la divi-
» ser. Les murs sont tapissés de papier fort brillant, dont les figures
» représentent des fleurs en argent. »

château destiné pour l'empereur et sa cour environ cinq lieues du pays de circuit. Le palais que l'empereur habite en particulier est compris dans cet espace, et fortifié de toutes parts. La structure des bâtiments qui le composent et qui sont immenses, est d'une grande beauté, quoique nullement conforme à nos règles d'architecture. « Les plafonds, les solives, les » piliers sont de cèdre, de camphre ou de bois de Jeseri dont » les veines forment naturellement des fleurs et d'autres figures » curieuses. » (*Idem.*) Saccaï, autre ville de l'île de Niphon, à cinq lieues d'Osaca, sur la côte du midi, passe pour imprenable, surtout à cause de son château bâti au sommet d'une montagne voisine, sur le penchant de laquelle s'élève une bonne forteresse. Presque toutes les maisons de la ville sont construites en pierre. Le port est entouré d'une forte muraille; chaque rue a ses portes qui se ferment le soir comme dans les autres villes du Japon. On y admire un temple dédié aux dieux étrangers, qui est regardé comme le plus superbe de l'empire. La principale idole qu'on y adore est d'une figure effrayante. L'île de Niphon est si peuplée, que les grands chemins d'une ville à l'autre sont bordés des maisons contiguës qui les rendent plus semblables à des rues immenses qu'à des routes.

Dans l'île de Xico, Nangasaki, qui en est aujourd'hui la capitale, n'était encore qu'un village lorsque les Portugais s'y établirent et la fortifièrent. Son heureuse situation pour le commerce la fit agrandir et en multiplia les habitants. Ils étaient au nombre de soixante mille lorsqu'on vint leur prêcher la religion chrétienne. Ils l'embrassèrent tous, et y persévérèrent jusqu'à la persécution qui la bannit du Japon, comme on le dira plus amplement par la suite, en 1630 et 1638. La population de Nangasaki est bien diminuée depuis ce tems. On n'y compte aujourd'hui que dix-huit mille habitants.

L'île de Sicoco ne renferme aucune ville qui mérite une attention particulière.

La religion du Japon est l'idolâtrie qui se divise en trois sectes principales, *le Sintoïsme*, le *Budsoïsme* et le *Siutoïsme*. La première est la plus ancienne et la plus accréditée. Elle flatte l'orgueil des Japonais auxquels elle donne une origine céleste en les faisant descendre des *Kamis* ou *habitants des cieux*. Le dairo, comme souverain pontife, a seul le droit de canoniser ou de mettre au rang des esprits célestes, après leur mort, ceux qui, pendant leur vie, se sont signalés par des exploits héroïques, ou par de grandes vertus. Chaque kami a son paradis. L'un le place dans le soleil, l'autre dans les planètes ou dans les étoiles, celui-ci dans l'air, celui-là dans la mer, etc. « Chacun

» choisit son Dieu, suivant le paradis qui lui plaît le plus. Les
» apothéoses se sont si multipliées, que le nombre des temples
» est aussi grand dans les villes que celui des maisons. Il y en
» a qui sont soutenus par cinq colonnes de cèdre d'une très-
» grande élévation. On y voit des statues colossales de bronze,
» quantité de lampes et d'ornements de grand prix. Ces temples
» sont appelés *Mias*, ou demeures des âmes vivantes. » (*Anecd. japon.*) On en compte à Meaco jusqu'à quatre mille, desservis par quarante mille bonzes. (*Hist. mod.*) Les Budsoïstes, ainsi nommés de Buds, leur fondateur, professent à peu près les mêmes dogmes que les Sintoïstes. Mais ils diffèrent d'eux par une morale plus sévère. Elle accable par la multitude de ses préceptes aussi bizarres que gênants, dont elle punit la transgression par des pénitences affreuses.

Le Siutoïsme est la religion des philosophes et des moralistes. Ils n'admettent aucun culte, et croient qu'une vie sage et vertueuse suffit pour honorer la Divinité ; que la vertu et le vice portent avec eux leur récompense et leur punition, l'une par la satisfaction de faire le bien, l'autre par les remords d'une conscience toujours agitée. Ils ne croient d'autre Dieu que le *Tien*, c'est-à-dire le monde matériel, et pratiquent des cérémonies comme les Chinois pour les parents morts. Le Siutoïsme est extrêmement déchu depuis l'expulsion des Chrétiens. Les bonzes sont les prêtres des deux autres sectes, et l'on peut juger de leur nombre prodigieux par celui des *Mias*, qui montait à vingt-sept mille du tems de Kæmpfer.

« Les Japonais ont deux ères ou époques principales. La pre-
» mière et la plus commune commence avec le règne de Sinmu
» (le chef de la dynastie qui est encore aujourd'hui sur le
» trône), leur premier empereur, en 660, avant Jésus-Christ.
» Ils appellent cette époque *Nin-O*... La seconde époque qu'on
» emploie au Japon s'appelle *Nengo*. Les Chinois l'inventèrent
» pour mettre plus de certitude dans la chronologie qu'ils ne
» croyaient pouvoir le faire avec les époques communes ; et
» elle ne fut introduite au Japon que sous le règne du trente-
» sixième empereur. Elle comprend un nombre de peu d'an-
» nées, d'ordinaire au-dessous de vingt, et rarement au-dessus.
» C'est à l'empereur à lui choisir un nom et une figure, et pour
» l'ordinaire l'un et l'autre tendent à conserver le souvenir de
» quelque événement remarquable, ou de quelque changement
» important, soit dans l'église, soit dans l'état. Comme lui seul
» a droit d'instituer ces périodes, il peut aussi les continuer
» autant qu'il lui plaît... Les Japonais emploient cette époque
» dans les almanachs, ordres, proclamations, journaux, let-

» tres et écritures. On ajoute l'année courante de l'époque Nin-O
» dans les livres imprimés, et surtout dans ceux qui ont rap-
» port à l'histoire et à la chronologie. Il faut observer qu'un
» nouveau nengo commence toujours avec la nouvelle année,
» bien qu'il ait été établi et ordonné plusieurs mois auparavant.
» Quelquefois aussi il arrive qu'on se sert du nengo précédent
» dans les titres des livres, lettres, journaux et autres écrits,
» bien qu'il y ait un nouveau nengo déjà commencé. Ainsi,
» par exemple, les almanachs des deux premières années de la
» période nengo-genrokf (commencé en 1687) furent datés
» des cinquième et sixième années du nengo précédent, nommé
» dsiokio, quoiqu'il fût expiré. Néanmoins, on a soin, en ce
» cas, qu'une pareille inadvertence ne fasse point glisser d'er-
» reur ou d'embarras dans la Chronologie. Pour cet effet, dans
» l'almanach suivant... on marque la troisième année du nengo-
» genrokf courant, sans faire mention des deux premières.

» Il y a encore une troisième ère ou époque dont on se sert
» dans la Chronologie du Japon. Elle consiste en cycles ou pé-
» riodes de soixante ans, et les Japonais en ont obligation aux
» Chinois, aussi bien que de leur nengo. Ces soixante années
» sont formées d'une combinaison des *Jetta*, ou noms des douze
» signes célestes, avec les lettres de leurs noms. Les caractères
» des signes célestes étant combinés cinq fois avec ceux de leurs
» dix élements, ou ces dix élements six fois avec les signes cé-
» lestes, il en résulte soixante figures composées ou caractères,
» dont chacun se prend pour une année. Quand les soixante
» années sont expirées, un nouveau cycle recommence, et passe
» de même par ces différentes combinaisons. Les Japonais font
» usage de cette période pour mieux fixer le tems des princi-
» paux événements arrivés dans l'église et dans l'état, dont
» leurs histoires font mention, et où ils sont rapportés sous
» l'année courante du cycle, aussi bien que sous celles des deux
» autres époques *Nin-O* et *Nengo*. Par ce moyen, leur histoire
» et leur chronologie s'accordent toujours avec l'histoire et la
» chronologie des Chinois, avec cette différence pourtant que
» ces derniers comptent dans leurs histoires non-seulement
» l'année, mais aussi le nombre du cycle où telles et telles
» choses se sont passées, au lieu que les Japonais se contentent
» de marquer le nombre de l'année. On ne compte point du
» tout les cycles des Japonais, et on en devinera la raison si on
» considère l'orgueil naturel à cette nation, et la nouveauté
» dont leur empire paraîtrait au prix de celui des Chinois,
» leurs voisins, qui peuvent montrer une longue suite de cycles
» écoulés plusieurs siècles avant la fondation de la monarchie
» japonaise.

» Les *Jetta*, ou signes célestes des Japonais, sont,

1. Ne, la Souris.	7. Vma, le Cheval.
2. Us, le Bœuf.	8. Tsitsuse, le Mouton.
3. Torra, le Tigre.	9. Sar, le Singe.
4. Ow, le Lièvre.	10. Torri, le Coq ou la Poule.
5. Tats, le Dragon.	11. In, le Chien.
6. Mi, le Serpent.	12. I, le Verrat.

» On donne les mêmes noms, et dans le même ordre, aux
» douze heures du jour naturel, et aux douze parties dont ils
» composent chaque heure ; tellement qu'ils sont en état de
» marquer avec exactitude dans l'histoire, non-seulement quel
» jour une chose remarquable est arrivée, mais même à quelle
» heure et en quelle partie de l'heure. On doit observer, ce-
» pendant, que ce qu'ils appellent jour, est l'intervalle du
» tems qui s'écoule entre le lever du soleil et son coucher,
» et que ce jour est divisé en six parties ou heures égales, de
» même que la nuit l'est en six autres, à compter du soleil
» couchant au soleil levant. De là vient que chaque jour leurs
» heures différent en longueur, que celles du jour sont plus
» longues en été que celles de la nuit, et que le contraire
» arrive en hiver.

» Le commencement de l'année japonaise tombe entre le
» solstice d'hiver et l'équinoxe du printems, vers le 5 février.
» Mais comme les Japonais sont d'une superstition extrême
» à célébrer le jour de la nouvelle lune, ils commencent d'or-
» dinaire l'année par la nouvelle lune qui précède ou qui
» suit immédiatement le 5 février. Ainsi la première année
» du *Nengo genrokf*, qui, dans le cycle, est appelée *Tsutsno*
» *je tats*, et qui répond à notre année 1688, commença le 2 fé-
» vrier ; la seconde de *Genrokf*, nommée dans le cycle *Tsutsno*
» *to mi*, qui répond à 1689, commença le 24 février ; la troi-
» sième, appelée, dans le cycle, *Kano se uma*, qui est notre
» année 1690, commença le 9 février ; la quatrième, nommée
» *Kano to tsitsuse*, qui est 1691, le 24 janvier ; la cinquième,
» nommée *Midsno je sar*, qui est 1692, le 17 février ; et la
» sixième, qui répond à 1693, le 5 de février. De deux en deux,
» ou de trois en trois ans, les Japonais ont une année bissextile,
» ou sept années bissextiles en dix-neuf années communes. »
(Kæmpfer, t. I, p. 134-136.) On voit par-là que l'année
japonaise est lunaire, combinée toutefois avec le cours du
soleil, c'est-à-dire lunisolaire.

Nous remarquerons encore ici, d'après le P. Charlevoix,
qu'au Japon « l'année commencée à la mort d'un empereur,
» se compte toute entière parmi celles de son règne, et n'est

» point comptée parmi celles du règne de son successeur. »
(*Hist. du Japon*, t. I, p. 153.)

» L'habillement des Japonais est noble et simple; les grands
» seigneurs, et avec quelques proportions, tous les gentils-
» hommes, portent de longues robes traînantes, de ces belles
» étoffes de soie à fleurs d'or et d'argent, qu'on travaille dans
» l'île Fatsisio et dans une autre plus petite nommé Kamakura,
» qui n'est qu'à une bonne lieue de Ledo. De petites écharpes
» qu'ils ont au cou, leur font une manière de cravatte, et
» une autre plus large leur sert de ceinture pour assujettir la
» tunique de dessous, qui est aussi fort riche. Leurs manches
» sont larges et pendantes; mais la parure dont ils sont curieux,
» sont le sabre et le poignard qu'ils passent dans leur ceinture,
» et dont la poignée, et souvent même le fourreau, sont en-
» richis de perles et de diamants. Les bourgeois, qui sont
» presque tous marchands, artisans ou soldats, ont des habits
» qui ne descendent que jusqu'à mi-jambes, et dont les man-
» ches ne passent point les coudes. Le reste du bras est nu;
» mais tous portent des armes, et se piquent d'en avoir de
» très-propres : ils diffèrent encore des personnes de qualité
» en ce qu'ils ont le derrière de la tête rasé, au lieu que ceux-ci
» se font raser le haut du front, et laissent pendre le reste de
» leurs cheveux par derrière, en quoi ils trouvent une bonne
» grâce dont ils sont si jaloux qu'ils ont presque toujours la
» tête découverte, si ce n'est en voyage. Alors ils se cou-
» vrent d'un grand chapeau de paille, quelques-uns sont de
» bambou, les uns et les autres sont très-proprement travaillés
» et les femmes en portent aussi bien que les hommes : on
» les attache sous le menton avec de larges bandes de soie
» doublées de coton. Les femmes sont encore plus magnifi-
» quement vêtues que les hommes. Toutes sont coiffées en
» cheveux, mais différemment, selon leur condition. La
» coutume du pays est que les dames ne font ni ne reçoivent
» aucune visite qu'elles n'aient un linge sur la tête. Ces visites
» ne leur sont permises qu'une seule fois l'année. » (Charlevoix, *Histoire du Japon*, t. I. p. 55.)

» Les coutumes des Japonais sont opposées aux nôtres en
» bien des choses : parmi eux, le noir et le rouge marquent
» la joie; et ils se servent du blanc pour porter le deuil : ils
» montent à cheval du côté droit, et font consister la beauté
» des dents à les avoir noires. Pour saluer quelqu'un, ils dé-
» couvrent leurs pieds, en poussant leurs souliers un peu
» devant eux. Au lieu que nous nous levons pour recevoir ceux
» qui nous viennent voir, ils s'assoient au contraire pour re-
» cevoir leurs visites. Ils boivent chaud en été, portent le

» manteau dans la maison, et le quittent quand ils vont en
» ville. Ces usages si contraires aux nôtres, les ont fait appeler
» *nos antipodes moraux.* » (Vaissète, *Géograph.*, t. IV, p. 96.)

Les Japonais se servent, en arithmétique, de la même méthode que les Chinois. Sur une espèce de damier ou d'échiquier dont les pièces sont de différentes couleurs, et répondent à nos unités, 10, 100 etc., ils fichent des bâtons de bois ou d'ivoire, surmontés d'une petite boule; et par-là, ils trouvent tout d'un coup les règles de l'addition, de la soustraction, de la multiplication et de la division. Leur manière d'imprimer est la même qu'à la Chine, en caractères de bois immobiles; mais ils l'emportent sur les Chinois pour la netteté dont leurs planches sont gravées, comme aussi pour la bonté de l'encre et du papier, et l'élégance de la composition. Quoiqu'ils se donnent pour les inventeurs de la poudre à canon, ils sont fort au-dessous des Chinois dans l'usage des armes à feu, aussi bien que pour l'adresse à faire des feux d'artifice. Ils écrivent de même que ceux-ci, de haut en bas, en commençant par la droite. Les caractères des deux nations étaient originairement aussi les mêmes; mais les Japonais y ont fait des changements qui mettent une grande différence entre leur manière d'écrire et celle des Chinois, quoique les uns et les autres se servent de pinceaux pour tracer leurs caractères.

La langue japonaise paraît être un mélange de différentes langues où le Chinois entre pour beaucoup. Mais les Japonais ont allongé les monosyllabes qu'ils ont empruntés des Chinois, et ont multiplié les synonymes pour rendre leur langue plus harmonieuse et plus variée. La prononciation de cette langue est en général douce, nette, articulée, sonore, en quoi, dit Kæmpfer, elle l'emporte beaucoup sur l'idiôme chinois, qui n'est qu'un bruit confus de plusieurs consonnes prononcées d'un ton affecté, avec une espèce de chant très-désagréable à l'oreille.

Les principales études des Japonais consistent à bien apprendre leur langue, à bien lire, à former exactement leurs caractères, et à bien parler. Ils ont du goût, dit-on, pour l'éloquence, la poésie, la musique, la peinture et la sculpture. Les femmes, à qui leur profonde retraite donnent le loisir de cultiver ces arts, y réussissent comme les hommes. On fait cas des pièces de théâtre japonaises pour l'invention et la régularité. Mais la musique du Japon n'est nullement propre à charmer des oreilles européennes. On estime les peintures de fleurs, d'oiseaux et d'autres animaux sur papier, mais très-peu celles de la figure humaine qui nous en viennent. Voilà pour les connaissances propres à orner l'esprit. Celles que les Japohais jugent les plus capables de former le cœur, sont la morale et l'histoire nationale. La fonction des mères est d'en donner les premières leçons à leurs enfants. Elles appuient leurs préceptes d'exemples les moins étrangers. En général, le point d'honneur et l'amour de la patrie sont ce qu'elles s'appliquent le plus à leur inculquer. Le chinois n'est pas élevé de même, et de là vient la différence du caractère des deux nations. Le japonais préfère au repos la violence, et tend à l'héroïsme ; le chinois cherche, avant tout, son bien-être et sa tranquillité. Si, commerçant avec lui, vous le surprenez en fraude, *vous avez plus d'esprit que moi*, vous répondra-t-il froidement, et ne pensera qu'à mieux vous tromper une autre fois. Le japonais, outré de l'accusation d'une semblable supercherie, cherchera à se venger, et s'il ne le peut, de désespoir il s'ouvrira le ventre, espèce de suicide assez commun dans le pays. La noblesse y est héréditaire, et le gouvernement monarchique et absolu, tendant au despotisme. Les lois y sont en petit nombre mais très-sévères, surtout celles qui concernent la police. Les procès s'y jugent sommairement et chacun y défend sa cause en personne.

Les empereurs du Japon ont long-temps réuni dans leurs personnes, sous le titre de dairo, les droits du glaive et de l'autel, la puissance temporelle et la spirituelle. Ils ont perdu la première en se donnant des lieutenants nommés cubos, pour commander leurs armées. Ceux-ci, s'étant insensiblement rendus maîtres des forces de l'état, ont réduit leurs maîtres, comme on le verra ci après, à n'être plus que les chefs de la religion.

EMPEREURS DU JAPON.

Pour ne rien avancer que de certain sur l'origine de l'empire du Japon, nous dirons, avec les historiens les plus accrédités, que ce fut Synmu qui le fonda, l'an 660 avant Jésus-Christ, quatre-vingt-treize ans après que Romulus eut jeté les fondements de l'empire romain. Ce qu'il y a de plus remarquable, et dont on ne trouve l'exemple chez aucun autre peuple, c'est que depuis Synmu, jusqu'au prince qui règne aujourd'hui (en 1785), l'empire n'est point sorti de la même famille. Mais on ne nous persuadera pas que la vie de Synmu fut de 157 ans : que Koân, sixième empereur, en vécut 137, Korei 128, Kookin 116, Siusin 119, Synin 139, Keikoo 149.

SYNIN, troisième fils de l'empereur Siunsin, régnait lorsque le Sauveur vint au monde. On le compte pour le XIe. empereur.

TENMU, qui monta sur le trône en l'an 672 de l'ère chrétienne, fut le XL.e empereur. Il est le premier dont le règne offre quelques détails dans l'histoire japonaise. Il eut pour rival son jeune frère Oto-mo-no-oosi, qui, s'étant mis à la tête d'une nombreuse armée, entreprit de le supplanter. Mais Tenmu l'ayant vaincu au bout de cinq mois, l'obligea de se fendre le ventre. Le fameux temple de *Midera* fut bâti la deuxième année de son règne; et l'année suivante on apporta au Japon de l'argent tiré des mines de l'île de Tsussima, que les Coréens, à qui appartenait alors cette île, commençaient à exploiter. La quatrième année du même règne fut remarquable par la célébration du premier *Matsuri*. C'est une fête, dit le P. Charlevoix, instituée pour apaiser les malins esprits, ou plutôt pour honorer le dieu protecteur du lieu où elle se célèbre. Rien n'est au-dessus de la pompe et de la splendeur qu'on fait alors éclater; processions magnifiques, représentations de théâtre, danses, concerts de musique, divertissements de toute espèce, rien n'y manque. « Les villes et les provinces changent leurs
» dieux tutélaires pour d'autres, surtout après des calamités pu-
» bliques, comme des famines, des tremblements de terre : en ce
» cas, les lieux qui ont le plus souffert, dégradent leurs patrons
» comme indignes d'être honorés davantage, et adoptent ceux
» qui ont protégé leurs adorateurs, c'est-à-dire ceux des villes
» et des provinces qui ne se sont pas ressenties des malheurs
» publics. » (*Hist. univ.*, t. XX, p. 503.) La dixième année du règne de Tenmu, la monnaie d'argent fut défendue dans l'empire, et on y substitua les *Putjes* de cuivre et de bronze. Ce fut vers le même tems que l'empire fut partagé en soixante-six provinces. Le neuvième jour du neuvième mois de l'an 687, mourut l'empereur Tenmu, sans laisser d'autre postérité qu'un petit-fils en bas âge.

687 (de J. C.) DSITO, veuve et nièce de Tenmu, lui succéda, malgré l'opposition du prince Ootzno. Sous son règne, qui fut de dix ans, on commença à brasser du sakki ou de la bière de riz à *Jekisinoki*, dans la province d'*Oomi*.

697 (de J. C.) MONMU, petit-fils de Tenmu, monta sur le trône après la mort de son aïeul, l'an 1357, de la période de Synmu. Il est le XLII.e dans la suite des empereurs. C'est lui, dit-on, qui accorda, la huitième année de son règne, des *tsiaps* ou armoiries à chaque province. L'année suivante, il fit faire une mesure carrée de bois, que les Japonais appellent *Sio* et *Mäas*, et les Hollandais *Ganton*, trois desquelles contiennent au juste quatre livres de riz, poids de Hollande;

il l'envoya dans toutes les provinces pour y servir d'étalon, et ordonna, sous des peines très-rigoureuses, de s'y conformer pour les mesures de riz, de froment et d'autres grains. Le règne de ce prince fut de onze ans. Il mourut l'an 708, sans laisser de postérité.

708 (de J. C.) GENONEI, fille de Tent-sü, trente-neuvième empereur, mort en 672, fut placée sur le trône, après la mort de Monmu. Elle établit sa cour à Nara, à huit lieues de Meaco, et fit frapper, la première année de son règne, de la monnaie d'or et d'argent; mais la dernière fut de nouveau défendue l'année suivante. On éleva, la troisième année de ce règne, le temple de Koobokusi pour y placer l'idole de Xaco, formée d'un mélange d'or et de bronze, ouvrage du célèbre statuaire Taisoquan. L'impératrice, dans la sixième année, donna de nouveaux noms, qu'elle fit inscrire dans les registres publics, aux provinces, villes et villages de son empire, suivant la liberté que s'étaient attribuée ses prédécesseurs; liberté qui a causé une grande confusion dans la géographie et l'histoire. Cette princesse mourut l'an 715, dans la huitième année de son règne, la 1375e. de la période du Synmu.

715 (de J. C.) GENSIOO, petite-fille de l'empereur Tenmu, parvint au trône à l'âge de quatorze ans, après la mort de Genonei. Son règne, qui fut de neuf ans, se termina par une démission volontaire qu'elle fit de la couronne, en faveur de son neveu, fils de son frère. Elle vécut encore cinq ans après son abdication, et mourut l'an 729, à l'âge de vingt-huit ans, et non de quarante-huit, comme le marque Charlevoix.

724 (de J. C.) SIOOMU, neveu de l'impératrice Gensioo et son successeur, fixa d'abord sa cour à Nooca, d'où quatre ans après il la transféra à Naniwa. La treizième année de son règne fut remarquable par des tempêtes épouvantables, une sécheresse et une stérilité générale; ce qui causa une grande famine. Ce prince régna vingt-cinq ans, et ne laissa qu'une fille, qui suit.

749 (de J. C.) KOOKEN succéda le 7e. mois de l'an 1409 de la période de Synmu, à l'empereur Sioomu, son père. La première année du règne de cette princesse, on lui présenta de l'or, tiré pour la première fois de la province d'Osio. Les Japonais jusqu'alors l'avaient tiré de la Chine ou de la Corée. Kooken, la quatrième année de son règne, bâtit le temple Too-daïsi, pour remplir un vœu de l'empereur, son père. Elle mourut après avoir régné dix ans, on ne sait à quel âge, l'an 1419 de l'ère de

Synmu, 759 de J. C. D'un mari, qu'on ne connaît pas, elle laissa une fille qui viendra ci-après.

759 (de J. C.) FAI-TAI, arrière-petit-fils de l'empereur Tenmu, et le septième fils de Tonneri-fin-o, fut le successeur de l'impératrice Kooken. On voit sa cour tantôt à Fora, dans la province d'Omi, tantôt à Tairanokio, tantôt à Fairo, dans la province d'Awadsi. Son règne fut de six ans. On ignore s'il fut marié.

765 (de J. C.) SEO-TOKU, fille de l'impératrice Kooken, succéda à Fai-tai, et mourut après un règne de cinq ans.

770 (de J. C.) KOONIN, petit-fils de l'empereur Tent-sü, monta sur le trône après l'impératrice Seo-toku. La deuxième année de son règne, le Japon éprouva un orage qui passa tout ce qu'on avait jamais vu : il tomba du ciel des feux qui ressemblaient à des étoiles, et l'air retentit de bruits épouvantables. L'empereur, dans sa consternation, ordonna qu'on célébrât dans tout l'empire des *Matsuris*, pour apaiser les *Jakusis*, qu'il croyait irrités ; c'est ainsi qu'on appelle les esprits mains qui régnent dans l'air et dans les campagnes. La dixième année du règne de Koonin, un incendie consuma tous les temples de Meaco. Ce prince mourut en 782, après douze ans de règne, et laissa l'empire à son fils.

782 (de J. C.) KOUAN-MU, fils de l'empereur Koonin, vit fondre sur ses états, la sixième année de son règne, une nation qui venait d'au-delà de la Chine. C'étaient des Tartares qui, pendant l'espace de neuf ans, ravagèrent le Japon. Mais le général Tamamar, profitant de la sécurité que leurs succès leur avaient inspirée, les défit en plusieurs rencontres, et tua de sa main leur chef. Ces revers n'abattirent pas néanmoins leur courage. Ils trouvèrent moyen de les réparer ; et ce ne fut qu'après dix-huit ans, depuis leur première irruption dans l'empire, qu'ils furent entièrement chassés du Japon. Kouan-mu, après vingt-quatre ans de règne, mourut septuagénaire, laissant l'empire à son fils aîné qui suit.

806 (de J. C.) FEI-DSIO, successeur de Kouan-mu, son père, est compté pour le cinquante-unième empereur ou dairo. Son règne commença l'an 1466 de l'ère de Synmu, et n'offre aucun trait remarquable pendant les quatre années qu'il dura. Ce prince en mourant transmit l'empire à son frère qui suit.

810 (de J. C.) SA-GA, cinquante-deuxième empereur ou

dairo, régna quatorze ans, pendant lesquels on bâtit des temples magnifiques en divers endroits. C'est tout ce que l'histoire nous apprend de son règne.

824 (de J. C.) SIUNWA, frère puîné de Sa-ga, parvint au trône l'an 1484 de l'ère Synmu. La deuxième année de son règne, dit l'historien japonais, Urasima revint de Foreisan au Japon, à l'âge de trois cent quarante-huit ans. Il avait vécu pendant ce tems-là sous l'eau avec les dieux aquatiques, où l'on prétend, au Japon, que les hommes ne vieillissent pas. On peut juger par ce trait du discernement de l'écrivain qui le rapporte. Siunwa mourut après dix ans de règne, et laissa le trône à son neveu qui suit.

834 (de J. C.) NINMIO, second fils de l'empereur Sa-ga, et successeur de Siunwa, son oncle, régna dix-sept ans sans laisser aucun trait remarquable de son gouvernement, et mourut l'an 1511 de l'ère de Synmu.

851 (de J. C.) MONTOKU ou BONTOKU, fils aîné de Ninmio et son successeur, fut témoin de plusieurs tremblements de terre qui arrivèrent au Japon. Son règne fut de huit ans.

859 (de J. C.) SEIWA, quatrième fils de Montoku, occupa, durant dix-huit ans, le trône que son père lui avait transmis; après quoi il en descendit pour y placer son fils aîné. Il survécut quatre ans à cette abdication, et mourut le huitième jour du cinquième mois de l'an 1541 de l'ère de Synmu. La cinquième année du règne de ce prince, les livres de Confucius furent apportés à la cour du Japon, et lus avec beaucoup de satisfaction.

877 (de J. C.) JOSEI, fils aîné de Seiwa, mourut l'an 1545 de l'ère de Synmu, de J. C. 885, après un règne de huit ans.

885 (de J. C.) KOOKO, fils puîné de l'empereur Ninmio, et frère de Montoku, fut le successeur de Josei. Il ne régna que trois ans, et fit passer le sceptre à son troisième fils qui suit.

888 (de J. C.) UDA, placé sur le trône après la mort ou l'abdication de Kooko, son père, l'occupa dix ans, et se donna pour héritier son fils aîné. Sous le règne de ce monarque, fleurissait par son savoir extraordinaire la princesse Issé, fille de Kugu, prince du sang. Elle composa un ouvrage qui est encore aujourd'hui très-estimé au Japon. Uda mourut l'an 898 de Jésus-Christ.

898 (de J. C.) DAI-GO, successeur d'Uda, son père, mourut l'an 931, après trente-trois ans de règne, sans laisser d'autre mémoire de lui que celle de son nom.

931 (de J. C.) SIUSAKU, douzième fils de Dai-go, régna seize ans après lui. Le trône lui fut disputé, l'an 932, par Massakaddo, prince du sang, dont la révolte dura sept ans, et ne finit que par la défaite et la mort de son auteur. Le feu du ciel réduisit en cendres, la treizième année de Siusaku, plusieurs temples et monastères de bonzes. Ce prince mourut l'an de J. C. 947, après seize ans de règne.

947 (de J. C.) MURAKAMI, quatorzième fils de l'empereur Dai-go, ayant succédé à Siusaku, son frère, entreprit, la quatorzième année de son règne, de réunir les différentes sectes idolâtres qui partageaient le Japon. Il assembla, pour cet effet, les chefs de toutes les sectes dans la salle de son palais, nommée *Seirodeen*. Mais on ne marque pas quel fut le résultat de l'assemblée. Murakami régna vingt et un ans, et laissa en mourant le sceptre à son second fils.

968 (de J. C.) REN-SEI était âgé de soixante et un ans lorsqu'il succéda à Murakami, son père. Il ne régna que deux ans, et fut remplacé par un de ses frères.

970 (de J. C.) JENWO ou JIN-JO, cinquième fils de Murakami, régna quinze ans, et mourut l'an 985 de J. C., 1645 de l'ère de Synmu.

985 (de J. C.) QUASSAN, fils aîné de l'empereur Ren-sei, étant monté sur le trône après la mort de Jenwo, prit le parti d'en descendre au bout de deux ans, pour aller s'enfermer dans la solitude. Il choisit pour le lieu de sa retraite le monastère de Quamsi, où il se fit raser à la manière des bonzes, et prit le nom de NIGUGAKF. Après y avoir passé vingt-deux ans, il y mourut à l'âge de quarante-deux ans.

987 (de J. C.) ITSI-DSIO, cousin de Quassan et son successeur, apporta sur le trône un esprit cultivé par les lettres. Ce goût attira un grand nombre de savants à sa cour, où ils reçurent les honneurs et les récompenses dus à leurs talents. Une grande mortalité affligea le Japon la huitième année de son règne, qui fut de vingt-cinq ans.

1012 (de J. C.) SANDUSIO, fils puîné de l'empereur Ren-sei, régna cinq ans, et mourut âgé de cinquante et un ans.

1017 (de J. C.) Go-itsi-dsio, ou Itsi-dsio II, fils puîné d'Itsi-dsio I, n'avait que neuf ans lorsqu'il parvint au trône, qu'il occupa vingt ans. La cinquième année de ce règne, un seigneur, nommé *Sai-sin*, obtint de l'empereur (vraisemblablement à raison de ses infirmités), la permission de se faire traîner dans un *khuruma*, ou chariot couvert, tiré par des bœufs : invention qui parut si commode, que toute la cour suivit bientôt cet exemple. L'an 1025 de J. C., le jeki, ou la peste, fit de grands ravages dans tout l'empire. Six ans après, il tomba, dans le quatrième mois qui répond à notre mois de juin, une si grande quantité de neige, qu'elle couvrit la terre de quatre à cinq pieds.

1037 (de J. C.) Go-siu-saku, frère puîné d'Itsi-dsio II, lui succéda dans la vingt-huitième année de son âge. La première année de son règne, qui fut de neuf ans, le Japon éprouva un furieux tremblement de terre.

1046 (de J. C.) Go-reisei, ou Reisei II, fils aîné de Go-siu-saku et son successeur, eut à se défendre, la troisième année de son règne, contre Joori-isje, qui se révolta contre lui dans la province d'Isju. Les rebelles se soutinrent l'espace de cinq ans, jusqu'à ce que Jori-jossi, général de la couronne, les eut défaits, et eut tué deux de leurs plus braves chefs. Go-reisei mourut âgé de quarante ans, après en avoir régné vingt-trois.

1069 (de J. C.) Go-san-dsio, frère puîné de Go-reisei et son successeur, régna six ans, et se donna pour héritier son fils aîné qui suit.

1075 (de J. C.) Surakawa régna douze ans après la mort de Go-san-dsio, son père.

1087 (de J. C.) Foricawa, fils puîné de Süracawa, n'avait que neuf ans lorsqu'il succéda à son père. Il mourut dans la trentième année de son âge, après un règne de vingt et un ans.

1108 (de J. C.) To-ba, fils aîné de Foricawa, lui succéda l'an 1768 de l'ère de Synmu. Il régna seize ans, et laissa la couronne à son fils aîné qui suit.

1124 (de J. C.) Sintoku monta sur le trône l'an 1784 de l'ère de Synmu, et l'occupa dix-huit ans. Ce fut sous son règne que fut bâtie la ville de Kumakura. Kijomori, prince du sang, s'étant révolté contre lui, prit le titre de dairo, et se fit une cour composée de ses créatures, sur le modèle de celle du vrai dairo; mais ne pouvant soutenir long-tems un si grand rôle, il fut obligé de s'enfuir dans le fameux monastère de *Midira*, sur la montagne de Jéesaori, où les bonzes le protégèrent contre la cour impériale et contre les troupes envoyées pour l'enlever. S'étant fait peu de tems après bonze lui-même, il vécut quatorze ans dans cette retraite, et y mourut à l'âge de soixante ans d'une fièvre ardente, qui lui fit devenir le corps rouge comme s'il eût été tout en feu : juste punition, dit l'historien japonais, de sa présomptueuse révolte.

1142 (de J. C.) KONJEI, huitième fils de l'empereur To-ba, prit possession de la couronne l'an 1802 de l'ère de Synmu. Ce fut sous ce règne que Jorimassa, prince du sang, se signala par ses exploits, qui le firent regarder comme l'Hercule japonais. Aidé par Fatsman, qui est le Mars du Japon, il tua, dit-on, à coups de flèches le dragon infernal *Nuge*, qui avait la tête d'un singe, la queue d'un serpent, le corps et les griffes d'un tigre. Ce monstre s'était établi dans le palais, et ne causait pas une médiocre frayeur au dairo et à toute sa cour. Ce récit de l'historien japonais, que le P. Charlevoix adopte et prend à la lettre malgré son invraisemblance, est peut-être le portrait hiéroglyphique de quelque chef de rebelles. Les empereurs qui, pendant une longue suite de siècles, avaient joui d'une autorité absolue, commençaient à sentir l'affaiblissement de leur puissance. Les princes tributaires empiétaient sur leurs droits, et, poussés par l'ambition et la jalousie, ils allumèrent une guerre longue et fatale, qui pensa entraîner la ruine de l'empire. Konjei mourut après un règne de quatorze ans.

1156 (de J. C.) GO-SIJBAKAWA, quatrième fils de l'empereur To-ba, et successeur de Konjei, son frère, fut obligé de prendre les armes, la première année de son règne, contre *Issi-ju*, qui s'était révolté. Il ne vit pas la fin de cette guerre, qui fut longue et cruelle. Les revers qu'il y éprouva le dégoûtèrent du trône, qu'il résigna à son fils aîné, après l'avoir occupé l'espace de trois ans. Il se consacra depuis à la retraite, et mourut parmi les bonzes à l'âge de quarante-trois ans.

1159 (de J. C.) NIDSIOO n'avait que seize ans lorsqu'il succéda à Go-sijrakawa, son père. La première année de son règne, ses deux généraux, Nobu-jori et Jositomo, après avoir réprimé la rebellion excitée sous le dernier règne, se soulevèrent eux-mêmes, et allumèrent une nouvelle guerre décrite dans les histoires, sous le nom de *Feitsi-no-midorri*, c'est-à-dire la désolation du tems Feitsi. Deux ans après, Jositomo fut tué dans la province d'Owari, et son fils Joritomo fut exilé à Idsu. Le règne de Nidsioo fut de sept ans; il mourut âgé de vingt-trois ans.

1166 (de J. C.) ROKU-DSIOO succéda dans sa dixième année à Nidsioo, son père. Après trois ans de règne, il laissa le sceptre à son oncle.

1169 (de J. C.) TAKAKURA, troisième fils de l'empereur Gosijrakawa, fut le successeur de Roku-dsioo, son neveu. Les auteurs de l'Histoire universelle disent qu'il n'avait alors que neuf ans. Cela n'est guère croyable, son père ayant abdiqué dès l'an 1159. Les princes tributaires avaient déjà presque entièrement secoué le joug, et jeté les fondements de ces royaumes que l'on a vus depuis en si grand nombre dans les îles du Japon. Pour les réprimer, l'empereur créa Joritomo grand seogun, ou général de la couronne. Joritomo secondé par Kadsuvara, l'un des plus grands capitaines de son tems, défit les ennemis de Takakura et les siens. Mais plus occupé de ses intérêts que de ceux de son maître, il envahit sur lui une partie de l'autorité temporelle, et prit le titre de cubo, qui répond à celui de maire du palais sous la première race de nos rois, ou à celui de sultan sous les califes.

1181 (de J. C.) ANTOKU, fils aîné de Takakura, lui succéda. Son règne fut troublé par les factions des *Fekis* et des *Gendzis*. Se trouvant incapable de les contenir, il résigna, l'an 1184 de Jésus-Christ, la couronne à son quatrième frère.

1184 (de J. C.) GO-TOBA ou TOBA II, parvint à la couronne l'an 1844 de l'ère de Synmu. La douzième année de son règne, Joritomo, après de nouvelles victoires remportées sur les généraux des différents partis, vint lui rendre ses devoirs à Meaco. Toba lui confirma le titre de cubo ou de grand-général de la couronne. Joritomo transmit ce titre à ses descendants qui s'en prévalurent, comme on le verra ci-après, pour se rendre maîtres absolus de l'état. Go-Toba régna quinze ans, après quoi il abdiqua la couronne en faveur de son fil aîné. Il mourut à l'âge de soixante ans.

1199 (de J. C.) TSATSI ou TSUTSI, surnommé MIKADDO, n'avait que trois ans, dit-on, lorsqu'il monta sur le trône après l'abdication de son père, l'an de l'ère de Synmu 1859. La première année de son règne mourut Joritomo; il laissa héritier de sa dignité Jori-sje, son fils, qui fut tué deux ans après. L'empereur Tsatsi régna douze ans, et résigna ensuite l'empire à son frère puîné.

1211 (de J. C.) SIUNTOKU succéda, l'an 1871 de l'ère de Synmu, à Tsatsi, son frère. Sonnetomo, second fils de Joritomo, lui ayant demandé l'investiture des emplois de son père et de son frère, il la refusa; ce qui engagea Sonnetomo à prendre les armes pour se maintenir dans cette succession. Il fit construire dans ce dessein les premiers vaisseaux de guerre qu'on eût encore vus au Japon. Le dairo fut obligé de plier et de s'accommoder avec ce rebelle en le confirmant dans la dignité de cubo. Après un règne de onze ans, Siuntoku se démit de la couronne en faveur de son parent qui suit.

1222 (de J. C.) GO-FORIKAWA, ou FORICAWA II, petit-fils de l'empereur Takakura, devint empereur à l'âge de treize ans. Il en vécut vingt-quatre, et laissa le trône, en mourant, à son fils aîné.

1233 (de J. C.) SIDSIO fut placé sur le trône à l'âge de cinq ans. La septième année de son règne, *Joritzne*, seogun, ou général de la couronne, qui faisait sa résidence ordinaire à Kamakun, vint à Meaco rendre ses devoirs à l'empereur. Sidsio régna dix ans et en vécut quinze.

1243 (de J. C.) GO-SAGA, ou SAGA II, fils puîné de Tsatsi-mikaddo, régna quatre ans, et mourut âgé de cinquante-trois, laissant le trône à son second fils.

1247 (de J. C.) GO-FIKAKUSA, ou FIKAKUSA II, monta sur le trône après la mort de son père. La durée de son règne fut de treize années et celle de sa vie de soixante, dont il passa les dernières dans la retraite, après avoir résigné l'empire à son frère puîné.

1260 (de J. C.) KAME-JAMMA, successeur de Fikakusa, son frère, abdiqua la couronne, après quinze ans de règne, en faveur de son fils aîné, et vécut encore trente-deux ans depuis.

1275 (de J. C.) GOUDA, successeur de Kame-jamma, son père, passa tranquillement les premières années de son règne, tandis que les Tartares étaient occupés à faire la conquête de la Chine. Il ne s'attendait pas que son tour viendrait, lorsque, l'an 1281, selon Kæmpfer, ou 1283, suivant le P. de Mailla, on vit la mer du Japon couverte d'une flotte de quatre mille vaisseaux, commandée par le tartare Mouko, envoyé par l'empereur Houpilaï pour subjuguer le Japon et réunir cet empire sous ses lois. On a parlé ci-dessus du mauvais succès de cette expédition. Si l'on en croit l'histoire japonaise, les dieux tutélaires de l'empire, irrités du projet audacieux des Tartares, excitèrent la furieuse tempête qui détruisit cette formidable flotte. Gouda mourut la treizième année de son règne, après en avoir vécut cinquante-huit.

1288 (de J. C.) FUSIMI, cousin de Fikakusa et son successeur, mourut, après un règne de onze ans, dans la cinquante-troisième année de son âge, laissant le trône à son fils.

1299 (de J. C.) GO-FUSIMI, ou FUSIMI II, étant monté sur le trône à l'âge de onze ans, n'en régna que trois, et en vécut trente-quatre après son abdication ou sa destitution.

1302 (de J. C.) GO-NIDSIO, ou NIDSIO II, fils aîné de l'empereur Gouda, et successeur de Fusimi II, résigna le trône, après l'avoir occupé six ans, à son parent qui suit.

1308 (de J. C.) FANNASONO, frère puîné de Fusimi II, imita son exemple en résignant, après onze ans de règne, à son cousin qui suit.

1319 (de J. C.) GO-DAIGO, ou DAIGO II, frère puîné de Nidsio II, monta sur le trône, l'an 1979, de l'ère de Synmu. Son règne fut de treize années, dont les dernières furent agitées par des guerres civiles très-sanglantes. Ce fut peut-être ce qui le porta à se démettre de l'empire et à le résigner à son parent qui suit.

1332 (de J. C.) KOUO-GIEN prit possession de l'empire, l'an 1992 de l'ère de Sinmu. Il le remit au bout de deux ans à son prédécesseur, et vécut encore trente-deux ans après son abdication. Pendant qu'il était encore sur le trône, le cubo Takaudsi vint lui rendre ses devoirs.

1334 (de J. C.) DAIGO ne tint la seconde fois le sceptre que trois ans.

1337 (de J. C.) QUO-MIO, frère puîné de Kouo-gien, succéda, l'an 1997 de l'ère de Synmu, à Daigo. La seconde année de son règne, il honora le général de la couronne du titre de *dai*, ou seigneur. Les historiens japonais ne s'accordent pas sur la durée du règne de Quo-mio. L'un la borne à deux ans, l'autre la prolonge jusqu'à douze. Nous préférons la seconde opinion avec les auteurs de l'Histoire universelle.

1349 (de J. C.) SIUKOUO monta sur le trône l'an 2009 de l'ère de Synmu. Son règne ne fut que de trois ans.

1352 (de J. C.) GO-KOUO-GEN, ou KOUO-GEN II, parvint à l'empire l'an 2012 de l'ère de Synmu. La troisième année de son règne, Takaudsi, général de la couronne, vint lui rendre ses hommages. L'année suivante, il envoya Takaudsi lui-même dans la province d'Oomi, pour apaiser quelques troubles. Ce général mourut quatre ans après; et son fils Josisaki l'ayant remplacé, le dairo lui confirma le titre de daiseogun, de même qu'à Joosimitz qui lui succéda dans la suite. Le règne de Kouo-gen II fut de vingt ans.

1372 (de J. C.) GO-JENSU, ou JENSU II, parent de Kouo-gen et son successeur, régna onze ans, et laissa la couronne à son fils aîné.

1383 (de J. C.) GOKOMATZ, fils et successeur de Jensu II, régna trente ans, pendant lesquels le Japon éprouva de grands tremblements de terre, des tempêtes, des inondations et des famines.

1413 (de J. C.) SEOKOUO, fils de Gokomatz, lui succéda l'an 2073 de l'ère de Synmu. Il eut à se défendre, la quatrième année de son règne, contre Usje, de la famille de Suggi, qui s'était révolté contre lui. Il occupa seize ans le trône qu'il transmit à son fils, qui suit.

1429 (de J. C.) GOFUNNAZO, fils et héritier de Seokouo, décora, la seizième année de son règne, du titre de sei-seogun le grand-général Josijmassa. Il vit, deux ans après, son palais réduit en cendres par un incendie. Les sept dernières années de son règne, qui fut de trente-six, furent marquées par des phénomènes extraordinaires qu'on aperçut dans le ciel, et diverses calamités qu'on en regarda comme les suites.

1465 (de J. C.) GO-TSUTSI-MIKADDO, fils de Gofunnazo, lui succéda l'an 2125 de l'ère de Synmu. La troisième année de son règne fut fatale à l'empire par les troubles et les guerres civiles qui s'y élevèrent. Josijnavo, fils et collègue de Josijmassa, général de la couronne, mourut le jour du troisième mois de la vingt-cinquième année du règne de Tsutsi-Mikaddo. Son père le suivit au tombeau l'année suivante, et laissa des regrets bien mérités. La vingt-neuvième année, Josijsimmi, ayant été décoré du titre de dai-seogun, alla commander l'armée dans la province de Jasijno. L'empereur Tsutsi-Mikaddo termina ses jours après un règne de trente-six ans.

1501 (de J. C.) KASIAWABARA, fils de Tsutsi-Mikaddo, lui succéda l'an de l'ère de Synmu 2161. La huitième année de son règne, il conféra le titre de dai-seogun à Jositanno, frère de Josignavo, et vingt et unième descendant de Joritomo. Des guerres et des tremblements de terre agitèrent le Japon la dixième année de son règne, qui fut de vingt-six ans.

1527 (de J. C.) GONARA, fils de Kasiawabara et son successeur, vit finir, au commencement de son règne, la guerre commencée sous le précédent entre les deux princes japonais, Fossokava et Kadsuragaga. Deux ans après, le premier de ces princes se fendit le ventre avec ce courage frénétique qui caractérise les Japonais. L'empire, durant ce règne, qui fut de trente et un ans, fut affligé deux fois de la peste, qui occasionna une grande mortalité. Il éprouva d'autres désastres, tels que de grandes inondations, et une tempête qui fut si violente et si générale, qu'elle renversa un nombre prodigieux d'édifices et une partie considérable du palais impérial. Gonara, l'an 1528, donna le titre de dai-seogun à Jositir, fils de Josifar et vingt-quatrième descendant de Joritomo. Mais dix-huit ans après, dans un accès de désespoir dont on ne dit pas la cause, Jositir se fendit le ventre. Son père vivait encore, et, après lui avoir survécu trois ans, il termina sa vie de la même manière que lui.

1558 (de J. C.) OOKIMATZ, fils de Gonara, parvint au trône après son père. La onzième année de son règne, il éleva à la dignité de dai-seogun Josijtira, fils de Jositir. On voit le second jour du cinquième mois de la vingt-cinquième année du même règne, Nobunanga, qui avait remplacé ce général, massacré avec son fils aîné à Meaco. Quelques lettres des missionnaires parlent de Nobunanga comme d'un tyran qui s'était emparé de plusieurs petits royaumes aux environs de Meaco, et s'était élevé à un degré de puissance dont l'abus avait excité une conspiration dans laquelle il périt. Fide-josi, son successeur, qui prit le nom de Taiko-sama, fut honoré par le dairo, l'an 1585, de la dignité de quambuku, au moyen de laquelle il devint l'égal de son maître qu'il acheva de dépouiller entièrement de la puissance temporelle. Depuis ce tems, il y eut proprement au Japon deux empereurs, l'un ecclésiastique, sous le nom de dairo, l'autre séculier, appelé cubo, ou cubo-sama, absolument indépendants l'un de l'autre, avec cette différence, néanmoins, que les empereurs séculiers vont de Jédo, leur capitale, en grande pompe à Meaco, tous les trois, quatre ou cinq ans, rendre un hommage de pure cérémonie au dairo. Ookimatz, la vingt-neuvième année de son règne, se voyant entièrement subjugé par le cubo, se démit de la couronne en faveur de son petit-fils.

Ce fut l'an 1542, sous le règne de Gonara, que le Japon fut découvert par trois marchands portugais qui, faisant voile pour la Chine, furent jetés par la tempête sur les côtes de Bungo, dans l'île de Xico. Ravis de la richesse et de la beauté du pays, ils oublièrent la Chine, et s'établirent, avec la permission du prince d'Omura, dans le bourg de Nangasacki, qui devint considérable en peu de tems par le grand nombre de régnicoles et d'étrangers que le commerce y attira. Parmi les derniers, quelques-uns ayant parlé de la religion chrétienne au prince, s'aperçurent qu'il était prêt à la favoriser. Ces dispositions se communiquèrent au roi de Saxuma, dans la même île, lorsque saint François Xavier arriva, le 15 août 1549, à Cangoxima, ville de sa dépendance, avec trois japonais qu'il avait convertis à Goa. Il fut très-bien accueilli de ce prince, et annonça librement l'Evangile dans le pays avec beaucoup de fruit. Mais au bout d'un an, les Portugais ayant transporté leur commerce dans l'île de Firando, le prince, irrité de ce qu'ils abandonnaient ses états, défendit à Xavier la prédication, et voulut même contraindre ses sujets d'abandonner le Christianisme. Il n'y réussit pas. Les nouveaux Chrétiens opposèrent à ses menaces une fermeté qui l'étonna et le réconcilia avec eux. Il cessa d'être persécuteur, et peu s'en fallut qu'il ne devînt lui-même chrétien. Cependant Xavier avait suivi les Portugais à Firando. Il y fit des progrès encore plus rapides et plus grands qu'il n'en avait fait à Cangoxima.

De Firando, il se rendit au mois de février 1551 à Meaco, d'où il sortit au bout de quinze jours, sans y avoir fait aucun fruit, les troubles qui régnaient à la cour du dairo ayant empêché qu'on ne l'écoutât. En y allant, il n'avait pas été mieux reçu dans Amangachi, capitale du royaume de Naugato, renommé pour ses mines abondantes d'argent. Mais il fut bien dédommagé à son retour dans cette ville par la docilité avec laquelle un grand nombre des habitants reçurent la parole de Dieu qu'il leur annonça. Le prince, ou roi de Naugato, fut une de ses conquêtes. Ayant mandé le saint apôtre à Fucheo, lieu de sa résidence, il obligea les bonzes d'entrer en conférence avec lui. La victoire que Xavier remporta sur eux en convertit quelques-uns ; le roi lui-même reconnut la vérité du Christianisme ; mais l'austérité de sa morale l'empêcha pour lors de l'embrasser. Les prédications et les entretiens particuliers de Xavier firent plus d'effet parmi le peuple qui accourait en foule pour recevoir le baptême. Le saint homme, après un séjour de deux ans et quatre mois au Japon, s'embarqua le 20 novembre 1551 pour retourner dans les Indes, d'où il envoya trois jésuites, ses confrères, pour veiller à la conservation de la chrétienté qu'il avait fondée au Japon. Arrivé à Malaca, il conçut le dessein de passer à la Chine pour y porter la lumière de l'Evangile. Mais la rigueur des lois de l'empire chinois, qui en fermaient l'entrée aux étrangers, et surtout aux Portugais, s'opposait à l'exécution de ce projet. Pour lever cet obstacle, il proposa au gouverneur de Malaca d'envoyer une ambassade à la Chine au nom du roi de Portugal, pour demander la permission d'y faire le commerce, espérant que si on l'obtenait, les prédicateurs évangéliques n'éprouveraient plus les mêmes difficultés dans cet empire. Le gouverneur Alvarez d'Ataÿde ayant mal accueilli sa proposition, il ne laissa pas de s'embarquer sur un vaisseau qui partait pour l'île de Sancian, située sur la côte de la province de Quantong. Il y mourut le 2 décembre 1552, à l'âge de quarante-six ans, dont il avait passé dix et demi dans les Indes. L'Evangile, après son départ, continuait de fructifier au Japon. Les rois de Neugato, de Bungo et d'Arima, reçurent le baptême, et contribuèrent, par leurs exemples, à la conversion d'un grand nombre de leurs sujets. Ces princes, l'an 1582, envoyèrent, à la sollicitation des jésuites missionnaires, une ambassade solennelle au pape Grégoire XIII, pour l'assurer de leur obéissance filiale. Ceux qui la composaient furent magnifiquement reçus à leur passage en Portugal, et également bien à Rome. Mais elle fut mal interprêtée par les politiques du Japon.

DAIROS.

1587 (de J. C.) Go-Josei, petit-fils d'Ookimatz, lui succéda l'an de l'ère de Synmu 2247. Réduit à l'autorité spirituelle, il la vit sensiblement diminuer par les progrès que la religion chrétienne faisait de son tems au Japon, malgré les tourments inouis qu'on employa pour la détruire. Il est très-vraisemblable qu'il se joignit aux bonzes pour encoura-

CUBOS.

1585 (de J. C.) Fide-josi, appelé aussi Taïko-sama, après avoir réduit le dairo à la simple dignité de chef de la religion, eut encore à lutter contre les différents princes qui avaient érigé leurs gouvernements en souverainetés. Il employa dix années à les réduire, et y réussit, partie par politique, partie par la force de ses armes. Après avoir établi

ger la persécution. Son règne, qui fut de vingt-cinq ans, se termina l'an 1612.

1612 (de J. C.) DAI-SCO-KOUOTEI, fils de Go-Josei, ou Josei II, lui succéda l'an de l'ère de Synmu 2272. La dixième année de son règne, il épousa en grande pompe, dans son palais de Meaco, la fille du cubo Fide-tada, et deux ans après, le fils de ce dernier vint, le 15 octobre 1626, rendre ses devoirs au dairo, qui lui donna le titre de *sei-dai-seogun*. (*Voyez* la description de la marche du cubo dans l'*Histoire universelle*, in-4°., tome XX, page 538.) Kouotei, ayant abdiqué, la dix-huitième année de son règne, en faveur de sa fille, vécut encore cinquante ans depuis, et mourut âgé de quatre-vingt-dix ans.

1630 (de J. C.) NIOTE, ou SIOTE, fille du dairo Kouotei, lui succéda dans sa dignité. Elle eut la cruelle satisfaction de voir sous son règne le Christianisme, si contraire à la gloire et à l'intérêt des dairos, entièrement détruit au Japon. N'ayant point été mariée, ou du moins n'ayant point d'enfants, elle résigna la couronne en 1643 entre les mains de son frère.

1643 (de J. C.) GOTTO-MIO monta sur le trône, par la résignation de sa sœur, le septième jour du neuvième mois de l'an 2303 de l'ère de Synmu. La son pouvoir absolu dans l'empire, son dessein était d'en écarter tous les étrangers, et particulièrement les Portugais, dont les richesses, le grand nombre, l'orgueil et le faste qui accompagnent l'opulence, excitaient sa jalousie et lui faisaient craindre une révolution. Mais étant mort l'an 1598, il laissa l'exécution de cette entreprise à ses successeurs. Le dairo le mit au nombre des dieux, et lui érigea un temple à Meaco, où l'on conserve son urne. Il avait associé à l'empire Fide-tsugu, son neveu. Mais l'ayant ensuite disgracié pour quelque sujet qu'on ignore, il l'obligea de se fendre le ventre. Fide-josi avait établi le siége de son empire à Jédo.

1598 (de J. C.) FIDE-JORI, fils de FIDE-JOSI ou Taikosama, n'avait que six ans lorsqu'il lui succéda. Son père lui avait donné pour tuteur Ongoskio, nommé depuis Ijesaz, un de ses conseillers d'état, après avoir fait promettre à celui-ci, par serment, de remettre les rênes de l'empire au jeune prince dès qu'il serait en âge de les manier; et pour assurer l'exécution de cette promesse, il avait fait épouser à son fils la fille d'Ijesaz. Mais l'ambition de celui-ci prévalut sur ces engagements. Fide-jori ayant marqué de l'inclination pour le Christianisme et les Portugais, il prit de là prétexte pour le détrôner. Le jeune prince s'apercevant des dispo-

onzième année de son règne, un terrible incendie consuma la plus grande partie de son palais avec un grand nombre de temples et d'autres édifices. Il mourut le 20 du neuvième mois de la même année, et fut enterré avec grande solennité dans le temple de Sin-ousi.

1654 (de J. C.) SININ, troisième frère de Gotto-mio, lui succéda l'an 2314 de l'ère de Synmu. Son palais, qu'il avait fait relever, éprouva, la troisième année de son règne, un nouvel incendie non moins funeste que le précédent. Il abdiqua, après avoir régné huit ans, et laissa le trône à son dernier frère.

1663 (de J. C.) KINSEN I, le plus jeune des fils du dairo Kouotei, parvint à la couronne l'an 2323 de l'ère de Synmu. « La troisième année » de son règne, le sixième mois » (de concert avec le cubo) il sitions de son beau-père, se sauva dans la forteresse d'Osakka, que Taiko-sama avait rendue extrêmement forte. Mais Ijesaz étant venu l'y assiéger, le contraignit de se rendre le septième jour de la quatrième année de cette expédition. Le malheureux Fide-jori aima mieux néanmoins se brûler dans son palais que de se remettre entre les mains de son beau-père. Cet événement est de l'an de J. C. 1616. Nous suivons ici les auteurs de l'Histoire universelle, par préférence au père Charlevoix qui dit que Fide-jori disparut de manière qu'on n'en dit plus parler de lui.

1616. (de J. C.) IJESAZ-SAMA, après s'être emparé du trône, s'occupa de l'exécution du grand dessein conçu par Fide-josi et concerté avec lui. Il commença par enjoindre aux Portugais et à tous les étrangers, excepté les Hollandais (1), de vider l'empire. Cet

---

(1) Les Hollandais voyant les profits immenses que le commerce procurait aux Portugais dans le Japon, faisaient tous leurs efforts pour s'y établir et les supplanter. Ils y réussirent, et obtinrent du régent Isejaz, l'an 1611, des lettres-patentes scellées du grand sceau impérial, qui leur permettaient de commercer dans toute l'étendue de l'empire. Nullement gênés dans leur trafic, le gain qu'ils en retiraient chaque année montait de cinquante à soixante tonnes, c'est-à-dire à dix ou douze millions. Mais en 1641, s'étant avisés d'exhausser et d'agrandir le comptoir qu'ils avaient à Firando, on les obligea de transporter ce comptoir dans la petite île de Desima, vis-à-vis de Nangasacki, avec privation de tous les priviléges et franchises dont jusqu'alors ils avaient joui. Ils furent de plus environnés de gardes et d'espions, et ne purent avoir aucune communication avec les Japonais. En même tems on s'assura de tous leurs navires, qu'on désarma à mesure qu'ils

» établit une cour des enquêtes
» dans toutes les villes et vil-
ordre fut suivi d'une défense
faite aux Japonais de sortir de

---

arrivaient dans le port, et dont on transporta à terre la poudre à canon, les fusils, les épées, l'artillerie, et même le gouvernail. Malgré cette révolution fatale, les Hollandais, seuls maîtres du commerce depuis l'expulsion des Portugais, ne laissèrent pas d'envoyer au Japon le même nombre de navires, et firent à-peu-près les mêmes profits sur leur cargaison. Mais en 1672, ils éprouvèrent un nouveau revers. Le gouverneur de Nangasacki, à l'arrivée de leurs vaisseaux, demanda des montres et des échantillons de toutes les marchandises qui devaient se vendre cette année, dans le dessein, disait-il, de les faire estimer par des experts. Ayant ensuite assemblé dans son palais tous les négociants de la ville, il taxa, de concert avec eux, les prix de ces différentes marchandises fort au-dessous de ce que les Hollandais avaient coutume d'en exiger, et fit dire à ces derniers qu'ils eussent à se conformer à cette taxation, à moins qu'ils n'aimassent mieux remporter leur cargaison à Batavia ou en Europe. Ce procédé violent affligea sensiblement les Hollandais, et *ôta l'or*, dit Kæmpfer, *de dessus les pilules amères qu'on leur faisait avaler depuis leur expulsion de Firando*. Ils aimèrent mieux néanmoins se défaire de leurs marchandises avec un léger avantage, que de les remporter avec perte. Ces vexations augmentèrent encore dans la suite. L'an 1685, les gouverneurs de Nangasacki signifièrent aux Hollandais, lorsque leurs vaisseaux entrèrent dans le port vers le commencement de l'automne, que leur commerce de cette année et de celles qui suivraient, était réduit à la somme de trois cent mille taëls (un million cinq cent mille livres) au-delà de laquelle il leur était défendu de vendre aucune marchandise. On leur limita de plus le tems où ils pourraient exposer en vente leurs marchandises, avec ordre de les renfermer, ce tems expiré, dans des magasins, et défense non-seulement d'entrer plus avant sur les terres de l'empire, mais d'y entretenir aucune correspondance. C'est le dernier période de leur commerce, qu'ils continuent depuis un siècle sur le même pied. « L'avarice des Hollandais, dit Kæmpfer (Liv. IV, c. 6),
» et l'attrait de l'or du Japon, a eu tant de pouvoir sur eux, que plu-
» tôt que d'abandonner un commerce si lucratif, ils ont souffert vo-
» lontairement une prison presque perpétuelle; car c'est la pure vé-
» rité que l'on peut nommer ainsi notre demeure à Désima. Ils ont
» bien voulu essuyer pour cela une infinité de duretés de la part d'une
» nation étrangère et païenne, se relâcher dans la célébration du ser-
» vice divin les dimanches et les fêtes solennelles, s'abstenir de faire
» des prières et de chanter des pseaumes en public, éviter le signe de
» la croix et le nom de Jésus-Christ en présence des naturels du pays,
» et en général toutes les marques extérieures du Christianisme; enfin
» d'endurer patiemment et bassement les procédés injurieux de ces or-
» gueilleux infidèles, qui est la chose du monde la plus choquante
» pour une âme bien née. »

Quid non mortalia pectora cogis
Auri sacra fames?

» lages de l'empire. Ce tribunal
» a ordre de rechercher quelle
» religion, secte, ou croyance,
» chaque famille ou chaque
» personne particulière pro-
» fesse. » (Kæmpfer.) On nomme cette recherche *Jesumi.*
Voici en quoi elle consiste.
« Vers la fin de l'année, on fait
« à Nangasacki, dans le district
» d'Omura et dans la province
» de Bungo, les seuls endroits
» où l'on soupçonne aujour-
» d'hui qu'il y ait encore des
» chrétiens, une liste exacte
» de tous les habitants de tout
» sexe et de tout âge; et le se-
» cond jour du premier mois
» de l'année suivante, les *otto-*
» *nas* (officiers de ville), ac-
» compagnés de leurs lieute-
» nants, du greffier et des tré-
» soriers de chaque rue, vont
» de maison en maison, fai-
» sant porter par deux hommes
» du guet deux images, l'une
» de Notre-Seigneur attaché à
» la croix, l'autre de sa sainte
» mère, ou de quelqu'autre
» saint. On les reçoit dans une
» salle; et dès qu'ils ont pris
» chacun leur place, le chef de
» la famille, sa femme et ses
» enfants, les domestiques de
» l'un et de l'autre sexes, les
» locataires, et ceux des voisins
» dont les maisons sont trop
» petites pour recevoir tant de
» monde, sont appelés les uns
» après les autres par le gref-
» fier, à qui on a donné tous
» les noms; et à mesure qu'on
» les appelle, on leur fait met-
» tre le pied sur les images
» qu'on a posées sur le plan-

leur pays sous quelque prétexte que ce fût. Mais ce qui tenait le plus à cœur à Ijesaz, c'était l'abolition du Christianisme. Déjà sous l'empereur Fide-josi il avait fait publier, l'an 1586, contre les Chrétiens, un édit sanglant qui, dans le cours de quatre ans, procura la couronne du martyre à vingt mille cinq cent soixante et dix personnes. Mais alors se vérifia ce mot de Tertullien, que *le sang des martyrs est la semence des Chrétiens.* Quoique les églises fussent toutes fermées au nombre de deux cent cinquante, que tout exercice public du Christianisme fût interdit, les missionnaires comptaient, en 1592, plus de douze mille nouveaux prosélytes qu'ils avaient faits. Ce qu'il y a de plus étonnant, c'est que la foi de ces néophytes, privés de leurs principaux guides qui furent ou contraints de fuir ou punis des plus cruels supplices, ne fut ébranlée ni par les épées, ni par les gibets, ni par les bûchers, ni par la croix, et autres tourments inouis que la rage de leurs ennemis inventa pour les vaincre. Étonnés de la constance avec laquelle ces chrétiens souffraient la mort la plus cruelle plutôt que d'abjurer la religion du Sauveur, plusieurs personnes furent curieuses de savoir quelle était cette doctrine qui produisait de si merveilleux effets. Ils n'en furent pas plutôt instruits, qu'ils la trouvèrent si véritable et si consolante, qu'ils l'embrassèrent au risque de tout ce

» cher. On n'en excepte pas les plus petits enfants que leurs mères et leurs nourrices soutiennent par les bras. Ensuite le chef de la famille met son sceau sur la liste qui est portée au gouverneur. Quand on a ainsi parcouru tous les quartiers, les officiers font eux-mêmes le *Jesumi*, se servent mutuellement de témoins, puis apposent leurs sceaux au procès-verbal. » (Charlevoix, *Histoire du Japon*, tome II, page 482.) Le règne de Kinsen fut de vingt-quatre ans, après lesquels il transmit la couronne à son fils.

1687 (de J. C.) KINSEN II, successeur de Kinsen I, son père, était sur le trône de Meaco en 1690, lorsque Kæmpfer arriva au Japon. C'est par lui que ce voyageur termine la liste des empereurs ecclésiastiques du Japon.

qui leur était le plus cher en ce monde. Cette multiplication ne ralentit point la persécution. Elle dura l'espace de quarante ans avec une égale violence, et ne finit qu'avec l'extinction entière du Christianisme au Japon. Le règne d'Ijesaz-sama fut de dix-huit ans, y compris quelques années de sa régence.

Vers 1630 (de J. C.) FIDETADA, ou TAITOKONNI, fils ou petit-fils d'Ijesaz, lui ayant succédé, marcha sur les traces de ses prédécesseurs. Il renouvela les privilèges que son père avait accordés aux Hollandais en 1616, et continua de persécuter les Chrétiens avec la dernière cruauté. Ceux-ci, désespérés de voir tant de milliers de leurs frères massacrés, et ne voyant point de fin à leurs misères, se retirèrent, au nombre d'environ quarante mille, dans le château de Sinabaro, situé sur les côtes d'Arima, dans l'île de Xico, avec une ferme résolution de défendre leur vie jusqu'à la dernière extrémité. Ils y furent bientôt assiégés. Mais après la plus vigoureuse résistance, au bout de trois mois, ils furent obligés de céder aux forces supérieures de l'empereur. Le château fut pris le vingt-huitième jour du second mois (12 avril) de l'an 1638, et tous les assiégés, au nombre de trente-sept mille, furent massacrés. « Ce » fut la dernière scène de cette sanglante tragédie; et le sang » chrétien ayant été versé jusqu'à la dernière goutte, le mas- » sacre et la persécution cessèrent. L'empire du Japon fut » fermé à jamais, tant pour les naturels du pays que pour les » étrangers qui professent la religion chrétienne, surtout pour » les Portugais; car ayant tenté de rentrer au Japon à la faveur » d'une ambassade qu'ils envoyèrent de Macao, ils eurent le » chagrin d'apprendre que les principaux de ceux qui la com- » posaient avaient été exécutés à mort. » (*Histoire universelle*, tome XX, page 526.) Fide-tada régna dix-huit ans, et eut pour successeur son fils.

Vers 1648 (de J. C.) IEMITZ, ou IJETIRUKO, trouva, en montant sur le trône après son père, le Japon entièrement fermé aux étrangers, et le maintint dans cet état. Tout ce qui s'y passe depuis ce tems est impénétrable aux Européens. Nous savons seulement que

JETZNAKO, successeur de Iemitz, régna trente ans, et qu'il fut remplacé par

TSINAJOS, vers 1680. « Il était âgé, dit Kæmpfer, de qua-
» rante-trois ans lorsque j'étais au Japon (en 1693), et il y
» avait douze à treize ans qu'il était sur le trône. » Les auteurs de l'*Histoire universelle* vantent beaucoup ses qualités politiques et morales.

Les Japonais, dit un moderne, sont de tous les peuples de l'Asie le seul qui n'a jamais été subjugué, qui n'est point, comme tant d'autres, un mélange de différentes nations, mais qui semble aborigène; et au cas qu'il descende des Tartares, suivant l'opinion du père Couplet, toujours est-il sûr qu'il ne tient rien des peuples voisins. Il a quelque chose de l'Angleterre par la fierté insulaire qui leur est commune et par le suicide qu'on croit si fréquent dans ces deux extrémités de notre hémisphère. Mais son gouvernement ne ressemble ni à celui de la Grande-Bretagne, ni à celui des Germains : son système n'a pas été trouvé dans leurs bois.

« Nous aurions dû connaître, ajoute le même écrivain, ce
» pays dès le treizième siècle, par le récit du célèbre Marco
» Paolo. Cet illustre vénitien avait voyagé par terre à la Chine,
» et ayant servi long-tems sous un des fils de Genghizkhan,
» il eut les premières notions de ces îles que nous nommons
» Japon, et qu'il appelle Zipangri; mais ses contemporains qui
» admettaient les fables les plus grossières, ne crurent point les
» vérités que Marco Paolo annonçait. Son manuscrit resta
» long-tems ignoré; il tomba enfin entre les mains de Chris-
» tophe Colomb, et ne servit pas peu à le confirmer dans
» son espérance de trouver un monde nouveau qui pouvait
» rejoindre l'Orient et l'Occident. Christophe ne se trompa
» que dans l'opinion que le Japon touchait à l'hémisphère
» qu'il découvrit : il en était si convaincu, qu'étant abordé à
» Hispaniola, il se crut dans le Zipangri de Marco Paolo. »
(*M. Masson de Morvilliers.*)

CHRONOLOGIE

HISTORIQUE

DES GRANDS FIEFS DE FRANCE,

D'ALLEMAGNE ET D'ITALIE.

DISCOURS PRÉLIMINAIRE

Sur l'origine, les progrès et la décadence du gouvernement féodal.

En donnant au public, dans cette nouvelle édition, une notice plus étendue des grands fiefs de l'Europe, nous avons en quelque sorte contracté l'obligation de lui offrir en même tems un aperçu de l'origine du gouvernement féodal, de ses progrès et de sa décadence.

C'est un point constant par l'histoire, que chez plusieurs nations on connut des vassaux avant même qu'il y eut des fiefs. Le courage dans les combats, la sagesse dans les conseils, y établissaient des distinctions; et ceux qui les obtenaient avaient bientôt un cortége prêt à les suivre à la guerre. Tacite l'assure des Germains. Il nous apprend que chez ces peuples, la puissance des princes était d'être entourés d'une foule de compagnons pour lesquels des repas étaient une espèce de solde.

On voit que pour former des bénéfices ou des fiefs, il ne leur manquait que des terres héréditaires. Aussi, lorsque sous le nom de Francs ils eurent passé le Rhin, et vinrent s'établir dans les Gaules, le partage des fonds conquis sur les Romains dut se faire selon leurs mœurs. Et si, comme on n'en peut douter, chaque homme libre eut une portion salique, celles des princes furent relatives à leur prééminence, et assez étendues pour entretenir leurs vassaux.

Cet état de société qui s'introduisit chez les Francs, étant conforme à leurs idées, fut bientôt perfectionné. Il est même certain, comme nous venons de le dire, qu'ils le trouvèrent établi dans les Gaules. César, qui les subjugua, rapporte que parmi les chevaliers, c'est-à-dire les hommes parfaitement libres de la nation, il y en avait de très-puissants, dont la grandeur se mesurait sur le nombre de leurs ambactes. Ceux-ci, comme chez les Germains, étaient notés d'infamie lorsque, dans les combats, ils survivaient à leurs princes. L'identité des causes dut produire les mêmes effets : les Gaulois, quoique soumis aux officiers de l'empire, avaient conservé leurs usages. Celui de s'attacher à un chef duquel ils tenaient des terres, était analogue à l'engagement connu chez les Romains, sous le nom de clientèle. On ne peut pas même douter, d'après la civilisation des Gaulois, que la plupart de ces concessions ne fussent devenues perpétuelles, lorsque Clovis fonda la monarchie.

Un savant écrivain (M. Pfeffel), a observé que tout était gaulois dans les mots consacrés par le vasselage.

Cette institution appartint donc plus aux Gaulois qu'à aucune autre nation; et si elle fit une partie si remarquable des mœurs des Germains, c'est que ceux-ci furent les frères des Gaulois.

Ces raisons paraîtraient assez fortes pour faire croire que le germe de nos fiefs était développé dans les Gaules avant l'arrivée des Francs, si M. de Montesquieu n'avait dit qu'ils ne furent établis qu'après la conquête. Mais son opinion sur ce point était conséquente à celle qu'il avait de l'oppression des Gaulois. Les croyant subjugués par Clovis, il pensait que les Francs étant tous dans l'état, en avaient fait les lois et commandé les mœurs. Sans cette prévention, comment ce génie pénétrant aurait-il qualifié les rapports qui subsistaient dans les Gaules entre les ambactes et leurs chefs, lui qui voyait des fiefs dans les chevaux de bataille, les armes et les repas que les princes germains donnaient à leurs fidèles ?

Une dissertation historique insérée dans cet ouvrage (tom. V, pag. 429), semble prouver au contraire que l'établissement de la monarchie française ne causa aucun changement dans l'état civil des naturels du pays; et qu'étant incomparablement plus nombreux, ils eurent une très-grande influence sur les mœurs qui résultèrent de l'union des deux peuples.

Nous croyons donc que l'origine des bénéfices et des fiefs doit être rapportée encore plus aux Gaulois qu'aux Francs, et qu'ils eurent la plus grande part à ceux qu'on trouve formés dès le commencement de la première race.

Nous ne distinguons point les bénéfices des fiefs, parce qu'à la durée près, c'était le même contrat, fondé sur les mêmes motifs : protection de la part du seigneur, fidélité et service de la part du vassal ; tels étaient les devoirs mutuels plus ou moins étendus par les conventions qui formaient ces engagements. Si leur nature eût été différente, l'histoire indiquerait l'époque où ces bénéfices sans nombre, qui ont existé dans le royaume, auraient été supprimés, et celle de l'établissement d'autant de fiefs, aussi prodigieux que rapide.

Ces bénéfices et ces fiefs n'étaient que des conventions autorisées par les lois, et ne portaient aucune atteinte au gouvernement politique.

Pour donner une idée des changements qu'il avait éprouvés à l'avénement de Clovis, on va tracer un aperçu de l'administration romaine. C'est le seul moyen de connaître quel était l'ordre public, lorsque les habitants des Gaules consentirent à s'unir aux Francs pour obéir à son empire.

Du tems de la république, les consuls commandaient les armées destinées à reculer et défendre les frontières. On confiait à des préteurs les provinces qui étaient moins exposées ; et souvent un de ces officiers en administrait plusieurs.

L'an 727 de Rome, Auguste, disposant des forces de l'empire, partagea avec le sénat le gouvernement des provinces ; il se réserva celles où il fallait tenir des troupes, et envoya dans chacune un gouverneur *temporaire*, sous le titre de propréteur. Cet officier réunissait le commandement militaire avec l'autorité civile.

Alexandre Sèvere divisa ces pouvoirs ; il eut des présidents pour administrer la justice, et remit en d'autres mains la discipline des troupes. (*Lamprid. in Sever.* pag. 121, 129.)

Ce gouvernement subsista jusqu'au règne de Constantin : mais ce prince fit de grands changements dans la police de l'empire. L'Orient et l'Illyrie, l'Italie et les Gaules, formèrent autant de préfectures dont l'autorité fut bornée à la justice et aux finances. (*Zosim. lib.* 2. *Chronol. Cod. Theod.* pag. 26.)

Chacune de ces préfectures s'étendait sur plusieurs diocèses ; chaque diocèse était soumis à un vicaire du préfet. (*Top. Cod. Theod.* tom. VI, pag. 396.

On entendait par diocèse un district de plusieurs provinces, que des proconsuls ou des présidents gouvernaient sous le vicaire. Ainsi, le préfet des Gaules avait sous sa juridiction l'Espagne, les cinq provinces, les Gaules proprement dites, et la Grande-Bretagne. Ces tribunaux connaissaient du politique et du civil. (*Hist. de Lang.* tom. I, not. XXXIV.)

Les troupes sous Constantin furent commandées par les

maîtres de la milice. Ils avaient pour lieutenants des comtes et des ducs, qui n'eurent d'abord que le grade de tribun. (*Altaserr. de ducib.* pág. 4.)

L'origine des comtes remontait à Auguste, qui avait choisi des sénateurs pour le conseiller et le suivre. (*Till. emp.* tom. I, pag. 48.) Constantin fit trois classes de ce titre d'honneur pour rehausser les employés. (*Euseb. de vit. Constant.* lib. 4, c. 1.)

Les ducs furent long-tems compris dans la dernière ; mais cette dignité s'accrut beaucoup sous Théodose et ses deux fils. On vit alors un duc commander dans plusieurs provinces. Alaric et Attila ne dédaignèrent pas ce titre.

Dans la première classe, ce prince mit ses conseillers intimes les préfets du prétoire, leurs vicaires ou lieutenans ; et ses commandants de légions. Il y fit participer par des brevets honoraires les professeurs et les savants. (*Altaserr. de ducib.* pag. 6.)

La comitive de la seconde classe fut accordée aux subordonnés du maître des offices et aux agents des autres grandes charges dans un degré correspondant. (*Cod. Theod. de proxim. comit. disp.* liv. 17 et 18.)

Les premiers magistrats dans les cours des cités, les prévôts des naviculaires et les chefs de quelques autres corporations, obtenaient le titre de comte, quand ils étaient devenus vétérans ; mais c'était le moins honorable. Sidoine Apollinaire remarque qu'ils finissaient leur carrière comme les autres la commençaient.

Sous le règne de Dioclétien, les proconsuls et les préteurs ayant été faits ducs ou comtes, réunirent les deux pouvoirs.

Les Francs et les autres barbares adoptèrent cette police à leur entrée dans les Gaules ; ils eurent des ducs et des comtes qui administraient la justice, les armes et les finances. Ces officiers étaient surveillés par des légats *missi dominici*, que les rois envoyaient dans les provinces pour réformer les abus et maintenir l'ordre public. (*Greg. Tur. lib.* 8, c. 18.)

L'autorité d'un duc s'étendait sur plusieurs cités ; mais il n'y avait rien de déterminé pour le nombre. Nicetius obtint du roi Gontran un duché qui comprenait l'Auvergne, le Rouergue et le diocèse d'Uzès. (*Ibid. cap.* 26.) Ennodius, fait duc par le même prince, ne gouvernait en cette qualité que la Touraine et le Poitou. (*Ibid. lib.* 9, c. 7.)

Sous les comtes étaient des viguiers qui jugeaient les causes civiles entre les sujets du fisc. (*Ibid. lib.* 10, cap. 5.) Mais leur pouvoir était borné à celles qui n'intéressaient ni les propriétés, ni l'état civil des personnes. (*Marculf. formul.* 9.)

Un autre substitut du comte portait le nom de centenier. Sa compétence s'étendait aux causes des hommes libres dans un degré parallèle à la juridiction du viguier. L'un et l'autre de ces officiers étaient les conseillers du comte.

Les comtes des marches ou frontières, pourvus d'un autre comté, obtinrent de Charlemagne la permission de le garder et d'y nommer un vicomte. (*D. Bouquet*, tom. VI, pag. 359; tom. VII, pag. 314; tom. VIII, pag. 384, 554.) Les comtes de l'intérieur, en suivant leur exemple, prirent aussi des lieutenants, qui unirent à leur pouvoir les fonctions des centeniers et celles des vicaires. Sous le premier rapport, ils pouvaient appeler les hommes libres à leurs plaids, qu'ils multiplièrent souvent par un abus de cette compétence. (*Capit. worm. ann.* 829, *sect.* 3, *cap.* 5.) En prenant aussi des lieutenants sur lesquels ils se déchargèrent d'une partie de leurs fonctions, ces nouveaux officiers réunirent le commandement et la juridiction des centeniers au ministère de la chose publique. C'est sous ce premier rapport qu'ils pouvaient appeler les hommes libres à leurs plaids.

Sous le rapport de vicaires, ces lieutenants pouvaient aussi juger les causes des hommes libres, dans les cas où il s'agissait de fonds civils ou tributaires.

Mais quoique les vicomtes aient dû exister dès le règne de Charlemagne, quoiqu'il en soit fait mention dans quelques chartes de Louis le Débonnaire (*Marca Hisp.* pag. 269, *id. hist. de Béarn*, pag. 201, 263.), on ne leur voit tenir une place légale dans la polyarchie que du tems de Charles le Chauve, et depuis l'an 850.

Le titre de vidame était connu dans la Septimanie, dès l'an 828. Deux chartes de l'an 843, tirées d'un ancien cartulaire de l'église de Gironne, prouvent qu'il était synonyme de celui de vicomte. (*Mém. de l'Acad. des Inscrip.*, t. XXIX, p. 309.)

Au reste, les races comtales donnèrent souvent ce titre en apanage à leurs cadets; et la simple chevalerie put y prétendre comme la plus haute noblesse.

Outre ces deux magistrats, les comtes avaient des assesseurs connus sous le nom de scabins. Il en fallait constamment sept pour rendre un jugement légal. (*Capit. an.* 803. *Bal.*, t. I, p. 394.)

Le comte devait, chaque année, tenir trois plaids généraux auxquels les hommes libres du comté étaient tenus de se rendre. (*Bal. Capit.*, t. I, p. 353, 616.) Il recevait alors les plaintes de tous contre tous; la censure était générale. Il indiquait d'autres plaids, suivant l'exigence des cas; cette convocation n'obligeait que les scabins et les parties, les témoins et les jurés. (*Ibid.*)

Les avoués des grandes églises, et les vassaux du roi, devaient aussi se rendre aux trois plaids généraux du comte, pour répondre aux plaintes que l'on pouvait porter contre eux, et que cet officier était en droit d'instruire. Sa compétence, bornée à cet égard, s'étendait au jugement définitif dans les procès des hommes libres moins puissants. (*Capit III, an.* 812, *c.* 2.)

Ces hommes, parfaitement libres, exempts de tribut personnel, avaient la puissance d'eux-mêmes. (*Cod. Theod. lib.* XII, *tit*, *I*, *l.* 6.) Ils ne devaient à la nation que le service militaire pour la défense générale. La seule médiocrité de leur fortune pouvait les exclure de l'honneur de se dévouer au roi, par une recommandation spéciale; mais ils ne marchaient que sous la bannière des officiers palatins, ou sous celle des comtes. Ces chefs commandaient leur service, et présidaient le tribunal où étaient portées leurs causes.

Les hommes plus puissants obtenaient par la recommandation des titres de dignités proportionnés au nombre de vassaux qu'ils comprenaient dans leur hommage. On trouve ces seigneurs désignés sous le nom de *vassi*, dans l'instruction donnée par Louis le Débonnaire à ses légats, en 819. (*Bal. Capit.* t. I, col. 620.) Leurs inférieurs, quoique vassaux du roi, et même ses légats, comme eux y sont nommés *vassalli*, diminutif évident du titre de *vassi*, puisque le défraiement qu'on leur assigne est beaucoup au-dessous de celui de l'abbé, du ministériel et du comte.

Les évêques et leurs assesseurs jugeaient les causes des pauvres, partout où les pauvres étaient leurs sujets. Car tout sujet de l'église devait se présenter à son plaid.

La charte de Louis le Débonnaire, pour les Espagnols réfugiés, prouve que ce gouvernement subsistait en 815; et quoique son altération devînt peu après très-sensible, l'événement qui devait l'anéantir, ne peut être rapporté qu'à la fin du règne suivant.

Cette révolution eut, comme on l'a déjà dit, des causes éloignées. Une loi de Childebert II suppose que les ducs et les juges avaient des bénéfices dont il importait que leurs vassaux ne se fissent pas des propriétés. Le vasselage en sous-ordre était donc dès-lors très-étendu, comme les formules de Marculfe l'attestent.

Jusque-là, les vassaux personnels du roi, appelés *Antrustions*, n'avaient été, comme les palatins des empereurs romains, que des hommes décorés, jouissant de grands priviléges, et ce fut leur état sous la première race.

Mais Charles Martel et Pépin, s'étant faits des vassaux de

tous les grands du royaume, en distribuant en bénéfices les biens dont ils avaient dépouillé le clergé; la royauté et la suzeraineté se confondirent sur le trône en la personne de Pépin. Le vasselage, devenu le nerf de la constitution politique et de la discipline militaire, devenu, de plus, un titre certain à des récompenses solides, fut protégé par les lois, et le règne trop brillant de Charlemagne, accéléra l'enrôlement presque universel des hommes libres.

Les propriétaires, ruinés par les guerres de ce prince, se dévouèrent au service des grands pour y trouver un asile. Cette diminution d'état leur parut plus supportable que la tyrannie des légats et les vexations des comtes, qui exigeaient l'hériban. (*Capit* 3, *ann.* 811, *Bal.*, t. I, col. 477.)

Charlemagne, toujours obéi, ne prévit point l'effet de ces engagements; il permit même aux arrière-vassaux de ne marcher à la guerre qu'à la suite de leurs seigneurs, et prépara ainsi la ruine de sa maison. (*Constit.* 2, *ann.* 812. *Bal.* t. I, col. 493.)

Louis le Débonnaire crut arrêter le mal en favorisant ses fidèles. Ce prince leur accorda, pour eux et leurs vassaux, une triple composition, dans le cas où ils auraient souffert des rapines ou des violences. (*Capit. ann.* 826, *Bal.*, t. I., col. 647.)

Les seigneurs de leur côté, pour accréditer leurs bannières, assuraient l'impunité, et toléraient l'indiscipline.

La fureur du vasselage fut poussée à un tel excès, que lorsque Charles le Chauve voulut entreprendre des guerres, il se trouva sans armée. (*Pascas. Ratbert. act. SS. Sti. Bened. sœc.* IV, p. 455-522.)

C'est encore à Charlemagne qu'il faut rapporter l'origine d'un autre établissement qui hâta, pour ses descendants, la perte de la monarchie. Ce prince, fatigué des plaintes qu'il recevait contre l'administration des comtes et des légats extraordinaires que les rois mérovingiens étaient dans l'usage d'employer, partagea l'empire français en légations régulières. On en trouve trois limitées dans le premier capitulaire de l'année 802. (*Bal.* t. I, col. 361.)

Il envoyait dans chacune, des seigneurs du premier rang, et s'assurait, par leur rapport, du maintien de l'ordre public; mais lorsque sous Charles le Chauve, le royaume fut en proie à la fureur des Normands et à des guerres intestines, l'état décomposé ne put réunir ses forces; et il se forma autant de centres de pouvoir que de légations circonscrites.

Louis le Débonnaire entrevit le danger, et tâcha de le prévenir en supprimant les légations établies en 802. A l'exemple des rois mérovingiens, il envoya des commissaires pour surveiller l'administration des comtes ; mais il crut pouvoir les prendre indifféremment parmi les palatins et ses vassaux d'un rang inférieur. (*Bal. Capit.*, t. I, col. 620.) Sans doute son autorité avait souffert de ce mélange, puisqu'il rétablit les grandes légations en 823. (*Ibid.* col. 671.)

Les partages du royaume, si multipliés par ce prince, et les guerres de ses enfants, ne permirent pas à Charles le Chauve, de réformer cet abus. On voit dans le capitulaire de Servais, qu'il ne dominait alors que sur la Neustrie, une partie de l'Austrasie et de la Bourgogne, et qu'en subdivisant les légations il chercha à placer ses créatures en restreignant leur pouvoir.

Mais sous ce gouvernement de despotisme et de faiblesse, des territoires circonscrits devinrent pour les comtes des théâtres d'intrigues, et inspirèrent à chacun le désir de s'en rendre maîtres. Les guerres mêmes des Normands servaient leur ambition. Dans ces tems malheureux où tant de comtés périrent dans les combats que ces brigands ne cessaient de livrer, on crut attacher les grands de la nation à la défense du pays en leur inféodant la puissance publique.

Charles le Chauve statua dans l'assemblée de Quiersi, de l'an 877, que les offices des comtes, les bénéfices de ses vassaux, et ceux de ses arrières-vassaux, passeraient à leurs enfants ; et que ceux de ces vassaux, qui après sa mort voudraient se retirer sur leurs alleus, pourraient disposer de leurs bénéfices.

Ce capitulaire, considéré dans toute sa teneur, n'est peut-être pas aussi exprès qu'on l'a cru généralement sur l'hérédité des offices, et la conversion des bénéfices en fiefs. Mais ce qu'il y avait d'équivoque dans ses dispositions fut interprété par les mœurs.

Le vasselage, protégé par Charlemagne, encore plus favorisé sous Louis le Débonnaire, était presque généralement établi en 864. On en trouve la preuve dans l'édit de Pistes, de la même année : c'était une maxime fondamentale de la monarchie française, qu'aucune loi nouvelle ne pouvait avoir sa sanction que par le consentement du peuple, c'est-à-dire des hommes libres qui choisissaient leurs représentants pour assister aux plaids où s'en faisait la lecture. Le progrès de la féodalité ayant diminué le nombre des hommes libres, l'édit de Pistes comprit, sous le nom de peuple, les *vassi* du roi, et leurs vassaux, les ducs et leur vasselage, celui des comtes, des évêques, des abbés, et ces dignitaires eux-mêmes, les hommes libres, puissants, et les guerriers qu'ils avaient à leur service, enfin les gendarmes, et les simples écuyers propriétaires, qui voulaient bien se rendre au plaid.

La défaveur des hommes libres qui augmentait de plus en plus, comme on en peut juger par le capitulaire de Quiersi, de l'an 873 ; et les associations connues sous le nom de familiarités, qui formaient des liens réciproques, sans déroger aux autres engagements, et sans recevoir aucun bienfait, (*Edict. Pist ann.* 862.) furent autant de causes qui préparèrent à Charles le Chauve des rivaux formidables dans des maisons puissantes, aussi nobles que la sienne, et qu'il fallait contenir : ce prince en avait les moyens ; mais il ne sut pas en user.

Au lieu de faire respecter les lois dans cette cour qu'on appelait le jugement des Francs, et qu'il avait le droit de composer, il n'écouta que sa passion, et ne fit choix que de juges pervers. Les formes mêmes lui parurent souvent trop longues. Témoin le fameux Bernard qu'il égorgea, dit-on, de sa main, Gauzbert, marquis de Neustrie, et d'autres comtes illustres assassinés par ses ordres.

Maître absolu des bénéfices laïcs dépendants de la couronne, et influant par sa recommandation sur ceux qui étaient à la disposition des prélats, il pouvait récompenser par des grâces ou punir par des privations. En usant despotiquement de ses prérogatives, il révolta les grands qu'il ne put même apaiser en prodiguant les sacrifices ; et ces colosses de puissance devinrent d'autant plus redoutables, qu'en ménageant la nation enrôlée dans leur vasselage, ils la disposèrent à proscrire une race qui avait méconnu ses droits.

Il est d'ailleurs constant qu'avant l'*assemblée de Quiersi*, de l'an 877, Charles le Chauve avait inféodé plusieurs comtés en titre héréditaire. Tel fut le comté de Flandre que ce prince donna à Baudouin en légitimant son mariage avec sa fille Judith. La chronique de Saint-Bertin appelle l'acte de cette donation une chartre *d'autorité*, dont l'effet devait être perpétuel, pour la distinguer du simple brevet par lequel Lideric, bisaïeul de Baudouin, avait obtenu ce comté. (*Dom Bouq.* t. VII, p. 268.)

Charles le Chauve abandonna, en 856, à Herispoë, tout ce qu'il avait conservé dans le royaume de Neustrie, depuis les cessions précédentes qu'il avait faites aux Bretons. (*Ibid.* p. 355, 366.)

Le récit d'Adémar de Chabanais ne permet pas de douter que Wulgrin, parent de Charles le Chauve, n'eût reçu, au même titre, les comtés de Périgord et d'Angoumois. Il est vrai que Wulgrin n'avait pu être envoyé en Aquitaine par Carloman, comme le dit ce chronographe ; mais son témoignage dans le point essentiel, n'est point affaibli par cet anachronisme.

Si nous n'avons pas les titres précis de toutes les concessions perpétuelles des grands fiefs, nous indiquerons au moins, ci-après, l'époque à laquelle la révolution fut généralement opérée, et comment les ducs et les comtes majeurs, qui avaient la grande légation, devinrent seigneurs dominants des terres de leur district.

Les comtes moins puissants, hommagers des grands feudataires, prétendirent au même droit dans l'étendue de leurs comtés. Les uns et les autre jouirent des revenus du fisc, et menaient leurs vassaux à la guerre.

Cet établissement essuya des contradictions de la part des vassaux immédiats. Ils refusèrent long-tems de reconnaître pour seigneurs les ducs et les comtes majeurs dont ils avaient été jusqu'alors justiciables.

D'ailleurs, quelque déformé que fût le gouvernement, l'édit de Verne, de l'an 884, prouve qu'il restait encore alors des légats *missi*, des centeniers, des scabins, et des hommes libres qui n'étaient point entrés en vasselage. (*Bal. Capit.* t. II.)

La fonction de ces légats était, à la vérité, de soutenir les évêques auxquels la grande police avait été confiée. *Ibid. cap.* 5 *et seq.*) Mais ces agents du gouvernement politique prouvent qu'il subsistait encore, et que la révolution ne fut opérée que successivement, selon l'affaiblissement de l'autorité du roi et la diminution de ses domaines.

Les progrès durent en être rapides sous Charles le Gros. Ce prince, qui semblait destiné à rétablir l'empire de Charlemagne dont il réunit les états, ne se montra en France que pour accroître l'indépendance des vassaux par sa faiblesse, et l'audace des Normands par un traité honteux. (*Ann. Fuld. dom Bouq.*, tom. VIII, pag. 50.) Le mépris dans lequel il venait de tomber le suivit en Germanie, où les grands, assemblés en 887, élurent Arnoul, son neveu, et le placèrent sur le trône. Ne pouvant soutenir le poids du gouvernement, il avait confié à Eudes, fils de Robert, duc de France, la garde de Charles le Simple, et la régence du royaume. (*Dom Bouq.*, tom. IX, pag. 58.)

Ce fut sans doute de son consentement qu'il fut couronné roi d'Aquitaine dès l'an 886. (*Ibid. et Adem. Caban. chronic.*) Une partie des Francs lui prêta serment l'année suivante (*Dom Bouq.*, tom. VIII, p. 159), et l'empereur Arnoul le reconnut pour roi en recevant son hommage. (*Ann. Fuld. continuat.*)

Ce prince envoya même des ambassadeurs à Reims, en 888 (*Dom Bouq.*, tom. VIII, pag. 215), pour assister au sacre d'Eudes, qui se fit du consentement de tous les Francs, des Bourguignons et des Aquitains. Mais il paraît par la suite des évènements, qu'il n'eut le titre de roi que pour gouverner avec plus d'autorité, et à la charge de conserver à Charles le Simple le royaume de ses pères. (*Dom Bouq.*, tom. IX.)

Charles, parvenu à l'âge de dix-huit ans, époque de sa majorité suivant la loi des Ripuaires, qui était celle de sa maison, en réclama le sceptre. Eudes, de son côté, refusa de le rendre; ce fut le sujet d'une guerre que les deux compétiteurs terminèrent par un partage des provinces; mais l'opinion la plus probable est qu'Eudes, gardant le titre de roi, s'avoua vassal de Charles. (*Aimoin.*)

Ce traité, qui en augmentant la puissance de la maison d'Eudes, diminua le domaine de la couronne, accéléra d'autant plus le gouvernement féodal.

Charles, à la mort d'Eudes, arrivée en 898, recouvra la France proprement dite et la Lorraine; mais tel était son caractère, que les avantages mêmes qu'il eut sur ses ennemis, durent précipiter sa perte.

Rollon, défait près de Chartres par Robert, frère d'Eudes, Ebles, comte de Poitou, et Richard, duc de Bourgogne, eut recours à la négociation. Converti par les soins de Francon, archevêque de Rouen, il obtint, en 912, par le traité de Saint-Clair-sur-Epte, les diocèses de Rouen, d'Evreux, et ceux de Lisieux et de Séez. (*Dom Bouq.*, tom. IX, pag. 302.)

La faiblesse de Charles fut encore plus signalée à la bataille de Soissons; il tua Robert, son rival, et abandonna son armée. Indignés de son inconduite, les grands proclamèrent Raoul; mais cet événement ne fit point cesser les troubles.

Charles, emprisonné par Herbert, comte de Vermandois, implora le secours de Henri, roi de Germanie, qu'il ne put obtenir qu'en lui cédant la Lorraine. Raoul, lui-même, pour détacher Rollon des intérêts de Charles, lui inféoda le Maine et le Bessin (*Dom Bouq.*, tom. VIII pag. 181), et donna, en 933, à Guillaume, son fils, la suzeraineté de l'Avranchin et du Côtentin, à la charge de l'hommage.

Il ne restait à Louis d'Outremer, en domaine immédiat, que la France proprement dite; et son unique ressource était de s'y maintenir. Mais ce prince, trop jeune pour se faire obéir par des vassaux redoutables, céda au comte de Flandre, à Hugues le Grand, et au comte de Vermandois, une partie de ce patrimoine, à la possession duquel le préjugé national attachait le droit de régner; et il ne laissa à son fils que la seule ville de Laon.

Les Normands de la Loire continuant leurs ravages, il avait fallu supprimer quelques légations établies en 853, pour donner plus d'étendue à d'autres. Les maisons les plus puissantes profitèrent du malheur public pour agrandir leur territoire.

Ainsi le duché de France s'étendit, sous Hugues le Grand, sur les pays situés entre la Seine, la Loire, et très-loin dans l'Amiénois.

Les duchés de Neustrie, de Bretagne et d'Aquitaine, continuaient, sur les côtes de l'Océan, la barrière que fermaient les ducs de Gascogne. Ceux-ci gardaient, en outre, avec les comtes de Barcelonne, les passages des Pyrénées.

Les comtes de Toulouse et les ducs de Narbonne veillaient sur les côtes de la Méditerranée et le Rhône.

La Saône, ancienne limite du royaume de France et d'Arles, dépendait des ducs de Bourgogne.

La Flandre comprenait tout le pays situé entre l'Escaut et la mer; ce qui achevait l'enceinte du royaume, contre les ennemis du dehors.

Ces feudataires réunis auraient pu défendre l'état; mais, divisés par l'ambition, ils n'opposèrent aux Normands qu'une faible résistance, et conspirèrent à l'envi à démembrer la monarchie. Le mal fut en croissant jusqu'à la mort de Louis V. Charles, duc de Lorraine, son héritier présomptif, soutint ses droits par des actions dignes d'un meilleur sort; mais trahi par l'évêque de Laon, trompé par la reine douairière, la liberté lui fut ravie, et la race de Charlemagne perdit alors pour toujours la dernière de ses couronnes.

Cette catastrophe était inévitable, dès qu'après la dissipation entière du domaine de la couronne, le roi n'eut de rapports directs qu'avec des grands, dont les vassaux pouvaient porter impunément les armes contre lui. (*Capitul. S. Vedasti.*) Au lieu d'une monarchie, il existait divers états qui formaient autant de patries. Le souverain, qui ne l'était plus que de nom, avait le droit de commander ces lignes, lorsqu'il fallait repousser les ennemis du dehors. Mais si elles refusaient de marcher, quel moyen restait-il de se faire obéir?

Parmi les causes de ce désordre, le vasselage, sans doute, a paru la plus frappante. Cette institution néanmoins, conforme aux mœurs nationales, n'aurait pas renversé le gouvernement, si elle-même n'eût été altérée. Il avait existé pendant un grand nombre de siècles, des ambactes et des leudes, dont la condition n'avait rien de contraire à leurs devoirs politiques.

Mais lorsque, au mépris des lois salique et ripuaire, l'hérédité des seigneuries s'établit au profit des femmes; lorsque, par des idées chimériques de perfection, les alliances entre parents furent prohibées par le clergé, aussi loin que la parenté put être reconnue, les héritiers de plusieurs familles portèrent leur patrimoine dans des maisons étrangères. Ces fortunes accumulées, formèrent de grandes masses ; et l'inégalité qui en résulta fut d'autant plus dangereuse pour l'autorité, que sous les deux premières races, la richesse était puissance, et qu'on ne pût être opulent sans posséder de vastes terres et commander à beaucoup de guerriers.

L'inégalité fut au comble lorsque par crainte ou par faveur les grands propriétaires joignirent à leur patrimoine de riches abbayes, des domaines du fisc, et même la puissance publique. Ces grâces, d'abord amovibles, devinrent bientôt perpétuelles, et élevèrent des maisons qui, depuis Charles le Chauve, furent les rivales du trône. La nation partagée entre elles ne connut d'autre lien que celui du vasselage, et les forces manquèrent au souverain pour maintenir sa puissance.

Tel fut l'état déplorable où se trouva Charles, duc de Lorraine, à la mort de Louis V. Son droit à la couronne était incontestable ; mais ne pouvant le soutenir, le plus puissant de ses vassaux osa la lui disputer.

Hugues Capet, héritier de son père mort en 956, fut comme lui prince des Francs, des Bourguignons et des Bretons. (*Dom Bouq.*, tom. VIII, pag. 254 ; *ibid.*, tom. IX, pag. 733.)

Richard, duc de Normandie, l'appelait son seigneur dès l'an 968. (*Ibid.*, tom. IX, pag. 731.) Dans la France proprement dite, il possédait l'abbaye de Saint-Riquier, qui avait été la dot du duché maritime. (*Ibid.*, p. 638.) Le comté de Senlis et celui de Beauvais appartenaient à ses vassaux. (*Ibid.*, tom. X, p. 288, 354, n.) Il partageait avec l'évêque d'Amiens, le comté de cette ville.

A ces domaines immenses, il joignait une puissance affermie, une autorité respectée ; mais l'amour des Francs pour le sang de Charlemagne n'étant pas tout à fait éteint, Hugues en redoutait les effets. La désunion de la famille royale hâta la révolution. Feignant de se montrer fidèle à la reine Emme, Hugues avait déclaré la guerre à Louis V. Ses partisans le proclamèrent roi, et eurent assez de crédit pour empêcher le sacre et la délivrance de Charles.

Les progrès de la suzeraineté avaient été si constants depuis l'assemblée de Quiersi, de l'an 877, que la polyarchie des fiefs était presque généralement établie.

Si quelques chartes des deux siècles suivants, supposent qu'il existait encore des propriétés allodiales, ce n'en est pas toujours une preuve certaine. Le droit de prononcer l'amende du ban royal, et la peine de mort qui constituait la haute justice, était nécessairement émané du roi. Les hommes libres qui en jouissaient, l'avaient donc reçu en bénéfice ou en fief du roi lui-même, des légats ou des comtes. Comment imaginer que des propriétaires isolés eussent conservé le pouvoir de rester neutres dans les guerres de leurs voisins? Quelle puissance n'aurait-il pas fallu pour garder cette paisible neutralité au milieu du mouvement général, et pour se maintenir dans ses possessions sans entrer en vasselage.

L'édit de Pistes, de l'an 864, ne fait aucune mention des hommes libres qui n'avaient point de seigneur; ils étaient donc regardés dès-lors comme peu utiles à la guerre. Leur défaveur fut toujours en croissant, comme on peut en juger par l'assemblée de Quiersi, de l'an 873.

Les traces d'indépendance qu'on retrouve dans quelques chartes des onzième et douzième siècles, doivent donc être rapportées aux prétentions que les barons ou les châtelains avaient formées depuis que l'assemblée de Pontion, en 876, et l'édit de Verne, de l'an 884, eurent attribué aux évêques la grande légation dans leurs diocèses, et subordonnément la police aux curés. Cette étrange législation qui dégrada la dignité des comtes, et l'anarchie où se trouva le royaume depuis la mort de Carloman, jusqu'à celle de Louis V, enhardirent quelques vassaux à méconnaître leurs devoirs, à se croire même souverains. Mais ces chimères de l'orgueil disparaissent devant l'ordre public qu'attestent les monuments.

En vain le seigneur d'Aurillac refusa-t-il de rendre hommage à Guillaume, duc d'Aquitaine; cette terre, située dans le comté d'Auvergne, en était certainement mouvante: aussi Géraud, qui la possédait, fit-il valoir les services que son père avait rendus au duc, pour éluder sa demande. Il obtint même un brevet de comte; mais il consentit que ses successeurs fussent soumis à ce devoir.

Ainsi l'avénement de Hugues Capet au trône fut l'époque de la sanction que reçurent les lois féodales.

L'auteur de *l'Esprit des Lois* dit qu'elles parurent en un moment sans qu'elles tinssent à celles qu'on avait connues jusqu'alors. (*Esp. des Lois*, liv. 30, chap. 1.) Mais peut-on regarder comme un phénomène cet événement préparé par les mœurs et autorisé par la législation qui, depuis Charlemagne, n'avait cessé d'étendre le vasselage, en dénaturant les alleus? Tout le royaume, où à peu près, se trouvant divisé en fiefs, on dut voir sans étonnement la monarchie féodale succéder à la monarchie politique.

Ainsi s'acheva, en France, l'établissement du gouvernement féodal. C'est presque à la même époque que paraissent se rapporter les causes de sa décadence. Mais avant que de les développer, nous croyons devoir jeter un coup-d'œil sur les autres pays de l'Europe, qui avaient adopté ce régime.

Nous avons dit qu'en Germanie le vasselage paraissait être d'origine gauloise. (*Pfeffel.*) Cette opinion est d'autant plus probable, que les Germains et les Teutons étaient eux-mêmes Gaulois. (*Dom Martin, Hist. des Gaul.*, tom. I, p. 66 et 115.)

Il est vrai que quelques écrivains font descendre des Goths les peuples teutoniques. Mais les fiefs étaient étrangers aux Goths et aux Espagnols. Louis le Débonnaire, en accordant aux hommes libres de ces deux nations, qui s'étaient réfugiés en France, la permission de se recommander à ses comtes, ajouta que si quelqu'un d'entre eux obtenait un bénéfice, il devrait faire le service dont les Francs étaient tenus envers leurs seigneurs, à cause d'un pareil bénéfice. (*Bal.*, tom. I, col. 569; tom. II, col. 817.)

Ce fut donc en vertu d'une loi des Francs, que les Goths connurent la féodalité.

Mais en supposant que l'origine de cette institution appartînt exclusivement aux Gaulois, on voit dans Tacite qu'elle était dès-lors très-ancienne en Germanie. D'autres monuments attestent qu'elle s'y perpétua par les mœurs.

Ainsi lorsque ce pays, qui, sous Charlemagne, ne formait qu'une province, fut compris dans les divers partages que Louis le Débonnaire fit de ses états, les hommes libres qui l'habitaient ne purent demeurer neutres entre des rois qui cherchaient à l'envi à se les attacher. Ils entrèrent en vasselage, et eurent à cet égard avec les libres Francs une police commune.

Il y eut cependant quelque différence entre les deux nations dans l'impulsion générale qui les portait au régime féodal. En Germanie, les circonstances qui préservèrent l'état des incursions des Normands et des Sarrasins, les qualités personnelles des princes qui gouvernèrent, et le caractère des habitants durent en ralentir la marche et retarder ses progrès. Aussi ne fut-ce que vers l'an 1024 que Conrad le Salique accorda à ses fidèles la transmission des fiefs des enfants du vassal à ses petits-enfants, et que celui dont le frère serait mort sans enfants, pût succéder au fief qui avait appartenu à leur père commun. (*Esp. des Lois*, liv. 31, chap. 30.)

Cette disposition de la loi de Conrad, presque littéralement transcrite du capitulaire de Quiersi de l'an 877, eut des progrès rapides, puisque l'hérédité des fiefs était presque généralement établie sous le règne de Henri IV. (*Pfeffel*, tom. I, p. 288.)

Pour ce qui est de l'Italie, on sait que les Romains, devenus maîtres du monde, firent consister le bonheur dans les spectacles et les jeux; que l'urbanité fut pour eux le comble des vertus sociales.

Le fond de ces mœurs fut le même après la chute de l'empire. Plusieurs lois de Théodoric annoncent qu'il s'occupa du soin de rendre aux cités leur ancienne splendeur, en les faisant habiter par les libres propriétaires.

Les Grecs, vainqueurs des Ostrogoths, furent chassés par les Lombards qui substituèrent des ducs aux premiers magistrats civils.

Ces ducs, d'abord amovibles sous le règne d'Alboin, formèrent l'aristocratie qui gouverna la nation lorsqu'après le meurtre de Clef la royauté fut supprimée. Autharis, fils de ce prince, élu roi par ces mêmes ducs, confirma leur autorité qu'il reconnut héréditaire. (*Paul. Diac. Hist. Langobard.*)

Les comtes, sous Charlemagne, à qui on donna indifféremment ce titre et celui de ducs, possédèrent leurs comtés comme les ducs lombards avaient possédé les leurs.

On lit dans les annales de Fulde, qu'en 883 Charles le Gros indisposa contre lui les grands du royaume d'Italie, en dépouillant Gui et quelques autres ducs des bénéfices concédés à leurs bisaïeuls, et que les fils de ceux-ci avaient transmis à leurs pères. (*Dom Bouq.*, tom. VIII, p. 44.)

La possession de Gui et des autres comtes remontait donc jusqu'au tems de la conquête de l'Italie?

Louis II nomma des légats *temporaires* pour commander les troupes du ministère de Gui et de celui de Bérenger, qui devaient être alors ou mineurs ou absents. L'intention de ce prince était de leur conserver les légations de leurs pères. (*Bal.* t. II, col. 359.)

Ces légations en Italie furent des marquisats comme elles l'étaient en France dans les provinces frontières. Ceux qui en étaient pourvus eurent une supériorité marquée sur les autres comtes, à qui pourtant l'usage avait été de donner le titre de ducs.

On conçoit que ces duchés devinrent héréditaires plutôt que les légations, dont les pouvoirs étaient les mêmes que ceux de la lieutenance royale. Cependant ces légations même furent gardées à Gui et à Bérenger qui ne pouvaient en faire les fonctions.

Winigise, duc de Spolette, étant mort en 822, Suppon, comte de Bresce, lui fut donné pour successeur. (*Eginhard, annal.*) Suppon étant mort en 823, Adélard le jeune fut envoyé en Italie, et eut ordre de prendre avec lui Mauringue, comte de Bresce, pour achever de *faire les justices*.

La commission d'Adélard et de Mauringue fut de courte durée, puisque le panégyriste de Bérenger parle des Supponides comme de puissants alliés, qui menèrent quinze cents chevaliers de haubert à ce roi d'Italie. (*Dom Bouq.* tom. VIII, p. 114.) Il les appelait ainsi, du nom de leur père Suppon, comte du

Picenum, à qui on donnait aussi le titre de duc, et que le pape Jean VIII qualifiait de comte illustre. On voit que la grandeur de Suppon avait été héréditaire comme celle de Gui, et de plusieurs autres comtes.

En effet, il ne paraît pas douteux que Charlemagne n'eût offert cet appât à la haute noblesse de France, pour l'engager à s'expatrier. La politique de ce prince cherchait à introduire les mœurs et les lois françaises dans un pays où la répugnance était extrême pour la discipline du vasselage.

Les Francs, venus à la suite des comtes, firent long-tems la force de leurs armées. Mais les guerres civiles qui désolèrent ce pays firent périr cette milice. Le peu qui en resta prit les mœurs du grand nombre, et le vasselage sécha dans cette terre étrangère. Les libres propriétaires, mêlés avec les plébéiens, ayant fait prévaloir les prétentions des cités, les grands se virent forcés de traiter comme républiques des villes où jadis leurs pères avaient commandé.

Les rois de Germanie, qui furent aussi rois d'Italie, n'avaient d'alliés que les grands qui purent se maintenir, ou ceux qui aspiraient à recouvrer leurs droits. Ils n'eurent garde d'affaiblir cette aristocratie en contestant aux enfants la succession de leurs pères.

Ce n'est donc point aux Lombards qu'il faut rapporter l'origine du gouvernement féodal : il y a même lieu de douter que le vasselage ait été dans leurs mœurs comme dans celles des Francs ; du moins est-il certain que leur code primitif n'en présente aucune trace. Les constitutions de Frédéric Ier. sur les fiefs y furent insérées, parce qu'au tems de ce prince la féodalité avait pris assez de consistance pour être un des principaux objets de la législation. On y avait ajouté précédemment les capitulaires de Charlemagne, et successivement ceux de Louis le Débonnaire et Lothaire. Ce fut en France, sous ces empereurs, que la dénomination de *pairs*, qui dans nos monuments signifiait des hommes de même état, devint le titre distinctif des premiers seigneurs du royaume. (*D. Bouq.* tom. 10, p. 68, 84 et 101 ; *du Cange*, tom. V, col. 130.)

Hugues Capet, parvenu au trône, ne fut que le suzerain des feudataires dont il avait été pair jusqu'à cette révolution. Possesseurs comme lui de la puissance publique de leurs territoires, ils ne lui devaient que le service féodal dans sa cour de justice et dans ses guerres. Hugues, qui connaissait le prix de leurs suffrages, ne négligea rien pour les obtenir. Les ducs de Guienne et de Gascogne, les comtes de Toulouse et de Rouergue, ceux de Flandre et de Vermandois, étaient les seuls partisans de Charles de Lorraine, que sa naissance appelait à succéder à Louis V. Après quelque résistance, ils se soumirent à Hugues, et le sceptre qu'ils établirent dans sa maison fut garant de la propriété de leurs seigneuries. Des officiers amovibles, que la nation n'avait point élus, n'auraient pu lui donner qu'une existence précaire; il fallut bien reconnaître la perpétuité des grands fiefs pour assurer dans sa maison celle de la couronne.

Vassaux immédiats par leurs titres, ces feudataires représentaient tous les propriétaires indépendants, qui, en soumettant leurs terres au régime des fiefs, avaient consenti à ne paraître aux assemblées de la nation qu'à la suite de leurs seigneurs. Délibérant sur la chose publique d'après l'avis de leur chevalerie, ils répondaient seuls des secours proportionnés à leur puissance et aux devoirs de leurs vassaux. Par ces prérogatives essentielles de la pairie, cette éminente dignité qui environnait le trône, se trouvait concentrée dans leurs mains, et plaçait au-dessous d'eux toutes les classes des citoyens dans des degrés relatifs à la mouvance et à la dignité des fiefs qui réglaient celles des personnes.

Mais comme la suzeraineté n'était pas une domination, ni le vasselage une servitude, les chevaliers n'avaient jamais perdu le droit d'assister aux plaids généraux, ni celui d'y voter au moins par acclamation.

Aussi, quoiqu'au tems de Henri V, il y eut certainement de grands feudataires en Germanie, soixante mille chevaliers concoururent à l'élection de Lothaire, son successeur. Il en avait été ainsi à celle d'Otton Ier.

Il est vrai qu'au-delà du Rhin les grands fiefs, tels que ceux qu'on nomma depuis électorats, n'étaient pas alors héréditaires, et qu'ils ne le devinrent que sous le règne de Henri VI. Mais en France où cette hérédité était constamment établie, au moins depuis Charles le Chauve, les chevaliers concoururent toujours à l'élection des rois. Frodoard les nomme expressément dans la proclamation de Louis d'Outremer.

La politique la plus ordinaire suffisait pour faire sentir le vice d'un gouvernement où le suzerain sans forces était à la merci de ses vassaux. Mais Hugues Capet n'aurait pu contester l'autorité de ses anciens collègues sans avouer l'usurpation de ses pères. Il reçut la soumission des grands feudataires avec leurs hommages, et dès-lors ces vassaux immédiats, autorisés par leur nouveau suzerain, et dont les mouvances embrassaient presque tout le royaume, furent les seuls pairs de France. C'est, on ose le dire, l'époque de la première réduction de ce grand nombre de pairies laïques qui existait dans le royaume avant Charles le Chauve.

Elle dut influer nécessairement sur la prérogative dont jouissaient jadis les évêques de délibérer aux assemblées de la nation. Devenus presque tous sujets des grandes seigneuries pour les lieux où se trouvaient leurs églises, ceux qui parurent au nombre des pairs ne purent y être admis qu'à raison des fiefs immédiats unis successivement à leurs siéges. L'archevêque de Reims obtint le premier cette prérogative de Louis d'Outremer en 940. Si les évêques de Laon, de Langres, de Beauvais, de Châlons et de Noyon, assistèrent en 1179 comme pairs au sacre de Philippe Auguste, le temporel de leurs siéges relevait dès-lors nuement de la couronne. Les auteurs qui sont partagés sur la séance des pairs à cette cérémonie, ne varient point sur le nombre des prélats qui purent prétendre à cet honneur.

Il n'est pas aussi facile de déterminer le tems où les pairies laïques furent réduites au nombre de six. On en peut juger par l'incertitude des historiens et les divers systèmes imaginés sur ce point intéressant. En partant du point incontestable, que l'immédiation de la mouvance est l'essence de la pairie, nous examinerons combien il existait de vassaux immédiats de la couronne à l'avénement de Hugues Capet, et quel fut le sort de leurs dynasties. Cette méthode paraît être la seule propre à faire découvrir l'origine d'un usage qui ne fut fixé par aucune loi et que les faits durent amener insensiblement.

La Bourgogne ayant passé dans les mains de Henri, fils puîné de Hugues le Grand, devint le partage héréditaire de sa branche. (*D. Bouq.* tom. IX, p. 124-627.) Ses successeurs cadets de la maison régnante eurent plus de moyens de se maintenir. La subordination, mieux établie, préserva cette province des malheurs de l'anarchie, et ses ducs, pairs de France par leur titre, le furent toujours jusqu'à la réunion de leur patrimoine à la couronne.

La Normandie jouit de la même prérogative par le traité de Saint-Clair-sur-Epte; et lorsque Richard, petit-fils de Rollon, appelait en 968 Hugues Capet, prince des Francs, son seigneur, on voit que c'était relativement à ce titre, qui signifiait la lieutenance royale. (*D. Bouq.* tom. IX, p. 731.)

Le duché de Bretagne était une tenure à part. En rapprochant divers passages de Grégoire de Tours, on voit que les Bretons, quoique cantonnés dans le pays de Cornouailles, avaient cependant sous les enfants de Clovis assez de consistance pour faire présumer qu'ils y étaient établis lorsque ce prince entra dans les Gaules. (*Greg. Tur. Hist. lib.* 4, *c.* 4, *lib.* 5, *cap.* 16 *et* 27.)

Par son alliance avec les Armoriques, les Bretons qui en faisaient partie furent maintenus dans leurs droits comme les autres cités de cette confédération. Mais il y a cette différence, que les chefs des Bretons, en reconnaissant la souveraineté de Clovis et de ses enfants, conservèrent la domination héréditaire du pays dont ils étaient en possession. Les passages de Grégoire de Tours qu'on vient de citer sont précis, et Charles le Chauve lui-même avouait cette propriété en appelant Nomenoë le prieur de la nation bretonne : *Nomenoio priori genti Britannicæ.* (*D. Bouq.* tom. VII, p. 504.)

Un écrivain célèbre a soutenu contre D. Lobineau, historien de la province de Bretagne, que ce fut à la charge de payer un tribut : (*Tr. de la mouv. de la Bret. par M. l'abbé de Vert.*) Ses preuves paraissent décisives.

Waroch demandait au roi Chilpéric la permission de gouverner en son nom la cité de Vannes, à condition de payer chaque année les tributs qui appartiendraient au roi à cause de cette cité. (*Greg. Tur. lib.* 5, *c.* 27.)

Les princes bretons ne croyaient donc pas se dégrader en s'obligeant à payer un tribut.

On lit dans Éginhard que les habitants de l'île de Bretagne, forcés de s'expatrier par les Anglais et les Saxons, se réfugièrent dans l'extrémité des Gaules, où, ayant été subjugués par les rois des Francs, ils avaient coutume de payer à regret les tributs que ces princes leur avaient imposés. (*Eginh. annal. ad ann.* 786.)

Le concile tenu à Savonnières, l'an 859, priait les évêques de Bretagne de représenter à Salomon, que depuis le commencement de la monarchie, sa nation avait été soumise aux Francs, et leur avait payé tribut. (*D. Bouq.*, tom. VII, pag. 584.)

Les annales de Saint-Bertin attestent que ce même duc paya à Charles le Chauve cinquante livres d'argent pour le tribut de l'année 863, et pareille somme pour celui de l'année suivante, selon l'ancienne coutume et l'usage de ses prédécesseurs. (*D. Bouq.*, tom. VII, p. 80 et 87.)

Au reste, ce tribut, qui était une marque de dépendance, n'avait aucun caractère d'humiliation personnelle. Les Bretons, en s'obligeant à le payer aux Francs et à les servir dans leurs guerres, s'étaient maintenus dans leur liberté, leurs mœurs et leurs usages, et dans le droit d'élire les chefs de leur nation. Telle était à-peu-près la condition des Bavarois, des Allemands et des Saxons. (*Histoire critique de l'établissement des Bretons dans les Gaules, par M. l'abbé de Vertot*, tom. Ier., p. 200.)

Cet état des Bretons n'avait point varié depuis l'établissement de la monarchie, lorsque sous Louis le Débonnaire, un de leurs chefs, nommé Morvan, prit le titre de roi, et voulut être indépendant. Il s'autorisait sans doute de l'exemple de Judicaël : mais ce prince breton reconnaissait la souveraineté de Dagobert. (*Frédég. chron.* ch. 77.) D'ailleurs c'est par incorrection qu'on trouve Judicaël qualifié roi dans les monuments d'alors. Grégoire de Tours avait dit que depuis la mort de Clovis, les chefs des Bretons furent appelés comtes et non pas rois. (*Greg. Tur. lib.* 4, c. 4.) On retrouve la même tradition dans les annales d'Eginhard, qui observe, sous l'année 818, que ce fut contre l'usage de cette nation, que Morvan usurpa la puissance royale. (*D. Bouq.*, tom. VI, p. 178.)

La mort de ce rebelle ayant fait rentrer les Bretons sous l'obéissance des Francs, Louis le Débonnaire donna la légation du comté de Vannes, et ensuite de tout le pays, à Nomenoë, qui se révolta lui-même après quelques années du règne de Charles le Chauve, et se fit sacrer roi dans le monastère de Dol. (*D. Bouq.*, tom. VII, p. 220.)

Son fils Herispoë soutint ses prétentions; et Charles le Chauve, obligé de céder au tems, lui donna les habits royaux et ajouta aux possessions de Nomenoë, son père, les comtés de Rennes, de Nantes, et le pays de Retz, à la charge de l'hommage. (*D. Bouq.*, tom. VII, p. 68.)

Herispoë fut tué en 857, par Salomon, son rival, qui, en prenant aussi le titre de roi, (*D. Bouq.*, tom. VII, p. 220,) rendit, en 863, le même hommage à Charles le Chauve. (*Ibid.* p. 80.)

Ainsi l'époque la plus glorieuse pour les princes bretons fut aussi celle où ils devinrent feudataires de la couronne; mais on voit que ce dut être à des titres différents, et que le pays de Cornouailles, glèbe originaire de ce grand fief, n'était pas tenu à l'hommage lige.

S'il faut en croire les écrivains normands, Charles le Simple céda cette mouvance à Rollon, par le traité de Saint Clair-sur-Epte; mais le doyen de Saint-Quentin dit que Rollon n'eut alors que le pays situé entre l'Andelle et la mer. (*Du Chesne, Hist. norm. script. antiq.*, p. 82, 83.)

On voit dans Frodoard, que le Maine et le Bessin ne furent donnés à Rollon qu'en 924, et que son fils Guillaume n'eut qu'en 933, les comtés de Coutances et d'Avranches. (*D. Bouq.* tom. VIII, p. 181, 189.)

C'est donc probablement de ce dernier pays qu'on appelait la *terre des Bretons*, depuis que le duc Salomon l'avait reçu du roi Charles le Chauve, qu'il faut entendre le récit du doyen de Saint-Quentin. (*D. Bouq.*, tom. VII, p. 365.)

M. l'abbé de Vertot, *ubi sup.* est d'une opinion contraire; mais comment la concilier avec le récit de Frodoard. Ce chronologiste rapporte sous l'an 919, que des Normands ayant ravagé le pays de Cornouailles, *Cornu galliæ*, situé à la pointe maritime des Gaules, et s'étant retranchés aux environs de la Loire, le comte Robert les attaqua en 921, et qu'après un siége de cinq mois, il leur céda la Bretagne qu'ils avaient dévastée avec le pays de Nantes; Frodoard ajoute qu'ils commencèrent dès lors à se faire Chrétiens. (*D. Bouq.*, tom. VIII, p. 176 et 177.)

La Bretagne proprement dite n'avait donc pas été cédée à Rollon par le traité de Saint-Clair-sur-Epte. Il paraît d'ailleurs que le comte Robert s'en était réservé la mouvance par le traité de 921, puisque Hugues le Grand, son fils, avait à sa mort, en 956, le titre de duc des Bretons. (*Ibid.* p. 254.)

Il est donc vraisemblable que le duché de Normandie ne devint le fief dominant du duché de Bretagne, que sous Guillaume ou sous son fils Richard; il est du moins certain que la confiscation prononcée, en 1202, contre Jean-sans-Terre, ayant réuni la Normandie à la couronne, le duc de Bretagne eut le roi pour suzerain. Mais son ancien état d'arrière-vassal le fit mettre, en 1292, au nombre des grands comtes qui n'avaient rang qu'après les pairs. Ce ne fut qu'en 1297 qu'il obtint par une érection expresse les honneurs de la pairie. (*Brussel, usage des Fiefs*, p. 138 et 329.)

Guillaume IV, dit Fier-à-Bras, était duc d'Aquitaine. Rainulfe, son bisaïeul, n'avait obtenu, en 845, du roi Charles le Chauve que les comtés de Poitou, d'Angoumois et de Saintonge. (*Hist. de Lang.*, tom. Ier., p. 724.) Mais Charles, peu fidèle au traité de Saint-Benoît-sur-Loire, avait enlevé depuis à son neveu Pepin, des provinces que les enfants de Rainulfe prétendirent soumettre à leur gouvernement. Ce fut le germe des guerres fréquentes qu'ils eurent avec les comtes de Toulouse. Ceux-ci, possesseurs de cette ville capitale du royaume d'Aquitaine, voulaient étendre leur domination jusqu'aux mêmes bornes. Alternativement vainqueurs ou vaincus, ces princes envahirent enfin les fiefs qu'ils se disputaient. Le Velai (*Hist. de Lang.*, tom. II, p. 58,) et l'Auvergne (*Ibid*, p. 163,) subirent la loi du plus fort et perdirent leur immédiation.

Le Périgord, mieux défendu, maintenait ses droits contre tous. Wulgrin, qui l'avait reçu de Charles le Chauve, son parent, sous le titre de gouvernement général, l'avait transmis à ses descendants avec la même prérogative. Emme, petite-fille de Wulgrin et son héritière après la mort de tous les mâles légitimes de sa maison, avait porté cette province en dot à Boson le Vieux, comte de la Marche, son mari, tige de la seconde dynastie des comtes de Périgord et du surnom Taleyrand. (*Labbe, Biblioth. manuscr.*, tom. II, p. 170. Voyez *les Comtes de Périgord.*) Le titre de comte de Périgord, que Guillaume IV, comte de Toulouse, prenait dans quelques chartes, était une prétention imaginaire comme celles de plusieurs souverains de nos jours sur des états qui ne furent jamais soumis à leur empire.

Le comté de Toulouse comprenait, sous Hugues Capet, l'ancien diocèse de cette ville, les comtés d'Albigeois, de Rouergue, de Querci et le marquisat de Gothie. Ces vastes domaines, partagés depuis 975, étaient possédés en 987, par Guillaume Taillefer, comte de Toulouse, Pons, comte d'Albi, son frère, et Raimond II, comte de Rouergue, cadet de leur maison. (*Hist. de Lang.*, tom. II, p. 120.) : trois branches dont les biens ne furent réunis qu'en 1088, dans les mains de Raimond de Saint-Gilles. (*Ibid*, p. 272.) Ces grands feudataires n'avaient entre eux aucune subordination, et n'avouaient d'autre supériorité que celle de la couronne. Ils furent même des derniers à reconnaître Hugues Capet.

La Marche d'Espagne était tenue au même titre depuis 864, par les comtes de Barcelonne. Borel, contemporain de Hugues Capet, allait de pair pour l'autorité avec les comtes de Toulouse; (*Hist. de Lang.*, tom. II, p. 251.) et ses descendants ne reconnurent que le roi de France pour suzerain, jusqu'à la réunion de ce fief au royaume d'Aragon.

Bernard-Guillaume possédait le duché de Gascogne. Centulle-Gaston, vicomte de Béarn, les comtes de Fezenzac, d'Armagnac, d'Astarac et ceux de Bigorre, s'ils étaient de sa race, participaient par frérage à la première dignité de l'état dans les mains du chef de leur maison.

Les comtes de Vermandois, issus de Charlemagne par Bernard, roi d'Italie, furent la tige des premiers comtes de Champagne. La dignité des personnes annonce ici celle des fiefs qui étaient certainement immédiats de la couronne.

L'origine du comté de Flandre est connue. Baudouin Bras-de-Fer, qui risqua tout pour sa femme Judith, obtint tout par elle, du roi Charles le Chauve. Arnoul II, leur descendant, faisant sa paix avec Hugues Capet, fut maintenu sans doute dans les droits de ses aïeux.

Ces feudataires, égaux en dignité par leur rapport avec le suzerain n'en étaient séparés par aucun intermédiaire. Administrateurs avec lui de la chose publique, les seigneurs même du sang ne pouvaient voter parmi eux qu'en qualité de vassaux immédiats. C'est la cause de l'usage qui s'observa si long-tems, de régler, dans les assemblées des pairs, les séances des princes de la maison royale, suivant la date de leurs pairies.

Il ne faut donc point chercher la réduction des pères laïques au nombre de six, avant Hugues Capet, ni pendant son règne;

et ce n'est qu'en observant les révolutions des grands fiefs, depuis cette époque, qu'il paraît possible de résoudre ce problème historique.

Raoul le Jeune, comte de Vermandois, étant mort sans postérité en 1168, sa succession fut partagée entre ses deux sœurs. Isabelle, l'aînée, mourut sans enfants en 1183. Philippe Auguste, son plus proche héritier, fut obligé de soutenir ses droits par les armes contre les prétentions de Philippe d'Alsace, comte de Flandre, mari et donataire d'Isabelle. Cette guerre fut terminée par un traité en 1185. Le Vermandois et l'Amiénois restèrent à Philippe Auguste qui, en 1215, les réunit à la couronne. Ce fief, administré par le comte de Flandre, devenu litigieux dès 1168, ne dût plus être mis au nombre des pairies.

Le duché de Gascogne fut réuni en 1070, à celui d'Aquitaine, par la conquête de Guillaume VIII sur Bernard II, comte d'Armagnac. Si les comtés de Fezenzac et d'Armagnac étaient tenus en frérage, ils perdirent à cette époque leur dignité. (*Anc. lois des Fr.*, tom. Ier., p. 212.) Géraud IV les reprit en foi et hommage de Simon de Montfort, en 1205. Mais lorsqu'en 1039, le comte d'Armagnac s'était saisi du duché de Gascogne, les grands feudataires de cette légation durent participer à la prérogative de leur pair. C'est probablement la véritable origine de l'indépendance que s'arrogèrent à cette époque les vicomtes de Béarn. (Marca, *Hist. de Béarn.*) Ce dut être aussi le fondement des prétentions des comtes de Comminges, attestées par les protestations du comte Raimond VII en 1249 (*voyez les Comtes de Comminges*), et des refus des vicomtes de Lomagne de rendre hommage aux ducs de Gascogne. Mais le vicomte Vezian II, assiégé dans sa ville de Lectoure par le fameux Richard, duc de Guienne, se vit contraint de s'avouer son vassal, l'an 1181. (*Oih*, p. 480.)

Marie, héritière de Gaston V, vicomte de Béarn, son frère, fit hommage en 1170, à Alfonse, roi d'Aragon. Les états de Béarn, indignés de cette soumission, élurent un autre seigneur. Cet étranger et celui qui le remplaça furent également massacrés. Gaston VI, fils de Marie et de Guillaume de Moncade, rentra dans son patrimoine, mais comme vassal du roi Alfonse. Il renouvela à ce prince l'hommage du comté de Bigorre rendu par ses pères à la couronne d'Aragon.

Le comté de Barcelonne dont la moitié avait été soumise au saint siége, dès 1090, devint en 1162, une province du royaume d'Aragon, lorsqu'Alfonse, fils de Bérenger IV, parvint à cette province.

La réunion des biens de la maison de Toulouse, en 1088

(*Hist. de Lang.*, tom. II. p. 272,) dans les mains de Raimond de Saint-Gilles, éteignit les pairies des autres comtes de la même race, existantes sous Hugues Capet. On n'a point de preuves que le Périgord ait cessé d'être immédiat avant le traité de 1259. Ce fief ne fut point compris dans le gouvernement général des comtes de Poitiers. Les efforts des anciens ducs d'Aquitaine pour le subjuguer avaient été inutiles. La guerre de 1173, n'était qu'une querelle de famille entre Henri II, roi d'Angleterre, et ses enfants. (*Labbe, Biblioth., manuscr.*, tom. II, p. 330 *et seq.*)

Pourquoi donc le comte Hélie de Taleyrand, cinquième du nom, ne parut-il pas au sacre de Philippe Auguste, si toutefois les pairs y prirent séance? Les ducs d'Aquitaine, dont la puissance était énorme, renouvelèrent sans doute alors leurs prétentions sur ce pays limitrophe de leurs états, et les comtes de Périgord ne purent faire valoir l'immédiation qu'ils tenaient de Charles le Chauve.

Des raisons plus légitimes fermaient aux vicomtes de Turenne l'entrée de la cour des pairs. Ce fief, que Justel, d'après d'autres écrivains, prétend avoir été immédiat au dixième siècle, n'était originairement, suivant les preuves rapportées par cet historien, qu'une viguerie du comté de Querci. La situation avantageuse de son château pour les guerres du tems, y fit réunir d'autres juridictions circonvoisines comme à l'asile du territoire. Les vicomtes de Turenne, plus habiles que ceux de Limoges et d'Aubusson, leurs égaux, surent mettre à profit les troubles de l'Aquitaine et du Languedoc. Ils tirèrent grand parti de la protection de leurs parents qui parvinrent à la tiare. C'est la cause de leur indépendance, et la preuve qu'ils furent toujours arrière-vassaux dans l'ordre féodal.

Ainsi lorsqu'au rapport de quelques historiens, les pairs prirent séance au sacre de Philippe Auguste, on ne dut voir à cette cérémonie que les ducs de Bourgogne, de Normandie et d'Aquitaine, les comtes de Champagne, de Flandre et de Toulouse, alors seuls feudataires incontestablement immédiats de la couronne. C'est la réponse des faits que nous venons d'interroger : elle détruit tous les systèmes imaginés sur la réduction des premiers pairs laïques.

Ces vassaux qui avaient réuni dans leurs mains le pouvoir délibératif des anciens leudes, et l'autorité confiée aux gouverneurs des provinces avant l'inféodation, étaient tenus de servir le roi dans sa cour et dans ses guerres. Le premier de ces devoirs les rendait membres nécessaires du conseil suprême de l'administration. Le second les obligeait de réunir leurs forces contre l'ennemi commun, et de partager les périls et les frais de toutes les expéditions utiles au bien du royaume.

De son côté, le suzerain qui ne disposait ni de leurs vassaux ni de leurs trésors, ne pouvait entreprendre des guerres ni les terminer que de l'aveu de la diète. Ces feudataires puissants, présidés par un chef qui leur devait sa couronne, (*Adem. Caban. apud. Philip. Labb. Bibliot. man.* tom. II, p. 166,) avaient droit de lui succéder en cas d'extinction de sa race ; ils avaient après lui le premier rang dans l'état comme le tiennent encore en Allemagne les électeurs de l'empire.

Les ministres d'état formaient une exception à la règle. Leur titre les élevait par privilége personnel au rang des comtes majeurs. (*Cartul. de Philip. Aug.* p. 137.) Cette prééminence était un juste attribut de la dignité royale.

Quoiqu'il ne soit fait aucune mention du clergé dans le capitulaire de 813, il est certain, par une infinité de monuments, que les chefs de ce corps jouirent, dès l'origine de la monarchie, des mêmes honneurs que le premier ordre de l'état.

Les évêques qui, après la conversion de Constantin, eurent tout le crédit des prêtres du Paganisme, avec l'avantage que la vérité devait obtenir sur l'erreur, parvinrent dès-lors à la haute considération due à la sainteté de leur caractère. Elus par tous les citoyens, le pauvre et le faible, la veuve et l'orphelin, croyaient avoir droit à leur protection, et l'imploraient rarement sans effet. Cette confiance les substitua insensiblement aux anciens défenseurs des cités dans toutes les fonctions nobles de cette espèce d'offices. (*Orig. du gouv. fran.* p. 224 *et suiv.*) Arbitres des citoyens dans leurs différents, médiateurs entre eux et le trône, ils captivaient les cœurs par les bienfaits, comme ils dominaient sur les esprits par leur ministère sublime et la science dont ils étaient presque les seuls dépositaires. Des biens assez considérables pour soutenir leur dignité et distribuer des secours aux indigents ; enfin le droit d'asile dont jouissaient les églises, devenu si important dans le tems de trouble, mirent le comble au pouvoir des évêques. On sent quelle influence ils durent avoir dans le gouvernement, et les raisons qui déterminèrent Clovis, dont la politique égalait la valeur, à se concilier ces maîtres de provinces qu'il voulait conquérir. De là sa prière aux compagnons de sa victoire pour distraire du partage, qui se fit à Soissons, ce vase que demandait l'archevêque de Reims. De là encore tant de dons qu'il fit aux églises. Les évêques qui avaient succédé, chez les Francs convertis, aux anciens prêtres des Gaulois et des Germains, obtinrent la même vénération : on la trouve dans un article ajouté en 803 à la loi salique pour régler les amendes selon le rang des personnes. Le meurtrier d'un sous-diacre devait payer quatre cents sous de composition ; celui d'un diacre cinq cents ; six cents pour un prêtre, et neuf cents pour un évêque. Le duc seul parmi les laïques avait une composition égale à celle des prélats. Le leude était assimilé au simple prêtre qui avait le double du romain convive du roi.

De nouvelles lois firent cesser ces distinctions qui furent remplacées par d'autres, et l'autorité du corps épiscopal fut toujours empreinte de l'antique respect de la nation pour le sacerdoce. (*Tacit. de morib. germ. Esp. des Lois*, édit. in-12, tom. II, p. 208 et 209.)

Mais lorsque les ducs et les comtes eurent assuré l'hérédité de leurs offices, ils regardèrent les évêchés et les abbayes comme des dépendances de leurs domaines. (*Hist. de Lang.* tom. II, p. 109 et 110.) Maîtres de l'élection, ils faisaient tomber le choix sur leurs proches, ou sur le plus offrant, selon leur intérêt. La dépouille des titulaires décédés devenait leur héritage, et la généralité de ces abus put seule en diminuer le scandale. Les ecclésiastiques eux-mêmes oubliant la prééminence de leur caractère, contribuèrent au désordre général. Quelques-uns s'érigeant en seigneurs temporels des villes de leurs sièges, parvinrent à s'arroger les droits régaliens. Mais ce ne put être que subordonnément aux grands vassaux, n'ayant pas eu, comme en Allemagne, de grands fiefs annexés à leurs bénéfices. (*Esp. des lois*, tom. IV, p. 33.)

Ainsi presque tous les évêques qui, au commencement de la monarchie, avaient été fidèles immédiats du roi, devinrent, lors de l'hérédité des fiefs, arrières-vassaux de la couronne, et soumis, pour leur temporel, à la mouvance des seigneurs dominants de leur territoire. Il en était encore ainsi dans quelques provinces au XIIIe. siècle. On voit dans un procès-verbal de Pons de Ville, sénéchal du roi saint Louis en Périgord, que Pierre de Saint-Astier, évêque de Périgueux, refusa de rendre à ce sénéchal ses châteaux qu'il voulait remettre au comte Helie de Taleyrand, sous prétexte que le roi, ni la reine sa mère, n'avaient rien à voir dans la province de Périgord. (*Orig. du trésor de la ville de Pér. et Cabin. de l'ordre du S. Espr.*)

La prérogative originaire des évêques de France se trouvait donc intervertie à l'avénement de Hugue Capet au trône. Presque toutes les villes épiscopales du royaume étaient assujetties à la puissance territoriale des grands feudataires, ou luttaient contre elle. Les évêques, qui n'étaient pas leurs vassaux, ne tenaient qu'en franche aumône les biens de leurs églises. Ces faits démontrent que le clergé dut avoir alors un bien petit nombre de pairs, et fixent l'origine de la pairie ecclésiastique.

Nous avons dit, après les publicites, que la mouvance immédiate de la couronne formait l'essence de la pairie. Cette dignité laïque n'eut point de règles particulières pour le corps épiscopal. Subsistante par la nature de la chose, elle n'exigeait pas même la confirmation du roi suzerain, l'hommage des pairs suffisant pour les faire reconnaître. Ainsi l'archevêque de Reims, devenu comte de cette ville en 940, par le bienfait de Louis d'Outremer, n'eut dès-lors entre le roi et lui aucun intermédiaire, et fut au rang des premiers seigneurs du royaume.

Les évêques de Laon, de Langres et de Beauvais, ceux de Châlons et de Noyon, durent aussi cette prérogative aux fiefs immédiats qui furent réunis à leurs siéges. Il serait difficile d'en fixer les époques d'une manière précise; mais au moins est-il certain que Gervais de Tilberi, maréchal du royaume d'Arles, qui écrivait en 1211, parle des douzes pairs comme d'une ancienne institution : le témoignage de cet écrivain qui adressa son livre à l'empereur Otton IV, fait présumer que les pairs laïques se trouvant réduits à six, vers la fin du règne de Louis le Jeune, ce prince convoqua les six évêques dont il avait reçu l'hommage pour donner plus d'éclat au sacre de Philippe Auguste. Il est encore très-probable, d'après le maréchal d'Arles, que ce nombre de pairs, relatif à celui qu'on exigeait alors pour compléter une cour de Justice, (*Hist. génér. de la pairie*, tom. Ier., p. 156,) se trouvant mi-parti de clercs et de laïques selon l'usage du tems, (*ibid.*) aura formé le tribunal de la pairie qui prononça en 1216 sur la succession du comté de Champagne. (*Hist. de Lang.* tom. III, p. 576, *not. col.* 2.) Au reste, il nous suffit d'avoir établi que la pairie ecclésiastique étant formée sur le plan de celle des pairs laïques, elle a eu la même cause et les mêmes prérogatives.

L'avénement du duc de France au trône fit cesser la subordination de ce duché à la couronne. Les comtes d'Anjou et du Maine, ceux de Blois, de Chartres et de Tours, voyant leur suzerain dans la personne du roi, prétendirent être pairs du royaume. Avec des droits bien moins spécieux, les châtelains du comté de Paris et des autres grandes mouvances réunies au domaine royal, eurent les mêmes prétentions, fondées sur le même rapport. Il est certain que la fortune de Hugues Capet dut ajouter à la dignité de leurs fiefs; mais leur rang, invariablement fixé par les lois féodales, restait toujours le même dans la polyarchie. C'était comme duc de France que le roi recevait le serment des comtes de cette légation; et c'était au roi, comme propriétaire des autres comtés réunis à son domaine, que les châtelains de ces mouvances rendaient leur hommage : mais les uns et les autres eurent le privilége d'approcher la personne du roi en s'acquittant envers leur suzerain.

La politique de Hugues fut de profiter de leur ambition pour les lier à ses intérêts et pour les opposer aux forces redoutables des grands du royaume. N'étant pas reconnu par les ducs d'Aquitaine, de Gascogne, et de Septimanie, (*Labbe*, *Biblioth. mss.* tom. II, p. 167,) il avait à lutter même contre les grands vassaux qui l'avaient couronné. Ces pairs, en l'élevant au trône, n'avaient point oublié qu'ils étaient ses égaux ; ils attendaient, par retour, qu'en lui rendant hommage, il les maintiendrait dans leur indépendance. (*Epist. II, Abbon ad Hug. Dom Bouq.* tom. X, p. 435.)

On peut juger de leurs dispositions par celle d'Adalbert Taleyrand, comte de la marche et de Périgord. Ce seigneur ayant assiégé la ville de Tours en 992, pour Foulques Nerra, comte d'Anjou, dont il était l'allié, Eudes, comte de Champagne, à qui elle appartenait, implora le secours de Hugues. Ce prince prit les armes, et s'avança près de Tours pour en faire lever le siége ; mais ayant reconnu les forces d'Adalbert, et n'osant l'attaquer ; il lui fit demander qui l'avait créé comte. Adalbert répondit : Eh qui donc l'a fait roi ? (*Labbe*, *Bibliot. mss.* tom. II, p. 170.)

Une charte datée en Aquitaine (*an.* 992) des espérances du roi Charles, prouve que la guerre de la succession n'était pas encore finie. D'autres monuments feraient croire que les fils de ce prince étaient appelés rois, même du tems de Robert. (*D. Bouq.* tom. X, p. 545.)

D'ailleurs, les guerres privées, permises encore sous saint Louis, étaient au Xe siècle le droit public du royaume. La réponse d'Adalbert au roi Hugues dut donc paraître aussi peu surprenante que le seraient de nos jours, en pareil cas, de semblables paroles de la part d'un puissant prince allemand au chef de l'empire.

Une lettre d'Eudes II, comte de Chartres, adressée au roi Robert environ l'an 1020, prouve en termes plus soumis l'opinion que les grands avaient alors de leurs droits. Après avoir rappelé sa naissance et ses services, au mépris desquels le roi, sans vouloir l'entendre, venait de le disgracier, le comte ajoute que s'il a fait contre lui quelque acte d'hostilité, c'est pour conserver son honneur qu'il ne peut s'empêcher de défendre. Il finit en disant à Robert : « Si je suis affligé de notre mésintelligence,
» songez, seigneur, qu'elle peut nuire à vos intérêts, et qu'elle
» vous fait perdre tout ce que vous étiez en droit d'exiger de

» moi dans les fonctions de mon office. » (*Brussel, usag. des fiefs*, p. 338..)

Mais si Hugues et Robert eurent à essuyer des contradictions, la prérogative royale prit décidément le dessus sous les quatre règnes suivants. L'abaissement des vassaux, l'accroissement du domaine royal et les premières croisades, rendirent Louis le Jeune assez fort pour qu'il crût pouvoir négliger les égards dus à la pairie.

C'était un droit de cette dignité que, pour traduire un pair en jugement, il fallait le faire citer par un pair. La loi salique l'avait ainsi réglé à l'égard des antrustions. (*D. Bouq.* tom. IV, p. 159 et 160.) Cette forme, qui subsistait encore au XIe siècle, (*Brussel, ibid.*) ne fut point observée par Louis le Jeune dans l'arrêt qu'il rendit en 1153, contre le duc de Bourgogne. (*Ibid.* p. 339.)

Philippe Auguste parut se rapprocher de la loi, mais ce fut pour s'en écarter dans un point plus important. Mathieu de Montmorenci et Guillaume des Barres accompagnèrent, par ses ordres, le duc de Bourgogne dans la citation qu'ils firent à la comtesse Blanche, mère du jeune Thibaut, pour assister au jugement qui fut rendu, en 1216, au sujet du comté de Champagne.

L'ordre féodal exigeait qu'au défaut des pairs du royaume, le roi fît convoquer les vassaux immédiats de ceux qui étaient absents, ou des pairies éteintes ; mais Philippe, dont le projet était de l'intervertir, admit dans cette assemblée les comtes de Saint-Pol et de Joigny, qui tenaient des arrières-fiefs. (*Brussel, ibid.* pag. 651.)

En vain, dans cette même affaire, Philippe prit-il le parti des pairs contre l'évêque d'Orléans; l'attaque de ce prélat ne pouvait être sérieuse (*le Labour. Traité de la pair.*) : ils durent être affectés bien plus sensiblement de voir siéger à côté d'eux des arrières-vassaux pour juger un procès concernant la pairie.

Jeanne, comtesse de Flandre plaidant contre le sire de Nesle en 1224, n'ayant été citée que par deux chevaliers, soutint que cette forme n'était pas suffisante. L'arrêt qui intervint la déclara mal fondée. (*Bruss.*, pag. 340.)

Pour concilier cet arrêt avec la procédure qui fut suivie en 1216, on a dit que le sire de Nesle ne poursuivait qu'un incident ; mais suivant l'esprit de la loi, la dignité des pairs devait être constamment respectée.

Le même arrêt jugea que les grands officiers de la maison du roi avaient droit de siéger avec les pairs, et d'opiner dans leurs procès. Il en était ainsi du tems des Carlovingiens. L'élite de la nation avait entouré Charlemagne, et s'honorait près de lui de la domesticité. Sous ce règne éclatant, la grandeur de l'état se confondait avec la majesté du prince, qui prit toujours ses palatins parmi les comtes majeurs. C'était l'esprit de la constitution. Mais les lois féodales avaient conféré aux pairs une dignité prédominante. On doit ajouter que c'était à ces mêmes lois que Hugues Capet avait dû le trône, et ses descendants l'hérédité à la couronne. Combien les progrès de la souveraineté durent paraître étonnants, lorsque, par cet arrêt, de simples vavasseurs, officiers de l'hôtel du roi, furent assimilés aux premiers seigneurs du royaume !

Les fiefs sous saint Louis semblèrent prendre une consistance nouvelle; mais ce prince législateur ne suivit pas toujours les principes du droit public. Sans le fanatisme du tems, comment pourrait-on justifier la paix de 1228, qui mit le comble aux malheurs de la maison de Toulouse? La réponse qu'il fit, en 1230, à Pierre de Dreux, dit Mauclerc, suppose que la Bretagne était un fief de la couronne; et nous avons déjà prouvé que le pays de Cornouailles appartenait aux Bretons, à la charge d'un tribut.

Il ne tint pas à saint Louis que le sire de Joinville ne manquât à sa foi envers le comte de Champagne; et lorsque ce monarque écrivit au pape Grégoire IX contre les gens d'église, les comtes de la Marche, de Joigni, de Rouci, ceux de Guines et de Mâcon furent nommés, dans sa lettre, sans l'aveu des seigneurs dont ils relevaient.

La prérogative royale fut encore étendue, au mépris des lois féodales, lorsque ce prince fit juger en 1259, contre l'archevêque de Reims, qu'au roi seul appartenait de décider si les pairs devaient être convoqués. (*Biblioth. du Roi, collec. de Dupui, mss.* 338.)

Le roi, par cet arrêt, devint le maître des affaires; il fit passer au baronnage la voix délibérative qui, jusqu'au règne précédent, n'avait appartenu qu'aux pairs, présidés par leur suzerain. Ceux des barons qui tenaient de la faveur du roi ce privilége illégal, ne connaissant plus de bornes, prétendirent être juges des pairs. Ce fut le sujet de deux contestations juridiques sous les rois Charles V et Charles VI, qui maintinrent à cet égard les droits de la pairie.

La taxe que saint Louis mit sur les roturiers qui possédaient des fiefs (*Bruss.* pag. 674), fut encore une atteinte à la police féodale. Dans ce gouvernement, la dignité des possessions dut être relative à celle des personnes. Ce prince ne put les séparer sans choquer la constitution : croyant arrêter l'abus, il ne fit que le mettre à prix.

En admettant le peuple à acquérir des fiefs, saint Louis diminua le patrimoine des nobles, et conséquemment l'ordre même. Philippe le Hardi montra à ses successeurs le moyen de le recruter, et encore plus de l'affaiblir. De quel œil cette noblesse, qui ne connaît d'élévation que celle de l'honneur et la gloire, dut-elle voir l'anoblissement de Raoul?

Suivant les traces de ses pères, Philippe convoqua des barons au parlement de 1275, pour la sanction de son ordonnance sur le droit d'amortissement. (*Ordonn. des rois de la troisième race*, tom. I, pag. 303.) Cet usage, pratiqué sans contradiction depuis Philippe Auguste, substitua la puissance monarchique à l'autorité souveraine, et prépara la révolution, qui sous le règne de Philippe le Bel causa l'entière destruction du gouvernement féodal.

La querelle de ce prince avec le pape Boniface VIII, fit naître, en 1302, l'occasion favorable d'assembler les états. La taille, jadis arbitraire, avait été abandonnée. Ce prince, à qui elle ne suffisait pas, craignit de mettre des impôts sans le consentement des villes. Saint Louis avait consulté celles de Languedoc dans l'assemblée de Saint-Gilles, en 1254. (*Hist. de Lang.*, t. III, pag. 479 et 480.) Philippe le Bel étendit ce privilége aux autres villes du royaume, en convoquant leurs députés aux états de 1302 : il en résulta dès-lors un nouvel ordre politique.

La foule des écrivains prétend que le tiers-état ne fit que rentrer dans ses droits. Nous devons, à la vérité, d'apprécier leur opinion par les monuments historiques.

On lit dans Grégoire de Tours, que l'an 567, lorsque Chilpéric I eut épousé la princesse Galsuinde, il lui donna les villes de Bordeaux, de Limoges, de Cahors, de Béarn et de Bigorre, à titre de don nuptial.

Qu'après la mort de Galsuinde, ces villes furent adjugées à sa sœur Brunehaut, pour en jouir au décès de Gontran; qu'elle fut même mise en possession de Cahors pendant la vie de ce prince.

Il fut stipulé qu'après la mort de Brunehaut, les mêmes villes passeraient à ses héritiers.

Le roi Gontran se réserva, dans le traité, le pouvoir de donner des cités à sa fille Clotilde.

La preuve de ces faits est dans le traité d'Andlaw, conclu, en 587, entre les rois Gontran et Childebert. (*Dom. Bouq.* tom. II, pag. 344, 345.) Il démontre l'état des cités du royaume dès l'établissement de la monarchie, et que ce n'est point au gouvernement féodal, établi sous Charles le Chauve, qu'il faut rapporter l'origine de leur inconstance.

Le don fait à la reine Galsuinde était distinct de la souveraineté qui appartint toujours au roi Chilpéric dans les villes cédées: témoin les nouvelles descriptions que ce prince fit faire à Limoges, pour augmenter le tribut (*Dom. Bouq.* tom. II, pag. 250, 251): témoin encore le serment que le duc Gararic reçut dans cette ville au nom de Childebert, successeur de Chilpéric. (*Ibid.* pag. 297.)

La propriété la plus chère aux villes municipales, était celle des murs qui en assurait la défense; or, au neuvième siècle, les murs des cités du royaume appartenaient au roi: nous avons sur ce point deux preuves bien précises.

Par un diplôme de l'an 817, Louis le Débonnaire donna à l'archevêque de Reims les murs et les portes de cette ville, pour rebâtir son église. (*Dom. Bouq.* tom. VI, pag. 510.)

Personne n'ignore que du tems des Gaulois, et depuis sous les Romains, Reims était le chef-lieu d'une cité dominante.

La seconde preuve résulte de la plainte que Charles le Chauve fit en 859 au synode de Savonnières, contre l'archevêque de Sens, partisan déclaré de Louis le Germanique. Il reprocha à ce prélat d'avoir obtenu de Louis la permission d'enlever les pierres des murs de Melun, qui étaient, ajouta Charles, une propriété royale. (*Bal.* tom. II, pag. 136, art. X.)

Les villes du royaume avaient donc, au plus tard, perdu leurs municipes lorsque Clovis s'en rendit maître. Les enfants de ce prince les partageaient entre eux par comptabilités; la souveraineté et la juridiction demeuraient indivises. (*Grég. Tur. lib.* VII, *chap.* 6.)

Ce partage, qui suppose la domanialité des villes, est rapporté dans le traité d'Andlaw, pour les cités de Paris et de Senlis (*Grég. Tur. lib.* IX, *cap.* 20); leurs habitants n'étant plus réunis en corps, ne pouvaient rien posséder à titre de municipe. Chacun d'eux conserva sa propriété; mais il n'en resta point aux communes décomposées.

Tous ces faits réunis permettent-ils de douter que les villes des Gaules ne fussent tombées dans le fisc de Clovis?

Une loi du code alaric achève la démonstration pour la partie du royaume qui était soumise à ce prince.

Les empereurs Arcade et Honorius avaient accordé aux villes, vers l'an 395, le tiers des fonds de la chose publique, appartenant à chacune, pour chauffer leurs thermes et réparer leurs murs. (*Cod. Théod. lib.* XV, *tit.* 1, *liv.* 32 et 33.)

Cette loi prouve évidemment que les villes des Gaules avaient alors des fonds publics. Mais le code alaric changea cette disposition ; l'article interprétatif de celui qu'on vient de lire, porte en termes exprès : « Lorsque des édifices tomberont de vétusté, » le fisc, pour les réparer, emploiera le tiers de son propre ». (*Ibid.*)

Les fonds et les murailles des villes devinrent donc des biens du fisc dans la partie des Gaules soumise aux Visigoths ?

Il en fut autrement de quelques villes de Provence, dont le municipe avait été confirmé par le roi Théodoric, et qui, en passant au pouvoir de rois, conservèrent ce privilége.

Cette nullité des villes, dans l'ordre politique, subsista pour la plupart jusqu'à l'érection des communes. Les monuments de notre histoire indiquent un grand nombre de chartes qui attestent que le gouvernement municipal était dissout dans les villes auxquelles elles furent accordées, et les priviléges même des premières corporations offrent la preuve que leur population n'était composée que d'habitants exclus par leur état civil des assemblées de la nation. (*Chartul. de Philip. Aug.*)

Maîtres de la campagne, les nobles, tous guerriers, dédaignaient les citadins renfermés dans des murs ; et cet état d'obscurité durait encore à la mort de Louis le Débonnaire. (*Dom Bouq.* tom. VII, pag. 46.) Mais les guerres de ses enfants furent l'époque d'une révolution, qui donna de l'importance aux villes. (*Nithard*, lib. 3, cap. 4.) Chaque parti tâchait de s'en emparer et en confiait la garde aux bourgeois. Ceux de Laon méritèrent, par ce moyen, des priviléges de Charles le Chauve.

Pressés par les Normands, les habitants des cités les entourèrent de murs qu'ils furent chargés de défendre (*Dom Bouq.*, tom. VIII, pag. 433) ; et ce service, quoique très-inférieur à celui de la chevalerie, fut leur premier pas vers la considération publique.

Les bourgeois aguerris durent sentir leur force ; et en l'employant contre les ennemis, ils en usèrent souvent pour résister à leurs seigneurs. Cet état de dissension occasionna divers traités, et ne finit pas toujours par les chartes de commune.

Les villes, enrichies par les progrès du commerce et des arts, tâchèrent de secouer un joug trop immédiat qui les séparait du souverain. Admis à s'avouer bourgeois du roi, leurs habitants lui offrirent des secours pour étendre leurs priviléges ; et parvinrent, par des abonnements, à s'affranchir en partie des droits même de la couronne.

Telle était l'importance des villes lorsque Philippe le Bel les convoqua par députés aux états de 1302. Son ordonnance admettait leurs habitants aux délibérations publiques; et si la politique artificieuse de ce prince n'eût pas été connue, on aurait attribué à l'esprit de justice cette innovation qui, par l'ordre des choses, était peut-être indispensable.

En effet, s'il est attesté que ce qu'on appelle en France tiers-état tire son origine des classes inférieures à celle de ces ingénus qui furent les ancêtres des nobles, il est aussi constant que plusieurs hommes libres, victimes des malheurs de la guerre, ou pauvres et sans appui, perdirent leur liberté; que d'autres pour s'enrichir se firent naviculaires; qu'ils le purent sans déroger, comme les négociants qui, en 828, se formèrent en compagnie. (*Dom Bouq.*, tom. VI, pag. 649.)

D'ailleurs, combien d'affranchis par le jet du denier! Leur composition était égale à celle des Francs, et leur ingénuité parfaite à la troisième génération.

Le nombre de ces ingénus dut s'augmenter encore depuis que Charlemagne eut accordé les mêmes prérogatives à l'affranchi par charte. (*Capit. ann.* 813, *cap.* 12.)

De ces considérations, il résulte qu'à dire vrai le peuple n'eut, sous les deux premières races, aucune part à l'administration; mais l'entrée à l'état des nobles lui fut toujours ouverte par le mérite. Enrichi par l'industrie et les talents, et devenu important sous tous les rapports du service et de la force réelle, il détermina par ces motifs réunis la révolution de 1302, qui, comme on va l'exposer, amena toutes celles qui intervertirent la police publique en déplaçant les pouvoirs.

L'établissement des parlements, la faiblesse des états-généraux, et enfin leur dépérissement total, l'abaissement de la haute noblesse, et l'extinction de la chevalerie, la réunion totale des grandes mouvances à la couronne, et l'élévation du tiers-état, n'ayant été que la progression successive, et les effets nécessaires de la destruction du régime des fiefs, c'est sous ce dernier aspect qu'on doit en présenter ici l'exposé succinct.

Pour apercevoir l'origine des parlements actuels (1785), il faut se retracer l'administration des premiers successeurs de Hugues Capet. Occupés pendant trois siècles à se rendre indépendants de la pairie, ils y apportaient le double intérêt d'affermir leur domination et de faire disparaître ce qui leur rappelait que le chef de leur race avait eu des égaux. Fidèles à cette politique, on les vit s'enrichir par des confiscations qui comprenaient la portion d'autorité inféodée par Charles le Chauve, et de vastes propriétés qui n'avaient jamais fait partie du domaine royal. Mais les assemblées de la nation opposaient de fortes barrières aux progrès de l'autorité. Suivant notre constitution primitive, nos rois, tenant leur couronne de Dieu par le choix unanime des peuples, n'ont pas à craindre le sort des tyrans, dont la force fait le pouvoir, qui s'anéantit avec elle. Aussi leur puissance, quoique très-étendue, ne fut-elle jamais arbitraire. Point de lois sans leur sanction, point d'exécution sans leurs ordres ; mais le corps des hommes parfaitement libres représentait la nation. Ils avaient leurs supérieurs auxquels ils rendaient des devoirs qu'ils recevaient eux-mêmes de leurs inférieurs. Tous les sujets du roi ne l'étaient donc pas au même titre. La noblesse devait son sang, le peuple les impôts. Mais lorsque les affranchissements et les lettres de bourgeoisie eurent donné l'essor aux communes, il fallut compter avec elles. Flatté de son élévation aux états de 1302, le tiers-états s'empressa de tout accorder. En vain les seigneurs dépouillés voulurent défendre leurs droits, les jugements de leurs cours étaient constamment annulés par les parlements. Ces cours, émanées de la juridiction du roi, n'étaient pas même l'ombre de ces anciens parlements dont les grands de la nation, présidés par le roi, étaient les membres naturels. Après l'établissement d'une nouvelle jurisprudence, hérissée de formes compliquées, les seigneurs, rebutés, cessèrent de s'y rendre, et il n'en resta que le nom au tribunal judiciaire, composé de jurisconsultes qui, dans l'ancien parlement, expliquaient les coutumes sans voix délibératives. (*Mém. de Marillac sur les Parl. Bibl. du Roi, dép. des mss.*) Le premier accroissement marqué lui fut conféré par Charles V. Ce prince, effrayé par les états de 1356, imagina de publier au parlement les ordonnances générales. Ce fut la première atteinte au droit national de délibérer sur l'impôt, droit qu'il reconnut lui-même peu de jours avant sa mort.

Les troubles qui agitèrent le règne de son fils, montrèrent à quels excès peut se porter le despotisme ; mais ils furent le germe d'une formalité qu'on a dû regarder depuis comme la sauve-garde publique. Pendant ce règne orageux, chaque parti avait pris l'habitude d'envoyer ses ordonnances au parlement pour avoir son approbation ; et cette transcription des lois, pour les faire connaître, est devenue depuis, sous le nom d'enregistrement, une sanction nécessaire. (*Mémoires de Marillac sur les Parl. mss. du Roi.*) Dès le même siècle, le parlement fut encore chargé d'informer contre les pairs et de les juger. On démêle maintenant les voies par lesquelles cette cour s'élevait au niveau des états-généraux, qu'un jour elle devait suppléer. L'inamovibilité des offices, établie par Louis XI (Ord. du 21 octobre 1467), donna encore plus de consistance à la magistrature, ainsi que la sagesse et la fermeté dont elle usa sous François I. (*Années* 1516, 1521, 1527. *Mém. de Mar.*)

Le prince de Condé, proscrit sous François II, rétabli sous Charles IX, vint déclarer à cette cour qu'il ne voulait point d'autres juges. (*Hist. de Thou.*, liv. 35)

L'ordonnance de 1561 ayant été adressée sans vérification aux gouverneurs de provinces, le chancelier de l'Hôpital fut forcé de la retirer pour se mettre à l'abri d'un ajournement personnel. (*De Thou*, liv. 28.)

Henri III voulut s'affranchir de l'enregistrement; mais son lit de justice, et les modifications que le parlement mit à ses édits, prouvent que ce prince fit à cet égard une tentative inutile. (*Mém. abr. chron.*)

Henri IV fut au parlement et demanda son assistance, lorsqu'en 1597 les Espagnols surprirent Amiens. (*Dupui, Tr. de la Maj. de nos Rois*, p. 460.) Marie de Médicis et le duc d'Orléans se pourvurent à cette cour pour la régence du royaume; enfin les derniers états-généraux chargèrent le parlement de leur représentation.

Ce léger aperçu des principaux faits d'un aussi grand changement dans la police du royaume n'a donc été qu'une suite indispensable de l'altération et ensuite de la destruction de la polyarchie féodale. La résistance aurait été bien plus vive et la révolution bien plus lente sans l'application constante des rois à réunir à leur domaine, non-seulement les pairies, mais encore les grandes mouvances, telles que les anciens comtés et les vicomtés dominants: nos souverains ou les princes du sang les possédaient en totalité dans tout le royaume avant la fin du règne de Louis XII. Les nouveaux comtes et vicomtes que l'on a créés depuis, n'ont eu, soit en puissance, soit en dignité, nuls rapports avec ces anciens grands vassaux qui, sous les mêmes titres, dominaient les seigneurs, la chevalerie et la simple noblesse.

La chevalerie française, si célèbre par son influence sur les mœurs et par l'éclat qu'elle répand sur notre histoire, obtint dans le gouvernement féodal des distinctions légales qui, sous ce rapport, doivent être exposées.

On a déjà dit que les Francs, à leur entrée dans les Gaules, avaient adopté les titres civils et militaires des peuples avec lesquels ils s'allièrent ; et c'est une des plus fortes preuves de la manière dont ils affermirent leur nouvelle nomination. La chevalerie, honorée chez les Gaulois et les Romains, le fut aussi par les Francs. (*Tacit. de morib. Germ. cap.* 13.) Décernée d'abord suivant son institution à la naissance et à la bravoure, c'était la dignité suprême des gens de guerre, ambitionnée même des souverains. Les chevaliers qui s'obligeaient par serment de prodiguer leurs biens, leurs repos et leur vie pour la religion, la veuve et l'orphelin, semblaient en être les dieux tutélaires. Doués de force et de courage dans des siècles où ces deux qualités faisaient taire les lois, ils ne les employaient qu'à l'appui des faibles et de l'innocence opprimée. Ces glorieuses fonctions méritèrent à la chevalerie tous les sentiments qu'inspire l'héroïsme vertueux qui protége, et les qualifications les plus propres à les exprimer. On l'appela le temple d'honneur ; et ceux qui y étaient admis recevaient en tous lieux les qualifications de monseigneur et de messire. Accueillis de toutes parts, l'enthousiasme fut sans bornes tant que, fidèles à leur serment, les chevaliers ne cherchèrent que l'honneur. Mais, lorsqu'en défendant le beau sexe ils cédèrent à ses charmes, la galanterie devint pour eux un moyen de séduction ; et la licence des mœurs diminua le respect qu'avait inspiré la vaillance.

L'hérédité des bénéfices ayant en quelque manière soumis la chevalerie à l'économie féodale, elle suivit la dignité des fiefs, et l'on distingua le chevalier banneret, qui toujours fut un seigneur, du chevalier bachelier, qui n'était qu'un simple gentilhomme, ou du moins qu'un gentilhomme tenant fief sans juridiction ni bannière. La distance entre le noble et son seigneur était telle, qu'il ne pouvait s'asseoir à sa table et être son convive avant d'être chevalier ; et, parvenu à ce grade, il n'était même pas dispensé de *guet* et de *garde* autour de sa personne. (*Loisel, instit. coutum. l.* 1, *regl.* 14, *tit.* 1, p. 15; *anc. lois des Fr.*, tome I, page 131, *aux notes.*) Malgré les distances considérables, le bachelier recevait les mêmes honneurs que le banneret, mêmes qualités, mêmes vêtements, mêmes armes. Ils étaient assimilés à la haute noblesse dans toutes les distinctions de ce premier degré d'honneur de l'ancienne milice, et jouissaient d'une considération fort supérieure à celle qui leur était due dans l'ordre féodal. Mais ce titre, auquel les enfants ne succédaient pas, qui ne donnait aucune autorité dans le gouvernement, laissait au fond la même distance dans l'état des personnes ; le fief dominant conservait sa mouvance, et le bachelier ne cessait point d'être le vassal de son seigneur.

A l'altération des mœurs se joignit, après la subversion de 1302, celle de la police générale. Les bourgeois de Beaucaire, de Limoges, et de plusieurs autres villes du royaume, obtinrent le privilège singulier de recevoir, sans l'attache du roi, la ceinture de chevalerie des mains des nobles, des barons, des archevêques et des évêques. (*Hist. de Lang.* , t. II , pag. 191.)

Les rois introduisirent, dans le même siècle, l'usage d'anoblir par chevalerie. L'affranchissement d'un roturier devenait parfait par l'accolade de la chevalerie. En 1342, la chambre des comptes de Paris obtint le privilège de créer des chevaliers.

Cet ordre, ainsi dégradé, fut méprisé de la bonne noblesse. Pour le soutenir dans sa chute, les rois et les princes imaginèrent divers ordres. Ils ont subi alternativement le sort malheureux de l'ancienne chevalerie. Le collier de l'ordre de Saint-Michel, ci-devant l'ordre de nos rois et des grands de l'état, aujourd'hui employé à anoblir, est lui seul l'image de la révolution de la chevalerie primitive.

Après avoir exposé comment le peuple fut admis à une première élévation, l'an 1302, sous le titre de tiers-état, on a montré comment il s'ouvrit toutes sortes d'entrées dans le corps de la noblesse, et jusqu'à l'admission aux ordres de chevalerie. Mais c'est en vain que la noblesse voudrait en murmurer. Après les services importants rendus par le tiers-état, serait-il juste de vouloir rappeler parmi nous le tems des maîtres et des serfs ? Il serait même impossible de relever entre eux une barrière abattue depuis plus de six siècles. D'ailleurs, les pertes de la noblesse ont infiniment réduit les races de ces anciens propriétaires qui ne verraient dans le tiers-état que la postérité des fiscalins, des tabulaires, des lites, et des colons.

On convient qu'il existe quelques descendants de ces anciens feudataires de dignité dont les comtes de l'empire nous montrent le rang; un plus grand nombre de races seigneuriales sont encore répandues dans le royaume : mais on prouverait aisément que le reste de l'ancienne noblesse, à l'exception des cadets de ces maisons qui n'eurent que des fiefs en partage, tire son origine des simples vassaux servants des grandes châtellenies; pairs de ces cours de justice, marchant sous les bannières des seigneurs, et n'ayant aucune part à la puissance publique.

Si l'on recherche ensuite les possesseurs actuels de ces terres et de ces fiefs, si on considère le nombre des anoblis, aussi difficiles à distinguer des races nobles d'extraction que les affranchis le devinrent dans le sénat de Rome; enfin si on jette un coup-d'œil sur les mésalliances si fréquentes depuis un siècle, à quel titre la noblesse pourrait-elle faire valoir ses anciens droits sur la classe inférieure ? Ne serait-ce pas une conjuration contre les auteurs de la plus grande partie des biens dont elle jouit ?

La noblesse a perdu sans doute beaucoup de ses prérogatives ; mais ce n'est qu'à elle-même qu'elle doit imputer cette perte. Livrée à des guerres intestines de famille à famille qui cherchaient à s'opprimer, enivrée de chimères, elle a dédaigné la magistrature, les sciences et le commerce. La classe inférieure, devenue tiers-état, y a trouvé des sources d'illustration et d'opulence ; elle a contribué par la culture des arts à la gloire de la nation.

Celle de la noblesse fut dans tous les tems de verser son sang pour elle, et de lui former des défenseurs courageux : fonctions éminentes qui lui assurèrent la gratitude et le respect de tous les ordres.

En payant des tributs dont la noblesse est exempte, le tiers-état remplit ses plus anciens devoirs. Il doit marcher à la milice ; mais il fournit de braves volontaires qui, réunis en corps d'élite, soutiennent devant l'ennemi l'honneur des armes mises dans leurs mains.

La noblesse ne voit que dégradation dans les offices vénaux qui lui associent la roture. Mais pourquoi ces offices ne seraient-ils pas des objets d'émulation et de concours pour les plus honnêtes héritiers de ces citoyens déjà distingués et enrichis soit par des talents précieux, des découvertes ou des établissements utiles, soit par le commerce, qui souvent a fourni des ressources à l'état dans des tems de détresse ? Ces enfants, élevés dans des principes relatifs à l'ordre où ils pourraient entrer, en prendraient les sentiments, tandis que de nouveaux rejetons des plus anciennes races se montrent peu fidèles aux vertus de leurs illustres aïeux.

Mais s'il répugne aux bonnes mœurs de voir le prix de la vertu parmi les effets commerçables, on peut arrêter cet abus. Une adoption méritée ne place-t-elle pas à côté des races nobles, les familles anoblies dans l'administration, l'exercice des armes et la magistrature ? Combien d'hommes illustres perdus pour la nation, si l'anoblissement n'eût ouvert pour eux la carrière qu'un préjugé anti-social leur avait fermée pour toujours !

L'on a donc recherché sous les ténèbres les plus reculées de l'histoire de la nation, l'origine de la féodalité. Ses progrès ont été suivis, et les monuments ont démontré que les époques solennelles de son établissement légal déterminèrent les causes de sa décadence. Enfin, on a vu comment le tiers-état, qui s'éleva sur les ruines du régime féodal, sembla présider à sa destruction. De ces bouleversements successifs et de l'opposition de tant de principes, devait résulter une incompatibilité sociale: poison lent, mais destructeur infaillible des plus fortes constitutions. Dans l'exposé des griefs respectifs, l'on n'a point nié les justes prééminences de la noblesse, ni dissimulé les services signalés du tiers-état. Présenter de bonne foi aux diverses classes des citoyens leurs titres véritables, n'est-ce pas rappeler à tous ces égards mutuels et ces devoirs imposés, qui sont la base de toute concorde civile? N'est-ce pas en même tems découvrir à l'œil du souverain quelques-uns de ces antiques et solides fondements sur lesquels il serait possible de rétablir les mœurs nationales et l'ordre public, qui est le plus fort des liens d'un bon gouvernement?

Ce discours sur l'origine, le progrès et la décadence du gouvernement féodal, appartient en entier à M. ARDILLIER, *administrateur des domaines;* homme de génie, supérieur à la place qu'il occupait, et destiné à une plus éminente, lorsqu'une mort prématurée l'a ravi à l'état, aux lettres et à ses amis qui ne cesseront de le regretter.

Multis ille bonis flebilis occidit,
Nulli flebilior quàm mihi.

Mais en rendant une justice bien méritée aux recherches de ce savant domaniste, nous ne prétendons pas adopter toutes les parties du système qu'il a imaginé ou présenté sous de nouveaux rapports sur le gouvernement féodal, ni garantir toutes ses assertions par rapport au vasselage, aux fiefs, à l'allodialité, à la municipalité, au rang des divers ordres du royaume, et à l'état des personnes dans les différentes époques de la monarchie. Ces grandes questions ont déjà été traitées par de très-savants hommes; et l'obscurité qui y règne encore, ne pourra guère être dissipée, que lorque la France jouira du recueil de tous ses monuments diplomatiques, dont un très-grand nombre n'a pas encore vu le jour. Nous ne pouvons être de l'avis de l'auteur de ce discours, sur les causes qu'il assigne à l'avénement de Hugues Capet au trône, ni sur les *prétendues* conventions entre ce prince et les grands vassaux. Nous sommes bien éloignés de penser que nos rois aient porté atteinte aux droits de la nation par la réunion des grands fiefs à la couronne, et des portions de la puissance publique qui en avaient été détachées, ni par le droit de *ressort*; attribut essentiel de la souveraineté, dont ils ont confié l'exercice à leurs parlements. Enfin, nous pensons qu'on ne doit pas regretter la destruction de la polyarchie féodale, sous l'empire de laquelle la puissance publique était partagée et déplacée, la nation séparée de son roi, la noblesse asservie sous le joug des grands vassaux, et les peuples opprimés sous la tyrannie des seigneurs : anarchie destructive de toute espèce d'émulation ; et qui a retardé de plusieurs siècles le rétablissement et les progrès de la civilisation, de la politesse, de la législation, des arts, des sciences, du commerce, et de tout ce qui peut contribuer au bonheur et à la prospérité des empires.

CHRONOLOGIE HISTORIQUE

DES

DUCS DE FRANCE.

Le duché de France ne paraît pas avoir eu dans son origine la même étendue qu'il avait lorsqu'il fut réuni à la couronne. Il serait même difficile de la déterminer exactement dans ce dernier période. On sait seulement qu'il était compris alors pour la très-grande partie entre la Seine et la Loire, et qu'outre les comtés de Paris et d'Orléans, il comprenait le Gâtinois, le Chartrain, le Blaisois, le Perche, la Touraine, l'Anjou, le Maine, les terres de la Sologne situées au midi de la Loire, le Beauvaisis et une partie de l'Amiénois.

ROBERT LE FORT.

Robert dit le Fort, à cause de sa valeur, et l'Angevin, soit parce qu'Angers était le lieu de sa naissance, soit parce que cette ville fut le chef-lieu de la province dont il eut dans la suite le commandement, arrière-petit-fils de Childebrand, frère de Charles Martel, comme on l'a prouvé ci-devant, et fils de Théotbert, comte de Madrie, entre Evreux, Vernon et la Seine, étant devenu beau-frère de Pepin Ier., roi d'Aquitaine, par le mariage d'Ingeltrude, sa sœur, avec ce prince, le servit avec succès dans les guerres qu'il eut à soutenir. Pepin étant mort sur la fin de l'an 839, Robert épousa les intérêts de son neveu Pepin II. que l'empereur Louis le Débonnaire avait privé du royaume d'Aquitaine pour le donner à son fils Charles le Chauve. Mais ce dernier ayant depuis regagné Robert, lui donna, l'an 861, au parlement de Compiégne, sous le titre de duché et marquisat de France, la province située entre la

Seine et la Loire, pour l'opposer aux Bretons. (*Annal. Met. et Bertin.*) Ce n'était pas un département nouveau. On conserve au dépôt des chartres un diplôme de Charlemagne, contenant des priviléges accordés à l'abbaye de Saint-Denis, dans lequel il est fait mention d'une province située entre la Loire et la Seine. (*Daniel, nouvelle édition*, tom. II, *part.* 2, p. 407.) Ce qu'il y eut de bizarre en cette rencontre, c'est qu'après la réconciliation de Robert avec Charles le Chauve, deux seigneurs français, Gontfroi et Gozfroi qui avaient été ses médiateurs auprès du roi, se jetèrent dans le parti du duc de Bretagne (Salomon), ennemi de la France : tant ils étaient jaloux et irrités de ce qu'on leur avait préféré Robert pour ce gouvernement ! (*Ann. Bertin.*) Louis (le Bègue), fils de Charles le Chauve, s'étant mis à la tête des seigneurs révoltés contre le nouveau duc de France, avait obtenu de Salomon un corps de troupes à la tête duquel il attaqua Robert, l'an 862 ; et il le fit avec tant d'avantage que, l'ayant obligé de reculer, il entra dans la ville d'Angers, et la pilla. Mais Robert étant tombé sur les Bretons à leur retour, en tua deux cents des principaux et leur arracha le butin. Louis voulut prendre sa revanche, mais il fut mis en fuite par Robert. Salomon, cependant, traitait avec Weland, chef des Normands, pour acquérir les vaisseaux qu'il avait sur la Loire. Mais à peine les eut-il obtenus, qu'ils furent enlevés par Robert ; ce qui réduisit le duc de Bretagne à demander la paix l'année suivante (863) au roi de France. (*Annal. Bertin. Morice*, *Hist. de Bret.*, tom. Ier., p. 47.)

Vers le même tems, deux seigneurs, Acfrid, qu'on croit sans beaucoup de fondement être le même qui fut depuis comte de Bourges, et Etienne, avaient engagé le jeune Charles, autre fils de Charles le Chauve, à se révolter contre son père. Robert fit raison au monarque du premier de ces deux traîtres, qu'il prit et amena dans un parlement que le roi tenait. Mais, content de l'avoir humilié, il demanda sa grâce et l'obtint. (*Annal Bertin.*) Robert à peine était de retour de cette assemblée, qu'il fut obligé de marcher contre deux corps de Normands, retranchés dans les îles de la Loire, d'où ils faisaient des incursions dans l'Anjou. Il détruisit entièrement, à un seul homme près, la première division ; mais il reçut en combattant contre la seconde une blessure qui le força à la retraite après avoir perdu quelques-uns de ses gens. Le coup qu'il avait reçu n'était point dangereux, et il guérit de sa blessure au bout de quelques jours. (*Annal Bertin.*) L'an 865, il remporte une nouvelle victoire sur ces barbares dont il taille en pièces plus de cinq cents ; et s'étant emparé de leurs armes et de leurs étendards, il les envoie au roi Charles. L'année suivante (866) fut le terme de ses jours. Apprenant que les Normands ravageaient le Maine, il y vole, leur livre bataille près de Bisserte, et perd la vie dans la mêlée le 25 juillet. De son mariage avec ADÉLAÏDE, veuve de Conrad, comte de Paris, il laissa Eudes, qui suit ; Robert qui vient ensuite, et Richilde, femme de Richard, comte bénéficiaire de Troyes. Robert le Fort mérita le titre de *Machabée de son siècle*, par sa valeur qu'il signala principalement contre les infidèles.

EUDES.

866. EUDES, fils aîné de Robert le Fort, lui succéda au duché de France. Les écrivains du tems ne lui donnent cependant que le titre de comte de Paris, dont il était revêtu, quoique très-jeune, du vivant de son père, avec lequel il fut battu par les Normands près de Melun, au commencement de l'an 866. (*Annal. Bertin.*) Lothaire, roi de Lorraine, étant mort le 8 août 869, le roi Charles le Chauve envoya, l'année suivante, au roi Louis le Germanique, son frère, à Francfort, une ambassade composée d'Eudes, évêque de Beauvais, et des comtes Eudes et Hardouin, pour l'engager à partager amiablement entre eux les états de leur frère défunt. Il fallut bien des allées et des venues des ambassadeurs des deux princes pour les amener à ce partage, qui fut enfin conclu le 27 juillet de la même année, à Mosen sur la Meuse. (*Ibid.*) Sigefroi, roi des Normands, étant venu faire le siége de Paris, en 885, mit cette capitale dans le plus grand danger. Eudes, secondé par Robert, son frère, le comte Ragenaire, Gozlin, évêque de Paris, qui fit les fonctions de pasteur et de capitaine, et plusieurs autres braves, soutint avec toute la valeur imaginable les efforts des assiégeants. Deux assauts qu'ils donnèrent le 27 et le 28 novembre, furent sans effet. Mais ce double échec ne fit point lever le siége. Les Normands le continuèrent avec un redoublement de fureur. La force étant toujours contrebalancée par la force, Sigefroi appelle la ruse à son secours. Pour surprendre Eudes, il lui fit proposer une entrevue qu'il accepta. Mais tandis qu'ils conféraient ensemble, Eudes s'aperçut que des soldats normands se coulaient l'un après l'autre dans des chemins creux. Se voyant investi, il met le sabre à la main, et se fait jour au travers des ennemis qui le poursuivirent jusque sur le bord du fossé. Les soldats de la garnison sortirent sur eux dès qu'on eut reconnu la trahison, et les repoussèrent. Ceci arriva au commencement de l'an 886. Eudes, par les préparatifs que firent ensuite les ennemis, jugea qu'ils se disposaient à donner encore un assaut général. Il ne se

découragea point, et prit de son côté toutes les mesures convenables pour une bonne défense. Elle fut telle que partout ils éprouvèrent une résistance insurmontable. C'était contre l'avis de Sigefroi que s'était engagée cette nouvelle action, où grand nombre des siens périrent dans la Seine. Alors il quitta le siège et prit la route de la Frise. Mais une partie des Normands ayant refusé de le suivre, s'obstinèrent à rester devant la place, déterminés à la prendre ou à périr. La disette et la peste s'étant mises dans Paris, secondèrent leurs efforts, et leur faisaient espérer de s'en rendre bientôt maîtres. Eudes faisait cependant solliciter l'empereur Charles le Gros de venir à son secours. Ne recevant point de réponse satisfaisante, il part lui-même pour l'aller trouver en Germanie, laissant pour commander en sa place, Ebles, abbé de Saint-Germain-des-Prés, dont la valeur et l'habileté s'étaient déjà signalées en différentes occasions. A son retour, il force les retranchements que les ennemis avaient élevés pour l'arrêter et rentre dans la ville, annonçant un secours amené par le comte Henri. Bientôt après, le comte paraît avec un faible renfort, et veut forcer le camp des Normands ; mais il tombe dans un piége qu'on lui avait préparé, et il y périt avec sa troupe. Fiers de ce succès, les ennemis donnèrent un dernier assaut, et déjà ils se croyaient maîtres de la tour où est aujourd'hui (1785) le grand Châtelet, lorsqu'une sortie des Parisiens, inspirée par le désespoir, les força de reculer après avoir perdu un grand nombre des leurs. L'empereur arrive enfin dans le mois de novembre, et va se placer à la vue de la ville sur la montagne de Montmartre. Mais n'osant attaquer les retranchements des ennemis, il leur propose un traité de paix aussi avantageux pour eux qu'ignominieux pour lui. Ils l'acceptent, et par là finit, l'an 886, au bout d'un an ou treize mois, ce fameux siège qui couvrit de gloire le comte Eudes. L'empereur Charles le Gros ayant été déposé l'année suivante dans la diète de Tribur, Eudes se mit sur les rangs pour briguer le trône de France, regardé comme vacant par cette déposition. Il prévalut, et fut élu roi par le plus grand nombre des seigneurs français. Ce prince mourut sans enfants, l'an 898, le 1er. janvier selon les Annales de Saint-Waast, le 3 du même mois suivant celles de Metz, à l'âge de quarante ans, dit le P. Henault. Il est inhumé à Saint-Denis. (Voyez *les Rois de France*.)

ROBERT. II.

898. ROBERT, second fils de Robert le Fort, succéda au roi Eudes, son frère, dans le duché de France. Il avait contribué avec lui à la défense de Paris contre les Normands ; et Eudes,

étant monté sur le trône, lui avait donné pour sa récompense le comté de Poitiers. Mais Adémar, dit Abbon dans son poëme, lui envia ce don et s'empara du comté :

> Nam libuit regi dare propugnacula fratri
> Rotberto Pictavis, Ademaro tamen haud sic;
> Nempe sibi cepit, plus se quia diligit illo.

Robert, après la mort d'Eudes, étant venu trouver le roi Charles le Simple, lui fit hommage du duché de France, et s'en retourna satisfait de la manière dont il avait été accueilli. (*Ann. Vedast.*) Il continua sous ce règne de défendre la France contre les Normands. Les chroniques d'Angers, de Verdun et de Fleuri, parlent surtout d'une expédition qu'il fit en 911, avec Richard, duc de Bourgogne, et Ebles, comte de Poitiers, pour chasser ces barbares du pays Chartrain qu'ils désolaient. Elle fut heureuse, et dans un combat qu'ils leur livrèrent, le 20 juillet, devant Chartres qu'ils assiégeaient, ils en couchèrent six mille huit cents sur la place. Cependant, malgré les avantages que les Français remportaient de tems en tems sur les Normands, Robert fut des premiers à conseiller au roi Charles d'entrer en accommodement avec eux, et se chargea de la négociation. Déjà Francon était en pourparler avec Rollon, leur chef, pour l'amener à la foi chrétienne. Le duc et le prélat ayant chacun obtenu de lui ce qu'ils désiraient pour le bien de l'état et de la religion, Rollon, l'an 912, reçut le baptême où Robert lui servit de parrain et lui donna son nom. Maître par son traité de la portion de la Neustrie, qu'on a depuis appelée Normandie, Rollon demeura constamment fidèle au roi de France. Robert tenta vainement, quelque tems après, de l'entraîner dans la ligue qu'il avait formée avec Raoul, son gendre, fils de Richard, duc de Bourgogne, et d'autres seigneurs, contre Charles dont ils étaient mécontents. Fidèle à ses engagements, Rollon ne voulut jamais se départir de la foi qu'il avait jurée à son souverain. Robert, sans être ébranlé par ce refus, continua de cabaler en secret jusqu'à ce que sa partie fût assez bien liée pour faire éclater sa révolte. Se trouvant assez fort, l'an 920, pour lever le masque, il osa reprocher au roi, dans une assemblée qui se tint à Soissons, l'indolence de sa conduite et l'aveugle confiance qu'il avait en son ministre Haganon dont l'insolence soulevait tous les grands. Les partisans de Robert, qui l'accompagnaient, rompant aussitôt avec lui chacun une paille qu'ils avaient à la main, la jettent pour marquer au roi qu'ils renoncent à son obéissance. Tel était l'usage parmi les vassaux, lorsqu'ils voulaient s'affranchir de la dépendance de leurs suzerains, et parmi les personnes liées ensemble, lorsqu'elles voulaient se séparer. De là le proverbe encore usité parmi nous, *rompre la paille*, pour signifier une rupture entre amis. On allait procéder à l'élection d'un nouveau roi; mais un comte, nommé Hugues, élevant la voix, remontra à l'assemblée le danger d'une démarche si précipitée; et il le fit avec tant de force, qu'il obtint pour Charles un délai d'un an, pendant lequel on continuerait de lui obéir, sous la promesse qu'il fit de renvoyer Haganon et de changer de conduite. Voilà ce que raconte Adémar de Chabanais. Mais ce récit paraît fabuleux à dom Bouquet et à d'autres critiques. Ce qui est certain, c'est qu'il ne s'accorde pas avec Frodoard, dont l'autorité semble devoir l'emporter. Selon ce dernier, Hervé, archevêque de Reims, voyant que les seigneurs avaient abandonné Charles dans l'assemblée de Soissons, le prit et l'emmena dans ses terres où il le garda l'espace de sept mois, après quoi, l'ayant réconcilié avec les mécontents, il le rétablit sur le trône. La fidélité d'Hervé ne fut pas néanmoins à l'épreuve des injures. Charles, peu de tems après, lui ayant ôté la charge de grand-chancelier du royaume pour en revêtir l'archevêque de Trèves, l'aliéna de son service par ce trait d'ingratitude. (*D. Bouq.*, tom. VIII, p. 163, n.) Le monarque ne révoltait pas moins les autres prélats et seigneurs en manquant aux engagements qu'il avait pris avec eux. On était surtout irrité du rappel de Haganon qu'il comblait de nouvelles faveurs.

L'abus régnait toujours de conférer les abbayes à des laïques. Charles venait de retirer celle de Chelles à Rothilde, sa maîtresse, belle-mère de Hugues, fils de Robert, pour la donner à son favori. Hugues, piqué de ce traitement fait à une personne qui lui était chère, va trouver, avec quelques autres comtes, l'archevêque de Reims pour lui communiquer son ressentiment. Les factieux marchent à Laon pour y surprendre le roi qui s'y était retiré. Charles, à leur approche, s'enfuit avec Haganon jusqu'au-delà de la Meuse. Hugues, accompagné de deux mille hommes, le poursuit, et rencontre sur sa route Giselbert, duc de Lorraine, qui vient se joindre à lui. Le duc Robert, instruit de ces mouvements, passe dans le Laonais, et de là rappelle son fils et le duc de Lorraine, dans l'intention de les faire concourir avec lui au rétablissement de la paix. (*Frodoard.*) Ses vues alors ne portaient donc pas sur le trône, comme le prétendent les modernes, puisqu'il voulait faire la fonction de pacificateur. Charles était bien éloigné de ces dispositions. Ayant repassé la Meuse, il brûle et ravage les terres de l'église de Reims pour se venger de l'archevêque, et réduit en cendres le château de Hautmont. Raoul, duc de Bourgogne, et gendre de Robert, craignant pour son beau-père, se met en route avec un corps de troupes pour venir à son secours. Robert, à son approche, passe la Marne au-dessous d'Epernai, et campe à trois lieues de l'armée de Charles. On ouvre une conférence où les chefs des deux partis se trouvent, à l'exception de Charles et de Haganon. Elle dure une semaine sans aucun fruit. Hugues le Noir, frère de Raoul et deuxième fils de Richard, duc de Bourgogne, s'acheminait cependant pour venir renforcer l'armée de Robert. Sur sa route, il rencontra Haganon qui pillait, avec deux cents hommes, les terres de l'église de Reims. Les ayant faits prisonniers, il les renvoie ignominieusement à pied, gardant pour lui leurs armes et leurs chevaux. Charles, voyant continuellement croître les forces de Robert, prend le parti de fuir une deuxième fois au-delà de la Meuse. Les factieux s'étant alors rendus à Saint-Remi de Reims, y proclame roi le duc Robert. Il est sacré, le 29 juin 922, par Wautier, archevêque de Sens, pendant la maladie d'Hervé, archevêque de Reims, que la mort enleva trois jours après. (*Dom Bouq.*, tom. VIII, pag. 252. B.) Charles, à la nouvelle de cette élection, accourt avec les Lorrains qu'il avait rassemblés, pour aller chercher son rival. Les comtes de Toulouse et d'Auvergne l'ayant joint sur la route, il rencontre l'armée des rebelles, campée dans la plaine de Soissons. Le combat s'engage le 15 juin 923. Robert, qu'il était aisé de reconnaître à sa longue barbe grise qui sortait hors de son armure, tombe mort d'un coup de lance, que Charles lui porte à la bouche; d'autres disent d'un coup de hache que Fulbert, porte-lance, lui déchargea sur la tête. Quoi qu'il en soit, cet événement, comme on le verra dans un moment, n'assura pas la victoire à Charles. Robert avait épousé BÉATRIX, fille, suivant les chroniques d'Odoran, d'Aimoin et de Guillaume de Jumiège, d'Herbert I, comte de Vermandois, dont il eut Hugues, qui suit, et Emme, femme de Raoul, roi de France. Du Bouchet donne à Robert une seconde fille nommée Hildebrante, qu'il maria, dit-il, avec Herbert II, comte de Vermandois, son cousin-germain, sans faire attention combien une pareille alliance était contraire aux mœurs de ce tems-là. Robert épousa en secondes noces ROTHILDE, dont on a parlé ci-dessus, et de laquelle il ne paraît pas qu'il ait eu d'enfants. Ceux qui la disent tante de Charles le Simple se fondent sur une leçon vicieuse du texte de Frodoard. La vraie porte, dans le manuscrit du roi, qu'elle était amie ou maîtresse de ce prince, *amica* et non *amita*.

HUGUES LE GRAND.

923. HUGUES, à qui ses exploits, ou peut-être sa taille, ont mérité le surnom de GRAND, appelé aussi quelquefois le BLANC

par nos chroniqueurs, à cause de son teint, et l'ABBÉ, parce qu'il tenait en commende les abbayes de Saint-Germain-des-Prés, de Saint Denis, de Saint-Martin de Tours, et de Saint-Riquier, était à la bataille où périt le roi Robert, son père. Sans être déconcerté par ce revers, il se mit à la tête de l'armée, et arracha la victoire à Charles qu'il mit en fuite. (*Frodoard*.) Il ne tenait alors qu'à lui de se faire roi de France. Il consulta là-dessus Emme, sa sœur, femme de Raoul, duc de Bourgogne, et lui demanda qui de son mari ou de lui elle aimerait mieux pour roi. *J'aimerais mieux*, répondit-elle, *baiser les genoux de mon mari que ceux de mon frère*. Cette réponse le détermina, dit Glaber, à faire proclamer roi le duc, son beau-frère. Raoul, suivant Frodoard, lui donna le Mans pour reconnaître ce gage de son amitié. Les Normands des îles de la Loire continuaient toujours leurs brigandages. Hugues et Herbert, comte de Vermandois, marchent contre eux l'an 927, et les tiennent assiégés l'espace de cinq semaines. Mais ne voyant point de jour à pouvoir les forcer, ils composent avec eux, et leur abandonnent le pays Nantais, en exigeant des ôtages pour assurer la paix. Herbert n'était pas d'un caractère à pouvoir conserver long-tems ses amis. Fourbe, inquiet, et sacrifiant à ses intérêts les droits les plus sacrés, il commença, l'an 929, à se brouiller avec Hugues, comme il avait déjà fait avec Raoul. Le monarque et le duc ne cessèrent presque pas depuis ce tems d'être en guerre avec lui, jusqu'à la mort du premier, arrivée le 15 janvier de l'an 936. Hugues alors s'étant concerté avec les seigneurs les mieux intentionnés, députe en Angleterre Guillaume, archevêque de Sens, pour faire revenir Louis, fils de Charles, que sa mère Ogive, après l'emprisonnement de son époux, y avait emmené. L'ayant obtenu, il va le recevoir à Boulogne, accompagné d'autres princes, le place sur le trône de son père, et le fait sacrer, le 19 juin 936, à Laon, qui devint le lieu de sa résidence. Hugues, pendant la première année de ce nouveau règne, exerça proprement l'autorité d'un régent sans en avoir le titre. Mais, dès l'année suivante, Louis secoua le joug de la tutelle, et fit venir sa mère d'Angleterre à Laon, pour partager en quelque sorte avec elle le gouvernement. Hugues congédié, se réconcilie avec Herbert. Ces deux hommes s'étant ligués contre le roi, lui enlèvent de force, l'an 938, le château de Pierrepont, en Picardie, aidés par Giselbert, duc de Lorraine, qui était venu les joindre devant cette place. (*Frodoard*.)

Hugues, au commencement de l'année suivante, s'étant rendu avec Herbert auprès de Guillaume Longue-épée, duc de Normandie, ces trois princes font un traité d'alliance contre le roi. Louis employa, pour le rompre, l'autorité des évêques, armés de l'excommunication. Hugues, ébranlé par ces foudres, consentit à demeurer en paix jusqu'au premier juillet. Mais sa réconciliation avec Louis était si peu sincère, que ce monarque étant venu le trouver en 940, il ne daigna pas répondre à cet honneur, et l'obligea de s'en retourner à Laon, sans l'avoir vu. Il accompagna, peu de tems après, ses deux alliés, renforcés par la jonction de plusieurs évêques de France et de Bourgogne, au siége de Reims. L'objet de cette expédition était de chasser l'archevêque Artaud, pour mettre à sa place le comte de Vermandois. La ville se défendit si mal, qu'Artaud, le sixième jour du siége, se voyant presque universellement abandonné, fut obligé de prendre la fuite. (*Ibid.*) Menacé, peu de tems après, d'être assiégé dans Laon par Hugues et Herbert, Louis, au lieu de les attendre, se met en route pour la Bourgogne, avec l'archevêque Artaud et Roger, qu'il avait fait comte de Laon. Il apprend à Vitri que la place est effectivement assiégée, et rassemble de toutes parts des troupes pour aller la défendre. Le duc et le comte, à la nouvelle de sa marche, viennent à sa rencontre; et, l'ayant surpris dans le Porcean, ils le mettent en fuite, après lui avoir tué quelques-uns des siens. Le siége de Laon fut repris quelque tems après, et ensuite abandonné. Hugues avait épousé, l'an 938, une des sœurs d'Otton I, roi de Germanie. Cette alliance, par les secours qu'elle lui procurait, le rendait supérieur de beaucoup en forces à son souverain, dont il ne reconnaissait plus même l'autorité, depuis qu'avec le comte de Vermandois il avait fait hommage au monarque allemand. Louis, poussé à bout par ces rebelles, agissait en même tems par ses envoyés auprès du pape et auprès du roi de Germanie, pour les faire rentrer dans le devoir. Otton inclinait à la paix; mais il voulut que le duc de Normandie en fût le médiateur. Elle se conclut enfin l'an 942, dans une entrevue que les deux rois eurent au pied des Vosges, lorsque les deux armées ennemies étaient en présence. Le duc de France et le comte de Vermandois qui assistèrent à la conférence, ayant été déchargés par Otton du serment de fidélité qu'ils lui avaient prêté, retournèrent sous l'obéissance de leur légitime souverain, et l'ordre par là fut rétabli. Herbert étant mort l'année suivante, Hugues le Grand travailla lui-même à la paix des enfants de ce comte avec le roi de France, et surtout de l'archevêque Hugues, que ce monarque voulait chasser du siége de Reims, comme un usurpateur. Il y réussit, et obtint pour lui-même, outre la confirmation du duché de France, dont il était revêtu, la totalité du duché de Bourgogne, dont il ne possédait qu'une partie. Le roi lui fit l'honneur, la même année, de le choisir pour parrain d'une fille qui venait de lui naître.

Guillaume, duc de Normandie, le pacificateur de la France, n'était plus alors. Une insigne perfidie du comte de Flandre, l'avait enlevé de ce monde par un assassinat, le 17 décembre 942. Louis, à cette nouvelle, emmena le jeune Richard, fils de ce duc, à Laon, sous prétexte de le mettre en sûreté contre les mauvais desseins de ses ennemis; et dans le vrai, pour le retenir prisonnier; mais il fut adroitement joué, comme on le dira plus amplement ailleurs, par Osmond, gouverneur du jeune duc, qui l'enleva et le conduisit chez Bernard, comte de Senlis, son oncle. Hugues le Grand, sollicité par Bernard, s'engagea d'abord à prendre la défense de son neveu. Mais il manqua bientôt de parole sur l'offre que le roi lui fit de partager la Normandie, pourvu qu'ils réunissent leurs forces pour en faire la conquête. Le traité ayant été conclu en peu de jours, Louis se mit en marche avec ses troupes du côté de Rouen, tandis que Hugues avec les siennes, prenait la route de Bayeux. Les Normands, se croyant perdus, offrent au roi de le reconnaître, pourvu qu'il oblige Hugues à sortir de leur pays. L'offre est acceptée; mais Louis, après l'aventure du gué d'Herluin, s'étant sauvé à Rouen, où il fut retenu comme prisonnier, eut besoin de Hugues pour recouvrer sa liberté. Ce fut la reine Gerberge qui négocia cette affaire avec ce duc. Il consentit et réussit à retirer le roi des mains des Normands, mais ce fut pour le mettre sous la garde de Thibaut, comte de Blois. La nouvelle captivité que celui-ci lui fit subir dura jusqu'à ce qu'il eût cédé Laon à Hugues, qui le remit à Thibaut. (*Frodoard.*) La reine Gerberge implorait cependant le secours d'Otton, roi de Germanie, son frère. Il entra en France avec trente-deux légions, et délivra le roi, son beau-frère. Louis, s'étant joint ensuite à lui, ravage le duché de France, comme un pays qui lui eût été étranger, prend la ville de Reims, d'où il chasse l'archevêque Hugues, allié du duc, et va ensuite échouer devant Rouen, dont il ravage les environs. Otton quitte Louis après lui avoir remis les places qu'il avait prises, et regagne la Saxe. Louis et Hugues restèrent en état de guerre jusqu'à l'an 953. Ce fut alors que se consomma leur réconciliation à laquelle travaillaient, depuis trois ans, les évêques de Metz et de Cambrai, secondés par Hugues le Noir et Conrad, duc de Lorraine.

La mort de Louis arrivée l'année suivante, semblait ouvrir la route du trône à l'ambition de Hugues. Mais il trompa l'attente du public en donnant ses soins avec Brunon, archevêque de Cologne, pour y placer Lothaire, fils du roi défunt et neveu du prélat. L'autorité qu'il acquit sous ce nouveau règne, fut celle d'un premier ministre. Mais il n'en jouit pas deux années pleines, étant mort à Dourdan sur Orge, le 16 juin 956. Il fut inhumé à Saint-Denis. (*Chron. Floriac.*) Hugues avait épousé, 1°. HEDWIGE, fille d'Édouard l'ancien, roi d'Angleterre; 2°. HATWIN ou HATWIDE, dite aussi EDITHE, fille de Henri l'Oiseleur; 3°. JUDITH, fille de Rothilde, qui avait été maîtresse du roi Charles le Simple. Du second mariage, il eut trois fils et deux filles; les fils sont Hugues Capet, qui suit; Otton, duc de Bourgogne; Henri, nommé Eudes par Frodoard, double nom dont Duchêne fait deux personnages. L'aînée des filles est Béatrix, femme de Frédéric, duc de la haute Lorraine; Emme, la deuxième, fut mariée à Richard, duc de Normandie. Hugues le Grand eut, de plus, de Raingarde, sa concubine, un fils naturel, nommé Héribert, qui fut ordonné évêque d'Auxerre, le 8 janvier 971, et mourut le 23 août 996. (*Gall. Christ. No.*, tom. XII.) (Voy. *le roi Louis d'Outremer.*)

HUGUES CAPET.

956. HUGUES, surnommé CAPET, *Capetus* ou *Capito*, de la grosseur apparemment de sa tête, fils aîné de Hugues le Grand, était fort jeune à la mort de son père, et trouva un protecteur dans Richard I, duc de Normandie, à qui ce prince l'avait recommandé. Mais il eut un autre appui plus puissant encore et plus actif dans la personne de Brunon, son oncle maternel, archevêque de Cologne. Ce prélat étant venu en France, l'an 960, détermina le roi Lothaire à investir son neveu du duché de France, des comtés de Paris et d'Orléans, et des abbayes que ses ancêtres avaient possédées. (*Frodoard.*) Hugues Capet avait hérité des grandes qualités de son père, et y en ajouta d'autres qui le rendirent aussi aimable à la nation, que Hugues le Grand en avait été craint. Prudent et circonspect dans toutes ses démarches, affable envers tout le monde, il ne parut occupé que du bien public et du soin de mériter, non par des adulations, mais par des services réels, la confiance du monarque. Il la posséda bientôt tout entière à la grande satisfaction de tous les ordres de l'état. Le peuple trouva dans ce ministre équitable et vigilant un protecteur; les églises, un défenseur et un bienfaiteur, et les grands, un conciliateur dans leurs querelles. Il signala sa valeur dans toutes les rencontres où l'intérêt de la patrie l'exigeait. Il soutint et rétablit, les armes à la main, les comtes de Hainaut, Rainier et Lambert que l'em-

pereur Otton II avait destitués pour leur substituer Arnoul et Godefroi, comptant se rendre maître de la Lorraine, par le moyen de ses deux créatures.

Charles, frère du roi Lothaire, ayant accepté des mains d'Otton, l'an 977, le duché de la basse Lorraine, sous la condition de l'hommage, Hugues désapprouva, comme le monarque et tous les bons Français, cette démarche indigne d'un fils de France. On a dit ailleurs que Lothaire en fut si irrité, que la même année, ayant levé des troupes à la hâte, il alla surprendre Otton à Aix-la-Chapelle, comme il était prêt à se mettre à table, et lui laissa à peine le tems de s'enfuir. L'empereur voulut prendre sa revanche, et vint jusqu'aux portes de Paris, dont il brûla un des faubourgs. Mais Hugues, assisté du comte d'Anjou et d'autres seigneurs, s'étant mis à ses trousses dans sa retraite, atteignit son arrière-garde sur les bords de l'Aisne; et après en avoir détruit une partie, il poursuivit le reste jusqu'aux Ardennes. Le dessein de Hugues était de réunir la Lorraine à la couronne de France; et il se flattait d'en venir à bout avec les forces qu'il avait en main, jointes à celles de ses amis. Mais Lothaire rompit ses mesures par la facilité qu'il eut en 980, d'abandonner cette province à l'empereur, pour en obtenir la paix. Hugues et Henri, duc de Bourgogne, son frère, réclamèrent hautement contre cette cession. Lothaire, quatre ans après, sentit mieux sa faute, lorsqu'il apprit les incursions que les Lorrains faisaient sur ses terres. Ayant repris les armes, alors, il rentra dans la Lorraine et assiégea Verdun, dont les portes lui furent ouvertes, après avoir fait prisonnier, dans une bataille, le comte Godefroi. Il aurait poussé plus loin ses conquêtes, si les troubles de l'état ne l'eussent point rappelé. Ce prince avait tant de confiance dans Hugues Capet, qu'étant au lit de la mort en 986, il lui recommanda son fils Louis, comme à l'ami le plus sincère, au conseiller le plus sage et au seigneur le plus puissant qu'il y eût dans le royaume. Louis n'ayant survécu qu'un an ou environ à son père, sans laisser de lignée, le trône après lui était dévolu à Charles, son oncle, par le droit de la naissance. Mais au lieu d'en prendre possession sur-le-champ, il jugea plus à propos, dit la Chronique de Saxe, de mettre l'affaire en délibération. Il convoqua effectivement à ce sujet une grande assemblée, si l'on en croit M. Velly, qui cite en preuve les paroles suivantes d'une lettre du fameux Gerbert, alors écolâtre de l'église de Reims, à Diéderric ou Thierri, évêque de Metz : *Le duc Hugues a assemblé six cents hommes d'armes, et sur le bruit de son approche, le parlement, qui se tenait dans le palais de Compiégne, s'est dissipé dès le onzième de mai. Tout a pris la fuite, et le duc Charles et le comte Rein-chard et les princes de Vermandois...... et l'évêque de Laon, Adalberon, qui a donné son neveu en ôtage à Bardas (c'est ainsi qu'il désigne Hugues Capet) pour l'exécution de ce que Sigefroi et Godéfroi ont promis. (Bouquet*, tom. IX, pag. 278.) Mais il y a malheureusement une méprise considérable dans l'emploi que fait de ce texte M. Velly. L'évêque Diédéric à qui la lettre de Gerbert est adressée, étant mort le 7 septembre 984, (Bouquet, *ibid. n.*) le parlement dont elle parle, ne peut avoir eu pour objet le choix d'un successeur du roi Louis V, tellement vivant alors, que Lothaire, son père qu'il remplaça depuis, ne descendit au tombeau qu'en 986. De quoi s'agissait-il donc dans cette assemblée de Compiégne, dont Gerbert rend compte en termes énigmatiques à l'évêque de Métz? Il est aisé de le comprendre en se rappelant ce qui se tramait dans les dernières années du règne de Lothaire en faveur des princes allemands, au préjudice des droits de la monarchie française. Pour se maintenir dans le duché de la basse Lorraine, qu'il tenait de l'empire, à titre de vassal, Charles, frère de ce monarque, travaillait à faire reconnaître l'empereur pour le véritable souverain de toute la Lorraine. Ce fut dans cette intention qu'il assembla ses partisans à Compiégne, vraisemblablement en l'absence du roi, occupé à parcourir quelques provinces méridionales de la France. Hugues Capet, informé de ce conventicule de traîtres, y vole avec des troupes pour le dissoudre; et à son approche, le parti se dissipe. Ce qui fait un sujet de blâme pour Hugues Capet aux yeux de M. Velly, est donc réellement, en ce prince, un nouveau mérite, un nouveau service rendu à l'état.

Plus le duc Charles se faisait d'ennemis par sa conduite inconsidérée, plus Hugues Capet, en réglant toutes ses démarches, se faisait aimer et estimer. Celui-ci profitant de l'état d'indécision où Charles restait après la mort du roi, son neveu, rassemble en diligence à Noyon ses vassaux et les grands du royaume, ses amis les plus déclarés, leur expose ses vues, et les détermine sans peine à lui décerner le trône, dont il était regardé comme le plus ferme appui. On le conduit ensuite à Reims, où il est sacré le 3 juillet (1) par l'archevêque Adal-

---

(1) Avant cette cérémonie, on lui fit prononcer le serment suivant : *Hugo, Deo propitiante, mox futurus rex Francorum, in die ordinationis meae promitto coram Deo et sanctis ejus quòd unicuique de vobis* (mihi) *commissis canonicum privilegium et debitam legem atque justitiam conservabo, et defensionem quantùm potuero, adjuvante Domino, exhibebo;*

beron, frère de Godefroi, comte de Verdun, qu'il tenait en prison pour son attachement au duc Charles. Le concert de ceux qui avaient porté Hugues sur le trône, avait été si unanime, que ce prélat, tout opposé qu'il lui fût pour le traitement qu'il faisait à son frère, ne put refuser son ministère dans l'occasion dont il s'agit. C'est ce qu'il témoigna lui-même au duc Charles, en répondant aux plaintes qu'il lui faisait d'avoir abandonné son parti. « Qui étais-je, lui dit-il, pour » donner moi seul un roi aux Français ? C'est ici une affaire » publique et non particulière. » (Voy. *Charles, duc de la basse Lorraine.*) La couronne de France n'ajouta pas beaucoup à l'opulence de Hugues Capet. Ce fut lui-même qui enrichit le domaine royal, réduit alors à quatre ou cinq villes, dont Laon était la principale, en y réunissant le vaste duché de France avec les comtés de Paris et d'Orléans. (Voy. *les rois de France.*)

L'idée que nous donnons ici de Hugues Capet n'est pas tout-à-fait celle qu'en présente le discours préliminaire de M. Ardillier. Mais nous avons cru ne pouvoir altérer son texte en l'imprimant, ni devoir y conformer servilement notre façon de penser.

---

sicut rex in regno suo unicuique episcopo et ecclesiæ sibi commissæ per rectum exhibere debet, populoque nobis credito me dispensationem legum in sua jure consistentem nostra auctoritate concessurum, Hugo Rex, (Bouquet, tome XI, p. 658.)

CHRONOLOGIE HISTORIQUE

DES ROIS FRANÇAIS

DE TOULOUSE ET D'AQUITAINE.

CLOVIS ayant défait, l'an 507, le roi Alaric II, et pris, l'année suivante, Toulouse, la capitale du royaume des Visigoths, ce royaume par-là fut éteint. Toulouse et les pays conquis sur les Visigoths, furent dans la suite gouvernés, pendant environ cent vingt-huit ans, par des ducs et des comtes, au nom des rois français, Childebert, Caribert, Chilpéric I, Gontran, etc. Enfin, l'an 630, le royaume de Toulouse et d'Aquitaine fut rétabli.

CARIBERT, ROI DE TOULOUSE.

630. CARIBERT ou CHARIBERT, fils de Clotaire II, n'ayant eu aucune part à la succession de son père, contre l'usage de ce tems, Dagobert, son aîné, lui céda, par un traité fait sur la fin d'avril de l'an 630, le Toulousain, le Querci, l'Agénois, le Poitou, le Périgord et la Novempopulanie ou Gascogne (1). Peu de jours après ce traité, Caribert se rendit à Orléans pour y tenir sur les fonts de baptême, Sigebert, son neveu, qui devint roi d'Austrasie. De là, continuant sa

---

(1) Il est cependant à observer que Dagobert, peu de tems après, par accommodement fait vraisemblablement avec son frère, reprit le Querci, comme le prouvent différentes lettres de Didier, évêque de Cahors, où il le reconnaît pour son souverain, ainsi que Sigebert, son fils, sans faire mention de Caribert.

route, il alla prendre possession de ses nouveaux états à Toulouse où il fixa son siége, et fit revivre en sa personne, l'ancien titre des rois de Toulouse, éteint depuis cent vingt ans avec la monarchie des Visigoths en France. Au printems de l'année suivante, il se mit en marche pour réduire les Gascons révoltés contre leur duc Amand, son beau-père. Etant revenu victorieux à Toulouse, il y mourut la même année, à l'âge d'environ vingt-cinq ans. Il laissa trois enfants de la reine GISÈLE, son épouse, fille d'Amand, savoir, Childéric, Boggis et Bertrand. Le principal monument qui nous fait connaître les deux derniers, est une charte donnée l'an 845, par le roi Charles le Chauve, en faveur du monastère d'Alaon, au diocèse d'Urgel, et publiée pour la première fois, sur une copie, par le cardinal d'Aguirre, dans le troisième tome, p. 131, de la Collection des conciles d'Espagne. Cette pièce, suspectée de faux par quelques critiques, a été défendue par D. Vaissète dans le premier tome de l'Hist. de Lang., note LXXXIII, p. 688, et suiv. Sans prétendre qu'il en ait pleinement démontré l'authenticité, nous croyons pouvoir dire qu'il a satisfait aux principales difficultés qu'on avait alléguées jusqu'alors pour la rejeter.

CHILDÉRIC.

631. CHILDÉRIC, ou HILDÉRIC, fils de Caribert, succéda à son père à l'âge de trois ou quatre ans, et mourut peu après d'une mort violente, dont quelques auteurs accusent le roi Dagobert, qui réunit aussitôt le royaume de Toulouse à ses états. Mais Amand, duc des Gascons, et aïeul maternel de Boggis et de Bertrand, souleva les peuples de son département en leur faveur, et étendit ses courses, l'an 636, dit Frédégaire, *dans tout l'ancien royaume de Charibert.* La ville de Poitiers, suivant le même auteur, porta la peine de la révolte des Gascons, dont elle avait embrassé le parti. Dagobert étant venu l'assiéger en 636, la prit et la fit démanteler. Ce coup de vigueur abattit la fierté des Gascons. Etant venus trouver Dagobert à Clichi, le duc à leur tête, ils le fléchirent par leurs soumissions. Amand fit, avec ce monarque, un traité qui assura l'Aquitaine à Boggis et Bertrand, à titre de duché héréditaire, sur lequel Dagobert ne se réserva que la souveraineté avec un tribut annuel. (Voy. *les ducs de Gascogne.*)

BOGGIS ET BERTRAND, DUCS HÉRÉDITAIRES DE TOULOUSE ET D'AQUITAINE.

637. BOGGIS et BERTRAND, fils de Caribert, entrèrent en

possession des états de leur père, et en jouirent à titre de ducs de Toulouse et d'Aquitaine, sous la condition de foi et hommage à la couronne de France, et d'un tribut annuel. C'est là, dit D. Vaissète, le premier exemple de l'hérédité des fiefs dans la monarchie française, ou plutôt d'un apanage donné aux princes de la famille royale. Cet apanage fut possédé héréditairement jusqu'à la fin de la première race de nos rois par le fameux Eudes et les autres ducs d'Aquitaine, ses successeurs, qui descendaient tous de Caribert, roi de Toulouse. Le duché d'Aquitaine fut augmenté de beaucoup d'autres terres considérables, et du duché de Gascogne, dont Boggis et Bertrand héritèrent par la mort d'Amand, leur aïeul. Boggis, suivant la chronique de Sigebert, mourut l'an 688, laissant de sainte ODE, son épouse, d'une famille austrasienne, deux fils, Eudes, qui lui succéda, et Imitarius. Bertrand eut aussi de PHIGBERTE, son épouse, un fils appelé Hubert, qui céda ses droits sur le duché d'Aquitaine à Eudes, pour se donner entièrement à Dieu. Hubert devint célèbre par sa sainteté : il fut disciple et ensuite successeur de saint Lambert, sur le siége de Maëstricht, qu'il transféra à Liége, où il mourut l'an 727. (Voy. *les évêques de Liége*.) Son corps fut porté dans l'abbaye des Ardennes qui porte aujourd'hui son nom.

EUDES.

688. EUDES ou ODON, appelé LUDE, peut-être par une faute de copiste, dans la charte d'Alaon, succéda à son père Boggis, et à Bertrand, son oncle, vers le même tems, par la cession qu'Hubert, fils de Bertrand, lui fit de tous ses droits sur le duché d'Aquitaine. Le nom du duc Eudes est célèbre dans l'histoire par ses guerres contre les maires du palais, et par celles qu'il eut contre les Sarrasins. Ce duc posséda, tant par droit de succession, que par ses conquêtes, tout le Languedoc français, et régna en souverain sur les pays situés entre la Loire, l'Océan, les Pyrénées, la Septimanie et le Rhône, et même au-delà de ce fleuve. L'an 717, Eudes est reconnu pour souverain d'Aquitaine par le roi Chilpéric II, avec lequel il se ligue contre Charles Martel ; mais il est défait l'an 718, ou 719, selon dom Bouquet, avec Chilpéric, qu'il mène en Aquitaine. L'an 719, ou 720, selon le même savant, il fait un traité avec Charles, et lui livre le roi Chilpéric. Les Sarrasins ayant fait irruption en Aquitaine, l'an 721, Eudes marche contre eux, leur fait lever le siége de Toulouse, et les taille en pièces. Eudes ne se trouva pas également en forces, l'an 730 pour résister à Munuza, général de ces infidèles pour

l'émir Abdérame, et gouverneur de Catalogne, qui menaçait d'envahir ses états. Il fut contraint d'acheter la paix de ce barbare et de lui donner en mariage Lampagie, sa fille et non pas sa femme (comme le dit un moderne), princesse d'une grande beauté. Munuza ne posséda pas long-tems cette épouse. L'an 731, Abdérame, qui tenait sa cour à Cordoue, instruit d'une révolte qu'il méditait, vient l'attaquer avec toutes ses forces. Munuza, l'année suivante, réduit à l'extrémité, se précipite du haut d'un rocher. La princesse Lampagie tombe entre les mains d'Abdérame, qui l'envoie à Damas pour entrer dans le sérail du calife. Cet émir des Sarrasins fait dans les Gaules une irruption qui est la quatrième, entre dans la Gascogne, force Bordeaux qu'il livre au pillage, passe la Dordogne, rencontre le duc Eudes, fond sur son armée, et en fait un si grand carnage, que, selon le témoignage d'Isidore de Béja, auteur contemporain, il n'y a que Dieu seul qui ait pu savoir le nombre de chrétiens qui périrent. Abdérame poursuit sa victoire, vient en brulant, pillant, saccageant, jusqu'aux portes de Poitiers, où Charles Martel que le duc Eudes avait appelé à son secours, l'arrête et le défait un samedi du mois d'octobre de l'an 732. Abdérame périt dans la bataille, qu'il ne faut pas confondre, comme font la plupart des historiens, avec celle que le duc Eudes gagna sur Zama, devant Toulouse, l'an 721. « La réconciliation, dit D. Vaissète, qui » se fit avant la bataille de Poitiers, entre Eudes et Charles » Martel, fut sans doute sincère et de bonne foi, et nous ne » voyons pas qu'elle ait été altérée pendant le reste de leur vie.» Le duc Eudes mourut en 735, laissant de sa femme VALTRUDE, fille du duc Walchigise, que le roi Charles le Chauve qualifie sa parente dans la charte d'Alaon, trois fils, Hunald, ou Hunold, qui fut duc d'Aquitaine ou de Toulouse, Hatton, à qui l'on présume que le Poitou échut en partage, et Rémistan. D. Vaissète a fait connaître le duc Eudes, qui n'avait pas encore été bien connu, et qu'on n'a regardé jusqu'à ce siècle que comme un aventurier, qui avait profité des troubles du royaume pour s'emparer de l'Aquitaine. Ce prince fut enterré dans un monastère de l'île de Ré, qu'il avait fondé. Sa couronne fut trouvée, l'an 1731, dans la même île, en creusant dans les ruines d'une maison bâtie sur celles de ce monastère. Elle était de cuivre doré, garnie de pierreries, dont la principale était une turquoise, avec des fleurons au nombre de quatre, qui représentaient des espèces de fleurs de lis, et autant de triangles renversés. (*Voy.* Montfaucon *Monum. de la Monarc. Franç.* t. IV, *préf.*) On ne sait sur quel fondement un moderne s'est avisé de donner Eudes pour un duc amovible. Il l'était si peu, que la plupart des historiens, tant nationaux qu'étrangers, lui ont donné même le titre de roi; titre que les chartes d'Aquitaine, dressées de son tems, justifient, puisqu'elles sont datées des années de son règne. Une étiquette trouvée l'an 1279, dans le tombeau de sainte Madelaine, à Vezelai, portait que le corps de la sainte y avait été transféré secrètement d'Aix, par la crainte des Sarrasins, sous le règne d'Odoin : c'est Eudes qu'on a aussi nommé quelquefois Odoie.

HUNALD ou HUNOLD.

735. HUNALD, fils du duc Eudes et de Valtrude, lui succéda, non sans opposition de la part de Charles Martel, qui vint en Aquitaine pour lui disputer cet héritage. Les hostilités ne furent point durables. L'an 736, Hunald fait avec ce prince un traité par lequel Charles consent qu'il demeure paisible possesseur de l'Aquitaine, sous le titre de duc, à condition qu'il *tiendra ses états à foi et hommage, de lui, de Carloman et de Pepin, ses enfants*. L'an 741, après la mort de Charles, Hunald, se croyant délivré du serment qu'il avait fait à Carloman et à Pépin, prend les armes contre eux. Les deux frères étant entrés l'année suivante dans le Berri, ravagent le pays, et mettent le feu aux faubourgs de Bourges. Hunald est tellement effrayé de les voir sur ses terres, que, pour se mettre en sureté, il passe la Garonne, et se retire en Gascogne. Après avoir désolé le Berri, Pépin et Carloman se jettent sur la partie de la Touraine située à la gauche de la Loire (cette partie était du domaine d'Hunald), prennent le château de Loches qu'ils détruisent, et emmènent prisonniers tous les habitants. Hunald fait, l'année suivante, une ligue avec Odilon, duc de Bavière, contre les deux princes français. Tandis que ceux-ci sont occupés à réprimer les Allemands et les Saxons qui étaient entrés dans cette ligue, il passe la Loire, et s'avance jusqu'à la ville de Chartres, qu'il brûle après l'avoir pillée. L'an 744, ou, selon D. Vaissète, 745, réduit à demander la paix à Carloman et à Pépin, il s'engage à leur demeurer soumis en qualité de vassal. Peu de tems après, il invite son frère Hatton à venir à sa cour, promettant avec serment de ne lui faire aucun mal. Hatton arrive, et son frère, dès qu'il le voit, se saisit de sa personne, et lui fait crever les yeux. Quelques jours après, touché de remords, il abdique la couronne ducale, prend l'habit religieux, dans le monastère de l'île de Ré, fondé, comme on l'a dit, par Eudes, son père, et laisse la principauté d'Aquitaine à son fils Waifre. Hunald, après avoir vécu vingt-trois ans dans ce monastère, en sortit l'an 768,

après la mort de son fils Waifre, dans le dessein de rétablir sa maison dans la principauté d'Aquitaine. C'était alors Charlemagne et Carloman son frère, qui régnaient en France. Les deux monarques s'étant mis en campagne l'année suivante pour aller à la poursuite de ce rebelle, se brouillent sur la route et se séparent. Carloman s'en retourne avec ses troupes. Charlemagne continue sa marche, et arrive sur les bords de la Dordogne, près de son embouchure dans la Garonne. De là il envoie des ambassadeurs à Loup, duc de Gascogne, fils d'Hatton et neveu d'Hunald, pour le sommer de lui livrer son oncle qui s'était réfugié chez lui. Loup obéit, et remet Hunald, avec sa femme qui l'avait rejoint, entre les mains de Charlemagne, qui les retint prisonniers. Hunald, au bout de quelques années, obtient la permission de passer en Italie, sous prétexte d'aller finir ses jours à Rome, dans la profession monastique. Il n'y resta pas long-tems. S'étant retiré chez Didier, roi de Lombardie, il soutint avec lui le siége que Charlemagne vint mettre, l'an 774, devant Pavie. Mais avant que la place fût prise, il y périt sous une grêle de pierres dont il fut assommé par le peuple, qu'il voulait détourner de se soumettre au monarque français.

WAIFRE, DUC HÉRÉDITAIRE.

745. WAIFRE, fils d'Hunald, règne sur toute l'Aquitaine et la Gascogne après la retraite de son père. L'an 750, il ouvre un asile dans ses états à Grippon, frère de Pepin, duc des Français. Pepin, l'année suivante, envoie des ambassadeurs à Waifre pour l'exhorter à lui remettre son frère. Waifre le refuse avec hauteur. Devenu roi de France, en 752, Pepin reçoit de Waifre un nouvel outrage, par le refus obstiné qu'il fait de reconnaître sa souveraineté : il dissimule ce double affront, et remet à en tirer vengeance, après la conquête qu'il méditait de la septimanie sur les Sarrasins. L'an 760, ayant réussi à contraindre ces infidèles de repasser les Pyrénées, il déclare la guerre au duc d'Aquitaine. Il entre dans la Touraine méridionale, dépendante de ce duché, et y répand la désolation. Waifre, n'osant tenir la campagne, demande la paix, et l'obtient sous la promesse qu'il fit, avec serment, de satisfaire dans le *plaid* ou l'assemblée générale des états, à tous les griefs que le monarque avait contre lui. Mais loin de tenir cet engagement, il entre, à la tête d'une armée, dès l'année suivante, dans l'Autunois, qu'il parcourt le fer et la torche à la main jusqu'à Châlons-sur-Saône (et non pas Cavail-

lon), dont il brûle les faubourgs; après quoi il repasse la Loire, chargé d'un butin considérable. Pepin apprend ces nouvelles à Duren, au pays de Juliers, où il était occupé à tenir l'assemblée du champ de mai. Il part, accompagné des princes ses fils, dans la résolution de faire une guerre implacable à Waifre, et de ne point désarmer qu'il ne l'eût dépouillé de ses états. Arrivé à Troyes avec son armée, il prend sa route par l'Auxerrois, passe la Loire à Nevers, assiége et brûle le château de Bourbon sur l'Allier, entre de là dans l'Auvergne, dont il prend toutes les places fortes, et pousse ses courses jusqu'à Limoges où il termina son expédition. Au printems de l'année suivante, ayant encore passé la Loire, il conduit son armée dans le Berri, s'empare de tous les châteaux voisins de la capitale, dont il se rend maître ensuite après un siège vigoureusement soutenu, et termine la campagne par la prise du fort château de Thoüars en Poitou, qu'il réduit en cendres. L'an 763, Pepin, après avoir tenu l'assemblée du champ de mai, dans la ville de Nevers, se porte au-delà de la Loire, avec toutes ses troupes. Il traverse ensuite le Bourbonnais et l'Auvergne, s'avance jusqu'à Cahors, d'où il étend ses courses jusqu'à Limoges, et revint enfin vers le Berri, brûlant, saccageant tout ce qu'il rencontre sur sa route. Arrivé près d'Issoudun, il y rencontre Waifre, qui lui présente la bataille. L'infortuné duc, malgré sa bravoure, est défait par la lâcheté des Gascons de son armée, qui plièrent au premier choc, et prirent la fuite; il se sauve lui-même, non sans peine, avec le peu de troupes qui lui restaient. Se voyant alors sans ressources, il fait proposer la paix au vainqueur, qui la refuse. L'an 765, il est encore battu, près de Narbonne, par Pepin. Il perd, dans la même année, Ammingue, ou Amanuge, comte de Poitiers, qui, faisant la guerre pour lui dans la Touraine, est tué dans une attaque, par les gens de Saint-Martin. (*Annal. Mett.*) Pour comble de malheurs, Waifre est abandonné par Remistan, son oncle, qui se joint à Pepin, et lui prête serment de fidélité. Mais l'an 767, Remistan quitte Pepin, et vient au secours de Waifre. Cette variation eut une issue funeste. L'an 768, Remistan est pris et amené à Saintes, où était pour lors Pepin, qui le fait pendre comme criminel de lèze-majesté. Waifre est assassiné la même année dans le Périgord, la nuit du 2 juin, par quelques-uns de ses domestiques, qui avaient promis à Pepin de l'en défaire. Ainsi périt le dernier duc héréditaire d'Aquitaine, de la famille d'Eudes, qui descendait de la première race de nos rois, et l'Aquitaine fut réunie à la couronne. Waifre laissa, en mourant, un fils appelé

Loup, qu'il avait eu de la duchesse ADÈLE, son épouse, fille de Loup, fils d'Hatton, frère d'Hunald. Ce Loup, fils de Waifre, était à la tête des Gascons, qui surprirent et battirent, à Roncevaux, l'an 778, l'arrière-garde du roi Charles, qui revenait d'Espagne. Le roi, piqué de cet événement, donna de si bons ordres, que Loup fut pris et pendu ignominieusement. Il laissa deux fils, Adalric et Loup-Sanche, qui furent ducs des Gascons. Les modernes ont prétendu que Waifre était enterré à Bordeaux, dans l'endroit où est aujourd'hui la Chartreuse. Mais le dernier historien de Bordeaux pense que le lieu de sa sépulture est plus vraisemblablement à l'abbaye de Saint-Martial de Limoges, autrefois Saint-Sauveur, qui le reconnaît pour son fondateur. (Voy. *les ducs de Gascogne.*)

LOUIS LE DÉBONNAIRE, ROI D'AQUITAINE.

781. LOUIS, né l'an 778, à Casseneuil, dans l'Agenois, de Charlemagne et d'Hildegarde, fut déclaré, en venant au monde, roi d'Aquitaine, par son père, qui, l'ayant emmené dans l'automne de l'an 780, avec Pepin, son frère, à Rome, les fit sacrer l'un et l'autre le jour de Pâques de l'année suivante, par le pape Adrien I. Louis fut ramené de Rome dans un berceau, comme il y était vraisemblablement arrivé, jusqu'à Orléans. De là il fut conduit la même année à Toulouse, pour y prendre possession de ses états, dont cette ville était la capitale. Son entrée eut plus d'éclat que son âge ne semblait le permettre. On lui fit, pour cette cérémonie, des armes et des habits de guerre proportionnés à sa taille; on le mit, comme on put, à cheval, et ce fut dans cet appareil qu'il reçut les hommages des grands et du peuple. Le règne de Louis en Aquitaine, commence proprement à cette époque dans les chartes. Dès qu'il fut en âge de manier les rênes de l'état, il s'imagina devoir imposer au public par la magnificence et le faste. Mais s'étant bientôt aperçu que son luxe était onéreux à ses peuples, il se réforma de lui-même, et trouva dans une exacte économie, les moyens de tenir toujours une cour brillante sans fouler ses sujets. Il avait dans ses états quatre palais qu'il habitait alternativement, Doué, sur les confins d'Anjou, Ebreuille, en Auvergne, Audiac, en Saintonge, et Casseneuil, dont on vient de parler. Il épousa, l'an 798, du consentement de son père, HERMENGARDE, fille du comte ou duc Ingerammé. Louis fit, l'année suivante, ses premières armes contre les Sarrasins d'Espagne, qui lui refusaient l'hommage qu'ils avaient fait à son père. Etant entré dans ce qu'on a depuis nommé la Cata-

logne, il fit le siége de Lérida, qu'il emporta au bout de quelques semaines, et dont il fit raser les murs, après avoir abandonné la ville au pillage. Barcelonne, qu'il attaqua ensuite, l'occupa l'espace de deux ans, et ne se rendit, l'an 801; qu'après avoir éprouvé toutes les horreurs de la famine. Louis donna le gouvernement de Barcelonne, au comte Bérar; et lui ayant laissé une bonne garnison pour s'y maintenir, il alla trouver à Aix-la-Chapelle, l'empereur, son père, qui le reçut avec une joie inexprimable. L'an 806, nouvelle expédition de Louis en Espagne. Elle fut terminée en une campagne, dont le fruit, après une vigoureuse défense, fut la prise de Pampelune. Louis, ayant passé les Pyrénées une troisième fois, au printems de l'an 809, entreprit le siège de Tortose, qu'il fut obligé de lever. Mais l'ayant repris en 811, il se rendit maître de la place au bout de quarante jours d'attaque. (D. Vaissète.) L'an 814, à la nouvelle de la mort de Charlemagne, Louis se rend à Aix-la-Chapelle pour recueillir sa succession, et envoie, sur la fin de l'année, Pepin, son fils, en Aquitaine pour le remplacer. (*Voy.* Louis le Débonnaire *parmi les empereurs et parmi les rois de France.*)

PEPIN Ier, ROI D'AQUITAINE.

L'an 814, PEPIN Ier. vient en Aquitaine pour la gouverner. C'est de cette année 814 que Pepin comptait communément les années de son règne, quoiqu'il n'ait été reconnu solennellement roi que l'an 817, dans la diète d'Aix-la-Chapelle. Du reste, sous ce nom d'Aquitaine, on ne doit pas entendre seulement les provinces situées au-delà de la Loire, mais encore l'Autunois, dans lequel était compris le Charolais et le Nivernais. La preuve se tire d'une charte de Pepin, datée du 3 des calendes de juillet, la vingt-cinquième année de son règne, par laquelle il donne à son fidèle Heccard, comte d'Autun, le lieu de Perreci, et divers fonds de son territoire, le tout situé dans l'Autunois, *quasdem res juris nostri quæ sunt sitæ in pago Augustidunense in agro Patriciense, id est ipsa villa Patriciacus*, etc. L'an 822, Pepin épouse INGELTRUDE ou INGELBERGE, fille de Théodébert, ou Tietbert, comte de Madrie, entre Évreux, Vernon et la Seine, et sœur de Robert le Fort, suivant l'auteur de la Vie de saint Génou. Il eut d'elle deux fils, Pepin, qui lui succéda, et Charles, qui fut relégué l'an 849, par Charles le Chauve, son oncle, dans le monastère de Corbie, et obligé d'embrasser la cléricature. Charles devint, l'an 856, archevêque de Mayence, et mourut l'an 863. Pepin eut encore deux filles qui étaient mariées, lorsqu'il mourut à Poitiers, le 13 décembre 838. L'époux de l'aînée, nommée Mathilde, fut Gérard, comte d'Auvergne (et non pas, comme le dit un moderne, Gérard de Roussillon, qu'il confond avec Gérard d'Auvergne.) L'autre fut alliée à Ratier, comte de Limoges. La mère de ces enfants mourut la même année que son époux, et fut inhumée à Sainte-Radegonde de Poitiers. Les abbayes de Saint-Jean d'Angeli, de Saint-Cyprien de Poitiers et de Brantôme, reconnaissent Pepin Ier. pour leur fondateur.

PEPIN II, ROI D'AQUITAINE.

839. PEPIN II, fils de Pepin Ier. était fort jeune lorsque son père mourut. Il fut proclamé roi, l'an 839, par quelques seigneurs d'Aquitaine, qui voulurent lui assurer la couronne dont ils prévoyaient que l'empereur cherchait à le dépouiller pour en investir son fils Charles. Ebroin, évêque de Poitiers, voyant le tumulte qui s'élève en Aquitaine, va trouver l'empereur pour le prier de venir y rétablir la tranquillité. Louis indique une assemblée à Châlons-sur-Saône, où il mande les seigneurs d'Aquitaine. Il s'y rend avec l'impératrice Judith et son fils Charles; et après y avoir réglé à l'avantage de celui-ci tout ce qui concerne l'Aquitaine, il se rend à Clermont en Auvergne. Tous les seigneurs qui viennent lui rendre leurs hommages sont biens reçus, et congédiés honorablement, après avoir fait serment de fidélité à Charles. Mais ceux qui refusent de se soumettre à ce nouveau roi, sont arrêtés et punis par divers supplices. L'empereur envoie de-là Judith avec Charles à Poitiers, tandis qu'il va prendre le château de Cartilat en Auvergne, où les mécontents s'étaient fortifiés. Après avoir passé quelques jours à Turenne, il arrive à Poitiers pour les fêtes de Noël. Pendant le séjour qu'il y fait jusqu'au Carême, il s'applique à calmer les mouvements des Aquitains, et laisse en partant Judith et Charles, pour achever cet ouvrage. L'empereur Louis étant mort le 20 juin 840, le parti de Pepin se réveille à cette nouvelle. Ce jeune prince s'avance vers Bourges, dans le dessein de s'en emparer, et d'enlever l'impératrice Judith. Le roi Charles y accourt, et met en fuite Pepin vers le mois d'août. L'an 843, Charles, le 13 mai, vient mettre le siége devant Toulouse, et le 20 juin suivant le lève pour aller s'aboucher avec ses frères Lothaire et Louis à Verdun. Le résultat de cette entrevue devint funeste à Pepin. Ce prince, abandonné de Lothaire dont il avait embrassé le parti, et pour lequel il avait combattu à Fontenai, se voit dépouillé de ses états par le partage qu'ils firent entre eux de la monarchie française. Il ne

perd pas néanmoins courage, et se prépare à une vigoureuse défense. Charles étant venu, le 11 mai 844, reprendre le siége de Toulouse, Pepin après avoir battu un détachement de ses troupes, l'oblige encore à se retirer vers la fin de juin suivant. L'an 845, traité fait à Saint-Benoît-sur-Loire, entre Charles et Pepin, par lequel Charles cède à son neveu toute l'Aquitaine, excepté le Poitou, la Saintonge et l'Angoumois, en se réservant néamoins la suzeraineté sur le reste. (D. Vaissète.) Pepin devint ainsi maître de ce royaume, dont il n'avait pu obtenir la possession tranquille depuis la mort de son père. L'Aquitaine fut alors partagée en deux duchés ou gouvernements, dont l'un était sous la domination de Pepin, et l'autre sous celle de Charles. Pepin ne jouit pas long-tems, de la paix, parce qu'il ne sut pas en faire usage pour le bien de ses sujets. La conduite licencieuse et tyrannique de ses ministres, autorisée par sa négligence, souleva contre lui tous les seigneurs du pays. Charles, son oncle, à leur invitation se transporte à Limoges l'an 848, et s'y fait couronner roi d'Aquitaine. L'année suivante, il se rend maître de Toulouse, et s'empare ensuite de la Septimanie. Pepin appelle à son secours Charles, son frère, que Lothaire retenait auprès de lui. Le jeune Charles s'évade de la cour de son oncle avec quelques seigneurs qu'il avait engagés à le suivre, et se hâte d'aller joindre son frère. Mais sur la route, il a le malheur de tomber dans une embuscade que Vivien, comte du Maine, lui avait dressée. On l'amène avec toute sa suite à Charles le Chauve, qui l'envoie au monastère de Corbie, après lui avoir fait déclarer solennellement dans l'église de Chartres, qu'il voulait de son plein gré et sans contrainte embrasser l'état ecclésiastique ; en conséquence de quoi les évêques présents lui avaient donné la tonsure. (*Hist. de Lang.* tom. I, pag. 546.) Les Aquitains, peuple léger et inconstant, se lassèrent bientôt du gouvernement de Charles-le-Chauve. Pepin qui s'était tenu caché pendant qu'il était en Aquitaine, reparut après son départ, et vint à bout de regagner la noblesse qui, l'an 850, le proclama de nouveau roi. Pour se mettre en garde contre son oncle, il fit venir en Aquitaine les Normands qui prirent Toulouse, et livrèrent cette ville au pillage. Il fit alliance dans le même tems avec les Sarrasins d'Espagne. Ces infidèles s'étant embarqués sur la Méditerrannée, firent une descente sur les côtes de la Septimanie, qu'ils ravagèrent. Pepin s'aliéna par ces atrocités les cœurs de ceux qui l'avaient rétabli. L'an 852, ils l'abandonnent pour rentrer sous la domination de Charles le Chauve. Il est livré par Sanche, duc de Gascogne, à ce prince, qui l'ayant amené à Saint-Médard, le fait revêtir malgré lui de l'habit monastique, et le laissé en partant sous bonne garde. Pepin fit une tentative pour sortir de sa retraite. Mais son dessein fut découvert, et deux religieux, convaincus d'y avoir trempé, furent désavoués par la communauté, dégradés, puis envoyés en exil. On oblige le malheureux Pepin à faire un nouveau serment de fidélité à Charles, et de promettre qu'il vivra dans l'exacte observance de la règle. Toujours portés à la révolte, les Aquitains, l'an 853, demandent à Louis, roi de Germanie, son fils aîné, Louis, pour roi. Ce prince l'accorde, et le jeune Louis vient l'année suivante, recevoir la couronne d'Aquitaine. Mais à peine a-t-il passé la Loire, que ses espérance s'évanouissent. Pepin cependant s'ennuyait fort dans son monastère. Cette année il en sort furtivement dans le même tems que Charles son frère, s'échappe de celui de Corbie. S'étant rejoints, ils se rendent en Aquitaine, dont les peuples les revoient avec joie, et défèrent encore à Pepin la royauté. Charles accourt à la défense du royaume qu'on lui ravit. Cette expédition n'eut pas de succès. Mais l'an 855, les Aquitains (on ne sait par quel motif), s'étant retournés du côté de Charles le Chauve, lui demandent et obtiennent son fils Charles pour les gouverner. Le jeune Charles, inauguré à la mi-octobre de la même année, commença son règne par une victoire complète qu'il remporta sur les Normands en Poitou. Malgré ce glorieux succès, les Aquitains, peu de tems après se révoltent contre lui, et font revenir Pepin. Ils abandonnent encore ce dernier, et font une députation à Louis de Germanie, pour implorer sa protection. Cette démarche ayant été sans succès, ils se retournent du côté de Charles le Chauve, pour lui redemander son fils. Le jeune Charles est à peine de retour, qu'il est supplanté par Pepin. La guerre se fait entre ce dernier et Charles le Chauve, pendant le cours de sept années avec des succès divers. Enfin, l'an 865, trompé par Rainulfe, comte de Poitou et duc d'Aquitaine, Pepin est pris, livré à Charles le Chauve, conduit par son ordre à Senlis, et enfermé dans une étroite prison où il mourut peu de tems après, suivant toutes les apparences, puisque depuis cet événement l'histoire ne parle plus de lui. (*D. Vaissète. Hist de Lang.* tom. I.)

La confusion qu'occasionnèrent en Aquitaine les querelles de Charles le Chauve et de Pepin, réduisit ce royaume à une espèce d'anarchie, ensorte que n'y reconnaissant point de souverain, plusieurs ne dataient les actes que des années qui avaient suivi la mort de Louis le Débonnaire : témoin la charte d'un don fait à l'abbaye de Noaillé en Poitou, par un nommé Landrade et Fulbert, son fils, dont la date porte : *Datum anno nono*, *mense decembri post obitum domini Ludovici imperatoris*; ce qui revient à l'an de J. C. 848. (*Archiv. de Noaillé.*)

CHARLES, FILS DE CHARLES LE CHAUVE.

865. CHARLES, redemandé par les Aquitains à Charles le Chauve, son père, retourne en Aquitaine. Il était languissant alors des coups que lui avait donnés, sans le connaître, un seigneur, nommé Altuin, à qui il avait voulu faire peur en revenant de chasser dans la forêt de Cuise, près de Compiègne. Ce prince ne put jamais guérir de cet accident, et mourut le 29 septembre de l'an 866, après un règne de onze ans, à compter depuis l'an 855, que les Aquitains le demandèrent pour la première fois à Charles le Chauve. Charles fut inhumé dans l'abbaye de Saint-Sulpice de Bourges.

LOUIS LE BÈGUE.

867. LOUIS LE BÈGUE, fils de Charles le Chauve, fut couronné roi d'Aquitaine à la mi-Carême de l'an 867, dans une maison royale, située sur la Loire, appelée *Bellus Pavliacus*. Les seigneurs d'Aquitaine l'y reconnurent pour leur roi. L'an 877, Louis étant devenu roi de France, par la mort de Charles le Chauve, son père, l'Aquitaine fut réunie à la couronne, et le royaume de ce nom fut confondu avec le reste de la monarchie. Les ducs et les comtes acquirent alors une nouvelle autorité dans leurs gouvernements, et la portèrent si loin, qu'ils se rendirent enfin presque indépendants, chacun dans leur province, où ils usurpèrent les droits régaliens.

CHRONOLOGIE HISTORIQUE

DES

COMTES OU DUCS DE GASCOGNE.

Tous les anciens historiens qui ont traité des Gascons, avons-nous dit dans la préface du douzième tome du *Recueil des historiens de France*, p. xviij et suiv., leur donnent l'Espagne pour première habitation. Mais une partie d'entre eux l'avait abandonnée dès le premier siècle de l'église, et s'était transportée en-deçà des Pyrénées. Ce sont les Vassées que Pline compte parmi les peuples d'Aquitaine et qu'il place au voisinage des Tarusates, anciens habitants du pays de Tursan au diocèse d'Aire.

La carte géographique de l'ancienne Gaule, dressée par M. le Bœuf et D. Bouquet, place les Gascons dans le pays de Labourd, appelé depuis le pays des Basques. Soit que le pays fût désert lorsqu'ils y entrèrent, soit qu'ils en aient chassé les anciens habitants, ou qu'ils les aient asservis, ils ont toujours conservé les mœurs qu'ils y avaient apportées, de même que leur ancien idiôme, sans autre changement que celui de quelques lettres de leur nom; ce qui a fait qu'ils ont été appelés successivement *Vassei*, *Vasci*, *Vascones*, *Basci*, *Basculi*, d'où s'est formé le nom de Basques qui leur est resté. Le nom du pays a souffert les mêmes changements. Ce fut d'abord *Vascitania*, ensuite *Vasonia*, *Gasconia*, enfin le pays des Basques. Celui de pays de Labourd est emprunté de la ville frontière du côté de l'Aquitaine, qui s'appelle aujourd'hui Bayonne. Transplantés en-deçà des Pyrénées, les Gascons ne se montrèrent pas plus dociles que leurs compatriotes qu'ils laissèrent au-delà de ces monts. C'était un peuple idolâtre de sa liberté et incapable de subir aucun joug. Il est même douteux s'ils subirent jamais celui des Romains. Ce qu'il y a de certain, c'est que les empereurs tenaient une garnison dans la ville de Labourd, et probablement c'était pour les tenir en respect et s'opposer à leurs incursions dans la Novempopulanie. *Tribunus cohortis Novempopulaniæ Lapurdo.* (*Notit. dignit. Imper.*) Quoi qu'il en soit de cette conjecture, les Gascons ne voulurent recevoir la loi ni des rois de France, ni des rois d'Epagne. Ce fut en vain que le roi Chilpéric essaya de les réduire sous sa domination. *Le duc Bladaste,* dit Grégoire de Tours, *étant allé* (par ordre de Chilpéric) *en Gascogne, y perdit la plus grande partie de son armée.* Ce revers, suivant D. Ruinard, est de l'an 581. Fiers de leur victoire, les Gascons portèrent le fer et le feu dans la Novempopulanie qu'ils ravagèrent d'un bout à l'autre. Le duc Austrovalde, envoyé pour venger Bladaste, n'eut pas un meilleur succès que lui dans les différentes attaques qu'il livra aux Gascons. Mais la fortune se lassa enfin de les favoriser, et leur fit sentir les effets de son inconstance. Les deux frères, Thierri, roi de Bourgogne, et Théodebert, roi d'Astrasie, ayant réuni leurs forces contre eux, vinrent à bout, l'an 602, de dompter cette orgueilleuse nation et de l'ajouter à l'empire français. Pour la contenir, ils lui donnèrent pour commandant, après l'avoir assujettie à un tribut, le duc Génialis, dont le gouvernement satisfit également les vainqueurs et les vaincus. C'est lui que l'on compte pour le premier duc de Gascogne. Aighin, qu'on lui donne pour successeur, n'est connu que par le trait suivant qu'on lit dans Frédégaire. Cette année (626), dit-il, *Palladé et Sidoc, son fils, évêque d'Eause, sont condamnés à l'exil sur l'accusation de révolte intentée contre eux par le duc Aighin.* Mais fut-il réellement duc de Gascogne ou seulement commissaire royal de ce pays? (double interprétation dont est susceptible le texte de Frédégaire.) C'est sur quoi nous nous abstenons de prononcer. Nous en disons autant de Génialis. Ce qui est plus certain, c'est que les Gascons toujours renfermés dans le pays des Basques, avaient pour duc, en 628, AMAND, époux d'Amantia, fille de Serenus, gouverneur d'Aquitaine et père de Gisèle, mariée à Caribert, qui, l'an 630, par traité fait avec le roi Dagobert, son frère, obtint le royaume d'Aquitaine ou de Toulouse. Amand eut besoin du secours du roi, son gendre, pour faire rentrer dans le devoir les Gascons soulevés contre lui, et il réussit à les réduire après une grande victoire que Caribert remporta sur eux au printems de l'an 631. Ce monarque étant mort la même année, et son fils Childéric l'ayant suivi de près au tombeau, le roi Dagobert, comme on l'a dit ci-devant, voulut enlever à Boggis et Bertrand, les deux autres fils de Caribert, l'héritage de leur père. Mais ils trouvèrent dans Amand, leur aïeul, un défenseur qui entraîna toute l'Aquitaine dans leur parti. Le référendaire Chandoind, envoyé dans le pays avec dix ducs à la tête d'une armée levée en Bourgogne, obligea les Gascons, trop faibles pour tenir la campagne, à se retrancher dans des lieux escarpés. Ils n'y trouvèrent pas la sûreté qu'ils y étaient venus chercher. Chandoind les ayant poursuivis dans ces retraites, leur fit essuyer différents échecs; mais ils eurent à la fin leur revanche. Le duc Arimbert, l'un des dix, traversant la vallée de Soule sans précaution, ils le surprirent et le taillèrent en pièces avec sa troupe. Ce revers disposa le référendaire à écouter les propositions de paix que les Gascons lui firent. En conséquence, Amand étant venu trouver, l'année suivante, le roi Dagobert à Clichi, avec les chefs de sa nation, débuta par lui demander pardon; après quoi il obtint que l'Aquitaine serait abandonnée à ses petits-fils Boggis et Bertrand, pour en jouir sous sa garde et la transmettre à leurs descendants avec le titre de duché. Le nom de Gascogne commença dès-lors à devenir commun à toute l'Aquitaine, sans néanmoins que les Gascons se soient étendus au-delà de la Garonne, ni même qu'ils se soient emparés de toute la Novempopulanie (car la suite de l'histoire montre que long-tems après la mort de Charibert ils étaient encore concentrés dans le pays des Basques); mais la vraie raison de cette dénomination est que l'Aquitaine était alors gouvernée par un duc gascon, comme tuteur de ses petits-fils qui en étaient les propriétaires. Elle continua d'être ainsi nommée sous les ducs Eudes, Hunaud ou Eunald et Waifre, parce que la Gascogne faisait partie de leur domaine, et qu'ils tiraient de là leur origine. Enfin, l'an 768, la Novempopulanie ayant été abandonnée au duc Loup, le pays compris entre les Pyrénées et la Garonne retint, à l'exclusion de tout autre, le nom de Gascogne, et l'Aquitaine recouvra celui qui lui était propre. C'est donc à cette époque que nous allons commencer l'abrégé chronologique des ducs de Gascogne.

LOUP Ier.

768. LOUP Ier., fils d'Hatton, à qui Hunald, son frère, duc d'Aquitaine, avait fait crever les yeux vers l'an 745, et de Valtrude, eut le gouvernement de Gascogne après la mort de Waifre, dont il était beau-père et cousin. Charlemagne lui donna ce duché pour le posséder en fief héréditaire mouvant de la couronne. L'an 769, Loup donna retraite à Hunald, son oncle, qui s'était réfugié chez lui; mais bientôt il fut obligé de

le livrer à Charlemagne. Loup mourut environ l'an 774, ne laissant qu'une fille, Adèle, qui avait épousé le duc Waifre, son cousin. Loup avait deux frères, Ieterius, ou Itier, comte d'Auvergne, et Artalgarius.

LOUP II.

774. LOUP II, fils de Waifre, duc d'Aquitaine, se mit en possession du duché de Gascogne, soit de force, soit par la concession de Charlemagne, après la mort de Loup Ier., son aïeul maternel. L'an 778, il dressa une ambuscade, dans la vallée de Roncevaux, à Charlemagne, comme il revenait de son expédition d'Espagne, et lui tailla en pièce son arrière garde. Le monarque, irrité de cette trahison, donna de si bons ordres, que Loup fut pris et livré entre ses mains. Il vengea la mort de tant de braves gens que ce traître avait fait périr, en le faisant pendre ignominieusement. Loup laissa deux fils, Adalric et Loup-Sanche.

ADALRIC ET LOUP-SANCHE.

778. ADALRIC ET LOUP-SANCHE, fils de Loup II, dont le second avait été élevé à la cour de Charlemagne, furent nommés par ce prince, dans un âge encore tendre, malgré la perfidie de leur père, pour lui succéder au duché de Gascogne, qu'ils partagèrent entre eux. Adalric eut la partie de ce duché la plus voisine des Pyrénées; l'autre partie demeura au pouvoir de son frère. Adalric fut ingrat envers son bienfaiteur. Dès qu'il fut en état de porter les armes, il souleva les Gascons, se mit à leur tête, et commit diverses hostilités. Chorson, duc de Toulouse, s'étant mis en campagne pour les arrêter, eut le malheur d'être pris, l'an 787, par Adalric, qui ne le relâcha qu'après lui avoir fait promettre de ne jamais porter les armes contre lui, pas même par ordre du roi son maître. L'an 790, Charlemagne fit citer Adalric à la diète de Worms où il fut déposé et condamné au bannissement perpétuel. Les Gascons, mécontents de la proscription de leur duc, prirent les armes en sa faveur, et obtinrent son rétablissement. L'an 812, nouvelle révolte d'Adalric. On croit qu'elle fut occasionnée par la nomination de Liutard au comté de Fezenzac, que Charlemagne avait démembré de la Gascogne. Louis le Débonnaire, roi pour lors d'Aquitaine, vint sur les lieux, et força les rebelles de recourir à sa clémence: de là il se rend à Pampelune; mais à son retour il est attaqué par Adalric dans ces mêmes défilés où Charlemagne avait été surpris par Loup, père d'Adalric. La perfidie de ce dernier n'eut pas le même succès que celle de son père. Les

Français qui étaient sur leurs gardes, taillèrent en pièces les Gascons, et prirent Adalric, qui fut pendu sur le champ de bataille. Centule, son second fils, périt dans la mêlée. A l'égard de Loup-Sanche, frère d'Adalric, Ermoldus Nigellus le loue d'avoir été *plus fidèle que ses ancêtres*. Il eut deux fils, Asnarius ou Aznar, et Sanche-Sancion qui viendra ci-après. Le premier ayant succédé à son père dans sa portion du duché de Gascogne, fut envoyé, l'an 823, avec le comte Ebles, par Louis le Débonnaire, pour pacifier les troubles que les Gascons, réfugiés au-delà des Pyrénées, avaient excités aux environs de Pampelune, et empêcher les Sarrasins de profiter de la conjoncture pour se rendre maîtres de cette ville. Les deux généraux s'étant acquittés dignement de leur commission, furent attaqués en s'en revenant, dans les gorges des Pyrénées, par ces mêmes Gascons, renforcés des troupes des Sarrasins, qui firent une boucherie de leur armée, et prirent les chefs prisonniers. Aznar étant tombé entre les mains des Gascons, fut relâché, parce qu'il était, dit un ancien, *leur parent et leur allié*. L'an 824, il fut établi comte de Jacca, en Aragon; et il paraît qu'il eut le commandement de tout ce qui appartenait aux Français au-delà des Pyrénées. L'an 841, mécontent de Pepin, roi d'Aquitaine, il fit soulever la Navarre, et s'attribua la souveraineté. En vain l'empereur le priva de ses dignités, il s'y maintint jusqu'en 836, qu'il fut pris par les Normands, qui le mirent à mort. (Voy. *les rois de Navarre*.)

LOUP-CENTULE ET SCIMIN OU SIGUIN.

812. LOUP-CENTULE, fils de Centule tué dans le dernier combat de Roncevaux, et SCIMIN, XIMIN ou SIGUIN, fils aîné d'Adalric, recueillirent, par la bonté de Louis le Débonnaire, la succession de leur père, et la partagèrent entre eux. Scimin hérita de l'ingratitude d'Adalric et de sa mauvaise foi. A peine fut-il averti de la mort de Charlemagne, qu'il affecta l'indépendance, et trancha du souverain. L'empereur Louis le Débonnaire, indigné de son arrogance le dépouilla de ses honneurs. Les Gascons, attachés à leur duc, prirent les armes pour sa défense. Louis envoya des troupes sous la conduite de Pepin, son fils, pour les soumettre. Scimin fut tué dans une bataille livrée par les Français à ces rebelles en 816. Les Gascons lui substituèrent Garsimir ou Garsias-Ximin, son fils, qui périt dans un combat donné en 818. (Marca, *Hist. de Béarn*, p. 129.) Ses enfants s'étant retirés au-delà des Pyrénées, du côté de l'Aragon, les peuples du pays les élurent pour leurs chefs. Loup-Centule continua la guerre après la mort de Garsimir, son cousin. L'an

819, après la perte d'une bataille où Gersend, son frère, fut tué, il fut pris par Bérenger, duc de Toulouse, et Warin, comte d'Auvergne, et emmené à l'empereur, qui le priva de son duché. (*Eginhart.*) Loup-Centule se retira en Espagne vers Alfonse le Chaste, roi des Asturies et de Galice, qui lui fit bon accueil, et le pourvut d'un gouvernement en Castille, où il eut pour gendre un seigneur du pays. Il avait laissé en France deux fils, Donat-Loup et Centule, dont le premier obtint de l'empereur le comté de Bigorre, l'autre la vicomté de Béarn. Le duché de Gascogne, après la destitution de Loup-Centule, fut ôté à la postérité du fameux Eudes, duc d'Aquitaine, et de nouveau réuni à la couronne. Ce pays fut mis sous le gouvernement d'un duc amovible comme l'étaient les gouverneurs des autres provinces.

DUCS AMOVIBLES DE GASCOGNE.

TOTILON.

819. TOTILON fut le premier duc amovible de Gascogne, nommé par Louis le Débonnaire dont il était parent. Il eut de plus, ainsi que ses successeurs, le comté particulier de Bordeaux avec celui de Fezenzac. Totilon fit tête aux Normands, qui commencèrent de son tems à faire des incursions en Gascogne. Après un premier échec qu'ils lui firent essuyer, il vint à bout de les chasser du pays.

Outre le duc de Gascogne, Louis le Débonnaire avait établi un comte particulier de la marche de cette province. C'était Vandregisile ou Vandrille, qui descendait d'Hatton, fils du fameux Eudes, duc d'Aquitaine. Amarun, gouverneur de Saragosse pour les Sarrasins, ayant fait irruption dans le territoire d'Urgel, Vandregisile marcha contre lui et le repoussa après l'avoir battu. En mémoire de cet événement, il fonda, vers l'an 834, au diocèse d'Urgel, l'abbaye d'Alaon dont le roi Charles le Chauve confirma et augmenta, l'an 845, les domaines par une fameuse charte qui nous fait connaître en détail toute la descendance des comtes et ducs de Gascogne, en remontant à Caribert frère du roi Dagobert. (Voy. *la note LXXXIII, du premier tome de l'histoire de Languedoc.*) Vandregisile en mourant laissa de Marie, son épouse, fille d'Asnarius, comte de Jacca, quatre fils, Bernard, Atton, Antoine et Asnarius, dont le premier lui succéda au comté des Marches de Gascogne. Atton fut comte de Pailhas au diocèse d'Urgel; Antoine, vicomte de Besiers et Asnarius, vicomte de Louvigni et de Soule, sur les frontières de Navarre.

SIGUIN, DIT MOSTELLANICUS.

SIGUIN, dit MOSTELLANICUS, duc de Gascogne, et comte de Bordeaux et de Saintes, s'opposa, l'an 845, aux Normands, qui, ayant fait une descente entre Bordeaux et Saintes, s'étaient emparés de la dernière de ces deux villes, laquelle était du domaine de Charles le Chauve. Il eut le malheur d'être battu et pris, l'an 846, par ces barbares, qui le firent mourir peu de tems après. Ils abandonnèrent ensuite la ville de Saintes, après l'avoir pillée et livrée aux flammes.

GUILLAUME.

846. GUILLAUME, successeur de Siguin au duché de Gascogne, est différent de Guillaume, fils du duc de Toulouse. Il eut le malheur, comme son prédécesseur, de tomber entre les mains des Normands l'an 848, en défendant Bordeaux qu'ils surprirent par la trahison des Juifs. Ces barbares mirent tout à feu et à sang dans cette ville et les environs.

SANCHE-SANCION.

848. SANCHE-SANCION, fils de Loup-Sanche, et neveu d'Adalric, se rendit maître de la Gascogne après que Guillaume eut été pris. Il était déjà en possession de Pampelune et d'une partie de la Navarre dès l'an 836. Ce fut contre le gré de Charles le Chauve qu'il joignit le duché de Gascogne au comté de Pampelune. On voit par une lettre de saint Euloge, prêtre de Cordoue, que vers l'an 848 la Gaule chevelue, voisine de Pampelune, était soulevée contre ce prince par les intrigues de Sanche-Sancion. (*D. Bouq.* tom. VII, p. 581.) Mariana donne à ce dernier le titre de roi des Gascons. On lui attribue la fondation de l'abbaye de Saint-Martin de Malvenda en Navarre. Sanche fit la paix avec Charles le Chauve, et se joignit à lui contre le jeune Pepin qui se prétendait roi d'Aquitaine. L'ayant pris en 852, il le livra à Charles. (*Ann. Bertin.*) L'année suivante, il céda la Navarre à Garcie, son fils, se contentant du duché de Gascogne. Sanche défendit, mais sans succès, l'an 855, la ville de Bordeaux contre les Normands qui la prirent et la saccagèrent. Sa mort arriva l'an 864 au plus tard.

ARNAUD.

864 au plus tard. ARNAUD, fils d'Ymon ou d'Emenon, comte de Périgord, et neveu, par sa mère, de Sanche-Sancion, succeda à celui-ci dans le duché de Gascogne. Il fut entièrement défait l'an 864, par les Normands, qui avaient fait une

descente sur les côtes du Bordelais et de la Saintonge. Mais il répara cet échec dans la suite, si l'on s'en rapporte à une ancienne relation qui atteste qu'il sortit victorieux de plusieurs combats qu'il livra à ces barbares. Dans les dernières années de sa vie, il avait fait vœu de se retirer dans l'abbaye de Solignac en Limosin, que les Normands avaient détruite, et au rétablissement de laquelle il avait contribué. Mais la mort le surprit, l'an 872, avant qu'il pût accomplir cet engagement. (*Acta SS. Ben. sæc. IV*, par. 2, p. 73.) Il fut le dernier des ducs amovibles de Gascogne.

DUCS HÉRÉDITAIRES DE GASCOGNE.

SANCHE, SURNOMMÉ MITARRA.

872. SANCHE, surnommé MITARRA, c'est-à-dire en gascon le montagnard, suivant Ohienhart, petit-fils de Loup-Centule, duc de Gascogne, qui avait été dépouillé, comme on l'a dit, par Louis le Débonnaire, fut appelé de Castille par les Gascons, vers l'an 872, pour les gouverner. Une ancienne généalogie, publiée par D. Martenne (1er. *voyage litt. par.* 2, p. 40), dit qu'il était fils d'un comte de Castille. Ce comte était par conséquent fils ou gendre de Loup-Centule. Mais ce qu'elle ajoute, que le motif qui porta les Gascons à aller chercher un duc en Espagne, était le refus que les seigneurs du pays faisaient de cette dignité, à cause de la perfidie de cette nation, accoutumée, dit-elle, à tuer ses maîtres, est de la plus grande fausseté. On ne voit pas un seul exemple qui puisse appuyer cette assertion. Sanche Mitarra se comporta toujours en souverain dans son duché, sans vouloir reconnaître l'autorité des rois de France ; en quoi il fut imité par ses successeurs.

SANCHE II.

SANCHE II, surnommé aussi MITARRA, comme son père, lui succéda au duché de Gascogne. On ignore l'année de sa mort.

GARCIE-SANCHE.

GARCIE-SANCHE, dit le COURBÉ, fils de Sanche II, fut son successeur, et vivait en 904, comme le prouve une charte par laquelle, au mois d'octobre de cette année, Walafride, abbé de Sorèze, lui aliéna pour sa vie l'abbaye de Saramon avec ses dépendances. (*Gall. Chr. no.* tom. I, *pr.*, p. 178.) AMUNA, sa femme, nommée aussi HONORATE, lui donna trois fils, Sanche-Garcie, qui suit; Guillaume Garcie, comte de Fezenzac, qui a donné l'origine aux comtes propriétaires de Fezenzac, et Arnaud Garcie, comte d'Astarac. (*D. Bouq.* tom. XII, p. 386.) Amuna mourut en couches de ce dernier. Bordeaux était alors le siége des ducs de Gascogne. Cependant il y avait des comtes particuliers que les ducs établissaient en cette ville.

SANCHE-GARCIE.

SANCHE-GARCIE, successeur de Garcie-Sanche, son père, au duché de Gascogne, eut trois fils, Sanche-Sanchez, Guillaume et Gombaud, dont les deux premiers succédèrent. La généalogie citée plus haut les donne pour bâtards, et ne parle pas du troisième. Mais on sait d'ailleurs qu'étant passé du mariage, après le décès de sa femme, à l'état ecclésiastique, Gombaud fut pourvu par le duc Guillaume-Sanche, son frère, l'an 977, des évêchés d'Aire, de Bazas et d'Agen, et mourut au plus tard dans les premiers mois de l'an 982, laissant de son mariage un fils nommé Hugues, qui lui succéda dans ses évêchés, après avoir été abbé de Condom, le tout par le choix du duc son oncle; car au dixième siècle, suivant la remarque de D. Vaissète, les grands vassaux s'étaient emparés de la nomination des évêchés et des abbayes. (Marca, *Hist. de Béarn*, liv. 3, ch. 11 et 12. *Gall. Ch. no.*, tom. I, col. 1192, 1193.)

SANCHE-SANCHEZ.

SANCHE-SANCHEZ, fils aîné de Sanche-Garcie mourut (on ne sait en quelle année) sans postérité.

GUILLAUME-SANCHE.

GUILLAUME-SANCHE remplaça Sanche-Sanchez, son frère, au duché de Gascogne. L'an 977 au plus tard, il associa GOMBAUD, son frère, au gouvernement. Celui-ci devenu veuf embrassa l'état ecclésiastique, et posséda, comme on l'a dit, les évêchés d'Aire, de Bazas, d'Agen, et généralement tous ceux de la Novempopulanie; ce qui le fit qualifier évêque de Gascogne. L'an 977, les deux frères voulant réformer le monastère de Squirs ou de la Réole, le soumirent à l'abbé de Saint-Benoît-sur-Loire. Gombaud eut un fils nommé Hugues, qui fut comte et abbé de Condom, et qui après la mort de son père, arrivée avant l'an 982, lui succéda aux évêchés d'Agen et de Bazas, et se démit ensuite de ce dernier sur les remontrances du pape Benoît VIII.

Guillaume-Sanche, l'an 982, renouvela ou fonda pour la seconde fois l'abbaye de Saint-Sever-Cap-de-Gascogne, ainsi nommée, de même que la ville à laquelle elle donna naissance, parce que c'est-là où commence proprement la Gascogne, et peut-être aussi parce que c'était le lieu où se tenaient les états de la Novempopulanie, sous les ducs de Gascogne, même depuis que les Anglais furent maîtres de ce duché. Sur quoi il est à remarquer que le droit de convoquer ces assemblées appartenait aux abbés de Saint-Sever, en qualité de viguiers du duché de Gascogne. Voici comme Guillaume-Sanche raconte lui-même l'occasion, le motif et les circonstances de cette fondation dans la charte qu'il fit expédier à ce sujet. « La nation impie des Normands, dit-il, ayant fait irruption dans les terres que je tiens de Dieu par droit héréditaire ; *quas mihi Deus jure hereditario tradere dignatus est*, je suis venu au tombeau du saint martyr Sever pour implorer sa protection contre ces barbares, promettant, s'il me rendait victorieux, de lui assujettir tout l'état soumis à ma domination, comme avait fait Adrien, roi (c'est-à-dire vraisemblablement gouverneur romain) du même pays, et m'engageant à construire au lieu d'une petite église que ce prince avait élevée en son honneur, un ample et magnifique monastère. Ayant, après ce vœu, livré bataille à cette troupe maudite, je vis paraître à la tête de la mienne le saint martyr, monté sur un cheval blanc et couvert d'armes brillantes, avec lesquelles il terrassa plusieurs milliers de ces méchants, et les envoya aux enfers. Parvenu au comble de mes souhaits par une dernière victoire, je m'empressai de m'acquitter de mon vœu ; et dans ce dessein, ayant convoqué les chevaliers qui possédaient ce lieu sacré, je les priai de me vendre le (tombeau du) saint, avec le territoire qui en dépendait. Mais comme ils refusaient d'aliéner un terrein qu'ils disaient franc et libre entièrement de cens, je me mis en colère, soutenant que ce terrein était dans l'alleu de mon château. Enfin, il fut convenu qu'on s'en rapporterait au jugement de l'eau froide. Le jour et l'heure marqués pour cette épreuve étant arrivés, j'envoyai pour y assister ma femme et mes enfants avec les évêques, les seigneurs et les princes de toute la Gascogne et des comtés du voisinage. Pour moi, je restai dans mon château. Chose merveilleuse ! *comme l'évêque était sur le point de plonger l'enfant dans l'eau*, voilà que le ciel qui était si serein qu'il n'y paraissait aucun nuage, s'obscurcit tout-à-coup, et qu'il en sort des éclairs et des tonnerres qui effrayent tellement l'assemblée, que, pour se soustraire aux coups de la foudre, ils se sauvèrent dans la petite église de Saint-Germain. Instruit de

» ce prodige à leur retour, et surpris comme je devais l'être, je
» m'informai s'il n'y avait pas quelque ancien livre de la passion
» de Saint-Sever; et on m'en montra un où il était marqué com-
» ment l'ancien monastère de Saint-Sever avait été détruit par
» les *Français ennemis*. (Ce qui doit se rapporter, dit M. de Marca,
» aux guerres que les rois de France eurent avec les Gascons pour
» châtier leur rebellion.) En conséquence, j'ai acquis ce lieu de
» ses possesseurs avec ses dépendances pour la somme de trois
» cents sous d'argent, de douze deniers chacun, quarante cinq
» vaches, et autres effets ». Il dit ensuite que voulant édifier en
ce lieu un nouveau monastère plus considérable que le premier,
il a assemblé les archevêques de Bordeaux et d'Auch, avec les
évêques de ses états et les comtes des Gascons (c'est-à-dire, suivant M. de Marca, des Basques, de Béarn, d'Aire et de Dax),
de Bigorre, de Fezenzac et de Lectoure, en présence desquels,
et avec leur consentement, il a soumis immédiatement ce
monastère au saint siége, avec défense à toute personne ecclésiastique ou séculière, excepté l'abbé, d'y exercer aucun acte
d'autorité civile ou spirituelle. Entre les dons qu'il fait à cet établissement, on remarque la dîme du pain, du vin, et de toutes
les choses décimables qu'il consommerait dans sa maison. Une
autre observation à faire, d'après M. de Marca, sur cette charte,
c'est qu'il y avait non-seulement un comte des Gascons, mais
aussi un évêque des Gascons qui la signa. « Il est vrai, dit-il,
» que l'établissement d'un seul évêque des Gascons est abusif,
» d'autant que les douze cités de la Novempopulanie étaient
» épiscopales. Mais comme les Sarrasins et les Normands avaient
» ruiné les villes où étaient les siéges de ces évêchés, et que les
» comtes et les autres seigneurs particuliers s'étaient saisis de
» tous les revenus ecclésiastiques, l'abus s'introduisit, et fut
» toléré sous prétexte de nécessité, savoir que tous les évêchés
» du comté des Gascons, pris au sens que je l'explique, étaient
» possédés par une seule personne qui prenait le nom général
» d'*évêque de Gascogne*, pour exclure dans les paroles l'incom-
» patibilité de plusieurs évêchés. Je ne propose pas cela, ajoute-
» t-il, de mon cru, mais suivant les anciens papiers de la Réole,
» qui font voir Gombaud évêque de Gascogne, et encore selon
» la foi des titres de Lescar et Dax, qui font mention d'un
» évêque, Raymond le Vieux, qui possédait *tous les évêchés de*
» *Gascogne*, suivant la coutume de ses prédécesseurs, à savoir
» les évêchés de Lescar, de Dax, d'Aire, de Bayonne, de Bazas
» et d'Oléron ». (*Hist. de Béarn*, liv. 3, chap. 8.) Revenons à
Guillaume-Sanche. Ce duc, suivant l'écrivain qui nous sert de
guide, est le même que *Willermus sanctus*, duc de Navarre,

qui, au rapport de Raoul Glaber (liv. 2, chap. 9), remporta une insigne victoire sur les Sarrasins d'Afrique, à la descente qu'ils firent dans ses états sous le commandement d'Almunor, et obligea ceux qui échappèrent à regagner en diligence leurs vaisseaux. Il mourut, non pas l'an 1017, comme le marque D. de Sainte-Marthe, mais vers l'an 984, laissant de sa femme URRAQUE, fille de Garcie I, roi de Navarre, Bernard-Guillaume, qui suit; Sanche-Guillaume; Brisque, femme de Guillaume le Grand, comte de Poitiers; et deux autres filles.

BERNARD-GUILLAUME.

984 ou environ. BERNARD-GUILLAUME, fils de Guillaume-Sanche, lui succéda en bas âge sous la tutelle de Guillaume, fils de Gombaud, qui prit pendant quelque tems les titres de comte, marquis et duc de Gascogne. L'an 1004, Bernard-Guillaume exerça une sévère vengeance contre les meurtriers de Saint-Abbon, abbé de la Réole, qu'il avait appelé deux ans auparavant pour mettre la réforme dans ce monastère. Il mourut empoisonné (Adémar dit ensorcelé) le jour de Noël 1010, sans laisser d'enfants de GARCIE, son épouse, nommée BERTHE par Ohienhart.

SANCHE-GUILLAUME.

1010. SANCHE-GUILLAUME succéda, au duché de Gascogne, à Bernard-Guillaume, son frère. Il est fondateur de l'abbaye de Saint-Pé de Génerez (*Sancti Petri de Generoso*) en Bigorre, qu'il dota de plusieurs fonds et immunités. Un nombre de comtes et seigneurs souscrivirent la charte de cette fondation. Le nécrologe de Saint-Sever de Rustan met sa mort au 4 octobre de l'an 1032. Il eut deux filles, suivant le même monument, Garcie, ou plutôt Sancie, mariée à Bérenger-Raymond 1er, comte de Barcelonne; et Alausie, femme d'Alduin II, comte d'Angoulême. Les écrivains aragonais disent que Sanche le Grand, roi de Navarre et d'Aragon, fit la conquête de la Gascogne sur le duc Sanche-Guillaume, qu'il rendit par-là, selon eux, son vassal. Il est vrai que le monarque, dans quelques actes, prend le titre de roi de Gascogne; mais par-là il entend la Biscaye, ancienne patrie des Gascons, et jamais on ne prouvera qu'il ait fait des conquêtes en-deçà des Pyrénées et qu'il y ait dominé.

BÉRENGER.

1032. BERENGER, ou BERLANGER, fils, suivant M. de Marca,

d'Alduin II, comte d'Angoulême, et d'Alausie, fille de Sanche-Guillaume, recueillit, en 1032, la succession de ce dernier. Il en jouit peu d'années. Ce prince étant mort sans enfants vers l'an 1036, Eudes, comte de Poitiers, fils de Guillaume le Grand et de Brisque, sœur (et non fille) de Sanche-Guillaume, duc de Gascogne, lui succéda, du chef de sa mère. Eudes fut tué le 10 mars 1040 (n. st.) devant le château de Mauzé dans l'Aunis, dont il faisait le siége. Alors Bernard II, comte d'Armagnac, issu en ligne masculine de la race des ducs de Gascogne, se rendit maître du pays; il s'y maintint jusqu'en 1052, qu'il fut contraint par Gui-Geoffroi, fils de Guillaume V, comte de Poitiers, de le lui vendre moyennant la somme de quinze mille sous. Le duché de Gascogne et le comté de Bordeaux furent par-là réunis au duché de Guienne, ou d'Aquitaine. (Voy. *Guillaume, comte de Poitiers*)

CHRONOLOGIE HISTORIQUE

DES

VICOMTES ET PRINCES DE BÉARN.

L E Béarn, nommé dans l'Itinéraire d'Antonin *Beneharnum*, du nom de son ancienne capitale qui n'existe plus et dont on ignore la position, borné au nord par la Chalosse, le Tursan et l'Armagnac; au midi par les Pyrénées; au levant par le Bigorre; à l'occident par le pays de Soule et la Basse-Navarre; s'étend sur seize lieues de longueur et quinze de largeur. La ville de Pau, en latin *Palum*, est depuis long-tems, mais n'a pas toujours été, la capitale de Béarn, parce qu'elle n'est pas fort ancienne.

CENTULFE I.

L'an 819, l'empereur Louis le Débonnaire donna la vicomté de Béarn à CENTULFE, deuxième fils de Loup-Centule, duc de Gascogne, qu'il avait dépouillé de ses états. M. de Marca dit que ce monarque ne voulut lui accorder que le titre de vicomte, de peur qu'en lui donnant celui de comte il n'en prît occasion de revendiquer le duché de Gascogne, dont le Béarn était un démembrement. Cette concession, au reste, n'était à proprement parler que la confirmation de celle que les enfants de Garsimire avaient faite de leur patrimoine à Centulfe et à Loup-Donat, son frère, en se retirant, après la mort de leur père, au-delà des Pyrénées. Centulfe et son frère Donat-Loup, comte de Bigorre, méritèrent à leurs descendants, par leur fidélité tant envers Louis le Débonnaire qu'envers son fils

Charles le Chauve, la paisible possession du Bigorre et du Béarn. Centulfe I mourut avant l'an 845; laissant un fils de même nom que lui.

CENTULFE II.

845 au plus tard. CENTULFE II, fils de Centulfe I, lui succéda en bas âge sous la tutelle de sa mère, par la concession du roi Charles le Chauve. Ce fut une faveur de ce prince qui pouvait disposer de ce bénéfice en faveur d'un autre, parce que l'hérédité des fiefs n'était pas encore établie. On ignore la durée de son règne. Il laissa pour successeur un fils, dont le nom n'est point connu, et dont la mort arriva vers l'an 905.

CENTULE I, ou CENTOING.

905 ou environ. CENTULE I, ou CENTOING, petit-fils de Centule II, et héritier de la vicomté de Béarn, mourut vers l'an 940. Mariana dit qu'il passa pour le plus habile capitaine de son tems; mais il se trompe en le faisant contemporain de Sanche Abarca, roi de Navarre, et en l'associant aux avantages que ce dernier remporta sur les Maures. Sanche Abarca ne monta sur le trône que trente ans au moins après la mort de Centule I.

GASTON-CENTULE.

940 ou environ. GASTON-CENTULE, fils de Centule I, fut son successeur en la vicomté de Béarn. De son tems, et même auparavant, il y avait à Morlas, l'une des principales villes de Béarn, un hôtel des monnaies appartenant aux vicomtes, où, par un privilége singulier dans lequel se maintinrent les successeurs de Gaston-Centule, on fabriquait des espèces non-seulement de cuivre et d'argent, mais aussi d'or, de même que dans les hôtels du roi. C'étaient celles qui avaient le plus de cours dans toute la Gascogne, jusque là que toutes les rentes, tous les cens et devoirs anciens étaient reconnus et payés par les tenanciers et débiteurs, en deniers, sous et livres de Morlas. La différence de cette monnaie et de la tournoise était telle, que la livre de Morlas excédait celle de Tours, non-seulement d'un cinquième comme celle du parisis, mais du triple, c'est-à-dire qu'une livre de Morlas en valait trois de Tours, et par conséquent chaque sou et denier de Morlas valait trois sous et trois deniers tournois.

Le vicomte Gaston-Centule eut part à la grande victoire que Guillaume Sanche, duc de Gascogne, remporta vers l'an 980 sur les Normands, et fut un de ceux qui, l'an 982, souscrivirent la charte par laquelle ce duc fonda l'abbaye de Saint-Séver en action de grâce de cet heureux événement. M. de Marca place la mort de Gaston-Centule vers l'an 984.

CENTULE-GASTON II.

984 ou environ. CENTULE-GASTON, dit LE VIEUX, successeur de Gaston-Centule, son père, avait un frère dont on ignore le nom, qui fut tué à Morlas par un gentilhomme nommé Lopefort. M. de Marca fait l'éloge de la libéralité de Centule-Gaston envers les églises de Béarn, et surtout envers celle de Lescar. Le même historien met sa mort environ l'an 1004. Il laissa de son mariage deux fils, Gaston qui suit, Raimond-Centule qui fit un legs à l'abbaye de Saint-Pé, qu'il choisit pour sa sépulture, avec une fille, Guillelmine, mariée à Sanche, infant de Castille. De sept sceaux apposés à leur contrat de mariage, deux qui se sont trouvés entiers dans ces derniers tems, représentaient, le premier, un écu sur lequel on voyait un levrier gravé; le second, un écu coupé par des barres transversales. M. Villaret prétend qu'on peut certainement connaître dans ce dernier sceau des figures employées dans le blason de nos jours. L'acte est de l'an 1038 de l'ère d'Espagne, qui répond à l'an 1000 de J. C. (*Spicil.*, tom. IX, pag. 125.) Outre ces trois enfants légitimes, Centule-Gaston eut un fils naturel nommé Aner-Loup, qu'il fit vicomte d'Oléron; titre qu'il transmit à son fils Loup-Aner. (Marca.)

GASTON II.

1004 ou environ. GASTON II, fils de Centule-Gaston et son successeur, mourut vers l'an 1012. C'est tout ce que l'histoire nous apprend à son sujet.

CENTULE-GASTON, ET GASTON III.

1012 ou environ. CENTULE-GASTON, dit le JEUNE, succéda, vers l'an 1012, à Gaston II, son père. Il accompagna Sanche le Grand, roi de Navarre, dans ses guerres contre les infidèles. A la faveur des troubles qui s'élevèrent après la mort de Bérenger, duc de Gascogne, pour la succession à ce duché, Centule-Gaston affranchit entièrement sa vicomté de la dépendance de ce duché. De là vient, suivant la remarque de M. de Marca, que les chartes du tems le qualifient *grand-seigneur et dominateur de terre*. Arnaud, vicomte de Dax, jaloux de cet accroissement de puissance, déclara la guerre au vicomte de

Béarn. Ils s'accommodèrent ensuite ; mais il resta entre les deux maisons un levain de dissension, qui fermenta dans les générations suivantes, et ne fut détruit que par la ruine de la maison de Dax. L'an 1039, après la mort d'Eudes, comte de Poitiers et duc de Gascogne, Centule-Gaston et Bernard II, comte d'Armagnac, disputèrent, chacun de leur côté, le duché de Gascogne à Guillaume V, successeur d'Eudes. Centule-Gaston prétendait à cette succession, du chef d'ANGELA, son épouse, qui était de la famille des ducs de Gascogne. Le comte d'Armagnac avait un droit encore plus évident, dit M. de Marca, sans néanmoins l'expliquer. Quoi qu'il en soit, ce dernier resta en possession du duché de Gascogne pendant l'espace de trente ans. Centule-Gaston ayant entrepris de soumettre le pays de Soule, les habitants l'assassinèrent vers l'an 1058 (Marca) et non 1068 comme le marque un moderne. Il avait perdu quelques années auparavant GASTON III, son fils aîné et son collègue, dont la femme, ADÉLAÏDE, fille de Géraud Trancaléon, comte d'Armagnac, et sœur de Bernard II, épousa en secondes noces le vicomte Roger, après avoir eu de son premier mariage, 1°. Centule, qui suit ; 2°. Raymond-Centule, que l'église de Saint-Pé de Generez compte entre ses bienfaiteurs ; 3°. Hunaud, vicomte de Brulhois. (*Gall. Christ. nov.*, tom. I, pr., p. 195, col. 1.) Les anciens actes de l'abbaye de Moissac prouvent en effet qu'il était frère de Centule IV, et qu'il prit l'habit monastique en 1062 dans cette maison, dont il était abbé régulier en 1073. Il eut pour successeur, de son vivant, en 1085 (*Gall. Christ.*, tome I, col. 162), Ansquitil, et se retira à l'abbaye de Leyrac, qu'il avait fondée de son patrimoine. Un rouleau original des articles de la branche de Durfort-Deyme renferme diverses donations qu'il fit à ce monastère jusqu'à l'an 1102. Entre les chartes de ces donations on trouve les suivantes. Hugues, vicomte de Brulhois, donne à Hunaud, son frère, et à Saint-Martin de Leyrac, la partie de la forêt de Baina qui leur était échue *de la succession de leur père*. Quelque tems après, cette donation fut confirmée par Bernard-Raymond de Durfort, qu'Hunaud nomme son cousin dans sa signature. Ensuite le vicomte Hugues et Bernard-Raymond de Durfort étant morts, Bernard de Durfort, Saxet et Guillaume-Saxet, frères de Bernard, et Garsinde, leur sœur, confirment la précédente donation et y ajoutent leur portion de la forêt de Baina avec d'autres objets. Dans ce dernier acte, qui est de l'an 1102, Hunaud appelle Bernard de Durfort son neveu (peut-être fils de Bernard-Raymond). Bernard de Durfort et Guillaume-Saxet, son frère, avaient transigé avec Matfred, abbé de Saint-Maurin, en Agénois, l'an 1091, au sujet du marché de

Clairmont, même pays. (*Gall. Chr. no.*, tom. II, col. 945.) Un Bernard de Durfort et Bernard, son fils, affranchissent, l'an 1186, l'abbaye de Grand'Selve de tous droits de laude sur la Garonne pendant la tenue du marché de Clairmont. (*Bibl. du Roi, Rec. de Dout*, n°. 77, fol. 361.) On trouve dans le même recueil nombre d'affranchissements semblables jusqu'à la fin du treizième siècle, accordés par la maison de Durfort aux abbayes de Saint-Maurin, de Belle-Perche et de Grand'Selve. Guillaume de Durfort *des seigneurs de Clairmont*, abbé de Moissac en 1293, puis successivement évêque de Langres et archevêque de Rouen, fit un acte en faveur de Bernard de Durfort, seigneur de Deyme, qu'il nomme *son neveu*. (*Gall. Christ. no*, tome IV, col. 616.) La postérité de ce Bernard, époux de Bertrande de Toulouse, dame de Deyme, est prouvée au cabinet de l'odre du Saint-Esprit, et subsiste dans la personne des comtes de Deyme et de Rouzine dans le Lauragais. Les branches des ducs de Duras, des ducs de Civrac, des comtes de Léobard et des comtes de Boissières, sont rapportées dans l'Histoire des Grands Officiers, tome V. Cet ouvrage fait encore mention d'autres branches qui sont éteintes.

CENTULE IV.

1058. CENTULE IV, fils de Gaston III, succéda à son aïeul Centule-Gaston dans la vicomté de Béarn. Il fut intimement lié avec Guillaume VI, comte de Poitiers et duc de Guienne, qu'il assista dans plusieurs de ses expéditions. Le comte duc réconnut les services du vicomte de Béarn, par le don de plusieurs domaines et droits qui lui appartenaient dans cette vicomté. Ce fut vraisemblablement alors que Centule réunit au Béarn la vicomté de Montaner, qui était fort considérable. Vers l'an 1070, Centule épousa GISLE, sa proche parente, dont le pape Grégoire VII l'obligea de se séparer, quoi qu'il en eût un fils. Après la dissolution de ce mariage prononcée, l'an 1079, par Amé, évêque d'Oléron et légat du saint siège, Centule, pour la réparation de sa faute, donna la dixième partie de son droit de seigneuriage sur la monnaie de Morlas, à l'abbaye de Cluni. Centule, après avoir fait cette donation, envoya Gisle à Cluni pour y recevoir l'habit de religion, et passer de là au monastère de Marcigni. Tout ce récit est fondé sur une charte originale rapportée par M. de Marca (*Hist. du Béarn*, p. 300 et 306.) et sur une lettre de Grégoire VII à Centule, datée du V des ides de mars, indiction II (de l'an 1079). Centule, dégagé de ses premiers liens, en contracta de nouveaux avec BÉATRIX, fille de Bernard I, comte de Bigorre, laquelle devint héritière de Raymond, son frère, mort en 1080. L'an 1080, Sanche-Ramirez, roi d'Aragon, dont Centule relevait pour le Bigorre, entre dans ce pays à main armée, sur le délai qu'il apportait à lui rendre hommage ; mais ce différent fut bientôt pacifié. L'an 1088, Centule marche au secours de ce même roi contre les Maures ; mais étant arrivé dans la vallée de Tena, en Aragon, il fut assassiné par un gentilhomme nommé Garcias, son vassal, chez lequel il était descendu. Ce prince fit réparer la ville d'Oléron, que les Normands avaient détruite, et dont ses prédécesseurs avaient déjà relevé la cathédrale. De son premier mariage avec Gisle il laissa Gaston qui suit ; de Béatrix, sa seconde femme, il eut Bernard et Centule, qui furent l'un après l'autre comtes de Bigorre. Une charte du monastère de la Pegna le qualifie comte de Béarn et d'Oléron. Cependant ses successeurs préférèrent toujours le titre de vicomte de Béarn à celui de comte de la même province.

GASTON IV.

1088. GASTON IV, fils de Centule IV et de Gisle, sa première femme, fut reconnu vicomte de Béarn, préférablement à ses frères du second lit, malgré la dissolution du mariage de ses père et mère, prononcée par le pape Grégoire VII. C'était alors Urbain II, moins rigide que Grégoire, qui tenait le saint siége. A son avénement il jura, suivant la coutume de ses prédécesseurs, l'observation du for, ou des priviléges de Morlas, qui était alors la capitale de Béarn. Il était déjà marié avec TALÈSE, fille de Sanche, comte en Aragon, laquelle fit le même serment avec lui. Gaston n'avait pas renoncé à la conquête de la vicomté de Soule, quoique cette entreprise eût coûté la vie à son aïeul. Le seigneur de ce pays lui ayant refusé l'hommage, il prit de là occasion de lui faire la guerre, et réussit à le dépouiller, vers l'an 1090, de sa vicomté. La croisade ayant été publiée l'an 1095, Gaston prit parti pour cette expédition, et se mit en marche pour la Terre-Sainte, l'an 1096, avec le comte de Toulouse, non comme vassal, ainsi que Vignier l'avance, mais comme ami. Il fut un des seigneurs qui acquirent le plus de gloire dans cette expédition. Les historiens contemporains des croisades ont tellement défiguré son surnom, qu'on a peine à le reconnaître. C'est *Gastus de Berdeis*, *Bordeis* ou *Burdeis* dans Albert d'Aix ; *Gaston de Behert* dans Robert du Mont ; *Gastos de Biarts*, et *Gastos de Beart* dans un manuscrit de Besli ; *Gasto de Beardo* dans Raymond d'Agiles. Guillaume de Tyr le prend même quelquefois pour le comte de Béziers. La valeur ne fut pas la seule vertu que Gaston fit éclater dans cette expédition. A la prise de Jérusalem, Tancrède et lui se signalèrent par un trait d'humanité que l'histoire doit d'autant moins oublier, qu'il fut peut-être unique dans cette horrible scène. Tandis que les croisés poursuivaient, l'épée à la main, les Musulmans jusque dans le temple de Salomon, où ils s'étaient jetés en foule, ces deux princes y entrèrent ensemble, ne respirant comme les autres vainqueurs que le carnage et la mort. Mais attendris par les cris d'une troupe de ces malheureux qui étaient montés au haut de l'édifice, ils leur accordèrent la vie, et leur donnèrent leurs bannières pour leur servir de sauve-garde. Il est vrai que cette protection leur fut inutile; car, le lendemain, des chrétiens étant venus dans le temple pour remercier Dieu de leur victoire, firent main-basse sur les infidèles qu'ils y rencontrèrent, croyant sans doute que l'holocauste de la ville ne serait pas complet s'ils n'y ajoutaient ces infortunées victimes. Au mois de septembre 1099, Gaston reprit la route de France avec le duc de Normandie et le comte de Flandre. A son retour, il conseilla à l'évêque de Lescar d'établir la vie régulière dans sa cathédrale; ce qui fut exécuté l'an 1101.

L'ancienne inimitié des maisons de Béarn et de Dax se renouvela, l'an 1104, à l'occasion d'Arnaud-Raymond, archidiacre de Dax et parent de Gaston, que Navarre, vicomte de Dax, avait emprisonné, puis rançonné fortement en lui rendant la liberté. Gaston prit les armes pour venger l'outrage fait à son parent. Le succès répondit à la justice de sa cause: il tua Navarre dans un combat, et conquit toute sa vicomté. Les parents de Navarre, dans leur désespoir, mirent à mort l'archidiacre Arnaud-Raymond. Gaston, l'an 1114, marcha au secours d'Alfonse, roi d'Aragon, qui faisait le siége de Saragosse, défendue par les Maures. Mais cette expédition réussit mal, et les Chrétiens furent obligés de lever le siége. Il fut repris l'an 1118, et la place, réduite aux abois, se rendit le 18 décembre de la même année. Gaston et les siens se distinguèrent à ce second siége comme au premier. Pour sa récompense, il reçut d'Alfonse le titre de seigneur de Saragosse, et de premier rincombre, ou pair d'Aragon. Mais dans le vrai il ne fut maître à Saragosse que des quartiers qui avaient été occupés par les Chrétiens sous les Maures. Gaston continua la guerre contre les Maures, auxquels il enleva Tarragone, Calatayub et d'autres places. De retour à Morlas, l'an 1122, il eut l'honneur d'y recevoir le roi d'Aragon. Dans les années 1123, 1125, 1128, 1129 et 1130, on le voit encore en Espagne occupé à combattre les Maures. Cette dernière année fut le terme de ses exploits et de sa vie. Tandis que le roi d'Aragon était devant Bayonne, dont il était venu faire le siége, on ne sait par quel motif, Gaston et l'évêque d'Huesca défendaient son pays contre les Sarrasins de Lérida, de Tortose et de Valence, qui voulaient profiter de son absence pour y pénétrer. Mais leur ayant livré bataille dans le mois d'octobre avec des forces inférieures aux leurs, ils périrent l'un et l'autre dans l'action. (Ferréras.) Le corps de Gaston fut inhumé à Sainte-Marie de Saragosse, où l'on montre encore aujourd'hui ses éperons et son cors de guerre, comme on montre à la cathédrale de Lyon le cors de guerre du fameux Roland. Il eut de TALÈSE, son épouse, cinq fils; dont le dernier, qui suit, fut le seul qui lui survécut, avec une fille, nommée Guiscarde, dont il sera parlé dans la suite. Gaston fonda des églises et des hôpitaux, et ne fut pas moins recommandable par sa piété que par sa valeur.

CENTULE V.

1130. CENTULE V, fils de Gaston IV, lui succéda dans ses états, qu'il avait gouvernés avec lui de son vivant. Marchant sur les traces de son père, il suivit le roi d'Aragon, Alfonse le Batailleur, dans toutes ses expéditions. L'an 1134, étant allé au secours de ce monarque, qui tenait assiégée la ville de Fraga, défendue par les Maures, il fut tué dans la bataille que ceux-ci livrèrent aux Chrétiens le 17 juillet. Centule ne laissa point de postérité, et fut le dernier vicomte de Béarn, descendant par mâles des ducs de Gascogne.

PIERRE.

1134. PIERRE, fils de Pierre, vicomte de Gavaret, mort avant 1134, et de Guiscarde, sœur de Centule V, recueillit la succession de son oncle, sous la tutelle de sa mère et de son aïeule Talèse, qui vivait encore. Il marcha, comme ses ancêtres, contre les Maures d'Espagne, et se trouva au siége de Fraga, qui fut enlevée à ces infidèles le 24 octobre 1149. La seigneurie de Saragosse ayant été retirée à Centule V, son oncle, il obtint en dédommagement celle d'Huesca. On ignore l'année de sa mort: mais elle précéda l'année 1154, qui est celle de la mort de Guiscarde, sa mère. Pierre laissa de N..., sa femme, plusieurs enfants en bas âge, dont les principaux sont Gaston, qui suit, et Marie.

GASTON V.

1153 ou environ. GASTON V, fils du vicomte Pierre, lui succéda en bas âge sous la tutelle de Guiscarde, son aïeule.

Cette princesse étant morte au mois d'avril 1154, les principaux seigneurs de Béarn, au nom de la province, allèrent trouver Raymond-Bérenger, comte de Barcelonne, et l'élurent pour leur vicomte, sauf la fidélité due aux enfants du vicomte Pierre. Gaston, devenu majeur, se mit en posession de son patrimoine, que le comte de Barcelonne paraît lui avoir remis sans difficulté. L'histoire ne nous a transmis aucun trait mémorable de son gouvernement qui finit avec sa vie l'an 1170. Il avait épousé, 1°., suivant Oihenhart, BÉATRIX, héritière du comté de Fezenzac ; 2°. LÉOFAS, dite aussi SANCIE, fille de Garcie-Ramirez, roi de Navarre, dont il n'eut point, dit-on, d'enfants non plus que de Béatrix. Cependant un ancien rapporte que Gaston laissa enceinte Léofas qui accoucha, dit-il, d'un avorton ; ce qui répandit la consternation parmi les grands et le peuple. Chacun faisait là-dessus les pronostics les plus funestes. Déjà on croyait voir le pays exposé, par les guerres de ceux qui se le disputeraient, au pillage et aux massacres. On s'en prit à la vicomtesse Léofas, qu'on accusa d'être l'auteur de son avortement. Le roi de Navarre, Sanche VI, son frère, l'ayant jugée avec son conseil, la condamna à être jetée, par manière d'épreuve, pieds et poings liés, du haut du pont de Sauveterre, dans le torrent qui passe dessous. Mais Léofas, dit l'écrivain que nous abrégeons, ayant appelé la glorieuse Vierge au secours de son innocence, fut portée sur les eaux à la distance de trois traits d'arc, et s'arrêta sur le sable, d'où elle fut rapportée chez elle en triomphe. (Baluse, notœ in Agobard., p. 103.)

MARIE.

1170. MARIE, sœur de Gaston V, lui succéda à l'âge de dix-huit ans, dans les vicomtés de Béarn et de Gavaret, et d'autres domaines dont elle fit hommage, dans la ville de Jacca, le 30 avril, à Alfonse II, roi d'Aragon. Les Béarnais souffrirent impatiemment cet hommage. Résolus de secouer le joug de Marie, ils élurent, pour leur seigneur, un cavalier de Bigorre, qui était en réputation. Mais, l'an 1171, voyant qu'il donnait atteinte à leurs priviléges, la cour-majour de Béarn s'assembla à Pau, le somma de maintenir les fors et coutumes du pays, et, sur son refus, le massacra. Ils appelèrent ensuite, d'Auvergne, un autre seigneur, nommé CENTOUIL, ou CENTULE, à qui son insolence et sa tyrannie attirèrent le même traitement au bout de deux ans. Ce fut un béarnais qui le tua sur le pont de Seraing, aux confins du Béarn et de la Soule. Marie avait cependant épousé, sur la fin de l'an 1170, GUILLAUME DE MONCADE, fils de Guillaume-

Raymond, sénéchal d'Aragon, de l'ancienne maison de Moncade, en Catalogne, et de ce mariage étaient nés, l'an 1171, deux fils jumeaux, Gaston et Guillaume-Raymond, et l'année suivante, un troisième fils, Pierre, qui devint le chef des Moncades, en Catalogne et en Sicile. Les Béarnais, toujours en armes contre Marie et son époux, les obligèrent de signer un traité, par lequel ils se démettaient de la vicomté de Béarn, à condition qu'on élirait, pour vicomte, un de leurs enfants.

GASTON VI.

1173. GASTON VI, dit LE JEUNE et LE BON, fils de Guillaume de Moncade et de Marie, fut élu vicomte de Béarn, l'an 1173, après le traité fait par les Béarnais avec ses père et mère. Comme il était alors à peine âgé de trois ans, on lui donna, pour gouverneur, Pérégrin de Casterazol, son proche parent. L'an 1186, après la mort de Marie, sa mère, Gaston, devenu majeur, se rend en Aragon, et y reprend, le 3 février, du roi Alfonse, toute sa terre, *excepté celle*, dit-il, dans l'acte d'hommage, *que je tiens de Richard, comte de Poitiers*. L'an 1192, il recouvre, par la voie des armes, la ville d'Ortez et les terres adjacentes, que le vicomte de Tartas avait enlevées à sa maison, pendant la sédition qui s'éleva contre la vicomtesse Marie. La même année, au mois de septembre, il reçoit d'Alfonse l'investiture du comté de Bigorre, en considération de son futur mariage avec PÉTRONILLE, fille de Bernard V, comte de Comminges, et petite-fille de Centule III, comte de Bigorre. Le mariage ne s'accomplit qu'en 1196; mais Gaston prenait le titre de comte de Bigorre depuis son investiture. L'an 1205, il se brouille avec Garcie de Navailles, son vassal, sur le refus que celui-ci fait de lui remettre son château de Navailles. Telle était la coutume de Béarn, que tous les *cavers* ou gentilshommes du pays, étaient tenus de faire la délivrance de leurs châteaux au seigneur, *apaisé, ou courroucé*, trois fois l'année. Garcie, par l'entremise de ses amis, se soumit la même année, et fit sa paix avec le vicomte. Quelqu'avisé que fût Gaston, il eut l'imprudence de prendre parti pour le comte de Toulouse dans la guerre des Albigeois. Il encourut par là l'excommunication prononcée contre tous les fauteurs de ces hérétiques. Il accompagna, l'an 1211, le comte de Toulouse au siége de Castelnaudari, qu'ils furent obligés de lever. Simon de Montfort confisqua les terres du vicomte de Béarn, comme celles des autres confédérés. Gaston se joignit au roi d'Aragon, qui avait vainement intercédé pour lui auprès du pape, et continua, jusqu'à la mort de ce prince, faire la guerre au comte de Montfort. L'an 1214, il obtint du pape des lettre d'absolution, datées du 20 janvier, et fut rétabli dans ses biens par le légat Bernard de Morlane. Gaston mourut l'année suivante, sans laisser d'enfants de Pétronille, sa femme, qui se remaria, l'an 1216, à Gui, fils de Simon, comte de Montfort. Quelque tems avant sa mort, il satisfit l'église d'Oléron, pour les dommages qu'il lui avait causés, et obtint de l'évêque Bernard de Morlas son absolution des excommunications qu'il s'était attirées par les degâts qu'il avait commis sur les terres de cette église. L'acte où ceci est énoncé porte la date de l'an 1215. (*Gall. Chr. no.*, tom. I, *pr.* p. 398, col. 1.) *V.* Pétronille, *comtesse de Bigorre.*

GUILLAUME-RAYMOND.

1215. GUILLAUME-RAYMOND, fils de Guillaume de Moncade et de Marie de Béarn, prétendit, après la mort de Gaston, son frère, devoir lui succéder de plein droit. La cour-majour de Béarn soutenait, au contraire, qu'il devait attendre son élection et son agrément. Cette altercation ne finit qu'en 1220, par un accommodement, au moyen duquel Guillaume-Raymond fut reçu, *juré* et accepté pour seigneur. La principale condition de ce traité fut l'établissement de douze jurats perpétuels en la cour-majour de Béarn, pour contre-balancer l'autorité du vicomte. Guillaume-Raymond était d'un caractère violent, et il en avait donné des preuves du vivant de son frère, par l'assassinat qu'il commit, le 16 février 1194, sur la personne de Bérenger, archevêque de Taragone, oncle de sa femme. Excommunié pour ce crime par le saint siége, il obtint ensuite son absolution, en se soumettant à la pénitence que le légat du pape lui imposa. Devenu vicomte de Béarn, il eut, avec ses voisins, des guerres dont l'histoire ne nous a pas conservé le détail. Mais les excès qu'il y commit lui causèrent des remords qui l'obligèrent de faire le voyage de Rome, pour consulter le pape Honoré III sur ce qu'il avait à faire pour les expier. Le pape lui imposa pour pénitence d'aller servir pendant cinq ans à la Terre-Sainte, avec un nombre de chevaliers. De retour chez lui, il tomba dans une maladie qui ne lui permit pas d'accomplir sa pénitence. Garcias, archevêque d'Auch, la commua en une aumône considérable envers les Templiers. (*Gall. Chr. no.*, tome I, *col.* 990.) Le vicomte ne releva point de cette maladie, et finit ses jours, le 26 février 1223 (v. st.), à Oléron, laissant de GUILLEMETTE DE CASTELVELL, sa femme, un fils qui suit. (*V.* Sanche, *comte de Roussillon*, pour les démêlés qu'il eut avec Guillaume-Raymond.)

GUILLAUME I.

1223. GUILLAUME, surnommé par lui-même DE MONTRATE, (Chant. le Févre, *Traité des Fiefs*, pr., p. 152,) et par d'autres DE MONT-CATHAN, *de Monte Cathano*, fils et successeur de Guillaume-Raymond, était en Catalogne occupé dans les guerres civiles qui divisaient ce pays et l'Aragon, sur la minorité du roi don Jayme, lorsque son père mourut. Arrivé dans le Béarn, il fit une ligue, le jeudi-saint 1224, avec Thibaut, comte de Champagne, pour assurer à celui-ci le royaume de Navarre, après la mort du roi Sanche VII, son oncle. Au mois d'octobre suivant, étant à Monçon, il entra dans une autre ligue avec l'infant d'Aragon et plusieurs barons, pour contraindre le roi don Jayme à réformer l'état. Ce prince ayant fait tuer, l'année suivante, Pedro Ahonez, l'un des chefs de la ligue, on en vint aux armes. Le vicomte de Béarn se distingua dans cette guerre, qui finit par un accommodement conclu le 23 décembre 1226. Etant retourné, l'an 1228, en Aragon, il fut un de ceux qui persuadèrent au roi de porter la guerre dans l'île de Majorque. Guillaume se distingua entre les chefs de cette expédition; mais il y perdit la vie, l'an 1229, dans un combat contre les Maures. Cette même année, avant son départ, il avait fondé un ordre militaire sur le modèle des Hospitaliers et des Templiers, par le conseil d'Amanieu, archevêque d'Auch, et de ses suffragants, qui en avaient formé le plan, et cela pour réprimer les brigands qui infestaient le pays, en chasser les hérétiques, y rétablir le bon ordre, l'abondance, la paix, la vraie religion, et les y maintenir. La règle de ces chevaliers, nommés *de la Foi et de la Paix*, a été mise au jour par D. Martenne, dans son premier Voyage littéraire, *part.* 2, p. 23. Leur habit était blanc, et sur la poitrine ils portaient une croix rouge en sautoir, formée d'une crosse et d'une épée, pour marquer qu'ils devaient combattre sous l'autorité épiscopale. On ne connaît point les exploits de cet ordre, qui ne paraît pas avoir subsisté long-tems. Le vicomte Guillaume avait épousé GERSENDE, veuve ou fille d'Alfonse, comte de Provence, dont il eut Gaston, qui suit, et Constance, mariée à Diaz-Lopez de Haro, seigneur de Biscaye.

GASTON VII.

1229. GASTON VII, fils de Guillaume de Montrate, lui succéda en bas âge sous la régence de Gersende, sa mère. En reconnaissance des services de son père, le roi d'Aragon, après avoir fait la conquête de Majorque, lui donna plusieurs terres dans cette île. Devenu majeur, Gaston embrassa d'abord le parti de la France contre les Anglais ; mais en 1242, il se tourna du côté du roi d'Angleterre, moyennant 13 livres sterlings par jour que ce roi lui assura pour sa solde. Il reprit, l'an 1247, les intérêts de la France, et se mit à la tête des Gascons soulevés contre les Anglais. Mais, l'an 1250, il fut pris par Simon de Montfort, comte de Leycester, et amené en Angleterre. Ayant été présenté au roi Henri III, à Clarendon, il obtint grâce par ses soumissions, et fut remis en liberté au moyen de quelques châteaux qu'il fut obligé de livrer pour la rançon, mais qui lui furent rendus à la prière de la reine, dont il se disait parent. De retour en ses états, il continua, selon Mathieu Paris, d'animer les Gascons à secouer le joug des Anglais. L'an 1250, la veille de l'Assomption, il reçut d'Amanieu d'Albret l'hommage pour les terres de Bazas et de Cazeneuve. Pétronille, comtesse de Bigorre, étant morte l'an 1251, il déclara la guerre à Eskivat de Chabannais, pour raison de ce comté qu'il prétendait lui appartenir du chef de Mathe, son épouse, fille de Pétronille, et de Boson de Mastas, son troisième époux. Après diverses hostilités, les parties s'en remirent à la décision de Roger IV, comte de Foix, gendre de Gaston et beau-frère d'Eskivat. Par la sentence arbitrale du comte, rendue en septembre 1256, une portion du Bigorre fut adjugée au vicomte de Béarn, et Eskivat demeura paisible possesseur du reste. Gaston, dont le caractère était ennemi du repos, eut ensuite des démêlés successivement avec le vicomte de Lomagne, le sire de Mortagne en Saintonge, et le comte de Comminges.

L'an 1252, Simon de Montfort, comte de Leycester, ayant fait sa démission du gouvernement de Gascogne entre les mains de Henri III, roi d'Angleterre, ce monarque le donna à son fils Edouard. Gaston, ne redoutant point ce jeune prince, fait soulever les Gascons en faveur d'Alfonse X, roi de Castille, qui formait des prétentions sur ce duché. Alfonse les fondait sur ce que la Gascogne avait été donnée en dot, selon lui, par le roi Henri II, à sa fille Eléonore, en la mariant avec Alfonse III, roi de Castille. Les Bordelais furent les plus échauffés dans cette révolte, parce que le roi d'Angleterre, dit Mathieu Paris, (pag. 577), retenait les vins que leurs marchands menaient à Londres, sans les payer, et leur faisait d'autres avanies. Alfonse envoya des troupes à Gaston pour soutenir les rebelles. Le vicomte ayant mis de son côté de bonnes troupes sur pied, alla faire, au mois de février 1253, le siége de Bayonne, qu'il fut obligé d'abandonner après deux assauts donnés sans succès. Le roi d'Angleterre, qui se disposait alors à passer à la Terre-Sainte, eut recours au pape, et obtint de lui une bulle d'excommunication contre ceux qui traversaient son voyage. Ce fut le doyen de Bordeaux qui fut chargé de la fulminer, et le vicomte de Béarn y était spécialement nommé. Gaston n'en tint compte, persuadé qu'il ne soutenait qu'une cause juste. Le roi d'Angleterre arriva lui-même en Gascogne avec une armée qui fit quelques progrès. Mais bientôt la querelle des deux monarques fut mise en négociation par le canal de leurs ambassadeurs, et se termina pacifiquement la même année par un double mariage de leurs enfants respectifs. (Ferreras, tom. IV, pag. 217, 218.) Auger de Miramont ayant tué, l'an 1273, Gérard de Castelnau par ordre ou à l'instigation du vicomte de Béarn, le sénéchal de Guienne rend consécutivement deux sentences, par lesquelles il enjoint à Raymond de Mirail de saisir tous les biens du vicomte, et tous ceux qu'Auger possédait en Guienne. Gaston appelle de ces deux sentences au roi d'Angleterre, Edouard I. (*Trésor généal.* tom. I, pag. 244.) Ce monarque passe en Guienne peu de tems après pour apaiser les nouveaux troubles que le vicomte y avait excités. Gaston effrayé, vient au-devant de lui pour lui faire ses excuses. Edouard n'était guère disposé à les recevoir, les jugeant fort équivoques. Pour lui en attester la sincérité, Gaston lui remet un acte qu'il venait de faire, le 30 septembre, dans l'église de Saint-Michel du Saut, en présence de Gothard, abbé de Figeac, et d'autres témoins. C'était un engagement qu'il prenait, sous la caution de plusieurs chevaliers, de ne point sortir de la cour du roi d'Angleterre, lorsqu'il y serait venu, sans la permission de ce monarque. (Etiennot, *Fragm. mss. Aquitan.* tom. XI, pag. 18.) Malgré ses protestations, le roi le fait arrêter : on l'oblige à promettre de livrer, pour sa rançon, la ville et le château d'Ortez. Remis en liberté, il appelle à la cour de France des engagements forcés qu'il avait pris. Nouvelles procédures du sénéchal de Gascogne contre lui. Edouard vient l'assiéger dans le château de Sembouez, où il s'était renfermé. Gaston renouvelle son appel, et Edouard prend le parti de se retirer. La cause est poursuivie au parlement de Paris. Le roi Philippe le Hardi ne voulant point qu'elle fût jugée contradictoirement, ménage un accord entre les parties par un compromis fait en sa personne, suivant l'usage du tems. Le vicomte gagne pour le fond ; mais il est condamné à faire satisfaction au roi d'Angleterre pour des termes et des procédés injurieux qu'il avait employés à son égard. Ceci est de l'an 1274. Ce fut dans le cours de cette procédure, que le chevalier Gilles de Vitéville ayant appris que le vicomte avait jeté son gage de bataille à la cour de France, écrivit au roi d'Angleterre pour le prier de vouloir le prendre pour son champion. *Sire*, dit-il, *si vous prie et requiers que s'il soit ainsi que contre vous s'engage, vous me donniez la bataille, et je ferai à la mie de Dieu et l'honneur de vous et de my, et s'il estoit ainsy que d'aultres chevaliers la vous demandassent, ce ne souffrez....... et sachez Sire, que si vous me donnez la bataille, je la ferai sans simonie, pour la grant amour que j'ay à vous, sans plus, Sire.* (Etiennot, *ibid.*) Gaston étant passé, l'an 1275, en Angleterre, se présente au roi la corde au cou, pour lui demander pardon. Edouard l'envoie prisonnier à Winchester, d'où il revint quelques années après dans sa vicomté. C'est Walsingham et Nicolas Trivet qui assurent ce fait. Mais il est certain, par Guillaume de Nangis, écrivain du tems, que Gaston se trouva au siége de Pampelune, commencé par le comte d'Artois, général de l'armée de France, le 8 septembre 1276, et qu'il y amena des troupes. Il faut donc que son élairgissement ait suivi de près son emprisonnement, s'il a été réel. L'an 1283, après la mort d'Eskivat, comte de Bigorre, Gaston conteste sa succession à Lore, sœur d'Eskivat. (*Voyez* Lore, *comtesse de Bigorre.*) Le roi de Castille étant entré, l'an 1286, dans le Béarn, fut mis en déroute par le vicomte et le comte de Foix, son gendre, près d'Ortez. Gaston, peu de tems après avoir fait son testament, meurt, le 26 avril 1290, à Ortez, où son corps est inhumé chez les Dominicains. Mathieu Paris et Mathieu de Westminster font un portrait fort désavantageux du vicomte Gaston. Il n'avait, suivant eux, aucun sentiment d'humanité, et à peine avait-il la figure humaine. Son corps en effet, s'il faut les en croire, était d'une grosseur si monstrueuse, qu'il aurait pu remplir tout un charriot; difformité qu'ils attribuent aussi à sa mère. Froissart, qui avait vu la statue de Gaston en Béarn, et qui savait l'estime que les Béarnais conservaient pour sa mémoire, le peint sous des couleurs moins défavorables: *Gaston*, dit-il, *moult vaillant homme aux armes.... fut grand de corps et puissant de membres.* Il avait épousé, 1°. MATHE de BIGORRE, fille de Pétronille, comtesse de Bigorre, et de Boson de Mastas, son troisième époux, morte en 1270 au plutôt, comme on le voit par son testament, qu'elle fit cette année (*Trésor généal.*); 2°. l'an 1273, BÉATRIX, fille de Pierre, comte de Savoie, et veuve de Guigues VII, dauphin de Viennois. Ce dernier mariage fut stérile. Du premier, Gaston eut un fils nommé comme lui, qui précéda sa mère au tombeau. Cette princesse l'avait mené, l'an 1242, avec elle, lorsqu'elle alla voir à Blaye le roi d'Angleterre, Henri III, qui devint éperdument amoureux d'elle, et s'épuisa en fêtes qu'il lui donna, et en présents dont il la combla. (Mathieu Paris, *ad an* 1242.) Gaston laissa du même lit trois filles, Constance, Marguerite et Mathe. La première fut vicomtesse de Marsan, et épousa, 1°. l'infant Alfonse, fils de Jayme I, roi d'Aragon; 2°. l'an 1269, Henri, fils de Richard d'Angleterre, roi des Romains; Marguerite fut mariée à Roger-Bernard, comte de Foix; ce fut la plus avantagée des filles de Gaston : en vertu du testament de son père, elle porta la vicomté de Béarn dans la maison de Foix, qui en a joui jusqu'à son extinction. Mathe, seconde fille de Gaston, épousa Géraud V, comte d'Armagnac; et Guillemine fut alliée à Sanche le Grand, roi de Castille et de Léon. Ce fut Gaston VII qui bâtit le château d'Ortez, où il résidait, et dont Froissart admirait encore de son tems les beaux restes. (Voyez *les comtes de Foix*, et Bernard VI, *comte d'Armagnac*.)

CHRONOLOGIE HISTORIQUE

DES SIRES,

PUIS DUCS D'ALBRET.

La sirerie d'Albert tire son nom du bourg d'Albret, de Lebret, ou de Labrit, (*Leporetum, Lebretum*), situé dans les landes de Gascogne. Cette seigneurie au commencement était resserrée dans des bornes assez étroites. Elle s'étendit dans la suite, et renferme aujourd'hui, outre la capitale, Nérac, Castel-Jaloux, Mont-Réal, et d'autres lieux moins considérables.

Oihenhart fait sortir les sires d'Albret des rois de Navarre, mais il laisse à d'autres le soin de prouver cette descendance. L'auteur d'une généalogie manuscrite des sires d'Albret, composée au quatorzième siècle, tire au contraire leur origine d'un Garcias-Ximenès, comte de Bigorre, dont il place la mort en 758. Garcias-Inigo, fils et successeur de celui-ci, mourut, selon cet écrivain, en 802, laissant deux fils, dont le second, nommé Ximenès-le-Gascon, eut en partage la terre d'Albret. Les services militaires que ce dernier rendit aux empereurs Charlemagne et Louis le Débonnaire lui valurent un accroissement de domaines. Nugna de Biscaye, sa femme, lui donna un fils, nommé Inigo, qui lui succéda l'an 830, et deux filles Ximène et Euclone. Inigo fut héritier de la valeur de son père. Il eut part aux expéditions militaires d'un roi de Navarre, son parent, que notre auteur nomme Inigo Arista, et dont aucun historien de ce royaume ne fait mention. Sa mort arriva l'an 868, des suites d'une chute de cheval. Garcias-Ramire, son fils et son successeur, qu'il eut d'Ermessinde de Gascogne, sa femme, fut *moult preux et hardi chevalier, et mena aux Sarrazins dure et forte guerre*. Il porta aussi du secours à Robert le Fort, duc de France, contre les Normands, et mourut en 888, laissant d'Alausie d'Aquitaine, sa femme, un fils nommé Veremond. Les Gascons trouvèrent dans Veremond un vaillant défenseur contre les entreprises du roi de Navarre, qui voulait se les assujettir. Il périt le 13 novembre de l'an 900, dans une des batailles qu'ils livrèrent à ce prince, que notre généalogiste nomme Sanche - Abarca. Mais il se méprend au moins sur le nom. Sanche-Abarca ne monta sur le trône de Navarre, qu'en 970. Elvire de Léon, femme de Veremond, le fit père de trois fils, Azenaire, Sanche, et Fortun, et d'une fille nommée Thérèse. Azenaire mourut l'an 955, à l'âge de quatre-vingt-neuf ans, laissant de Blanche de Carcassonne, un fils nommé Fortun, par les Gascons, et Ordogno par les Espagnols. Fortun eut d'Almutie de Comminges deux fils, Bérard et Amanieu, avec une fille nommée Blanche, et finit ses jours en 985. Bérard qui lui succéda, fut père de quatre enfants, Guitard, Arnaud, Amanieu et Marie, qui épousa, dit notre auteur, Gonzalès, comte d'Urgel. Mais on ne rencontre point ce nom dans les listes avérées des souverains de ce pays. Théoda, fille prétendue de Borel, comte de Barcelonne, que l'on donne pour femme à Bérard, nous paraît également suspecte. Poursuivons. Bérard, étant mort l'an 995, fut remplacé par Guitard, son fils, qui mourut l'an 1003, sans laisser de postérité. Arnaud, son frère, qui lui succéda, termina de même ses jours sans lignée, le 12 mai de l'an 1055. Amanieu, son autre frère qui recueillit sa succession, se trouve nommé dans un titre de l'abbaye de Condom, de l'an 1050. C'est par lui que commence la liste véritable des sires d'Albret. Ainsi, nous le nommerons.

AMANIEU Ier.

On n'a aucun détail de ses actions. Notre généalogiste dit qu'il mourut l'an 1060, des suites d'une chute de cheval, et lui donne pour femme XIMENE DE NAVARRE, dont il eut deux fils, Amanieu, qui suit, et Bérard.

AMANIEU II.

AMANIEU II, sire d'Albret, suivit, l'an 1096, Godefroi de Bouillon, son parent, à la Terre-Sainte, et fut le premier, suivant la généalogie manuscrite citée, qui entra dans Jérusalem après ce prince. Il mourut l'an 1100, laissant d'ARSINDE DE NARBONNE, sa femme, un fils, qui suit.

AMANIEU III.

AMANIEU III, vivait en 1130, suivant un titre de l'abbaye de Condom, qui le qualifie sire d'Albret. Il mourut l'an..... et laissa un fils, qui suit.

BERNARD Ier.

BERNARD Ier., qualifié sire d'Albret dans un titre de l'abbaye de Souche en Bordelais, vivait en 1140. Il paraît être pére d'Amanieu et de Roger, appelé frère d'Amanieu dans une charte d'Odon, vicomte de Lomagne, donnée en 1160, et de Rose ou Rogie d'Albret, rapportée au dégré suivant.

AMANIEU IV.

AMANIEU IV, sire d'Albret, est nommé parmi les témoins d'une charte donnée, l'an 1174, par Richard, duc de Guienne, et depuis roi d'Angleterre, en faveur de l'abbaye de Sainte-Croix de Bordeaux. Suivant une charte de l'an 1195, il avait payé tous les droits dotaux et légitimaires de Rose ou Rogie d'Albret, sa sœur, femme d'Arnaud, seigneur de Batz, tige de la maison de Batz encore existante, et frère d'Odon II du nom, vicomte de Lomagne. Il fit son testament le 2 août 1209. D'ADELMODIS, son épouse, fille de Guillaume IV, comte d'Angoulême, il eut Amanieu, qui suit, et deux filles, Pincelle, mariée à Roger, vicomte de Fezenzaguet, et Mathe, femme de Raymond-Bernard, vicomte de Tartas.

AMANIEU V.

AMANIEU V, fils et successesseur d'Amanieu IV, avait été élevé à la cour de don Jayme, roi d'Aragon, sous lequel il fit ses premières armes. L'an 1250, il fut investi des châteaux de Bazas et de Casenove par Gaston VII, vicomte de Béarn. Ayant eu le malheur de blesser à mort dans un tournoi le sire de Montberon, il en conserva un chagrin qui ne le quitta qu'à la mort. Un autre événement qui empoisonna le cours de sa vie, ce fut la fin tragique de Guillaume de la Serre, qui avait été son gouverneur. Guillaume ayant tué par aventure à la chasse un chevalier anglais qui était chambrier du roi d'Angleterre, ce prince en fut si irrité, que l'ayant fait arrêter, il lui fit trancher la tête. Amanieu fut inconsolable de cette perte, à laquelle se joignirent, quelque tems après, celle d'ASSALIDE, son épouse, fille de Didaque, vicomte de Tartas, et celle de son fils aîné. S'étant rendu auprès de don Jayme, ce monarque lui fit épouser ISABELLE, sa proche parente. Amanieu servit avec gloire dans les guerres du roi d'Aragon contre les Maures. On ignore l'année précise de sa mort : mais il ne vivait plus en 1255. De son premier mariage il laissa deux fils, Amanieu qui suit, et Bernard.

AMANIEU VI.

1255 au plus tard, AMANIEU VI remit au prince Édouard, fils aîné de Henri III, roi d'Angleterre, tout le droit qu'il avait au château et à la châtellenie de Milhau. Il vivait encore le 25 juin 1270, date de son deuxième testament : car il en avait fait un premier le 6 juillet 1262. (*Trésor gén.*) MATHE DE BORDEAUX, sa femme, qui lui survécut jusqu'en 1281, le fit père de Bernard-Ezi, d'Amanieu, d'Arnaud-Amanieu, et de deux filles, dont l'aînée, Assalide, épousa Centule III, comte d'Astarac.

BERNARD-EZI Ier.

1270 au plutôt, BERNARD-EZI Ier., dit aussi BERNADETS D'ALBRET, fils et successeur d'Amanieu VI, mourut vers le commencement de l'an 1281, laissant de JEANNE, son épouse, fille de Hugues XII, sire de Lusignan et comte de la Marche, deux filles, Mathe, qu'il institua son héritière par son testament fait le lundi avant Noël 1280; et Isabelle, première femme de Bernard VI, comte d'Armagnac.

MATHE.

1281. MATHE, fille de Bernard-Ezi, lui succéda sous le bail d'Amanieu, son oncle. Elle mourut vers l'an 1295, sans postérité. On ignore même si elle fut mariée.

ISABELLE.

ISABELLE, femme de Bernard VI, comte d'Armagnac, succéda, suivant les dernières volontés de son père, à Mathe, sa sœur, et mourut avant l'an 1298.

AMANIEU VII.

AMANIEU VII, frère de Bernard-Ezi Ier., se mit en possession de la sirerie d'Albret, après la mort d'Isabelle, sa nièce. Il fit son testament le 11 juillet 1324, qui paraît être l'année de sa mort. De Rose du Bourg, sa femme, qu'il avait épousée par contrat du 25 janvier 1287, il eut cinq fils et six filles. Les plus remarquables de ces enfants, sont Bernard, qui suit; Guitard, marié, par traité du 7 avril 1321, à Mascarose, sœur de Géraud d'Armagnac, vicomte de Fezenzaguet; Berard, que son père déshérita pour s'être ligué avec ses ennemis; Mathe, mariée, 1°., l'an 1308, à Arnaud-Raymond, vicomte de Tartas, mort en 1312; 2°., à Renaud-Rudel, seigneur de Brageirac; et Jeanne, femme de Renaud V, sire de Pons, tué à la bataille de Poitiers, en 1356, et duquel descend toute la maison de Pons. La mère de ces enfants vivait encore en 1326.

BERNARD-EZI II.

1324 au plus tard, Bernard-Ezi II, fils et successeur d'Amanieu VII, mourut l'an 1358. *Il était grandement affectionné*, dit M. Galland, (mss. du roi, n°. 387,) *au service du roi d'Angleterre, lui rendit aveu de ses terres, tint de lui en don deux mille livres sterlings de rente annuelle et perpétuelle, qu'il devait faire asseoir sur les péages et coûtumes du pont de Londres. Depuis il quitta le service de l'Anglais, et fut reconnnu tellement affectionné et fidèle à l'état, qu'en l'année 1332, le roi Philippe de Valois ayant résolu de faire le voyage d'outre-mer, désira que Bernard de le Bret fît serment de fidélité à Jehan de France, son fils; ce qu'il jura en la Sainte-Chapelle de Paris, sur les reliques, et promit, au cas que Philippe de Valois décédast en ce voyage, tenir ledit Jehan, son fils aîné, pour roi, et lui obéir comme à son seigneur. Par le décès de Mathe, sa sœur,* ajoute le même auteur, *à laquelle il succéda (l'an 1338), il fut fait seigneur du vicomté de Tartas, lequel, par ce moyen, est entré dans la maison d'Albret.* A ce récit de M. Galland, nous ajouterons que le sire d'Albret avait quitté le service de l'Angleterre dès l'an 1330 au plus tard. La preuve que nous en avons se tire des lettres du roi Philippe de Valois, datées de Vincennes, le 8 février 1330 (v. st.), par lesquelles ce prince confirme celles où Jean, roi de Bohême, en qualité de son lieutenant-général en Gascogne, avait *permis, naguère, au sire d'Albret et à ses barons de se faire la guerre, suivant leurs anciens usages, après s'être défiés, et de continuer celles qui étaient commencées sans défi, sauf le service du roi.* Nous avons sous les yeux une copie de ces lettres, dont l'original est aux archives de Pau. Bernard-Ezi, dans la suite, eut quelques mécontentements de la France, qui le firent rentrer dans le parti des Anglais. Mais il s'en trouva mal. L'an 1339, *Boure et Blevies (Blaye), en Gascogne,* dit le Miroir historial, *furent prinses par les François, et y fut prins le seigneur de Caumont et le seigneur* de Labret. On ne sait pas précisément quelle fut la durée de la captivité du second. Mais on ne voit pas qu'il ait depuis figuré dans les événements de son tems. Bernard-Ezi avait épousé, 1°., l'an 1318, ISABELLE, fille d'Arnaud, seigneur de Gironde; 2°., l'an 1321, MATHE, fille de Bernard VI, comte d'Armagnac, dont il eut treize enfants. Les principaux, sont Arnaud-Amanieu, qui suit; Berard, qui se distingua par sa valeur, sous les règnes de Charles V et Charles VI; Rose, mariée en 1350, à Jean de Grailli, IIIe. du nom, captal de Buch. Mathe vivait encore l'an 1370, comme on le voit par un accord qu'elle fit, le 4 septembre de cette année, avec Jourdain de l'Ile, sur la succession de Bertrand de l'Ile. (*Trésor général*. tom. I., pag. 247.)

ARNAUD-AMANIEU.

ARNAUD-AMANIEU, fils aîné de Bernard-Ezi, lui succéda. Il embrassa le parti de la France contre l'Angleterre, dont le roi Edouard III, pour le punir, fit saisir ses terres. Philippe de Valois l'indemnisa de cette perte, par une pension de 1750 livres, à quoi montait le revenu de ses terres saisies. Il s'accorda depuis avec le roi d'Angleterre, qui lui rendit la jouissance de ses domaines. L'an 1362, le sire d'Albret fut fait prisonnier par le comte de Foix, en combattant pour le comte d'Armagnac, à la bataille de Launac, donnée le 5 décembre. Le 30 juin de l'année suivante, Arnaud-Amanieu fit hommage des châteaux de Bazas et de Casenove au comte de Foix. Charles le Mauvais, roi de Navarre, par lettres du 28 février 1364 (v. st.), lui donna la charge de capitaine-général pour faire la guerre en Languedoc, en Bourgogne et dans toute la France. L'année suivante, le 27 février, il fit hommage à ce même monarque, pour les terres de Mixe et d'Ostobares, en Basse-Navarre. (*Trésor. général*, tom. I, pag. 76.)

L'an 1366, le prince de Galles, duc de Guienne, voulant lever une armée, pour rétablir Pierre le Cruel sur le trône de Castille, mande ses principaux vassaux, et demande au sire d'Albret, quel nombre de combattants il peut fournir. *Sire*, répond d'Albret, *si je voulois prier tous feaulx, j'aurois bien mille lances, et toute ma terre gardée*. (Mille lances formaient un corps de cinq à six mille hommes.) Le prince alors regardant Felton, l'un de ses généraux, lui dit en Anglais : *Par ma foi, on doit bien aimer une terre où l'on a un tel baron, qui peut bien servir son seigneur avec mille lances*. Se retournant ensuite vers Arnaud-Amanieu : *Sire d'Albret*, lui dit-il, *je les retiens tous*. Mais ensuite ayant fait réflexion sur le danger qu'il y aurait

d'avoir dans son armée un corps aussi nombreux de troupes, dépendant d'un seigneur qu'on savait affectionné à la France, il lui manda de n'amener que deux cents lances, et de congédier le reste. D'Albret, piqué de ce contre-ordre, s'en plaignit avec hauteur. Le prince répondit aigrement, et eut tout sujet de s'en repentir. (Froissart.) L'an 1368, s'étant joint au comte d'Armagnac et à d'autres seigneurs, Arnaud-Amanieu appelle avec eux au parlement de Paris, des vexations que le prince de Galles exerçait en Guienne. Une nouvelle saisie de ses terres, ordonnée par le prince, suivit de près cette levée de boucliers. Le roi de France dédommagea encore cette fois le sire d'Albret, en lui donnant quatre mille livres de rente viagère sur son trésor : il n'obligea pas un ingrat. Le sire d'Albret et les deux comtes de Foix et d'Armagnac, travaillèrent efficacement à faire rentrer la Guienne sous la domination de la France. Le roi Charles V fit épouser au sire d'Albret, l'an 1368, MARGUERITE DE BOURBON, sœur de la reine, et en considération de cette alliance, il convertit la pension viagère de quatre mille livres, qu'il lui avait accordée, en rente perpétuelle, pour Arnaud-Amanieu et ses hoirs, à la charge qu'ils demeureraient hommes-liges du roi. Le sire de Poyanne, seigneur gascon, attaché au service de l'Angleterre, ayant été pris, l'an 1372 (v. st.), devant la Rochelle, avec le comte de Pembrock, et mis en prison, le roi Charles V déclara tous ses biens confisqués pour crime de félonie, et les donna au sire d'Albret, par ses lettres du mois de mars de la même année. (*Rec. de Colbert.* vol. 31, fol. 1085.) Le roi Charles VI, voulant se décharger de trois mille livres, sur les quatre mille livres accordées au sire d'Albret, lui donna par lettres du 14 janvier 1382 (n. st.), la jouissance du comté de Dreux ; et pour les mille livres restantes, il lui transporta d'autres terres. Arnaud-Amanieu, le 17 mai de la même année, fut honoré de la dignité de grand chambellan, avec six mille livres de pension. Malgré de si belles récompenses dont nos rois payaient le zèle que le sire d'Albret leur témoignait, Froissart nous donne à entendre que ce n'était point sans se faire une sorte de violence qu'il demeurait attaché au service de la France. « J'ouis une fois dire au seigneur d'Albret, dit-il,
» étant à Paris, une parole que je notai bien, quoiqu'il
» semblât la dire pour plaisanter. Un chevalier de Bretagne
» lui ayant demandé des nouvelles de son pays, et s'il per-
» sisterait long-tems dans le service de la France, il lui
» répondit qu'il le pensait ainsi, et qu'il s'y trouvait assez
» bien. Cependant ajouta-t-il, j'avais plus d'argent et mes gens
» aussi, quand je faisais la guerre pour le roi d'Angleterre,
» que je n'en ai maintenant ; car, quand nous chevauchions à

» l'aventure, nous trouvions toujours quelques riches mar-
» chands de Toulouse, de Condom, de la Réole ou Bergerac;
» il se passait peu de jours que nous ne fissions quelque bonne
» prise, et maintenant, tout nous est mort. Alors, le breton se
» prit à rire, et lui dit : c'est donc là la vie des Gascons. Pour
» moi qui entendit cette parole, je vis que le sire d'Albret
» commençait à se repentir d'être français; et peu après
» on apprit que le sire de Muciden, le seigneur de Rosen,
» le sire de Duras et le sire de Langoiran, quoique com-
» blés de bienfaits du roi, dont ils avaient imploré le
» secours, étaient rentrés au service des Anglais. Telle est la
» nation des Gascons. Ils ne sont point stables. Mais encore
» aimeraient-ils plus les Anglais que les Français; car leur
» guerre est plus belle sur les Français que sur les Anglais. »
Quoi qu'il en soit de ce récit de Froissart, il est certain que
conduite d'Arnaud-Amanieu, depuis qu'il se fut donné à la
France, jamais ne se démentit. Le 27 novembre 1382, il
combattit à la bataille de Rossebecque, et contribua beaucoup au
succès de cette journée. Il accompagna, l'an 1390, le duc de
Bourbon dans son expédition d'Afrique. Il mourut en 1401,
laissant de son mariage Charles, qui suit; Louis qui transporta,
par acte du 12 décembre 1406, à Charles, son frère, des terres
à lui laissées par son père, en échange desquelles il reçut le
comté de l'Ile-Jourdain; et Marguerite, qui épousa Gaston
de Foix, captal de Buch.

CHARLES Ier.

1401. CHARLES Ier., fils d'Arnaud-Amanieu, et consin-ger-
main, par Marguerite de Bourbon, sa mère, du roi Charles VI,
succéda à son père dans la sirerie d'Albret, la vicomté de Tartas
et la charge de grand-chambellan, mais non dans le comté de
Dreux. Le roi, suivant la faculté qu'il s'était réservée, en
accordant à Arnaud-Amanieu la jouissance de ce comté, le
retira après la mort de celui-ci, et en jouit jusqu'en juillet 1407,
qu'il le délaissa à Louis, son frère, duc d'Orléans, pour faire
partie de son apanage. Louis, ayant été tué le 23 novembre
suivant, le roi transporta par lettres du mois de décembre ce
même comté à Charles d'Albret, en l'acquit de trois mille livres
dont on a parlé ci-dessus. Ce monarque y ajouta le comté de
Lucques en Lombardie, pour lui tenir lieu d'une autre rente
de mille livres. Mais le sire d'Albret, n'ayant pu entrer en
jouissance de ce comté, renonça au don qui lui en avait été
fait, demandant à sa majesté qu'elle lui assignât sa rente de
mille livres sur un fonds dont il pût jouir librement. C'est ce

que le roi déclare par ses lettres adressées à la chambre des comptes de Paris, en date du 26 avril 1411. Charles était alors connétable depuis le 7 février 1402 (v. st.), chargé qu'il avait d'abord refusée, non sans raison, persuadé, comme il était vrai, qu'il n'avait ni l'expérience, ni la capacité nécessaires pour la bien remplir. Il ne laissa pas néanmoins de remporter en Guienne, dans les années 1406 et 1407, plusieurs avantages sur les Anglais, avec l'aide du comte d'Armagnac. L'an 1411, la faction des Bourguignons, à laquelle il n'était pas agréable, le dépouilla de sa charge; mais elle lui fut rendue après la disgrâce du comte de Saint-Pol, par lettres-patentes du 13 juillet 1413. (*Voy.* Valeran, *comte de Saint-Pol.*) Charles fut nommé, la même année, capitaine des château et ville de Melun. Deux ans après, il fut tué, le 25 octobre, à la bataille d'Azincourt, où il commandait l'avant-garde de l'armée française. Les historiens rejettent sur lui tout le malheur de cette funeste journée, où nous étions six fois plus forts en nombre que les Anglais. Il avait, en effet, si mal choisi la position de son camp, et fait ses autres dispositions avec si peu d'intelligence, qu'un anglais, envoyé par Henri V, pour reconnaître notre armée, dit à son maître, en lui faisant son rapport : *Il y en a assez pour être tués, assez pour être faits prisonniers, et assez pour prendre la fuite.* C'est à tort néanmoins, qu'on le met à la tête de ceux qui occasionnèrent ce revers, en rejetant les offres que le roi d'Angleterre avait faites de rendre à la France tout ce qu'il lui avait pris, pour obtenir la liberté de se retirer à Calais. Il est certain au contraire, suivant Monstrelet, qu'il fut du petit nombre des seigneurs qui étaient d'avis d'accepter ces offres. Du reste ce général n'était ni craint ni aimé, il n'était pas fait pour l'être. De MARIE, dame de Sulli et de Craon, princesse de Bois-Belle, aujourd'hui Henrichemont, et veuve de Gui de la Tremoille, qu'il avait épousée le 27 janvier 1400 (v. st.) et à laquelle il survécut un an ou deux au plus, il eut Charles, qui suit; Guillaume, seigneur d'Orval, etc.; Jeanne, deuxième femme de Jean, comte de Foix, et deux autres enfants.

CHARLES II.

1415. CHARLES II, fils de Charles I*er*., né vers la fin de l'an 1401, lui succéda dans la sirerie d'Albret, la vicomté de Tartas et le comté de Dreux. Ce dernier domaine lui fut enlevé, l'an 1418, par le roi d'Angleterre, qui le garda jusqu'en 1438, que les Français le reconquirent. Le roi de France ne le rendit pas d'abord au sire d'Albret; mais il en commit la garde à

Guillaume Brouillard ; enfin, l'an 1444, ce monarque rétablit Charles dans le comté de Dreux, par ses lettres-patentes du 16 novembre. Mais il lui avait déjà donné, l'an 1425 (v. st.), par lettres du mois de février, le comté de Gaure, avec la ville de Florence. L'an 1428, Charles s'étant jeté dans Orléans, assiégé par les Anglais, la défendit avec beaucoup de valeur. L'an 1442, il reprit sur les Anglais, avec deux de ses enfants, la ville d'Aire, et la remit sous l'obéissance du roi. L'an 1456, il fit, de concert avec ses fils, le 19 novembre, une loi domestique, par laquelle les filles sont exclues de la succession à la seigneurie d'Albret, tant qu'il y aura des mâles de cette maison. (*Galland.*) L'an 1463, Charles vole, avec le comte de Foix, au secours de la reine d'Aragon, assiégée dans Gironne par ses sujets révoltés. Il mourut, l'an 1471, âgé de 70 ans, après avoir rendu des services importants à la France, sous les règnes de Charles VI, Charles VII et Louis XI. D'ANNE, fille de Bernard VII, comte d'Armagnac, qu'il avait épousée en 1417, il eut Jean, vicomte de Tartas, mort le 3 janvier 1468 (n. st.); Louis, évêque d'Aire et cardinal, mort à Rome, le 4 septembre 1465 ; Arnaud-Amanieu, chef de la branche des seigneurs d'Orval, mort en 1473 ; Charles, seigneur de Sainte-Bazeille, décapité le 7 avril 1473, à Poitiers, pour avoir trahi Pierre de Bourbon, sire de Beaujeu, et l'avoir livré entre les mains du comte d'Armagnac ; Gilles seigneurs de Castelmoron, mort sans enfants, l'an 1479 ; Marie, alliée, le 11 juin 1456, à Charles I, comte de Nevers; et Jeanne, femme d'Artur III, comte de Brétagne.

ALAIN LE GRAND.

1471. ALAIN, surnommé le GRAND, à cause de ses richesses, petit-fils de Charles II, et fils de Jean d'Albret, vicomte de Tartas, et de Catherine de Rohan, succéda à son aïeul dans la sirerie d'Albret, il se rendit maître aussi du comté de Dreux, que son aïeul avait donné à Arnaud-Amanieu ; ce qui occasionna un procès entre Alain et Isabeau, veuve d'Arnaud-Amanieu. Alain resta en possession de ce comté jusqu'en 1516, que Jean d'Albret, sire d'Orval, fils d'Arnaud-Amanieu, y rentra. (Galland.) L'an 1473, Alain obtint la confiscation des biens de Charles de Sainte-Bazeille, son oncle. Il entra, l'an 1486, dans la ligue des princes contre la cour. Mais le roi Charles VIII, étant venu en Guienne avec une armée, il prit le parti de la soumission, et donna même des troupes pour aider le monarque à réduire les confédérés. Mais il n'était lui-même soumis qu'en apparence, et ne cessait d'entretenir des liaisons avec la

Bretagne, promettant d'y conduire une armée de Gascons et de Navarrois, à condition qu'on lui donnerait en mariage la princesse Anne, héritière de ce duché. Il était veuf alors, depuis 1484 ou environ, de FRANÇOISE, fille de Jean de Blois, dit de Bretagne, comte de Penthièvre, qu'il avait épousée en 1470; et en vertu de ce mariage, il prétendait faire valoir les droits de ses enfants sur le duché de Bretagne, à l'extinction de la race masculine du duc François II. Son mariage, projeté avec Anne de Bretagne, s'il eût réussi, aurait confondu les intérêts. Il était d'ailleurs puissamment soutenu par la comtesse douairière de Laval, sa sœur utérine, et le fameux Lescun, comte de Comminges. Le duc de Bretagne, pressé par l'armée de France et par les barons révoltés, accepta ses offres aux conditions prescrites, et signa un engagement solennel, qui fut déposé entre les mains de la comtesse de Laval. En conséquence de ce traité, le sire d'Albret leva promptement des troupes, pour aller s'opposer aux progrès que faisaient les Français en Bretagne. Ils assiégeaient Nantes et en pressaient vivement la prise, lorsqu'il débarqua à portée de cette ville. Son arrivée les obligea de lever le siége. Ce succès l'enhardit à demander au duc l'exécution de sa promesse. Mais la jeune princesse, témoignant une répugnance invincible pour épouser un homme de quarante-cinq ans, d'une figure désagréable et d'une humeur farouche, on crut devoir temporiser. Maximilien, roi des Romains, faisait en même tems solliciter la main de cette riche héritière, afin de pouvoir serrer la France de deux côtés, par la Bretagne et par les Pays-Bas, dont il était maître. Le duc d'Orléans, ennemi de d'Albret, se rangea du côté de Maximilien; ce qui mit le second en fureur contre le premier. On prétend même, et le duc d'Orléans l'en accusa, qu'il envoya des assassins dans sa tente pour l'égorger. Mais la bataille de Saint-Aubin-du-Cormier, donnée le 28 juillet 1488, où le duc d'Orléans fut fait prisonnier, mit fin à cette querelle. Le sire d'Albret n'en fut pas plus avancé. Les poursuites de Maximilien prévalurent enfin sur les siennes, et, l'an 1489, ce prince épousa secrètement la princesse Anne, par procureur. Instruit de ce mariage, Alain, pour se venger, livra la ville de Nantes au roi de France. Les autres traits de sa vie méritent peu d'être recueillis. Il mourut dans le mois d'octobre 1522, au château de Castel-Jaloux, après avoir eu de son mariage: Jean, roi de Navarre, comte de Foix, de Gaure et de Périgord, vicomte de Limoges et de Tartas, mort le 17 juin 1516; Amanieu, cardinal, mort le 2 septembre 1520; Pierre, comte de Périgord; Gabriel, seigneur de l'Esparre, et quatre filles. Le père Anselme cite de lui deux actes où il se qualifie seigneur de Lebret, comte de Dreux, de Gaure, de Penthièvre et de Périgord, vicomte de Limoges et de Tartas, captal de Buch, et seigneur d'Avesnes.

HENRI I, DUC D'ALBRET.

1522. HENRI I, roi de Navarre, comte de Foix, prince de Béarn, fils de Jean d'Albret et de Catherine de Foix, succéda, l'an 1522, à son aïeul, Alain le Grand, dans la sirerie d'Albret. L'an 1550, le roi de France, Henri II, par lettres, du 29 avril, érigea cette seigneurie en duché. Henri d'Albret ne jouit que cinq ans de cet honneur, étant mort le 25 mai 1555. Il laissa de MARGUERITE D'ORLÉANS, sa femme, Jeanne qui porta le duché d'Albret, avec le royaume de Navarre et les autres domaines de sa maison, dans celle de Bourbon, en vertu de son mariage, célébré le 20 octobre 1548, avec Antoine de Bourbon, duc de Vendôme. De son époux, décédé à Andeli, le 17 novembre 1562, des suites d'une blessure qu'il avait reçue au siége de Rouen, Jeanne eut trois fils : Henri, duc de Beaumont au Maine, né le 21 septembre 1551, et mort à la Flèche, le 20 août 1553; Henri, qui suit; Charles, comte de Marle, né au château de Gaillon, le 19 février 1554, et mort enfant par l'imprudence de sa nourrice, qui le laissa tomber d'une fenêtre; et une fille, Catherine, née à Paris, le 7 février 1558, mariée, le 10 janvier 1590, à Henri de Lorraine, duc de Bar, et morte à Nanci, sans lignée, le 13 février 1604. Jeanne d'Albret, mère de ces enfants, mourut à Paris, le 9 juin 1572. (Voy. *les ducs de Vendôme*.)

HENRI II.

1572. HENRI, successeur d'Antoine de Bourbon, son père, au duché de Vendôme, le devint de Jeanne d'Albret, sa mère, au royaume de Navarre et au duché d'Albret, en 1572. Le trône de France lui fut ouvert, comme au plus proche héritier, après la mort tragique du roi Henri III, arrivée le 1er. août 1589. Mais la profession qu'il faisait du Calvinisme, où sa mère l'avait élevé, souleva contre lui la plus grande partie de ce royaume, infectée du poison de la ligue. Henri fut obligé de conquérir son héritage les armes à la main. Sa conversion acheva ce que ses victoires avaient commencé. Devenu catholique, il fit revenir à lui tous les esprits, et régna sans opposition sur toute la France, dont il fut un des meilleurs souverains. Possesseur de cette couronne, il refusa d'y réunir les domaines qu'il possédait avant d'y parvenir, et donna en conséquence, le

15 avril 1590, des lettres-patentes, pour établir cette désunion. Tous les parlements les enregistrèrent à l'exception de celui de Paris, que trois lettres de jussion ne purent déterminer à les vérifier. La Guesle, procureur-général, se distingua dans cette occasion par ses lumières et sa fermeté. L'affaire ayant été mise en délibération, ce magistrat portant la parole, conclut en ces termes : *J'empêche pour le roi l'entérinement des lettres du 15 avril 1590, et lettres de jussion subséquentes.* Conformément à ces conclusions, arrêt du 29 avril 1591, par lequel, ouï le procureur-général du roi, en sa remontrance, la cour déclare ne pouvoir procéder à la vérification desdites lettres. Cette courageuse résistance fut approuvée du roi, l'an 1607, par l'édit du mois de juillet. Sa majesté y déclare qu'elle révoque les lettres-patentes en tant que besoin serait, et confirme l'arrêt de la cour, du 29 avril 1591. (Expilli.)

L'an 1652, le roi Louis XIV donna le duché d'Albret, avec ses dépendances, au duc de Bouillon, en échange des principautés de Sédan et de Raucourt ; mais à la charge que le duc d'Albret n'aurait rang et séance que du 20 février 1652.

CHRONOLOGIE HISTORIQUE

DES

COMTES DE COMMINGES.

Le pays de Comimnges était habité, du tems de Jules César, par les *Convenœ*, ramas de brigands que Pompée obligea de descendre des Pyrénées, d'où ils infestaient les provinces voisines d'Espagne, dans l'Aquitaine, et d'y fixer leur demeure. La ville qu'ils y fondèrent sur la Garonne fut d'abord appelée *Lugdunum*, nom commun à toutes les villes bâties sur des hauteurs, à quoi l'on ajouta *Convenarum*, pour la distinguer par le peuple qui l'habitait. C'est aujourd'hui Saint-Bertrand.

Saint-Isidore, dans le IXe. livre de ses origines, confond les *Convenœ* avec les Gascons; sentiment réfuté avec succès par Oihenart et le P. Pagi. Le Commingeois, borné au nord-est par le Languedoc, au sud par l'Aragon et la Catalogne, à l'est par les pays de Foix et de Conserans, à l'ouest par le Nébouzan, le pays des quatre vallées et l'Astarac, s'étend sur dix-huit lieues de longueur et quinze de largeur. Ce pays fut compris dans la Gascogne, comme il l'était dans la Novempopulanie lorsque cette province fut érigée en duché. On prétend qu'il eut des comtes particuliers dès le commencement du dixième siècle; et en effet on trouve, avec le titre de comte, *Asnarius* en 900. C'est apparemment ce Loup-Aznaire que Frodoard qualifie comte de Gascogne, et qui fut du nombre des seigneurs d'Aquitaine et de Gothie qui vinrent faire hommage au roi Raoul, l'an 932, lorsque ce prince eut passé la Loire pour faire reconnaître son autorité dans cette partie de la France où jusqu'alors elle était méconnue. Le même auteur, dit qu'Aznaire, dans cette rencontre, montait un cheval qui avait plus de cent ans, et néanmoins était encore vigoureux. (*Bouq.* tom. VIII, p. 188.) ARNAUD paraît avec la qualité de comte de Comminges en 944 et 956; vient après lui ROGER Ier., qui signa, en 983, la charte de l'union de l'abbaye de Pessan à celle de Simorre (*Gall. chr. no.* tom. I, *pr.* p. 168, col. 1); puis RAYMOND Ier., en 997, ensuite AMELIUS, BERNARD Ier., fils de Raymond, GUILLAUME en 1015 et 1025, ROGER II en 1026 et 1035, ARNAUD II en 1062 et 1070, ROGER III en 1074, BERNARD II, fils de Raymond, en 1075 et 1100; mais il y a lieu de douter si tous ces comtes viennent de la même souche. On a plus de lumière sur la suite.

BERNARD III.

BERNARD III, fils de Roger, était comte de Comminges vers l'an 1120. C'est l'époque à-peu-près, suivant dom de Sainte-Marthe, d'une expédition funeste qu'il fit contre la ville de Conserans dont il prétendait avoir les deux tiers que l'évêque Pierre lui contestait. Ne pouvant réussir dans cette prétention par les voies de droit, il eut recours à la violence. Dans le tems qu'on ne s'y attendait pas, il entra furtivement avec ses gens dans la ville, qu'il livra aux flammes, après en avoir fait prisonniers l'évêque et les habitants, et les avoir fait transporter avec leurs effets au village de Saint-Gerons, qui lui appartenait. Conserans demeura désert l'espace de sept ans, jusqu'à ce que l'évêque eût accordé, malgré son chapitre, au comte ce qui faisait le sujet de leur querelle. Bernard jouit tranquillement de son usurpation pendant environ vingt ans. Mais, ayant été mortellement blessé, l'an 1150, dans un combat donné près de Saint-Gaudens, il sentit des remords qui le déterminèrent à restituer à l'évêque ce qu'il avait envahi sur lui, et à réparer les dommages qu'il avait causés à la ville et aux habitants de Conserans. (*Gall. Chr. No.* tom. I, p. 185, col. 2.) Il fut inhumé à l'abbaye de Bonnefons, et on le croit fondateur de celle de Feuillans, ce qui est fort douteux. DIAZ DE MURET, sa femme, dame de Muret et de Samaran, dans le Toulousain, lui donna Dodon, qui suit; Bernarde, mariée à Roger Ier., comte de Carcassonne, et d'autres enfants.

DODON.

1150. DODON, fils et successeur de Bernard III, après avoir gouverné le comté de Comminges l'espace de trente et un ans, se fit religieux cistercien à Feuillans en 1181. De N. de TOULOUSE, sœur et non fille de Raymond V, comte de Toulouse, nommée LAURENCE par le P. Anselme, il laissa Bernard, qui suit; Roger, comte de Pailhas, duquel on fait descendre les vicomtes de Conserans, et Arnaud, seigneur de Dalmazan, pays qui anciennement faisait partie du comté de Foix, et qui était entré dans la maison de Comminges par quelque alliance avec celle de Foix. (*Vaissète*, tom. III, p. 74.)

BERNARD IV.

1181. BERNARD IV, fils et successeur de Dodon, débuta par faire revivre les prétentions de Bernard III, son aïeul, sur la ville de Conserans. Il employa pour les faire valoir les mêmes moyens dont celui-ci avait usé, c'est-à-dire la violence. Ayant soudoyé des bandes de routiers, il entra dans la ville d'où il chassa l'évêque Auger et les chanoines; après quoi il alla piller leurs châteaux et les autres fonds qui leur appartenaient. Deux successeurs d'Auger, mort en 1190, Arnaud et Laurent, éprouvèrent, l'un après l'autre, les mêmes vexations de la part de Bernard. Nous voyons qu'en 1195 Laurent engagea son château de Tortose au chevalier de Tersne pour défendre son église contre le comte de Comminges. Celui-ci néanmoins continua de jouir de son usurpation jusqu'aux conquêtes des croisés dans le pays. Alors, intimidé par Simon de Montfort, leur chef, il consentit à s'en rapporter au jugement des évêques de Tarbes et de Comminges, délégués pour terminer ses différents avec l'évêque de Conserans. Les commissaires, par leur sentence rendue le jeudi avant Noël de l'an 1206, donnèrent gain de cause à leur confrère, déclarant que la ville de Conserans lui appartenait sans partage; à quoi le comte Bernard se soumit. (*Gall. Chr. no.* tom. I, col. 1129 et *prob.* p. 185, col. 2.) Bernard épousa, dans le mois de décembre 1197, MARIE, fille de Guillaume VIII, seigneur de Montpellier, et veuve de Baral, vicomte de Marseille. Ce mariage se fit du vivant de deux femmes, que Bernard avait alors, dont la première était BÉATRIX III, comtesse de Bigorre, qu'il avait répudiée sans aucune forme de procès, après en avoir eu une fille; et la deuxième, COMTORS, fille d'Arnaud-Guillaume de la Barthe, de laquelle il se fit séparer au mois de novembre 1197, pour cause de parenté. La même année, il eut avec Raymond-Roger, comte de Foix, une guerre qui dura six ans. (Voy. *les comtes de Foix.*) L'an 1211, voyant Raymond VI, comte de Toulouse, son cousin, prêt à se laisser dépouiller par Simon de Montfort, il l'engage à défendre ses états, et lui prête son secours. On le rencontre dans toutes les expéditions de ce prince. L'an 1212, Simon de Montfort entre à main armée dans le Commingeois, prend Saint-Gaudens, et reçoit les soumissions du pays. Bernard est défait, l'an 1213, en combattant pour le comte de Toulouse, à la bataille de Muret, donnée le 12 septembre, contre les croisés. L'an 1214, Bernard et le comte de Toulouse abjurent à Narbonne entre les mains du cardinal Pierre de Bénévent, toute doctrine contraire à celle de l'église romaine. Bernard se rendit l'année suivante avec les comtes de Toulouse et de Foix au concile de Latran : ils y demandèrent la restitution des terres que les croisés leur avaient enlevées ; mais ils ne reçurent que des réponses vagues, qui rendirent leur voyage inutile. L'an 1218, Bernard aide le comte de Toulouse à défendre sa capitale, contre Simon de Montfort. Après la mort de ce dernier, arrivée le 25 juin de la même année, Bernard recouvra une partie de ses domaines. L'an 1219, il commanda le corps de bataille de l'armée des Toulousains, à la journée de Basiége, où ceux-ci remportèrent la victoire sur les croisés. Bernard mourut au mois de février 1226 (n. st.), et fut inhumé à Montsavez, ce qui rend fort suspect ce qu'avancent des modernes, qu'il mourut religieux à Bolbonne. De sa première femme, il laissa Pétronille, mariée à Gaston VI, comte de Béarn, puis à Gui, fils de Simon de Monfort ; et de la seconde, Bernard, qui suit, et deux autres enfants. De la troisième, qui, s'étant séparée de lui, épousa, l'an 1204, Pierre, roi d'Aragon, il eut, suivant Guillaume de Puylaurent, deux filles, Mathilde et Perrone ou Pétronille, dont l'aînée fut mariée à Sanche de Barca, et la seconde à Centule II, comte d'Astarac.

BERNARD V.

1226. BERNARD V, fils de Bernard IV, lui succéda, l'an 1226, dans la partie du Commingeois, que les croisés n'avaient pu lui enlever. Au mois d'août de la même année, s'étant rendu au camp d'Avignon, il fit sa paix avec le roi Louis VIII et le légat, après avoir déclaré par écrit qu'il se soumettait entièrement à la volonté du monarque, lui avoir fait hommage-lige de tous les domaines qu'il voudrait bien lui laisser, et avoir promis de l'aider contre tous ses ennemis, nommément contre le comte de Toulouse. L'an 1241, Bernard meurt subitement à Lantar, le 29 novembre, en dînant. De CÉCILE, fille de Raymond-Roger, comte de Foix, son épouse, il laissa Bernard, qui suit, et Arnaud-Roger, qui fut évêque de Toulouse. Cécile lui donna aussi plusieurs filles, entre autres Mascarose, femme de Henri II, comte de Rodez. STEPHANIE de Bigorre, sa seconde femme, le fit père de Pétronille, femme de Sanche-Nugnès, comte de Roussillon et de Cerdagne. (Voy. *les comtes de Bigorre.*)

BERNARD VI.

1241. BERNARD VI, fils et successeur de Bernard V, fit hommage, le 4 décembre 1241, à Raymond VII, comte de Toulouse, pour le château de Muret, et autres fiefs qu'il possédait au comté de Toulouse. L'année suivante, il fut excommunié, le 21 juillet, avec ce même comte et d'autres seigneurs, comme fauteur des hérétiques (albigeois), par l'archevêque de Narbonne. Après la paix de Lorris, il prêta serment de fidélité, l'an 1243, au roi saint Louis, entre les mains de ses commissaires. L'année suivante, au mois de novembre, il se reconnut vassal du comte de Toulouse, pour ce qu'il possédait aux diocèses de Conserans et de Comminges, quoique de tems immémorial, est-il dit dans l'acte, lui et ses prédécesseurs eussent tenu le tout en franc-alleu. L'an 1257, il confia, dans le mois de novembre, à Roger IV, comte de Foix, la garde de la ville de Saint-Gérons et du pays de Nébouzan, jusqu'à ce qu'Arnaud d'Espagne, fils de Roger de Comminges et de Raymonde d'Aspel, son vassal, à qui ce pays appartenait, eût atteint l'âge de vingt-cinq ans. Gaston VII, vicomte de Béarn, qui avait des prétentions sur le même pays, au nom de Mathe, sa femme, le lui engagea l'année suivante. (Vaissète, tom. III, pag. 503.) L'an 1294 (v. st.) se voyant cassé de vieillesse et hors d'état de gouverner son comté, il en fit don entre-vifs à son fils aîné, le dimanche avant l'Annonciation (21 mars.) Il vécut encore près de dix-huit ans depuis cette donation, et mourut à Busette le 15 juillet 1312. Il avait épousé, 1°. THÉRÈSE, dont on ignore la maison; 2°. LAURE, fille de Philippe de Montfort, seigneur de Castres en Languedoc, et comte de Squillace au royaume de Naples. De ce dernier mariage il eut Bernard qui suit; Pierre-Raymond, qui a continué la postérité; Gui, seigneur de Figeac; Jean-Raymond premier archevêque de Toulouse, par bulle du 25 juin 1317, puis cardinal; deux autres fils, et trois filles. Cécile, l'aînée, fut mariée à Jacques Ier. d'Aragon, comte d'Urgel; Eléonore, la seconde, épousa Gaston II, comte de Foix; et Bérengère fut mariée à Géraud d'Aure, vicomte de Larboust, tige de la maison de Gramont.

BERNARD VII.

1295. BERNARD VII, succéda, l'an 1295, à Bernard VI,

son père, en vertu du don qu'il lui avait fait du comté de Comminges. L'an 1309, étant à Paris au mois de mai, il obtient du roi Philippe le Bel des lettres qui lui accordaient la permission de donner en partage à ses fils puînés une partie des fiefs qu'il tenait de sa majesté. (*Rec. de Colb. v.* 6, *fol.* 495.) Il y a d'autres exemples de pareilles concessions accordées par nos rois à leurs vassaux, d'où quelques feudistes infèrent que les possesseurs des fiefs n'en étaient que les usufruitiers, et ne pouvaient en disposer en faveur de leurs puînés, ni d'autres personnes, excepté leurs aînés, sans l'agrément du roi : sentiment contraire à l'opinion générale fondée sur les lois et les usages constants du royaume depuis la patrimonialité des grands fiefs, établie sous Charles le Chauve. L'an 1313, Bernard fut créé chevalier avec Pierre-Raymond, son frère, par le roi Philippe le Bel le jour de la Pentecôte. Il mourut l'an 1335, laissant de MATHE DE L'ILE-JOURDAIN, sa troisième femme, un fils posthume, qui lui succéda, et cinq filles, entr'autres Cécile, mariée à Amanien, comte d'Astarac. La quatrième, nommée Jeanne, fut alliée à Pierre-Raymond II, son cousin. Le comte Bernard VII, avait épousé en premières noces CAPSUELLE, sœur de Bernard VI, comte d'Armagnac, et en secondes, MARGUERITE, fille et héritière de Raymond VII, vicomte de Turenne, dont il eut Marguerite, fiancée à Renaud, sire de Pons, morte avant le mariage. (Voyez *les vicomtes de Turenne.*)

JEAN.

1335. JEAN, fils posthume de Bernard VII, lui succéda au comté de Comminges et à la vicomté de Turenne, sous la tutelle de Mathe, sa mère. Il mourut en 1339.

PIERRE-RAYMOND, Ier.

1339. PIERRE-RAYMOND Ier., fils du comte Bernard VI, s'empara du comté de Comminges après la mort du comte Jean, son neveu, au préjudice de ses nièces, prétendant que c'était un fief masculin, dont les filles étaient exclues ; ce qui occasiona dans cette famille une guerre funeste. Le roi Philippe de Valois, comme souverain, obligea Pierre-Raymond et Jeanne, sa nièce, à se soumettre à son jugement, et cependant mit le comté de Comminges sous sa main. Pierre-Raymond finit ses jours, après une longue maladie, le dimanche après la Quasimodo de l'an 1341, ou 1342, laissant de FRANÇOISE DE FEZENZAC, sa femme, un fils qui suit, avec deux filles, Éléonore, femme, 1°. du vicomte de Pailhas, 2°. du chevalier Gailhard de la Mothe ; et Jeanne, mariée à Géraud II, vicomte de Fezenzaguet: Il eut de plus deux bâtards, Pierre-Raymond et Gui. (Voy. *les vicomtes de Turenne.*)

PIERRE-RAYMOND II.

1341 ou 1342. PIERRE-RAYMOND II, fils de Pierre-Raymond Ier, lui succéda, malgré les oppositions de Jeanne, sa cousine, fille de Bernard VII. Cette contestation fut agitée, les armes à la main, avec la dernière fureur, entre Pierre-Raymond et Gui, son fils, d'une part, et les seigneurs de la maison de l'Ile-Jourdain de l'autre, prenant le fait et cause de Jeanne, leur parente. Les choses furent portées à tels excès, que les deux partis, dans la crainte d'être punis par le roi, se virent obligés de lui demander rémission de *plusieurs malfaçons, injures, roberies, arsins, navreures, mutilations et occisions, désobeissances, rebellions, portements d'armes, guerres publiques, séditions des peuples, robements des marchands, recceptations de bannis, violences, sauve-gardes tant espéciaux comme autres brisées, combattements de châteaux, boutements de feu.... et tout plein d'autres méfaits, crimes et cas criminels et civils.* Ce qui leur fut accordé par lettres du mois de juin 1342. (*Trésor des Chartes, Reg.* 74, fol. 694.) La querelle ne finit pas néanmoins par là. Ce ne fut qu'en 1350 qu'elle fut terminée par la médiation du cardinal de Commianges, en faisant épouser JEANNE à Pierre-Raymond, son cousin, qui avait perdu pour lors Gui, son fils, qu'il avait eu d'un précédent mariage. L'an 1362, Pierre-Raymond fut fait prisonnier par le comte de Foix à la bataille de Launac en combattant pour le comte d'Armagnac. Pierre-Raymond servit la France dans les guerres qui s'élevèrent de son tems, et mourut en 1376, laissant de son mariage, trois filles, Éléonore, femme de Bertrand II, comte de l'Ile-Jourdain, puis de Jean II, comte d'Auvergne; Marguerite, qui suit; et Agnès, morte sans alliance. La comtesse Jeanne, mère de ces filles, survécut à son époux.

MARGUERITE.

1376. MARGUERITE, fille de Pierre-Raymond II, lui succéda au comté de Commianges. Elle fut mariée trois fois : 1°, en 1378, à JEAN III, comte d'Armagnac; 2°., le 4 juin de l'an 1384 (et non 1385, comme le marque le P. Anselme) à JEAN D'AR-

MAGNAC, fils aîné de Géraud III, vicomte de Fezenzaguet: alliance dont on peut voir les suites malheureuses à l'article de ce dernier; 3°., le 16 juillet 1419, à MATHIEU DE FOIX, frère de Jean, comte de Foix. Mathieu de Foix était un des grands partisans de la maison de Bourgogne, par opposition à la maison d'Armagnac, qui avait embrassé le parti du dauphin. L'an 1420, le roi Charles VI, poussé par la reine et le duc de Bourgogne, lui adjugea, par lettres du mois de juillet, la vicomté de Narbonne, qu'il avait confisquée sur le vicomte Guillaume. (*Rec. de Colbert, vol.* 51, fol. 200.) Mais la confiscation ayant été sans effet, le don le fut pareillement. Celui que Marguerite fit du comté de Comminges à Mathieu, par son contrat de mariage, fut plus solide. Mais il ne tarda pas à payer de la plus noire ingratitude sa bienfaitrice, qu'il maltraita et renferma dans le château de Saverdun, où il la retint prisonnière l'espace de dix-neuf à vingt ans. Enfin les états de Comminges, l'an 1439, prirent le parti de s'adresser au roi Charles VII, pour obtenir la délivrance de leur maîtresse. Le dauphin, en conséquence, fit ajourner, par ordre du roi, Mathieu de Foix, à comparaître devant lui à Toulouse : mais ayant reçu ordre, peu de tems après, d'aller incessamment joindre le monarque, son père, il *mit la journée en délai*. L'affaire demeura en suspens durant près de cinq années, pendant lesquelles Marguerite changea plusieurs fois de prison. Elle ne recouvra sa liberté qu'en 1443, au moyen d'un traité conclu le 9 mars entre le roi et Mathieu de Foix; traité par lequel il fut dit que Mathieu, après avoir donné la liberté à sa femme, jouirait d'une partie du comté de Comminges, et Marguerite de l'autre, pendant leur vie; que la jouissance de tout demeurerait au dernier survivant entre eux, et qu'après leur mort, il serait réuni à la couronne. Marguerite alors fut remise entre les mains du roi, qui l'envoya à Poitiers, où elle mourut dans la même année 1443. Après sa mort, Jean IV, comte d'Armagnac, s'empara d'une partie du comté de Comminges, sans égard pour la donation qu'elle en avait faite au roi de France. Mais le dauphin, envoyé contre lui, le dépouilla non-seulement de cette conquête, mais aussi de ses propres biens, et même de la liberté, qui ne lui fut rendue qu'en 1445. Mathieu, qui survécut à la comtesse Marguerite, sa femme, se remaria à CATHERINE DE COARAZE, en Béarn, dont il eut deux filles, mariées dans les maisons de Carmain et de Bonneval, et finit ses jours vers la fin de l'an 1453. Le comté de Comminges fut alors réuni à la couronne, pour n'en être jamais séparé, comme il avait été convenu avec la comtesse Marguerite. Mais le roi

Louis XI, fils et successeur de Charles VII, n'eut aucun égard à cette clause. Voulant reconnaître les services de JEAN, bâtard d'Armagnac, surnommé de Lescun, qui lui avait toujours été attaché, il ne se contenta pas de le créer maréchal de France et de le faire son premier chambellan, il lui donna de plus, par lettres datées d'Avènes le 3 avril 1461 (v. st.), le comté de Comminges. Les états du pays ayant fait difficulté de déférer à ces lettres, Louis, dans un voyage qu'il fit à Bordeaux, rendit une ordonnance, le 15 mars de l'année suivante, par laquelle, dérogeant à la clause des lettres de réunion, il leur enjoint de reconnaître Jean d'Armagnac pour leur seigneur. Cette ordonnance, dont nous avons l'original sous les yeux, ne porte la date que du quantième du mois; mais nous savons d'ailleurs que Louis XI était à Bordeaux en 1462. Jean d'Armagnac étant mort, l'an 1472, sans postérité mâle, le comté de Comminges fut donné, par Louis XI, à ODET D'AIDIE (1), seigneur de Lescun, et à ses hoirs mâles. Ce monarque, dont il était chambellan, ajouta à ce don, par lettres du mois d'avril 1472, où il le qualifie de *cousin*, la terre de Fronsac, *pour récompense*, y est-il dit, *de ses louables et importants services*. (*Invent. du Trésor. des Chartes*, tome 61, fol. 849.) (*Voyez* François II, duc de Bretagne.) La postérité mâle d'Odet étant venue à manquer, le comté de Comminges fut de nouveau réuni

---

(1) Odet d'Aydie, né de parents nobles, mais très-bas accommodés des biens de la fortune, n'avait eu, pour s'avancer, d'autres ressources que ses talents. Ils étaient grands. « Avec de l'esprit, du courage et de
» l'ambition, il entra dans les compagnies d'ordonnance établies par
» Charles VII. Il se fit connaître à ce prince, qui le fit bailli du
» Côtentin. S'étant trouvé dépouillé de cette charge à l'avénement de
» Louis XI, il s'attacha au duc de Bretagne. Son esprit souple, ses
» manières aisées, le firent tellement goûter du duc François, qu'il
» parvint à le gouverner. Personne ne fut plus employé que Lescun
» dans la guerre du Bien-Public. Ce fut lui qui gagna *Monsieur*, frère
» du roi, qui l'engagea à se retirer en Bretagne et à se mettre à la tête
» de la ligue formée entre les princes et les grands de l'état. Lescun
» ne fut pas moins agréable au duc de Berri, qu'il l'était au duc de
» Bretagne. Il suivit *Monsieur* en Guienne, et revint en Bretagne après
» la mort de ce prince. Louis XI, qui connaissait l'ascendant que
» Lescun avait sur l'esprit du duc de Bretagne, s'attacha à le gagner,
» et y réussit en le comblant de biens, de charges et d'honneurs.
» Charles VIII continua au comte de Comminges tous les bienfaits
» qu'il avait reçus de Louis XI. Il était si puissant en Guienne, dont
» il avait le gouvernement, qu'il y était obéi comme le roi. » (Dom Morice, Hist. de Bret., tome II, p. 163.)

à la couronne, par lettres de Louis XII, datées de Paris, le 25 août 1498. Malgré cette nouvelle réunion, les seigneurs de Lautrec, de Guiche et d'Aubijoux, intentèrent procès au parlement de Toulouse pour le comté de Comminges; mais, par arrêt du 22 mars 1501, ils furent déboutés, dit le P. Anselme. Cependant nous voyons qu'en 1525, le 28 septembre, Odet, vicomte de Lautrec et maréchal de France, en ratifiant le traité de paix conclu avec l'Angleterre, prend le titre de comte de Comminges. (Rymer, tome 14, page 92.) Il l'était réellement, suivant D. Vaissète, par le don du roi François I. Ce seigneur, l'un des plus grands capitaines de son tems, étant mort l'an 1529, fut remplacé dans le comté de Comminges par HENRI, l'aîné des fils qui lui survécurent. Henri étant mort, l'an 1540, sans lignée, le comté de Comminges retourna au domaine de la couronne, dont il n'a plus été distrait. (*Hist. de Lang.* tome V, p. 524-529.)

CHRONOLOGIE HISTORIQUE

DES

COMTES DE BIGORRE.

Le Bigorre, borné au nord par l'Armagnac, au midi par les Pyrénées, à l'est par le pays des Quatre Vallées, le Nébouzan et l'Astarac, et à l'ouest par le Béarn, s'étend sur quinze lieues et demie de longueur et environ sept de largeur. Tarbes est sa capitale. Les *Bigerri* ou *Bigeronnes*, dont les *Tornates* et les *Camponi* faisaient partie, étaient ses habitants du tems de Jules César. De la domination des Romains, le Bigorre passa sous celle des Visigots, et successivement sous celle des Français et des Gascons. Dès le tems d'Honorius, il était compris dans la Novempopulanie, ou troisième Aquitaine.

DONAT-LOUP et VANDRÉSIGILE.

Donat-Loup, fils de Loup-Centule, duc de Gascogne, fut établi comte de Bigorre, vers l'an 820, par l'empereur Louis le Débonnaire. Wandrégisile, fils d'Atalgaire, et petit-fils, par son père, d'Hatton, frère du duc Hunald, établi comte de la marche de Gascogne, par Louis le Débonnaire, paraît aussi avoir eu le Bigorre dans son département. Il eut pour successeur, Bernard, son fils, qui est nommé dans un diplôme de Charles le Chauve, de l'an 845, comme étant alors en exercice. (Bouquet, t. V, p. 199.) On ne connaît point les successeurs de Bernard, jusqu'à Raymond, qui, en qualité de comte de Bigorre, rétablit le monastère de Saint-Savin, dans la vallée de Lavedan, vers l'an 946. Il vivait encore en 947.

GARCIE-ARNAUD I.

GARCIE-ARNAUD I, successeur de Raymond au comté de Bigorre, souscrivit, l'an 983, la charte par laquelle Guillaume, comte d'Astarac, soumettait l'abbaye de Pessan à celle de Simorre. (*Gall. Chr. Nov.* t. I, *prob.* p. 168, *col.* 1.) C'est tout ce que nous avons pu découvrir sur ce comte.

LOUIS.

LOUIS, que M. de Marca (*Hist. de Béarn.*, p. 806) substitue immédiatement dans le comté de Bigorre, à Raymond dont il le dit fils, remplaça Garcie-Arnaud I, comme le prouve la charte qu'Otton-Dat, vicomte de Montaner, fit dresser, l'an 1009, en sa présence, et avec son approbation, pour la fondation du monastère de Saint-Orens ou de la Reulle, de *Regula*, au diocèse de Tarbes. (*Gall. Chr.* t. I, *prob.* p. 195, *col.* 1.) Nos lumières ne s'étendent pas plus loin sur ce comte.

GARCIE-ARNAUD II.

GARCIE-ARNAUD II, successeur de Louis, fut un des seigneurs qui souscrivirent, l'an 1032, l'acte de la fondation du monastère de Saint-Pé de Generez, *Sancti Petri de Generoso*, au diocèse de Tarbes, faite par le duc Sanche-Guillaume. (*Gall. Chr. Ibid.*) Il contribua lui-même à la dotation de cette maison, par le don qu'il lui fit de la troisième partie de son marché de Lourde, et de quelques terres au lieu d'Ader, en présence de Fortaner, vicomte de Lavedan, qu'il obligea de promettre avec serment, que jamais il ne formerait aucune demande sur les choses données, à raison de sa vicomté. (*Marca Hist de Béarn.*, p. 806.) Garcie-Arnaud mérite aussi placé, ainsi que Garcie-Fort, fils de Fortaner, et son successeur à la vicomté de Lavedan, parmi les bienfaiteurs de l'abbaye de Saint-Savin, dont ils augmentèrent les rentes, dit M. de Marca, par les donations qu'ils lui firent, du tems de l'abbé Bernard. (*Ibid.*) Il paraît que Garcie-Arnaud était un seigneur équitable et pacifique. Sur quelques difficultés qui s'élevèrent entre lui et le duc Sanche, touchant les limites de la Gascogne et du Bigorre, ils convinrent de visiter ensemble les lieux contentieux, et d'en reconnaître et renouveler les bornes; ce qu'ils exécutèrent en présence des seigneurs et des prélats de l'un et de l'autre pays. (*Ibid.*) Garcie-Arnaud avait cessé de vivre en 1036, sans laisser de lignée.

BERNARD-ROGER.

1036 au plus tard. BERNARD-ROGER, comte en partie de Carcassonne et de Foix, était en possession du comté de Bigorre en 1036. Il avait dès-lors de GERSENDE, sa femme, sœur de Garcie-Arnaud, une fille nubile, nommée en naissant Ermesinde, et Gisberge après son baptême, qu'il maria cette année avec Ramire I, roi d'Aragon, fils de Sanche le Grand, roi de Navarre. Briz Martinez (*Hist. Pinnat*, l. 2, c. 32), nous a conservé dans son entier l'acte par lequel Ramire constitue à sa future épouse, à titre d'arrhes et de dot, ses châteaux, terres et domaines d'Athères, de Senaque, de Lobères, d'Aries, de Serra-Castel et de la vallée de Tena, avec toutes leurs dépendances, pour en jouir suivant la coutume du pays. « Or, cette coutume, dit M. de Marca, était l'usage intro-
» duit par les lois gothiques dans l'Espagne, de constituer à la
» femme, sur les biens du mari, un douaire ou agencement,
» qu'ils nommaient arrhes ou dot, qui ne pouvait excéder
» néanmoins la valeur de la dixième partie des biens du mari,
» suivant la loi du roi Chindasvind; la disposition de ces
» biens ou deniers dotaux, demeurant libre à la femme, si
» elle n'avait point d'enfants, et retournant au mari en cas
» qu'elle décédât sans faire testament. De sorte que les parents
» de la fille mariée n'étaient point obligés de lui bailler sur
» leurs biens propres aucune dot, sinon que ce fût de leur
» bon gré; mais la dot se prenait sur les biens du mari. » L'acte dont il s'agit, est daté du 22 août 1036 de l'Incarnation, et fut fait en présence de Richard, évêque de Tarbes, de Garcie-Fort, vicomte de Lavedan, et de Gielm-Fort, son frère utérin. Le comte Bernard-Roger finit ses jours au plus tard en 1038, laissant trois fils, Bernard, Roger et Pierre, avec la fille dont on vient de parler. (*Voyez* Bernard-Roger *comte de Carcassonne*.)

BERNARD I.

1038 au plus tard. BERNARD I, fils aîné de Bernard-Roger, lui succéda au comté de Bigorre. L'an 1062, il fit, avec CLÉMENCE, sa femme, un pèlerinage à Notre-Dame du Pui en Velai, où il mit sa personne et son comté sous la protection de la Mère de Dieu, avec l'obligation d'une rente annuelle de soixante sous morlas; de là vient la suzeraineté que l'église du Pui prétend sur le Bigorre. Clémence mourut la même année, et Bernard, peu de tems après, prit en secondes noces ETIENNETTE. L'an 1064, le 21 novembre, de concert avec Héraclius, évêque de Tarbes, il soumit le monastère de Saint-Félix et de Saint-Licer, à l'ordre de Cluni, pour y établir la réforme. (*Gall. Chr. no.* t. 1, *pr.*, p. 191.) Bernard mourut vers l'an 1065, laissant de sa première femme un fils, qui suit, et de la seconde une fille, nommée Béatrix, qui viendra ensuite. On trouve dans le cartulaire de saint Pé de Générez, que ce comte gouvernait ses terres avec beaucoup de prudence.

RAYMOND I.

1065 ou environ. RAYMOND I, fils et successeur de Bernard I, mourut avant le mois d'avril 1080, sans laisser de postérité. Il paraît qu'il eut quelque différent avec Arnaud II, comte de Comminges, qu'il ravagea son pays, et qu'il lui fit ensuite réparation des dommages qu'il lui avait causés. (Vaissète.)

BÉATRIX I.

1080. BÉATRIX I, fille de Bernard I, succéda au comte Raymond, son frère, avec CENTULE I (IV), vicomte de Béarn, qu'elle avait épousé l'an 1078. De ce mariage naquirent, Bernard, qui suit, et Centule. Leur père mourut en 1088. Béatrix lui survécut au moins huit années ; car on la voit présente à la grande assemblée de prélats et de seigneurs, qui se tint, l'an 1096, à l'abbaye de Saint-Pé de Générez, pour la dédicace de l'église de ce monastère, et sa souscription se trouve parmi leurs signatures au bas de la charte qu'ils firent dresser pour confirmer les priviléges et franchises de Saint-Pé. (*Voy.* Centule IV, *vicomte de Béarn.*)

BERNARD II.

1096 au plutôt. BERNARD II, fils de Centule et de Béatrix, succéda, dans le comté de Bigorre, à sa mère, du vivant de laquelle, depuis la mort de son père, il portait le titre de cet héritage. On le voit en effet assister avec cette qualité au siége d'Exea, qui fut emportée, le 5 avril 1095, par Pierre-Sanche, roi d'Aragon. (Marten. *Thes. Anecd.* tom. I, *coll.* 264-266.) Ce fut un prince appliqué au bien de ses sujets. Il mourut sans enfants l'an 1113, au plus tard. Le nouveau *Gallia Christiana* dit l'an 1120, et se méprend, comme la suite le fera voir.

CENTULE II.

1113. CENTULE II, frère de Bernard II, fut son successeur

au comté de Bigorre. L'an 1114, il eut part à la conquête que le duc d'Aquitaine fit du comté de Toulouse sur le comte Alfonse-Jourdain. Il accompagna, la même année, Gaston, vicomte de Béarn, son frère consanguin, au siége de Saragosse. Il y revint en 1118, et contribua, par sa valeur, à la prise de cette ville. L'an 1122, au mois de mai, il fit hommage du Bigorre au roi d'Aragon dans la ville de Morlas. Ce prince lui fit présent alors de la ville et du château de Rode sur le Xalon, avec la moitié de Taracona dans l'Aragon et de ses dépendances. Centule mourut, non vers l'an 1138, comme le pensent Oihenhart et M. de Marca, mais avant l'an 1128, ainsi qu'on va le voir sur son successeur, laissant d'AMABLE, sa femme, une fille, qui suit. Un moderne le confond mal-à-propos avec Centule V, vicomte de Béarn, en disant qu'il périt l'an 1314 à la bataille de Fraga.

BEATRIX II.

BÉATRIX II, dite aussi BÉNÉTRIS, fille unique de Centule II, épousa, l'an 1118, PIERRE, vicomte de Marsan, fils de Loup-Aner, et succéda avec lui au comté de Bigorre, ainsi qu'aux autres terres de son père, l'an 1127 au plus tard. La preuve s'en tire d'une charte par laquelle Pierre se disant comte de Bigorre et vicomte de Marsan, Béatrix, sa femme, et Centule, leur fils, donnent la dîme du moulin de Mont-Marsan au monastère de Saint-Sever; en reconnaissance de quoi l'abbé Raymond d'Arbocave (mort en 1127) et son chapitre, les associent à toutes les prières et bonnes œuvres de la communauté. (*Gall. Chr.*, no. tom. I, col. 1152.) Pierre fonda, l'an 1141, la ville de Mont-Marsan, et pour la peupler il invita les habitants de Saint-Genez, de Saint-Père, et d'autres paroisses des environs, à venir s'y établir. Mais ces habitants répondirent qu'étant les hommes de l'abbé de Saint-Sever, ils ne pouvaient se transporter ailleurs sans sa permission. Pierre alla donc le trouver, et sur la promesse qu'il lui fit que ses hommes, transférés au Mont-Marsan, continueraient de le reconnaître pour leur seigneur et de lui payer les mêmes droits, il obtint son consentement. Il fallait, de plus, une église à la nouvelle ville; et comme elle était dans la juridiction de Saint-Sever, ce fut encore l'abbé qui donna la permission d'élever cet édifice. Mais l'évêque d'Aire, nommé Bonhomme, s'opposa à cette concession, prétendant qu'à lui seul appartenait le droit d'ériger de nouvelles églises dans son diocèse. L'affaire ayant été portée au concile de Nogaro, tenu la même année, y fut terminée par une transaction qui maintint le droit de l'abbé au moyen d'une somme de cent trente sous morlas, qu'il s'obligea, pour le bien de la paix, à payer à l'église d'Aire (*Gall. Chr.*, no. *ibid. col.* 1155.) L'année suivante, de concert avec sa femme, le comte Pierre consentit à la translation du monastère de l'Escale-Dieu, ordre de Cîteaux, diocèse de Tarbes, fondé en 1136 dans l'endroit dit Cabadour, au lieu où il est présentement. Dans l'acte de consentement, Béatrix fait mention de ses père et mère par leurs noms, et déclare qu'elle et son mari sont associés aux prières de l'ordre de Cîteaux. (*Gall. Chr.*, no. *ibid. pr.*, p. 193, *col.* 1.) Pierre mourut en 1163, laissant de son mariage un fils qui suit.

CENTULE III.

1163. CENTULE III, ou PIERRE-CENTULE, fils de Pierre et de Béatrix, leur succéda au comté de Bigorre et à la vicomté de Marsan. Il est aussi qualifié, dans un titre de 1172, seigneur du canton de Saragosse, que M. de Marca croit être le quartier de Notre-Dame de Pilar. L'an 1213 de l'ère d'Espagne, (1175 de Jésus-Christ) il épousa MATELLE, cousine d'Alfonse, roi d'Aragon, qui lui donna la vallée d'Aran avec la seigneurie de Borderas, en considération de ce mariage et des services que Centule lui avait rendus et continuait de lui rendre. L'an 1176, Centule s'étant brouillé avec Richard, duc d'Aquitaine, est poursuivi par ce prince, et va se renfermer, avec le vicomte Pierre, dans la ville de Dax qu'ils avaient fait fortifier. Richard vient les y attaquer le lendemain de Noël; et force, au bout de dix jours de siége, la place à se rendre. Roger de Hoveden, qui nous fournit ce récit, dit encore, sur l'an 1178, que Richard, étant venu avec une armée à Dax, trouva le comte de Bigorre fait prisonnier et enfermé dans la prison des bourgeois, qui le remirent entre ses mains; que Centule traita de sa délivrance avec ce prince, et qu'il l'obtint en lui cédant Clermont et le château de Montbrun. Benoît de Péterborough confirme ce récit, et ajoute que Centule dut sa délivrance à la médiation du roi d'Aragon, Alfonse II, qui vint exprès trouver le duc Richard, et se rendit sa caution. On ignore combien il vécut depuis. Matelle, son épouse, le fit père de Béatrix, qui suit.

BÉATRIX III.

BÉATRIX III, dite aussi STÉPHANIE, succéda, au comté de Bigorre et autres domaines de Centule III, son père. Elle épousa, 1°. PIERRE, vicomte de Dax; 2°. BERNARD IV, comte de Comminges, dont elle fut répudiée, après en avoir eu Pétronille, qui suit. Béatrix mourut après l'an 1190, et Bernard en 1224.

PETRONILLE.

PÉTRONILLE ou PÉRRONE, fille de Béatrix et de Bernard, succéda en bas âge à sa mère sous la tutelle d'Alfonse II, roi d'Aragon, son parent, on ne sait à quel degré. Ce prince l'ayant fiancée, l'an 1192, à Gaston VI, vicomte de Béarn, investit en même tems celui-ci du comté de Bigorre, comme s'il en était suzerain, mettant pour condition dans l'acte rapporté par M. de Marca (*Hist. de Béarn*, p. 493,) que si Pétronille meurt avant Gaston, il pourra prendre une autre femme de la race de Centule; et qu'au cas qu'il n'y ait point d'enfants de ces mariages, le comté de Bigorre reviendra au roi d'Aragon, en payant à Gaston cinquante-cinq mille sous morlas. Alfonse, par le même acte, retint pour soi la vallée d'Aran. Gaston prit dès-lors le titre de comte de Bigorre; mais le mariage ne s'accomplit que le 1er. juin 1196. Gaston étant mort sans enfants l'an 1215, Pétronille épousa, en secondes noces, don Nugnès-Sanche, comte de Cerdagne. Ce mariage fut déclaré nul par les intrigues de Simon de Montfort, qui engagea Pétronille à donner sa main à Gui, son second fils. De cette alliance, célébrée à Tarbes en novembre 1216, naquirent deux filles, Alix et Pétronille. La première épousa, 1°., Jourdain III de Chabannais, dont elle eut deux fils, Eskivat et Jourdain, avec une fille nommée Loré, mariée à Raymond VI, vicomte de Turenne; 2°. Raoul de Courtenai, qu'elle fit père de Mathilde, comtesse de Thyet, qui devint femme de Philippe de Flandre. Pétronille, la deuxième fille de la comtesse Pétronille et de Gui de Monfort, eut pour époux Raoul de Teisson, seigneur puissant en Normandie. Gui de Montfort ayant été tué, l'an 1220, au siége de Castelnaudari, sa veuve fut mariée, en quatrièmes noces, à Aymar de Rançon, après la mort duquel elle prit pour cinquième époux Boson de Mastas, seigneur de Cognac. Ce Boson fut un grand justicier. Il porta une loi qu'il eut soin de faire exécuter, par laquelle il ordonnait que tout meurtrier volontaire serait enseveli vif sous le cadavre de celui qu'il aurait tué. La même loi fut suivie en Béarn, selon M. de Marca. La comtesse Pétronille survécut à Boson, dont elle eut une fille nommée Mathe, qui épousa Gaston VII, vicomte de Béarn. Pétronille mourut, l'an 1251, au monastère de l'Escale-Dieu, où elle fut inhumée. Trois ans auparavant, elle avait remis en dépôt le comté de Bigorre entre les mains de Simon de Montfort, comte de Leycester, lieutenant du roi d'Angleterre en Gascogne. Par son testament, elle institua son héritier en Bigorre, Eskivat, son petit-fils, et donna la vicomté de Marsan avec le quartier de Saragosse, à Mathe, sa fille.

ESKIVAT DE CHABANNAIS.

1251. ESKIVAT de CHABANNAIS, petit-fils de la comtesse Pétronille, par Alix, sa mère, se porta pour héritier de son aïeule au comté de Bigorre; mais il éprouva de grandes oppositions à sa prise de possession. Mathe, sa tante, femme de Gaston VII, vicomte de Béarn, revendiqua ce comté, comme unique héritière de Pétronille, prétendant que le mariage de cette comtesse avec Gui de Montfort, dont Alix, mère d'Eskivat, était née, n'était point légitime, ayant été contracté du vivant de Nugnès-Sanche. Guerre à cette occasion. Eskivat mit dans ses intérêts le roi d'Angleterre, en lui prêtant hommage au mois de mai 1254. La paix se fit en 1256, par la médiation de Roger IV, comte de Foix, que les parties avaient choisi pour arbitre. Le jugement qu'il rendit le samedi après l'exaltation de la Sainte-Croix, (16 septembre) portait que la vicomté de Marsan demeurerait à Mathe, avec la partie basse du Bigorre, nommée *Rivière basse*, qui fut pour lors distraite, ainsi qu'elle l'est à présent, du comté, et que le surplus appartiendrait, sous le titre d'ancien comté, à Eskivat, avec les terres de Chabannais. Le 13 octobre suivant, Roger donne en mariage AGNÈS, sa fille, à Eskivat, veuf pour lors de Mascarose II, comtesse d'Armagnac. Eskivat hérita, l'an 1257, de la vicomté de Consérans, par la mort de Roger, comte de Pailhas. L'an 1283, étant veuf, il meurt, sans laisser de postérité, vers la fin d'août, dans la ville d'Olite en Navarre, où il était pour le service de la France. Jourdain, son frère, était mort avant lui, et comme lui sans lignée. Eskivat avait fait, le 18 août, quelques jours avant sa mort, un testament par lequel il instituait Lore, sa sœur, son héritière universelle et nommait pour exécuteurs testamentaires, Guipalt de Chabanes, Jourdain Teisson et Elie de Marmont, et ordonnait que son corps fût inhumé au monastère de l'Escale-Dieu, (*Voy.* Mascarose II, *comtesse d'Armagnac.*)

LORE.

1283. LORE, sœur d'Eskivat, vicomtesse de Turenne en 1284, par son mariage avec le vicomte Raymond VI, prétendit lui succéder en vertu du testament qu'il avait fait en sa faveur; mais Gaston VII, vicomte de Béarn, revendiqua cette succession pour Constance, sa fille aînée, vicomtesse de Marsan, fondé sur le testament de la comtesse Pétronille, qui substituait Mathe sa fille, mère de Constance, à ses frères, Eskivat et Jourdain. Les états de Bigorre se déclarèrent pour Constance qui resta en possession au moins l'espace de cinq ans, comme on le voit par un traité d'accommodement qu'elle fit, l'an 1288, avec l'abbé de la Castelle, au diocèse d'Aire, touchant les droits qu'elle prétendait sur les biens de cette abbaye. (*Gall. Chr.*, no. tom. I*er*, *prob.*, p. 185, col. 1.) Dans la suite, Lore ayant eu recours au roi d'Angleterre, ce prince mit sous sa main, par provision, le Bigorre. Six concurrents se présentèrent alors ; savoir, Lore ; Constance ; Mathilde de Courtenai, comtesse de Thyet, avec Philippe de Flandre, son époux ; Guillaume Teisson ; Mathe, comtesse d'Armagnac ; et l'église du Pui qui réclamait le Bigorre, en vertu de l'acte fait par le comte Bernard I*er*. l'an 1062. Les parties s'étant pourvues au parlement de Paris, l'affaire y fut jugée en 1242. Le Bigorre fut mis en séquestre entre les mains du roi Philippe le Bel, dont la femme, Jeanne, de son chef reine de Navarre, y formait aussi des prétentions en vertu de la donation ou cession qu'Aliénor, veuve de Simon de Montfort, comte de Leycester, et Simon son fils, avaient faite de ce qu'ils pouvaient eux-mêmes y prétendre, à Henri III, roi de Navarre, son père. Jeanne rendit hommage du Bigorre, l'année suivante, à l'église du Pui. Philippe le Bel ayant acquis les droits des autres prétendants à la succession du comté de Bigorre, en fit porter le titre au troisième de ses enfants, qui fut depuis le roi Charles le Bel. L'an 1368, Édouard III, roi d'Angleterre, en sa qualité de duc de Guienne, donna le Bigorre à Jean, II*e*. du nom, seigneur de Grailli. Mais celui-ci en fut aussitôt dépouillé par Charles V, roi de France, qui transporta ce comté, avec celui de Gaure, à Jean I, comte d'Armagnac, par lettres du premier juillet de cette même année. (*Trés. généal.*) Ce monarque, changeant ensuite d'avis, lui retira le Bigorre l'an 1374, et lui donna d'autres terres en échange. L'an 1389, le roi Charles VI donna, ou rendit, ce comté à Gaston Phébus, comte de Foix, issu de Roger-Bernard III, qui avait épousé, l'an 1252, Marguerite, fille de Gaston VII, vicomte de Béarn, et de Mathe de Bigorre ; alliance par laquelle avaient été réunis le Foix, le Béarn, le Bigorre et le Marsan, dans la même main. Gaston cependant ne put se mettre en possession du Bigorre, par les difficultés que les officiers du roi lui suscitèrent. Ce ne fut qu'en 1425 que Jean de Grailli, comte de Foix, obtint un arrêt du parlement de Paris, qui lui donna main-levée du comté de Bigorre, qui depuis ce tems a suivi le sort du Béarn. Ces comtés étant tombés dans la maison d'Albret, l'an 1484, par le mariage de Catherine de Foix, sœur et héritière de François Phébus, comte de Foix, avec Jean II, sire d'Albret, furent réunis à la couronne de France, par lettres du roi Henri IV, données au mois d'octobre 1607.

CHRONOLOGIE HISTORIQUE

DES

COMTES DE FEZENZAC.

Le Fezenzac, en latin *Pagus Fidentiacus*, dont le chef-lieu est aujourd'hui Vic-de-Fezenzac, avait autrefois beaucoup plus d'étendue qu'il n'en a présentement ; car il renfermait la ville d'Auch avec l'Armagnac et l'Astarac. Maintenant il n'a guère que sept lieues de longueur sur cinq de largeur. Ses limites sont au nord le Condomois, au midi l'Astarac, à l'orient, le haut Armagnac, à l'occident l'Eausan et le bas Armagnac. Sous les Romains, ce pays était habité par les *Auscii*, et faisait partie de la Novempopulanie, ou troisième Aquitaine. Les Visigoths l'enlevèrent aux Romains, et en furent dépouillés à leur tour par les Francs, sous lesquels il se trouva compris dans le duché de Gascogne. Il avait néanmoins ses comtes particuliers, mais amovibles, dès le tems de Charlemagne, comme le prouve une sédition qui arriva, l'an 802, à l'occasion du comté de Fezenzac, que le roi Louis donna à Liutard, après le décès du comte *Burgundio*. (Marca, *Hist. de Béarn*, p. 129.) Mais il paraît qu'après l'extinction du royaume d'Aquitaine, le Fezenzac cessa d'avoir des comtes amovibles. Quoiqu'il en soit, Garcie-Sanche le Courbé, duc de cette province, érigea, l'an 920, le Fezenzac en comté héréditaire, pour être le partage de l'un de ses fils.

GUILLAUME-GARCIE.

920. GUILLAUME-GARCIE, second fils de Garcie-Sanche le Courbé, hérita de son père le Fezenzac dans toute son éten-

due, dont il fut le premier comte héréditaire. Il vivait sous le règne de Louis d'Outremer et celui de Lothaire. L'église d'Auch le compte parmi ses bienfaiteurs. L'an 955, il lui donna l'église et le lieu de Saint-Martin de Vendale. (*Cart. Ausc. fol.* 2.) Il mourut vers l'an 960, laissant trois fils, Otton, Bernard et Frédelon, qui partagèrent sa succession en autant de comtés, savoir le Fezenzac proprement dit, l'Armagnac et la seigneurie de Gaure. (Voy. *les comtes d'Armagnac.*)

OTTON.

960 ou environ. OTTON ou EUDES, surnommé FALTA, fils aîné de Guillaume-Garcie, eut pour sa part de la succession paternelle, le Fezenzac, réduit au tiers de son étendue. Il avait de la piété, si l'on en juge par les donations qu'il fit à l'église d'Auch. (*Gall. Chr.*, nov., t. I, col. 978.) L'année de sa mort est incertaine. En mourant, il laissa un fils, qui suit.

BERNARD-OTTON.

BERNARD-OTTON, surnommé dans une ancienne généalogie, *Mancius Tinca*, successeur d'Otton, son père, au comté de Fezenzac, eut un fils, qui suit, avec une fille, qui épousa, en premières noces, Arnaud de Préveron, et en secondes, Arnaud-Guillaume, dit *Tremble-Dieu*. Bernard-Otton est fondateur du monastère de Saint-Lourci (*S. Lupercii*) dans le diocèse d'Auch, et à ce qu'on croit, du prieuré de Montaut. (*Gall. Chr.*, no., t. I, col. 1019.)

AYMERI I.

AYMERI I, fils de Bernard-Otton, auquel il succéda, est nommé entre les témoins de la charte par laquelle Guillaume, comte d'Astarac, réunit, l'an 983, l'abbaye de Pessan à celle de Simorre. (*Gall. Chr.*, no., t. I, pr., p. 168, col. 1.) Il eut, dans la suite, quelques démêlés avec Garcie, archevêque d'Auch, touchant la seigneurie de Vic. Les choses en vinrent au point que le prélat frappa le comte d'excommunication. (*Gall. Chr.*, ibid.) C'était la dernière ressource des évêques en ce tems-là, pour défendre leurs droits temporels. L'an 1022, ou environ, il fut un des seigneurs qui souscrivirent la charte de fondation du monastère de Saint-Pé de Génerez, faite par le duc Sanche-Guillaume. En mourant, il laissa deux fils, Guillaume, qui suit, et Raymond-Aymeri, qui, ayant épousé Auriane de la Mothe, en eut un fils nommé Arsive ou Arsieu, qu'Oihenart, et d'après lui le P. Anselme, font tige des barons de Montesquiou. La Gazette de France, du 14 novembre 1777, rapporte que « Sa Majesté (Louis XVI) s'étant fait rendre » compte des titres par lesquels le marquis de Montesquiou » prouve sa descendance d'Aymeri, comte de Fezenzac, en a » reconnu l'authenticité, et a bien voulu permettre, en con- » séquence, à tous ceux de la maison de Montesquiou, de » joindre à ce nom celui de Fezenzac, et à l'aîné, de s'appeler » le comte de Fezenzac. » Le marquis de Montesquiou voulant, depuis, mettre sous les yeux du public, les preuves de sa généalogie, elles furent rassemblées par M. Cherin, généalogiste et historiographe des ordres du roi, et ensuite soumises à l'examen de D. Merle, D. Clément et D. Poirier, religieux bénédictins, de M. de Bréquigni, de l'académie française et de celles des inscriptions et belles lettres, de MM. Garnier, Bejot et Dacier, de l'académie des inscriptions et belles-lettres. Ils ont déclaré que les preuves imprimées de la généalogie de la maison de Montesquiou, qui avaient été transcrites par M. Cherin, de cinq cartulaires et de titres originaux et authentiques, ainsi que de plusieurs ouvrages imprimés, en étaient extraites avec fidélité. Cette déclaration fut signée, le 13 février 1784, des diplomatistes ci-dessus.

Par un certificat particulier de M. Cherin, du 29 mars 1784, ce généalogiste a déclaré que, sur les extraits des mêmes preuves, il avait composé la généalogie de la maison de Montesquiou-Fezenzac; et l'on voit dans son ouvrage qu'il l'a fait descendre des comtes de Fezenzac et des ducs de Gascogne.

GUILLAUME, SURNOMMÉ ASTANOVE.

1032 au plus tard. GUILLAUME, surnommé ASTANOVE, fils aîné d'Aymeri I, et son successeur, répudia sa première femme dont on ignore le nom, pour épouser CONSTANCE, qui lui donna deux fils, Aymeri, qui suit, et Bernard. Dans quelques titres de l'église d'Auch, Raymond I, archevêque de cette ville, mort en 1030, au plus tard, est dit oncle, *avunculus*, du comte Guillaume. Mais on ne peut marquer si ce fut du côté paternel ou du côté maternel, attendu que le terme latin dans les bas tems, s'appliquait à l'un et à l'autre. Quoi qu'il en soit, Raymond ayant entrepris de mettre des chanoines dans sa cathédrale, eut pour coopérateur son neveu, le comte Guillaume, dans cette bonne œuvre. (*Gall. Chr.*, no., t. I, *col.* 979.) Guillaume fonda lui-même un monastère dans le lieu anciennement nommé Aurivalle, qu'il soumit à l'abbaye de Simorre du tems de l'archevêque Garcias, successeur de Raymond I, (*Ibid.*)

AYMERI II.

1050 ou environ. AYMERI II, dit FORTON, fils aîné de Guillaume, et son successeur, prenait le titre de comte d'Auch, comme on le voit par une charte qu'il fit expédier dans le concile d'Auch, tenu l'an 1068, pour mettre le monastère de Saint-Orens ou de la Ruelle, au diocèse de Tarbes, sous la conduite de Saint-Hugues de Cluni. L'an 1087 (v. st.), voyant le monastère de Saint-Lourci, dont Bernard-Otton, son bisaïeul, était, comme on l'a dit, le fondateur, tombé dans le relâchement, il y rétablit la règle, en le mettant pareillement sous la crosse de l'abbé de Cluni. (Mabill. *Ann.* t. IV, p. 241). Ce comte épousa BIVERNE ou BIVARE, dite aussi AVIERNE, qui avait déjà d'un premier mari, suivant Oihenart, deux fils, l'un nommé Raymond, moine de Saint-Orens, puis archevêque d'Auch, et l'autre, Arnaud-Aymeri, qui fut prévôt de la même église. Le premier tint le siége d'Auch depuis l'an 1096 jusqu'en 1110. On ne peut également fixer le tems de la mort du comte Aymeri. Mais elle n'arriva pas plus tard que l'an 1097. De son mariage il laissa un fils, qui suit.

ASTANOVE II.

ASTANOVE II, fils d'Aymeri-Forton, fut de la grande assemblée des seigneurs gascons, qui se tint, l'an 1096, à l'abbaye de Saint-Pé de Génerez, pour la dédicace de l'église, après quoi l'on confirma les priviléges accordés au monastère par son fondateur, le duc Sanche-Guillaume. Il partit l'année suivante pour la première croisade, d'où l'on ne voit point qu'il soit revenu. Il ne laissa qu'une fille, qui suit.

AZALINE.

AZALINE, dite aussi ADALMUR, fille et héritière d'Astanove, porta le comté de Fezenzac dans la maison d'Armagnac, par son mariage avec le comte Arnaud-Bernard. Elle en eut une fille nommée BÉATRIX, qu'Oihenart conjecture avoir été femme de Gaston V, vicomte de Béarn. Quoi qu'il en soit, Béatrix mourut vers l'an 1140, et cette dame n'ayant point laissé de postérité, Géraud III, comte d'Armagnac, comme plus proche héritier, se mit en possession du Fezenzac, qu'il réunit à son domaine. (*Pour la suite, voyez les comtes d'Armagnac.*)

CHRONOLOGIE HISTORIQUE

DES

COMTES D'ARMAGNAC.

L'ARMAGNAC, (*Tractus*, ou *Provincia Arminiacensis*) dont la capitale est Auch, (*Augusta Ausciorum*) faisait autrefois partie du Fezenzac, et se trouvait compris avec ce comté dans le duché de Gascogne. Le duc Garcie-Sanche le Courbé, ayant donné le comté de Fezenzac à Guillaume Garcie, son deuxième fils, celui-ci, dans le partage qu'il fit à ses enfants, donna le Fezenzac à l'un d'eux, lequel, à son tour, en détacha l'Armagnac, pour en faire la part de son second fils, qui suit.

BERNARD, DIT LE LOUCHE.

960. BERNARD I, dit le LOUCHE, deuxième fils de Guillaume-Garcie, comte de Fezenzac, reçut en héritage de son père, l'an 960, l'Armagnac, qui fit un comté particulier dont les limites ne furent pas toujours les mêmes. On le divise en deux parties, le haut ou le blanc Armagnac, dans lequel est situé la ville d'Auch, et le bas ou le noir Armagnac, qui a pour chef-lieu Nogaro. En y comprenant tout ce que ses comtes y réunirent depuis, savoir l'Astarac, le Brulhois, l'Eausan, le Gaure, le pays de Verdun et de Rivière-Basse, la Lomagne, etc. La longueur de l'Armagnac était de trente-six lieues de long sur vingt-cinq de large. Maintenant il se réduit à quinze lieues sur dix ou environ. On ignore l'année de la mort du comte Bernard, ainsi que le nom de sa femme dont il laissa un fils, qui suit.

GÉRAUD, dit TRANCALÉON.

GÉRAUD, dit TRANCALÉON, ou TRANCHE-LION, succéda au comté d'Armagnac, à Bernard I, son père. Son surnom désigne sa hardiesse et sa force; on ne connaît point les exploits où il exerça ces qualités. Il laissa de N. sa femme, un fils, Bernard, qui suit, avec deux filles, dont la deuxième, nommée Adélaïde, épousa Gaston III, ou Centule-Gaston, vicomte de Béarn, et, après l'avoir perdu, se remaria au vicomte Roger.

BERNARD II.

BERNARD II, dit TUMAPALER, fut le successeur de Géraud Trancaléon, son père. On le voit avec sa qualité de comte d'Armagnac, parmi ceux qui souscrivirent, vers l'an 1020, la charte de fondation de l'abbaye de Saint-Pé de Génerez. C'est l'époque la plus ancienne que l'on connaisse de son gouvernement. Aidé par ses vassaux et ses amis, il se rendit maître du duché de Gascogne et du comté de Bordeaux, après la mort d'Eudes, comte de Poitiers, arrivée le 10 mars de l'an 1039. Bernard ne garda pas cette conquête. Il en traita forcément avec Gui-Geoffroi, duc d'Aquitaine, pour la somme de quinze mille sous, comme il le déclare lui-même dans une charte dont il marque ainsi la date : *Hæc descriptio facta est IV non. maii, luná primá, feriá secundá. Indictione XV, temporibus papæ Leonis IX, guidone, duce Pictaviensi Aquitaniam, et totam Guasconiam regente per commutationem venditionis nostræ scilicet Guasconiæ*, etc. (*Gall. Chr.*, nov., t. I, intru., p. 167, col. 1.) Tous ces caractères, à l'exception de l'indiction qui est fautive et qui doit être V au lieu de XV, se rapportent à l'an de Jésus-Christ 1052. On voit par-là l'erreur de ceux qui mettent en 1070, l'acquisition que fit Gui-Geoffroi du duché de Gascogne. Nous apprenons de plus, par cet acte, et par un autre qui le renferme, daté de l'an 1061, que le comte Bernard, ayant le dessein de rétablir le monastère du Saint-Mont sur l'Adour, assembla tous les chevaliers de son comté, pour aviser avec eux aux moyens d'exécuter cette bonne œuvre; mais qu'il fut traversé par Austinde, archevêque d'Auch, à la manse duquel cette abbaye était réunie; que s'étant ensuite accommodé avec le prélat, il fit venir saint Hugues, abbé de Cluni, pour remettre la règle en vigueur dans cette maison, après lui avoir fait et procuré différentes donations. Lui-même, du vivant de sa femme, et de son consentement, s'y retira peu de tems après, et y finit ses jours. On pourrait opposer à l'ordre chronologique que nous suivons, une charte d'un seigneur nommé Dodon, qu'on croit être Odon, vicomte de Lomagne, en faveur du Saint-Mont, dont la date porte, *Mense marcio, feriâ V, lunâ VII, indict. 1, anno Incarn. Dom. MXLII, regnante Henrico rege, patrocinante Armeniacam provinciam Bernardo comite Monacho effecto, et filiis suis Geraudo comite et Arnaldo Bernardo.* (*Ibid.* p. 166, col. 1.) Mais dom Mabillon a observé avant nous que cette date est corrompue, et que les caractères qui la composent ne s'accordent pas. En effet, l'indiction de l'an 1042 était X et non pas 1, et le septième jour de la lune en mars, tombait un mercredi 3 de ce mois, et non pas un jeudi. Une charte de Saint-Mont nous apprend que parmi les seigneurs qui suivirent Bernard dans sa retraite, un nommé Forto-Brasco ayant fait avec son frère, qui resta dans le monde, une donation en faveur de ce monastère, celui-ci refusa ensuite de l'exécuter. Ce qui étant revenu long-tems après à Forto, il vint de Cluni, où il demeurait alors, accompagné de Bernard, trouver son frère pour le contraindre de tenir sa parole, avec menace, s'il y manquait, de quitter son habit, et de reprendre le bien qu'il lui avait laissé. (*Cartul. S. Joan de Monte, fol.* 26.) Bernard vivait encore en 1079, lors de la fondation du monastère de Sainte-Foi de Morlas, faite cette année par son neveu Centule IV, vicomte de Béarn. Bernard l'étant allé voir à Morlas, peu de tems après cette fondation, y fut surpris d'une maladie qui l'emporta. Sa mort est marquée au 19 janvier, dans le Nécrologe de Saint-Mont. D'ERMENGARDE, sa femme, dont on ignore la naissance, il eut Géraud et Arnaud-Bernard, qui suivent.

GÉRAUD II ET ARNAUD-BERNARD.

1061 au plutôt. GÉRAUD II et ARNAUD-BERNARD, fils de Bernard Tumapaler, furent ses successeurs au comté d'Armagnac. On ne connaît qu'un seul exploit qu'ils firent en commun. C'est un combat qu'ils livrèrent à Centullion, comte de Lescar, et dont le cartulaire du Saint-Mont, où il est consigné (*fol.* 11), ne marque ni la cause ni l'événement. La date en est ainsi exprimée : *Au mois de septembre, un samedi, fête de Sainte-Croix, le 8 de la lune, Philippe régnant, Guillaume étant comte de Poitiers, Bernard, comte d'Armagnac, s'étant fait moine* : tous synchronismes qui indiquent l'an 1073. Géraud mourut avant Arnaud-Bernard. Celui-ci fut un des seigneurs de Gascogne qui jurèrent, en 1194, la *trève de Dieu*. Le cartulaire de l'église d'Auch nous apprend qu'il se fit recevoir chanoine honoraire par le chapitre métropolitain, et qu'il percevait, en cette qualité, sa portion canoniale au réfectoire avec les chanoines, lorsqu'il y allait, après avoir assisté au service divin. Il soumit, dans le même tems, son comté à Sainte-Marie d'Auch, en s'obligeant, pour lui et ses successeurs, à une redevance annuelle de deux muids de froment, de douze septiers de vin, de trois porcs, et d'un créat ou esturgeon. (De Brugèles, *Chron. ecclés. d'Auch*, p. 518.) On ignore l'année de sa mort. De NAUPAZIE, sa première femme, il eut deux fils, Géraud et Otton, et deux filles, qui concoururent tous avec lui à la fondation de l'hôpital de Nogaro. (De Brugèles, *ibid.*) AZALINE ou ADALMURE, sa seconde femme, héritière d'Astanove II, son père, comte de Fezenzac, lui donna Béatrix que Gaston IV, vicomte de Béarn, épousa, dit-on, en secondes noces ; ce qui est très-douteux au jugement du père Anselme.

BERNARD III.

BERNARD III, fils et successeur de Géraud II, assista, l'an 1103, au jugement rendu contre le vicomte de Benauges, pour l'obliger d'ôter les péages qu'il avait mis sur la Garonne. L'année suivante, il tint avec Gaston IV, vicomte de Béarn, une assemblée de leurs vassaux pour jurer la trêve de Dieu. Il fit une donation, l'an 1110, à l'église d'Auch. Il avait épousé ALPAÏS DE TURENNE, dont il eut Géraud, qui suit. (De Marca, Belli.).

GÉRAUD III.

GÉRAUD III, qui succéda dans l'Armagnac à Bernard III, son père, hérita, vers l'an 1140, après la mort de la comtesse Béatrix, du comté de Fezenzac, qu'il réunit à l'Armagnac. Il jouit de cet héritage plusieurs années ; mais on ne peut marquer celle où il mourut ; ce fut néanmoins l'an 1160 au plus tard. Géraud avait épousé, 1°. SAZIE, morte sans enfants ; 2°. ANICELLE DE LOMAGNE, dont il eut deux fils, Bernard et Otton.

BERNARD IV.

1160 au plus tard. BERNARD IV, fils de Géraud III, était en possession du comté d'Armagnac en 1160, comme le prouve un acte de cette année, daté *Bernardo Armanaciense comite*. (*Pr. Cart.*, de Gimond, f. 21, r°.) Guillaume III, archevêque d'Auch, étant mort l'an 1170, eut pour successeur Gérard de la Barthe, qui fut transféré du siége de Toulouse sur celui d'Auch. Le comte Bernard désapprouvant (on ne sait par quel motif) cette translation, quoique Gérard fût son beau-frère, s'empara de l'église d'Auch, tandis que Gérard était à Rome pour y recevoir le *pallium*. Gérard, à son retour, employa inutilement les prières de ses amis et les siennes pour engager le comte à lui rendre son église. Bernard, loin de s'en dessaisir, fit abattre les tours qui servaient de fortifications au cloître des chanoines, pilla leurs meubles ainsi que ceux de l'archevêque, empêcha ce prélat de célébrer dans son église, et l'obligea même de prendre la fuite avec tout son chapitre, et de mener une vie errante pendant plus de deux ans. Ses déprédations s'étendirent à tous les domaines de l'église d'Auch, qui étaient dès-lors considérables, comme on le voit par la pièce qui nous sert de guide. A la fin, des amis communs vinrent à bout de faire une sorte de paix entre le comte et le prélat, au moyen de laquelle Gérard fut rendu à son église. Mais bientôt, au mépris des articles dont on était convenu, le comte renouvela ses entreprises sur les droits et les terres de l'archevêque et de son chapitre. Son premier acte d'hostilité fut d'emprisonner le secrétaire du prélat; après quoi, il se mit à piller, avec son fils Géraud, les domaines de l'église d'Auch. L'archevêque ayant voulu opposer la force à la force, Bernard engagea Raymond V, comte de Toulouse, à venir à son aide; et ces deux princes, ayant réuni leurs troupes, vinrent assiéger le cloître de l'église cathédrale. S'en étant rendus maîtres sans de grands efforts, ils mirent le feu aux maisons des chanoines, sans épargner le palais archiépiscopal, démolirent une partie de l'église, et s'en approprièrent les meubles les plus précieux. De là étant passés dans les dépendances de l'archevêché, ils y commirent les mêmes dégâts. Ces nouvelles vexations durèrent encore l'espace de deux ans. (*Gall. Christ.*, no., tom. I, coll. 163 et 164.) Il y a bien de l'apparence qu'on en vint ensuite à un nouvel accommodement; car, nous ne voyons point que Bernard ait continué ses violences, du moins avec la même ardeur, pendant le reste du gouvernement de l'archevêque Gérard. Il paraît cependant qu'ils ne vécurent jamais en bonne intelligence, et ce fut le motif, à ce qu'on prétend, qui engagea le prélat à partir, l'an 1190, avec le roi d'Angleterre pour la Palestine, où il finit ses jours. Le comte Bernard était encore vivant lorsque Gérard se mit en route, comme on le voit par un acte qu'il souscrivit avec lui cette même année 1190. (*Gall. Chr.*, ibid., col. 988.) C'est la dernière époque connue de son existence. Il laissa d'ÉTIENNETTE DE LA BARTHE, sa femme, quatre fils, Géraud, qui suit, Arnaud-Bernard, Pierre-Gérard et Roger, vicomte de Fézenzaguet. Nous trouvons dans le premier cartulaire de

Gimond (fol. 12 v°) un acte de l'an 1173, daté *Bernardo comite de Fezenzac.*

GÉRAUD IV.

1190 ou environ. GÉRAUD IV, dit TRANCALÉON, fils aîné de Bernard IV, et son successeur au comté d'Armagnac, jouissait dès l'an 1186 du comté de Fezenzac. (*Premier cartulaire de Gimond, fol.* 39, r°.) Il ne dégénéra point de la rapacité de son père dans la conduite qu'il tint envers l'église d'Auch. Il avait si bien su captiver l'esprit de l'archevêque Gérard, son oncle, qu'à son départ le prélat lui confia la garde du temporel de son église jusqu'à son retour. Mais l'événement prouva qu'il avait confié la brebis au loup. Géraud se comporta en tyran dans l'église d'Auch pendant deux ans qu'elle fut sans pasteur. Bernard III, ayant succédé, l'an 1192, à l'archevêque Gérard, fut obligé d'entrer en composition avec le comte Géraud pour retirer de ses mains les domaines de l'archevêché. (*Gall. Chr., no.*, tome I, *pr.* p. 164, *col.* 2.) Simon de Montfort s'étant rendu maître du comté de Toulouse, Géraud, le 8 juin de l'an 1215, reprit de lui en foi et hommage par acte passé à Montauban, en présence de Louis, prince de France, les comtés d'Armagnac et de Fezenzac, la vicomté de Fézenzaguet et tous ses autres domaines, excepté les fiefs qu'il tenait de l'église d'Auch. Géraud promit en même tems de suivre Simon, Amauri, son fils, et Gui, son frère, dans les guerres qu'ils auraient soit dans le Toulousain, l'Agénois et la province d'Auch, soit en-deçà de Montpellier (*Hist. de Lang.*, tome III, page 273.) On le voit en effet avec Simon, au siége de Toulouse, en 1217. (*Ibid.* page 299.) Géraud mourut en 1219 (et non pas 1229 comme le marque D. Vaissète), le 30 septembre, selon le Nécrologe de l'abbaye de la Case-Dieu, dont il fut un des insignes bienfaiteurs. De MASCAROSE DE LA BARTHE, sa femme, il laissa un fils en bas âge nommé Bernard, qui viendra ci-après, avec deux filles, la première nommée comme sa mère, femme d'Arnaud-Otton II, vicomte de Lomagne; et Sygnis, mariée à Centulé I, comte d'Astarac. (*Voyez les vicomtes de Lomagne.*)

ARNAUD-BERNARD.

1219. ARNAUD-BERNARD, deuxième fils de Bernard IV, s'empara de l'Armagnac et du Fezenzac après la mort de Géraud IV, son frère, au préjudice du fils de ce dernier. L'auteur des Chroniques d'Auch. D. de Brugèles, écrivain sur l'exactitude duquel on ne peut compter, dit qu'il rendit hommage de ces deux comtés à Simon de Montfort, comte de Toulouse, et renvoie aux preuves du troisième tome de l'Histoire de Languedoc, où il n'est fait nulle mention de cet hommage. Sa femme, suivant le même chroniqueur, était VÉRONIQUE, fille de Guillaume de la Barthe, comte des quatre vallées. Tout ce que nous pouvons assurer c'est qu'il vivait encore en 1222, et qu'il mourut au plus tard en 1226, sans laisser de postérité.

PIERRE-GÉRARD.

PIERRE-GÉRARD, frère puîné d'Arnaud-Bernard, jouissait, en 1226, suivant Oihenart, des comtés d'Armagnac et de Fezenzac, et les garda jusqu'à sa mort, dont l'époque est incertaine. Les noms de sa femme et de ses enfants, s'il en eut, sont restés dans l'obscurité.

BERNARD V.

BERNARD V, fils de Géraud IV, se mit en possession des deux comtés que ses oncles lui avaient ravis, après la mort du dernier. Il entra, l'an 1241, dans la ligue du comte de la Marche et du comte de Toulouse contre le roi saint Louis, et eut, comme eux, sujet de s'en repentir. (*Hist. de Lang.*, tome III, page 430.) Il mourut, l'an 1245, sans laisser de postérité d'AGNESIE, sa femme. (*Ibid.* p. 452.)

MASCAROSE I.

1245. MASCAROSE I, sœur de Bernard V, et femme d'Arnaud-Otton, vicomte de Lomagne, se porta pour héritière de son frère dans les comtés d'Armagnac et de Fezenzac, dont elle rendit hommage avec son époux; mais Géraud, fils et successeur de Roger d'Armagnac, vicomte de Fézenzaguet et petit-fils de Bernard IV, lui disputa cet héritage : il était alors mineur, et Pincelle, sa mère, soutint ses prétentions ; ce qui occasionna une guerre longue et fâcheuse, dont Mascarose ne vit pas la fin. Elle mourut vers l'an 1249, laissant de son époux, qui mourut en 1256, une fille nommée comme elle.

MASCAROSE II.

1249. MASCAROSE II, que le père Anselme n'a pas connue, succéda à sa mère dans les comtés d'Armagnac et de Fezenzac. Elle était mariée pour lors à Eskivat de Chabannais, depuis vicomte de Bigorre, et c'était le comte de Leycester, Simon de Montfort, qui lui avait procuré cette alliance : elle fit hommage de ses comtés à Henri III, roi d'Angleterre, et continua la guerre, avec son époux, contre Géraud, son cousin. Des amis communs réussirent enfin à les accommoder en 1255. Mascarose mourut cette année, ou dans le commencement de la suivante, sans laisser d'enfants. Eskivat, son époux, prit en secondes noces, le 13 octobre 1256, AGNÈS DE FOIX, et mourut en 1283. Cet article et le précédent sont en grande partie tirés d'un mémorial du tems, que M. de Bréquigni a eu la bonté de nous communiquer.

GÉRAUD V.

1256. GÉRAUD V, ou GUIRAUD, fils de Roger, comme on l'a déjà dit, et petit-fils de Bernard IV, portait le titre de vicomte de Fézenzaguet dès l'an 1244. Après la mort de Mascarose II, il entra, sans contradiction, en jouissance des comtés d'Armagnac et de Fezenzac, dont il fit hommage au roi d'Angleterre, suivant le mémorial cité. L'an 1264, Alfonse, comte de Toulouse, l'ayant fait sommer de se reconnaître son vassal pour ce même comté, il le refusa. En conséquence, le sénéchal de Carcassonne marcha, par ordre d'Alfonse, contre Géraud, avec la noblesse du pays. Géraud, trop faible pour résister à de si grandes forces, prit le parti de la soumission, et obtint son pardon en s'obligeant de payer les frais de la guerre. L'an 1267, il se compromit encore avec Alfonse au sujet des vexations qu'il exerçait contre les habitants de Condom. Ce prince lui enjoignit plusieurs fois de réparer les torts qu'il leur avait faits, et ne fut point obéi ; mais enfin ces différents furent terminés, l'an 1268, par l'entremise du vicomte de Béarn. L'an 1271, il entra en différent avec Géraud de Casaubon au sujet de son château de Sompui, dont le comte lui demandait l'hommage, prétendant qu'il était dans sa mouvance ; ce que l'autre niait. On se défia réciproquement, et on en vint aux armes. Arnaud-Bernard, frère du comte d'Armagnac, ayant été tué dans un combat par Géraud de Casaubon, le comte invita tous ses proches et ses alliés à se joindre à lui pour tirer de cette mort une vengeance éclatante. Le comte de Foix, son beau-frère, fut le plus ardent comme le plus puissant de ceux qui lui amenèrent du secours. Géraud de Casaubon voyant une ligue formidable prête à l'écraser, se mit sous la protection et la sauve-garde du roi, qu'il reconnut pour son seigneur immédiat. Il livra en même tems son château de Sompui avec tout le reste de ses domaines entre les mains du sénéchal de Toulouse, et se constitua lui-même prisonnier dans ce château pour y attendre le jugement du roi touchant la mort d'Arnaud-Bernard d'Armagnac. Malgré la défense que le sénéchal de Toulouse fit, d'attaquer Géraud de Casaubon, et sans respect pour les panonceaux du roi qu'il avait fait apposer au château de Sompui, les comtes d'Armagnac et de Foix osèrent assiéger cette place, la prirent et la livrèrent au pillage après en avoir massacré tous les habitants. Ils ravagèrent ensuite toutes les autres terres de Géraud de Casaubon, qui eut cependant le bonheur d'échapper de leurs mains. Le roi, informé de ces attentats, fit citer les deux comtes à sa cour pour y rendre raison de leur conduite. Celui d'Armagnac obéit, demanda grâce et l'obtint. Une amende de quinze mille livres tournois envers le roi fut toute sa punition. Il eut avec le sénéchal de Toulouse, l'an 1279, une autre querelle dans laquelle il montra plus de hardiesse. Il fortifia la ville d'Auch pour se mettre en état de défense. Mais le sénéchal, ayant assemblé les troupes de son ressort, lui livra bataille, le fit prisonnier et l'amena en France, où il demeura deux ans enfermé dans le château de Péronne. (Vaissète, t. IV, page 6.) Géraud mourut, l'an 1285, laissant de MATHE ou MATHÉE, fille de Gaston VII, vicomte de Béarn, qu'il avait épousée en 1260, Bernard, qui suit; Gaston, chef de la branche des vicomtes de Fézenzaguet; Roger, évêque de Lavaur; et deux filles. Géraud V ajouta à ses domaines les quatre vallées d'Aure, Neste, Barrousse et Magnoac, que sa femme lui avait apportées en dot. Elle eut outre cela, par le testament de son père, la terre de Gavardun. Cette dame, comme on le verra ci-après, mourut au plutôt en 1318.

BERNARD VI.

1285. BERNARD VI, fils et successeur de Géraud V, lui succéda en bas âge sous la tutelle de Gaston VII, vicomte de Béarn, son aïeul maternel. L'an 1286, il fit hommage des comtés d'Armagnac et de Fezenzac à Édouard I, roi d'Angleterre. L'acte où il est fait mention de cet hommage est daté du 3 novembre de cette année, et signé d'un grand nombre de seigneurs. Bernard y prend le titre de damoiseau; ce qui annonce qu'il était encore mineur. Mais il ne le prend plus dans un acte du 7 avril 1289, par lequel il remet au roi d'Angleterre, Édouard I, les arrérages d'une rente de cent marcs d'argent, que Henri III avait constituée à Géraud V pour l'attacher à son service. Deux jours auparavant, Édouard, dans la même vue, en avait assigné à Bernard une autre de cent livres monnaie de

Morlas, à prendre sur les revenus de Bordeaux. (*Mémoires de M. de Brequigni.*) L'an 1290, il s'allume une guerre, qui fut longue et vive, entre Bernard et Roger-Bernard, comte de Foix, au sujet de la succession de Gaston VII, vicomte de Béarn, décédé cette année. Roger-Bernard avait en sa faveur le testament de Gaston, qui léguait sa vicomté à Marguerite, sa fille, femme de ce comte. Mais Bernard soutenait que ce testament était supposé. Le roi Philippe le Bel évoqua l'affaire à son conseil ; elle n'y fut point terminée, et les hostilités continuèrent entre les deux comtes. Cette guerre particulière fut suspendue, l'an 1295, par la guerre publique contre les Anglais. Mais, après la conclusion de la paix, les querelles des deux maisons d'Armagnac et de Foix recommencèrent avec la plus grande animosité. Le roi, pour en arrêter les suites, se rendit à Toulouse, où, par arrêt du parlement, rendu le jeudi après la Saint-Vincent (23 janvier) 1303, (v. st.) la vicomté de Gavardun et le château de Gavaret, furent adjugés au comte d'Armagnac. Gaston, nouveau comte de Foix, refusa de se soumettre à ce jugement. Les deux contendants reprirent les armes. L'an 1309, nouvel arrêt du parlement, qui n'eut pas plus d'effet que le précédent. Le roi mande, l'an 1313, au sénéchal de Carcassonne, par lettre du 18 août, de mettre sous sa main la vicomté de Gavardun avec le château de Gavaret; et, le 6 juin 1317, il donne ordre de les délivrer à la comtesse Mathe, mère du comte d'Armagnac. Mais cet ordre fut apparemment mal exécuté, ou bien il ne satisfit pas à toutes les prétentions de Mathe, puisque le pape Jean XXII écrivait encore, le 15 juillet 1318, à Gaston, vicomte de Fézenzaguet, fils de Mathe, pour l'engager à disposer sa mère à faire la paix avec le comte de Foix. (*Trésor généal.*, t. I, p. 247.) L'an 1319, Bernard VI termine ses jours le 15 juin. Il avait épousé, 1°. ISABELLE D'ALBRET, laquelle étant morte sans enfants, il épousa, 2°. l'an 1298, CÉCILE, fille et héritière de Henri II, comte de Rodez, dont il eut Jean, qui suit, et Mathe, femme de Bernard-Ezi II, sire d'Albret.

JEAN I.

1319. JEAN I, fils de Bernard VI, et de Cécile de Rodez, succéda à son père dans les comtés d'Armagnac et de Fezenzac, et à sa mère, dans ceux de Rodez et de Carlat, dont elle avait hérité, au préjudice de sa sœur aînée. L'an 1329, les différents des deux maisons d'Armagnac et de Foix furent terminés pour un tems, par sentence arbitrale de Philippe, roi de Navarre. Jean fut confirmé dans la possession du pays d'Euse, de la vicomté de Brulhois et d'autres terres. L'an 1332, Jean de Luxembourg, roi de Bohême, après s'être concerté avec le pape, dans Avignon, pour continuer ses conquêtes en Italie, étant venu trouver le roi Philippe de Valois, pour le même sujet, obtint de ce monarque une armée brillante, composée principalement de la noblesse de Languedoc, sous les ordres du connétable, des comtes d'Armagnac et de Forès, et du maréchal de Mirepoix. Il entre, avec ce secours, en Italie, au commencement de l'an 1333, et trouve une ligue des seigneurs de Lombardie, toute prête à le recevoir. Le comte d'Armagnac étant allé joindre le cardinal légat, qui faisait le siége de Ferrare, les confédérés tombèrent sur eux, et remportèrent la victoire la plus complète. Le comte d'Armagnac, dit Scipion Ammirato, fut fait prisonnier dans cette affaire, avec tout le baronnage de Languedoc : *Rimase prigione il conte d'Armagnac con tutto il baronagio di Linguadocca*. Remis en liberté, l'an 1334, il revint en France, où il rendit de grands services aux rois Philippe de Valois, Jean et Charles V. L'an 1352 (n. st.), au mois de mars, la paix est conclue par la médiation de la reine de Navarre, entre les deux maisons de Foix et d'Armagnac. (Vaissète.) Mais, l'an 1358, leurs démêlés recommencèrent avec une nouvelle fureur. L'an 1362, le 5 décembre, bataille de Launac, à deux lieues de l'Ile-Jourdain, sur la Garonne, où le comte d'Armagnac est fait prisonnier par Gaston-Phébus, comte de Foix. L'année suivante, les deux comtes font, le 14 avril, dans l'église de Saint-Volusien de Foix, un traité de paix, qui n'eut pas un effet plus durable que les précédents. L'an 1368, le prince de Galles ayant voulu établir un fouage général dans la Guienne, le comte d'Armagnac, le sire d'Albret et d'autres seigneurs s'y opposent, et en appellent au roi de France. L'appel est reçu; et, le 26 janvier 1369, le roi, dans son conseil, rend contre le prince un décret d'ajournement à la cour des pairs. On a parlé ailleurs de la réponse que le prince fit à cette citation. Ce fut le signal de la guerre. Le comte Jean fut établi la même année par le duc d'Anjou, lieutenant-général de Rouergue. Il meurt, l'an 1373, peu après le 5 avril, date de son testament. Il avait épousé, 1°., l'an 1311, REGINE, ou REINE de GOTH, nièce du pape Clément V, laquelle par son testament du 11 août 1325, lui fit don des vicomtés d'Auvillars et de Lomagne; 2°., l'an 1327, BÉATRIX de CLERMONT, comtesse de Charolais, arrière-petite-fille du roi saint Louis; (morte l'an 1364) dont il eut Jean, qui suit; Bernard, sénéchal d'Agénois; Jeanne mariée, en 1360, à Jean, duc de

Berri, troisième fils du roi Jean; et Mathe, qui épousa, l'an 1372, Jean, duc de Gironne, fils aîné de Pierre, roi d'Aragon. Le comte Jean eut avec Guillaume de Flavacourt, archevêque d'Auch, de longues et vives contestations, qui duraient encore l'an 1342. On ne voit ni quel en fut le sujet, ni quand elles finirent. (*Gall. Chr.*, no., tom. I, col. 995.) Il paraît que Béatrix de Clermont, deuxième femme de Jean I, ne vécut guère au-delà du 20 août 1361, date de son testament. (*Trésor général*, tom. I, pag. 247.)

JEAN II, DIT LE BOSSU.

1373. JEAN II, dit le Bossu, qualifié comte de Charolais du vivant de Jean I, son père, fit hommage au roi de France, le 1er. avril 1374, des terres qu'il possédait en Guienne, et lui céda toutes ses prétentions sur le comté de Bigorre, moyennant les quatre châtellenies du Rouergue, qu'il reçut en échange. Il continua la guerre avec le comte de Foix. Mais enfin, l'an 1379, (n. st.) les deux comtes, après trois ans ou environ de négociations, firent, par la médiation du duc d'Anjou, le 3 avril, jour des Rameaux, une paix solide, dont le mariage de Béatrix, fille de Jean II, avec Gaston, fils du comte de Foix, fut comme le sceau. Jean II mourut le 26 mai 1384. De JEANNE, fille de Roger-Bernard, comte de Périgord, qu'il avait épousée l'an 1359, avant le 25 janvier, il laissa, outre Béatrix, mariée en secondes noces à Charles Visconti, deux fils, Jean et Bernard, qui suivent. Il eut, outre cela, un bâtard aussi nommé Jean, qui fut archevêque d'Auch.

JEAN III.

1384. JEAN III, fils aîné de Jean II et son successeur, ajouta à ses titres celui de comte de Comminges, à cause de son mariage contracté l'an 1384 et non 1385, avec MARGUERITE, fille et héritière de Pierre-Raymond II, comte de Comminges, mort en 1376. La même année qu'il entra en jouissance de l'Armagnac, il alla prendre possession du comté de Rodez, et voici ce que nous apprend à ce sujet une ancienne notice conservée parmi les manuscrits de l'abbé de Camps. Etant arrivé à l'église cathédrale, il y fut reçu par l'évêque Bertrand, qui, l'ayant fait asseoir sur le siège épiscopal, lui dit : « Monsieur,
» je sais que le comté de Rodez vous appartient. Cependant
» vous ne devez pas ignorer que, suivant d'anciennes conven-
» tions passées entre vos prédécesseurs et les miens, votre
» promotion à cette dignité me regarde. Ainsi, en suivant la

» route qui m'a été tracée par mes devanciers, et sans vouloir
» préjudicier en rien à vos droits, je demande qu'avant toute
» chose, vous me fassiez hommage en ma qualité d'évêque de
» Rodez; après quoi je m'offre à remplir tous les engagements
» qu'ils ont pris avec les comtes qui vous ont précédé. » Alors
le comte, s'étant tourné vers l'autel, éleva les mains, et dit à
haute voix : » Moi, Jean, qui suis héritier légitime du comté
» de Rodez, fais hommage de ce comté à vous révérend père
» en Dieu, seigneur Bertrand et à vos successeurs, et vous en
» demande l'investiture. » Cela fait, l'évêque le baisa, et lui
mit sur la tête la couronne comtale, en prononçant les bénédictions marquées dans le Rituel; après quoi il lui dit : « Je
» vous reconnais maintenant vrai comte de Rodez, et comme
» tel, je vous remets de bonne foi la principale tour de Rodez,
» avec toutes celles qui sont occupées par les chevaliers du
» comté. »

Le comte Jean servit utilement, en forçant les compagnies de brigands qui restaient dans quelques-unes des provinces méridionales de la France, d'évacuer le pays. Pour le dédommager des frais que cette guerre lui avait occasionnés, le roi, par ses lettres du 8 juin 1388, chargea ses receveurs de Languedoc de lui payer la somme de deux cent quarante mille francs. Il est étonnant qu'un fait de cette importance ait été omis par les écrivains modernes, qui ont écrit soit l'histoire générale de la France, soit celle du roi Charles VI. Cependant Froissart en a rendu compte dans le plus grand détail. (*vol. 3, ch. 95.*) Nous y renvoyons nos lecteurs. Nous dirons seulement ici que les succès des armes du comte d'Armagnac, ne furent pas tels, qu'il ait entièrement purgé le royaume de cette engeance funeste qui le désolait. Il y eut des chefs de ces compagnies qui se formèrent des établissements, d'où il fut impossible de les faire déguerpir. De ce nombre fut le capitaine Geoffroi, dit *Tête-noire*, qui s'étant saisi de Ventadour et de plusieurs autres terres dont il se qualifiait souverain, rendit inutiles les efforts que le comte d'Armagnac et le dauphin d'Auvergne firent ensemble pour l'obliger à désemparer. Il fallut en venir à traiter avec cet aventurier. On lui offrit de l'argent pour se retirer. L'imposition fut faite; mais la négociation échoua.

L'an 1390, par contrat passé le 13 mai, le comte Jean vendit le Charolais à Philippe le Hardi, duc de Bourgogne, dans le dessein où il était de poursuivre les droits qu'Isabelle, fille et héritière du roi de Majorque lui avait cédés, contre le roi d'Aragon.

L'année suivante, il entreprend de mettre Charles Visconti,

son beau-frère, en possession de la seigneurie de Milan, usurpée sur lui par Jean-Galéas Visconti, son oncle. La cour de France se montre favorable à cette entreprise, et charge le comte de composer avec les chefs des compagnies qui occupaient des forteresses dans le Limosin, le Querci, le Rouergue, l'Angoumois, le Périgord et l'Agénois. Le traité général fut conclu moyennant la somme de deux cent mille livres, pour le paiement de laquelle on imposa une taille sur le Languedoc et les autres provinces que les garnisons désolaient. Le comte rassembla ces troupes dont il forma une armée de quinze mille hommes, à la tête de laquelle il passa en Lombardie. Aucud, général des Florentins, ennemi de Jean Galéas, apprenant l'arrivée des Français, s'avance jusqu'à Crémone, pour leur donner la main, au cas qu'ils s'approchent davantage. Le comte d'Armagnac, dit Muratori, était sans contredit fort habile au métier de la guerre. Mais le mépris qu'il affecta pour les Lombards, lui devint funeste. Sa première expédition fut contre Castellazo où Jacques de Verme, général de Jean Galéas, avait mis une bonne garnison. Un jour elle fit une sortie dont les assiégeants se trouvèrent assez mal; ce qui fit que le comte s'obstina encore davantage à vouloir prendre cette place de force. Les historiens ne sont pas d'accord sur les événements qui suivirent. Mais il paraît que le récit du Corio mérite la préférence. Un jour, dit-il, il vint en pensée au comte d'aller reconnaître en personne la ville d'Alexandrie de la Paille, avec cinq cents cavaliers des plus distingués de ses troupes; et, s'étant avancés jusqu'aux portes, ils se mirent à crier : *Dehors, vilains Lombards*. Jacques de Verme, que Jean Galéas avait envoyé pour commander dans la place, irrité de ces injures, lâche cinq cents de ses meilleurs soldats sur les Français, qui les reçoivent avec bravoure. Le combat fut long et opiniâtre de part et d'autre; mais enfin les Français perdant courage, voulurent prendre la fuite. Ce fut en vain ; on les fit tous prisonniers, et le comte lui-même qui fut amené dans la ville, où peu de jours après il mourut, soit de ses blessures, soit de poison, come le prétend le Pogge. A la nouvelle de ce désastre, l'armée qui était devant Castellazo lève le siége. Mais Jacques de Verme, l'ayant poursuivie dans sa retraite, lui livra, le 25 juillet, entre Nice de la Paille et Ancise, un combat, où il la défit presque entièrement. Parmi les prisonniers qu'on fit, se trouvèrent les ambassadeurs des Florentins, qui rachetèrent à grand prix leur liberté. Tel fut le fruit des bravades de Jean d'Armagnac. Comme il ne laissa point de fils, et qu'on souhaitait que le comté de Comminges, appartenant à sa femme, restât dans la famille, on proposa à la cour d'Avignon d'accorder à Bernard, son frère, la permission d'épouser cette riche veuve, comme cela se pratiquait dans l'ancienne loi, lorsque le premier frère n'avait point laissé d'enfants. Mais il fut conclu par l'assemblée nombreuse des maîtres et docteurs tant en théologie comme en lois et en décret *que le pape rappellast et déboutast ceste pétition comme totalement dissonante de raison et usage* (*Mém. de Liter.*, tom. XX, pag. 242.) Jean III se qualifiait *comte par la grâce de Dieu*, titre qui, dans son origne, n'exprimait, comme on l'a dit, que la reconnaissance envers la Divinité, mais qui marquait alors l'indépendance. Les successeurs de Jean imitèrent en cela son exemple. Il ne laissa de son mariage que deux filles, qui furent exclues de la succession d'Armagnac par les états de la province. Jeanne, l'aînée, fut mariée avec Guillaume-Amanieu d'Albret, sire de l'Esparre dans le Médoc; Marguerite, la cadette, épousa Guillaume, vicomte de Narbonne. La veuve de Jean III se remaria à Jean II, vicomte de Fézenzaguet. Ainsi on s'est mépris ci-dessus, d'après le père Anselme, en lui donnant ce vicomte pour premier époux.

BERNARD VII.

1391. BERNARD VII, frère de Jean III et son successeur, portait le titre de comte d'Armagnac, de Rodez, etc., et en exerçait les droits, comme collègue et héritier présomptif, dès l'an 1390. Nous voyons, en effet, que dans l'engagement que Philippe I, duc de Bourgogne, lui fit du comté de Charolais, le 11 mai 1390, il est qualifié comte d'Armagnac, de Fézenzac et de Rodez, vicomte de Lomagne et d'Auvilars. Il prend les mêmes titres dans une charte du 6 janvier 1391, par laquelle il accorde certains privilèges aux nobles de sa mouvance. (*Trésor généalog.*, tom. I, pag. 258.) Après la mort de son frère, non content de la succession qu'il lui laissait, il dépouilla, par la voie des armes, l'an 1403, Géraud III, son parent, comte de Pardiac et vicomte de Fézenzaguet, le prit et le fit mourir en prison avec ses deux fils. L'an 1405 ou environ, il augmenta ses domaines par la vente que Jean de Bourbon, comte de Clermont, lui fit du comté de l'Ile-Jourdain, qu'il venait d'acquérir du comte Jean Jourdain, IIe du nom. Il fit la guerre en Guienne contre les Anglais, poussa vivement le sire de Caumont, l'un des chefs de leur parti, le prit dans une rencontre, enleva aux ennemis jusqu'à dix-huit places, bloqua ensuite la ville de Bordeaux, et l'obligea de capituler pour une somme considérable. Bernard s'était déclaré pour le duc d'Orléans dans la funeste rupture qui éclata entre ce prince et le duc de Bourgogne. Après la mort du premier, assassiné l'an 1407, il prit la défense de ses enfants; et leur parti, dont il était regardé comme le chef, fut surnommé *des Armagnacs*. Il se joignit, l'an 1412, aux princes pour implorer le secours du roi d'Angleterre contre le duc de Bourgogne. Mais le traité d'Auxerre, signé le 13 juillet, entre les chefs des deux partis, ayant annulé cette démarche, le comte d'Armagnac fut le seul qui resta fidèle à l'alliance des Anglais. Il les aida même à reprendre quelques places dans la Guienne. L'an 1415, il reçut, le 30 décembre, l'épée de connétable. S'étant rendu maître de l'esprit affaibli du roi Charles VI, il devint son premier ministre, et fit exiler la reine Isabeau. Enfin, les Bourguignons ayant surpris Paris la nuit du 28 au 29 mai 1418, il fut arrêté et mis en prison avec plusieurs seigneurs et bourgeois attachés au dauphin, puis massacré le 12 juin suivant, sur *la pierre de marbre*, dit une ancienne généalogie d'Albret. Il avait épousé, par contrat du 8 janvier 1394, BONNE, fille de Jean de France, duc de Berri, veuve d'Amédée VII, comte de Savoie, morte à Carlat le 30 décembre 1435, dont il laissa Jean, qui suit; Bernard comte de Pardiac, aïeul de l'infortuné Jacques d'Armagnac, duc de Nemours, qui fut décapité aux halles de Paris, le 14 août 1477; et deux filles, Bonne, qui épousa Charles, duc d'Orléans, et Anne, mariée à Charles II, sire d'Albret. Le comte Bernard VII fut un des plus puissants princes et des plus grands capitaines de son siècle; mais l'ambition excessive dont il fut dévoré, ternit l'éclat de ces belles qualités. Ce comte fut très-attaché à l'anti-pape Benoît XIII, et faisait souvent des voyages à Perpignan, pour lui rendre visite. L'archevêque d'Auch, Jean d'Armagnac, fils naturel du comte Jean II, étant dans la même obédience, Innocent VII donna commission à l'archevêque de Bordeaux et à deux autres prélats de le déposer. Mais le frère du prélat empêcha l'effet de cette commission. Du reste, Bernard VII était zélé pour les mœurs et le bon ordre. Nous en avons la preuve dans une lettre très-forte qu'il écrivait, le 7 janvier 1408, à l'évêque de Rodez, sur les désordres qui régnaient dans son église. *Révérend père et cher seigneur*, lui dit il, *nous avons entendu et sommes informés que les biens de l'église de Rodez ont été mal gouvernés au tems passé, et le sont encore à présent plus mal; et que les joyaux laissés à l'église de Rodez par des personnes et seigneurs ecclésiastiques et séculiers, ont esté aliénés et s'aliénent encore de jour en jour; ce qui revient au grand préjudice et dommage de* votre dicte église et de la chose publique ; et que l'office divin ne se fait point dans ladicte église ainsi qu'il y devroit estre faict...... n'y ne se faict dans les aultres églises cathédrales circonvoisines ; de quoy nous avons du déplaisir et en sommes émerveillez. Et en vérité nous jugeons que vous y avez peu d'honneur, puisque la correction vous en appartient : et qui pis est, nous avons entendu qu'aucunes personnes de ladicte église mesnent publiquement une vie déréglée et deshonneste ; en telle sorte que non-seulement l'estat de l'église, mais encore le peuple en est scandalisé...... Par quoy.... nous vous prions et requerons de mettre à ces choses si bon et brief remede, qu'on ne puisse vous rien reprocher : autrement tenez pour certain qu'en votre défaut nous l'y mettrons tel qu'il y en aura de bien faschés ; et ce ne sera pas votre honneur. Et enfin si nous voyons qu'il n'y soit autrement pourvu en diligence, nous ferons prendre tous les bénéfices qu'ils (les clercs) auront en notre terre, et les baillerons ou ferons bailler à autres personnes que nous trouverons assez honnestes : lesquelles feront leur devoir envers Dieu et l'église. Et, révérend père, ne différez point ceste affaire : car en vérité elle ne requiere pas dilation. Et ne veuillez point que le temporel y ait à pourvoir : car ce serait une grande diffamation de l'église. (Martenne, Anecd., tom. I, col. 1743.)

JEAN IV.

1418. JEAN IV, fils aîné et successeur de Bernard VII, acquit de Jean I, duc de Bourbon, par contrat du 17 janvier 1420, la vicomté de Gimond, qu'il joignit au comté de l'Ile-Jourdain. L'an 1415, le roi Charles VII lui donna, par lettres du 18 novembre, le comté de Bigorre, avec la châtellenie de Lorde. (*Trésor gén.*, tom. I, pag. 259.) Il s'empara, l'an 1443, du comté de Comminges, après la mort de Marguerite, quoiqu'elle en eût fait donation au roi Charles VII. Ce fut pour ce monarque un nouveau grief contre le comte d'Armagnac, dont les excès multipliés en divers genres, l'obligèrent enfin d'employer la force pour le réduire. Le dauphin, envoyé sur les lieux avec une armée, se saisit du comté de Comminges, prit le comte dans l'Ile-Jourdain, avec toute sa famille, excepté son fils aîné, les envoya prisonniers à Carcassonne, et mit sous la mains du roi les comtés d'Armagnac et de Rodez. On instruisit le procès du comte en règle, et voici les principales charges qui résultèrent des informations. Nous les rendrons souvent dans les propres termes du procès-verbal. Outre le crime abominable et celui de fausse monnaie, qui furent constatés par témoins et par pièces, il fut prouvé qu'il persistait, malgré les défenses du roi, à se dire comte *par la grâce de Dieu*; qu'il donnait *grâces et remissions* comme un souverain, *et les entérinoit*; qu'il mettait *tailles en ses terres deux ou trois fois par an*; qu'il avait fait *pendre à Nismes ung huissier du Parlement de Tholose, nommé Noel, qui venoit exécuter contre lui*; qu'il tenait *trente ou quarante Ribaux es places de Magniers* (Mayreville), *de Saint-Varin et de la Fare que par force il avoit ostées aux seigneurs, lesquels pilloient et rançonnoient chascun*; qu'il *avoit détroussés les gens de monseigneur* (l'évêque) *de Lodeve, et osté leurs chevaux, et tenoit leurs places en bénéfices*; qu'il avait *battu, pillé et emprisonné divers ecclésiastiques*; qu'il *battoit son confesseur quand il ne vouloit l'absoudre*; qu'il *avoit eu cinq chasteaux de la détrousse que ses gens avoient fait faire sur les chemins en droit Saint-Romain à messire Jean Taure, chevalier de Montpellier*; qu'il *tenoit frontiere pire au peuple que Anglois et prenoit, vivres, blé, moutons, bœufs, vaches, mulets, pourceaux, s'ils n'avoient de lui sauf-conduit;* que ses gens avaient fait violence à diverses filles, etc. Le roi qui voulait châtier et non perdre le comte d'Armagnac, son parent, se laissa aisément fléchir par les amis du coupable, dont les principaux étaient les ducs d'Orléans, d'Alençon, de Bourbon, les comtes du Maine, de Richemont, le connétable de Foix, et le comte de Dunois. Il fut donc convenu qu'on lui accorderait des lettres de grâce et de rémission, mais qu'il mettrait *préalablement ès mains du Roy les places et châtellenies de Severac et de Capdenore, avant que lui et ses enfants fussent délivrés et restitués; qu'on prendroit son serment et celuy de ses enfants qu'ils seroient toujours bons et loyaux au roy, et ne tiendroient aucune chose de son domaine; qu'ils renonceroient à tous services envers le roy d'Angleterre, promesses, appointements, alliances*, etc.; *que lui et ses enfants promettroient de ne jamais mettre en leurs lettres en eux nommer PAR LA GRACE DE DIEU, COMTE D'ARMAGNAC, ces mots emportant méconnoissance de fiefs, étant, comme ils savent, sujets de la couronne, et leurs terres et seigneuries étant tenues du roy. Et outre ce*, est-il dit, *ledit comte d'Armagnac et ses enfants bailleront les suretés et les scellés du roi d'Espagne, du duc de Savoie, des ducs d'Orléans, d'Alençon et de Bourbon, et des comtes du Maine, de Richemont, de Foix et de Dunois*. Ces préliminaires remplis, le comte d'Armagnac, après avoir obtenu des lettres d'abolition, données à Seri-lez-Châlons, dans le mois d'août 1445, sort de prison avec ses enfants, et rentre en possession de ses états. (*Collect.* de M. de Menant, *Doyen de la chambre des comp.*, tom. VIII, *fol.* 92.) Le lecteur nous pardonnera de nous être un peu appesantis sur cette affaire importante. Cela nous a paru d'autant plus indispensable que les modernes ne l'ont touchée que fort superficiellement. Jean d'Armagnac, depuis son rétablissement, ne fit que languir, et mourut enfin, accablé de chagrins et d'infirmités, vers l'an 1450. Il avait épousé 1°., le 26 juin 1407, BLANCHE, fille de Jean V, duc de Bretagne; 2°., vers l'an 1419, ISABELLE, fille de Charles III, roi de Navarre. Du deuxième lit, il laissa Jean, qui suit; Charles, vicomte de Fezenzac; Marie, femme de Jean II, duc d'Alençon, Eléonore, mariée à Louis, prince d'Orange, et Isabelle, dont il sera parlé ci-après.

JEAN V.

1450 ou environ. JEAN V, nommé, du vivant de Jean IV, son père, vicomte de Lomagne, revint d'Espagne, où il s'était retiré pendant la prison de sa famille, et fit hommage au roi, dans le mois de novembre 1450, du comté d'Armagnac, à Montbazon. Quelque tems après, devenu éperdument amoureux d'Isabelle, sa sœur, la plus belle princesse de son tems, il la séduisit. Plusieurs enfants, nés de ce commerce incestueux, rendirent le scandale public. Le pape Calixte III et le roi Charles VII lui firent, à ce sujet, des remontrances qu'il méprisa. Excommunié en conséquence par le saint père, il sollicita, pour calmer les remords de sa sœur, une dispense qui lui fut refusée. Sa passion n'en devint que plus violente. Pour en imposer au public, il eut recours au plus habile faussaire de son tems, Antoine de Cambrai, référendaire du pape, depuis maître des requêtes, ensuite évêque d'Alet. Corrompu par argent, cet homme, de concert avec Jean de Volterre, notaire apostolique, lui fabriqua une bulle, en vertu de laquelle il épousa solennellement Isabelle, avec les cérémonies ordinaires de l'église. Le roi, justement indigné de cette union monstrueuse, et d'autres déportements du comte d'Armagnac, envoya, l'an 1454, le comte de Dammartin et le maréchal de Loheac, pour se saisir de ses terres et même de sa personne. Il parut d'abord vouloir se défendre; mais à l'approche des troupes du roi, la plupart de ses places ouvrirent leurs portes, excepté Lectoure, qui ne se rendit que le troisième jour. Le comte d'Armagnac se retira dans l'Aragon, où il avait encore quelques châteaux. L'an 1457, le roi chargea le parlement de Paris d'instruire son procès. L'accusé comparut avec des lettres du roi, dont il avait eu la précaution de se munir. Mais la cour les ayant déclarées subreptices, le fit arrêter. On lui donna pour prison une des chambres du palais. Quelques jours après, il obtint son élargissement, sous la condition de ne pas s'éloigner de Paris de plus de dix lieues. Mais voyant qu'on poursuivait son procès avec une vivacité qui en faisait appréhender l'événement, il prit la fuite et se sauva en Franche-Comté. Le parlement, par un arrêt définitif du 13 mai 1460, le condamna au bannissement, avec confiscation de ses biens. A son avénement au trône, le roi Louis XI, dont il avait favorisé la révolte contre son père, lui accorda par reconnaissance des lettres d'abolition, et le rétablit dans ses domaines. Cette récompense, d'un service criminel, fut payée de l'ingratitude qu'elle semblait mériter. Le comte d'Armagnac fut infidèle à Louis XI, comme il l'avait été à Charles VII; et, l'an 1465, il se joignit aux mécontents dans la guerre *du bien public*. Il eut encore l'avantage de se réconcilier avec le monarque, auquel il fit serment, le 5 novembre 1465, de le servir envers et contre tous. Mais il oublia presqu'aussitôt ses promesses pour se livrer à son caractère inquiet et brouillon. L'an 1469, le roi, instruit de ses nouveaux projets de révolte, fit partir le comte de Dammartin avec le bâtard de Bourbon, à la tête d'une armée considérable, pour mettre les terres du comte d'Armagnac sous sa main. La fuite du rebelle rendit cette expédition facile. Ce fut moins une conquête qu'une prise de possession. Dans le même tems (on était alors au mois de mai), le parlement de Paris ajourne le comte d'Armagnac à comparaître le 28 septembre suivant. Ce délai fut prolongé plusieurs fois à sa demande. Enfin, Jean V ayant toujours refusé de comparaître, la cour, par arrêt du 7 septembre 1470, prononça contre lui la confiscation de corps et de biens. Sa dépouille, quoique promise au duc de Guienne, frère du roi, fut partagée entre Dammartin et les principaux seigneurs qui l'avaient accompagné, à l'exception du comté de Rodez que le roi retint et réunit à la couronne. Mais, après le départ de l'armée française, le comte d'Armagnac étant venu trouver le duc de Guienne à Bordeaux, engagea ce prince à le rétablir dans la jouissance de ses biens. Le duc étant mort le 28 mai 1472, le roi fit marcher contre le comte d'Armagnac de nouvelles troupes, sous la conduite de Pierre de Bourbon, sire de Beaujeu. Le comte fut assiégé dans Lectoure. Mais bientôt les vivres commençant à lui manquer, il demanda, le 15 juin, à capituler. Les articles étant réglés, il rendit la place au général, qui, après en avoir pris possession, congédia son armée. Le perfide comte, profitant de cette imprudence, fit arrêter, vers la fin d'octobre, le sire de Beaujeu par le ministère du cadet d'Albret, seigneur de Sainte-Bazeille. A cette nouvelle, le roi, transporté de colère, se met en campagne, et s'avance jusqu'à la Rochelle.

De là, il fait convoquer la noblesse de Languedoc, pour aller faire de nouveau le siége de Lectoure. Le cardinal d'Albi arrive au commencement de janvier 1473, devant cette place, à la tête des troupes de l'Agénois et du Toulousain. Le comte, après s'être vigoureusement défendu pendant deux mois, accepte une capitulation que le cardinal lui fait offrir de la part du roi. On dresse un traité, dont l'observation fut jurée sur le Saint-Sacrement. Mais le surlendemain, dès que le comte eut désarmé ses troupes et fait ouvrir les portes de la ville, les troupes du roi s'y introduisirent, conduites par Robert de Balzac, investirent la maison du comte, et, étant entrées dans son appartement, le percèrent de plusieurs coups de poignard: après quoi elles se livrèrent à toute la licence des vainqueurs les plus barbares. Cet horrible événement est du vendredi 5 (et non 6) mars 1473. Le cardinal d'Albi parcourut ensuite avec son armée le comté d'Armagnac, qu'il traita comme un pays ennemi. Jean V ne laissa point d'enfants de JEANNE, son épouse, fille de Gaston IV, comte de Foix, qu'il avait épousée au mois d'août 1468. Cette princesse était enceinte à la mort de son mari, qui fut égorgé entre ses bras. Elle le suivit au tombeau peu de jours après dans la petite ville de Castelnau de Bretenous en Querci, où elle avait été transportée. On prétend que sa mort fut l'effet d'un breuvage qu'on lui donna pour la faire avorter. Dans le même tems, on instruisait juridiquement le procès du seigneur de Sainte-Bazeille, qui, peu après avoir remis le comte d'Armagnac en possession de Lectoure, avait été pris et mené à Poitiers. Il fut condamné à perdre la tête, et subit cet arrêt sur un échafaud, le 7 avril 1473. Isabelle, sœur de Jean V, lui survécut; et le 16 mai 1473, elle fit donation, tant de ses biens patrimoniaux que des quatre vallées de Barousse, de Neste, d'Aure et de Magnoac, que son frère lui avait léguées le 15 novembre 1462, à Gaston du Lion, sénéchal de Toulouse, qui l'avait sauvée au sac de Lectoure. Mais les habitants de ces vallées n'acquiescèrent point à la donation d'Isabelle en ce qui les concernait, et prétendirent être rentrés, par la mort du comte Jean V, dans le droit de se choisir un souverain. Le roi d'Aragon instruit de leurs dispositions, les sollicita vivement de se réunir à ses états, dont leurs terres avaient été autrefois démembrées. Mais il eut pour concurrent le roi de France, Louis XI, qui l'emporta par les soins de Jean de Vilhères de la Graulas, cardinal et évêque de Lombès. Ce prélat s'étant rendu sur les lieux, engagea les habitants, l'an 1475, à se donner à la France par un traité, dont l'une des conditions fut qu'ils ne pourraient être mis en main plus basse que celle du roi, même en celle d'un prince du sang royal.

Le roi, par lettres-patentes du mois de septembre de la même année, ratifia ce traité. Il empêcha de plus le sénéchal de Toulouse de se mettre en possession des autres terres qu'Isabelle lui avait cédées. Mais Charles VIII, son successeur, les rendit à ce légataire par ses lettres du 15 août 1484.

CHARLES Ier.

1473. CHARLES Ier., vicomte de Fezenzac, second fils de Jean IV, comte d'Armagnac, fut arrêté après la proscription de Jean V, son frère, et conduit à la Bastille, où il resta quatorze ans, non pour crime de complicité, mais à cause de la proximité du sang. On ne peut lire sans horreur les tourments qu'il endura dans cette prison. L'an 1481, l'Armagnac fut déclaré confisqué, et réuni au domaine par lettres-patentes vérifiées au parlement. Charles d'Armagnac, délivré de prison par le roi Charles VIII, vient se présenter, l'an 1484, aux états de Tours, pour demander au roi la restitution des biens de sa maison. L'affaire est renvoyée au conseil, qui lui adjugea sa demande par arrêt du mois d'avril de la même année, mais avec de grandes limitations; car en lui accordant la jouissance des quatre comtés d'Armagnac, de Rodez, de Fezenzac, et de Fezenzaguet, on en retrancha les droits régaliens, en restreignant cette restitution au domaine utile et à la vie seulement de Charles. C'est ainsi que ce prince rentra dans l'héritage de ses pères. Mais comme sa longue prison, où il avait souffert des maux incroyables, lui avait altéré la raison, le sire d'Albret se fit adjuger l'administration de ses biens, comme plus proche parent, et le renferma de nouveau. Le roi en étant averti, le délivra une seconde fois, et lui donna des curateurs. Charles mourut l'an 1497, sans enfants de CATHERINE DE FOIX, sa femme, après avoir institué son héritier Charles, son petit-neveu, duc d'Alençon. Il fut enterré à Castelnau de Montmirail, en Agénois. Ce comte laissa deux bâtards, dont l'aîné, Pierre, comte de l'Ile-Jourdain, fut naturalisé par lettres du mois de février 1510, et mourut en 1514.

CHARLES II.

1497. CHARLES II, duc d'Alençon, petit-fils de Marie d'Armagnac, sœur de Jean V et de Charles Ier., se porta pour héritier du comté d'Armagnac, en vertu du testament de ce dernier. On lui opposa la confiscation faite en 1481, à quoi il répondit qu'elle ne pouvait préjudicier aux anciennes substitutions de la maison d'Armagnac, auxquelles il était appelé. Pour terminer ce différent, le roi François Ier. lui fit épouser sa sœur MARGUERITE; et en considération de ce mariage, il lui rendit l'Armagnac; mais à condition qu'il reviendrait, faute d'héritiers issus de cette alliance, à la couronne. Charles mourut sans enfants, le 14 avril 1525. Marguerite, sa veuve, s'étant remariée l'année suivante avec Henri d'Albret, roi de Navarre, et petit-fils d'Anne d'Armagnac, sœur de Jean IV, lui porta les mêmes avantages que son premier contrat de mariage énonçait. Henri mourut l'an 1555, ne laissant de Marguerite, décédée en 1549, qu'une fille, Jeanne d'Albret, reine de Navarre, mariée, en 1548, avec Antoine, duc de Vendôme. Jeanne mit au monde Henri, qui, étant monté sur le trône de France sous le nom de Henri IV, réunit l'Armagnac à la couronne, en 1589. (Voy. *les ducs d'Alençon*.)

L'an 1645, Louis XIV, par lettres du 20 novembre, donna le comté d'Armagnac à Henri de Lorraine, comte d'Harcourt, dont la postérité le possède actuellement (1787).

CHRONOLOGIE HISTORIQUE

DES

VICOMTES DE FÉZENZAGUET.

Le Fézenzaguet, ou petit Fezenzac, en latin *Fezenzaguellum*, pays situé à l'orient de l'Armagnac, en fut détaché, l'an 1163 au plus tard, pour faire l'apanage d'un cadet de la maison d'Armagnac. Nous trouvons en effet un acte de cette année, daté *Bernardo Armanacienci, vicecomite de Fezenzagued* (*premier Cartul. de Gimond*). Un autre acte (*ibid. fol.* 157, r°.) porte encore en date le même nom, sous l'an 1193. Mais de dire quel fut le père de ce Bernard, quand celui-ci mourut, et quel fut son successeur immédiat, c'est ce qui n'est pas possible, malgré les recherches pénibles que nous avons faites à ce sujet. Le cartulaire cité nous présente trois Bernards d'Armagnac contemporains, qui ne peuvent s'identifier ; savoir, Bernard, vicomte de Fézenzaguet depuis l'an 1163 jusqu'en 1198 ; Bernard, comte de Fezenzac en 1173 ; et Bernard, comte d'Armagnac depuis 1160 jusqu'en 1178. (*Voyez les articles des deux derniers.*) La suite des vicomtes de Fézenzaguet ne souffre plus de difficulté.

ROGER.

Roger, quatrième fils de Bernard IV, comte d'Armagnac, jouissait de la vicomté de Fézenzaguet vers le commencement du treizième siècle. On ignore le tems précis de sa mort ; mais elle ne paraît pas avoir devancé l'an 1240. De Pincelle, son épouse, fille d'Amanieu IV, sire d'Albret, il laissa Géraud, qui suit ; Amanieu, qui de chanoine de Toulouse devint, l'an 1262 archevêque d'Auch, mort l'an 1318; et Arnaud, vicomte de Magnoac, qui fut tué, l'an 1272, dans un combat donné entre lui et Géraud de Casaubon, seigneur de Hautpoui, pour raison de la mouvance de ce château. (*Hist. de Béarn*, p. 779.)

GÉRAUD I.

GÉRAUD I, fils de Roger et son successeur à la vicomté de Fézenzaguet, devint comte d'Armagnac en 1256. Il mourut le 26 avril 1285, et eut pour successeur son deuxième fils, qui suit. (*Voyez* Géraud V, *comte d'Armagnac.*)

GASTON.

1285. GASTON, deuxième fils de Géraud, lui succéda à la vicomté de Fézenzaguet et dans celle de Brulhois, à l'âge d'environ quatre ans, sous la tutelle de Mathe, sa mère, laquelle obtint, le 8 janvier 1295, une sentence du duc de Verdun, en Gascogne, pour le roi de France, portant que noble damoiseau Gaston, vicomte de Fézenzaguet, était majeur de quatorze ans et en âge de puberté. (*Trésor généal.* tome I, p. 245.) Peu de tems après, il épousa MARQUISE, fille d'Hélie Taleyrand, comte de Périgord, et de Philippe, vicomtesse de Lomagne. L'ayant ensuite répudiée, il donna sa main, l'an 1298, à VALPURGE, fille de Henri II, comte de Rodez, qui lui apporta en dot la vicomté de Creisseil et la baronnie de Roquefeuil. Il eut, de cette alliance, Géraud, son successeur; Amanieu, qui fut capitaine de Saint-Justin, sur les frontières de Béarn, et Mascarose, mariée, le 21 mai 1321, à Guitard d'Albret, vicomte de Tartas. Une succession avantageuse augmenta depuis son domaine. L'an 1309, il hérita des baronnies de Moncade, de Castelvieil, et de plusieurs autres terres situées en Catalogne et en Aragon, par le testament de Guillemette de Béarn, sa tante, femme de Pierre, infant d'Aragon, décédée sans enfants. Mais Gaston, comte de Foix, autre neveu de Guillemette, voyant que ces terres étaient à sa bienséance, l'empêcha de s'en mettre en possession. On convint enfin d'un échange. Le comte de Foix donna les terres qu'il possédait dans le Carcassez, à l'exception du château de Fortiez, au vicomte, qui lui abandonna les terres qui lui avaient été léguées. L'acte de cet échange fut signé le 7 de septembre 1310, et ratifié par Jeanne d'Artois, femme du comte, le 6 mars suivant, à Toulouse. Mais lorsqu'il fallut en venir à l'exécution, le comte de Foix fit des difficultés qui obligèrent le vicomte à se pourvoir à la cour du roi. Il y obtint, le mardi avant la Saint-Jean-Baptiste (22 juin) 1311, un arrêt par lequel il fut ordonné que l'échange sortirait son plein et entier effet. (*Hist. de Lang.* tome IV, p. 159.) Ayant survécu à Valpurge, sa seconde femme, Gaston épousa en troisièmes noces, par contrat passé après la Saint-Louis 1316, INDIE, fille et héritière de Guillaume de Caumont, dont il eut Mathe, femme de Raymond-Roger de Comminges, vicomte de Conserans. L'an 1317, Gaston et son frère le comte d'Armagnac, comparurent, au mois de mars, devant le sénéchal de Toulouse et d'Albi, pour répondre sur les informations faites contre eux, touchant plusieurs excès dont ils étaient accusés. Ils se défendirent de manière que le sénéchal renvoya l'affaire devant le roi. (*Trésor généal.* tome I, page 247.) Gaston fut mandé par le roi Philippe le Long, pour se rendre en armes et chevaux dans la ville d'Arras, le dimanche avant l'Assomption (12 août) de l'an 1319. Il obéit sans doute; mais il mourut l'année suivante, après le mois d'avril. Il nous reste de ce vicomte un statut que son équité lui dicta. Ses officiers exigeaient indifféremment de tous les habitants du Fézenzaguet, les lods pour les fonds qu'ils vendaient. Gaston régla, l'an 1294, que les fonds possédés en franchise et libres de cens par les nobles, ne seraient point sujets au lod en cas de vente; mais qu'après l'aliénation de ces fonds, les acquéreurs, en cas de revente, seraient tenus d'acquitter ce droit dans l'an et jour. (Galand, *du Fr. aleud*, p. 199.)

GÉRAUD II.

1320. GÉRAUD II, successeur de Gaston, son père, épousa JEANNE, fille de Pierre-Raymond I, comte de Comminges, dont il eut un fils qui suit; et une fille, Mathe, femme de Centule IV, comte d'Astarac. Le comte de Foix retenait toujours, malgré l'arrêt du parlement qui le condamnait à s'en dessaisir, les terres du Carcassez, qu'il avait cédées par échange au vicomte Gaston, père de Géraud. Enfin, l'an 1329, le roi de Navarre, ayant été choisi pour arbitre de cette querelle et d'autres mues entre le comte de Foix et la maison d'Armagnac, rendit, le 19 octobre, son jugement, qui assura au vicomte Géraud, par la soumission du comte de Foix, la jouissance paisible des terres qui étaient en litige. Le vicomte Géraud mourut vers la fin de l'an 1339.

JEAN.

1339. JEAN, fils et héritier de Géraud II, eut de MAR-

GUERITE DE CARMAING, qu'il épousa l'an 1351; un fils qui suit; Jeanne, mariée à Jean de Levis de Mirepoix de la Garde, maréchal de la Foi; et Mathe, femme du vicomte de Valerne. Il combattit, l'an 1362, pour le comte d'Armagnac, à la bataille de Launac, donnée le 5 décembre, contre le comte de Foix, qui la gagna et fit le vicomte prisonnier avec beaucoup d'autres. Sa rançon, dont il traita l'année suivante, fut estimée 1330 florins d'or, pour lesquels il donna en ôtage Jean, son fils aîné. Il servit ensuite dans les guerres de la France contre les Anglais, à la tête de trois cents hommes d'armes, sous les ordres du duc d'Anjou, frère du roi Charles V, qui, dans ses lettres, le qualifiait de *très-cher et très-amé cousin*. L'an 1369, Charles V, par lettres données le 8 octobre, à Montpellier, l'établit capitaine-général dans toute la sénéchaussée de Rouergue. Il réduisit cette même année à l'obéissance du roi le château de Sauveterre dans cette province. Il enleva, l'année suivante, aux Anglais, le lieu d'Arbocave, au pays de Marsan. L'an 1372, au mois d'avril, il fut établi capitaine de l'Agénois. Les preux, en ce tems-là, faisaient profession d'une valeur féroce qu'ils exerçaient également sur les ennemis de l'état et sur les personnes qu'ils étaient obligés d'office à protéger. Des meurtres que le vicomte Géraud et ses gens commirent au lieu de Praderat ou Pradères, sur la Save, à cinq lieues environ de Toulouse, le firent rechercher par le sénéchal de cette ville. Pour se mettre à l'abri de ses poursuites, il obtint du duc d'Anjou, lieutenant-général en Languedoc, des lettres de grâce datées du mois de septembre 1375. (*Trésor généal.* tom. Ier., p. 262.) Échappé de ce danger, il n'en devint pas plus sage. L'an 1383, il fut de nouveau poursuivi criminellement par les habitants de Saint-Romans de Tournon, en Rouergue, pour d'autres excès auxquels il s'était porté. Il eut encore le bonheur de se tirer de ce mauvais pas, mais on ignore comment. Il mourut le 20 juin 1390, suivant le P. Anselme. Jean, son fils aîné, l'avait précédé au tombeau.

GÉRAUD III.

1390. GÉRAUD III, fils du vicomte Jean et son successeur, joignit aux vicomtés de Fézenzaguet et de Brulhois, aux baronnies de Creisseil, de Roquefeuil et de Persain, le comté de Pardiac, par son mariage contracté, l'an 1373, avec ANNE DE MONTLEZUN, fille aînée et principale héritière d'Arnaud-Guillaume IV, comte de Pardiac et d'Aliénor de Peralta. Jaloux de ses droits et de ses prétentions, il voulut contraindre le chevalier Menaut de Barbazan à lui rendre hommage de ses terres. Celui-ci soutenant qu'elles ne relevaient point de lui, on en vint aux armes pour décider la querelle. Un grand nombre de seigneurs prirent parti pour ou contre dans cette guerre. Les principaux furent les comtes d'Astarac et de l'Ile-Jourdain, les vicomtes de Saint-Paulin et de Caraman, les seigneurs de Lenac, de Duras, d'Orbessan, de Campagnac, de Cestairols en Albigeois, de Beaufort, de Castanet, de Sainte-Camèle, de Bonac et de Belle-affaire. Le maréchal de Sancerre, qui commandait pour lors en Languedoc, interposa son autorité pour empêcher ces alliés de marcher au secours de l'un ou de l'autre des deux contendants. Il fut peu écouté dans la première chaleur de la querelle. Mais après quelques hostilités réciproques, le sénéchal de Toulouse, dans le ressort duquel se trouvaient du moins en partie, les terres des parties belligérantes, s'étant rendu médiateur, les assembla, de concert avec les lieutenants du maréchal, d'abord à Gironne, puis à Fleurance, dans le comté de Gaure, au mois de décembre 1393. Les conférences furent ensuite transférées à Grenade sur la Garonne. Ce fut là qu'on arrêta les articles de pacification, auxquels Barbazan offrit de s'en tenir. Mais Géraud les ayant rejetés, le maréchal, après avoir mis ses domaines sous la main du roi, le fit arrêter et conduire à Toulouse, et de là à Carcassonne. Cette voie de fait fut suivie d'un jugement solennel qu'il rendit sur cette affaire, le 26 juin de l'an 1394, dans la nouvelle salle du palais de Toulouse, où il logeait alors. Géraud ayant appelé de la sentence au parlement de Paris, fut amené aux prisons du Châtelet, où il demeura jusqu'à la Saint-Martin 1395, qu'il obtint son élargissement sous caution. Ce ne fut pas la seule mauvaise affaire où s'engagea le vicomte Géraud. De son mariage il avait deux fils, Jean et Arnaud-Guillaume. Il maria le premier, le 4 juin 1396 (et non 1385), avec Marguerite, comtesse de Comminges et veuve de Jean III, comte d'Armagnac; alliance funeste par les dissensions qui arrivèrent presque aussitôt qu'elle fut contractée entre les deux époux. Marguerite, plus âgée que Jean qui n'avait alors que dix-huit à dix-neuf ans, voulut le maîtriser et user à son égard de l'empire d'une mère sur son fils. L'époux, choqué des hauteurs de sa femme, la quitta pour se retirer chez son père, où il demeura quelque tems. Ayant appris ensuite que Marguerite avait établi le seigneur de Fontenelle, son lieutenant dans le comté de Comminges, il revint la trouver à Muret. Il en fut mal accueilli, et résolu de se venger, il retourna vers son père, afin de concerter avec lui les moyens de réduire la comtesse. Leur avis fut d'implorer le secours de Bernard VII, comte d'Armagnac, leur parent. Jean s'étant rendu auprès de lui, en reçut de belles promesses que Bernard n'avait nulle envie d'effectuer. Le comte d'Armagnac, attaché jadis au parti des Anglais, était piqué contre Géraud, dévoué de tous tems aux intérêts de la France, de ce qu'il avait défait une troupe d'anglais, qui était venu faire des courses jusqu'aux portes de Condom, et de ce qu'en ayant pris d'autres près de Gimond, il les avait fait pendre sans miséricorde. Il se souvint encore que Géraud *avait autrefois tiré la dague contre lui.* Il était de plus irrité contre le fils de ce qu'il avait épousé la comtesse de Comminges sans le consulter. Loin donc de lui tenir sa parole, il se ligua secrètement avec Marguerite, contre son beau-père et son mari. Ceux-ci, se croyant assurés de son secours, entrèrent avec confiance dans le Comminges, où ils prirent d'abord quelques places. Mais le comte d'Armagnac ayant obtenu du roi Charles VI, par lettres du 19 mars 1400 (v. s.), permission de défendre la comtesse, marcha contre le vicomte Géraud, qu'il assiégea dans le château de Montlezun. Géraud s'étant échappé avant que la place fut prise, se retira au château de Brussens, en Bigorre. Le comte l'ayant poursuivi dans cet asile, obligea les habitants à le livrer entre ses mains. Maître de sa personne, il le fit conduire d'abord au château de Lavardens, à quatre lieues d'Auch, et de là à la Rodèle, en Rouergue, où il le fit enfermer dans une citerne, avec ordre de ne lui donner que du pain et de l'eau. Il y mourut au bout de dix à douze jours environ l'an 1403. Le traitement que Bernard fit essuyer aux deux fils de Géraud, ne fut pas moins barbare. Le vicomte Jean et Arnaud-Guillaume, son frère, à la nouvelle de l'arrêt de leur père, s'étaient précipitamment retirés à Puigasquet dans le Fézenzaguet. Le comte de l'Ile-Jourdain et le bâtard d'Armagnac étant venus les y trouver, leur conseillèrent de se rendre avec eux auprès du comte d'Armagnac, pour tâcher de recouvrer ses bonnes grâces. Ils y consentirent. Arrivés à Auch, où le comte Bernard était alors, le Jeudi-Saint 1403, (v. s.) ils lui furent présentés le lendemain dans la salle de l'archevêché par le comte de l'Ile-Jourdain, lequel s'agenouillant avec eux, lui dit : *Monseigneur, ils sont vos neveux, et les voyez qu'ils sont icy de votre hôtel, et portent votre nom et vos armes, et sont bien jeunes comme vous voyez, qui vous requerrent pardon et moy avec eux, en vous priant qu'en l'honneur de Dieu et de la passion en quoi nous sommes, il vous plaise de leur pardonner et remettre les deplaisirs que vous avez pris contre eux.* A quoi le comte d'Armagnac répondit : *Oncle, vous les estes allé quérir de votre volonté, par quoi s'ils se veulent mettre à notre mercy, c'est un. Monseigneur,* repartit l'Ile-Jourdain, *assez se met à mercy qui demande pardon. Demander mercy*, dit Bernard, *est un autre*. Enfin ils demandèrent *pardon et mercy*; de quoi le comte d'Armagnac requit acte; et le jour de Pâques ils furent menés au château de Lavardens; puis ayant été séparés, l'aîné fut conduit au château de Brusson, en Rouergue, et le second, à la Rodèle où son père était mort. Mais comme il en approchait, l'aspect de cette prison le saisit si fort, que sur le refus que firent ses conducteurs de le descendre de cheval, il tomba mort à leurs pieds. A l'égard de l'aîné, dès qu'il fut arrivé dans sa prison de Brusson, on lui fit perdre la vue avec un bassin ardent qu'on lui mit devant les yeux. Il languit long-tems dans cet état, privé de tout secours et mourut enfin accablé de misère. (Froissart et Anselme.) Ainsi finit la branche aînée des vicomtes de Fézenzaguet. Le comte d'Armagnac n'avait pas attendu la mort de ces deux jeunes seigneurs pour se mettre en possession de tous les biens de leur maison. Il s'y maintint par la protection du duc de Berri, son beau-père, contre Jeanne d'Armagnac, sœur de Jean de Levis, seigneur de Mirepoix, à laquelle cette succession était substituée. Jeanne, après avoir vivement disputé ses droits, de concert avec son fils Roger-Bernard et ses autres enfants, se laissa enfin persuader de remettre ses intérêts entre les mains de Jean de Levis, seigneur de Livrac, et des sires de Roquetaillade, de Tolin et de Volère. On fit une transaction, le 9 juillet 1404, par laquelle le comte d'Armagnac, au moyen de la cession qu'il fit au sire de Mirepoix et à ses frères de la baronnie de Preixan et de ses dépendances, resta paisible possesseur de la vicomté de Fézenzaguet et du comté de Pardiac.

CHRONOLOGIE HISTORIQUE

DES COMTES ET VICOMTES

DE LECTOURE ET DE LOMAGNE.

La domination des comtes et vicomtes de Lectoure et de Lomagne était bornée au levant par la principauté de Verdun et la châtellenie de l'Ile-Jourdain ; au midi par les comtés de Fézenzaguet, d'Armagnac, de Fezenzac et de Gaure ; au couchant par l'Eausan et Gavardan et le Bazadois ; au nord par le fleuve de la Garonne, et au-delà par le comté d'Agen. Cette enceinte renfermait une partie du territoire des anciens *Lactorates*, avec la ville de Lectoure qui en était la capitale. Cette place, ancienne cité des Gaules, fut le chef-lieu de l'un de ces diocèses, qui, sous le régime politique, étaient gouvernés par des comtes. Arnaud-Hatton et Eudes étaient comtes de Lectoure, le premier, du tems de Loup-Centule, le second, du tems de Sanche le Courbé, duc de Gascogne. (*Oihenh.*, manusc. *Bibl. du Roi.*) Ayant perdu la dignité comtale ainsi que les comtés de Béarn et de Dax (*Oihen. ubi. sup*), ils reçurent en dédommagement la lieutenance-générale du pays sous le titre de vicomte de Gascogne qu'ils conservèrent jusques vers le milieu du onzième siècle, ainsi qu'on va le prouver. Ils conservèrent le droit de battre monnaie. Leurs pièces étaient nommées *Arnaudes* (*Ducange*), du surnom d'Arnaud, commun dans cette dynastie. La suzeraineté des vicomtés de Bruillois ou Brulhois, de Gimoës et d'Auvillars, la propriété d'une partie du Gavardan, des châtellenies de Baïz, de Firmacon et de Rivière qui appartenaient à ces vicomtes, prouve qu'ils étaient très-puissants. On va voir dans leur suite chronologique comment ils perdirent, aliénèrent et démembrèrent ces nombreuses possessions.

RAIMOND-ARNAUD.

RAIMOND-ARNAUD, dont Oihenart (p. 480) fait mention sous la date de 990, et auquel il donne un prédécesseur nommé Odon ou Odoat, vivant en 960, est le premier de ces vicomtes depuis lequel la filiation soit certaine. Il fut un des héritiers de Hugues, sire de Condom, qui fonda, l'an 1011, le monastère de cette ville. (*Hist. de Béarn*, p. 234 et 235.) Il est qualifié *heres consanguineus Hugonis quondam domini de Condomiense* dans une charte qui sera rapportée à l'article suivant. On croit devoir observer que le mot *consanguineus* ne signifiait alors qu'une parenté quelconque, même par femmes, et qu'on n'en doit point conclure qu'Arnaud fut de la même race que son cousin Hugues de Condom qui était de la maison de Gascogne. Le pape Jean XIX écrivit, l'an 1030, à Guillaume Taillefer, comte de Toulouse, pour l'engager à porter ce vicomte, son vassal pour la vicomté de Gimoës, à restituer à l'abbaye de Moissac les églises de Riols et de Flamarens qu'il avait usurpées. (*Hist. de Lang.*, tom. II, p: 185, *preuv.*) Il le nomme Arnaud-Odon ; mais la qualité de vicomte de Gascogne, qu'il lui donne, ne permet pas de le méconnaître pour le même que Raimond-Arnaud. On ignore le nom de la femme de ce vicomte, mais il est certain qu'il eut un fils nommé Arnaud, qui suit.

ARNAUD.

ARNAUD fut le dernier de sa race qui porta le titre de vicomte de Gascogne, dont il céda les droits à Bernard Tumapaler, comte, ou duc de Gascogne, ainsi que la suzeraineté des vicomtés de Brulhois et de Gimoës, *honores vicecomitatuum Brulhesii et Jumadesii.* Ce traité, qui fut confirmé, l'an 1073, par Odon, fils du vicomte Arnaud, avait eu lieu avant 1060, puisque ce vicomte Arnaud ne prenait plus, même avant cette époque, le titre de vicomte de Gascogne ; il est simplement qualifié vicomte de Lomagne et d'Auvillars, dans une charte par laquelle il restitua, le mercredi, veille de Saint-Martin, du tems de Henri Ier., roi de France, le château de Nérac qu'il reconnut détenir injustement au préjudice du monastère de Condom. Il confirma en même-tems la donation faite auparavant par Raimond-Arnaud, son père, vicomte de Gascogne, à ce monastère, de tous les droits qu'il avait sur le Condomois, à titre de co-héritier de Hugues, sire de Condom, ainsi que de tous les honneurs qu'il pouvait y avoir en qualité de vicomte de Gascogne et de Lomagne. (*Archives de Nérac, liasse X, cot. LL.*)

ODON Ier.

ODON, premier du nom, vicomte de Lomagne et d'Auvillars, avait succédé au vicomte Arnaud, son père, avant 1073. Il transigea cette année, le mardi, fête de Saint-Barnabé, avec Géraud II, comte d'Armagnac, sur l'exécution du traité par lequel le vicomte Arnaud avait cédé ses droits, comme vicomte de Gascogne, sur les vicomtés de Brulhois et de Gimoës et sur le château de Gavarret, à Bernard Tumapaler, alors comte de Gascogne et père du comte Géraud. Ce dernier ratifia ce traité, et en dédommagement de certaines conditions qui n'avaient pas encore été remplies, il abandonna au vicomte Odon tout ce qu'il pouvait prétendre du chef d'AZELINE de LOMAGNE, sa femme, sur la ville de Lectoure et sur la vicomté de Lomagne. (*Orig. arch. de Montauban, art.* Lomagne, *l.* 1re.) Cette Azeline était fille d'Odon, vicomte de Lomagne, probablement descendant et dernier représentant des vicomtes Arnaud, et un autre Arnaud dont parle Oihenart, p. 480, et dont l'identité n'est pas prouvée avec Raimond-Arnaud mentionné ci-dessus, vivant en 990. On croit devoir observer que la vicomté de Lomagne était partagée entre divers propriétaires. Trois portions distinctes en sont connues dès le dixième siècle. La première était celle des vicomtes de Gascogne, qui en avaient la suzeraineté; la seconde, celle dont Hugues, sire de Condom, fit donation au monastère de cette ville, suivant une charte du cartulaire de ce monastère rapportée en entier dans les manuscrits d'Oihenart, à la bibliothèque du roi; la troisième, celle de ces vicomtes de Lomagne dont Azeline fut l'héritière et dont l'héritage passa aux vicomtes dont on donne ici la suite. Azeline de Lomagne n'était donc pas héritière unique de la vicomté de Lomagne, comme quelques auteurs l'ont écrit, puisqu'elle ne possédait du chef de son père, qu'une portion de cette vicomté. Le vicomte Odon dont on parle n'était donc pas le fils du comte d'Armagnac, comme ces mêmes auteurs l'ont prétendu, puisqu'il était fils du vicomte Arnaud précédent, et qu'il possédait, du chef de son père, la suzeraineté et la majeure partie de la vicomté de Lomagne, et celle d'Auvillars qu'il transmit à ses descendants. Il en résulte que c'est par erreur qu'on a tenté de faire descendre ces vicomtes de Lomagne des comtes de Fezenzac, en substituant au vicomte Odon, premier du nom, un père qui n'était pas le sien. Odon vivait encore l'an 1090; et ce fut alors qu'il fortifia la ville de Lupiac, dépendante de la châtellenie de Batz. On ne sait point le nom de sa femme. On n'est pas même bien certain du nom de son fils. Mais la filiation est prouvée par son petit-fils, nommé Odon comme lui.

VEZIAN Ier.

Vezian Ier., ainsi nommé par Oihenart, p. 480, était vicomte de Lomagne dès l'an 1091, suivant le cartulaire d'Uzerche, fol. 38. Il assista à la convocation faite l'an 1103 par Guillaume IX, duc d'Aquitaine, contre Bernard, vicomte de Benauges, à l'occasion d'un péage établi sans droit sur la Garonne par ce dernier.

ODON II.

Odon, IIe. du nom, *par la grâce de Dieu*, vicomte de Lomagne et d'Auvillars, probablement fils de Vézian, mais très-certainement petit-fils du vicomte Odon, eut un frère nommé Arnaud, qui épousa Rose ou Rogie d'Albret, sœur d'Amanieu IV, sire d'Albret. Cet Arnaud fut la tige des barons de Batz, dont la postérité subsiste encore, et dont il sera parlé ci-dessous. Ces deux frères donnèrent des coutumes à la ville de Lupiac dépendante de leur châtellenie de Batz dont ils se qualifiaient seigneurs. La charte de ces coutumes est datée du jour de Saint-Simon et Saint-Jude de l'année 1160. (*Original vérifié par la commission nommée à cet effet par arrêt du conseil des dépêches du 20 mars 1784.*) Ils confirmèrent en même tems des concessions faites l'an 1090, par Odon, leur aïeul, aux bourgeois de la même ville de Lupiac. Oihenart et le père Anselme (*ibid.*) disent que le vicomte Odon posséda les vicomtés de Lomagne et d'Auvillars depuis 1137 jusqu'en 1178. On ignore le nom de sa femme dont il eut un fils qui suit.

VEZIAN II.

Vezian, IIe. du nom, vicomte de Lomagne et d'Auvillars, tint ces vicomtés depuis 1178 jusqu'en 1221. Il eut guerre avec Richard, duc de Gascogne, fils de Henri II, roi d'Angleterre, dont il refusait de s'avouer vassal. (*Gauf. Vos.*) Assiégé dans sa ville de Lectoure en 1181, il consentit enfin à rendre hommage au duc de Gascogne qui le reçut chevalier au mois d'août de la même année. (Oihenart et le P. Anselme, *ibid.*) Le jour de Saint-Michel 1195, le vicomte Vézian céda des droits qu'il avait dans la châtellenie de Batz à Odon, son cousin germain, seigneur de Batz, en faveur du mariage de ce dernier avec Miramonde, fille du comte de Magnoac, de la race des ducs de Gascogne. Vézian eut d'une femme, dont on ignore le nom, Odon III qui suit.

ODON III.

Odon, IIIe. du nom, vicomte de Lomagne et d'Auvillars, fut, au mois de septembre 1238, un des témoins de l'hommage rendu au comte de Toulouse par Gaillard, seigneur de la ville et du château de Baujac. (*Trésor des Ch. sac.* Toul. lias. 5, n°. 15.) Il eut de sa femme, dont le nom n'est pas connu, Arnaud-Odon, IIe. du nom, qui suit.

ARNAUD-ODON II, ou ARNAUD-OTTON.

Arnaud-Odon, IIe. du nom, ou Arnaud-Otton, nommé quelquefois Arnaud simplement, vicomte de Lomagne et d'Auvillars, avait assisté avec le vicomte Odon, son père, à l'hommage du seigneur de Baujac l'an 1238. Il s'était ligué auparavant avec le comte de Toulouse pour faire la guerre au roi saint Louis (*Hist. de Lang.* tom. III, p. 430.) Mais il jura à ce monarque, dans l'église de Notre-Dame, près de Castelsarrasin, de garder la même paix qui avait été jurée à Paris entre ce prince et le comte de Toulouse l'an 1241. (*Ibid.* p. 437.) Le vicomte Arnaud-Odon avait épousé Mascarose d'Armagnac, sœur aînée de Bernard V, comte d'Armagnac, après la mort duquel, arrivée sans postérité, il s'empara du comté d'Armagnac à titre de succession, ce qui occasionna une longue guerre entre lui et Géraud d'Armagnac, cousin germain du dernier comte. Le vicomte Arnaud n'ayant eu qu'une fille de cette alliance, et cette fille étant morte sans postérité, le comté d'Armagnac fut dévolu au comte Géraud. Pendant le cours de cette guerre, le vicomte avait été aidé par son cousin Odon, seigneur de Batz, ainsi qu'il est prouvé par une charte de l'an 1249. (*Orig. vérif. par la Commission.*) Le vicomte Arnaud avait épousé, en secondes noces, Marie-Bermond de Sauve et d'Anduze, fille de Pierre, comte de Gévaudan et de Milhau, et de Josserande de Poitiers. (*Oih. et le P. Ans. ibid.*) De ce mariage vint un fils nommé Vézian, qui mourut sans postérité, et une fille nommée Philippe, qui suit.

PHILIPPE.

Philippe, vicomtesse de Lomagne et d'Auvillars, était, l'an

1274, sous la tutelle du comte de Saint-Pol (Gui III.) En 1280, elle épousa HÉLIE TALEYRAND VIII, comte de Périgord, à qui elle apporta les vicomtés de Lomagne et d'Auvillars. Hélie les céda au roi Philippe le Bel dans le mois de novembre 1301. (*Trésor des Chart. inv. de Périg. liasse* 6.) Philippe le Bel les donna, le 14 décembre 1305, à Arnaud-Garcie de Gouth, frère du pape Clément V. Régine de Gouth, nièce de ce pontife, ayant épousé, l'an 1311, Jean, comte d'Armagnac, premier du nom, lui légua ces deux vicomtés par son testament, du 12 août 1325. Il les transmit à ses descendants qui en jouirent jusqu'en 1481, époque de la confiscation prononcée contre Charles Ier., comte d'Armagnac. Ensuite ayant passé par don du roi dans les maisons d'Alençon et d'Albret, elles furent unies par Henri IV au domaine de la couronne. (Voy. *les comtes* d'Armagnac.)

Ainsi, de tous les descendants mâles de Raimond-Arnaud, vicomte de Lomagne et de Gascogne en 990, il ne reste que la branche de Batz, formée, en 1160, par Arnaud, frère puîné d'Odon, IIe. du nom, vicomte de Lomagne et d'Auvillars, qui épousa *Rose d'Albret*, dont il avait, avant 1195, Odon Ier., chevalier banneret, croisé pour la Terre-Sainte en 1217, mari de *Miramonde de Magnoac*, et père d'Odon II, vivant en 1249, dont le fils, Garcie-Arnaud Ier, épousa, avant 1300, *Odette de Pardaillan*, et en eut Pierre I, mari d'*Esclarmonde de Montesquiou*. Pierre I était en 1333 aux guerres d'Italie, et en 1357 à celles de Normandie avec son fils Garcie-Arnaud II, qui eut de *Gaillarde d'Aure*, en 1357, Manaud I, époux en 1387 de *Miramonde de Saint-Martin* et père d'Odon III en 1429, mari d'*Audine de Ferragut*. Leur fils Odon IV avait de *Jeanne de Forcès*, en 1492, Manaud II, allié avec *Catherine de Toujouze*. De ce mariage vint Bertrand I, qui assista en 1541 au mariage de Pierre II, son fils, avec *Marguerite de Leaumont*. Ce dernier commandait, en 1551, mille hommes contre les Espagnols. Son fils, Manaud III, fut un des quatre gentilshommes qui sauvèrent la vie à Henri IV, à Euse, en 1577; il fut mari de *Bertrande de Montesquiou*, et père, 1°. de Hercule, qui donna en 1633 la terre de Batz à *Catherine de Narbonne*, sa femme, dont il n'avait pas d'enfants; 2°. de François I, seigneur d'Armanthieu, qui eut de *Marthe de la Serre*, François II, allié en 1679 avec *Jeanne d'Arros*. Leur fils, Jean-François, s'allia en 1713 avec *Quiterie de Chambre*, et en a eu Bertrand II, marié en 1754 avec *Marie de Laboge*, dont un fils unique, né en 1755, nommé Jean-Pierre, et appelé le baron de Batz.

Telle est la filiation qui, en vertu d'un arrêt du conseil des dépêches du 20 mars 1784, a été vérifiée par D. Clément et

D. Poirier, bénédictins de la congrégation de Saint-Maur, et associés de l'académie des inscriptions et belles-lettres; M. de Brequigni, de l'académie française et de celle des inscriptions et belles-lettres; M. Désormeaux, de l'académie des inscriptions et belles-lettres; M. Chérin, généalogiste des ordres du roi; M. Ardillier, administrateur-général des domaines de la couronne, et M. Pavillet, premier commis de l'ordre du Saint-Esprit, commissaires nommés par sa majesté pour la vérification de la partie diplomatique, devant MM. de Menc et Blondel, maîtres des requêtes; M. d'Héricourt, président au parlement de Paris, et M. du Val d'Epresmenil, conseiller au même parlement, lesquels magistrats et diplomatistes ont déclaré, par actes du 11 décembre 1784 et 4 janvier 1785, que la filiation ci-dessus était rigoureusement démontrée par titres originaux.

Sa majesté a reconnu la même descendance, et a fait expédier au baron de Batz des lettres-patentes du 5 mars 1785, scellées du grand sceau.

Il existe encore une autre branche à Arthez, en Béarn, formée en 1659 par Paul de Batz, frère de François II ci-dessus. Jacques, fils de Paul, a été père de trois enfants existants. David, né en 1760, Daniel en 1763, et Pierre en 1769.

CHRONOLOGIE HISTORIQUE

DES

COMTES D'ASTARAC.

L'Astarac ou l'Estarac (*Astaricensis-ager*), pays situé entre l'Armagnac et le Fezenzac qui le bornent au nord, le pays des Quatre-Vallées qui le termine au sud, le Comminges et le pays de Rivière Verdun qui lui servent de limites à l'orient, et le Bigorre, avec partie de l'Armagnac qui le confinent à l'occident, forme une étendue de treize lieues de longueur sur onze ou environ de largeur. Sous les Romains, sa partie méridionale était occupée par les *Convenæ*, et la septentrionale par les *Auscii*. Mirande, fondée l'an 1289, est aujourd'hui sa capitale. Sous les Francs il eut le sort de la Novempopulanie dans laquelle il était compris. Vers le commencement du dixième siècle il fut démembré du duché de Gascogne après la mort de don Sanche le Courbé, pour faire la part de son troisième fils.

ARNAUD-GARCIE.

Arnaud-Garcie fut surnommé Nonnat, *Non-natus*, parce qu'il fut tiré par incision du ventre de sa mère avant qu'elle expirât. On ne connaît d'autre trait de la vie d'Arnaud-Garcie sinon la donation qu'il fit, l'an 937, du lieu dit Francon, avec ses dépendances, à l'abbaye de Simorre. Il vivait encore en 975 suivant D. de Brugèles, (*Chroniques d'Auch*, page 534.) qui cite en preuve le *Gall. Chr. no.* où nous ne trouvons rien là-dessus.

ARNAUD II.

ARNAUD II, fils d'Arnaud-Garcie et son successeur, fut un autre bienfaiteur de l'abbaye de Simorre, à laquelle il donna l'église de Poulouvrin. TALAISE, sa femme, le fit père de quatre fils: Guillaume, qui suit; Bernard, dit *Pelagos*, auquel il donna le Pardiac; Raimond-Garcie, et Odon ou Adon, qui, de moine, puis abbé de Simorre, devint archevêque d'Auch. (*Gall. Chron., no.*, tome I, col. 978.)

GUILLAUME.

GUILLAUME, fils et successeur d'Arnaud II, ayant épousé sa proche parente, s'attira, par cette alliance, l'animadversion de Garcie, archevêque d'Auch, qui lui imposa une pénitence, sans néanmoins dissoudre le mariage. Guillaume restitua, de plus, à l'église d'Auch, la seigneurie de Saint-Aurens, que les archevêques prétendaient leur avoir été ravie; elle revint néanmoins dans la suite aux comtes d'Astarac. (*Gall. Ch., ibid. Inst.* col. 159.) Il donna long-tems après le monastère de Pessan, qu'il tenait de ses ancêtres, à Otton, abbé de Simorre, et fit confirmer cette donation par le pape Benoît VIII, qui monta sur le saint siége en 1012. Guillaume devait être alors avancé en âge. On ignore l'année de sa mort.

SANCHE I.

SANCHE I, fils de Guillaume, gouvernait l'Astarac en 1040, soit du vivant de son père, soit après sa mort. Il vivait encore en 1083 suivant le cartulaire de Simorre, et laissa en mourant Bernard, qui suit; Odon, moine de Simorre, et deux autres fils.

BERNARD I.

1083 au plutôt. BERNARD I, successeur de Sanche, son père, fit, l'an 1142, au monastère de Berdoues, en présence des principaux chevaliers de ses vassaux, une donation que les uns confirmèrent par leur signature, et les autres en jetant en l'air des fétus, et criant chacun: Je donne aussi: *principes et priores milites Astaraci, qui suum donum non potuerunt ipsâ manu firmare, illud affirmabant jactu ramorum, singuli clamantes: ego dono.* (*Cartul. Berdon.*, fol. 112, r°.) Il mourut au plus tard l'an 1151, laissant de N....., sa première femme, Sanche et Bernard, et de LONGEBRUNE, sa seconde, Boémond ou Bibermond. Ces trois frères succédèrent ensemble au comté d'Astarac, qu'ils gouvernèrent par indivis. (*Cartul. Berdon. Ausc.*).

SANCHE II.

SANCHE II, appelé AZNAIRE-SANCHE, dont il est fait mention dans quelques documents de l'abbaye de Pessan, prenait la qualité de comte d'Astarac du vivant de Bernard son père. (*Cartul. Berdon., fol.* 158 v°.) Il fonda, vers l'an 1142, avec l'archevêque Guillaume, le monastère de Bolauc, dont Longebrune, sa belle-mère, fut la première supérieure. On voit encore, dit D. de Brugèles, les armoiries de Sanche II à la voûte du sanctuaire de cette église. Il vivait encore en 1167. (*Cartul. Berdon., fol.* 68 r°.)

BERNARD II.

BERNARD II, frère-germain de Sanche II, et co-seigneur avec lui de l'Astarac, fit une donation avant la mort de Bernard I, son père, au monastère de Saint-Aurens d'Auch. Il vivait encore en 1204. (*Cartul. Berdon. f.* 135, r°.) Ce fut lui qui, de concert avec Guillaume-Arnaud des Barrats, *de Vallatis*, bâtit la ville et le château de Barbarens, dont ils étaient seigneurs en commun. Il eut deux fils, Sanche et Bernard, dont on ne sait que les noms.

BOÉMOND.

BOÉMOND, frère consanguin de Sanche II et de Bernard II, et co-seigneur avec eux de l'Astarac, fit plusieurs donations au monastère de Bolauc avec ROUGE, *Rubea*, sa femme, dont il eut trois filles, Marie, Marquise et Béatrix. L'an 1174, au mois de mars, il donna, de leur consentement et de celui de leur mère, en présence de ses chevaliers, une terre à l'église d'Auch. (*Cartul. nigrum Ausciense, fol.* 150.) Béatrix se fit religieuse de Bolauc avec sa mère. Boémond, imitant leur exemple, se retira long-tems après à l'abbaye de Berdoues (*Cartul. Berdon.*); ce qui doit être arrivé après l'an 1183, puisqu'on datait encore cette année de son règne. (*Cartul. album Ausc. fol.* 70 r°.)

BERNARD III.

BERNARD III, fils de Bernard II, fit, l'an 1175, des donations au monastère de Berdoués. Il eut deux fils, dont Amanieu, l'aîné, partit pour la Terre-Sainte, où il se distingua par ses exploits contre les infidèles, et mourut en Chypre à son retour. Son corps, ayant été rapporté en France, fut inhumé à l'abbaye de Beaulieu, de l'ordre de Cîteaux, quoiqu'il eût demandé à l'être dans celle de Berdoues. Les religieux de celle-ci ayant porté là-dessus leurs plaintes au pape Lucius III, obtinrent que le corps leur fût rendu, ce qui fut exécuté avec la pompe convenable. On voit encore, dans le sanctuaire de l'église de Berdoues, le tombeau d'Amanieu à côté de l'épître, avec une peinture où cette translation est représentée. Le comte Bernard III mourut, suivant D. de Brugèles, au commencement de l'an 1182, laissant un fils, qui suit.

CENTULE I.

1182. CENTULE I, fils de Bernard III et son successeur, lui était associé dès l'an 1175. (*Cartul. album Ausc. fol.* 78, *v°.*) Mais outre ses autres collègues qu'on vient de nommer, on voit encore, dans les cartulaires d'Auch et de Gimond, RODERIC avec la même qualité de comte d'Astarac, depuis l'an 1182 jusqu'en 1196, ESSEMÈNE ou EXSEMEN, mari de Mascarose, et son fils aîné, BERNARD, qui la prennent en 1176, 1189 et 1204; VITAL, surnommé tantôt de MONTAUD, tantôt de MONTAGUD, tantôt de MONTAÏGU, qualifié de même depuis 1195 jusqu'en 1213, sans parler de Bernard V, comte de Comminges, qui porta le titre de vice-gérent de l'Astarac depuis 1194 jusqu'en 1208. Centule se ligua, l'an 1183, avec plusieurs seigneurs aquitains contre le duc Richard, depuis roi d'Angleterre, dont la tyrannie les avait soulevés. Mais cette confédération ayant été dissipée l'année suivante, Centule fut des premiers à rentrer dans le devoir. Lorsque la croisade fut publiée contre les Albigeois, Centule prit parti dans cette expédition, et alla se ranger avec ses gens sous les drapeaux de Simon de Montfort, dont il servit également le zèle ambitieux couvert du masque de la religion. L'an 1212, il alla combattre les Mahométans en Espagne, et eut part à la célèbre victoire remportée sur ces infidèles le 16 juillet de cette année, aux Naves de Tolose. Après la mort de Simon de Montfort, arrivée le 25 juin 1218, il abandonna le parti d'Amauri, son fils, pour se réconcilier avec le comte de Toulouse, son suzerain. L'année suivante, au printems, il défendit Marmande pour le jeune Raimond, comte de Toulouse, contre les croisés commandés par le prince Louis, fils du roi Philippe Auguste. La place, après un rude assaut, ayant été obligée de se rendre à discrétion, le comte d'Astarac fut amené avec la garnison devant la tente du prince, qui les fit conduire prisonniers à Pui-Laurent, contre l'avis de l'évêque de Saintes qui voulait qu'on les fît mourir. Centule fut bientôt après remis en liberté. Ce comte se préparant à partir pour la Terre-Sainte, vint, l'an 1220, à Berdoues, et déclara franches toutes les terres qu'il avait données à ce monastère. (*Cartul. Berdon. fol.* 231, v°.) L'an 1229, voyant le comte de Toulouse disposé à faire sa paix avec le roi saint Louis, il le prévint, et fit son accommodement particulier avec le monarque. Cette démarche précipitée déplut à Raimond VII, et causa du refroidissement entre les deux comtes. Mais, l'année suivante, ils se réconcilièrent avec tant de sincérité, que Raimond, le 3 septembre de cette année, donna en fiefs à Centule le château de Saint-Orens, avec toute la terre de Fimarcon, en Agénois, outre le château de Sompui dans le diocèse d'Auch, qu'il lui avait auparavant donné. (*Histoire de Lang.* tom. III, p. 389.) Centule vécut, suivant Oihenart et le P. Anselme, jusqu'en 1233. Mais D. de Brugèles met sa mort en 1230, et dit qu'elle arriva à Mancied, dans l'Armagnac, après qu'il eut dicté son testament, par lequel il fit plusieurs legs à diverses églises. Berdoues fut une de celles qui eurent le plus de part à ses libéralités. Il fit rebâtir l'église de Saint-Vincent, près de Castillon, où l'on voit, suivant le même auteur, ses armoiries à la clef de la voûte du sanctuaire. Elles sont écartelées de gueules et d'azur, accolées de la croix de la guerre sainte. D. de Brugèles se trompe en donnant à Centule pour première femme Pétronille, fille de Bernard V, comte de Comminges. Elle avait épousé Gaston VI, vicomte de Béarn. De SEGUINE ou SYGNIS, la seule femme que l'on connaisse à Centule I, fille de Géraud IV, comte d'Armagnac, et vivante encore en 1246, (*Hist. de Lang.*, tom. III, pr. p. 455.) il eut Bernard, mort avant lui; Centule, qui suit; Bernard, et Blanche, mariée à Sanche-Garcie, seigneur d'Aure.

CENTULE II.

1230 ou 1233. CENTULE II, fils de Centule I, lui succéda en très-bas âge, sous la tutelle de sa mère. L'an 1244, cette comtesse s'étant rendue à Toulouse, mit, le 13 novembre, sa personne, celle de son fils Centule, et tous les domaines qui avaient appartenu à son époux, sous la protection et le vasselage de Raymond VII, comte de Toulouse, lequel reçut en même tems l'hommage du jeune Centule (*Hist. de Lang.*, t. III, p. 448.) La mère et le fils renouvelèrent, en 1248, les coutumes, lois et priviléges, qui avaient été accordés cent ans auparavant, aux habitants de Barbarens, par le comte Bernard II, et le seigneur Guillaume des Barrats. (*Chron. d'Auch*, p. 538.) La même année, Centule eut guerre avec Arnaud-Guillaume de la Barthe, vicomte des Quatre Vallées, qu'il fit prisonnier dans un combat, avec plusieurs de ses vassaux. L'année suivante, il abdiqua pour se retirer à l'abbaye de Simorre, où il mourut le 23 août, peu de jours après avoir pris l'habit monastique. (*Ibid.*) Il avait épousé N. fille de Bernard V, comte de Comminges, dont il ne laissa point d'enfants.

BERNARD IV.

1249. BERNARD IV, frère et successeur de Centule II, fut du nombre des seigneurs et barons, lesquels, sur la citation qui leur fut faite après la mort d'Alfonse, comte de Poitiers et de Toulouse, comparurent dans cette dernière ville, en 1271, devant le sénéchal de Carcassonne, pour prêter serment de fidélité au roi de France, à raison des fiefs qu'ils possédaient dans le comté de Toulouse. L'an 1274, il fut admis en paréage pour la ville de Masseube, par Bonel, abbé de l'Escale-Dieu. Il accepta de même, en 1280, celui de Meithan, que lui offrit Hugues, abbé de Berdoues, et l'un et l'autre donnèrent ensuite des lois et coutumes aux habitants de ce lieu. Pierre, successeur de Hugues, à son exemple associa le comte Bernard, en 1287, dans la seigneurie de la ville de Mirande, qu'ils s'appliquèrent depuis à reconstruire de nouveau. Le comte y fit, de plus, bâtir un château magnifique, où il établit sa demeure, et dont les superbes masures attestent encore aujourd'hui l'opulence de son fondateur. Bernard finit ses jours vers la fin de l'an 1291. (*Chron. d'Auch.*) En mourant, il laissa de son mariage Centule, qui suit; Jean, Bernard, et Arnaud, qui, entre autres biens, eut en partage le fief de Mezamat, près de Castel-Sarrasin, dont il porta le surnom. Arnaud épousa Jeanne de Faudoas, qui le fit père de Bernard de Mezamat, qualifié comme son père, *Eques et Dux quinquaginta militum*. C'est de lui que descendent, en ligne directe et masculine, messieurs de Mezamat de Canazilles, établis à Castel-Sarrasin, comme l'a vérifié, sur les titres originaux, dom Villevieille, notre confrère, qui a bien voulu nous faire part du résultat de son examen.

CENTULE III ou CENTULLION.

CENTULE III ou CENTULLION, fils du comte Bernard et son collègue, dès l'an 1269, eut avec Amanieu d'Armagnac, archevêque d'Auch, une querelle qui durait encore en 1278. L'an 1285, il suivit le roi Philippe le Hardi, dans son expédition contre le roi d'Aragon. L'abbaye de Simorre qu'il vexait, porta ses plaintes contre lui, au parlement qui se tint à la Pentecôte de l'an 1287, dans la ville de Toulouse, et obtint justice. Le comte et son sénéchal furent condamnés à réparer les dommages qu'ils lui avaient causés. (*Hist. de Lang.*, t. IV, p. 62.) On ne connaît point d'autre trait important de sa vie qui finit au plus tard en 1300. De sa femme ASSALIDE, fille d'Amanieu VI, sire d'Albret, il laissa un fils qui suit.

BERNARD V.

1300 au plus tard. BERNARD V, fils de Centule, lui succéda au comté d'Astarac. Il était marié, dès l'an 1294, avec MATHE, fille de Roger-Bernard III, comte de Foix. Il fut caution, l'an 1300, pour Hélie-Taleyrand, comte de Périgord, d'une amende à laquelle il avait été condamné. L'an 1304, le roi Philippe le Bel, dans la convocation qu'il fit de la noblesse pour la guerre de Flandre, adressa un ordre particulier au comte d'Astarac, de se hâter à venir le joindre. (*Hist. de Lang.*, t. IV, p. 126.) Bernard, l'an 1314, fut un des seigneurs qui s'entremirent, mais inutilement, pour accomoder Bernard Jourdain V, seigneur de l'Ile-Jourdain, avec Jourdain IV, son père, touchant la succession qui devait lui revenir. (*Ibid.* p. 60.) L'an 1317, le roi Philippe le Long ayant résolu de se rendre en Languedoc, écrivit, le 29 juillet, au comte d'Astarac, ainsi qu'à d'autres seigneurs, de se trouver dans l'octave de Noël à Toulouse. Bernard, l'année suivante, fut mandé de se trouver en armes et chevaux à Arras, dans le prochain dimanche avant l'assomption. Le P. Anselme dit qu'il vivait encore en 1326. De MATHE DE FOIX, sa première femme, il eut deux fils, Bernard et Amanieu qui suit. Le premier, qui mourut avant son père, épousa, l'an 1309, Auguste, fille de Gautier, seigneur de Bremebaque, « lieu remarquable, dit » Brugèles, par le trésor fameux et fabuleux qu'on dit être dans » les ruines de son vieux château, en la vallée de Valourse, » ou Balourse. » TIBURGE, fille de Jourdain IV, baron de l'Ile-Jourdain, seconde femme du comte Bernard V, ne lui donna point d'enfants.

AMANIEU.

1326. AMANIEU, fils de Bernard II, et son successeur, s'était rendu fameux du vivant de son père, par des atrocités qui obligèrent le viguier de Toulouse à l'arrêter et à l'amener à Paris, où il fut enfermé l'an 1322, dans les prisons du Châtelet. (*Hist. de Lang.*, t. IV, p. 191.) On ignore comment il en sortit et de quelle manière il se comporta, lorsqu'il fut devenu comte d'Astarac. Son gouvernement fut de courte durée. Il était mort avant l'an 1331. Il avait épousé CÉCILE, fille de Bernard VII, comte de Comminges, dont il eut, entre autres enfants, un fils qui suit. Cécile, après la mort d'Amanieu, se remaria avec Jean Paléologue II, marquis de Montferrat, et non avec Jean d'Aragon, comte d'Urgel, comme on l'a dit plus haut, d'après le P. Anselme.

CENTULE IV.

1331 au plus tard. CENTULE IV, fils d'Amanieu, lui succéda sous la tutelle de sa mère. Il servit, l'an 1339, en Gascogne, le roi Philippe de Valois, dans la guerre qu'il faisait aux Anglais. On le voit encore, l'année suivante, au service de ce monarque, à la tête de soixante-quatre écuyers et de cent-ving-huit sergents. L'an 1342, il vint à la défense d'Agen avec vingt-huit écuyers et soixante sergents. Il se trouve de plus employé dans un état du 26 janvier 1359, pour servir en Gascogne, avec cent hommes d'armes, et pareil nombre de sergents à pied. Le comte Amanieu avait causé de grands dommages à l'église d'Auch. Centule, son fils, se fit un devoir, en 1368, de les réparer. Depuis ce tems, il disparaît dans l'histoire. De MATHE, fille de Géraud II, vicomte de Fézenzaguet, son épouse, il laissa Jean, qui suit; Marguerite, qui épousa Florimond, seigneur de l'Escure; Cécile, mariée, 1°. à Raymond-Bernard, seigneur de Durfort, 2°. à Jean Jourdain VI, baron de l'Ile-Jourdain, et une autre fille.

JEAN I.

1368 au plutôt. JEAN I, succéda, en bas âge, au comte Centule, son père. Il avait à peine quatorze ans, lorsque le comte de Foix, son parent, le mena avec lui à la guerre. Le comte Jean s'attacha depuis à lui, et fut de la plupart de ses expéditions. L'an 1374, étant venu joindre l'armée que le duc d'Anjou assemblait à Toulouse, il servit, dans cette campagne, sous les ordres de ce prince, et eut part aux avantages qu'il remporta sur les Anglais. (*Hist. de Lang.*, t. IV, p. 357.) Il fut, l'an 1389, du nombre des seigneurs gascons, dont le roi Charles VI reçut les hommages à Toulouse. (*Ibid.* p. 195.) Les habitants de Marmande, ayant refusé de l'aider à chasser les Anglais du lieu de Château-neuf, qui lui appartenait, il se vengea de ce refus par des ravages qu'il fit sur leurs terres, et des cruautés qu'il exerça sur ceux d'entre eux qui tombèrent entre ses mains. Les plaintes de ces excès ayant été portées en justice, le roi Charles VI, en considération de ses services, lui accorda des lettres de rémission, datées du mois de janvier 1390 (v. st.) Il vivait encore en 1395, après quoi, il n'est plus fait mention de lui dans les anciens monuments. Il avait épousé, 1°. CATHERINE, dame d'Ambres, fille aînée d'Amauri III, vicomte de Lautrec et d'Ambres, qui le fit son héritier, l'an 1378, en mourant, quoiqu'elle n'eût point d'enfants de lui : ce qui occasiona un procès avec les héritiers naturels de cette comtesse, lequel durait encore en 1395 ; 2°. MAUBROSSE, fille de Géraud de la Barthe, dont il eut Mathe, femme de Roger de Comminges, et Cécile, mariée au baron de l'Ile-Jourdain ; 3°. PHILIPPE de COMMINGES, qui le fit père de Jean, qui suit, et de Marguerite, femme de Bertrand de Montferrand, seigneur de Langoiran.

JEAN II.

JEAN II, fils de Jean I, et son successeur, servait avec honneur contre les Anglais, du vivant de son père. Dès l'an 1385, il eut part à la prise du château de Saint-Forget, qui fut emporté d'assaut par Gaucher de Passac, capitaine-général en Languedoc, et à celle d'autres places, dont ce général se rendit maître dans la même campagne. Il associa, l'an 1404, au comté, son fils Bernard, que la mort lui ravit, l'an 1406. Il décéda lui-même, le 16 avril 1410, comme il est marqué dans le Nécrologe de Berdoues, en ces termes : *XVI Cal. Maii obiit D. Joannes, comes Astaraci*; anno Domini 1410. D. de Brugèles, lui donne pour femme la fille du comté de Comminges, sans la nommer non plus que son père. Quoi qu'il en soit, il laissa de son mariage un fils, qui suit.

JEAN III.

1410. JEAN III, fils et successeur de Jean II, et son collègue dès l'an 1406, commandait en chef pour le roi, l'an 1415, dans la Gascogne. L'an 1421, étant en Languedoc, il fut un des seigneurs qui jurèrent, le 16 août, d'observer la capitulation que le dauphin Charles (depuis le roi Charles VII) avait accordée aux habitants de Beziers, qu'il avait fait assiéger par le comte de Clermont, pour avoir fermé leurs portes à ce dernier, à l'instigation du comte de Foix. L'an 1426, au mois de février, le comte d'Astarac fut commandé par le roi Charles VII, pour servir en Languedoc sous les ordres du comte de Foix, contre les Anglais, dont on craignait une irruption dans cette province. Le duc de Bourgogne étant entré, l'an 1434, dans le Beaujolais, le comte d'Astarac reçut ordre du roi, de même que les principaux vassaux de Languedoc et de Gascogne, d'aller se joindre au duc de Bourbon, pour arrêter les progrès de ce prince. Le roi étant arrivé, le 8 juin 1442, à Toulouse, pour aller au secours de Tartas, assiégé par les Anglais, le comte d'Astarac vint l'y trouver à la tête de ses vassaux. Ce prince, l'année suivante, ayant convoqué les états de Comminges, pour le 15 février, à Toulouse, y envoya de Montauban, le comte d'Astarac avec trois autres seigneurs, pour assister à cette assemblée en son nom. Le comte Jean III mourut le 1er septembre 1458, suivant le Nécrologe de Berdoues. Il eut plusieurs contestations avec Philippe, archevêque d'Auch, et l'abbé de Faget, à l'occasion de quelques fonds de l'archevêché et de l'abbaye, dont ses domestiques s'étaient emparés, sous prétexte de l'érection d'un évêché à Marmande ; quoique cette érection fut dès-lors annulée. L'official d'Auch ayant jeté un interdit sur le comté d'Astarac, pour venger cette usurpation, le comte Jean III se pourvut devant le sénéchal de Toulouse, soutenant que les seigneurs vassaux du roi de France, n'étaient point sujets à l'interdit ecclésiastique, non plus que le roi lui-même. Il obtint du sénéchal une sentence, du 23 décembre 1434, qui ordonnait à l'official de lever l'interdit, à peine de cent marcs d'amende. Une transaction, passée le 21 février 1439, entre l'archevêque et le comte, termina cette querelle. (*Chron. d'Auch*, p. 542 et 543.) Jean III avait épousé, 1°. JEANNE DE BARBAZAN, dont il laissa Catherine, mariée à Pierre de Foix, vicomte de Lautrec ; 2°. JEANNE DE COARAZE, qui le fit père d'un fils, qui suit, et Marie, femme, 1°. de Charles d'Albret, seigneur de Sainte-Bazeille, 2°. de Jean de Savignac, seigneur de Belcastel.

JEAN IV.

1458. JEAN IV, fils et successeur de Jean III, servit avec distinction sous le roi Louis XI, qui lui accorda, pour sa récompense, une pension de 1200 livres, dont il jouissait en 1474 et 1475. Le roi Charles VIII le mit au nombre de ses chambellans, et il accompagna en cette qualité ce monarque à la conquête du royaume de Naples, à la tête de cinquante lances. L'an 1503, il céda, pour une somme de 15,000 florins, à Jean de la Platière, les droits qu'il avait à la succession de Cécile d'Astarac, baronne de l'Ile-Jourdain. C'est le dernier trait connu de sa vie. Ce comte mourut, suivant les chroniques d'Auch, en 1511, sans laisser de postérité mâle. Il avait épousé MARIE DE CHAMBES, dame de Montsoreau, dont il eut trois filles, Mathe, qui suit ; Jacqueline, mariée à Antoine, baron de Mailli, et Madeleine, qui épousa, 1°. François d'Avaugour, dit de Bretagne, IIe. du nom, 2°. Charles de Montbel, comte d'Entremont. (Anselme.)

MATHE ET GASTON DE FOIX.

1511. MATHE, fille aînée de Jean IV, lui succéda au comté d'Astarac, avec GASTON DE FOIX, comte de Candale et de Benauges et captal de Buch, *dit le Boiteux*, qu'elle avait épousé l'an 1508. Elle eut de lui dix enfants, dont les principaux sont : Charles, mort en 1528, au siège de Naples ; Frédéric qui, du vivant de son père, devint comte de Candale ; Jean qu'elle nomma vicomte d'Astarac ; François, évêque d'Aire, et Christophe, grand-aumônier de la reine de Navarre. L'an 1526, Mathe et le vicomte Jean, son fils, ayant exercé des violences sur les consuls et habitants de Mirande, le parlement de Toulouse les condamna, par arrêt, au bannissement perpétuel, avec confiscation du comté d'Astarac. Mais lorsque les commissaires de la cour se présentèrent pour faire exécuter l'arrêt, Gaston, époux de Mathe, s'y opposa, et il fallut du canon pour se faire obéir. Cette affaire se civilisa peu de tems après, et le roi François Ier. rendit le comté à Mathe et à son époux. Le vicomte Jean, étant passé en Italie, alla servir, en 1528, au siège de Naples, où il mourut sans alliance, huit ans avant son père, qui termina ses jours en 1536. Mathe, qui survécut long-tems à son époux, gouverna le comté d'Astarac jusqu'à la majorité de ses enfants, qui le partagèrent alors, et prirent le titre de comtes d'Astarac, chacun dans sa portion.

FRÉDÉRIC DE FOIX.

1536. FRÉDÉRIC DE FOIX, comte de Candale, succéda, dans la principale portion du comté d'Astarac, à Gaston son père, par le choix et sous l'autorité de Mathe, sa mère. Il eut de plus, en totalité le comté de Benauges, ainsi que la terre de Buch. Mathe, prétendant disposer à son gré des revenus de l'Astarac, eut, à ce sujet des contestations avec son fils, pour lesquelles ils transigèrent en 1569. (*Hist. de Lang.*, t. IV, p. 126.) Elle devait être alors très-âgée. Le comte Frédéric, son fils, mourut en 1571, laissant de FRANÇOISE, son épouse, fille de François II, comte de la Rochefoucauld, Henri, qui suit, et Charlotte-Diane, mariée, en 1579, à Louis de Foix, son cousin, comte de Curson. (Anselme.)

HENRI DE FOIX.

1571. HENRI DE FOIX, comte d'Astarac, de Candale et de

Benauges, et captal de Buch, après la mort de Frédéric son père, était marié dès l'an 1577, avec MARIE, fille puînée du connétable Anne de Montmorenci, qui procura, l'année suivante, à son gendre, le gouvernement de Bordeaux et du Bordelais. Il ne jouit pas long-tems de ces avantages. « On trouve, » dans le Nécrologe de Gimond, dit D. de Brugèles, que Henri, » comte d'Astarac, étant au siége de la ville de Sommières, en » Languedoc, contre les Huguenots, y fut blessé d'un coup » d'arquebuse. Il avait formé le blocus de cette place avec son » beau-frère, Henri de Montmorenci, qui prit la ville après » la blessure du comte, lequel fut porté dans la ville, où il » mourut le 5 mars 1573. Il ordonna, quelques moments avant » d'expirer, qu'on portât son corps à Castelnau de Barbarens, » pour y être inhumé dans le tombeau de ses ancêtres; ce qui » fut exécuté. » De son mariage, il laissa deux filles, Marguerite, qui suit, et Françoise. Celle-ci, que le duc d'Epernon, son beau-frère, contraignit d'embrasser la vie religieuse, ayant été faite en 1600, abbesse de Sainte-Glossinde, à Metz, obtint, l'an 1610, un rescrit de Rome pour se faire séculariser. Mais, n'ayant pu obtenir la restitution de son patrimoine, elle fit profession, l'année suivante, du Calvinisme, et mourut à Paris au mois de septembre 1649.

MARGUERITE DE FOIX, ET JEAN-LOUIS DE NOGARET.

1572. MARGUERITE DE FOIX, comtesse d'Astarac, de Candale et de Benauge, et captale de Buch du chef de Henri de Foix son père, épousa, le 23 août 1587, au château de Vincennes, JEAN-LOUIS DE NOGARET, marquis de la Valette, duc d'Epernon, comte de Montfort, chevalier des ordres du roi, premier gentilhomme de la chambre, colonel-général de l'infanterie, gouverneur de Guienne, de Provence et du pays Messin, créé duc et pair de France en 1582, et enfin amiral en 1587. Tant de titres, accumulés sur sa tête par Henri III, le firent appeler la *Garde-robe du roi*. Ce prince lui avait promis de le rendre si puissant qu'on ne pourrait pas lui ôter ce qu'il lui avait donné. Ce fut lui-même qui le maria, et pour son présent de noces il lui donna quatre cent mille écus qui vaudraient aujourd'hui plus de trois millions. « Le festin de la » noce, dit le journal de Henri III, fut fait très-magnifique en » l'hôtel de Montmorenci, où le roi et toutes les dames assis- » tèrent, et y balla le roi en très-grande allégresse, portant » néanmoins son chapelet de têtes de morts attaché et pendu à » sa ceinture; tant que dura le bal, et donna ce jour à la ma-

» riée un collier de cent perles, estimé cent mille écus. » Telle était la profusion de ce monarque pour ses mignons. Il en avait déjà fait autant aux noces de Joyeuse. (*Ibid.*) Le duc d'Epernon ne fut pas au reste un favori sans mérite ; il fallait même qu'on lui en reconnût beaucoup pour lui passer le caractère de hauteur et de fierté que lui avait donné la faveur, et qu'il conserva même après l'avoir perdue. Jamais courtisan ne fut moins souple que lui, ni grand seigneur plus jaloux des prérogatives attachées à son rang, et plus empressé d'y en ajouter de nouvelles. Pour peindre d'un seul trait sa vanité, ce serait assez de dire qu'il exigeait de ses gardes les mêmes preuves que font les chevaliers de Malte. Mais il y a bien d'autres traits semblables qui le caractérisent. Sous prétexte de la goutte, dont il était souvent tourmenté, il obtint de Henri IV, en 1607, la permission d'entrer en carrosse dans la cour du Louvre ; cette permission, qui jusqu'alors n'était accordée qu'aux princes du sang, s'étendit sous la régence de Marie de Médicis à tous les ducs et grands officiers de la couronne. D'Epernon avait toujours été opposé à Henri IV lorsque ce prince n'était que roi de Navarre ; il avait essayé d'empêcher qu'il ne montât sur le trône de France ; il avait traversé l'établissement de l'autorité royale autant qu'il l'avait pu, et s'était maintenu dans les gouvernements et charges qu'il occupait contre la volonté du souverain. Henri IV enfin avait découvert que cet orgueilleux sujet le croisait dans tous ses desseins. D'Epernon était dans le carrosse de ce monarque à ses côtés lorsqu'il fut assassiné. Aussitôt qu'il eut expiré, d'Epernon courut donner ordre aux compagnies de garde de se saisir des portes du Louvre, manda les autres qui étaient logés dans les faubourgs, les fit placer sur le Pont-Neuf, dans la rue Dauphine et aux environs des Augustins, afin d'investir le parlement et de le contraindre, s'il le fallait, à déclarer la reine régente. Le président de Blanc-Ménil, qui tenait l'audience de l'après-midi, la rompit sur le bruit qui courut de la blessure du roi ; mais il n'osa ou ne voulut pas sortir de là. Et cependant le président Séguier, auquel le duc d'Epernon était allé demander conseil et assistance, s'y rendit aussitôt avec ses amis. (*Pièces intéres.* tom. II, pp. 162-179.) La compagnie se trouvant assemblée pour servir les desseins du duc, il acheva de la décider par ces paroles menaçantes : *Elle est encore dans le fourreau*, dit-il, en montrant son épée ; *mais il faudra qu'elle en sorte si on n'accorde pas dans l'instant à la reine un titre qui lui est dû selon l'ordre de la nature et de la justice.* Les obligations que la reine lui avait augmentèrent encore son audace sous la régence. « Le parlement, en 1614,
» ayant fait arrêter un soldat aux gardes pour avoir tué son

» camarade en duel, le duc d'Epernon le réclama comme juge
» souverain de l'infanterie, et sur le refus que fit le parlement
» de le rendre, huit soldats allèrent, par son ordre, enfoncer
» les portes de la prison et l'enlever. Décret d'ajournement
» personnel contre lui, et de prise de corps contre les huit
» soldats. Cette procédure lui déplut. Il alla dans la salle du
» palais, accompagné de plusieurs officiers et gentilshommes,
» tous en botte. Les audiences cessèrent; greffiers, procureurs,
» huissiers, tous s'enfuirent, il y eut des robes accrochées et
» déchirées par les éperons. Le parlement déclara qu'il ne
» rentrerait point qu'on ne lui eût fait satisfaction. La reine-
» mère avec les ministres eurent beaucoup de peine à obtenir
» du duc d'Epernon qu'il irait faire des excuses, et celles qu'il
» fit en avait bien moins l'air que d'une réprimande. Il finit
» par dire, que par l'ordonnance qui avait érigé en sa faveur
» l'état de colonel-général de l'infanterie en charge de la cou-
» ronne, il était expressément marqué qu'il aurait pleine et
» entière juridiction, droit de vie et de mort sur tous les
» soldats, et que le parlement n'aurait pas dû l'ignorer, puis-
» qu'il avait enregistré cette ordonnance le 22 janvier 1582. »
(Saint-Foix.) L'an 1618, autre incartade du duc d'Epernon.
Le garde des sceaux, du Vair, prenait la préséance sur les pairs
de même que le chancelier. D'Epernon, prétendant que son
office n'étant qu'une commission et non une charge, ne pouvait lui donner cette prérogative, entreprend de la lui enlever.
Il choisit pour le faire avec plus d'éclat le jour de Pâques, où
toute la cour était assemblée à la grand'messe de Saint-Germain-
l'Auxerrois. Du Vair ayant pris sa place à l'ordinaire au-dessus
des pairs, il va l'en tirer par le bras, ajoutant à cette insulte
des paroles de mépris. Du Vair, estimé à la cour, aimé du roi
et de la reine-mère, demande justice de cet affront, et tout
ce qu'il peut obtenir est un ordre au duc de se retirer dans son
gouvernement de Metz. Le ménagement dont la reine usa envers
lui dans cette occasion, ne fut pas sans retour. Cette princesse,
détenue comme prisonnière au château de Blois, ayant trouvé
moyen de s'échapper la nuit du 21 au 22 février 1619, le duc
d'Epernon avec lequel son évasion avait été consertée, vint la
recevoir à la tête de ses gardes et accompagné de cent cinquante
gentilshommes, à une lieue de Loches, et l'emmena dans
ses terres d'Angoulême, comme souverain qui donnerait du
secours à son allié. Il fallut, dit un homme d'esprit, que
Louis XIII traitât avec lui de couronne à couronne, sans oser
faire éclater son ressentiment. L'an 1622, d'Epernon obtint
le gouvernement de Guienne. Henri de Sourdis, prélat militaire, brusque et hautain, était alors archevêque de Bordeaux.

Il eut une querelle en pleine rue avec le duc qu'il excommunia pour l'avoir pris par le bras. Le cardinal de Richelieu, pour lors premier ministre, prit le parti de l'archevêque, et exigea du duc une satisfaction. Il la fit telle que le ministre la lui avait dictée et que l'archevêque pouvait la désirer, c'est-à-dire de la manière la plus propre à humilier son orgueil. Mais il ne pardonna pas à Richelieu la violence qu'il l'avait obligé de faire à son caractère. Retiré à Loches dans ses dernières années, il reçut quelques mois avant sa mort un courrier de ce ministre. Après l'avoir fait attendre long-tems dans son anti-chambre, il le fit entrer. *Je n'ai pas cru devoir m'interrompre*, lui dit-il en montrant un gros bréviaire qu'il avait devant lui ; *car il faut bien que nous fassions l'office des capellans, puisqu'ils font le nôtre.* C'était pour se moquer du cardinal qui voulait commander les armées. Il avait aussi en vue le cardinal de la Valette, son propre fils, qui faisait le même métier. (Anselme.) Rapportons encore de lui un autre trait de sa hauteur. Une des prérogatives de sa charge de colonel-général de l'infanterie était qu'à la cour les tambours battissent aux champs quand il entrait ou sortait, comme pour la personne du roi. Un jour Monsieur, frère du roi Louis XIII, entra au Louvre, ayant dans son carrosse le duc d'Epernon. Le tambour de la garde appelle comme de coutume. Le duc mit la tête à la portière, criant au tambour qu'il était là. Aussitôt on battit aux champs, ce qui ne mortifia pas peu le frère du roi. (*Vie du duc d'Epernon.*) Le duc d'Epernon mourut le 13 janvier 1642, à l'âge d'environ quatre-vingt-huit ans. Son corps fut porté auprès de sa femme à Cadillac, où il est enterré sous un tombeau dont la magnificence répond à la splendeur et au faste qu'il étala pendant sa vie. On a déjà dit plus haut que le duc d'Epernon était dans le carrosse de Henri IV lorsque ce prince fut assassiné. Sa réputation a souffert jusqu'à nos jours de cet événement. On a même trouvé parmi les papiers du duc d'Aumale (Charles de Lorraine), après sa mort, un écrit signé de sa main, scellé de ses armes, où il déclarait nettement *que le duc d'Epernon, voyant frapper Henri IV, lui donna lui-même un coup de couteau pour l'achever.* Mais dans ce même écrit on inculpe sur cet attentat des personnes qui étaient et ne pouvaient qu'être très-attachées à Henri IV. D'ailleurs le duc d'Aumale était hors du royaume lorsque ce malheur arriva. On ne peut donc faire aucun fonds sur cette accusation. Le duc d'Epernon laissa de sa femme, morte à Angoulême le 23 septembre 1593, à l'âge de vingt-six ans, Henri de Nogaret de la Valette, dit de Foix, captal de Buch, comte de Candale ; Bernard, qui suit ; Louis, cardinal de la Valette, archevêque de Toulouse, qui, au mépris de l'état ecclésiastique qu'on l'avait forcé d'embrasser, ne cessa, malgré son père et malgré les défenses du pape, de porter les armes et de commander les armées jusqu'à sa mort arrivée à Rivoli, près de Turin, l'an 1639, à l'âge de quarante-sept ans. Son père l'appelait le *cardinal valet* à cause de son dévouement servile au cardinal de Richelieu.

BERNARD DE LA VALETTE.

1642. BERNARD DE LA VALETTE, deuxième fils de Jean-Louis et de Marguerite de Foix, succéda à sa mère dans le comté d'Astarac et à son père dans le duché d'Épernon. Il mourut le 25 juillet 1661. Ses biens, ayant été saisis réellement, le comté d'Astarac fut adjugé par décret à Gaston-Jean, duc de Roquelaure, mort en 1683.

ANTOINE-GASTON.

ANTOINE-GASTON, fils de Gaston-Jean, devint après la mort de son père, comte d'Astarac, duc de Roquelaure, maréchal de France en 1724, et mourut le 6 mars 1738, à l'âge de quatre-vingt-deux ans. De MARIE-LOUISE DE LAVAL, sa femme, il ne laissa que deux filles, Françoise, mariée à Louis-Bretagne de Rohan-Chabot, prince de Léon, puis duc de Rohan ; et Elisabeth, femme de Louis de Lorraine, prince de Pons.

CHRONOLOGIE HISTORIQUE

DES

COMTES DE PARDIAC.

~~~~~~~~~~~~~

LE Pardiac, petit pays situé entre le Fezenzac et le Bigorre, a pour chef lieu le château de Montlezun, *Mons-lugduni*, distant de trois lieues à l'Ouest de Mirande, dans l'Astarac dont il faisait autrefois partie. Ses possesseurs, depuis qu'il fut séparé de ce comté, sont

BERNARD.

1025 ou environ. BERNARD D'ASTARAC, dit PÉLAGOS, troisième fils d'Arnaud II, comte d'Astarac, et de sa femme TALAISE, fut le premier comte de Pardiac par le partage que son père fit de sa succession vers l'an 1025. (Marten. *Voy. litt.* p. 41.) Il porte cette qualité dans une donation faite, l'an 1043, par Guillaume, son frère aîné, comte d'Astarac, à l'abbaye de Saint-Michel de Pessan. (*Cartul. de Simorre.*) On ignore l'année de sa mort. De MARQUÈSE, sa femme, il laissa un fils, qui suit.

OTGER Ier.

OTGER Ier., fils de Bernard et son successeur au comté de Pardiac, prit le nom de Montlezun, et donna en cette qualité, au mois de mai 1088, certains héritages aux religieux de Sorèze, dans le diocèse de Lavaur, pour le salut des âmes de ses père et mère, de ses ancêtres, comtes d'Astarac, d'AMANÈNE, sa femme, et de leurs enfants. (*Cart. Soricinii.*) Il confirma la même année à Guillaume Ier., archevêque d'Auch, le don que ses prédécesseurs avaient fait à son église de celle de Saint-Christophe, située dans l'archidiaconé de Pardiac. L'époque de sa mort n'est point connue. De son mariage il eut quatre fils, Urset, Arnaud, tous deux morts avant lui, Guillaume, qui suit, et Aimeri.

GUILLAUME.

GUILLAUME, fils d'Otger et son successeur, fut un des principaux bienfaiteurs, avec le comte d'Armagnac, de l'abbaye de la Case-Dieu, ordre de Prémontré, fondée vers l'an 1135. (*Gall. Christ.*, nov., tom. I, fol. 1031.) Louis le Jeune étant devenu duc d'Aquitaine, en 1137, par son mariage avec Eléonore, le comte Guillaume lui fit hommage comme à son suzerain. (*Anselm.* tom. I, p. 627.) Dans un voyage que ce comte fit à Auch, l'an 1142, avec MARIE, sa femme, il transigea, par voie d'échange, sur certains fonds avec Pierre, vicomte de Gavaret. (*Ibid.*) C'est le dernier trait connu de sa vie. Sa mémoire est marquée dans le Nécrologe de Saint-Mont en ces termes : *Pridie nonas aprilis obiit Guillelmus comes.*

BOÉMOND.

BOÉMOND, fils et successeur du comte Guillaume, mourut en 1182, ne laissant de ROUGE, sa femme, que deux filles, Marie et Marchèsa. (Oihenart, *ibid.*)

OTGER II.

1182. OTGER, parent de Boémond, ou peut-être son gendre, lui succéda au comté de Pardiac dont il jouissait encore en 1200. Sa femme, dont le nom est inconnu, lui donna deux fils, Arnaud-Guilhem qui suit, et Bernardet de Montlezun, dont on fait descendre les seigneurs de Montastruc. (Anselm. *ibid.*)

ARNAUD-GUILHEM Ier.

ARNAUD-GUILHEM Ier., fils et successeur d'Otger, était en jouissance du Pardiac le 7 avril 1204. (Ansel: *ibid.*) Il fit en 1255, du consentement de son frère, une donnation à l'abbaye de Berdoues. (*Cartul. Berdon.*) Celle de la Case-Dieu obtint de lui en 1275, le mardi avant la Pentecôte (28 mai) la confirmation de toutes les concessions faites par ses prédécesseurs et ses vassaux à ce monastère. (*Cart. Casœ-Dei.*) Il mourut peu de jours après, dans un âge fort avancé.

ARNAUD-GUILHEM II.

1275. ARNAUD-GUILHEM II., successeur d'Arnaud-Guilhem Ier., son père, fit hommage au roi Philippe le Hardi du comté de Pardiac dans le mois de juillet 1275. Dans la suite il eut, avec le comte d'Armagnac, des différents qui furent terminés le vendredi avant la Pentecôte (23 mai) de l'an 1298, par Bernard, archevêque d'Auch. (*Anselm.* tome II, p. 627.) Les vassaux de son comté, jusqu'à lui, n'avaient aucune loi fixe et déterminée. L'an 1300, du consentement de son fils aîné, il leur donna, par écrit, des coutumes, des priviléges et des franchises, le lundi après *Quasimodo* (18 avril). Il était mort le vendredi avant la fête de l'Annonciation de l'an 1309. (*Ibid.*) Il laissa deux fils, Arnaud-Guilhem, qui suit, et Bernard de Montlezun, seigneur de Saint-Lavi, duquel on fait descendre les seigneurs de Saint-Lavi.

ARNAUD-GUILHEM III.

1309 au plus tard. ARNAUD-GUILHEM III, successeur d'Arnaud-Guilhem, son père, servit avec distinction la France dans les guerres de Flandre, à la tête de quarante-six hommes d'armes, ses vassaux ; mais on n'a point de détail de ses exploits. Il mourut en 1333, et fut enterré, comme plusieurs de ses ancêtres, à la Case-Dieu, dont le Nécrologe marque sa mort en ces termes : *Obitus Arnaldi-Guillelmi comitis Pardiaci, domini Birani et Ordani, qui obiit anno Dom.* 1333. AGNÈS, fille et héritière d'Odon, seigneur de Biran et d'Ordan, qu'il avait épousée l'an 1309, lui donna un fils, qui suit, avec deux filles, Mabile, mariée, en 1326, avec Arnaud-Guilhem, seigneur de Barbazan, et Géraude, femme de Jean de Lomagne, seigneur de Fimarcon. La mère de ces enfants mourut en 1314, suivant le Nécrologe de la Case-Dieu, qui porte : *Pridie nonas maii obitus Agnæ de Monte-Lugduno comitissæ Pardiaci et dominæ Baroniarum Ordani et Birani quæ obiit anno* 1314.

ARNAUD-GUILHEM IV.

1333. ARNAUD-GUILHEM IV fit l'apprentissage de l'art militaire sous Arnaud-Guilhem III, son père, dans les guerres de Flandre. Il y servit, l'an 1339, avec cinquate-sept écuyers, et la valeur qu'il y montra lui mérita l'honneur d'être fait chevalier devant Saint-Omer, le 25 juillet de la même année. On le voit en 1342 chargé avec Géraud de la Barthe de garder le lieu de Penne, en Agénois. Il s'y distingua, surtout le 1er. octobre, en qualité de chevalier banneret, à la tête de quatre-vingt dix-huit écuyers et de cent quatre-vingt-quatorze sergents à pied. Sa valeur ne se démentit point en 1351, sous les enseignes du roi de Navarre. Sa mort, arrivée le 7 septembre 1353, est consignée dans le nécrologe de la Case-Dieu, lieu de sa sépulture, en ces termes : *VII° idus septembris obitus Guillelmi-Arnaldi de Monte-Lugduno, comitis Pardiaci et domini Birani et Ordani... qui obiit anno Dom.* 1353. D'ALIÉNOR DE PERALTA, sa femme, il laissa un fils et une fille, qui suivent.

ARNAUD-GUILHEM V.

1353. ARNAUD-GUILHEM V, successeur d'Arnaud-Guilhem IV, son père, était né avec un caractère violent que l'éducation ne corrigea point. Ses vassaux en ressentirent plus d'une fois les effets. Mais s'étant avisé de l'exercer contre un consul de Marciac, il s'attira un arrêt du parlement qui confisqua son comté et sa baronnie. Il mourut sans avoir été relevé de cette condamnation, le 12 août 1377. (*Chr. d'Auch*, pag. 550.) Le Nécrologe de la Case-Dieu, où il est inhumé, marque sa mort en ces termes : *Pridie idus Augusti obitus Arnaldi-Guillelmi de Monte-Lugduno, comitis Pardiaci et domini Birani et Ordani et Flamerenk, qui obiit anno Dom.* 1377.

ANNE DE MONTLEZUN.

1377. ANNE, sœur d'Arnaud-Guillaume V, mort sans enfants, recouvra, par la grâce du roi Charles V, les domaines confisqués sur son frère. Elle les porta dans la maison d'Armagnac, en épousant Géraud d'Armagnac, vicomte de Fézenzaguet. On voit dans les archives de Brouilh une fondation obituaire faite en 1389 par ce Géraud, pour l'âme de Marguerite, sa mère. Bernard VII, comte d'Armagnac, souffrait impatiemment qu'Anne eût été mise en possession du comté de Pardiac, prétendant que la confiscation ne pouvait avoir été faite en faveur du roi, mais seulement au profit du comte d'Armagnac, comme Jean son père l'avait soutenu. Ce dernier en effet avait même pris le titre de comte de Pardiac, et dans le partage de ses biens il avait assigné à Bernard, son fils, le Pardiac pour son appanage, d'où celui-ci concluait que le roi n'avait pu donner ce comté à Anne de Montlezun. Il est clair néanmoins que la prétention de Bernard était mal fondée, attendu que le Pardiac n'avait jamais fait partie de l'Armagnac, mais bien de l'Astarac dont il avait été démembré. Ainsi ce comté étant émané des comtés d'Astarac, la confiscation aurait appartenu plutôt au comte d'Astarac qu'a celui d'Armagnac. Mais la force prévalut sur le droit. Bernard, l'an 1402, s'empara du Pardiac. Anne de Montlezun, étant morte l'année suivante, il se saisit de la personne de Géraud, son époux, et de celle de ses deux fils Jean et Arnaud-Guillaume, l'un et l'autre en bas-âge. Géraud fut conduit premièrement au château de Lavardens, et de-là à la Rodelle, en Rouergue, où il fut enfermé dans une citerne. Il y mourut de froid, et Arnaud-Guillaume, son second fils, y ayant été mené ensuite, fut tellement saisi de frayeur en l'apercevant, qu'il expira sur le champ. Jean, l'aîné, à qui on fit perdre la vue, passa le reste de ses jours dans la misère. Toutes ces catastrophes arrivèrent dans le cours de la même année 1403. L'usurpateur se servit des Anglais pour réduire les places et les forteresses, et employa la protection du duc de Berri auprès du roi, pour se faire confirmer dans son injuste possession. Il reçut, comme on l'a vu ci-devant, le prix de ses violences, le 12 juin 1418, dans la sédition de Paris, où il fut massacré. (Voy. les vicomtes de Fézenzaguet.)

BERNARD D'ARMAGNAC.

BERNARD, deuxième fils de Bernard VII, comte d'Armagnac, ayant été pourvu du comté de Pardiac par son père, s'attacha comme lui au dauphin, depuis Charles VII, roi de France. Ce prince l'honorait d'une affection singulière. Dans le mandement qu'il lui envoya, l'an 1419, pour venir le servir avec un certain nombre de gendarmes de sa compagnie, il le qualifiait *son très-cher et très-amé cousin, messire Bernard d'Armagnac*. Pour ses étrennes du premier jour de l'année suivante, que l'on comptait encore 1419 jusqu'à Pâques, il lui donna un mandat de trois cents livres tournois, destinées à lui fournir de la vaisselle d'argent. Bernard devint l'héritier du maréchal de Severac, par le testament de ce seigneur, dressé le 11 avril 1421. Bonne de Bourbon, sa mère, lui fit don, l'année suivante, des terres de Chisai, Gençai et Mesle, avec la moitié de la vicomté de Carlat. Le roi Charles VII, la même année, le nomma son lieutenant-général dans le Lyonnais, le Mâconnais et le Charolais. Il épousa, l'an 1429, ELÉONORE, fille de Jacques de Bourbon, comte de la Marche et roi de Naples, et de Béatrix de Navarre. Son beau-père, par lettres du 17 juillet 1432, lui donna plein pouvoir dans toutes les terres qu'il avait en France. Ayant fait de grandes dépenses pour défendre le comté de la Marche et la châtellenie de Combraille, contre les gens de guerre qui voulaient les endommager, les états de ces pays lui décernèrent une somme de mille sept cent quatre-vingts livres pour l'indemniser. Dans la quittance qu'il en donna, le 12 mai 1435, il se qualifiait comte de la Marche, de Castres et de Pardiac, gouverneur pour le roi dans les haut et bas Limosin. Il acquit, le 16 juin 1444, de Regnaut de Murat, les droits qu'il avait à la vicomté de Carlat. On voit qu'en 1451, il jouissait de douze mille livres de pension sur les recettes générales des finances. Il n'existait plus en 1462. C'est tout ce qu'on peut dire de certain sur l'époque de sa mort. De son mariage, il laissa deux fils, Jacques, qui suit, et Jean qui fut évêque de Cahors. Il eut aussi un fils naturel nommé Jérôme, que Charlotte d'Estouteville, comtesse de Brienne retira, l'an 1428, du service de l'amiral Chabot auquel il s'était attaché, pour lui confier le soin de ses affaires, commission dont il ne s'acquitta pas au gré de cette comtesse qui le révoqua. (Anselme, tom. III, pag. 427 et 428, Brugèles, *Chr. d'Auch.*)

JACQUES D'ARMAGNAC.

1462 au plus tard. Jacques, fils aîné de Bernard d'Armagnac, porta du vivant de son père, le titre de comte de Castres, et en cette qualité, le roi lui fit payer en 1451 certaines sommes pour les dépenses que lui avait occasionnées le recouvrement du duché de Guienne. La seigneurie de Nemours ayant été érigée en duché-pairie, l'an 1404, en faveur de Charles III, roi de Navarre et comte d'Evreux, fut réunie à la couronne, l'an 1425, après la mort de ce prince, au défaut d'hoirs mâles. Elle en fut détachée, l'an 1462, par le roi Louis XI, pour être donnée à Jacques d'Armagnac, en faveur de son mariage, contracté le 12 juin de cette année avec Louise, fille de Charles d'Anjou, comte du Maine. Jacques, après la mort de son père, prenait les qualités de duc de Nemours, comte de la Marche, de Pardiac, de Castres, de Beaufort, vicomte de Murat, seigneur de Leuze, de Condé, de Montagu en Combraille, et pair de France. Les Catalans et les Navarrois ayant fait, l'an 1465, le siège du château de Perpignan, où la reine de Castille s'était renfermée, Jacques d'Armagnac fut envoyé par le roi Louis XI au secours de la place qu'il délivra. Mais la même année, il embrassa le parti des princes dans la guerre *du bien public*. Le roi, pour l'en retirer, lui donna le gouvernement de l'Ile-de-France. Jacques en reconnaissance fit serment à ce monarque de le servir envers et contre tous, même contre Charles, duc de Normandie, frère du roi. Le 5 novembre de la même année, il eut procès, conjointement avec la comtesse sa mère, contre Jean de Bourbon, comte de Vendôme, pour le comté de la Marche que le roi lui adjugea le 21 janvier de l'année suivante.

Le duc de Nemours ne persévéra point dans la fidélité qu'il avait jurée au roi de France. Accusé de plusieurs conspirations formées contre la personne de ce monarque et du dauphin, et contre l'état, il obtint diverses abolitions, dont la dernière ne lui fut accordée qu'après avoir renoncé au privilége de la pairie, et s'être soumis par écrit à la confiscation de tous ses biens pour être réunis à la couronne, s'il contrevenait jamais aux conditions renfermées dans cette abolition. Il ne cessa point néanmoins dans la suite d'entretenir des correspondances avec le duc Charles, frère de Louis XI, et Jean V, duc d'Armagnac, tous deux ennemis de ce monarque. Privé de ces deux chefs, il prêta l'oreille aux invitations du connétable de Saint-Pol, qui de concert avec les ducs de Bourgogne et de Bretagne, appelait les Anglais en France. Le connétable ayant été arrêté, ne l'épargna point dans ses dépositions. Le roi, d'après ces connaissances, fit partir le sire de Beaujeu qui vint l'investir dans Carlat où il faisait sa résidence. La duchesse de Nemours, cousine-germaine du roi, était alors en couches : ayant appris qu'on venait arrêter son mari, elle fut saisie d'un tel effroi, qu'elle mourut deux ou trois jours après. Jacques, après une courte défense, qu'il lui aurait été facile de prolonger, prit le parti de se remettre entre les mains du sire de Beaujeu, à condition qu'on lui sauverait la vie, et qu'il aurait la liberté de se justifier. Mais sa perte était résolue. Il fut conduit à Pierre-en-Cise, et envoyé de-là, au bout de quelque tems, à la Bastille où il fut renfermé dans une cage de fer. Le roi nomma des commissaires pour instruire son procès. Il se défendit long-tems, et avec beaucoup de présence d'esprit, sur les liaisons qu'il avait eues avec le connétable et le comte d'Armagnac. Mais voyant qu'on était instruit de ses manœuvres, et voulant éviter le tourment de la question, il avoua beaucoup plus qu'on ne lui en demandait. Le procès durait depuis deux ans, et les commissaires avançaient peu malgré les aveux de l'accusé. Le roi, impatient d'en voir la fin, renvoya l'affaire au parlement qu'il transféra à Noyon pour la juger. L'assemblée fut présidée par le sire de Beaujeu, que le roi nomma son lieutenant-général pour cet effet. Aucun des pairs n'y assista, parce que l'accusé, pour en obtenir sa dernière abolition, avait, comme on l'a vu, renoncé au privilége de la pairie en cas de rechute. L'arrêt fut enfin prononcé. Il condamnait Jacques d'Armagnac, *duc de Nemours, comte de la Marche, etc. comme criminel de lèze-majesé, à être décapité, tous ses biens déclarés confisqués et appartenir au roi.* Ce jugement fut exécuté le 4 août 1477, aux halles, avec l'appareil le plus effrayant. Par une barbarie dont on ne trouve aucun autre exemple dans notre histoire, les trois fils de

Jacques d'Armagnac, tous trois en bas âge, furent placés sous l'échafaud, afin que le sang de leur père ruisselât sur leurs têtes. Ces trois enfants se nommaient Jacques, Jean et Louis. Le premier mourut de la peste au château de Perpignan où il avait été renfermé. Le roi Charles VIII, par lettres du 29 mai 1491, accordées à la demande du duc de Bourbon, rendit à Jean d'Armagnac le duché de Nemours. Il mourut vers l'an 1500 sans postérité légitime. Louis, son frère, prenait en 1502 les qualités de duc de Nemours, pair de France, comte de Guise, de Pardiac et de l'Ile-Jourdain, et de vicomte du Châtelleraut et de Martigues. Il avait été fait vice-roi de Naples, par Charles VIII. Il mourut à la bataille de Cerignoles, le 8 avril 1503, et fut enterré avec pompe à Barlette. Marguerite, l'aînée des trois filles de Jacques d'Armagnac, épousa Pierre de Rohan, seigneur de Gié, maréchal de France. Catherine, la deuxième, donna sa main à Jean II, duc de Bourbon, Charlotte, la dernière, épousa Charles de Gié, fils du mari de sa sœur aînée.

CHRONOLOGIE HISTORIQUE

DES

COMTES OU DUCS DE TOULOUSE.

~~~~~~~~~~~~~~

Charlemagne, comme on l'a dit ci-devant, ayant rétabli, l'an 778, le royaume d'Aquitaine en faveur de son fils Louis, surnommé depuis le Débonnaire, comme ce jeune prince, qui ne faisait que naître, n'était pas capable de gouverner ce nouvel état, le monarque, son père, y pourvut, en établissant des comtes ou des gouverneurs dans la plupart des villes. C'est ce qui a donné occasion à quelques modernes de rapporter à cette époque l'établissement des comtes, et d'en attribuer l'institution à Charlemagne, mais mal-à-propos, puisque l'institution des comtes est beaucoup plus ancienne. Il est fait mention dans le Code théodosien, *des comtes qui avaient l'administration des provinces.* On pourrait même faire remonter l'origine des comtes jusqu'à Auguste. Sous Constantin le Grand, ce titre devint plus commun, et fut donné alors aux principaux officiers de l'empire. L'usage s'en était même introduit chez les nations barbares. Les comtes ou ducs, établis par Charlemagne, ne furent donc point une nouvelle institution. Entre ces comtes, ceux de Toulouse furent les seuls qui prirent le titre de ducs. Ils étaient appelés indifféremment comtes ou ducs, parce que Toulouse était comté et duché tout ensemble. On appelait comte celui qui n'avait le gouvernement que d'une ville, ou d'un diocèse seulement ; et duc celui qui avait le gouvernement de plusieurs villes, de plusieurs diocèses ou d'une province.

CHORSON, Ier. DUC BÉNÉFICIAIRE DE TOULOUSE.

L'an 778, Chorson ou Torsin, fut nommé comte ou duc de Toulouse par Charlemagne. Il marcha, l'an 787, contre Adalaric, fils de Loup, duc des Gascons, qui avait défait l'arrière-garde de l'armée de Charlemagne, dans la vallée de

Roncevaux; mais il fut battu et pris par Adalaric, qui lui fit acheter sa liberté à des conditions honteuses. L'an 790, Chorson fut destitué de son gouvernement, en punition de sa lâcheté, par le jugement d'une diète que Charlemagne fit tenir à Worms.

GUILLAUME I.

790. GUILLAUME I, que ses grandes qualités civiles, militaires et chrétiennes ont rendu célèbre, fut nommé duc de Toulouse et d'Aquitaine, dans la même diète où Chorson fut destitué. Il était fils de Théodoric, et d'Aldane. Son père, qui avait commandé les armées sous Pepin et Charlemagne, jusques vers l'an 790, est qualifié, par Eginhard, proche parent de ces princes, d'où l'on infère qu'il était arrière-petit-fils de Childebrand, par Théodoin, son aïeul paternel, comte de Vienne et d'Autun, le même qui, ayant été chargé par Pepin, l'an 753, d'empêcher Grippon, son frère, de passer en Italie, lui livra, dans la vallée de Maurienne, un combat où l'un et l'autre périrent.

Guillaume ne dégénéra point de la valeur de ses ancêtres. Sa première expédition fut contre les Gascons, qui avaient pris les armes en faveur d'Adalaric, leur duc, que la diète dont on vient de parler, avait proscrit. Guillaume réussit à rétablir la paix parmi eux, autant par son habileté, que par sa valeur. Les Sarrasins ayant pénétré, l'an 793, dans la Marche d'Espagne, Guillaume va au devant d'eux, les attaque à Villedaigne, entre Narbonne et Carcassonne, et perd la bataille, après avoir fait des efforts incroyables pour enchaîner la victoire. L'an 801, il engage Louis le Débonnaire, roi d'Aquitaine, à entreprendre le siége de Barcelonne, sur ces infidèles, et se signale dans cette expédition, qui finit au bout de sept mois, par la réduction de la place. Guillaume se retira, l'an 806, au monastère de Gellone, dit aujourd'hui *Saint-Guilhen du Désert*, qu'il avait fondé, l'an 804, au diocèse de Lodève. Il y reçut l'habit religieux, le 29 juin; et après avoir passé six ou sept ans dans cette retraite, il y mourut saintement, le 28 mai de l'année 812 ou de la suivante. Ses vertus l'ont fait mettre au rang des Saints. Guillaume avait trois frères, Theudoin, Adalelme et Théodoric, avec deux sœurs, Albane et Berthe. Il avait épousé, 1°. CUNÉGONDE; 2°. GUITBERGE, dont il avait eu trois fils, Bernard, Wacharius et Gaucelme, avec une fille, Hélimbruch ou Gerberge, femme de Vala, petit-fils de Charles Martel, et depuis abbé de Corbie. Cette princesse, à l'exemple de son époux, embrassa la vie religieuse, et se retira à Châlons-sur-Saône. Elle édifiait cette ville par ses vertus, lorsqu'en 834, Lothaire, fils de Louis le Débonnaire, eut la cruauté de la faire enfermer dans un tonneau, comme une sorcière et une empoisonneuse, et de la faire précipiter dans la Saône, où elle périt. C'était pour se venger des ducs Bernard et Gaucelme, frères de cette princesse, qui s'étaient opposés à ses desseins ambitieux, et avaient favorisé le parti de l'empereur, son père.

RAYMOND, DIT RAFINEL.

810. RAYMOND, surnommé RAFINEL, paraît avoir été le successeur de saint Guillaume ; car ce Raymond prend le titre de duc d'Aquitaine, vers l'an 810. C'est tout ce qu'on peut dire de certain touchant le successeur immédiat de Guillaume. On ne peut, d'ailleurs, fixer ni le commencement, ni la fin du gouvernement de Raymond. L'an 817, le duché de Toulouse devint beaucoup moins considérable par le démembrement de la Septimanie et de la Marche d'Espagne, qui en furent détachées par le partage que Louis le Débonnaire fit de ses états entre ses enfants.

BÉRENGER, DUC BÉNÉFICIAIRE DE TOULOUSE.

818. BÉRENGER, non moins illustre par sa sagesse et sa bonne conduite, que par sa naissance, qu'il tirait de Hugues, comte de Tours, proche parent de Louis le Débonnaire, était pourvu du gouvernement ou du duché de Toulouse quelque tems avant la défaite des Gascons, qu'il battit en 819. L'empereur Louis le Débonnaire le nomma, l'an 832, duc de Sep-

DUCS ET MARQUIS DE SEPTIMANIE OU GOTHIE.

Cette partie de la première Narbonnaise, qui resta aux Visigoths après que les Français les eurent dépouillés de la plupart de leurs conquêtes dans les Gaules, fut nommée Septimanie, à cause des sept principales cités qui la composaient, et Gothie, du nom de la nation qui l'avait conquise. Elle comprenait tout le Languedoc, à l'exception des anciens diocèses de Toulouse et d'Albi, et de ceux d'Usez et de Viviers. Pepin le Bref, roi de France, après l'avoir conquise vers l'an 760, l'unit à la couronne : elle en fut distraite par Charlemagne, pour faire partie du royaume d'Aquitaine, qu'il érigea l'an 778. L'empereur Louis le Débonnaire l'en sépara l'an 817, avec la Marche d'Espagne, et fit des deux provinces un duché particulier, dont Barcelonne fut la capitale. Son fils, Charles le Chauve, divisa ce duché, l'an 864, en deux marquisats, dont l'un eut pour

timanie. Il mourut subitement, l'an 835, étant en chemin pour se rendre à la diète de Crémieu.

BERNARD.

835. BERNARD, duc de Septimanie, succéda au duché de Toulouse en 835. Il périt l'an 844. (Voy. *ci-dessous* Bernard I, *duc de Septimanie.*)

GUILLAUME II, DUC ET COMTE BÉNÉFICIAIRE DE TOULOUSE.

L'an 844 ou 845, GUILLAUME II, né le 29 novembre 826, de Bernard et de Dodane, et petit-fils de saint Guillaume, fut pourvu du duché de Toulouse par Pepin II. Ce duc est différent de Guillaume, duc de Gascogne, qui tomba, l'an 848, entre les mains des Normands, lorsque ces barbares prirent Bordeaux, par la perfidie des Juifs. L'an 850, Guillaume, âgé de vingt-quatre ans seulement, eut une fin aussi tragique que celle de Bernard, son père. Ayant été arrêté à Barcelonne,

---

capitale Narbonne, et l'autre Barcelonne. C'est dans l'un et l'autre de ces deux derniers états que nous considérons la Septimanie.

BÉRA, PREMIER DUC BÉNÉFICIAIRE DE SEPTIMANIE.

L'an 817, l'empereur Louis le Débonnaire, après avoir partagé ses états entre ses trois fils, érige en duché la Septimanie, qui était dans le lot de son fils Lothaire, et lui donne pour premier duc BÉRA, visigoth de naissance. Ce seigneur était déjà comte de Barcelonne depuis l'an 801, époque de la prise de cette ville par les Français sur les Sarrasins. Il avait fait ses preuves de valeur à ce siège, où Charlemagne était en personne, et peu après il avait battu un corps de sarrasins sur les bords de l'Ebre. L'an 820, à la diète d'Aix-la-Chapelle, tenue au mois de janvier, il fut accusé de félonie par un comte de ses voisins, nommé Sanila. L'accusateur, au défaut de preuves, offrit le duel, et Béra eut le malheur d'être vaincu. Sa défaite emportant la conviction du crime, suivant le préjugé du tems, il fut dépouillé de ses honneurs, et relégué à Rouen. On appela depuis Béra, par injure, en Languedoc, comme on nommait Ganelon en-deçà de la Loire, celui qui manquait à la foi qu'il devait à son souverain. De ROMILLE, sa femme, Béra laissa un fils nommé Argila, qui fut père de Béra, qu'on fait mal à propos comte de Roussillon, et une fille nommée Rotrude, qui

dont il s'était emparé, l'an 848, avec l'aide des Sarrasins, il fut condamné, comme criminel de lèze-majesté, et mis à mort.

FRÉDÉLON.

850. FRÉDÉLON (d'une illustre naissance), fils de Fulguad ou Fuleoad, et de Sénégonde, commandait dans la ville de Toulouse, lorsqu'elle fut assiégée, pour la troisième fois, par Charles le Chauve. Il rendit cette place importante au monarque, et reçut en récompense le comté de Toulouse, auquel était attaché le duché d'Aquitaine. Il n'en jouit pas long-tems, et mourut au plus tard l'an 852. ODE, sa femme, ne lui ayant donné qu'une fille nommée Udalgarde, il transmit à Raymond, son frère, le comté ou duché de Toulouse, avec le comté de Rouergue. L'hérédité des dignités avait déjà commencé sous Louis le Débonnaire ; mais elle ne fut entièrement et légalement établie qu'à l'élévation de Hugues Capet sur le trône.

RAYMOND Ier., COMTE HÉRÉDITAIRE DE TOULOUSE.

852. RAYMOND Ier., frère de Frédélon, lui succéda, et prit le titre de duc. Il joignit aux comtés de Toulouse et de Rouergue celui de Querci, et les fit passer à sa postérité, qui en a joui jusques vers la fin du treizième siècle. C'est de ce Raymond que

épousa le comte Alaric, dont elle eut un fils nommé Auréole. (*Marca Hisp.*, page 781-837, Vaissète, tome I, page 738.)

BERNARD I, DUC BÉNÉFICIAIRE DE SEPTIMANIE.

820. BERNARD I, fils de saint Guillaume, duc de Toulouse, fut substitué à Béra dans le duché de Septimanie. Il signala sa valeur et sa prudence, l'an 826, contre Aizon, qui avait fait soulever la Marche d'Espagne. L'empereur l'ayant fait venir à la cour en 828, le déclara son premier ministre. L'année suivante, il le fit son camérier ou grand-chambellan, et le nomma gouverneur de son fils Charles. Bernard entra dans les vues de l'impératrice Judith, mère de Charles, pour l'établissement de ce jeune prince, et détermina l'empereur à lui assigner un royaume au préjudice du traité de partage fait entre ses enfants du premier lit. Ceux-ci, mécontents de cette disposition, forment une conjuration dans laquelle entrent la plupart des grands de l'etat, contre Bernard : on l'accuse de tyrannie et d'un commerce criminel avec l'impératrice. L'an 830, l'empereur, pour

descendent les comtes héréditaires de Toulouse, qui ont possédé la plus grande partie du Languedoc jusqu'à sa réunion à la couronne. L'an 862, Raymond fonda l'abbaye de Vabres en Rouergue; le titre de fondation est signé par Raymond, par BERTHEIZ, son épouse, par Bernard, Fulguad et Odon, ses fils. Raymond avait un quatrième fils, nommé Aribert, qui changea son nom en celui de Benoît, en prenant l'habit religieux dans cette même abbaye, que son père venait de fonder. L'an 863, Raymond fut chassé de Toulouse par Humfrid, marquis de Gothie; il y rentra l'an 864, après que Humfrid eut abandonné cette ville. Raymond Ier. mourut cette année, ou la suivante, avant Pâques, laissant de son épouse, outre les quatre fils qu'on vient de nommer, une fille mariée à Etienne, comte d'Auvergne.

BERNARD, COMTE DE TOULOUSE.

L'an 864, ou 865. BERNARD, fils de Raymond Ier., lui succéda dans toutes ses dignités; il ne faut point le confondre, comme font quelques modernes, contre l'autorité des anciens, avec Bernard II, marquis de Gothie, ni avec Bernard, comte d'Auvergne, fils du duc de Septimanie, qui vivaient dans le même tems, et qui se trouvèrent tous les trois, l'an 868, à la diète de

---

donner quelque satisfaction aux conjurés, renvoie Bernard dans son gouvernement. Bernard vient se présenter l'année suivante à la diète de Thionville, et s'y purge par le serment au défaut d'accusateur qui veuille accepter le duel qu'il offrait. Cette démarche ne l'ayant pas rétabli dans sa première faveur, il se lie avec le roi Pepin contre les intérêts de l'empereur. Ce prince, instruit de ses menées, le dépouille, en 832, de ses honneurs dans la diète de Joac, en Limosin. Le duché de Septimanie est donné à Bérenger, duc de Toulouse. Bernard, retiré en Bourgogne, change de parti, et se déclare contre les enfants révoltés de Louis le Débonnaire : il travaille à faire rétablir ce prince qu'ils avaient déposé. L'an 833, il recouvre son duché dix-huit mois après qu'il en avait été privé.

LE MÊME BERNARD, DUC DE SEPTIMANIE ET DE TOULOUSE.

L'an 835, BERNARD succéda à Bérenger dans le duché de Toulouse. Par-là, se voyant à la tête de deux grandes provinces, il se croit tout permis, usurpe les biens ecclésiastiques, et opprime les peuples. Le roi Charles le Chauve lui retire le duché

Pitres, près du Pont-de-l'Arche, dans le diocèse de Rouen, convoquée par Charles le Chauve. Bernard se donna les titres de duc, de marquis et de comte : il était comte de Toulouse, comme gouverneur de cette ville ; marquis, par l'autorité qu'il avait sur une partie de la Narbonnaise première, duc par celle qu'il avait sur une partie de l'Aquitaine. Bernard finit ses jours l'an 875, entre les mois d'août et de décembre, sans laisser d'enfants. Hincmar dit qu'il mourut d'une mort funeste pour avoir usurpé les biens de l'église de Reims, situés en Aquitaine.

ODON, ou EUDES.

875. ODON, ou EUDES, fils de Raymond Ier., succéda immédiatement à Bernard, son frère, en 875. Odon, l'an 878, unit l'Albigeois au comté de Toulouse, et augmenta considérablement son autorité dans le pays. L'an 910, le 11 septembre, il souscrivit la charte de la fondation de Cluni, donnée par Guillaume le Pieux, duc d'Aquitaine, marquis de Gothie, avec lequel il avait une grande liaison. Eudes mourut fort âgé, l'an 918 ou 919, laissant de GARSINDE, son épouse, fille d'Ermengaud, comte d'Albi, deux fils, Raymond et Ermengaud, qui partagèrent sa succession, et formèrent deux branches, celle des

---

de Toulouse, l'an 840, à cause de ses liaisons avec le jeune Pepin, et nomme à sa place Warin, seigneur bourguignon, qu'il faut distinguer de Warin I, comte d'Auvergne. Bernard, l'an 841, réconcilié en apparence avec Charles, marche, sous ses drapeaux, à la bataille de Fontenai ; mais il se contente d'y faire le personnage de spectateur, tandis que Warin, par sa valeur, fait pencher la victoire du côté de Charles. Ce manquement perfide ne resta pas impuni. L'an 844, Bernard, arrêté par l'ordre de Charles, est condamné à mort comme coupable de félonie, et exécuté au mois de juin. Un fragment d'une chronique manuscrite, publié par M. Baluze, et dont la sincérité paraît fort équivoque à D. Vaissète, dit que ce fut Charles le Chauve lui-même qui poignarda Bernard pour se venger de ce qu'il avait souillé la couche nuptiale de son père. (*Histoire de Lang.*, tome I, page 706, col. 2.) Bernard avait épousé, le 1er. juillet 824, DODANE, ou DUODÈNE, dont il eut deux fils, Guillaume, duc de Toulouse, qui suit, et Bernard, différent de celui qui fut dans la suite marquis de Septimanie ; avec une fille, Rogelinde, femme de Wulgrin, comte d'Angoulême et de Périgord. C'est au premier de ces deux fils que Dodane adressa le manuel qu'elle avait composé pour le former à la vertu.

comtes de Toulouse, et celle des comtes de Rouergue. Les deux frères jouirent par indivis de l'Albigeois et du Querci, et du marquisat de Gothie, qui échurent à leur maison après la mort de Guillaume le Pieux.

RAYMOND II, COMTE DE TOULOUSE.

918 ou 919. RAYMOND II, fils aîné d'Eudes, lui succéda au comté de Toulouse, dont il portait déjà le titre dans les dernières années de son père; ce qui prouve qu'Eudes l'avait associé au gouvernement. Raymond et Ermengaud, son frère, ne prirent aucune part à la conjuration formée, l'an 922, contre Charles le Simple, ni à l'élection de Robert. Raymond, l'an 923, signala sa valeur contre les Normands, dans une grande bataille qu'il leur livra avec Guillaume II, comte d'Auvergne, qui l'avait appelé à son secours. Raymond mourut peu après cette expédition, peut-être même dans l'action, laissant de GUIDINILDE, son épouse, Raymond-Pons, qui suit.

RAYMOND-PONS III.

923. RAYMOND-PONS III succéda, l'an 923, à Raymond II, son père. A son exemple, il demeura fidèle à Charles le Simple;

Quelques modernes ont cru, mais sans fondement, qu'elle était sœur de Louis le Débonnaire.

SUNIFRED, MARQUIS DE SEPTIMANIE.

844. SUNIFRED, fils de Borrel, comte d'Ausone, dans la Marche d'Espagne, était comte bénéficiaire de Gironne et d'Urgel dès l'an 819. Le roi Charles le Chauve, après la mort de Bernard, et peut-être même de son vivant, lui donna le gouvernement de Septimanie, qui prit alors le titre de marquisat. On ne connaît aucun autre trait de sa vie. Il était déjà remplacé l'an 848.

ALEDRAN.

848. ALEDRAN, dont on ignore l'origine, défendit, l'an 848, la Marche d'Espagne en qualité de Gouverneur de Septimanie, contre l'armée de Guillaume II, comte de Toulouse, renforcée d'un corps de sarrasins. Le sort des armes ne lui fut point favorable. Il perdit cette année les villes de Barcelonne et d'Ampurias, que Guillaume lui enleva. Le roi Charles le

et tant que ce roi vécut, il ne voulut point reconnaître Raoul, ni même long-tems après la mort de Charles. Cet événement est une des principales époques du grand pouvoir que s'attribuèrent les comtes de Toulouse. L'an 924, Raymond-Pons défait les Hongrois qui étaient entrés en Provence, et les en chasse. L'an 932, il reconnaît Raoul roi de France, qui dispose en sa faveur du duché d'Aquitaine et du comté particulier d'Auvergne. Raymond-Pons mourut vers l'an 950, laissant de GARSINDE, sa femme, trois fils en bas âge, Guillaume, qui suit; Pons-Raymond, comte d'Albigeois, assassiné vers l'an 989, par Ariaud, son beau-fils, que sa femme avait eu d'un premier époux; et Raymond dont le sort est inconnu; avec une fille appelée Raymonde, mariée avec Aton, vicomte de Soule en Gascogne. Les modernes, qui placent la mort de Raymond-Pons en 955, ou 961, ou en d'autres années, se trompent. (*Voyez* Raymond-Pons, *comte d'Auvergne*.) Il est à remarquer, d'après D. Vaissète, que depuis Raymond-Pons aucun des comtes de Toulouse ne s'est qualifié duc d'Aquitaine. Une autre remarque à faire, suivant le même auteur, c'est que tous les actes de la province (de Languedoc), dressés pendant la prison du roi Charles le Simple, sont datés des années du règne de ce prince : preuve

---

Chauve le remit en possession de ces deux places en 850 : mais, l'an 852, Abdoulkerim, général des Sarrasins, prit de nouveau sur lui Barcelonne, par la trahison des Juifs. On présume qu'Aledran périt en cette occasion. Ce qui est certain, c'est qu'il était remplacé dans le mois de septembre 852. Les Sarrasins abandonnèrent Barcelonne après l'avoir pillée.

ODALRIC, MARQUIS DE SEPTIMANIE.

852. ODALRIC, ou UDALRIC tint, le 10 septembre 852, un plaid général, en qualité de marquis de Septimanie, à Crépian, dans le diocèse de Narbonne. Il était comte de Gironne dès l'an 843. Les peuples d'Aquitaine, ses voisins, s'étant révoltés contre Charles le Chauve en faveur de Pepin, la contagion de leur exemple ne corrompit point la fidélité d'Odalric; il demeura constamment attaché à son légitime souverain. Odalric mourut, au plus tard, en 857.

HUMFRID, MARQUIS DE SEPTIMANIE.

857. HUMFRID, ou WIFRED, qu'on croit être de la famille du duc saint Guillaume, ainsi que ses prédécesseurs, jouissait

certaine que les peuples de Languedoc lui demeurèrent fidèles après que Raoul se fut emparé de toute l'autorité.

GUILLAUME TAILLEFER III.

950. GUILLAUME TAILLEFER III, fils aîné de Raymond-Pons, lui succéda dans un âge tendre au comté de Toulouse, et à la plupart de ses autres domaines, sous la tutelle de Garsinde, sa mère. L'an 975, il fit avec Raymond III, comte de Rouergue, un traité de partage des domaines de leur maison, par lequel, entr'autres choses, chacun se réserva la moitié du comté de Nismes, dont leurs descendants hériteraient; la portion de ce comté, qui échut au comte de Toulouse, fut appelée le comté de Saint-Gilles, parce que l'abbaye de ce nom, située sur le Rhône, s'y trouvait renfermée. (*Voyez* Raymond III, *comte de Rouergue.*) Guillaume, avant ce partage, avait épousé, vers l'an 975, ARSINDE, appelée BLANCHE par Yves de Chartres, dans une lettre au légat Conon, qui se trouve dans le Cartulaire de saint Bertin, et par Alberic de Trois-Fontaines, qui la disent, l'un et l'autre, sœur de Geoffroi Grisegonelle, comte d'Anjou, et non sa fille, comme le pense D. Vaissète. Guillaume eut de cette princesse deux fils, Raymond et Henri, avec deux filles,

---

du comté de Bésalu avant que de succéder à Odalric dans le marquisat de Septimanie. Les Normands ayant fait, l'an 859, une descente près de Narbonne, assiégèrent cette ville, la prirent et l'abandonnèrent après l'avoir pillée. Humfrid, l'an 863, s'empara de la ville de Toulouse, et en chassa le comte Raymond. Le roi Charles le Chauve, informé de cette entreprise, dépouille, l'an 864, Humfrid de ses honneurs, et le proscrit. Ce fut alors, comme on l'a dit, que Charles sépara la Septimanie en deux gouvernements, dont l'un fut celui de la Septimanie proprement dite, et l'autre celui de la Marche d'Espagne ou de Barcelonne.

BERNARD II., MARQUIS DE SEPTIMANIE.

861. Après la proscription d'Humfrid, la Septimanie proprement dite fut donnée à BERNARD, fils d'un autre Bernard, frère d'Eménon, comte d'Auvergne, et de Bilichilde, fille de Roricon, comte du Maine. L'an 867, il fut substitué dans le comté de Poitiers par le roi Charles le Chauve, à Rainulfe I, décédé cette année. Charles le Chauve ayant passé les Alpes, l'an 877, pour aller s'opposer à son frère Carloman, Bernard se

dont l'aînée, Constance, devint reine de France l'an 998, par son mariage avec le roi Robert; et la seconde, nommée Ermengarde, fut mariée à Robert I, comte d'Auvergne. Guillaume épousa, vers l'an 990, en secondes noces, ÉMME, fille de Rotbold, comte de Provence, laquelle apporta dans la maison de Toulouse ce qu'on appela, dans la suite, le marquisat de Provence. Depuis ce mariage, Guillaume fit sa résidence ordinaire en Provence. Le comte Guillaume était en possession, comme tous les grands vassaux de la couronne, de nommer aux évêchés et aux abbayes, situés dans ses domaines. Mais il n'était nullement scrupuleux sur la manière d'user de ce droit usurpé. L'évêché de Cahors étant venu à vaquer en 990, il l'offrit, de concert avec l'archevêque de Bourges, à Bernard de Comborn, abbé de Solignac, moyennant une somme considérable d'argent. Bernard, élevé dans l'abbaye de Saint-Benoît-sur-Loire, sous le célèbre Abbon, consulta sur cette proposition le pieux abbé, qui le détourna, par une lettre très-forte, de l'accepter. Sur son refus, l'évêché fut donné à Gauzebert, homme de condition. (Vaissète.) Adémar de Chabannais raconte un événement singulier, arrivé à Toulouse, sous le gouvernement de Guillaume III. C'était un usage immémorial en cette ville, que tous les ans le jour de Pâques, on amenât dans

ligua contre lui avec d'autres seigneurs, et tous refusèrent de lui amener les troupes qu'il leur avait demandées. Ce prince étant mort la même année, les conjurés, pour la plupart, se réconcilièrent avec son fils, Louis le Bègue; mais Bernard persista dans sa révolte. L'an 878, il s'empara de Bourges et du Berri sur Boson, comte de ce pays et duc de Provence. Mais à peine en était-il possesseur, qu'il fut excommunié au concile de Troyes, et privé de ses dignités. Se voyant proscrit, il se retira d'abord à Autun et ensuite dans le comté de Mâcon, que Boson, après l'avoir dépouillé de celui d'Autun, lui donna. Il ne demeura pas tranquille dans ce nouveau département. Ayant été assiégé peu de tems après dans Mâcon, par les rois Louis et Carloman, il y fut pris sur la fin de 879, et puni, à ce qu'il paraît, du dernier supplice. (*Voyez* Bernard, *comte de Bourges,* Bernard, *comte de Poitiers*, et Bernard, *comte de Mâcon.*

BERNARD III.

878. BERNARD III, comte d'Auvergne, surnommé *Plantevelue*, en latin *planta pilosa*, différent de Bernard, fils de Do-

la cathédrale, un juif, pour y recevoir un soufflet, en représailles de celui que notre Sauveur avait reçu chez le grand-prêtre. L'an 1002, Aimeri, vicomte de Rochechouart, s'étant rencontré à Toulouse, ce jour-là, eut l'honneur de *colaphiser* le juif. Mais il appliqua le soufflet avec tant de force, qu'il fit sauter la cervelle et les yeux de la tête au malheureux juif, qui tomba mort à ses pieds. C'est ainsi que le zèle sans lumières se tourne souvent en cruauté. Le comte Guillaume finit ses jours, âgé d'environ quatre-vingt-dix ans, après le mois de septembre de l'an 1037. De son second mariage, il laissa deux fils, Pons, qui suit, et Bertrand, qui eut en partage une portion de la Provence.

PONS.

1037. PONS, fils de Guillaume et d'Emme, sa seconde femme, hérita, à l'âge de quarante-cinq ans, non-seulement des comtés de Toulouse, d'Albigeois, de Querci, de Saint-Gilles, du côté de son père, mais encore d'une partie de la Provence, du côté de sa mère. Il possédait, de plus, l'évêché d'Albi et une partie de celui de Nismes, comme des fiefs de son domaine. Pons joignit à ses titres celui de *comte palatin*. L'origine de ce titre est, selon dom Vaissète, que saint Guillaume de Gélonne avait été comte du palais des rois d'Aqui-

---

dane, et non pas le même, comme le prétend D. Vaissète, fut substitué par le roi Louis le Bègue à Bernard II dans le marquisat de Septimanie. Il mérita la confiance de ce monarque par l'attachement qu'il lui marqua, et par les services importants qu'il lui rendit. Louis le Bègue l'ayant nommé, en mourant, tuteur de son fils aîné, il se hâta de faire couronner ce prince, ainsi que son frère Carloman, pour prévenir les desseins des mal-intentionnés. On vit presque aussitôt éclater les vues ambitieuses du duc Boson, qui se fit déclarer roi de Provence par les évêques de son département. Boson distribua les comtés de ce nouveau royaume à ses partisans, du nombre desquels était Bernard II, ci-devant marquis de Septimanie, qui reçut de lui le comté de Mâcon. L'an 880, les deux rois s'étant mis en marche sous la conduite de Plantevelue, pour chasser le tyran, commencèrent par le siége de la capitale de ce comté, qu'ils prirent et donnèrent à ce général. Vienne, qu'ils attaquèrent ensuite, fit une résistance beaucoup plus longue. Le comte-marquis Bernard ne cessa d'avoir les armes à la main contre

taine, et que les comtes de Toulouse, successeurs de saint Guillaume, lui ont succédé dans cette dignité. Pons fut un des grands usurpateurs des biens ecclésiastiques, et le fut non-seulement avec impunité, mais même avec sécurité de conscience, comme on le voit par l'assignat qu'il fit de l'évêché d'Albi, l'an 1037, à MAJORE, sa femme, pour son douaire : *Qua propter*, dit-il, dans la charte qu'il fit expédier à ce sujet, *ego in Dei nomine Pontius dono tibi dilectæ sponsæ meæ Majoræ episcopatum Albiensem.* Le même prince disposa à prix d'argent de l'évêché du Pui. (*Hist. de Lang.*, tom. II., pag. 206.) Pons ayant perdu ou répudié Majore, se remaria en secondes noces, entre l'an 1040 et 1045, avec ALMODIS, fille de Bernard, comte de la Marche, en Limosin; elle avait été mariée, d'abord, à Hugues V, sire de Luzignan, et ensuite répudiée pour cause de parenté. Pons la répudia aussi vers l'an 1053, après avoir eu d'elle trois fils, Guillaume, qui suit; Raymond à qui sa mère transmit le comté de Saint-Gilles, dont elle jouissait pour son douaire; et Pons, mort sans lignée, l'an 1063, au plutôt ; avec une fille nommée Almodis, mariée à Pierre, comte de Melgueil, ou de Substantion. La comtesse, mère Almodis, épousa, en troisièmes noces, Raymond-Bérenger I, comte de Barcelonne. Pons mourut vers l'an 1060, âgé de soixante et dix ans, et fut enterré à Saint-Sernin, dans un tombeau de marbre blanc, placé aujourd'hui auprès de celui de son père. Almodis vivait encore en 1063, comme le prouve une charte du 8 des calendes de janvier de cette année (v. st.) par laquelle Almodis, qui se qualifie comtesse de Rodès, de Nismes et de Narbonne, donne, avec Raymond, son fils, certains fonds à l'abbaye de Cluni. (*Archives de Cluni.*)

Boson, et perdit la vie dans un combat qu'il lui livra l'an 886, avant le mois d'août. (*Voyez* Bernard Plantevelue, *comte d'Auvergne*, et le même, *comte de Mâcon.*)

GUILLAUME LE PIEUX.

886. GUILLAUME, surnommé LE PIEUX, fils de Bernard III, hérita de lui du marquisat de Septimanie, ainsi que du comté d'Auvergne. Il épousa INGELBERGE, fille de Boson, roi de Provence, dont il ne laissa point d'enfants. Après la mort de ce prince, arrivée le 6 juillet de l'an 918, la Septimanie tomba dans la maison de Toulouse. (*Voy.* Guillaume le Pieux, *comte de Bourges*, et le même Guillaume, *comte d'Auvergne.*)

GUILLAUME IV.

1060. GUILLAUME IV, âgé d'environ vingt ans, succède à son père dans les comtés de Toulouse, d'Albigeois et de Querci. Ce fut un prince vertueux, qui s'appliqua principalement à faire fleurir la religion dans ses états. L'an 1066, après la mort de Berthe, comtesse de Rouergue, il se porta pour son héritier, et céda ensuite ses droits à Raymond de Saint-Gilles, son frère. Il eut la guerre, l'an 1079 ou environ, avec Guillaume VI, comte de Poitiers, qu'il battit devant Bordeaux ; mais ce dernier, étant venu dans le Toulousain, ravagea, par représailles, le pays dont il prit la capitale, qu'il rendit bientôt après. (*Voy.* Guillaume VI, *comte de Poitiers.*) Guillaume ayant perdu tous ses enfants mâles, et se voyant sans espoir d'en avoir, appela, l'an 1088, à sa succession Raymond, son frère, et lui céda ou lui vendit, selon Guillaume de Malmesburi, écrivain du douzième siècle, le comté de Toulouse et tous ses autres domaines, au préjudice de sa fille unique. Mais comme le duc d'Aquitaine, son gendre, pouvait s'opposer à cet arrangement, le comte Guillaume lui donna une somme par forme d'indemnité, au moyen de quoi il obtint son consentement. Il partit ensuite, l'an 1092, pour la Terre-Sainte, où il mourut l'année suivante. Les grandes libéralités du comte Guillaume envers les églises, les pauvres et les hôpitaux, son zèle pour la réforme du clergé, et ses autres vertus, lui ont fait donner par quelques auteurs le titre de *très-chrétien*. Le pape Urbain II lui avait écrit cette année ou la précédente, pour le remercier de la protection qu'il accordait aux abbés de Moissac et de Lezat, qu'on voulait chasser injustement de leurs siéges, pour en substituer d'autres. Dans cette même lettre il lui accordait la permission de faire construire un cimetière à Toulouse, près de l'église de Notre-Dame de la Daurade, pour lui et sa postérité, avec ordre à l'évêque de le bénir. La sépulture des comtes de Toulouse, qui avait été jusqu'alors à Saint-Sernin, fut transférée depuis à la Daurade. Guillaume avait épousé, 1°. l'an 1067, MAHAUT ou MATHILDE, dont on ignore la famille ; 2°. EMME, fille de Robert, comte de Mortain, frère utérin de Guillaume le Conquérant. Il eut du premier de ces deux mariages au moins deux fils, auxquels il survécut, et du second, une fille, nommée Philippe, dite aussi Mathilde, mariée, 1°. vers l'an 1086, à Sanche-Ramire, roi d'Aragon ; 2°. l'an 1094, à Guillaume, dit le Vieux, comte de Poitiers.

RAYMOND IV, DIT DE SAINT-GILLES.

1088. RAYMOND IV, dit DE SAINT-GILLES, parce qu'il eut d'abord cette portion du diocèse de Nismes dans son partage, fils de Pons, succède à Guillaume, son frère, en vertu de la vente ou cession qu'il lui avait faite. Il était comte de Rouergue, de Nismes et de Narbonne depuis 1066. Raymond joignit aux titres de la maison des comtes de Toulouse, celui de duc de Narbonne, qui n'est pas différent de celui de marquis de Gothie, ou de Septimanie : dignité qui avait passé dans sa maison après la mort de Guillaume le Pieux, duc d'Aquitaine, et qui, après avoir été possédée pendant long-tems par la branche cadette de Rouergue, fut réunie à la branche aînée en sa personne et en celle de son frère. Raymond de Saint-Gilles, à son avènement au comté de Toulouse, avait déjà été marié deux fois, 1°., l'an 1066 à N., sa cousine-germaine, fille de Bertrand I, comte de Provence, laquelle lui apporta ses droits sur la moitié de ce comté, mais dont le pape Grégoire VII voulut, par les censures, l'obliger à se séparer; 2°., l'an 1080, MATHILDE, fille de Roger, comte de Sicile, qu'il alla chercher lui-même dans cette île. L'an 1094, il épousa, en troisièmes noces, ELVIRE, fille naturelle d'Alfonse VI, roi de Léon et de Castille. Raymond, l'an 1095, marie Bertrand, son fils aîné, qu'il avait eu de sa première femme, avec Electe ou Hélène, fille d'Eudes I, duc de Bourgogne. Cette même année, Raymond envoie des ambassadeurs au concile de Clermont, pour déclarer que lui et un grand nombre de chevaliers, ses vassaux, avaient pris la croix. Ce fut le premier des princes qui la prit, et son exemple en entraîna beaucoup d'autres. Mais ce qui le distingua de tous, c'est le vœu qu'il fit, et qu'il accomplit, de ne plus retourner dans sa patrie, et d'employer le reste de ses jours à combattre contre les Infidèles, en expiation de ses péchés. Raymond part, l'an 1096, sur la fin d'octobre, pour la Terre-Sainte, à la tête d'une armée de cent mille hommes, composée de *Goths*, *d'Aquitains* et de *Provençaux*, accompagné d'Elvire, sa femme, d'un fils qu'il avait eu d'elle, dont on ne dit point le nom, et d'Ademar ou Aymar de Monteil, évêque du Pui et légat du pape pour la croisade. Après avoir passé les Alpes, il entre dans la Lombardie, et prend sa route par le Frioul et la Dalmatie. Arrivé à Constantinople, avec les autres chefs de croisés, il fut presque le seul qui n'eut pas la faiblesse de consentir à la proposition que leur fit l'empereur Alexis de lui rendre hommage, par avance, des pays qu'ils allaient conquérir. Loin de subir ce joug humiliant, il protesta qu'il perdrait plutôt la vie, que de se rendre vassal d'un prince étranger. Tout ce qu'on put obtenir de lui, fut de jurer qu'il n'entreprendrait rien contre la vie et l'honneur de l'empereur; à condition, néanmoins, qu'il tiendrait aux croisés les promesses qu'il leur avait faites. C'est à quoi les historiens du tems réduisent les engagements que le comte de Toulouse prit avec l'empereur Alexis. Mais il faut y ajouter la promesse qu'il fit à ce monarque, avec les autres princes, de lui rendre les places de l'empire, qu'ils reprendraient sur les Infidèles. Il ne tint pas à Raymond qu'elle ne fut religieusement observée; et de là vinrent ses démêlés avec Boémond, après la prise d'Antioche, que celui-ci retint pour lui-même malgré le comte de Toulouse, qui voulait qu'on la remît aux Grecs. Tandis que Raymond combattait en Orient pour la cause commune, ses états, en Occident, souffraient de son absence. L'an 1098, Guillaume le Vieux, comte de Poitiers, fit une invasion dans le Toulousain, dont il prit la capitale au mois de juillet, sous le prétexte des droits de Philippe, son épouse, fille du comte Guillaume IV. (Voy. *les comtes de Poitiers*.) La nouvelle de cet événement, que Raymond ne tarda pas d'apprendre, ne le fit point retourner en arrière. Il continua le service auquel il s'était dévoué, s'occupa uniquement des intérêts de la croisade, et se distingua si avantageusement entre tous les chefs de cette expédition, qu'ils se réunirent pour lui offrir le trône de Jérusalem après la prise de cette ville. Il refusa généreusement cet honneur, dit Guibert de Nogent, non pas tant à raison de son âge déjà sur le déclin, et de la perte qu'il avait faite d'un œil, que par modestie : « car il » était, ajoute-t-il, très-capable de remplir dignement les » fonctions de la royauté, s'étant rendu très-recommandable » par ses exploits et par ses vertus ». A son refus et sur son indication, la couronne fut déférée à Godefroi de Bouillon. Celui-ci reconnut mal cette générosité. Le comte de Toulouse, à l'assaut de Jérusalem, s'était emparé de la tour de David; il comptait la garder pour lui-même. Le nouveau roi l'obligea de la lui remettre. Autre mortification qu'il reçut de la part de Godefroi : après la bataille d'Ascalon, gagnée le 12 août 1099, les habitants de la ville, sur sa haute réputation, offrirent de se rendre à lui. Godefroi s'y opposa; il aima mieux faire le siége de la place. Il l'entreprit, mais il y échoua, et jamais depuis les croisés ne purent se rendre maîtres d'Ascalon. Boémond ne donnait pas de moindres sujets de plaintes à Raymond. Celui-ci, après avoir conquis Laodicée, pendant le siége d'Antioche, l'avait remise à l'empereur Alexis. Boémond, l'an 1100, vint assiéger cette place et l'emporta malgré les efforts que fit Raymond pour s'opposer à cette entreprise injuste. Rebuté par ces procédés, Raymond quitte la Palestine et passe à Constantinople, où il résida l'espace d'un an et plus, jouissant de la faveur la plus marquée à la cour de l'empereur. L'an 1101, plus de deux cent mille croisés étant arrivés de diverses contrées aux portes de Constantinople, demandent à l'empereur un chef pour les conduire. Alexis leur donne le comte de Toulouse, avec un de ses généraux, nommé Zitas et cinq cents turcoples (c'étaient des soldats, nés d'un turc et d'une grecque). Ayant passé le Bosphore, leur troupe augmenta par la jonction de celle qui était sous la conduite d'Etienne, comte de Blois, et d'autres seigneurs. Mais cette multitude, rebelle à ses chefs, ne prenant l'ordre que de sa présomption et se livrant à toutes sortes de débauches, est détruite en détail par les Turcs. Il en périt jusqu'à cinquante mille dans une seule bataille, que ces infidèles leur livrèrent au mois d'août 1101, dans les déserts de Cappadoce. Raymond, qui avait fait des prodiges de valeur dans l'action, voyant que le succès n'avait pas répondu à sa valeur, s'enfuit la nuit par une espèce de désespoir, et reprit la route de Constantinople, où il essuya des reproches piquants de la part de l'empereur. S'étant embarqué, l'an 1102, pour retourner en Syrie, il est arrêté à Tarse, en Cilicie, et mis en prison par Tancrède, son ennemi; sous prétexte qu'il avait été cause de la défaite et de la ruine des croisés. Ayant été relâché, à la prière de plusieurs princes, qui le prirent pour chef, il s'empara de Tortose, et alla faire ensuite le siège de Tripoli. L'an 1103, la princesse Elvire, femme de Raymond, accouche d'un fils, qui est nommé Alfonse et surnommé Jourdain, parce qu'il fut baptisé dans le fleuve de ce nom. Raymond, l'an 1105, meurt le 28 février, âgé d'environ soixante quatre ans, dans le château de Mont-Pèlerin, qu'il avait construit proche Tripoli. Il disposa, avant sa mort, des places qu'il avait conquises en Syrie : savoir : Arches, Giblet, Tortosé, en faveur de Guillaume-Jourdain, comte de Cerdagne, son neveu à la mode de Bretagne, qui était alors auprès de lui, et qu'il regardait comme le plus propre à conserver ces fruits de sa valeur. M. Velly se trompe en mettant Edesse parmi les conquêtes de Raymond. Ce fut Baudouin, frère de Godefroi de Bouillon, qui s'empara de cette place. Raymond laissa de sa première femme, Bertrand, comte de Toulouse. Alfonse-Jourdain, qu'il laissa de sa troisième, fut emmené en France, l'an 1107, et eut en partage le comté de Rouergue. La comtesse Elvire étant retournée en Espagne, après la mort de Raymond, épousa, en secondes noces, un seigneur espagnol, nommé Ferrand-Fernandez. (Voyez-en la preuve à l'article d'Alfonse VI, *roi de Castille et de Léon*.) Le sceau de Raymond, pendant à un diplôme de 1088, présente la croix de Toulouse, clechée, vidée et pommetée : preuve que l'origine des armoiries est antérieure aux croisades.

Raymond IV fut à tous égards l'un des plus grands princes de son tems. Ses états en Europe s'étendaient depuis la Garonne et les Pyrénées jusqu'aux Alpes, et comprenaient nommément le comté de Toulouse, le duché de Narbonne et le marquisat de Provence. En qualité de comte de Toulouse, il possédait, outre le domaine soit direct, soit utile, de tous les pays compris dans l'ancien diocèse de Toulouse, les comtés particuliers d'Albigeois, de Querci et de Rouergue. Le duché de Narbonne lui donnait une autorité supérieure sur toute l'ancienne Septimanie, composée des diocèses de Narbonne, de Beziers, d'Agde, de Carcassonne, de Lodève, de Maguelone, de Nismes et d'Uzès. Outre cela, il possédait la plupart des comtés particuliers de cette province. Enfin, sous le titre de marquis de Provence, il dominait tous les pays compris entre le Rhône, l'Isère, les Alpes et la Durance. Il est aisé de juger par ce détail de la puissance de ce prince; aussi pouvait-il le disputer aux plus grands vassaux de la couronne, au roi lui-même, dont le domaine particulier était bien moins étendu.

BERTRAND.

1105. BERTRAND, fils de Raymond de Saint-Gilles et de sa première femme, déclaré comte de Toulouse, l'an 1096, dépouillé, l'an 1098, par Guillaume IX, duc d'Aquitaine, et enfin rétabli l'an 1100; succéda, l'an 1105, à son père. Bertrand, à son exemple, sacrifiant son repos et ses états au service de la religion contre les infidèles, entreprend le voyage de Palestine, et s'embarque au commencement de mars de l'an 1109, avec son fils unique, âgé seulement de onze ou douze ans. Sa flotte, composée de quarante vaisseaux, sur chacun desquels étaient montés cent chevaliers, est renforcée sur la route par quatre-vingt-dix voiles génoises et pisanes, qui se joignirent à lui et se mirent sous sa protection. Ayant débarqué au port d'Amiroth, près de Constantinople, il fut invité par l'empereur Alexis de se rendre à sa cour, et en partit fort satisfait, après avoir renouvelé à ce prince le serment que son père lui avait fait. Arrivé au port d'Antioche, il y fait la descente, et reçoit la visite de Tancrède qui gouvernait cette principauté en l'absence de Boémond, son oncle. Bertrand ayant redemandé à Tancrède la portion de la ville d'Antioche dont son père s'était le premier emparé, Tancrède feint d'acquiescer à la demande; mais il exige préalablement que Bertrand l'aide à reprendre Mamistra que les Arméniens avaient livrée depuis peu à l'empereur grec. Sur son refus, dont il allègue pour motif les engagements qu'il venait de prendre avec l'empereur, Tancrède l'oblige à se remettre en mer par la défense qu'il fait de lui fournir des vivres. Il aborde enfin au port de Tortose, ville dont Raymond de Saint-Gilles s'était rendu maître autrefois, et qui alors était entre les mains de Guillaume-Jourdain, comte de Cerdagne, ainsi que la Camolta : c'était le nom sous lequel on comprenait toutes les conquêtes que Raymond de Saint-Gilles avait faites en Orient. Bertrand fait inutilement sommer Guillaume-Jourdain de lui rendre son héritage. N'étant pas en état de l'y forcer, il va reprendre le siége de Tripoli, commencé par son père et continué par le comte de Cerdagne, qui l'avait ensuite abandonné. Baudouin, roi de Jérusalem, étant venu au secours de Bertrand, donne ordre à Tancrède et à Guillaume-Jourdain de venir le joindre. Ils obéissent, et s'étant réconciliés avec Bertrand, ils contribuent à le rendre maître de Tripoli, qui lui ouvrit ses portes le 10 juin 1109, après sept ans de siége ou de blocus. Bertrand fut alors reconnu comte de Tripoli et de ses dépendances, auxquelles il joignit les terres que Guillaume-Jourdain lui avait restituées par la médiation du roi de Jérusalem. Il servit ensuite ce monarque en différentes expéditions. Mais la mort trancha trop promptement le fil de ses jours. Une maladie l'emporta le 21 avril de l'an 1112. De sa femme HÉLÈNE, dite aussi HÈLE, ELUTE et ALIX, fille d'Eudes Ier., duc de Bourgogne, qu'il avait épousée, comme on l'a dit plus haut, l'an 1095, et qui l'avait suivi en Orient, il ne laissa qu'un fils nommé Pons, âgé de quatorze ou quinze ans.

Le jeune Pons succéda à son père dans ses états d'Orient seulement, c'est-à-dire dans le comté de Tripoli, qui était une des quatre principautés établies dans ce pays par les princes chrétiens ; il y fixa sa demeure, et transmit ce domaine à sa postérité, abandonnant ainsi à Alfonse-Jourdain, son oncle paternel, le comté de Toulouse et les autres domaines de son père en Occident. Pons se rendit célèbre par ses exploits dans la Palestine. L'an 1137, trahi par des Syriens, il fut pris dans un combat qu'il livra sous le Mont-Pèlerin au prince de la milice de Damas, qui le fit périr d'une manière cruelle. (*Voy.* l'article de Pons, dans la chronologie des *comtes de Tripoli.*) La veuve de Bertrand se remaria avec Guillaume III, dit Talvas, comte du Perche et d'Alençon.

ALFONSE-JOURDAIN.

1112. ALFONSE-JOURDAIN, comte de Rouergue, fils de

Raymond IV, et de la princesse Elvire, était né, comme on l'a déjà dit, en Palestine l'an 1103, et avait été baptisé dans le Jourdain, d'où lui vient ce surnom. Amené à Toulouse, l'an 1107, par Guillaume, seigneur de Montpellier, qui l'avait été chercher en Orient, il succède à Bertrand, son frère, l'an 1112, dans le duché de Narbonne, le duché de Toulouse, et le marquisat de Provence. Au commencement de son gouvernement, séduit, comme il l'avoua dans la suite, par ses instituteurs, il rétablit dans les abbayes de sa dépendance les abbés chevaliers que ses prédécesseurs, touchés du préjudice qu'ils portaient à la discipline régulière, avaient abolis. L'an 1114, Alfonse est dépouillé du comté de Toulouse par Guillaume le Vieux, duc d'Aquitaine, qui s'en empare une seconde fois. Le jeune Alfonse se retire en Provence, et laisse son compétiteur, par impuissance de lui résister, en paisible jouissance de son usurpation. Mais Guillaume ayant quitté Toulouse en 1119, après la mort de Philippe, sa femme, les Toulousains secouent le joug de sa domination, et se déclarent, l'an 1120, ou au commencement de l'année suivante au plus tard, en faveur d'Alfonse, qu'ils regardaient comme leur prince légitime. Alfonse ayant alors une guerre à soutenir en Provence contre le comte de Barcelone, allié du duc d'Aquitaine, charge du gouvernement de Toulouse, durant son absence, Arnaud de Levezan, évêque de Béziers. Les Toulousains, sous la conduite de ce prélat, assiégent, l'an 1122, Guillaume de Montmaurel dans le château Narbonnois de Toulouse, où il commandait pour le duc, et l'obligent d'évacuer la place ; après quoi ils vont en corps d'armée, l'an 1123, délivrer le comte Alfonse, assiégé dans Orange par le comte de Barcelonne. Cette expédition ayant réussi par la retraite des assiégeants, ils ramènent Alfonse en triomphe dans leur ville.

Alfonse, l'an 1125, termina, par un partage fait le 16 septembre, la guerre qu'il avait avec Raymond-Berenger III, comte de Barcelonne, pour le comté de Provence. Par ce partage, comme on l'a dit plus haut, une grande partie du diocèse d'Avignon, ceux de Vaison, de Cavaillon, de Carpentras, d'Orange, de Saint-Paul-trois-Châteaux, de Valence et de Die, échurent aux comtes de Toulouse, sous le titre de marquisat de Provence. Raymond, l'an 1134, se saisit de Narbonne, après la mort du vicomte Aymeri II ; mais il rendit cette ville, en 1143, à Ermengarde, fille aînée d'Aymeri. L'an 1141, tandis qu'Alfonse est en Provence, au retour d'un pélerinage qu'il avait fait à Saint-Jacques, le roi Louis le Jeune, entre à main armée dans le comté de Toulouse, dont il assiége la capitale. Oderic Vital, qui écrivait alors, tranche en peu de mots cette expédition, et sans en marquer ni les motifs, ni les circonstances, il fait seulement entendre qu'elle ne fut point heureuse pour Louis. Un historien anglais (Guillaume de Neubrige), qui prit la plume un peu plus tard, prétend que ce prince demandait, au nom de sa femme Eléonore, héritière de l'Aquitaine, la restitution du comté de Toulouse, que Guillaume IX, comte de Poitiers, aïeul de cette reine, pour fournir à ses dépenses, avait engagé, dit-il, à Raymond de Saint-Gilles, père d'Alfonse, et que Guillaume X, père d'Eléonore, avait négligé de retirer. Mais cet auteur mêle à son récit des faussetés si manifestes, qu'elles rendent plus que douteux, le motif qu'il prête au roi de France en cette occasion. Ne serait-il pas plus vraisemblable de dire que le fondement de l'expédition dont il s'agit, était le droit qu'Eléonore avait au comté de Toulouse, comme petite-fille de Philippe ou Mathilde, que Guillaume IV, son père, avait frustrée de son héritage, ainsi qu'on l'a vu plus haut, pour le transporter à Raymond de Saint-Gilles, son frère? Ce qu'il y a de certain, c'est que le comte Alfonse-Jourdain, se voyant délivré des armes du roi, témoigna sa reconnaissace envers les habitants de Toulouse, qui s'étaient vigoureusement défendus, en leur accordant divers priviléges par un diplôme du mois de novembre 1141.

Alfonse-Jourdain, au retour d'un voyage d'Espagne (c'était le deuxième qu'il avait fait en ce pays), fonde au mois d'octobre 1144, la ville de Montauban. L'an 1146, il prend la croix avec les autres princes, à l'assemblée de Vezelai, convoquée par Louis le Jeune. Il s'embarque au mois d'août 1147, sur une flotte qu'il avait fait équiper à la Tour du Bouc, vers les embouchures du Rhône, à l'endroit où l'on construisit depuis le port d'Aigues-Mortes. Une ancienne chronique nous apprend qu'il relâcha dans un port d'Italie, qu'elle ne nomme point, et que de-là il se rendit à Constantinople où il passa l'hiver. S'étant remis en mer, il aborda, dans le printems de l'an 1148, au port d'Acre, et mourut vers la mi-avril de la même année, du poison que lui fit donner à souper, la première nuit de son arrivée à Césarée, Melisende, reine de Jérusalem. (Vaissète, tom. II, pag. 451.) Alfonse laissa deux enfants de FAYDIDE, fille de Raymond Decan, seigneur d'Uzès, sa femme; Raymond, qui lui succéda; Alfonse, qu'on a souvent confondu avec Albéric Taillefer, son neveu, fils de Raymond V, son frère; Faydide, femme, suivant Guichenon, de Humbert III, comte de Savoie, et une autre fille, nommée Laurence par le P. Anselme, mariée à Dodon, comte de Comminges. Alfonse-Jourdain eut de plus un fils naturel, nommé Bertrand, et une fille naturelle N. qui le suivirent en Palestine, et dont on a raconté ci-devant les aventures. (*Voyez* à l'article de Raymond Ier., comte de Tripoli.) Alfonse-Jourdain fut le quatrième comte de Toulouse qui mourut à la Terre-Sainte.

RAYMOND V, ET ALFONSE II.

1148. RAYMOND V, né l'an 1134, succède à son père Alfonse-Jourdain, conjointement avec son frère ALFONSE II. L'un et l'autre se qualifièrent également comtes de Toulouse, ducs de Narbonne et marquis de Provence : dignités qu'ils possédèrent par indivis avec les autres domaines de leur maison. Il paraît cependant que Raymond se réserva la principale autorité. Sa résidence la plus ordinaire fut à Toulouse, ou dans la partie occidentale de ces domaines. Alfonse s'établit dans l'orientale et aux environs du Rhône. L'étendue de leurs états demandait qu'ils fussent ainsi placés, afin qu'ils pussent les gouverner plus aisément. Car ils comprenaient ces états, comme on l'a déjà dit, 1°. outre le domaine, soit direct, soit suzerain, de tous les pays renfermés dans la province ecclésiastique de Toulouse, les comtés particuliers d'Albigeois, de Querci et de Rouergue, avec la suzeraineté sur le Carcassez et le Rasez ; 2°. le duché de Narbonne ; 3°. les comtés particuliers de Languedoc, entre autres ceux de Narbonne, de Nismes et de Saint-Gilles ; 4°. le marquisat de Provence qui dominait sur tout le pays, situé entre le Rhône, l'Isère, les Alpes et la Durance.

Raymond, l'an 1153, déclare la guerre à Raymond Trencavel, vicomte de Carcassonne, pour avoir reconnu à son préjudice la suzeraineté du comte de Barcelonne. L'ayant pris la même année dans une bataille, il le fait conduire prisonnier à Toulouse. Il épouse, l'an 1154, CONSTANCE, sœur du roi Louis le Jeune, veuve d'Eustache, comte de Boulogne, et fils d'Etienne, roi d'Angleterre.

L'an 1159, Henri II, roi d'Angleterre, redemande à Raymond le comté de Toulouse, sur le même principe que Louis le Jeune l'avait, à ce qu'il semble, revendiqué en 1141, c'est-à-dire au nom de sa femme Eléonore, comme petite-fille de Guillaume IV, comte de Toulouse, par Philippe, sa mère, fille unique de ce prince. Sur le refus de Raymond, il se prépare à se faire justice par la voie des armes. Au mois de juin, il entre dans le Querci, accompagné du roi d'Ecosse, du comte de Blois, de Guillaume de Blois, fils d'Etienne, roi d'Angleterre, et du comte de Boulogne, auxquels viennent se joindre le comte de Barcelonne et le seigneur de Montpellier. Tout plie devant l'armée formidable de ce prince jusqu'aux portes de Toulouse qu'il fait investir. Louis, dont les intérêts avaient changé depuis son divorce avec Eléonore, vole au secours de

Raymond, son vassal et son beau-frère, perce l'armée ennemie avec une poignée de soldats, et se trouve dans Toulouse avant que l'Anglais ait appris qu'il armait. Dans le même tems Robert de Dreux et Henri, évêque de Beauvais, frères du monarque, se jettent sur la Normandie, pour forcer par cette diversion le roi d'Angleterre d'abandonner son entreprise. Ce projet réussit : Henri étonné de l'arrivée imprévue du roi de France, et inquiet de ce qui se passait en Normandie, lève le siége de Toulouse, feignant de n'avoir pas voulu donner l'assaut à la place, par respect pour son suzerain. Mais il prend en s'en retournant la ville de Cahors et divers châteaux du comté de Toulouse, laissant à Thomas Becquet, son chancelier, le soin de continuer la guerre. La paix se fit au mois de mai de l'année suivante. Mais la guerre recommença l'an 1164, et fut terminée par une nouvelle paix conclue à l'Epiphanie de l'an 1169. Raymond, séduit par l'empereur Frédéric, se déclara, l'an 1165, pour l'antipape Pascal, et ordonna de sortir de ses états, à tous les ecclésiastiques qui refuseraient de le reconnaître. Le pape Alexandre III, après avoir fait d'inutiles efforts pour le regagner, jeta l'interdit sur ses terres. Il durait encore, cet interdit, l'an 1168, comme le prouve la lettre de ce pape aux Toulousains, en date du 12 mars de cette année, par laquelle il les relève, à la demande du roi de France, attendu qu'ils n'avaient pas pris part au schisme. Raymond en usait fort mal envers Constance, son épouse. Cette princesse, fatiguée de ses mauvais traitements, le quitta l'an 1165, et se retira à la cour du roi Louis le Jeune, son frère. Raymond la répudie, l'an 1166, pour épouser Richilde, veuve du comte de Provence. Ce divorce et ce nouveau mariage furent approuvés par l'antipape Pascal, dont Raymond, comme on l'a dit, avait embrassé l'obédience.

Raymond, l'an 1173, sur la fin de février, conclut à Limoges, avec le roi d'Angleterre, un traité de paix, qui avait été entamé le 12 de ce mois à Montferrand, par la médiation du roi d'Aragon et des comtes de Maurienne et de Mâcon. La propriété du comté de Toulouse fut assurée par ce traité à Raymond, sous la condition de reconnaître le roi d'Angleterre, comme duc d'Aquitaine, pour son suzerain, *sauf toutefois la fidélité qu'il devait à Louis de France* ; mais ce vasselage ne fut pas de longue durée. (Vaissète, *hist. de Lang.* tom. III, pag. 32.)

Raymond, l'an 1174 au plus tard, abandonna le parti de l'antipape Calliste, pour rentrer sous l'obédience d'Alexandre III. Ce pontife tâcha de l'engager à reprendre Constance, et ne put y réussir. Constance, de retour de la Terre-Sainte, où elle s'était affiliée à l'ordre des Hospitaliers, demeurait chez son frère, l'archevêque de Reims. Alfonse, roi d'Aragon et Raymond, s'étant rendus, le 18 février 1176, avec un grand nombre de seigneurs à l'île de Gernica, entre Beaucaire et Tarascon, y conclurent un accommodement, par lequel Raymond cède au roi d'Aragon ses droits sur le comté d'Arles ou de Provence, moyennant une somme de trois mille dix marcs d'argent. (Vaissète, tom. III, pag. 41.) En réjouissance de cette réconciliation, on fit une grande fête à Beaucaire, où les plus riches se distinguèrent par des dépenses aussi folles que ruineuses. On y vit le chevalier Bertrand-Raimbaud faire labourer avec douze paires de bœufs les cours du château, puis les semer de deniers, jusqu'à la somme de trente mille sous; Guillaume Gros de Martel, qui avait en sa compagnie trois cents chevaliers (car il y en avait bien dix mille à cette Cour), faire cuire tous ses mets au feu des bougies et des torches; Raymond de Venoul, faire brûler en public, trente de ses chevaux par ostentation. La prodigalité la plus louable, fut celle de Raymond d'Agout, lequel ayant reçu cent mille sous du comte de Toulouse, les distribua par égales portions à cent chevaliers. (*Gaufred. Vos.* c. 69.)

L'hérésie des Albigeois, à la faveur des guerres presque continuelles que le comte de Toulouse avait soutenues jusqu'alors, s'était beaucoup étendue dans ses états. Raymond, désirant de l'extirper, écrivit au chapitre général de Cîteaux, dans le mois de septembre 1177, pour demander des missionnaires capables de seconder son zèle. Le pape Alexandre auquel il s'était aussi adressé pour le même sujet, envoya sur les lieux le cardinal de Saint-Chrysogone, qui s'étant associé quelques autres prélats, travailla avec succès à ramener les peuples séduits du Toulousain et de l'Albigeois. Mais peu de tems après Raymond ayant été obligé de reprendre les armes contre le roi d'Aragon, et contre Richard, duc d'Aquitaine, les hérétiques profitèrent de ces troubles pour répandre de nouveau leurs erreurs.

L'an 1182, Raymond, à la prière du roi d'Angleterre, amène du secours en Aquitaine au duc Richard contre ses vassaux révoltés. S'étant brouillé, l'année suivante, avec ce même monarque, il aide son fils Henri à lui faire la guerre. L'an 1186, il prend les armes contre Richard. Les hostilités réciproques furent peu considérables cette année et la suivante. Mais Raymond ayant fait, l'an 1188, une ligue avec divers seigneurs d'Aquitaine, rallume l'incendie en faisant arrêter, par le conseil d'un de ses domestiques, plusieurs marchands aquitains qui commerçaient dans ses états. Richard trouve moyen de s'assurer de la personne de ce domestique, et le fait enfermer dans une étroite prison. Le comte l'ayant inutilement redemandé, fait arrêter par représailles deux chevaliers de la maison du roi d'Angleterre, qui revenaient de Saint-Jacques en Galice. Outré de dépit, Richard entre dans le Querci, où il prend dix-sept châteaux. Le comte, poussé à bout, implore la protection du roi de France. Ce monarque ayant inutilement porté ses plaintes au roi d'Angleterre, contre la conduite de son fils, déclare la guerre à l'un et à l'autre. Après quelques hostilités, Richard, dont le père était mécontent, craignant son ressentiment, se réconcilie avec le roi de France, et reste maître du Querci. Pour empêcher le comte de le reprendre, il excite sourdement les Toulousains contre lui. Cette sédition fit l'effet qu'il désirait. Raymond, occupé à la calmer, laissa le duc en possession de sa conquête. Mais l'an 1192, pendant l'absence de Richard, alors roi d'Angleterre, et une maladie du sénéchal de Guienne, s'étant allié avec plusieurs seigneurs du pays, il se jette sur la Gascogne, où il fait de grands dégâts. Le sénéchal rétabli vient fondre à son tour sur le comté de Toulouse, et s'avance jusqu'aux portes de la capitale. Malgré ces hostilités, Raymond ne laissa pas d'aller au-devant de la femme de Richard, qui revenait par mer de la Terre-Sainte, avec la sœur de ce prince, et Bourgogne, fille du roi de Chypre ; les ayant amenées dans ses états, il les traite avec les égards dus à leur rang. Le comte Raymond, âgé de soixante ans, mourut sur la fin de l'an 1194, laissant de Constance trois fils et une fille ; Raymond, qui lui succéda dans tous ses domaines ; Baudoin, dont on marquera ci-après le sort à l'an 1214 ; Albéric Taillefer, qui épousa Béatrix, dauphine de Viennois, et se qualifiait, en vertu de ce mariage, comte de Viennois et d'Albon. (*Bibl. Sebus.* pag. 17) ; et Adélaïde, femme de Roger II, comte de Carcassonne. Constance portait le titre de reine, parce qu'elle était fille de roi, et qu'Eustache, son premier mari, avait été couronné roi d'Angleterre du vivant d'Étienne, son père. Raymond V augmenta ses domaines de la vicomté de Nismes, que lui céda Bernard-Atton en 1187. (*Voy.* Raymond-Trencavel, *vicomte de Carcassonne*, et Raymond-Bérenger III, *comte de Provence.*)

RAYMOND VI.

1194. RAYMOND VI, fils de Raymond V et de Constance, né le 27 octobre 1156, succède à son père sur la fin de l'an 1194, et prend possession de la ville et du comté de Toulouse le 6 janvier 1195. Il avait déjà été marié trois fois, 1°. avec ERMESSINDE, fille et héritière de Béatrix, comtesse de Melgueil, et de Bernard Pelet, morte en 1175 ; 2°. avec BÉATRIX

DE BEZIERS, fille du vicomte Raymond-Trencavel, qu'il répudia pour épouser, 3°. BOURGOGNE, fille d'Amauri, roi de Chypre, à laquelle il fit le même affront: (Il l'avait enlevée à Marseille, où elle avait été amenée pour aller épouser en Flandre le comte Baudouin, et y étant retournée après le divorce, elle y épousa, l'an 1203, Gautier de Montbéliard, qui, l'année suivante, la ramena en Chypre; mais il en fut chassé bientôt après, pour avoir voulu disputer ce royaume à son beau-père.) La guerre que Richard, roi d'Angleterre, avait déclarée à Raymond V, durait toujours. L'an 1196, Raymond VI fait la paix avec ce prince, qui renonce à ses prétentions sur le comté de Toulouse, restitue le Querci qu'il avait envahi dès l'an 1188 dans le mois d'octobre, et donne en mariage, à Raymond, JEANNE, sa sœur, veuve de Guillaume II, roi de Sicile, avec l'Agénois pour sa dot.

Raymond, l'an 1198, se ligue avec le roi d'Angleterre contre Philippe Auguste. Il perd, la même année, sa femme Jeanne, et contracte alliance, l'année suivante, avec ELÉONORE, sœur de Pierre II, roi d'Aragon, qu'il n'épousa que quelques années après, à cause de sa trop grande jeunesse. L'an 1204, au mois d'avril, traité de Raymond avec le même roi d'Aragon, par lequel ce dernier lui engage les vicomtés de Milhaud et de Gévaudan, moyennant la somme de cent cinquante mille sous melgoriens, faisant trois mille marcs d'argent.

L'hérésie des Albigeois continuoit de faire des progrès rapides en Languedoc, malgré le zèle des missionnaires qui s'y étaient rendus pour la combattre. Le pape Innocent III, si célèbre par ses entreprises en tous genres, prit le parti d'envoyer des légats sur les lieux, avec ordre de réclamer le bras séculier pour exterminer ceux que la persuasion ne pourrait ramener à la vraie foi. Si les seigneurs refusaient le secours du glaive, ils devaient être excommuniés. Le comte de Toulouse ne goûta point cette manière étrange de convertir, et ne se crut pas obligé de détruire ses propres sujets, parce qu'ils ne renonçaient pas à l'erreur. Cependant les menaces des légats, Raoul et Pierre de Castelnau, l'engagèrent, l'an 1205, à promettre par serment de chasser de ses domaines les hérétiques et les routiers. C'était une violence que son cœur désavouait; et il le prouva dans la suite. Pierre de Castelnau s'étant transporté au-delà du Rhône, pour réconcilier les seigneurs du pays divisés entre eux, vint à bout, l'an 1207, de leur faire conclure un traité de paix, et cela, dans la vue de réunir leurs forces contre les hérétiques. Mais le traité ayant été apporté à Raymond, il refusa de le signer. Le légat, sur ce refus, le frappa d'excommunication et mit ses terres en interdit. Le pape vint à la charge, et écrivit au comte une

lettre fulminante, qui lui arracha enfin la signature qu'on demandait. Bientôt après un événement funeste fit évanouir le fruit de cette soumission. Le 15 de janvier 1208, Pierre de Castelnau étant près de s'embarquer sur le Rhône, fut assassiné par deux inconnus qui disparurent aussitôt. On ne manqua pas d'imputer ce meurtre au comte de Toulouse. Le pape en conséquence adressa des lettres très-pressantes aux évêques, aux comtes et aux barons, pour les exhorter à prendre les armes contre ce prince, et à s'emparer de ses domaines. Il écrivit dans le même goût au roi Philippe Auguste, et fit prêcher une croisade contre les Albigeois. Un grand nombre de personnes de tout état se consacrèrent à cette expédition. Les nouveaux croisés portaient la croix sur la poitrine, pour se distinguer de ceux de la Terre-Sainte, qui la portaient sur l'épaule. Le pape, vers le même tems, envoya des instructions aux nouveaux légats qu'il avait nommés pour remplacer Pierre de Castelnau. C'étaient les évêques de Riez, de Conserans et l'abbé de Cîteaux, auxquels vint se joindre Milon, notaire du pape, avec le titre de légat *à latere*; et voici un échantillon de ces instructions, qui fera juger de l'esprit dans lequel elles furent données. « Sur ce que vous
» nous avez demandé, leur dit Innocent, de quelle manière
» les croisés doivent se comporter à l'égard du comte (de Tou-
» louse), nous vous conseillons *avec l'Apôtre* d'employer la
» ruse, qui dans une occasion semblabe doit être plutôt ap-
» pellée prudence. Ainsi, après en avoir délibéré avec les plus
» sages de l'armée, vous attaquerez séparément ceux qui sont
» séparés de l'unité : vous ne vous en prendrez pas d'abord au
» comte de Toulouse, si vous prévoyez qu'il ne s'empresse pas
» de secourir les autres, et s'il est plus réservé dans sa conduite;
» mais le laissant pour un tems, suivant l'art d'une sage dissi-
» mulation, vous commencerez par faire la guerre aux autres
» hérétiques, de crainte que s'ils étaient tous réunis, il ne fût
» plus difficile de les vaincre ; par-là, ces derniers étant moins
» secourus par le comte, seront plus aisément défaits, et ce
» prince, voyant leur défaite, rentrera peut-être en lui-même.
» S'il persévère dans sa méchanceté, il sera beaucoup plus facile
» de l'attaquer, lorsqu'il se trouvera seul et hors d'état d'être
» secouru par les autres. ». (*Innoc. III, l.* XI*, ép.* 232.) Du moins (c'est la réflexion de M. l'abbé Millot), aurait-il fallu rougir de profaner si indignement l'autorité de l'Apôtre.

L'orage cependant grossissait sur la tête du comte de Toulouse. L'an 1209, cité par Milon, légat du pape, il se présente au concile de Valence, où il accepte les conditions que ce prélat lui impose pour obtenir son absolution. De-là, conduit à Saint-Gilles, on l'oblige à se présenter nu jusqu'à la ceinture dans le vestibule de l'église, devant un autel portatif, sur lequel était exposé le Saint-Sacrement. Dans cet état, Milon, accompagné de trois archevêques et dix-neuf évêques, lui fait renouveler le serment qu'il avait fait, d'obéir à tous les ordres du pape et des légats touchant les chefs, au nombre de quinze, qui lui avaient attiré l'excommunication. Le légat ensuite lui ayant mis une étole au cou, la prend par les deux bouts, et l'introduit ainsi dans l'église, en le fouettant avec une poignée de verges; après quoi, il lui donne l'absolution au milieu d'une foule innombrable de peuple. La date de cette humiliante cérémonie est le 18 de juin. Le 22 du même mois, Raymond, dans la crainte d'être accablé par les croisés, prend lui-même la croix, et va se joindre à eux pour faire la guerre à ses propres sujets. Au mois d'août suivant, les croisés, après s'être emparés de Carcassonne et de cent autres places, choisissent pour chef Simon de Montfort, au refus du duc de Bourgogne, du comte de Nevers et du comte de Saint-Pol. La hauteur de ce général, le ton impérieux qu'il prend vis-à-vis du comte de Toulouse, et son ambition qui perce à travers le voile de la dissimulation dont il la couvrait, ne tardèrent pas à le brouiller avec ce prince. Les légats secondaient parfaitement les vues de Montfort, et semblaient ne s'occuper avec lui qu'à pousser à bout la patience du comte de Toulouse, en l'accablant d'opprobres et de chagrins. Raymond était exclus de sa propre capitale. Ayant obtenu la permission d'y entrer, il y reçut ordre de livrer tous les Toulousains suspects d'hérésie. Il le refuse, en protestant qu'il irait se plaindre au pape de ces injustes vexations. Les Toulousains et divers seigneurs adhèrent à son appel. Après avoir fait son testament, le 20 septembre, Raymond se rend à Paris, où il fait déposer cet acte dans les archives de Saint-Denis, et de-là part pour Rome, accompagné des députés de la ville de Toulouse, et d'autres personnes distinguées qui faisaient cause commune avec lui. Cependant Simon de Montfort, continuant ses expéditions, prend Mirepoix, Pamiers, Albi, etc. Innocent le félicite de ses conquêtes, et lui en confirme la possession par une lettre du 11 novembre.

Le comte Raymond arrive à Rome sur la fin de janvier de l'an 1210; il est admis à l'audience du pape, qui lui donne l'absolution. De Rome il se rend à la cour de l'empereur Otton, pour implorer son secours contre les vexations de Simon de Montfort : étant revenu ensuite trouver l'abbé de Citeaux et le général des croisés, il leur notifie les ordres du pape pour être reçu à se justifier des crimes qui lui étaient imputés; mais toutes ces démarches sont inutiles. Malgré les pressantes sollicitations de Raymond, et malgré les ordres qu'il portait, on ne voulut pas permettre qu'il se justifiât au concile de Saint-Gilles, tenu vers la fin de septembre, sur l'accusation d'hérésie, et sur le meurtre de Pierre de Castelnau.

Les croisés, cependant, ne restaient pas oisifs en Languedoc. Le comte de Toulouse voyant les conquêtes qu'ils faisaient sur les terres de ses vassaux, craignit avec fondement pour ses propres domaines. Pour cimenter la liaison qui était entre lui et Pierre II, roi d'Aragon, son beau-frère, il maria, au commencement de l'an 1211, Raymond, son fils aîné, âgé seulement de quatorze ans, avec Sancie, sœur du premier. Cette alliance donna de l'ombrage à Simon de Montfort, dont la fille devait épouser le fils du roi d'Aragon, lorsqu'il serait en âge de puberté. Les légats, d'intelligence avec Montfort, assemblèrent, au mois de février 1211, dans la ville d'Arles, un concile, où le comte de Toulouse et le roi d'Aragon furent appelés, le premier par une citation, le second par une invitation. Sur le refus que Raymond fit de souscrire aux conditions odieuses qu'on lui proposa pour le laisser en paix, il fut excommunié. La sentence du concile fut confirmée, le 17 avril, par Innocent III, qui donna ordre en même-tems aux légats de saisir en leurs mains le comté de Melgueil, qu'il prétendait appartenir à saint Pierre, et de le faire garder jusqu'à nouvel ordre. (*Innocent III*, *liv.* 14, *ép.* 35.) Nous apprenons d'ailleurs qu'il enjoignit aux mêmes légats de saisir les autres domaines du comte, et de les donner en garde à qui il appartiendrait (*Ibid. ép.* 163.) Alors, le comte de Toulouse voyant qu'il allait être attaqué par les croisés, se met en état de défense.

Simon de Montfort, après s'être emparé des principales places qui appartenaient à Raymond-Roger, vicomte de Beziers et de Carcassonne; après avoir terminé, le 3 mai 1211, le mémorable siége de Lavaur, en Albigeois, par la prise de la place et le massacre des habitans, tourne ses armes contre le comte de Toulouse. Foulques ou Folquet, évêque de Toulouse, était d'intelligence avec Montfort. Il avait depuis quelque tems formé dans cette ville une confrérie, ou plutôt une croisade particulière, à laquelle il avait accordé les indulgences ordinaires. La *Confrérie blanche* (c'est le nom qu'on lui donna), était le parti dominant de la cité. Le bourg lui opposa la *Confrérie noire*; et il y eut entre elles des combats sanglants. L'évêque ayant ordonné à la première de marcher au siége de Lavaur, où la fureur des croisés se signalait, le comte le défendit. La défense fut méprisée : on obéit à l'évêque. Celui-ci, quelque tems après, se trouve fort embarrassé pour faire son ordination, parce que les légats avaient mis en interdit tous les lieux où le prince excommunié serait présent. Il envoie prier Raymond de sortir un tel

jour de la ville, sous prétexte de promenade. Raymond prenant cette prière pour une insulte, lui fait signifier, à lui-même, qu'il ait à sortir incessamment de ses états. « Ce n'est pas le
» comte, répond le prélat, qui m'a fait évêque. Je suis élu sui-
» vant les lois ecclésiastiques, non intrus par violence et par
» son autorité. Je ne sortirai point à cause de lui. Qu'il vienne,
» s'il l'ose, je suis prêt à mourir, afin d'arriver à la gloire par
» le calice de la passion. Qu'il vienne, le tyran, accompagné
» de ses satellites. Il me trouvera seul et sans armes. J'attends
» la récompense, et je ne crains rien de ce que les hommes peu-
» vent me faire ». (Vaissète, tom. III, p. 207 et 208.) « Le fana-
» tisme, avec ce langage de sainteté, avec ces apparences de
» martyre, dit l'abbé Millot, était le plus terrible ennemi des
» souverains, des peuples, de la religion même, qu'il rendait
» odieuse en affectant de la défendre ». Foulques brava le comte pendant trois semaines dans sa capitale. Il en sortit ensuite volontairement, mais pour exciter partout l'esprit de révolte et de perfidie.

Les armes de Montfort faisaient cependant de grands progrès dans le Toulousain. Mais ce qui causa le plus de chagrin à Raymond, ce fut de se voir abandonné par Baudouin, son frère, que le général de la croisade avait trouvé moyen d'attirer dans son parti. Baudouin fit depuis une guerre implacable à son frère. On verra bientôt l'issue funeste qu'elle eut pour ce traître.

Marchant de conquête en conquête, l'armée des croisés vient enfin se présenter devant Toulouse. L'évêque Foulques, qui l'accompagnait, déclara aux Toulousains qu'on les assiégeait, uniquement parce qu'ils étaient fidèles à leur prince, et qu'ils souffraient qu'il résidât parmi eux; qu'on ne leur ferait aucun mal s'ils voulaient le chasser avec ses partisans, et recevoir pour seigneur celui que l'église leur donnerait, sinon qu'on les traiterait comme hérétiques et fauteurs d'hérésie. Ces offres ayant été rejetées, le prélat mande au prévôt de sa cathédrale, et à tous les ecclésiastiques de Toulouse, de sortir incessamment de cette ville. Tout le clergé obéit, et sortit nu-pieds avec le Saint-Sacrement. Cette retraite, suivie d'une excommunication lancée contre la ville, n'avança pas cependant les affaires du siège. Les comtes de Foix et de Comminges étant venus joindre Raymond à la tête de leurs vassaux, firent avec lui, le 27 juin, une sortie si vive et si meurtrière, qu'ils obligèrent Montfort à lever trois jours après le siège.

Raymond recouvre plusieurs châteaux au mois d'août suivant. Il assiège, sur la fin de septembre, le comte de Montfort dans Castelnaudari; son armée est battue et mise en fuite par les croisés, malgré sa supériorité; car on prétend qu'il avait trente hommes contre un. Les historiens varient beaucoup sur les circonstances de cette action ; mais il est certain que le comte de Foix, qui commandait l'armée du comte de Toulouse, fut défait, et obligé de se retirer avec grande perte.

L'an 1213, Innocent III, touché des remontrances de Pierre II, roi d'Aragon, en faveur du comte de Toulouse, suspend la croisade contre les Albigeois. Le concile de Lavaur refuse de recevoir Raymond à se justifier : le roi d'Aragon appelle au pape de ce refus, et se déclare pour le comte de Toulouse qui fait de nouveaux efforts, mais toujours inutilement, pour se laver des crimes qu'on lui impute. On reprend les armes de part et d'autre. Le roi d'Aragon, les comtes de Toulouse, de Foix et de Comminges, assiégent, le 10 septembre, Muret, petite ville dans le comté de Comminges. Simon de Montfort marche au secours de la place ; le 12, on en vient aux mains ; le roi d'Aragon est tué dans l'action ; les autres chefs de l'armée ayant pris l'épouvante, laissent le champ de bataille aux croisés. Les princes alliés perdirent à cette journée quinze ou vingt mille hommes ; Simon n'y perdit qu'un seul chevalier et huit autres croisés. Raymond prend le parti de se retirer à la cour du roi d'Angleterre, son beau-frère, d'où il revient l'an 1214. A son retour, on lui livre Baudouin, son frère, que le seigneur du château d'Olme avait arrêté en trahison. Raymond condamne son frère à mort ; le comte de Foix, avec son fils Roger-Bernard, et Bernard de Portelle, exécutent eux-mêmes l'arrêt, et pendent Baudouin à un noyer. Les armes des croisés faisaient cependant de nouveaux progrès. Les comtes de Toulouse, de Foix, de Comminges et autres seigneurs confédérés, poussés à bout, demandent grâce au cardinal Pierre de Bénévent, et se soumettent à ses ordres le 18 d'avril 1214 ; mais tandis que le légat amuse ces princes *par une pieuse fraude* (*Fraude piâ..... O legati fraus pia, ô pietas fraudulenta !* dit Pierre de Vaux-Cernai, témoin oculaire), Simon rassemble une nombreuse armée de croisés, et achève d'envahir les domaines du comte de Toulouse.

L'an 1215, au mois de janvier, le concile de Montpellier, par une entreprise manifeste sur l'autorité temporelle, dispose du comté de Toulouse en faveur de Simon de Montfort. Après le concile, le légat Pierre envoie l'évêque Foulques pour prendre possession, au nom de l'église romaine, de Toulouse et du château Narbonnais, qui servait de palais au comte ; la ville et le château sont livrés, et le comte Raymond, avec son fils et les comtesses, leurs femmes, obligés de se retirer dans la maison d'un simple particulier. Le comte de Toulouse, accompagné des comtes de Foix et de Comminges, se rend à Rome quelque tems avant le concile de Latran, tenu au mois de novembre de cette année. Le jeune Raymond, son fils, vient l'y joindre. Tous ces princes se présentent au concile, et se jettent aux pieds du pape, qui les fait lever; ils exposent ensuite leurs griefs contre Simon de Montfort et contre le légat, puis ils se retirent. Le concile, ou plutôt le pape, adjuge le comté de Toulouse et les conquêtes des croisés à Simon de Montfort, et réserve le reste au jeune Raymond, fils du comte.

Simon de Montfort, l'an 1216, prend une nouvelle possession de Toulouse, et fait prêter serment de fidélité aux habitants, le 7 mars. Le comte Raymond et son fils, de retour de Rome la même année, se mettent en devoir de recouvrer leurs états; ils sont bien reçus à Marseille, entrent dans Avignon aux cris redoublés de *vive Toulouse, le comte Raymond et son fils*; et y assemblent une armée, dont le jeune Raymond prend le commandement. Le comte de Toulouse, rappelé, l'an 1217, par les habitants de sa capitale, y est reçu, le 13 septembre, avec les mêmes témoignages d'allégresse. Il s'y soutint contre les seigneurs de la maison de Montfort, qui font des efforts inutiles pour l'en chasser. Simon vient lui-même, sur la fin de septembre, recommencer le siége de Toulouse, et le continue sans succès. Enfin, le 25 juin 1218, il est tué, devant cette place, d'un coup de pierre, lancée d'un mangonneau par les assiégés. (*Voyez* son portrait dans l'Histoire de Languedoc, tom. III, pag. 304.) Après sa mort, Amauri, son fils aîné et son successeur, lève le siége de Toulouse. Au printems de l'an 1219, les croisés, sous la conduite d'Amauri de Montfort, assiègent Marmande. Pendant cette expédition, le jeune Raymond, assisté des comtes de Foix et de Comminges, attaque, près de Basiège, à trois lieues de Toulouse, un autre corps de croisés, commandé par Ferrand et Jean de Brigier, braves chevaliers. Dans la mêlée, il perce de part en part, d'un coup de lance, Jean de Brigier, et le renverse de son cheval, en s'écriant : *Francs chevaliers, frappez; l'heure est venue que nos ennemis vont être entièrement défaits.* Ce coup et cette exhortation embrâsent le courage de ses troupes. Les Français, ne pouvant tenir contre leurs efforts, prennent la fuite en désordre. Le prince Louis de France, arrivé devant Marmande, répare cet échec en obligeant la place de se rendre à discrétion. L'évêque de Saintes lui conseille charitablement de passer la garnison au fil de l'épée; mais le duc de Bretagne et le comte de Saint-Pol plus humains, s'opposent à cette barbarie. Cependant, ils ne peuvent empêcher que les troupes victorieuses étant entrées dans la ville, après la retraite de la garnison, ne fassent main-basse sur tous les habitants. A cette expédition succède un nouveau siége de Toulouse; il est encore levé comme la première fois.

L'an 1222, Raymond VI meurt au mois d'août, dans la soixante-sixième année de son âge. Il eut l'avantage de recouvrer, avant sa mort, la plus grande partie de ses états, et de les transmettre à Raymond VII, son fils unique, qui ne put jamais obtenir que le corps de son père reçût les honneurs de la sépulture ecclésiastique. De BÉATRIX DE BEZIERS, sa deuxième femme, Raymond VI avait eu deux filles, Clémence, ou Constance, femme, 1°. de Sanche le Fort, roi de Navarre, qui la répudia; 2°. de Pierre Bermond, seigneur de Sauve, qui disputa, mais en vain, au nom de sa femme, la succession de son beau-père, à Simon de Montfort et à Raymond VII, prétendant que celui-ci était bâtard, attendu que lorsque sa mère le mit au monde, la troisième femme de Raymond VI vivait encore. Indie, deuxième fille de Raymond VI et de Béatrix de Beziers, fut mariée, 1°. à Guillebert de Lautrec; 2°. à Bernard-Jourdain, seigneur de l'Ile-Jourdain. La quatrième femme de Raymond VI, Jeanne d'Angleterre, lui donna ce Raymond dont on vient de parler, et qui va suivre. Elle mourut à Rouen l'an 1199 ou 1200. Aux enfants de Raymond VI, qui viennent d'être marqués, il faut ajouter un autre fils (était-il légitime ou non?), inconnu à D. Vaissète, mais dénommé dans une charte de Raymond VII, du mois de septembre 1231, en cette manière : *Bertrandus frater Domini comitis Tolosani.* (*Mss. du roi*, n°. 6009, *fol.* 87.) Les historiens de la croisade, entreprise du tems de Raymond VII, contre les Albigeois, font de lui le portrait le plus affreux, surtout Pierre de Vaux-Cernai; mais cet écrivain est trop partial et trop passionné : ainsi l'on doit se tenir en garde contre lui, comme le remarque D. Vaissète, qui a mis dans un grand jour ce qui regarde Raymond VI et les croisades de ce tems.

RAYMOND VII.

1222. RAYMOND VII, fils de Raymond VI, et de Jeanne d'Angleterre, né au mois de juillet 1197, succède au comte Raymond, son père. Ce prince, qui s'était déjà signalé par différents exploits, presse si vivement Amauri de Montfort, fils et successeur de Simon, que celui-ci, se voyant sans ressource, fait, le 14 janvier 1224, un traité avec les comtes de Toulouse et de Foix, quitte le pays pour toujours, et se retire en France, où il cède au roi Louis VIII tous ses droits sur les conquêtes des croisés. Le jeune Raymond cependant n'était pas disposé à se laisser dépouiller par le monarque, son suzerain. Il est excommunié publiquement, et déclaré hérétique par le cardinal de Saint-Ange, légat du pape, l'an 1226, dans une assemblée tenue à Paris le 28 janvier. Louis VIII se charge de faire la guerre en personne au comte de Toulouse; il entre à ce dessein dans ses états à la tête d'une puissante armée, et s'empare de toutes les villes et châteaux du Languedoc, jusqu'à quatre lieues de Toulouse. Ce prince étant mort le 8 novembre 1226, Raymond se met en campagne, rétablit ses affaires, et soumet plusieurs places. La guerre continue jusqu'en 1229 (n. st.) La paix est enfin conclue le 12 avril de cette année, entre le roi Louis IX et le comte Raymond, qui jure devant le grand portail de Notre-Dame de Paris d'observer le traité; après quoi il est conduit en chemise et nu-pieds jusqu'à l'autel où le cardinal Saint-Ange lui donne l'absolution. Par ce traité, Raymond perdit la plus grande partie de ses domaines; ayant abandonné à l'église romaine tout ce qui lui appartenait au-delà du Rhône, et au roi de France tous les droits qui lui appartenaient depuis les limites du diocèse de Toulouse (diocèse qui comprenait alors tout ce que renferme aujourd'hui la province ecclésiastique de ce nom) et depuis la rivière de Tarn jusqu'au Rhône. Pour assurer la sincérité de ses dispositions, le comte va se mettre volontairement en prison au Louvre jusqu'à l'exécution des trois articles préliminaires, auxquels il s'était engagé. Il y resta environ six semaines; et au sortir de là il fut créé chevalier par le roi Louis IX, le jour de la Pentecôte, 3 juin. Jeanne, fille de Raymond, qu'il avait remise aux officiers du roi, comme on en était convenu dans le traité de paix, fut fiancée, dans ce même mois, avec Alfonse, frère du roi : mais comme ils n'étaient âgés que de neuf ans, étant nés l'un et l'autre en 1220, le mariage ne fut accompli que huit ans après. Raymond revint à Toulouse sur la fin de septembre, et y renouvela ses promesses en présence du légat. Ce prélat tint un concile à Toulouse au mois de novembre suivant, dans lequel on établit l'inquisition pour la recherche des hérétiques, et on en commença aussitôt les procédures. Pendant l'hiver on prit un nommé Guillaume qu'on appelait le *pape des Albigeois*; et par sentence de ce tribunal, il fut brûlé vif.

L'an 1233, l'inquisition est confiée aux Dominicains. La sévérité avec laquelle ils en exercèrent les fonctions, aigrit les peuples, qui menacèrent quelques-uns des inquisiteurs, et les chassèrent de Toulouse, de Narbonne et des autres villes. L'an 1234, le pape Grégoire IX, honteux enfin de s'être prévalu de la situation violente où se trouvait le comte Raymond, pour s'enrichir à ses dépens, lui rendit le marquisat de Provence, que ce prince avait cédé à l'église romaine sans la participation de l'empereur Frédéric II, souverain de ce pays.

Raymond, l'an 1235, essuie plusieurs sentences d'excommunication de la part de l'archevêque de Narbonne, des inquisiteurs et des commissaires du pape, parce qu'il favorisait le soulèvement de ses sujets contre leurs excès. Il est absous, l'an 1238, par Grégoire IX, et dispensé du voyage d'outre-mer. L'an 1240, il se met en marche avec des troupes pour s'emparer de la Provence, que l'empereur Frédéric II lui avait adjugée en partie, après avoir mis le comte Raymond-Bérenger IV au ban de l'empire. Mais les secours que celui-ci reçut de la France obligèrent le comte de Toulouse à se retirer. Raymond, l'an 1241, répudie, dans les formes, SANCIE, sœur de Pierre, roi d'Aragon, son épouse, dont il était séparé depuis long-tems. Le prétexte de ce divorce, autorisé par une sentence de l'évêque d'Albi, était une affinité spirituelle, qu'il disait avoir contractée avec la princesse; mais le vrai motif était le désir qu'il avait d'épouser Sancie, fille de Raymond-Bérenger IV, comte de Provence; ce mariage, conclu à Aix, le 11 août, fut rompu, et Sancie épousa Richard, frère du roi d'Angleterre.

Raymond, l'an 1242, épouse les intérêts de Hugues, comte de la Marche, contre Louis IX, roi de France : les deux comtes nouent une ligue ensemble, dans laquelle ils font entrer Henri III, roi d'Angleterre. Ce monarque vient à leur secours, et ne remporte de son voyage que la honte d'avoir été battu et mis en fuite. Pendant que Louis est occupé en Poitou et en Saintonge, Raymond, avec ses alliés, entre dans les domaines du roi sur la fin de juin, s'empare de diverses places, entr'autres de Narbonne, d'où il chasse l'archevêque, qui l'excommunie; il reprend le titre de duc de Narbonne, et se rend ensuite à Bordeaux, où le roi d'Angleterre s'était enfui après sa défaite, et se ligue avec lui; mais peu de tems après, voyant les progrès du roi Louis, et pressé par les sollicitations de l'évêque de Toulouse, il négocie pour faire sa paix, et l'obtient, au mois de janvier de l'an 1243, à Lorris. Raymond, cette année, passe les Alpes, va trouver l'empereur Frédéric II dans la Pouille, et de là se rend en cour de Rome, afin de poursuivre son appel contre les inquisiteurs. Il obtient d'Innocent IV son absolution, et s'emploie à la réconciliation de Frédéric, qui lui restitue le marquisat de Provence. L'an 1244, Raymond repasse dans ses états, après plus d'un an de séjour au-delà des Alpes. L'année suivante, il va trouver le pape Innocent IV à Lyon, et assiste au concile qui s'y tient : il y travaille, pendant et après le concile, à faire casser son mariage, contracté, l'an 1243, avec MARGUERITE DE LA MARCHE, pour épouser Béatrix, fille et héritière de Raymond-Bérenger IV, comte de Provence. Il obtient la cassation, mais son mariage avec Béatrix échoue. Il entreprend, l'an 1246, un pèlerinage à Saint-Jacques en Galice, dont on croit que la dévotion ne fut que le prétexte. L'an 1247, il se rend à la cour du roi de France, qui l'engage à se croiser pour le voyage de la Terre-Sainte. Raymond ne fit pas néanmoins ce voyage, parce qu'Innocent IV l'en empêcha, et le retint dans le pays pour l'opposer aux partisans de Frédéric. Raymond, l'an 1249, au retour d'un voyage qu'il fit à Aigues-Mortes pour voir sa fille qui s'embarquait avec son époux pour la croisade, étant tombé malade, fait son testament le 23 septembre, institue son héritière universelle Jeanne, sa fille, née l'an 1220, mariée, l'an 1237 (et non l'an 1241) avec Alfonse, comte de Poitou, frère de saint Louis, et meurt à Milhau, en Rouergue, le 27 de ce mois, à l'âge de cinquante-deux ans. Il fut inhumé dans le chœur de l'abbaye de Fontevrault, auprès de Jeanne d'Angleterre, sa mère, comme il l'avait ordonné par son testament. Ainsi finit la postérité masculine des comtes de Toulouse, après avoir subsisté et joui de ce comté pendant quatre siècles complets, depuis Frédélon, créé comte de Toulouse, en 850, par le roi Charles le Chauve. Raymond VII doit être regardé comme le fondateur de l'université de Toulouse. Car un des articles du traité qu'il fit avec saint Louis, portait qu'il entretiendrait pendant dix ans à Toulouse des maîtres ou professeurs en théologie, en droit canon, en philosophie et en grammaire. Après les dix ans, les sciences continuèrent d'y être enseignées, et on y ajouta dans la suite des professeurs en droit civil et en médecine ; ce qui forme les quatre facultés dont est aujourd'hui composée cette université.

ALFONSE.

1249. ALFONSE, fils de Louis VIII, roi de France, comte de Poitiers depuis 1241, succéda, l'an 1249, à Raymond VII, dernier comte de Toulouse, dont il avait épousé la fille et l'héritière. Alfonse était pour lors parti pour le voyage d'outre-mer avec JEANNE, son épouse ; mais la reine Blanche veilla aux intérêts de son fils pendant son absence, et recueillit pour lui la succession de Raymond. Alfonse, l'an 1250, est fait prisonnier par les Turcs avec le roi, son frère, le 5 avril ; délivré par composition le 6 mai suivant, et conduit à Damiette, il y rejoint sa femme, qui témoigne une joie extrême de le revoir. Il s'embarque, vers la fin de juin, au port d'Acre pour revenir en France, avec Charles, son frère, et les princesses, leurs épouses. L'an 1251, Alfonse et Jeanne font, le 23 mai, leur entrée solennelle à Toulouse, et y reçoivent le serment de fidélité des habitants. Après avoir parcouru les terres de leurs domaines, ils revinrent en France, où ils firent depuis leur séjour ordinaire, particulièrement au château de Vincennes. Vers la fin de l'an 1252, Alfonse se voyant en grand danger, par une attaque d'apoplexie, fait vœu de retourner à la Terre-Sainte, et prend la croix : mais ce voyage, retardé par différents obstacles qui survinrent dans la suite, ne fut entrepris que l'an 1270. L'an 1254, le roi saint Louis, à son retour de la Terre-Sainte, étant à Saint-Gilles, y donne, au mois de juillet, une ordonnance pour l'administration de la justice dans le Languedoc. Il y est dit, entr'autres choses, que *s'il arrive quelque cas pressant pour lequel il conviendrait de défendre l'exportation des denrées hors du pays, le sénéchal assemblera alors un conseil non suspect, auquel assisteront quelques-uns des prélats, des barons, des chevaliers et des habitants des bonnes villes, de l'avis desquels le sénéchal fera cette défense ; et, quand elle aura été faite, il ne pourra plus la révoquer sans un conseil semblable.* C'est le plus ancien monument où l'on voie que le tiers-états, depuis l'établissement du gouvernement féodal, ait été nommément appelé dans les assemblées de la province de Languedoc et même dans celles du royaume.

L'an 1265, Alfonse favorise la construction du pont du Saint-Esprit. Ce célèbre pont, commencé cette année, ne fut achevé que vers la fin de l'an 1309, quoique le travail eût toujours été continué avec des primes et des dépenses incroyables ; il a donné dans la suite son nom à la ville de Saint-Saturnin-du-Port, ainsi appelée à cause du passage qu'il y avait en ce lieu sur le Rhône. Ce furent les habitants de Saint-Saturnin qui construisirent ce pont sous le nom du Saint-Esprit, parce qu'ils attribuèrent la résolution qu'ils en avaient formée, à l'inspiration de l'Esprit divin. (Vaissète, tom. III, p. 305.)

Alfonse, l'an 1270, pour exécuter le vœu qu'il avait fait dix-huit ans auparavant, se rend avec la comtesse Jeanne, avant la fin de mai, à Aimargues, dans le diocèse de Nismes, où ils font, l'un et l'autre, leur testament. Ils s'embarquent à Aigues-Mortes, et joignent le roi saint Louis au port de Cagliari en Sardaigne, où sa flotte s'était arrêtée, et débarquent à Tunis le 17 juillet. La mort de saint Louis, arrivée le 25 août suivant, ayant déconcerté tous les projets des croisés, Alfonse et son épouse font voile des côtes d'Afrique, abordent sur celles de Sicile, le 22 novembre, et passent tout l'hiver et une partie du printems dans cette île. Ils se mettent ensuite en mer, débarquent en Italie, et continuent leur route par terre. Etant attaqués l'un et l'autre d'une violente maladie au château de Corneto, sur les confins de la Toscane et des états de Gênes, ils se font transporter à Savone. Alfonse y mourut le vendredi, 21 août 1271, âgé de cinquante et un ans, sans laisser de postérité ;

Jeanne, son épouse, mourut le mardi suivant. Le corps d'Alfonse fut porté dans l'église de Saint-Denis où il avait choisi sa sépulture, et celui de Jeanne dans l'abbaye de Gerci, en Brie, qu'elle avait fondée au mois d'août de l'an 1269. « Alfonse, dit
» D. Vaissète, fut un prince débonnaire, chaste, pieux, aumô-
» nier, juste et équitable. Il ne manquait d'ailleurs ni de valeur
» ni de fermeté. Il marcha sur les traces du roi, son frère, dans
» la pratique des vertus chrétiennes. » Il paraît que la comtesse, sa femme, était d'un caractère à-peu-près semblable. Philippe III, roi de France, recueillit toute leur succession. En vain Philippe de Lomagne, héritière de Jeanne, fit demander au parlement, par le ministère du comte de Saint-Pol, son tuteur, d'être reçue à foi et hommage pour les domaines de cette succession, qui avaient appartenu à Jeanne: elle fut déboutée de sa demande par arrêt de l'an 1274. Le comté de Toulouse ne fut toutefois réuni à la couronne qu'en 1361. Philippe III et ses successeurs gouvernèrent jusqu'à cette année les différents pays, dont ils avaient hérité, par la mort de Jeanne, comme comtes particuliers de Toulouse, et non comme rois de France.

Avant la réunion du comté de Toulouse à la couronne, le comte et chaque seigneur particulier assemblaient leurs sujets lorsqu'ils avaient des subsides à leur demander. Après la réunion, les rois de France suivirent quelque tems cette forme, et assemblaient les habitants de chaque sénéchaussée en particulier. Mais Charles VII ayant trouvé plus à propos de convoquer les sénéchaussées en un seul corps d'états, cette forme a toujours été observée depuis. (*Sur la cession du comtat Venaissin faite au saint siége par les rois de France*, voyez l'article du pape Grégoire X.)

CHRONOLOGIE HISTORIQUE

DES

COMTES DE LA MARCHE D'ESPAGNE,

OU DE BARCELONNE.

La Marche d'Espagne, dont Barcelonne était la capitale après être demeurée unie sous Charlemagne et Louis le Débonnaire au marquisat de Septimanie, en fut séparée, comme on l'a dit, l'an 864, par Charles le Chauve, pour faire un gouvernement particulier. C'est depuis cette époque que nous allons passer en revue ses comtes ou marquis, jusqu'à sa réunion au royaume d'Aragon.

WIFRED LE VELU, comte de Barcelonne.

L'an 864, Wifred, tige des comtes héréditaires de Barcelonne, paraît avoir été revêtu de cette dignité immédiatement après la séparation des deux marquisats. Il était fils d'un seigneur, nommé Sunifred et d'Ermessinde, et frère de Miron, comte de Roussillon et de Radulfe, comte de Conflans : ces trois frères chassèrent d'Ausonne les Sarrasins, qui s'en étaient emparés. Wifred mourut au plus tard, l'an 906, laissant de Winidilde, fille de Baudouin I, comte de Flandre, son épouse, cinq fils, Wifred et Miron, qui lui succédèrent l'un après l'autre ; Suniaire, comte d'Urgel ; Borrel, dont on ignore le sort ; et Radulfe, moine de Riupoll. Wifred fut enterré dans l'abbaye de Riupoll qu'il avait fondée en 888.

(Marca.) L'auteur des Gestes des comtes de Barcelonne, et les autres écrivains catalans d'après lui, placent la mort de Wifred le Velu en 912, parce qu'ils confondent avec lui son fils aîné, qui suit. (Vaissète.)

WIFRED II.

906. WIFRED II, fils de Wifred le Velu, le remplaça immédiatement dans le comté de Barcelonne. Il mourut l'an 913, sans laisser de postérité de GARSINDE, son épouse. (Vaissète.)

MIRON.

913. MIRON, frère de Wifred II, lui succéda faute d'héritiers en ligne directe. Il mourut en 928, laissant d'AVE, sa femme, trois fils, Sunifred, qui fut son successeur, Oliba, surnommé Cabréta, comte de Cerdagne, et Miron, comte de Gironne, puis évêque de cette ville, mort au commencement de l'an 984. (*Marca Hispan.*, pag. 400-410.)

SUNIFRED, COMTE DE LA MARCHE D'ESPAGNE OU DE BARCELONNE.

928. SUNIFRED ou SÉNIOFRED, fils aîné de Miron, et mari d'ADÉLAÏDE, posséda le comté de Barcelonne depuis la mort de son père, jusqu'à la sienne arrivée en 967. Il ne laissa point de postérité.

BORREL.

967. BORREL, comte d'Urgel, et fils du comte Suniaire, succéda (l'on ne sait comment) à Sunifred, son cousin-germain, dans le comté de Barcelonne, au préjudice des frères de ce dernier. Il se qualifiait *duc de la Gothique*, et porta son autorité beaucoup plus loin qu'aucun de ses prédécesseurs n'avait fait. L'an 971, voulant soustraire les évêchés de ses états à la juridiction de l'archevêque de Narbonne, il se rendit à Rome, accompagné du fameux Gerbert, alors moine d'Aurillac, et obtint une bulle du pape Jean XIII, pour ériger Ausonne en archevêché ; mais cette bulle fut sans effet, par l'opposition d'Aimeric, archevêque de Narbonne. L'an 985, les Sarrasins ayant fait une irruption dans la Marche d'Espagne, le défirent en bataille rangée, et lui enlevèrent sa capitale, qu'il ne recouvra qu'en 988. Borrel fit son testament le 24 septembre 993, et mourut peu après. Son corps fut inhumé dans le monastère de Riupoll. Il avait été marié deux fois. LEUTGARDE, sa première femme, lui donna deux fils, Raymond,

qui lui succéda dans le comté de Barcelonne, et Ermengaud, qui fut comte d'Urgel. D'ERMERUGH ou AIMERUDE, sa seconde femme, il eut une fille, nommée Aldrie. On connaît encore deux autres filles de Borrel, Bonifille, abbesse de Saint-Pierre de Barcelonne, et Ermengarde, épouse de Gerbert, vicomte, à ce qu'il paraît, de la même ville; mais on ne sait à laquelle des deux épouses de Borrel l'une et l'autre de ces filles appartiennent (*Marca. Hisp.*, pag. 415; Vaissète, tom. II.) L'histoire manuscrite des sires d'Albret, écrite en français dans le quatorzième siècle, donne encore à Borrel une fille, nommée Théoda, qui épousa, dit-elle, Bérard, sire d'Albret.

RAYMOND-BORREL.

993. RAYMOND-BORREL, né l'an 972, succéda, dans le comté de Barcelonne, à Borrel, son père. L'an 1010, il part, avec son frère Ermengaud, pour aller au secours d'Almahadi, prince sarrasin, qui disputait le trône de Cordoue à Zuleiman. Cette expédition fut malheureuse, et coûta la vie à Ermengaud, ainsi qu'à d'autres seigneurs. L'an 1017, les Sarrasins ayant étendu leurs courses jusqu'à Barcelonne, Raymond périt, à ce qu'on croit, en voulant s'opposer à leurs entreprises. Du moins est-il certain qu'il mourut cette année. Il avait épousé, en premières noces, MARIE, fille d'un seigneur, nommé Rodrigue, dont il eut une fille, qu'il maria l'an 1007, avant qu'elle fût nubile, à Bernard, comte de Besalu, en lui donnant pour dot le comté et l'évêché d'Ausonne, qui devait rester à Bernard, quand même il n'en n'aurait point d'enfants. (*Marca. Hispan.*, col. 478.) D'ERMESSINDE, fille de Roger, comte de Carcassonne, qu'il avait épousée en secondes noces, l'an 1001, il laissa un fils en bas-âge, nommé Bérenger-Raymond; et deux filles, Etiennette, femme de Garcie III, roi de Navarre, et N., qui épousa Roger, prince normand, que quelques-uns confondent mal-à-propos avec Richard, duc de Normandie. Raymond-Borrel, par son testament, avait non-seulement institué son épouse, tutrice de son fils, mais lui avait de plus accordé, pour sa vie, l'administration du comté de Barcelonne. (*Marca. Hispan.* Vaissète.)

BÉRENGER-RAYMOND, SURNOMMÉ LE COURBÉ.

1017. BÉRENGER-RAYMOND Ier., fils de Raymond-Borrel, hérita du comté de Barcelonne, sous la tutelle et la régence d'Ermessinde, sa mère. Cette princesse, l'an 1018, se voyant harcelée par les Sarrasins, appela son gendre, le prince Roger, qui obligea ces infidèles à demander la paix. L'an 1023, Ermessinde remit l'administration du comté entre les mains de son fils. Bérenger-Raymond périt, l'an 1035, dans un combat donné en Cerdagne. De SANCIE, appelée GARCIE par Oihenart, fille de Sanche-Guillaume, duc de Gascogne, sa première épouse, il laissa deux fils, Raymond, qui lui succéda, et Sanche, moine de Saint-Pons. GUISLE, sa seconde femme, lui donna un autre fils, nommé Guillaume, qui fut comte de Manrese. L'auteur des *Gestes* des comtes de Barcelonne témoigne beaucoup de mépris pour Bérenger-Raymond.

RAYMOND-BÉRENGER Ier., DIT LE VIEUX.

1035. RAYMOND-BÉRENGER étant en bas âge à la mort de Bérenger-Raymond, son père, Ermessinde, son aïeule, qui vivait encore, reprit le gouvernement du comté de Barcelonne : mais continuant de le garder après la minorité de son petit-fils, elle essuya de sa part de mauvais traitements, qui l'obligèrent de lui céder ses droits à certaines conditions. Cette princesse mourut l'an 1059. Raymond-Bérenger, lorsqu'il eut pris en main les rênes du gouvernement, se montra digne de commander. L'an 1048, il porta la guerre en Espagne contre les Maures, et fut si heureux dans cette expédition, qu'après avoir fait diverses conquêtes sur douze de leurs rois, il les contraignit enfin de se rendre tributaires. Du nombre des domaines qu'il leur enleva, furent la ville et le comté de Tarragone, dont il fit présent à Bérenger, vicomte de Narbonne, qui était venu à son secours. L'an 1068, il acquit, le 2 mars, de Raymond-Bernard, vicomte d'Albi, et d'Ermengarde, sa femme, sœur et héritière de Roger III, comte de Carcassonne, les droits qu'ils avaient sur le Carcassez, le Rasez, le Conserans, le Comminges, le Toulousain, etc. La même année (et non l'an 1060 comme le marque M. Fleuri), ayant assemblé ses barons dans le palais de Barcelonne, en présence de Hugues, cardinal et légat du pape, il établit et fait rédiger par écrit, de l'avis et avec le conseil de l'assemblée, des lois et coutumes, suivant lesquelles il ordonne que tous ses comtés soient gouvernés. (*Gesta Comit. Barcin.*) C'est, suivant l'auteur cité, la plus ancienne rédaction de lois coutumières que l'on connaisse. L'an 1076, Raymond-Bérenger meurt le 27 mai, et est inhumé dans l'église de Barcelonne. Il eut d'ISABEAU, sa première femme, un fils nommé Pierre, auquel il survécut, et qu'il fit vraisemblablement mourir pour avoir égorgé sa belle-mère qui suit. D'ALMODIS DE LA MARCHE, la seconde, qui lui avait donné sa main l'an 1056, après avoir été successivement répudiée par Hugues V de Luzignan, et Pons, comte de Toulouse, ses deux premiers époux, il laissa Raymond-Bérenger et Bérenger-Raymond, qu'il institua ses héritiers. (Vaissète, tom. II, pag. 155, 157, 171, 187, 195, 197, 220, 234.)

RAYMOND-BÉRENGER II, DIT TÊTE D'ÉTOUPE, ET BÉRENGER-RAYMOND II.

1076. Les deux frères, RAYMOND-BÉRENGER et BÉRENGER-RAYMOND, après quelques démêlés sur la succession de leur père, partagèrent le comté de Barcelonne, dont ils prirent chacun le titre, avec les autres domaines de ce prince, situés au-delà des Pyrénées; mais pour se distinguer, Raymond-Bérenger se qualifia seul comte de Carcassonne. Il fut surnommé TÊTE D'ÉTOUPE, parce qu'il avait, selon quelques-uns, la chevelure fort épaisse, ou, selon d'autres, parce qu'il avait reçu beaucoup de blessures à la tête. (Vaissète, tom. II, pag. 222.) On vante sa bravoure, sa bonne mine, son air affable et son amour pour ses peuples. L'an 1082, le 6 décembre, il fut assassiné par une troupe de scélérats, entre Gironne et Saint-Saloni. (*Ibid.*, pag. 261.) De MATHILDE, fille de Robert Guiscard, duc de la Pouille, qu'il avait épousée l'an 1079, il eut un fils nommé comme lui, qui naquit vingt-cinq jours avant sa mort, le jour de Saint-Martin. (*Ibid.*, pag. 261.) BÉRENGER-RAYMOND, son frère, prit la tutelle de cet enfant à l'exclusion de la mère, et administra, tant en son nom qu'en celui de son neveu, tous les biens de la maison de Barcelonne. (*Ibid.*, pag. 150.) Mathilde se remaria depuis avec Aimeri, vicomte de Narbonne. (*Ibid.*, pag. 304.) L'an 1083, Bernard-Atton, Vicomte d'Albi, et sa mère Ermengarde, s'emparèrent, sur le jeune comte, des comtés de Carcassonne, de Rasez et de Lauraguais, que la dernière avait aliénés en 1068, en faveur de Raymond-Bérenger Ier. (*Ibid.*, pag. 261.) Vers l'an 1090, Bérenger-Raymond fit donation à l'église romaine, entre les mains du légat Rainier, de tous les domaines qu'il avait hérités de son père et partagés avec Raymond-Bérenger, son frère, avec promesse, tant pour lui, que pour ses successeurs, de les tenir en fiefs du saint-siége, sous la redevance d'un cens de vingt-cinq livres d'argent. (*Marca Hisp.* p. 470. *Ruin. vit. Urb. II*, n. 65.) L'an 1092, il partit avec Guillaume IV, comte de Toulouse, pour la Terre-Sainte, d'où ni l'un ni l'autre ne revinrent; tous deux y moururent l'an 1093. (Vaissète, tome II, pag. 280, 282.) Bérenger-Raymond se rendit célèbre par ses conquêtes sur les Maures, ses voisins, et décéda sans enfants. L'auteur des Gestes des comtes de Barcelonne (*Marca Hisp. col.* 346) fait son éloge en ces termes : *Hic fuit vir armis strenuissimus, benignus, dulcis, pius, hilaris atque probus, corpore et formâ pulcherrimus.* (*Voyez* Bernard-Atton 1, vicomte de Carcassonne.)

RAYMOND-BÉRENGER III.

1093. Après la mort de Bérenger-Raymond, son oncle, RAYMOND-BÉRENGER, âgé pour lors de onze ans, recueillit tous les domaines de sa maison, à l'exception des pays de Carcassonne, de Rasez et de Lauraguais, qui étaient entre les mains de Bernard-Atton, vicomte d'Albi. L'an 1096, il redemande, mais en vain, ces domaines, suivant la parole que le vicomte avait donnée de les lui rendre à sa majorité. Après avoir inutilement sollicité cette restitution l'espace d'environ dix ans, il engage, vers l'an 1107, les habitants de Carcassonne à se soumettre volontairement à son obéissance; mais la ville, presque aussitôt qu'il en a pris possession, est reprise par Bernard-Atton. L'an 1109, voyant une nuée de Barbares, venus d'Afrique en Espagne, s'approcher de la Catalogne, il envoie des ambassadeurs au roi Louis le Gros, pour lui faire hommage et implorer son secours contre l'orage dont il est menacé. Touché de sa fidélité, Louis, quoiqu'il fût en guerre avec plusieurs de ses vassaux rebelles, promit de venir à sa défense, et se hâta de terminer les guerres féodales qu'il avait sur les bras. Il ne paraît pas cependant, dit D. Vaissète, qu'il ait passé au-delà des Pyrénées. Raymond-Bérenger succéda, l'an 1111, dans les comtés de Bésalu, de Fenouillède, de Vallespir et de Pierre-Pertuse, à Bernard III, son gendre, mort sans enfants. L'année suivante, il fait de nouveaux efforts pour recouvrer le Carcassez et le Rasez. Ne pouvant y réussir, il renonce enfin à ses prétentions, moyennant un certain nombre de châteaux dont le vicomte lui abandonna la suzeraineté. Mais il n'est pas vrai, comme le prétendent les historiens catalans, que celui-ci se rendit vassal du comte de Barcelonne, pour la ville et le comté de Carcassonne. L'an 1114, Raymond-Bérenger, ayant équipé une flotte, fait une descente dans l'île de Majorque, dont il assiége la principale ville. Mais tandis qu'il est occupé à cette expédition, les Sarrasins, pour faire diversion, descendent eux-mêmes en Catalogne, et font le siège de Barcelonne. Obligé d'abandonner son entreprise, le comte revole vers sa capitale, qu'il délivre, après avoir fait un grand carnage des infidèles. Cette victoire l'encourage à reprendre son premier dessein. Pour l'exécuter avec plus de facilité, il va solliciter le secours des Génois et des Pisans, ennemis déclarés des Sarrasins, dont les fréquentes courses leur avaient fait essuyer de grandes pertes. Le pape Pascal II joint ses exhortations à celles de Raymond, et obtient des deux républiques une flotte, à la tête de laquelle se met l'archevêque de Pise et le légat Boson. Le comte, assuré de ce secours, fait voile, sans l'attendre, vers Iviça, l'une des Baléares, dont il se rend maître au bout d'un mois, le jour de Saint-Laurent. Après avoir pris la capitale de cette île, il conduit sa flotte vers Majorque, où, celle des Pisans l'étant venue joindre, il commence les attaques. Mais la conquête fut tardive, et ne s'acheva que le 3 avril de l'an 1116. Les infidèles, à l'exemple de leur reine, qui fut emmenée à Pise, consentirent à recevoir le baptême. Le roi fut fait prisonnier, et on mit à sa place un de ses fils. Mais ce grand succès, faute d'avoir envoyé sur les lieux une colonie chrétienne, fut plus brillant que durable. Les habitants des deux îles conquises, étant retournés presque aussitôt au Mahométisme, reprirent leur métier de corsaires, et recommencèrent à l'exercer sur les côtes de leurs vainqueurs. Tel est, en abrégé, le récit que les auteurs espagnols font de cette expédition, dont les Italiens, et sur-tout Benoît Léolius, donnent presque toute la gloire aux Pisans. Raymond, au retour de Majorque, témoigna sa reconnaissance aux Barcelonnais, des services qu'ils lui avaient rendus en cette expédition et ailleurs, par la remise qu'il leur fit du droit de quint, qu'il avait établi sur tous leurs vaisseaux. (Marten. *Ampl. coll.* tome I, *col.* 639.) L'an 1120, il hérita des comtés de Cerdagne, de Besalu et de Conflans, du Capcir, et d'une partie du Rasez, par la mort du comte Bernard-Guillaume, son proche parent, décédé sans postérité. L'an 1125, après une guerre extrêmement vive avec Alfonse-Jourdain, comte de Toulouse, pour le comté de Provence, Raymond fait, le 16 septembre, un traité de partage avec ce prince, auquel il cède la ville de Beaucaire et ses dépendances, avec la moitié d'Avignon, et cette partie de la Provence qui est entre l'Isère et la Durance et le château de Valpergue. L'autre portion d'Avignon, le pont de Sorgues et toute la partie de la Provence qui avoisine la Méditerranée, composèrent le lot du comte de Barcelonne: les deux princes se firent, de plus, héritiers l'un de l'autre au défaut de postérité. L'an 1126, le 2 avril, Raymond, du consentement de sa femme et de ses enfants, donne en fief, aux chevaliers Guérin et Odilon, le château de Randon, en Gévaudan, avec ses dépendances. C'est le même devant lequel mourut, l'an 1380, le connétable du Guesclin. (Etiennot, *Fragm.* tome V, *fol.* 96.) Ces deux chevaliers, qui vraisemblablement étaient frères, prirent alors le surnom de Randon, qu'ils transmirent à leurs descendants.

Cette illustre maison de Randon, du nom de Châteauneuf, après avoir fleuri durant plusieurs siècles, se fondit en partie dans celles de Chalençon et de Polignac. Il en existe néanmoins encore une branche.

Raymond, l'an 1127, fait un traité de commerce avec les Génois. L'an 1131, le 14 juillet, il embrasse l'institut des Templiers, et meurt à la fin du même mois, à l'âge de quarante-huit ans, *après s'être rendu célèbre*, dit D. Vaissète, *par la sagesse de son gouvernement, sa piété, sa générosité et ses exploits contre les Maures d'Espagne*. Il fut marié, 1°. à Marie, fille d'un seigneur nommé Rodrigue, dont il eut deux filles, Ximène ou Chimène, femme de Roger III, comte de Foix, et Bérengère, alliée, 1°. l'an 1107, à Bernard III, comte de Bésalu, 2°. l'an 1124, selon D. Vaissète, ou 1128, suivant Ferreras, à Alfonse VIII, roi de Castille. Raymond épousa en secondes noces, le 3 février 1112, Douce, fille et héritière de Gilbert, vicomte de Milhaud, de Gévaudan, etc., et de Gerberge, comtesse de Provence, qui lui porta en dot ce comté. Cette princesse lui donna deux fils ; Raymond-Bérenger, l'aîné, eut pour son partage la Marche d'Espagne ; Bérenger-Raymond, le cadet, hérita du comté de Provence. (*Voyez* Raymond-Bérenger, *comte de Provence*.)

RAYMOND-BÉRENGER IV, dit LE JEUNE.

1131. Raymond-Bérenger IV, fils aîné de Raymond-Bérenger III, quoiqu'il n'eût succédé qu'à une partie des états de son père, le surpassa néanmoins dans la suite, par l'étendue de ses domaines. L'an 1137, le royaume d'Aragon lui échut par son mariage, ou plutôt ses fiançailles, avec Pétronille, fille du roi Ramire le Moine, qui n'avait alors que deux ans. On prétend qu'à raison de cette succession il reconnut pour son suzerain le roi de Castille. On a cependant de lui une charte datée du *château de Morel, en Aragon, le 13 mars de l'an 1157, la XXII*[e]. *année du règne de Louis le Jeune*. Ce qui est certain, c'est qu'en qualité de comte de Barcelonne, il ne prétendait relever, à l'exemple de ses prédécesseurs, que du roi de France.

Raymond-Bérenger, l'an 1144, prend la défense de Raymond-Bérenger II, comte de Provence, son pupille et son neveu, contre les seigneurs de Baux, et force, l'an 1146, les Provençaux à lui rendre hommage. L'an 1147, il fait équiper une flotte, qu'il joint à celle des Pisans et des Génois, et va faire, avec ce secours, le siège d'Alméria, sur les côtes d'Andalousie, qui fut prise le 17 octobre de la même année. Sur la fin de l'année suivante, il emporte d'assaut la ville de Tortose. Vers l'an 1150, il force Raymond Trencavel, vicomte de Carcassonne, à le reconnaître pour son suzerain. (*Voyez* Raymond Trencavel.) Il se ligue, l'an 1158, avec Henri II, roi d'Angleterre, contre Raymond V, comte de Toulouse, que ce monarque voulait dépouiller de ses états. L'année suivante, après avoir échoué avec le roi d'Angleterre devant Toulouse, il porta de nouveau la guerre en Provence : son dessein était de reprendre ce comté sur les seigneurs de la maison de Baux, que l'empereur Frédéric I en avait investis au préjudice de la branche puînée de Barcelonne. (*Voyez* Raymond-Bérenger II, *comte de Provence.*) La mort le surprit le 26 août de l'an 1162, dans le cours de cette entreprise, au bourg de Saint-Dalmace, près de Gênes. Son corps fut porté dans un cercueil d'argent à l'abbaye de Riupoll. Ce prince fit une guerre implacable, durant tout le cours de son règne, aux Sarrasins d'Espagne, et leur enleva plusieurs places, qu'il unit à son comté, connu depuis sous le nom de Catalogne. Dans le dessein où il était de harceler continuellement ces infidèles, il avait établi, en 1148, un ordre militaire, sous la dépendance des Templiers. De PÉTRONILLE, sa femme, il laissa trois fils, Raymond, qui prit le nom d'Alfonse ; Pierre, qui se fit appeler Raymond-Bérenger ; et Sanche. Le premier eut le royaume d'Aragon et la Catalogne, qui devint, par la suite, comme une province de ce royaume, mais en continuant de relever, comme auparavant, des rois de France ; ce qui dura jusqu'en 1258, que la souveraineté de la Catalogne fut abandonnée, par le roi saint Louis, à don Jayme, roi d'Aragon, et cela en considération du mariage de sa fille Isabelle, avec Philippe, depuis surnommé le Hardi, roi de France, après son père. Le deuxième fils de Raymond-Bérenger eut le comté de Cerdagne et le Carcassez, avec la Provence et le Gévaudan, que son aîné lui céda pour sa vie, et outre cela tout ce que Raymond Trencavel tenait de Raymond-Bérenger IV. Le troisième n'eut d'abord aucune part à la succession de son père, qui se contenta de le substituer à ses deux aînés. Raymond-Bérenger eut aussi une fille, nommée Douce, qui épousa Sanche I, roi de Portugal. (*Voyez*, *pour la suite des comtes de Barcelonne, les rois d'Aragon.*)

CHRONOLOGIE HISTORIQUE

DES

COMTES DE ROUERGUE.

Les peuples appelés *Rutheni*, dont la capitale était *Segodunum*, aujourd'hui *Rodez*, faisaient anciennement partie des Celtes. César les soumit à la république romaine : ils furent attribués à la première Aquitaine sous Valentinien Ier., lorsque cet empereur divisa l'Aquitaine en deux. Les Visigoths, dans le cinquième siècle, enlevèrent le Rouergue aux Romains. Thierri, fils de Clovis, le conquit après sur les Visigoths. Repris ensuite par Théodoric, roi d'Italie, ce pays rentra de nouveau sous la domination française, par la valeur de Théodebert, fils de Thierri, qui réunit le Rouergue au royaume d'Austrasie. Cette province ayant passé depuis sous la puissance des ducs d'Aquitaine, Pépin le Bref la remit, après avoir fait la conquête de ce duché, sous l'obéissance de la France. Le Rouergue fut dans la suite gouverné par des comtes, ainsi que les autres provinces de cette monarchie. La situation de ce pays, long de vingt-cinq à trente lieues, sur quinze à vingt de largeur, est entre l'Auvergne, le Languedoc, les Cévennes, le Gévaudan et le Querci. Les trois principales rivières qui l'arrosent, sont le Tarn, le Lot et l'Aveiron. On le divise en comté, haute et basse Marche. Rodez, capitale, comme on l'a dit, de la province, Saint-Geniez de Rivedolt, Entraigues, la Guiolle, le Mur de Barres, Estain, Marcillac, Albin, Rignac et Cassagné-Vergoabous, forment le comté. Dans la haute Marche on trouve Milhaud, Espalion, Nam, Sainte-Afrique, le Pont-de-Camarez, Campeyre, Saint-Rome de Tarn, Saint-Cernin, Belmont, Vabres et Sévérac-le-Château. La basse comprend Villefranche, Saint-Antonin, Najac, Verfeuil, Sauveterre, etc.

GILBERT.

GILBERT fut établi comte de Rouergue par Charlemagne; mais on ne peut dire en quelle année, ni combien de tems il jouit de cette dignité. Ce qui est certain, c'est qu'il ne la possédait plus en 820. (Vaissète, tom. I, p. 754.) On le confond mal-à-propos avec Gilbert, vicomte de Milhaud et de Gévaudan, et comte de la basse Provence par son mariage avec Gerberge, fille de Bertrand Ier., comte de Provence et d'Etiennette, sa femme. Il y a une distance de près de trois siècles entre ces deux Gilbert.

FULCOAD.

820. FULCOAD, père de Frédélon et de Raymond, qui possédèrent successivement le comté de Toulouse, succéda lui-même à Gilbert dans le comté de Rouergue. On ignore la durée de son gouvernement. (Vaissète, *ibid.*)

FRÉDÉLON.

845. FRÉDÉLON avait succédé cette année à Fulcoad, son père, dans le comté de Rouergue. L'an 849, il obtint celui de Toulouse. Il mourut l'an 852, au plus tard. (*Voy.* Frédélon, *comte de Toulouse.*)

RAYMOND Ier.

852. RAYMOND Ier., frère de Frédélon, lui succéda dans le comté de Rouergue, ainsi que dans celui de Toulouse. Sa mort arriva l'an 864, ou le suivant, avant Pâques. (*Voy.* Raymond Ier., *comte de Toulouse.*)

BERNARD.

865. BERNARD, fils du comte Raymond, recueillit toutes les dignités de son père. Il mourut sur la fin de 875. (*Voyez* Bernard, *comte de Toulouse.*)

EUDES.

875. EUDES, deuxième fils de Raymond, succéda immédiatement à Bernard, son frère, dans les comtés de Rouergue et de Toulouse. Il mourut l'an 918, laissant de GARSINDE, son épouse, deux fils, Raymond et Ermengaud, qui partagèrent sa

succession, et formèrent deux branches, celle des comtes de Toulouse et celle des comtes de Rouergue. (*Voy.* Eudes, *comte de Toulouse.*)

ERMENGAUD.

918. ERMENGAUD, deuxième fils d'Eudes, eut en son partage, dans la succession de son père, le Rouergue dont il jouit en particulier, et posséda, par indivis, avec Raymond, son frère, l'Albigeois, le Querci et la Septimanie, qui échurent à la maison de Toulouse après la mort de Guillaume le Pieux, arrivée cette même année. Ermengaud demeura toujours fidèle au roi Charles le Simple : mais, après la mort de ce prince, il fit sa paix avec Raoul, son compétiteur. Celui-ci étant venu en Aquitaine l'an 932, Ermengaud et son neveu Raymond-Pons, comte de Toulouse, allèrent au-devant de lui, se soumirent à son autorité, et lui firent serment de fidélité. Raoul, par reconnaissance, disposa en leur faveur du duché d'Aquitaine, dont ils jouirent depuis en commun. Il gratifia de plus Ermengaud du comté de Gévaudan, et Raymond de celui d'Auvergne. Le premier ne paraît pas avoir survécu à l'an 937. Il laissa d'ADÉLAÏDE, son épouse, trois fils, Raymond, qui lui succéda ; Hugues, qui prenait aussi le titre de comte ; et Etienne, comte de Gévaudan. (*Voy.* Raymond II et Raymond III, *comtes de Toulouse.*)

RAYMOND II.

937. RAYMOND II, fils aîné d'Ermengaud, hérita de son père du comté de Rouergue, qu'il gouverna seul, et des comtés d'Albigeois et de Querci, du marquisat de Septimanie et du duché d'Aquitaine, qu'il posséda, par indivis, avec les comtes de Toulouse. Il acquit de plus le comté particulier de Narbonne, qu'il transmit à ses descendants. Etant parti, l'an 961, pour Saint-Jacques en Galice, il fut assassiné sur la route. Raymond laissa de son épouse, BERTHE, nièce de Hugues, roi d'Italie, et veuve de Boson Ier., comte d'Arles, trois fils, Raymond, Hugues et Ermengaud, avec plusieurs bâtards qu'il avait eus de la fille d'Odin. Berthe lui avait apporté de grands biens dont elle avait hérité de son oncle, soit en Languedoc, soit en Provence.

RAYMOND III.

961. RAYMOND III, succéda, en bas-âge, sous l'autorité de sa mère, à Raymond II, son père, dans le comté de Rouergue, et les autres domaines dont il jouissait en commun avec les comtes de Toulouse. L'an 975, il partagea ces mêmes do-

maines avec Guillaume Taillefer. Par ce partage, la Septimanie demeura en entier aux comtes de Rouergue, et les comtés d'Albigeois et de Querci aux comtes de Toulouse. Le comté de Nismes fut de plus partagé entre l'un et l'autre ; et comme l'abbaye de Saint-Gilles, située sur le Rhône, se trouvait dans la portion du comte de Toulouse, cette portion en prit le nom, et fut appelé le comté de Saint-Gilles. Raymond, vers l'an 985, alla au secours de Borrel, comte de Barcelonne, dont la capitale fut assiégée et prise cette année par les Sarrasins : il remporta une victoire signalée sur ces infidèles, et revint chargé de dépouilles dont il fit présent à l'abbaye de Conques. L'an 1010, il entreprit le voyage de la Terre-Sainte, et mourut en chemin. « Ce comte, dit l'historien de Languedoc, fut fort libéral envers les églises de ses domaines. Il fit présent entr'autres à l'abbaye de Conques, en Rouergue, d'une vingtaine de vases de vermeil très-bien travaillés, et d'une selle magnifique *du prix de cent livres*, dont le travail surpassait de beaucoup la matière, et dont il avait coutume de se servir aux jours de cérémonie. Il l'avait remportée, avec plusieurs autres riches dépouilles, sur les Sarrasins, dans une occasion où il les avait battus. » De RICHARDE, qu'il avait épousée, vers l'an 985, et qui était vraisemblablement de la maison des vicomtes de Milhaud, en Rouergue, il laissa un fils, qui suit. Sa mère et sa femme lui survécurent.

HUGUES.

1010. HUGUES, à la mort de Raymond III, son père, étant encore en bas âge, lui succéda sous la tutelle de Richarde, sa mère. L'an 1033, il hérita d'Etienne, son parent, mort sans postérité, du comté de Gévaudan. Hugues, vivait encore en 1053 ; mais depuis cette époque on n'a plus de monument où il soit fait mention de lui. De la comtesse Foi, son épouse, il ne laissa que deux filles, dont Berthe, l'aînée, hérita des comtés de Rouergue et de Gévaudan, qu'elle porta à Robert, son époux, fils de Guillaume V, comte d'Auvergne, et son successeur, en 1060. Foi, la seconde, épousa Bernard, vicomte de Narbonne.

ROBERT.

1053 au plutôt. ROBERT d'AUVERGNE, après la mort de Hugues, posséda, au nom de Berthe, qu'il avait épousée l'an 1051, le comté de Rouergue, et les autres domaines qui avaient appartenu au père de cette princesse. Il hérita, l'an 1060, du comté d'Auvergne, par la mort de Guillaume, son père. L'an

1061, Berthe, et Richarde sa mère, qui vivait encore, de concert avec Bérenger, évêque de Rodez, confièrent aux abbés de Cluni et de Vabres, l'abbaye de Moissac, pour la réformer. L'an 1066, Robert est privé de son épouse, qui meurt sans laisser de postérité. (*Voy.* Robert II, *comte d'Auvergne.*)

GUILLAUME IV ET RAIMOND IV, DIT DE ST.-GILLES.

1066. GUILLAUME IV, comte de Toulouse, et Raymond de Saint-Gilles, son frère, après la mort de la comtesse Berthe, recueillirent sa succession, comme ses plus proches parens. Ce ne fut pas, néanmoins, sans opposition de la part de Robert, son époux. Les guerres qu'il soutint pour se maintenir dans la possession des riches domaines de son épouse, durèrent jusqu'en 1079. Alors il fut contraint d'y renoncer. Guillaume ne paraît pas être entré dans cette querelle; ce qui montre qu'il avait cédé ses droits à son frère par quelque traité particulier. Raymond, en effet, se qualifia seul, depuis l'an 1066, comte de Rouergue, de Narbonne, de Nismes, etc.; comtés dont Berthe avait hérité de son père: par là il fit revivre le titre de comte de Rouergue, affecté à la branche cadette de sa maison, et il le garda jusqu'à son avénement au comté de Toulouse, c'est-à-dire jusqu'à l'an 1088. Alors tous les domaines et honneurs de la maison de Rouergue, furent réunis en sa personne à celle des comtes de Toulouse. (*Voy.* Raymond IV, *comte de Toulouse.*)

COMTES PARTICULIERS DE RODEZ.

RICHARD.

1096. RICHARD, vicomte de Carlat et de Lodève, et IIIe. du nom de Milhaud, acquit cette année, au plus tard, de Raymond de Saint Gilles, comte de Toulouse, le comté de Rodez, qui faisait environ le tiers du Rouergue. Ce ne fut d'abord qu'un engagement que Raymond fit pour subvenir aux frais de son expédition pour la croisade : mais Alfonse-Jourdain, fils de Raymond, convertit, l'an 1119, au plus tard, cet engagement en aliénation perpétuelle, à la charge de l'hommage. Richard était frère de Gilles, comte de Provence et vicomte de Gévaudan, avec lequel il partagea la vicomté de Lodève, et celle de Carlat. On ne trouve plus rien de lui après l'an 1124, et sa mort arriva au plus tard en 1132. Il eut d'ADÉLAÏDE, son épouse, (et non de Senégonde) (*Hist. de Lang.* t. II, *pr.* p. 345,) un fils, qui lui succéda. (*Ibid.* p. 394.)

HUGUES I.

1132. HUGUES I, fils unique de Richard et d'Adélaïde (*Hist. de Lang. Ibid.*) était comte de Rodez en 1132 (*ibid.* p. 411) et jouissait en même tems des vicomtés partielles de Carlat, de Lodève et de Milhaud. L'an 1142, il se ligue avec plusieurs autres seigneurs, contre Alfonse-Jourdain, comte de Toulouse, son suzerain. Cette ligue n'eut point de suite, par le soin que prit le comte de Toulouse de s'accommoder avec le vicomte de Carcassonne, qui l'avait formée. On n'a rien de Hugues après 1154, ni de son successeur, avant 1156. D'ERMENGARDE, son épouse (*Hist. de Lang.*, t. II, *pr.* p. 479), il laissa trois fils, dont les deux premiers se nommaient comme lui, et le second fut évêque de Rodez; le troisième s'appelait Richard. Celui-ci vivait encore en 1196. (Anselme.)

HUGUES II.

1156. HUGUES II, fils aîné de Hugues I, lui succéda cette année au plus tard, dans tous ses domaines, à l'exception d'une partie de la vicomté de Carlat et de celle de Lodève; qui fut le partage de Richard son frère. Il fit preuve, l'an 1163, de sa valeur contre les Anglais, qui désolaient le Rouergue. L'an 1164, et non pas 1162, comme D. Vaissète l'avance, de concert avec Hugues, son frère, élu cette année évêque de Rodez, et les notables du pays, il établit la paix dans le diocèse de Rodez; et c'est ce qui a donné l'origine au droit de *commune paix* ou de *la pezade*, qu'on levait encore en 1785 dans le Rouergue. Alfonse, roi d'Aragon, étant dans la ville d'Arles, céda, l'an 1167, à Hugues, la moitié de la vicomté de Carlat; qui lui appartenait, à condition de tenir le tout en fief de lui et de ses successeurs. (*Spicil.*, t. X. p. 168.) Hugues, la même année, se ligue avec ce même Alfonse, contre Raymond V, comte de Toulouse, son suzerain. Il épousa (on ne peut dire en quelle année), AGNÈS, fille de Guillaume VIII, comte d'Auvergne, (vivante encore en 1178), qui lui donna cinq fils, Hugues, Gilbert, Bernard, Henri, et Guillaume. Il eut aussi de Bertrande d'Amalon, un fils naturel nommé Henri, qui, plusieurs années après, lui succéda. Par son testament, qu'il fit le 8 octobre 1176, Bernard et Henri furent dévoués à l'état ecclésiastique. Il vendit, l'an 1188, à l'évêque de Lodève, tout ce qu'il possédait dans le Lodevois. L'an 1195, il fit avec Hugues, son frère, évêque de Rodez, tant pour eux que pour leurs successeurs, une transaction, portant que le comte de Rodez prendra l'investiture de l'évêque, qui ira le recevoir en procession, que le comte, en lui présentant le *pallium*, lui rendra hommage, qu'ensuite l'évêque le fera asseoir dans une chaise de pierre destinée pour les comtes, qui se voit encore à la cathédrale, et que par ces formalités il sera fait comte, *et sic erit comes*; qu'après cela l'évêque remettra entre les mains du comte *fortia militum et turrim rotundam*, que le comte rendra trois jours après à l'évêque, et qu'il sera crié par trois fois *Roudès pel comte*. (Anselme.) La même année, au mois de mai, Hugues se démit de son comté en faveur de Hugues, son fils. Il vivait encore en 1208. (*Hist. de Lang.*, t. III, p. 551 *et seqq.*)

HUGUES III.

1195. HUGUES III, fils et successeur de Hugues II, ne tint le comté de Rodez que fort peu de tems. Il mourut sans postérité l'an 1196, et son père, qui lui survécut, nomma à sa place son dernier fils. (*Hist. de Lang. Ibid.*)

GUILLAUME.

1196. GUILLAUME, cinquième fils de Hugues II, fut choisi par son père pour succéder à Hugues III, son frère. L'an 1208, se voyant sans enfants, il fit, en présence de son père, encore vivant, son testament, par lequel il institua son héritier, Gui, comte d'Auvergne. C'est aussi l'époque de l'engagement qu'il fit à Raymond, comte de Toulouse, de son château de Montrosier, et du pays de Larsargues, faisant partie du comté de Rodez, pour 20,000 sous melgoriens. Guillaume mourut la même année. Il avait épousé YDOINE DE CANILLAC, qui lui survécut. (*Hist. de Lang.*, t. III, p. 157.)

GUI.

1208. GUI, comte d'Auvergne, IIe. du nom, ayant hérité de Guillaume du comté de Rodez, ne le transmit point à sa postérité. Il s'en défit l'an 1209, en faveur de Raymond VI, comte de Toulouse, ne se réservant que les seuls fiefs de Benavent et de Chantrens avec leurs dépendances (*Voy.* Gui II, *comte d'Auvergne.*)

RAYMOND.

1209. RAYMOND, comte de Toulouse, VIe. du nom, ne jouit pas tranquillement du comté de Rodez. Henri, fils naturel du comte Hugues II, et de Bertrande d'Amalon, voyant que la postérité légitime des comtes de Rodez avait fini, prétendit à ce comté, et fit tous ses efforts pour s'en mettre en possession. Raymond, après lui avoir résisté quelque tems, fit un accord avec lui, par lequel il lui céda le comté de Rodez moyennant 1600 marcs d'argent.

HENRI I.

1214. HENRI I, fils naturel du comte Hugues II, et de Bertrande d'Amalon, que son père, et Guillaume, son frère, avaient exclu de leurs successions, fit hommage du comté de Rodez, sur la fin de cette année, à Simon de Montfort, qui venait de conquérir la plus grande partie du comté de Toulouse. L'an 1219, il se rendit à l'armée que commandait le prince Louis de France, contre les Albigeois, et se trouva la même année au siége de Toulouse avec lui. Ce fut pendant ce siége, suivant une chronique manuscrite de la reine de Suède, n. 499, qu'il remit sa terre et ses châteaux à l'évêque de Rodez pour les livrer au comte Amauri de Montfort avec pouvoir d'en disposer à son gré. Il partit, l'an 1220, pour la Terre-Sainte. Etant tombé malade à Acre, l'année suivante au mois d'octobre, il fit un codicille, par lequel il choisissait sa sépulture chez les Hospitaliers de Saint-Jean. On prétend qu'il ne mourut qu'après 1227; mais il était sûrement remplacé dans son comté cette année. D'ALGAYETTE D'ESCORAILLES, son épouse, il eut cinq fils, Hugues, Bernard, Richard, Jean et Guibert, avec une fille nommée Guize. Mais de ces enfants il ne restait, en 1219, que Hugues, Guibert et Guize, comme on le voit par son testament, où il ne fait mention que de ces trois enfants, donnant à l'aîné le comté de Rodez, avec la vicomté de Carlat, à Guibert les châteaux de Vic, de Pontmignac, de Marmaisse et d'Escorailles, et à Guize 40 marcs d'argent. (*Spicil.*, t. IX, p. 174.) Algayette survécut au moins dix-neuf ans à son époux, et mourut au plutôt l'an 1246, après le mois d'août, date d'une charte par laquelle, du consentement d'Hugues, son fils, elle donne à l'abbaye de la Vallette, ordre de Cîteaux, la terre de Chareils et d'autres biens. Dans cet acte, elle se dit fille de Gui d'Escorailles et de Béatrix. (*Gall. Chr.*, no., t. II, *prob. col.* 219.)

HUGUES IV.

1227 au plus tard. HUGUES IV, fils aîné du comte Henri, parvint, après la mort de son père, au comté de Rodez. Il fit hommage, l'an 1236, le 18 janvier, à Jacques I, roi d'Aragon, dans la ville de Montpellier, pour la vicomté de Carlat. L'an

1242, il fut du nombre des seigneurs qui se liguèrent avec Raymond VII, comte de Toulouse, contre le roi saint Louis. L'année suivante, après la paix de Lorris, il prêta serment de fidélité à ce monarque, entre les mains des commissaires qu'il avait envoyés dans le pays. Raymonde de Roquefeuil, sa belle-sœur, fille de Raymond de Roquefeuil, par acte du 10 des calendes de mai 1246, lui fit cession, et à son épouse, sœur de la même Raymonde, de tout le droit qu'elle pouvait avoir sur les biens de ses père et mère, en considération de la dot qui lui avait été constituée par le contrat de son mariage avec Bernard d'Anduze (*Trésor. généal.*, t. I, p. 244.) Raymond VII, étant mort l'an 1249, il rendit hommage à Beaucaire, l'an 1250, dans le mois d'octobre, au prince Alfonse, frère de saint Louis, à qui le comté de Toulouse était dévolu. (Ans. t. II, p 700.) Hugues, ami des Franciscains, qu'il avait attirés en 1232 à Rodez, fut un de leurs principaux bienfaiteurs. Il eut de fréquents démêlés avec Vignan ou Vinian, évêque de Rodez, qu'on fait mal-à-propos son frère, à l'occasion du droit de leude et de péage, que le comte prétendait être en possession de lever sur toutes les marchandises et denrées qui se débitaient dans le comté de Rodez. Ils en vinrent plusieurs fois aux mains ; mais par la médiation de leurs amis communs, ils soumirent leur différent à Raymond de Milhaud, archidiacre d'Agen et chapelain du pape, et à Raymond de Saint-Bausile, official de Rodez. Ces deux arbitres, après avoir vu les titres et ouï les parties, rendirent, le 12 février 1253, leur jugement, par lequel ils maintinrent le comte et ses successeurs en la possession et jouissance du droit de leude sur huit sortes de marchandises. Hugues mourut l'an 1274. Il avait épousé ISABEAU de ROQUEFEUIL, dont il eut un fils, Henri, qui lui succéda, et quatre filles, dont l'aînée, dite Algayette ou Alexihète, épousa Aimeri, fils d'Aimeri IV, vicomte de Narbonne. Hugues est mal-à-propos qualifié comte d'Armagnac par un moderne.

HENRI II.

1274. HENRI II, fils du comte Hugues IV, hérita de lui le comté de Rodez, la vicomté de Carlat et la seigneurie de Cressel. Il servit le roi dans les guerres de Gascogne, sous Robert, comte d'Artois, en 1288, et dans les années suivantes. L'an 1304 (v. st.) il fut nommé, le 10 mars, avec les comtes de Forez et de Comminges, et d'autres seigneurs pour présider dans les sénéchaussées de Toulouse, de Carcassonne et de Rouergue, à la perception d'un subside qui avait été accordé au roi Philippe-le-Bel pour la guerre de Flandre. (Vais., t. IV, p. 124.) Il mourut au commencement de l'an 1302. de MARCHISE DE BAUX, sa première femme, il eut une fille, Isabelle, à laquelle il donna la vicomté de Carladez, pour son partage, en la mariant à Geoffroi de Pons. Isabelle ne fut point contente de cette vicomté, elle prétendit encore au comté de Rodez, en vertu d'une donation passée par contrat de mariage entre ses père et mère. Mais par transaction, passée au mois de février 1289, et autorisée par sentence du 19 décembre 1299, elle céda ses prétentions, du consentement de Geoffroi, son époux, au comte Henri, son père. MASCAROSE, fille de Bernard VI, comte de Comminges, seconde femme de Henri, lui donna trois filles, Walburge, qui épousa, en 1298, Gaston d'Armagnac, vicomte de Fézenzaguet; Béatrix, qui fut mariée à Bernard de la Tour d'Auvergne; et Cécile, qui, par le testament de son père, fait le 13 février 1292, hérita du comté de Rodez, dont elle fit part à Bernard VI, comte d'Armagnac, son époux, ce qui causa quelque contestation avec sa sœur du premier lit. ANNE, troisième femme de Henri, fille d'Aymar IV, comte de Valentinois, ne lui donna point d'enfants. (Anselme, t. II, p. 700.)

BERNARD.

1302. BERNARD, comte d'Armagnac, VIe du nom, devint comte de Rodez par son mariage avec Cécile, fille de Henri II, et héritière de ce comté, en vertu du testament de son père. Il mourut en 1319, laissant de son épouse un fils, nommé Jean, qui réunit le comté de Rodez à celui d'Armagnac, malgré les oppositions d'Isabelle, veuve de Geoffroi de Pons, vicomte de Turenne, et fille du premier lit de Henri II, qui réclamait le premier de ces comtés. Un arrêt du parlement la débouta de ses demandes l'an 1320 (*Voyez pour la suite les comtes d'Armagnac.*)

CHRONOLOGIE HISTORIQUE

DES

COMTES ET VICOMTES DE CARCASSONNE.

CARCASSONNE, en latin *Carcaso*, *Carcasso*, *Carcasum Volcarum-Tectosagum*, sur l'Aude, l'une des plus belles villes et des plus commerçantes du Languedoc, n'était, sous les Romains, qu'un poste de guerre, ou ce que nous appelons un château. Ce ne fut qu'après la défaite et la mort d'Alaric, roi des Visigoths, arrivées en 407, qu'elle fut érigée en évêché sous la métropole de Narbonne. Nos rois lui donnèrent des comtes qui, d'abord amovibles, devinrent héréditaires à l'établissement des fiefs.

OLIBA Ier.

819. OLIBA, issu de la famille de Saint-Guillaume, duc de Toulouse, était, l'an 819, et peut-être même plutôt, comte de Carcassonne et de Rasez. On le voit encore revêtu de cette dignité en 836. ELMETRUDE, son épouse, lui donna un fils, nommé Louis-Eliganius, qui le remplaça. On conjecture qu'Oliba était frère de Sunifred, père de Wifred *le Velu*, comte de Barcelonne. (Bouge, Vaissète.)

LOUIS-ELIGANIUS.

836. LOUIS-ELIGANIUS, successeur d'Oliba Ier., son père, vivait encore en 851, et peut-être au-delà.

OLIBA II ET ACFRED Ier.

OLIBA II et ACFRED Ier., qu'on croit fils de Louis-Eliganius, possédèrent par indivis les comtés de Carcassonne et de Razes. Le premier dont la mort n'a point de date certaine, mais doit être postérieure à l'an 877, reçut du roi Charles le Chauve, l'an 870, par un diplôme daté de Pontion, le 20 juin, plusieurs églises et domaines du fisc royal, situés dans le Carcassez, le Rasez et la viguerie d'Ausonne, pour en jouir à perpétuité, *æternaliter*. (Bouquet, tom. VIII, p. 627.) Le domaine royal n'était donc pas alors censé inaliénable. Oliba fut père de Bencion et d'Acfred, qui lui succédèrent l'un après l'autre. Acfred Ier. eut d'ADELINDE, son épouse, fille de Bernard II, comte d'Auvergne, trois fils, Bernard, Guillaume et Acfred. L'aîné à qui M. Baluze donne pour fils un autre Bernard et Astorg, qui commença la branche des vicomtes d'Auvergne, mourut vraisemblablement avant son père; et les deux autres abandonnèrent les comtés de Carcassonne et de Rasez à leurs cousins, pour se retirer auprès de leur oncle maternel, Guillaume le Pieux, duc d'Aquitaine et comte d'Auvergne, auquel ils succédèrent. Leur père mourut vers la fin de 904, ou au commencement de l'année suivante. Adelinde survécut de beaucoup d'années à son époux, comme le prouve une charte datée du 19 février de l'ère d'Espagne 944 (906 de J. C.) par laquelle cette comtesse donne à l'abbaye de Saint-Jean, le château de Mallast, pour le repos de l'âme d'Acfred, son époux. (Baluze, *Hist. de la mais. d'Auverg.*, tom. Ier., p. 16, 17; et tom. II, p. 14.)

BENCION.

905. BENCION, fils aîné d'Oliba II, et neveu d'Acfred Ier., hérita, de l'un et de l'autre, des comtés de Carcassonne et de Rasez. Il mourut, au plus tard, vers le milieu de l'an 908.

ACFRED II.

908. ACFRED II fut le successeur de son frère Bencion, mort sans enfants. Il vivait encore en 934. Acfred ne laissa qu'une fille, nommée Arsinde, qui, par son mariage avec Arnaud, fils d'Asnarius, comte de Comminges et de Conserans, porta dans cette famille les comtés de Carcassonne et de Rasez.

ARNAUD.

934. ARNAUD, époux d'ARSINDE, fille d'Acfred II, succéda dans le comté de Carcassonne à son beau-père. Le roi Louis d'Outre-mer ayant entrepris de visiter les provinces méridionales de la France, Arnaud, l'an 942, si l'on en croit un mé-

derne (*De Vic Carcass.* p. 55.) se rendit avec plusieurs seigneurs de Languedoc, dans la ville d'Arles, auprès de ce monarque, auquel ils firent hommage; ce qui paraît fort douteux à D. Vaissète. Arnaud ne vécut au plus que jusqu'en 957. Il laissa par son testament, à son épouse, l'administration de tous ses domaines, qui consistaient dans les comtés de Comminges, de Conserans, de Carcassonne et de Rasez, pour être partagés entre ses trois fils, Roger, Eudes et Raymond. Le premier eut le comté de Carcassonne et partie du Rasez et du Comminges; le second porta le titre de comte de Rasez qu'il possédait par indivis, ainsi que son frère aîné, avec le comte de Barcelonne; le troisième fut comte de Comminges. (*Hist. de Langued.* tom. II, pag. 69, 77, 93, 136.)

ROGER Ier.

957. ROGER Ier, fils aîné d'Arnaud, lui succéda cette année, au plus tard, dans le comté de Carcasonne, et non pas en 974, comme le prétend le P. Bouge. Il prenait la qualité de marquis.

COMTES PARTICULIERS DE RASEZ.

Le comté de Rasez, dont Limoux (*Limosum*), à une lieue d'Alet, est aujourd'hui le chef-lieu, avait autrefois pour capitale la ville nommée en latin *Rædæ*, d'où son territoire fut nommé *pagus Redensis*, ou *Radensis*. Au commencement du neuvième siècle, il était gouverné par BERA, qui fonda l'abbaye d'Alet vers l'an 813, comme le prouve D. Vaissète. (*Histoire de Languedoc*, tome I, page 738.) Ce comte était fils de Guillaume et proche parent de Béra, comte de Barcelone. Il eut pour successeur, on ne sait en quelle année, son fils ARGILA, qui fut remplacé, l'an 844 au plus tard, par BÉRA II, son fils, que D. Vaissète (*ibid.*, page 739) ne croit pas différent du comte de ce nom qui fit en 846, une donation au monastère d'Exalade, dans le Conflant. On ne sait rien des descendants de ce dernier. On voit seulement que vers la fin du neuvième siècle, les comtes de Carcassonne partagèrent le Rasez avec les comtes de Barcelonne, après l'avoir possédé jusqu'alors ensemble par indivis.

EUDES.

957. Eudes, second fils d'Arnaud, comte de Carcassonne,

L'an 981, il entra en guerre avec Oliba Cabreta, comte de Bésalu et de Cerdagne au sujet de sa portion du Rasez que celui-ci cherchait à lui enlever. S'étant rencontrés à la tête de leurs troupes dans le Rasez même, qu'Oliba dévastait, ils en vinrent à un combat où Roger eut d'abord le dessous. Mais s'étant adressé dans sa détresse à saint Hilaire, comme il le déclare lui-même, (*Hist. de Langued.*, tom. II, col. 156) il ramena sous ses drapeaux la victoire, et mit en fuite l'ennemi qu'il poursuivit assez loin. A son retour, il vit avec étonnement que parmi les morts et les blessés, il n'y avait aucun des siens. En reconnaissance, il fit de grandes donations à l'abbaye de Saint-Hilaire en Carcassez. (*Ibid.*) Roger fit deux voyages à Rome, le premier avec sa femme en 981 ou 982; le second en 1002. (*Ibid.* p. 136.) Avant d'entreprendre ce dernier, il fit son testament, par lequel il mit sous la *baillie* de sa femme, leurs enfants, quoiqu'ils fussent dès-lors en âge de majorité; ce qui était conforme au droit écrit suivi en Languedoc, qui permet au père de donner à sa femme l'administration de ses biens à

eut pour son partage, comme on l'a dit, le comté de Rasez. La dernière époque connue de sa vie est l'an 1017. Il laissa un fils, nommé Arnaud, qui lui succéda.

ARNAUD.

1017. ARNAUD, fils d'Eudes, remplaça son père, au plutôt, cette année, dans le comté de Rasez. Il n'était plus en 1030, et Raymond, son fils, lui avait déjà succédé.

RAYMOND I.

1030. RAYMOND I, fils et successeur d'Arnaud, fut inquiété par un seigneur, qui lui disputa le château de Rasez. Il y eut guerre entre eux, et Raymond triompha vers l'an 1034. On ignore combien de tems il vécut depuis; mais il était mort en 1059. De BÉLIARDE, son épouse, il eut un fils, nommé comme lui, qui le remplaça.

RAYMOND II.

1059. RAYMOND II, fils de Raymond I, avait certainement succédé cette année, peut-être même plutôt, à son père. Il mourut l'an 1067; et comme il ne laissa point d'enfants, le comté de Rasez retourna à la branche des comtes de Carcassonne.

quelque âge que soient leurs enfants. Roger, par ce même acte, substitua ses domaines aux mâles de sa maison préférablement aux filles. C'est du moins ainsi que l'ont interprété ses descendants. Ce comte mourut l'an 1012. (*Ibid.* p. 582.) Il avait épousé, l'an 970, ADELAÏDE, dont on ignore l'origine, quoique M. de Marca, suivi par le P. Bouge, la dise issue de la maison de Pons, en Saintonge, et sœur du fameux Baudouin, sire de Pons. Cette comtesse lui donna trois fils; Raymond, l'aîné, eut le comté de Carcassonne, et porta le titre de comte du vivant de son père; mais il mourut avant son père, laissant de son épouse Garsinde, vicomtesse de Beziers et d'Agde, deux fils en bas âge, Pierre et Guillaume. Bernard, second fils de Roger, eut le comté de Conserans, le pays de Foix, une portion du Carcassez, et d'autres domaines; Pierre le dernier fut évêque de Gironne, en 1010, et jouit, après la mort de son frère aîné, par une dernière disposition de son père, d'une partie du comté de Carcassonne et de la terre de Foix. Ainsi l'on voit à la fois quatre comtes de Carcasonne. Roger eut de plus une fille nommée Ermessinde qui épousa Raymond, comte de Barcelonne. (*Ibid.* p. 115, 131, 204, 223.)

PIERRE-RAYMOND.

1012. PIERRE, fils aîné de Raymond, et petit-fils de Roger I, succéda, dans une partie du comté de Carcassonne, à son père, et hérita de sa mère, Garsinde, des vicomtés de Beziers et d'Agde. Dans l'automne de l'an 1043, il entreprit le pèlerinage de Saint-Jacques, dont il était de retour au mois de mars de l'an 1046. Ce fut alors, en effet, qu'une dame, nommée Garsinde, se

GUILLAUME-RAYMOND.

1012. GUILLAUME, second fils de Raymond, et petit-fils de Roger I, partagea avec son frère la portion du comté de Carcassonne qui avait appartenu à leur père. Il vivait encore, à ce qu'il paraît, en 1034. Guillaume laissa trois fils, Raymond, Pierre et Bernard, qui recueillirent sa succession.

PIERRE-ROGER, ou ROGER II.

1012. PIERRE-ROGER, troisième fils de Roger I, et évêque de Gironne dès 1010, n'avait d'abord eu, par le testament de son père, fait plusieurs années avant sa mort, que des biens ecclésiastiques; mais Roger, après la mort de son fils aîné, lui donna une part dans le comté de Carcassonne et dans la terre de Foix, dont il jouit jusqu'à l'an 1050, époque de sa mort.

RAYMOND-GUILLAUME, PIERRE-GUILLAUME, ET BERNARD-GUILLAUME.

dessaisit, en sa faveur, de tous *les alleuds et les fiefs* qui avaient appartenu à Guillaume, vicomte de Beziers et d'Agde, et à Garsinde, sa fille, mère de ce comte, à la réserve du château de Mise, de la troisième partie de ceux de Florensac, de Rovignac, de S. Pons de Mauchiens, et de quelques autres lieux du diocèse d'Agde. (Vaissète, tome II, p. 185.)

1034. La portion du Carcassez que Guillaume avait laissée à ses enfants, fut encore partagée entre eux. On voit un acte de l'an 1050, ou environ, par lequel Raymond, l'aîné, dispose d'un village du Rasez, sans le consentement de ses frères. On croit qu'il mourut sans postérité. Ses deux autres frères vendirent leur portion, le 27 décembre 1068, à Raymond-Bérenger I, comte de Barcelonne, sans faire mention de leur aîné; ce qui donne lieu de croire qu'il était déjà mort. Pierre-Raymond mourut vers l'an 1060. RANGARDE DE LA MARCHE, son épouse, sœur d'Almodis, comtesse de Toulouse, lui donna un fils et trois filles. Le fils, nommé Roger, lui succéda; Garsinde, l'aînée des filles, épousa Raymond, fils aîné de Raymond I, vicomte de Narbonne; Ermengarde, la seconde, fut mariée à Raymond-Bernard, vicomte d'Albi; Adélaïde, la dernière, épousa, en 1067, Guillaume-Raymond, comte de Cerdagne. (*Hist. de Lang.*, tome II, pp. 147, 168, 192, 208, 220.)

ROGER III.

1060. ROGER III, fils de Pierre-Raymond et de Rangarde, étant fort jeune à la mort de son père, demeura quelques années sous la tutelle de sa mère. Mais il paraît qu'il gouvernait par lui-même en 1064. Il ne vécut pas beaucoup au-delà; car il était mort au commencement de 1067. Comme il n'avait point eu d'enfants de SIBYLLE, son épouse, il fit sa principale héritière Ermengarde, sa sœur, épouse de Raimond-Bernard, vicomte d'Albi et de Nismes. (*Hist. de Lang.*, tome II, p. 208.) Ses domaines consistaient dans la plus grande partie du comté de Carcassonne, dans le comté de Rasez, et dans les vicomtés de Beziers et d'Agde. Rangarde, sa mère, lui survécut, comme on le voit par une de ses chartes, où elle fait mention de son dixième, qui était un droit que les lois des Visigoths accordaient aux veuves sur les biens de leurs maris. C'est une des dernières traces de ces lois en Languedoc, où les lois romaines prévalurent entièrement à la fin du onzième siècle. (*Hist. de Lang.*, tome II, p. 224.)

ERMENGARDE ET RAYMOND-BERNARD.

1067. ERMENGARDE ne garda pas long-tems la succession que son frère lui avait laissée. Prévoyant qu'elle lui serait contestée par ses cousins, à raison de la substitution du comté de Carcassonne, faite par Roger I, en faveur des mâles de sa maison, elle vendit, de concert avec RAYMOND-BERNARD, son époux, le 2 mars 1067, le comté de Carcassonne, et, par un autre acte du même jour, le Rasez, à Raymond-Bérenger I, comte de Barcelonne. Mais onze jours après, Rangarde, mère d'Ermengarde, donna au comte de Cerdagne Guillaume-Raymond, son gendre, à sa femme Adélaïde, et à leurs enfants, le comté de Rasez avec ses dépendances, s'en réservant l'usufruit. Guillaume-Raymond fit néanmoins, le 27 septembre suivant, la vente de ses droits sur les domaines de la maison de Carcassonne au même comte de Barcelonne; ce qui fut confirmé, le 21 avril 1071, par la comtesse Rangarde. La charte de cette confirmation est le dernier acte de l'acquisition que le comte de Barcelonne fit du Carcassez et du Rasez. (*Hist. de Lang.*, tome II, page 217.) Mais ce que les comtes de Barcelonne acquirent ne fut proprement qu'un droit de suzeraineté sur le Carcassez et le Rasez; car le domaine utile de ces deux comtés passa, comme nous le verrons, aux descendants d'Ermengarde. (*Voy.* Raymond-Bérenger I, *comte de Barcelonne*.)

RAYMOND-BÉRENGER I.

1070. RAYMOND-BÉRENGER I, devenu comte de Carcassonne, fut sommé, par Guillaume IV, comte de Toulouse, de lui faire hommage et serment de fidélité pour le pays de Lauraguais compris dans son acquisition. Le comte de Barcelonne et son fils aîné firent d'abord quelque difficulté sur ce qu'il ne se trouvait alors personne qui eût vu que le père et l'aïeul du comte de Toulouse eussent reçu cet hommage : mais ils s'accordèrent ensuite aux conditions suivantes : 1°. Guillaume céda à Raymond-Bérenger, à son fils, à leur postérité et *à celui qui aurait le comté de Carcassonne*, tout ce qu'il possédait de son chef ou qu'il avait acquis au château de Laurac (qui avait donné son nom au pays de Lauraguais), ou dans ses dépendances, pour la somme de 10,000 mancuses de Barcelonne, montant à 432 onces d'or ; 2°. le comte de Barcelonne s'engagea, tant pour lui que pour sa postérité, de tenir en fief le château de Laurac et ses dépendances du comte de Toulouse et de ses descendants. L'acte fut passé à Carcassonne le 7 septembre 1071, en présence de Raymond, comte de Ronergue, frère du comte de Toulouse, de Roger, comte de Foix, et de divers autres seigneurs. (Vaissète.) Le comte Raymond-Bérenger I finit ses jours l'an 1076. (Voyez *les comtes de Barcelonne*.)

RAYMOND-BÉRENGER II.

1076. RAYMOND-BÉRENGER II conserva les comtés de Carcassonne et de Rasez sur le pied que son père, Raymond-Bérenger I, les lui avait laissés. Sa mort arriva l'an 1082. (Voyez *les comtes de Barcelonne*.)

BERNARD-ATTON, PREMIER VICOMTE DE CARCASSONNE.

1083. Après la mort de Raymond-Bérenger II, les chevaliers des environs de Carcassonne ayant formé le siége de cette ville, BERNARD-ATTON, vicomte d'Albi, d'Agde, de Nismes et de Beziers, seigneur de Lauraguais, fils de Raymond-Bernard et d'Ermengarde, engagea les habitants à se rendre à lui. Bientôt après, lui et sa mère recouvrèrent tous les autres domaines que celle-ci avait aliénés en faveur de Raymond-Bérenger I, comte de Barcelonne. C'est ce que l'on voit par les serments de fidélité qu'ils reçurent des principaux seigneurs du Carcassez, du Rasez et du Lauraguais. (*Histoire de Lang.*, t. II, p. 369.) L'an 1095, Roger II, comte de Foix et neveu de Roger I, revendiqua ces domaines, comme réunissant les droits des mâles de la maison de Carcassonne. Mais il s'accommoda la même année avec Ermengarde et son fils, par un traité du 21 avril, au moyen duquel il leur abandonna toutes ses prétentions. L'an 1096, Raymond-Bérenger III, comte de Barcelonne, redemande, mais en vain, à Bernard-Atton le comté de Carcassonne, suivant la promesse que ce dernier lui avait faite de le lui rendre à sa majorité.

Bernard-Atton se croise, l'an 1101, pour la Terre-Sainte, où il va joindre le comte Raymond de Saint-Gilles, et d'où il ne revint qu'après la mort de ce prince, arrivée l'an 1105. (*Ibid.*, page 335.) A son retour il eut de nouveaux démêlés avec le comte de Barcelonne. Il en eut aussi avec l'archevêque de Narbonne, qui s'accommodèrent par un traité. (*Ibid.*, page 342.) Il n'en fut pas de même par rapport au comte de Barcelonne. Ce dernier pratique, l'an 1107, dans Carcassonne une intelligence qui le rend maître de la ville. Elle est presque aussitôt reprise par Bernard-Atton, dont le fils aîné, Roger, traite cruellement les principaux habitants au mépris de la capitulation. Le comte de Barcelonne recommence la guerre, l'an 1112, pour le comté de Carcassonne. Bernard-Atton l'attend de pied ferme ; mais comme les deux princes étaient sur le point d'en venir aux mains, ils s'accommodent, le 12 juin de la même année, par un traité qui assure la possession de ce comté à Bernard-Atton. Celui-ci continua cependant de se qualifier simplement vicomte de Carcassonne, comme il avait fait jusqu'alors.

L'an 1113, Bernard-Atton renonce au droit qu'il s'était attribué jusqu'alors de s'emparer des dépouilles des évêques de Carcassonne, quand ils venaient à mourir, et rend à l'église de cette ville les biens qu'il avait usurpés sur elle. Il part l'an 1118, pour aller au secours d'Alfonse I, roi d'Aragon, contre les Maures. (*Ibid.*, page 380.) L'an 1124, avec l'aide du comte de Toulouse, il reprend la ville de Carcassonne sur les habitants, qui, dans une sédition, l'en avaient chassé. Y étant rentré, il exigea des nobles, ses vassaux, un nouveau serment de fidélité, enleva aux chefs des rebelles les maisons fortes qu'ils avaient dans la ville, et les donna en fief à seize d'entre ceux qui, dans ses disgrâces, lui avaient montré le plus d'attachement. Ces gentilshommes, qualifiés châtelains, promirent, par serment, au vicomte de garder fidèlement la ville, les uns pendant quatre mois de l'année, les autres pendant huit, et d'y résider durant ce tems avec leur famille et leurs vassaux. C'est ce qui a donné l'origine, à ce qu'il paraît, *aux mortes payes* de la cité de Carcassonne, qui sont des bourgeois, lesquels en ont encore la garde, et jouissent, pour cela, de diverses prérogatives. (*Ibid.*, page 393.) La même année, Roger III, comte de Foix, fait revivre les prétentions de sa maison sur ce même comté de Carcassonne, et déclare la guerre à Bernard-Atton pour l'obtenir. Mais bientôt après ils s'accommodent, et font la paix l'année suivante. L'an 1130, Bernard-Atton meurt à Nismes : il changea le titre de comte de Carcassonne en celui de vicomte, parce que l'accommodement qu'il avait fait avec le comte de Barcelonne portait qu'il tiendrait de lui ce domaine en fief. Ce n'était pas le seul dont il jouît avec ce titre. Il était le quatrième vicomte d'Albi et de Nismes de son nom ; il possédait, outre cela les vicomtés de Beziers et d'Agde, avec d'autres fiefs considérables. De Cécile, son épouse, fille naturelle de Bernard II, comte de Provence, et d'Alimburge, qu'il avait épousée l'an 1083, morte en 1150, il laissa trois fils et quatre filles. Par son testament il institua Roger, l'aîné, vicomte de Carcassonne et d'Albi ; Raymond-Trencavel, son second fils, eut les vicomtés de Beziers et d'Agde ; et Bernard-Atton, le troisième, la vicomté de Nismes. Le père, en faisant ce partage, substitua les trois fils l'un à l'autre dans leurs domaines. Ermengarde, l'aînée des filles, épousa, l'an 1110, Gaufred, comte de Roussillon. (*Ibid.*, pp. 348, 380, 394.)

ROGER I.

1130. ROGER I, fils aîné de Bernard-Atton et de Cécile de Provence, en succédant à son père dans le Carcassez et le Rasez, semble avoir voulu rendre à ces domaines le titre de comté. Du moins voit-on des actes de l'an 1138, où il se dit comte de Carcassonne et de Rasez : dans d'autres, il se qualifie simplement *Roger de Beziers*. L'an 1142, Roger III, comte de Foix, fait revivre, les armes à la main, ses prétentions sur le comté de Carcassonne, où il enlève plusieurs châteaux. « Roger, » vicomte de Carcassonne et le vicomte de Beziers, son frère, » fondèrent en 1146 la ville de Montolieu, auprès de l'abbaye » de Saint-Jean de Valséguier. C'est ce que nous apprenons, » 1°. par un acte, suivant lequel l'abbé de ce monastère et ses » religieux promettent avec serment, le 3 juin de cette année, » de rendre aux deux vicomtes *le château et le bourg de Monto-* » *lieu* toutes les fois qu'ils en seraient requis; 2°. par un accord » passé entre eux le 26 du même mois, dans lequel le vicomte » Roger déclare qu'il a fait bâtir un château.... appelé autrefois » le château de Mallast, aujourd'hui de Montolieu, dans la vue » de pourvoir à la sûreté de ce monastère.... du consentement » de l'abbé Bernard, de Pons, évêque de Carcassonne, etc..... » Telle est l'origine de cette petite ville. » (*Hist. de Lang.*, t. II, pp. 439, 440.) L'an 1150, vers la mi-août, le vicomte Roger I, meurt au château de Faniaux, dans le Lauraguais. Il avait été marié, 1°. avec ADÉLAÏDE, sœur de Baudouin, seigneur de Pons, en Saintonge; 2°. l'an 1139, avec BERNARDE, fille de Bernard III, comte de Comminges. Comme il n'avait point d'enfants de ces deux femmes, il laissa tous ses domaines à Raymond-Trencavel, son frère, vicomte de Beziers et d'Agde.

RAYMOND-TRENCAVEL I.

1150. RAYMOND-TRENCAVEL, second fils de Bernard-Atton, ne recueillit pas sans contradiction la succession que Roger, son frère, lui avait laissée. Elle lui fut d'abord contestée par Bernard-Atton, vicomte de Nismes, son autre frère, mécontent de n'avoir point eu de part dans le testament de Roger. Mais ils s'accommodèrent au moyen de la ville d'Agde, que Raymond-Trencavel céda à son frère. (*Hist. de Lang.*, tome II, page 467.) D'un autre côté, Raymond-Bérenger IV, comte de

Barcelonne, voulut faire revivre ses droits sur le Carcassez et le Rasez : pour le satisfaire, il fallut que Trencavel reprît en fief de lui le Carcassez, le Rasez et le Lauraguais, avec toutes leurs dépendances. Cet hommage était, de la part de Trencavel, un acte de félonie envers le comte de Toulouse, son suzerain, Raymond V, qui possédait alors ce comté, ne tarda pas à l'en punir. L'an 1153, il lui déclara la guerre, et l'ayant pris dans une bataille, il le mit dans une étroite prison, d'où il ne sortit que l'an 1155, vers le mois d'avril, après avoir reconnu la suzeraineté des comtes de Toulouse, et promis une forte rançon. (*Ibid.*, pp. 472, 473.) L'an 1157, il se ligue avec le comte de Barcelonne, qu'il reconnaît de nouveau pour son suzerain, et Henri II, roi d'Angleterre, contre le comte de Toulouse. Il accompagna le monarque, l'an 1159, dans son expédition du Toulousain. A son retour, il abolit à Béziers, moyennant une somme considérable qu'il reçut des Juifs, une coutume qui leur était fort onéreuse. Tous les ans, le jour des Rameaux, l'évêque montait en chaire pour exhorter le peuple à tirer vengeance des Juifs qui avaient crucifié Jésus-Christ, après quoi il donnait la bénédiction aux auditeurs, avec permission d'attaquer ce peuple et d'abattre ses maisons, le tout à coups de pierres seulement; ce qui ne se faisait jamais sans qu'il y eût beaucoup de sang répandu. L'attaque durait l'espace de quinze jours.

Trencavel était toujours brouillé avec le comte de Toulouse. L'an 1163, il se réconcilie avec ce prince par ordre et en considération du roi Louis le Jeune. (*Ibid.* p. 498.) La fin de Trencavel fut aussi affreuse que peu méritée. Il était allé au secours d'un de ses neveux attaqué par ses ennemis. Pendant la marche, un bourgeois de Beziers prit querelle avec un chevalier et lui enleva un cheval de charge. Sur les plaintes que le gentilhomme lui porta de cette offense, le vicomte fit arrêter le bourgeois, et le remit entre les mains des chevaliers qui le punirent d'une peine légère, à la vérité, mais propre à le déshonorer pour le reste de ses jours. Tous les bourgeois de Beziers, furieux de cet outrage, conspirèrent pour en tirer vengeance. Trencavel étant de retour de son expédition, ils vont le trouver en le suppliant de réparer la honte qui rejaillit sur tout le corps de la bourgeoisie. Naturellement honnête et civil, Trencavel leur répond qu'il prendra conseil des principaux habitants, et il assigne un jour pour réparer ce que les circonstances l'avaient obligé de faire. On parut satisfait de sa réponse. Le jour venu (c'était un dimanche 15 octobre 1167), il se rend à l'église de la Madeleine, accompagné des gens de sa cour. Les principaux habitants arrivent armés de cuirasses et de poignards sous leurs habits. Celui qui se prétendait offensé.

s'avance le premier, et dit au vicomte : *Voici un malheureux ennuyé de vivre. Dites-nous maintenant, monseigneur, êtes-vous disposé à réparer le mal qu'on m'a fait ?* Le vicomte répond honnêtement qu'il est prêt à s'en rapporter là-dessus au conseil des seigneurs et à l'arbitrage des citoyens, comme il l'avait promis. *Vous diriez fort bien*, répliqua le bourgeois, *si ma honte pouvait recevoir quelque réparation. Mais cela étant impossible, elle doit se laver dans votre sang.* Aussitôt les conjurés tirent leurs armes, se jettent sur leur seigneur et l'assassinent devant l'autel avec ses amis et ses barons, malgré les efforts de l'évêque qui eut les dents cassées en le défendant. (*Hist. de Lang.* tom. III, p. 17 et 18.) Il avait épousé, 1°. ADELAÏDE, dont on ignore l'origine ; 2°. SAURE, qui se qualifiait comtesse. Du premier lit il eut Cécile, mariée en 1151 à Roger Bernard, comte de Foix; du second, Roger, qui lui succéda dans tous ses domaines, et Raymond, qui fut simplement apanagé ; avec deux filles, Adélaïde femme de Sicard, vicomte de Lautrec, et Béatrix mariée à Raymond VI, comte de Toulouse (*Ibid.* p. 473-550.)

ROGER II.

1167. ROGER II, fils de Raymond-Trencavel, n'avait que dix-huit ans lorsqu'il succéda à son père dans les vicomtés de Carcassonne, de Rasez, de Beziers et d'Albi. Mais il en fut privé presque aussitôt par le comte de Toulouse, pour avoir fait hommage à Alfonse II, comte de Barcelonne et roi d'Aragon. L'intérêt avait dicté cet hommage; Roger voulait par là se ménager la protection de ce prince, pour l'aider à tirer vengeance de l'assassinat de son père. Roger-Bernard, que le comte de Toulouse lui substitua, ne put néanmoins se mettre en possession de cette dépouille. Le vicomte Roger se maintint dans ses domaines par la protection du roi d'Aragon. Résolu de venger sur les habitants de Beziers la mort de son père, il se concerte, l'an 1169, pour ce dessein avec le roi d'Aragon. Ayant obtenu de lui des soldats, il les fait entrer par pelotons dans Beziers, sous prétexte de les faire passer par cette ville pour une expédition lointaine. Mais, lorsqu'ils se trouvèrent supérieurs aux bourgeois, ils font main-basse sur eux, pendent les principaux à des potences, et leur font ainsi payer la juste peine de leur crime. On ne fit quartier qu'aux Juifs qui n'avaient point apparemment trempé leurs mains dans le sang de Trencavel, aux femmes et aux filles, que les soldats du roi d'Aragon épousèrent ensuite pour repeupler la ville. (*Hist. de Lang* tom. II, p. 348.) Roger fit, quelques tems après, son entrée dans Beziers accompagné de Bernard qui en était évêque. Les nouveaux habitants les reçurent avec joie; mais pour se dédommager des grandes dépenses qu'ils avaient faites auparavant pour recouvrer cette ville, ils leur imposèrent une redevance annuelle de trois livres de poivre par famille. C'était un tribut considérable, parce que cette denrée était fort chère alors. Roger, l'an 1171, fait sa paix avec le comte de Toulouse, qui lui donne en mariage sa fille ADÉLAÏDE, qu'il avait eue de Constance de France. En considération de cette alliance, le roi Louis le Jeune lui donna la châtellenie de Minerbois, pour la tenir immédiatement de la couronne. L'an 1177, il se ligue avec Ermengarde, vicomtesse de Narbonne, et d'autres seigneurs, contre son beau-père; dont il était mécontent. Il est excommunié, l'an 1178, par le cardinal de Saint-Chrysogone, pour avoir mis en prison l'évêque d'Albi, sous la garde des Albigeois qu'il favorisait. L'an 1184, il fait la paix avec le comte de Toulouse; mais dès l'année suivante il se brouille avec lui, et retourne sous le vasselage d'Alfonse, roi d'Aragon. Roger meurt, le 20 mars 1194, (n. st.) à l'âge d'environ cinquante ans; son corps fut porté dans le monastère de Cassan, au diocèse de Beziers. (Vaissète, tom. III, p. 90.) En mourant, il institua tuteurs de son fils, Bertrand de Saissac et d'autres seigneurs, à l'exclusion de son épouse qui lui survécut jusqu'à l'an 1201 au plus tard. Cette vicomtesse, appelée Alcarde de Burlats dans les poëtes provençaux de Nostradamus, parce qu'elle avait été élevée au château de Burlats en Albigeois, fut l'objet de la passion d'Alfonse IV, roi de Castille, et du troubadour Arnaud de Marveil, qu'elle fut obligée de renvoyer pour ne pas déplaire au roi. (Millot, *Hist. des Troub.* tom. I, pag. 71.)

RAYMOND-ROGER.

1194. RAYMOND-ROGER, né, l'an 1185, du vicomte Roger II et d'Adélaïde de Toulouse; demeura sous la tutelle de Bertrand de Saissac jusqu'à l'an 1199, c'est-à-dire jusqu'à l'âge de quatorze ans, terme fixé dans les provinces méridionales de France pour la majorité des enfants de qualité. (*Hist. de Lang.* tom. III, p. 74.) Vers la fin de cette même année, ou au commencement de la suivante, il perdit sa mère, qui prenait le titre de comtesse, quoique son époux ne se qualifiât que vicomte. Quelques-uns l'on qualifiée comtesse de Burlats, parce qu'elle avait été élevée, comme on l'a déjà dit, au château de ce nom. Raymond-Roger, l'an 1201, se ligue avec le comte de Foix, contre le comte de Toulouse, son oncle. L'an 1209, voyant les croisés déterminés à s'emparer de ses domaines, sous prétexte qu'il favorisait les hérétiques, il va trouver à Montpellier le légat Milon, qui refuse de l'écouter. Les croisés, le 22 juillet de la même année, lui enlèvent d'assaut Beziers, où ils font un massacre horrible, sans distinction d'âge, de sexe ni de religion. Ce qui est de plus déplorable, c'est que cette exécution fut ordonnée par un des légats de la croisade. Avant le sac de la ville on lui avait demandé comment on y pourrait discerner les Catholiques des Hérétiques. Craignant que quelqu'un de ceux-ci n'échappât en se confondant avec les premiers. *Tuez tout*, répondit-il, *Dieu connaît ceux qui sont à lui*. Le premier août suivant, le vicomte est assiégé lui-même dans Carcassonne où il s'était jeté avec ses vassaux. Contraint de rendre la place le 15 août, après avoir fait des prodiges de valeur, il est arrêté contre la foi de la capitulation, et livré à Simon de Montfort, qui le fait mettre dans une étroite prison où il meurt à l'âge de vingt-quatre ans, le 10 novembre de la même année 1209, non sans soupçon, dit D. Vaissète, qu'on avait avancé ses jours. Il fut inhumé à l'abbaye de Bolbone dont il était un insigne bienfaiteur. Ce prince, neveu, à la mode de Bretagne, du roi Philippe Auguste, était vicomte de Carcassonne, de Rasez, d'Albi, de Beziers, seigneur de Lauraguais, du Minerbois, du Terménois, et de divers autres domaines. Il laissa d'AGNÈS DE MONTPELLIER, son épouse, qui lui survécut, un fils unique, qui suit.

RAYMOND-TRENCAVEL II.

1209. RAYMOND-TRENCAVEL II, fils unique de Raymond-Roger, n'était âgé que de deux ans à la mort de son père. Il était alors entré les mains de Raymond-Roger, comte de Foix, son proche parent, sous la garde duquel son père l'avait mis. Il n'avait hérité que des droits sans possession, parce que tous ses domaines étaient sous la main de Simon de Montfort, chef des croisés, qui en avait usurpé même les titres depuis la prise de Carcassonne. Il rentre dans cette ville, l'an 1224, après la retraite d'Amauri de Montfort, fils de Simon, et recouvre bientôt le reste de ses états. La même année, il se soumet à l'église, et promet de poursuivre les hérétiques, dans les deux fameuses conférences tenues à Montpellier, à la Pentecôte et à l'Assomption; mais ces soumissions ne le réconcilièrent point extérieurement à l'église, non plus que le comte de Toulouse, par les intrigues de l'ambitieuse maison de Montfort. Les villes de Carcassonne et d'Albi, l'an 1226, envoyent leurs chefs au roi Louis VIII, alors occupé au siège d'Avignon. Louis, après ce siège, étant arrivé en Languedoc, se rend maître de tout le pays.

L'an 1227, Trencavel est excommunié dans le concile de Narbonne, avec le comte de Toulouse, *sans qu'il paraisse*, dit l'historien de Languedoc, *qu'il fût coupable d'autre crime que d'être fils d'un père proscrit.* Ce vicomte, ainsi dépouillé et flétri, se retire auprès du roi d'Aragon. Il reparaît en armes, l'an 1240, dans le Carcassez, et se rend maître de plusieurs châteaux ; il fait le siége de Carcassonne, qu'il est obligé de lever. L'armée française l'assiége à son tour dans Montréal, et l'oblige à capituler : il repasse les Pyrénées, et retourne en Catalogne, où il établit son séjour. L'an 1242, le 21 juillet, il est excommunié de nouveau par l'archevêque de Narbonne, avec le comte de Toulouse, dans la cathédrale de Beziers. N'ayant plus d'espérance de recouvrer ses domaines, il se rend, l'an 1247, à Beziers, et là, devant le portail de l'église, il cède, le 7 avril, entre les mains du sénéchal de Carcassonne, tous ses états au roi de France ; cession qu'il renouvela la même année, dans le mois d'octobre, au roi lui-même, à Paris. Le roi, par reconnaissance, lui accorda 600 livres de rente en assignats ; ce qui revient à 25 mille livres de notre monnaie. *C'est tout ce qui resta*, dit l'historien de Languedoc, *à l'héritier des vicomtes de Beziers, de Carcassonne, d'Agde, de Razez, d'Albi et de Nismes, de tous les biens que ses ancêtres avaient possédés ; et cette ancienne maison qui, depuis la fin de la seconde race, avait joui des droits régaliens, dans ces six vicomtés, jusqu'au commencement de la guerre des Albigeois, et qui était la plus puissante de toute la province après celle des comtes de Toulouse, se vit enfin réduite à la condition d'une des moindres du pays : funeste suite d'une guerre de religion, qui força Trencavel, sans aucune faute de sa part, à porter l'iniquité du vicomte Raymond-Roger, son père.* Trencavel suivit le roi dans la Terre-Sainte, et s'y distingua par sa valeur. Il en revint avec ce prince, et vécut jusqu'en 1263, et peut-être même au-delà. De SAURICE, son épouse, il laissa deux fils, Roger et Raymond-Roger, qui prirent le surnom de *Beziers*. Le premier se croisa, en 1269, avec le roi. On ne trouve plus dans la suite aucune trace des descendants de Trencavel.

CHRONOLOGIE HISTORIQUE

DES

COMTES DE FOIX.

Le pays de Foix, (en latin *Fuxum*) tel qu'il se comporte aujourd'hui, a pour bornes, au levant et au septentrion, le Languedoc; au midi, le Roussillon et les monts Pyrénées; au couchant le pays de Comminges. Il est divisé en haut et bas Foix, qui sont séparés par ce qu'on appelle *le Pas de la Barre*. Le château de Foix, qui a donné le nom à la province, n'est point connu avant le onzième siècle. Il en est fait mention pour la première fois dans le testament de Roger Ier., comte de Carcassonne, qui est de l'an 1002. Dans cet acte, le territoire de ce château voisin de l'abbaye de Saint-Volusien, n'est simplement nommé que *la terre de Foix*. Il n'acquit le titre de comté que sous Roger Ier., fils de Bernard et petit-fils de Roger Ier., comte de Carcasonne. Cependant comme Bernard passe pour le premier comte de Foix, c'est par lui que nous commencerons la chronologie de ces seigneurs.

BERNARD-ROGER.

1012. BERNARD, second fils de Roger I, comte de Carcassonne, hérita de lui, avec une partie de ce comté, celui de Conserans, et la meilleure portion de la terre de Foix. L'an 1036, ou peut-être plutôt, il succéda, dans le comté de Bigorre, à Garcie-Arnaud, son beau-frère. Ces domaines, après sa mort, arrivée au plus tard en 1038, furent partagés entre ses trois fils, Bernard, Roger et Pierre, qu'il avait eus de GER-

SENDE DE BIGORRE, sa femme. Gisberge, née aussi de ce mariage, épousa Ramire I, roi d'Aragon. (Voyez *les comtes de Bigorre.*)

ROGER, PREMIER COMTE DE FOIX.

1038. ROGER I, fils puîné de Bernard-Roger, lui succéda dans une portion du Carcassez, et dans celle de la terre de Foix, qui lui avait appartenu. L'an 1050, ayant recueilli, par la mort de Pierre-Roger, son oncle, la portion de ce dernier domaine qu'il possédait, suivant le traité fait entre eux, il érigea le pays de Foix en comté. Roger fit sa demeure dans le château de ce nom, et ce château donna naissance à une ville dont la seigneurie appartenait à l'abbaye de Saint-Volusien. Depuis ce tems, la terre de Foix s'agrandit et passa de beaucoup les bornes qu'elle avait dans son origine. Roger mourut l'an 1064, sans laisser d'enfants de son épouse AMYCA.

PIERRE, COMTE DE FOIX.

1064. PIERRE, troisième fils de Bernard-Roger, hérita de Roger I, son frère, du comté de Foix. La mort l'en dépouilla l'an 1070. Il avait épousé, non pas Amélie, comme un célèbre généalogiste le prétend, mais LEDGARDE, qui lui donna deux fils, Roger et Pierre. (Vaissète, tome II, col. 586.)

ROGER II.

1070. ROGER II, fils aîné de Pierre, le remplaça dans le comté de Foix. Il avait, sur le comté de Carcassonne, des prétentions qu'il avait commencé de faire valoir dès le vivant de son père ; ce qui porta Ermengarde et son fils Bernard-Atton, qui possédaient ce pays, à le vendre au comte de Barcelonne. L'an 1095, il prit la résolution de passer à la Terre-Sainte ; et comme il se voyait alors sans enfants, il abandonna tous ses droits sur le Carcassez à Ermengarde et à son fils. La même année, il fut excommunié par le légat Gautier, évêque d'Albano, pour avoir usurpé des biens ecclésiastiques ; excommunication qui fut renouvelée, dans la suite, par le pape Pascal II. Pour faire lever l'anathème, il restitua, l'an 1108, une partie de ces biens. (Vaissète, tome II, pag. 358 et 359.) Roger mourut l'an 1124, ou l'an 1125, avant Pâques. On le regarde comme le fondateur de la ville de Pamiers, bâtie autour et sur le territoire de l'abbaye de Saint-Antonin de Frédelas (aujourd'hui (1785) cathédrale) qui appela dans la suite les comtes de Foix en paréage. Roger avait été marié deux fois. SICARDE, sa première épouse, ne lui donna point d'enfants. Ce fut avec elle qu'il fit, en 1074, une ample donation de fonds à l'abbaye de Cluni, pour bâtir un monastère dans le lieu dit *Garannum*. (*Arch. de Cluni.*) De STÉPHANIE, ou ETIENNETTE, la seconde, il eut quatre fils, Roger, Bernard, Pierre et Raymond. Le second mourut avant son père, les trois autres possédèrent, par indivis, le comté de Foix; mais l'aîné porta seul le titre de comte. (Vaissète, *ibid.* pag. 349, 388, 786.)

ROGER III.

1125 au plus tard. ROGER III, fils et successeur de Roger II, s'unit, l'an 1124 (peut-être du vivant de son père) avec ses frères, Pierre et Raymond, pour faire revivre les prétentions de leur maison sur le comté de Carcassonne. Mais l'année suivante (1125) ils firent un traité de paix qui assura la possession de ce domaine au vicomte Atton. L'an 1142, nouveau démêlé sur ce sujet avec le vicomte Roger, successeur d'Atton. Le comte de Foix lui enlève plusieurs châteaux, aidé par le comte de Toulouse et d'autres seigneurs. La date de sa mort n'est point certaine; mais on n'a aucune preuve qu'elle ait devancé l'an 1149. De CHIMÈNE, ou XIMÈNE, fille de Bérenger III, comte de Barcelonne, qu'il avait épousée vers l'an 1118, il eut un fils, qui suit, et une fille, nommée Bradimène, mariée, en 1132, à Guillaume d'Alone, vicomte de Sault, dans le Rasez. (Vaissète, tome II, pag. 349, 388, 408, 468.)

ROGER-BERNARD I.

1149. ROGER-BERNARD I, fils et successeur de Roger III, reçut, l'an 1149, l'hommage des seigneurs de Mirepoix, dont il était suzerain en qualité de comte de Foix. Il reconnut de son côté, l'an 1151, pour son seigneur, le comte de Barcelonne, quoique ses états fussent originairement, non en partie, comme dit M. de Marca, mais en totalité, dans la mouvance des comtes de Toulouse. Mais ceux-ci avaient alors perdu de vue leurs droits à cet égard, ou du moins avaient intérêt de les dissimuler. Ces princes ne furent pas également inattentifs sur les autres parties de leur mouvance. (Vaissète, tome II, pag. 468, 486.) L'an 1167, Raymond V, comte de Toulouse, disposa, en faveur du comte de Foix, de la ville de Carcassonne, du Carcassez et du Rasez, et de tout ce qui appartenait à Roger, fils de Raymond-Trencavel, et cela en punition de l'hommage que Roger, son vassal, avait rendu au roi d'Aragon. (*Ibid.*

pag. 469.) Ce fut l'an 1168 que Roger-Bernard fut appelé en
paréage, pour le haut domaine de la ville de Foix, par l'abbé
de Saint-Volusien, paréage qui subsistait encore en 1785. L'an
1185, Alfonse II, roi d'Aragon, lui donna le gouvernement
du marquisat de Provence. Il alla résider dans ce pays, et mourut au mois de novembre 1188, comme il retournait dans ses
états. De CÉCILE, fille de Raymond-Trencavel I, vicomte de
Carcassonne, qu'il avait épousée au mois de juillet de l'an 1151,
il eut deux fils, Roger, mort en 1182, et Raymond-Roger,
qui suit, avec trois filles. (*Ibid.* pag. 500.)

RAYMOND-ROGER.

1188. RAYMOND-ROGER, étant fils unique à la mort de Roger-Bernard, son père, lui succéda dans tout le comté de
Foix. Il accompagna, l'an 1190, le roi Philippe-Auguste à la
Terre-Sainte, où il fit ses premières armes. (Vaissète, t. III,
p. 79-88.) Il eut guerre, l'an 1197, avec les comtes de Comminges et d'Urgel, pour les limites, à ce qu'on croit, de leurs
états. Cette guerre, où Raymond-Roger eut d'abord l'avantage, finit par une bataille qu'il perdit, le 26 février de l'an
1204, et où il fut fait prisonnier avec le vicomte de Castelbon,
son beau-frère. Sa captivité dura jusqu'au mois de mars 1208.
Ce fut le roi d'Aragon qui obtint son élargissement, par un
traité de paix qu'il ménagea le 17 de ce mois entre les parties. (Voy. *les comtes d'Urgel.*) L'an 1209, sur les accusations
d'hérésie et d'impiété, formées par l'abbé de Saint-Antonin,
contre le comte de Foix, Simon de Montfort, général des croisés, entra dans son pays, enleva plusieurs de ses places, et
l'obligea de lui donner en ôtage son fils Aymeri, jusqu'à ce
qu'il se fût purgé des accusations intentées contre lui. Raymond-Roger, fatigué des mauvais procédés de Monfort, se jette,
l'an 1211, dans le parti du comte de Toulouse. Averti de la
marche d'un corps de six mille allemands, qui allaient joindre
les croisés au siége de Lavaur, il les surprend vers Montjoire,
à deux lieues de Toulouse, et les taille en pièces. La même
année, il aide le comte de Toulouse à défendre sa capitale,
assiégée par les croisés, fait plusieurs sorties avantageuses sur
eux, et les force à lever le siége. Peu de tems après se donna
la fameuse bataille de Castelnaudari, où le comte de Foix, victorieux au commencement, finit par être complètement défait.
L'an 1214, il assiste, avec son fils aîné, au jugement de mort
que le conseil de Raymond VI, comte de Toulouse, prononça
contre Baudouin, frère de Raymond, et tous deux s'en rendent les exécuteurs en pendant ce prince à un noyer. (*Voyez*

Raymond VI, *comte de Toulouse*.) Raymond-Roger se joint, la même année, aux comtes de Toulouse, de Comminges et de Roussillon, pour aller trouver à Narbonne le cardinal légat, Pierre de Bénévent, auquel ils font leurs soumissions. Le comte de Foix les renouvelle l'année suivante, à Pamiers; et pour caution de sa sincérité, il remet entre les mains du légat son château de Foix. De là, il part pour le concile de Latran, où il demande la restitution de ses domaines usurpés par Simon de Montfort. Un cardinal parle en sa faveur. Foulques, évêque de Toulouse, présent à l'assemblée, s'élève contre ce discours, et voici une de ses raisons. « Le comte de Foix ne » peut disconvenir que son comté ne soit rempli d'hérétiques, » car après que le château de Montségur a été pris, on a fait » brûler tous les habitants. » Le concile cependant nomma des commissaires pour examiner la demande du comte de Foix. Montfort traverse leurs opérations, cherche querelle au comte, et le force à rompre la trêve qu'il avait jurée avec lui. L'an 1217, il assiége le château de Montgrenier, défendu par Roger-Bernard, fils du comte, et l'emporte au bout de six semaines. Nouveau siége de Toulouse, commencé par les croisés, vers la fin de septembre de la même année. Le comte de Foix se jette dans la place, commande à toutes les sorties des assiégés, et oblige enfin les ennemis à lever le siége après la mort de leur général, arrivée le 25 juin de l'an 1218. L'année suivante, le comte de Foix combat pour le comte de Toulouse, à la bataille de Basiège, contre les croisés, et a la meilleure part à la victoire remportée par ce dernier. L'an 1223, il fait en hiver le siége de Mirepoix, et emporte la place; mais s'y étant morfondu, il meurt au mois d'avril de la même année, avec la réputation de l'un des plus grands capitaines de son siècle. Son nom se rencontre aussi parmi les poëtes provençaux, dont il fut le Mécène et l'émule. Le corps de ce prince fut inhumé dans l'abbaye de Bolbone. Pierre de Vaux-Cernai, *guidé par la passion et par l'aigreur*, dit l'historien de Languedoc, fait le portrait le plus désavantageux de ses mœurs et de sa conduite. « Mais » il est certain, ajoute-t-il, que le plus grand reproche qu'on » puisse lui faire, par rapport à la foi, c'est d'avoir toléré les » hérétiques dans ses domaines, et d'avoir souffert que ses » proches les favorisassent. » Car il protesta toujours qu'il était exempt d'hérésie. (*Ibid.* p. 331.) Il laissa de PHILIPPE, son épouse, dont on ignore la maison, deux fils et deux filles. Roger-Bernard, l'aîné, lui succéda dans le comté de Foix; Aymeri, le second, était entre les mains de la maison de Montfort, depuis l'an 1209, et le père, en mourant, chargea l'aîné de le racheter. L'aînée des filles, nommée Cécile, fut mariée, l'an

1224, à Bernard V, comte de Comminges; Esclarmonde, la cadette, épousa, l'an 1236, Bernard d'Alion. (Vaissète, *ibid.* p. 326-330.)

ROGER-BERNARD II, SURNOMMÉ LE GRAND.

1223. ROGER-BERNARD II, en succédant à Raymond-Roger, son père, dans le comté de Foix, joignit ce domaine à celui qu'il possédait déjà par son mariage, contracté, l'an 1202, avec ERMESSINDE, fille et unique héritière d'Arnaud, vicomte de Castelbon. Il avait déjà fait ses preuves de valeur, comme on l'a vu, dans plusieurs expéditions contre les croisés. La suite de sa vie ne démentit pas ces beaux commencements. Attaché aux intérêts du jeune Raymond-Trencavel, vicomte de Carcassonne, dont son père avait eu la tutelle, il prit les armes avec le comte de Toulouse, pour le mettre en possession de sa capitale. Le siége de cette ville, qu'ils formèrent l'an 1223, fut long et opiniâtre; mais l'arrivée d'Amauri de Montfort les contraignit enfin de le lever. L'an 1226, après avoir fait d'inutiles soumissions au roi Louis VIII, Roger-Bernard renouvelle la ligue avec le comte de Toulouse. L'un et l'autre, ainsi que le vicomte Trencavel, sont excommuniés, l'année suivante, au concile de Narbonne. L'an 1229, le comte de Toulouse, réconcilié avec l'église et le roi saint Louis, déclare la guerre au comte de Foix, saisit sur lui, comme suzerain, les terres de Foix, situées en-deçà du Pas de la Barre, et l'exhorte à faire sa paix. Roger-Bernard, ainsi abandonné, prend le parti de la soumission, va trouver le vice-légat, Pierre de Colmieu, à Saint-Jean de Vergès, et souscrit, le 16 juin, à toutes les volontés du roi et du prélat. L'an 1237, il est excommunié de nouveau, pour n'avoir pas voulu répondre devant les inquisiteurs qui l'avaient cité à leur tribunal. Il s'y présente enfin le 12 mars de l'an 1240, et obtient son absolution. Il meurt, l'an 1241, sur la fin de mai, dans l'abbaye de Bolbone, après y avoir pris l'habit monastique, et reçu les derniers sacrements. Le zèle fanatique de l'inquisition voulut encore poursuivre sa mémoire après sa mort; mais sa réputation triompha de la calomnie. La postérité l'a toujours distingué par le surnom de *Grand*, qu'il avait si bien mérité par ses vertus civiles et militaires, qui lui conservèrent ses états au milieu des ruines de ceux de ses voisins. Roger-Bernard laissa d'ERMESSINDE, sa première femme, un fils, appelé Roger, qui lui succéda, et une fille, nommée Esclarmonde, qui fut mariée, l'an 1231, avec Raymond, fils du vicomte de Cardonne. ERMENGARDE DE NARBONNE, sa deuxième femme, qu'il épousa, l'an 1232, lui donna une fille, nommée Cécile, qui fut alliée, l'an 1236, à Rodrigue-Alvare, comte d'Urgel.

ROGER IV.

1241. ROGER IV, fils de Roger-Raymond le Grand et d'Ermessinde, vicomte de Castelbon dès l'an 1237, par la cession de son père, lui succède, l'an 1241, dans le comté de Foix. A peine en eut-il pris possession, qu'il fit hommage à Raymond VII, comte de Toulouse, pour la partie de ce comté, située en deçà du Pas de la Barre, et au roi de France, pour les terres du Carcassez. Mais bientôt, oubliant la fidélité qu'il devait au second et comme à son suzerain et comme à son souverain, il se ligue avec le premier pour lui déclarer la guerre. Revenant ensuite sur ses pas, il se détache du comte l'an 1242 (et non pas 1243), fait la paix, à son insu, avec le monarque, et l'engage à le recevoir au nombre de ses vassaux immédiats pour toute l'étendue du comté de Foix. Le comte de Toulouse réclame contre ce traité, non-seulement comme suzerain, mais aussi comme propriétaire d'une partie du comté de Foix, attendu que son père, après l'avoir saisie, en 1229, sur le comte Roger-Bernard, ne la lui avait rendue que pour la tenir en commende. L'an 1245, sommation faite de la part du comte de Toulouse à Roger, de lui remettre ses terres. L'affaire en demeura là, parce que la force n'accompagnait pas le bon droit. Roger, l'an 1251, soutient la guerre contre le roi d'Aragon, touchant les domaines qu'il possédait dans la mouvance de ce prince. Cette guerre lui réussit fort mal. Celle qu'il eut en 1256, contre Rodrigue Alvare, comte d'Urgel, son beau-frère, fut plus heureuse. L'an 1265 (n. st.), le 25 février, Roger meurt, et son corps est inhumé dans l'abbaye de Bolbone. De BRUNISSENDE DE CARDONNE, son épouse, il laissa un fils, Roger-Bernard qui suit, et quatre filles ; Sibylle, femme d'Aymeri IV, vicomte de Narbonne; Agnès, mariée, le 13 octobre 1256, à Eskivat, comte de Bigorre ; Philippe, femme d'Arnaud de Comminges, vicomte de Conserans, et Esclarmonde, qui épousa, le 12 octobre 1275, Jacques, infant d'Aragon. (Vaissète. tom. III, p. 572-573.)

ROGER-BERNARD III.

1265. ROGER-BERNARD III avait, non l'âge de douze ans, comme quelques-uns l'ont prétendu, mais celui de vingt-deux, lorsqu'il succéda, dans le comté de Foix, à Roger IV, son père. Il eut cependant pour tuteur Amanieu d'Armagnac, archevêque d'Auch, jusqu'à vingt-cinq ans, âge fixé dans la province pour la majorité. La même année, 1265, il rendit aux chanoines de Saint-Antonin, du consentement de ce prélat, le château de Pamiers. (*Gall. Chr.*, no., tom. I, col. 993.) Il marche, l'an 1272, au secours de Géraud V, comte d'Armagnac, son beau-frère, contre Géraud de Casaubon, pour venger la mort d'Arnaud-Bernard, frère du premier, que l'autre avait tué dans un combat. Les deux comtes assiégent dans son château de Sompui, près d'Eause, leur ennemi, malgré la sauvegarde qu'il avait obtenue du roi Philippe le Hardi, et sans respect pour les panonceaux royaux que le sénéchal de Toulouse avait fait apposer à la place. S'en étant rendus maîtres, ils la pillent après en avoir massacré les habitants; surquoi le roi les fait citer à sa cour pour rendre raison à leur conduite. Le comte d'Amagnac obéit; mais celui de Foix refuse de comparaître. Il fit plus, pour achever d'irriter le monarque, il assaillit inopinément le sénéchal de Toulouse, comme il traversait le Foix sans dessein de lui nuire, fit prisonnier plusieurs de ses gens, et lui enleva ses bagages. Le sénéchal eut bientôt sa revanche; car ayant rassemblé promptement les troupes de son ressort, il vint fondre dans le pays de Foix dont il prit les plus fortes places jusqu'au Pas de la Barre; il eut pu même se rendre maître de tout le comté sans le conseil de quelques personnes qui l'en détournèrent. A cette nouvelle, le roi se met en marche à la tête d'une puissante armée pour achever de réduire le comte rebelle. Arrivé à Toulouse le 25 et non le 28 mai, il en part huit jours après, et dirige sa route du côté de Pamiers. Le roi d'Aragon et le vicomte de Béarn, beau-père de Roger-Bernard, viennent à sa rencontre. On entre en conférence, et on convient que le comte de Foix viendra se remettre à la discrétion du monarque. Il est arrêté dès qu'il paraît, conduit à la tour de Carcassonne, pieds et poings liés, et son comté saisi. L'an 1273, après avoir fait satisfaction, il recouvre sa liberté, ses états et les bonnes grâces du prince, qui le crée chevalier, et le renvoie chez lui comblé d'honneurs. L'an 1280, ligué avec plusieurs seigneurs catalans contre Pierre, roi d'Aragon, il est fait prisonnier par ce prince, et envoyé dans le château de Siruana. On ignore la date de sa délivrance; mais il était dans l'armée du roi de France en 1285, lorsque ce monarque porta la guerre en Catalogne, contre le roi d'Aragon. Sur les plaintes portées contre lui par l'évêque de Lescar, dont il envahissait les terres, l'archevêque Amanieu, ci-devant son tuteur, assemble, le 29 août de l'an 1290, un concile à Nogaro, dans lequel il est frappé d'excommunication s'il ne restitue les terres qu'il a usurpées, et les évêques de Tarbes et d'Oleron sont chargés de lui signifier ce jugement. (*Gall. Chr.*, no., ibid.) La même année, il entre en guerre avec Bernard VI, comte d'Armagnac, au sujet de la vicomté de Béarn, que Gaston VII, vicomte de ce pays, avait laissée par testament à MARGUERITE, sa fille, épouse du comte de Foix. Le roi évoque cette affaire à son conseil. Roger-Bernard en appelle à son épée, et se met en possession de l'héritage par voie de fait. Cité, le 22 octobre de la même année, au parlement de Toulouse, il se soumet, et obtient du roi son pardon. L'an 1293, duel ordonné par le parlement de Toulouse entre les deux comtes, et exécuté à Gisors en présence du roi, qui sépare les combattants. (Nangis.) Le comte de Foix, l'an 1296, sert en Gascogne, avec avantage, contre les Anglais sous les ordres de Robert, comte d'Artois. Il meurt le 3 mars de l'an 1302 (n. st.) à Tarascon, possesseur du Béarn, qu'il transmit avec ses autres domaines à son fils Gaston. Ce fils était le seul qu'il laissait de Marguerite, son épouse. Cette princesse lui donna encore quatre filles, qui lui survécurent : Constance, qui épousa Jean de Levis, fils de Gui, seigneur de Mirepoix, dont la maison subsiste encore de nos jours ; Mathe, qui fut mariée, l'an 1294, à Bernard, fils de Centule III, comte d'Astarac ; Marguerite, femme de Jourdain de l'Ile ; et Brunissende, qui épousa, du vivant de son père, Hélie VII, comte de Périgord.

GASTON Ier.

1302. GASTON Ier. eut à peine succédé à Roger-Bernard, son père, qu'il prit les armes pour défendre le Béarn, attaqué par les comtes d'Armagnac et de Comminges. L'an 1304 (n. st.), le roi Philippe le Bel, étant à Toulouse, pacifie leur querelle par un arrêt, daté du jeudi après la Saint-Vincent (23 janvier.) Ils reprennent les armes en 1308 : le pape Clément V leur enjoint de les mettre bas ; Gaston le refuse, et il est excommunié ; il se soumet ensuite, et obtient son absolution. L'an 1309, le samedi après la Saint-Georges (26 avril), le parlement de Paris, assemblé à Cachant, rend un arrêt sur le fait de la vicomté de Béarn. Le comte de Foix ne veut point y déférer. Il est arrêté et mis en prison au Châtelet ; mais peu de tems après, au moyen de quelques soumissions, il est élargi. L'an 1315, il suit le roi, Louis Hutin, à la guerre de Flandre. A son retour, il tombe malade à l'abbaye de Maubuisson, où il avait accompagné le monarque ; il y meurt le samedi, jour de Sainte-Luce, 13 décembre, et son corps est transporté à l'abbaye de Bolbone. Il avait épousé JEANNE D'ARTOIS, fille de Philippe d'Artois, seigneur de Conches, dont il eut trois fils et trois filles. Gaston, l'aîné, lui succéda dans le comté de Foix ; Roger-Bernard, le deuxième, eut en partage la vicomté de Castelbon, et d'autres terres de sa maison, situées dans les états d'Aragon; Robert, le troisième, devint évêque de Lavaur. (*Voyez* Ermengaud X, comte d'Urgel.)

GASTON II.

1315. GASTON II, fils aîné de Gaston Ier. et son successeur, âgé seulement de sept ans à la mort de son père, demeura sous la tutelle de Jeanne d'Artois, sa mère. Cette tutelle fut revendiquée, mais inutilement, par Marguerite, son aïeule, à raison du peu de sens et de la mauvaise conduite de sa bru. L'an 1329, sentence arbitrale de Philippe de Navarre, comte d'Evreux, datée de Tarbes, le 19 octobre, pour terminer les différents des maisons de Foix et d'Armagnac. Gaston, irrité de la vie licencieuse de sa mère, obtient, l'an 1331, du roi Philippe de Valois, un ordre pour la faire renfermer.

Les Castillans étant en guerre avec les Navarrois, le comte de Foix marche, l'an 1335, au secours des seconds, et arrive dans le tems que les deux armées étaient aux prises devant Tudèle. Déjà les Navarrois, commandés par Henri de Solis, leur viceroi, commençaient à prendre la fuite. Gaston les ramène au combat, et les rend victorieux à leur tour. Il aurait même enlevé Logrogno sans la bravoure d'un espagnol, nommé Ruy Dias de Gaona, qui soutint presque seul, à la tête du pont, tout l'effort de l'armée ennemie, et périt couvert de blessures et de gloire.

Gaston, l'an 1337, sert utilement la patrie dans la guerre de Guienne. Il passe l'année suivante en Picardie, où il est nommé général de l'armée avec le duc de Normandie. Ses services ne furent point sans récompense; le roi les paya de la moitié de la vicomté de Lautrec, qu'il céda par lettres du 27 octobre de cette année. Il fit plus; le 4 novembre suivant, il le nomma capitaine pour lui et son lieutenant, *sans moyen*, dans le pays de Gascogne et d'Agénois, pendant quinze jours avant Noël prochain, et quinze jours après. (Vaissète, *Histoire de Languedoc*, tom. IV, pag. 228.)

Gaston, l'an 1343, quitte la France pour aller au secours d'Alfonse XI, roi de Castille, qui assiégeait la ville d'Algezire sur les Maures. Cette expédition lui devint funeste. Il mourut à Séville, au mois de septembre de la même année, des fatigues qu'il avait essuyées à ce siége, dont il ne vit pas la fin. Son corps fut transféré à Bolbone. Il ne laissa d'ELÉONORE, fille de Bernard V, comte de Comminges, sa deuxième femme, qu'un fils en bas-âge, nommé comme lui. Il eut aussi deux enfants naturels. (Vaissète, tom. IV, pag. 235, 240.)

GASTON III, SURNOMMÉ PHÉBUS.

1343. GASTON III, surnommé Phébus, à cause de sa beauté, remplaça Gaston II, son père, à l'âge de douze ans, sous la tutelle d'Eléonore, sa mère. L'an 1344, il ouvre un asile dans ses domaines à Jacques II, roi de Majorque, que Pierre IV, roi d'Aragon, son beau-frère et son cousin, avait entièrement dépouillé. Gaston, l'an 1345, fit ses premières armes en Guienne contre les Anglais : il servit ensuite dans le Languedoc, où il fut établi lieutenant de roi, ainsi qu'en Gascogne, avec le baron de l'Ile-Jourdain, par lettres du 31 décembre 1347. Jeanne d'Artois, son aïeule, vivait et demeurait toujours au château de Lourde, où le roi l'avait fait renfermer. Son douaire se montait à trois mille livres de revenu, assignées sur la vicomté de Marsan et la terre de Capsir, dans les petites Landes. Mais il y avait là-dessus des difficultés qui troublaient sa jouissance. Pour les terminer, ses deux fils, Robert, évêque de Lavaur, et Roger-Bernard, vicomte de Castelbon, transigèrent en son nom, le 19 décembre 1347, au château de Pamiers, avec Eléonore, sa bru, traitant elle-même au nom de Gaston Phébus, son fils, et convinrent, par le ministère de Bérenger de Montaut, archidiacre de Lodève, conseiller du roi et maître des requêtes de son hôtel, qu'on céderait à Jeanne d'Artois la jouissance et l'usufruit, durant sa vie seulement, de la ville de Saint-Gaudens, de la terre de Nebousan et des lieux du Mas-d'Azil, etc. : accord qui fut ratifié, le 1er. janvier suivant, par Jeanne d'Artois, et, au mois de février, par le roi. Nous avons sous les yeux une copie de cette transaction, dont l'original est à la tour de Puy-Paulin, dans l'hôtel de l'intendance à Bordeaux.

L'an 1349, Gaston épouse AGNÈS, fille de Philippe III, roi de Navarre. Soupçonné de liaisons contre l'état avec Charles le Mauvais, son beau-frère, il est arrêté, l'an 1356, peu après la détention de ce prince, et mis en prison au Châtelet de Paris. Ayant recouvré sa liberté au bout d'un mois, il alla servir en Prusse contre les infidèles. L'an 1358, à son retour, il alla délivrer, par ordre de Charles, dauphin et régent, la famille royale, que les Parisiens rebelles, joints à la faction de la *Jacquerie*, tenaient assiégée dans le marché de Meaux. Il entre en guerre, la même année, avec le comte d'Armagnac, touchant le comté de Béarn, que chacun prétendait lui appartenir. L'an 1372, le 5 décembre, bataille de Launac au diocèse de Toulouse, où le comte d'Armagnac est battu, et fait prisonnier par le comte de Foix, avec le comte de Comminges ; le sire d'Albret et d'autres seigneurs.

L'an 1373, Gaston Phébus se brouille avec son épouse, et l'abandonne, après en avoir eu un fils, nommé comme lui. L'année suivante est une époque bien flétrissante pour la mémoire de Gaston Phébus, si l'on s'en rapporte à Froissart. Le duc d'Anjou, dit-il (nous abrégeons son récit), étant parti de Toulouse au mois de juin 1374, suivi du connétable du Guesclin, pour faire la conquête du Bigorre sur les Anglais, le comte de Foix vint le trouver, et convint avec lui de faire livrer aux Français le château de Lourde, par le gouverneur Arnaud, de Berné, son parent et son vassal. Ayant à cet effet mandé de Berne à Ortez, il lui enjoint de rendre la place au connétable. De Berne s'en excuse, d'un ton également doux et ferme, sur la fidélité qu'il doit au roi d'Angleterre. Le comte, qui n'a jamais pu souffrir aucune résistance, se jette aussitôt sur lui le poignard à la main, le perce de cinq coups, et le renverse à ses pieds. *Ah ! monseigneur*, dit le malheureux de Berne en tombant, *vous ne faites pas gentillesse ; vous m'avez mandé et vous m'occiez.* Il faut avouer que le témoignage isolé de Froissart, écrivain moins fidèle qu'élégant, laisse quelque doute sur une pareille atrocité.

Gaston Phébus, l'an 1377, pour cimenter la paix qu'il avait faite, par la médiation du comte d'Anjou, avec le comte d'Armagnac, marie Gaston, son fils, avec la fille de ce dernier. L'an 1380, le gouvernement de Languedoc étant vacant, tant par le rappel du duc d'Anjou, que par la mort du connétable, le roi Charles V propose Gaston Phébus à son conseil, pour remplir cette place, comme étant très-propre à pacifier les esprits des peuples de cette province, extrêmement irrités des subsides dont le duc d'Anjou les avait chargés sans raison. « Tous » les princes du sang, dit D. Vaissète, accoutumés de posséder » ce riche gouvernement, s'opposèrent à cette nomination ; » mais le roi passa outre, nonobstant leur avis contraire, et » nomma le comte de Foix son lieutenant, en Languedoc » : *en quoi*, dit un historien contemporain, *il fit un choix digne du nom de sage qu'il a si bien mérité ; car, outre que ce comte était un homme fort juste, il était un des plus braves et des premiers capitaines de son tems, et il ne le cédait en aucune qualité à tous les autres barons, et il gouverna avec beaucoup de prudence, et avec la bonne grâce et l'amour des peuples.* Le roi Charles V étant mort le 16 septembre de la même année, Charles VI, son successeur, révoque le comte de Foix de son gouvernement, et nomme à sa place le duc de Berri. Gaston Phébus tâche de se maintenir par la force, et les peuples de Languedoc se déclarent en sa faveur. Dans ces entrefaites, arriva au château d'Ortez Eléonore de Comminges, femme de Jean II, comte d'Auvergne et de

Boulogne, qui, fuyant son époux *qu'elle ne pouvait plus ni voir ni ouïr*, dit Froissart, allait chercher une retraite chez le comte d'Urgel, son oncle. Elle emmenait avec elle Jeanne, sa fille, âgée de trois ans, qu'elle laissa au comte de Foix, qui se chargea de l'élever comme sa fille, et s'acquitta bien de sa promesse. (*Voyez* Jean II, *comte d'Auvergne.*)

Le duc de Berri étant arrivé, l'an 1381, dans la province, le comte de Foix l'envoie défier. Le duc accepte le défi; il est battu le 15 ou le 16 de juillet, dans la plaine de Revel, au diocèse de Lavaur. La guerre continue; mais au mois de décembre de la même année, le cardinal d'Amiens ménage enfin, entre le duc et le comte, un accord dont nous ignorons le détail. Nous savons seulement d'un historien du tems, que « la géné-
» rosité seule du comte de Foix décida le grand différent qu'il
» avait avec le duc de Berri, touchant le gouvernement de Lan-
» guedoc. Il eut pitié, ajoute-t-il, du dégât du pays pour sa
» querelle particulière. A l'honneur d'avoir vaincu le duc, il
» voulut joindre celui d'avoir donné la paix à la patrie : il traita
» avec lui sous de bonnes assurances, et le mit volontiers en
» possession de son gouvernement ».

Le comte de Foix n'avait de son mariage qu'un fils nommé comme lui. L'an 1382, il le fait emprisonner comme ayant voulu attenter à sa vie par le poison. Le fait est que Charles le Mauvais, roi de Navarre, oncle du jeune prince, lui avait donné une poudre, pour la faire prendre à son père, comme un moyen, disait-il, très-efficace pour le réconcilier avec la comtesse, son épouse; et cette poudre, avec laquelle il fut surpris, était un poison violent, comme cela fut vérifié. Il meurt de chagrin la même année dans sa prison. Froissart raconte que son père, sur ce qu'on lui rapportait qu'il se laissait mourir de faim, étant venu le voir, et le trouvant étendu, presque sans vie, sur son lit, le frappa imprudemment à la gorge, d'un couteau qu'il tenait à la main, en lui disant : *Traître, pourquoi ne manges-tu pas?* Après quoi il expira, soit du coup, soit de faiblesse et de saisissement, d'avoir revu son père encore irrité dans un moment si terrible. Quoi qu'il en soit de ce récit, le comte ayant reconnu dans la suite l'innocence de son fils, devient d'autant plus inconsolable de sa perte, que ce jeune prince mourut sans avoir eu d'enfants de sa femme Béatrix, fille de Jean II, comte d'Armagnac.

Gaston Phébus reçoit, l'an 1390, le roi Charles VI, avec sa cour, dans son château de Mazères au diocèse de Mirepoix, où il le traite magnifiquement, et lui fait donation, après sa mort, de tous ses domaines. L'an 1391, au commencement d'août, il meurt d'apoplexie, à deux lieues d'Ortez, en se lavant les mains pour souper au retour de la chasse; son corps fut inhumé dans l'église des Cordeliers de cette ville. Ce prince fut un des mieux faits et des plus accomplis de son tems. Sa valeur, sa magnificence, son affabilité, son esprit et sa sagesse, lui attirèrent une estime universelle. Il eut quatre fils naturels, dont l'aîné, Bernard, étant passé en Espagne, obtint la main d'Isabelle de la Cerda, dame de Medina-Celi, d'où sont descendus les comtes et ducs de ce nom; Yvain ou Jean, le second, fut celui qui dénonça le jeune Gaston à son père, comme ayant une poudre sur lui pour l'empoisonner. Il fut brûlé misérablement au ballet des Sauvages, où le roi Charles VI pensa lui-même périr, le 31 janvier 1393. On ignore ce que devinrent Purenaud et Gratien, les deux autres bâtards de Gaston Phébus. Ce prince composa sur la chasse un traité mêlé de prose et de vers, dont le style emphatique et embrouillé a donné naissance au proverbe, *faire du Phébus*. Le premier titre de l'ouvrage ayant été *Le miroir de Phébus*, on lui donna depuis celui de *Déduits sur la Chasse*. Entre les éloges outrés que l'auteur donne à la chasse, on y lit qu'elle *sert à fuir les péchés mortels. Or qui fuit*, ajoute l'auteur, *les sept péchés mortels, selon notre foy, il doit estre saulve. Doncques bon veneur aura en ce monde joye, leesse et déduit, et après aura paradis encore*. (*Voyez* Jean II, *comte d'Armagnac*.)

MATHIEU.

1391. Après la mort de Gaston Phébus, tous ses domaines devaient retourner au roi de France, en vertu de la donation que ce comte lui en avait faite. Mais ce monarque ou plutôt le duc de Berri, qui gouvernait alors le royaume, après les avoir fait saisir, les céda, moyennant une somme, à MATHIEU, fils de Bernard II, vicomte de Castelbon, et arrière-petit-fils de Roger I, comte de Foix, le plus proche héritier du défunt. Les lettres par lesquelles cet abandon lui fut fait, sont datées de Tours, le 20 décembre 1391. Jean, roi d'Aragon, étant mort l'an 1395, Mathieu prétendit lui succéder en vertu de son mariage avec JEANNE, fille aînée de ce prince; mais il eut pour concurrent Martin, qui l'emporta, et se maintint, malgré les efforts de Mathieu, pour faire valoir ses prétentions. L'an 1398, le 5 août, Mathieu meurt sans enfants.

ISABELLE ET ARCHAMBAUD.

1398. ISABELLE, sœur de Mathieu, comte de Foix, et femme d'ARCHAMBAUD DE GRAILLI, captal de Buch, se porta pour héritière du comté de Foix, et des autres domaines de sa maison, après la mort de son frère. Mais le sénéchal de Toulouse les ayant mis sous la main du roi, ne lui permit pas de recueillir cette succession. Archambaud voulut faire valoir les droits de son épouse par la voie des armes, et s'empara d'une partie du comté de Foix; le connétable de Sancerre l'empêcha de prendre l'autre. Il fit ensuite ses soumissions au roi, lui donna ses deux fils aînés en otage, et enfin, le 10 mars 1401, il obtint main-levée de tous les domaines saisis dans le comté de Foix. Archambaud changea son nom de Grailli en celui de Foix, quitta le parti de l'Angleterre, dont il était sénéchal en Guienne, et demeura fidèle au roi jusqu'à sa mort arrivée au commencement de 1412, où sur la fin de l'année précédente. Il laissa, de son épouse, cinq fils, Jean, qui lui succéda dans les comtés de Foix et de Bigorre, et les vicomtés de Béarn, de Castelbon, etc.; Gaston, qui fit la branche des comtes de Canaples; Archambaud, chef de celle des seigneurs de Navailles, qui fut tué sur le pont de Montereau, l'an 1419, avec le duc de Bourgogne; Mathieu, qui épousa, l'an 1419, Marguerite, comtesse de Comminges, sa cousine; et Pierre, qui fut religieux de Saint-François, puis évêque successivement de Lescar et de Comminges, et enfin cardinal.

JEAN.

1412. JEAN DE GRAILLI avait déjà donné des preuves de valeur lorsqu'il succéda, dans le comté de Foix, au comte Archambaud, son père. Il avait servi, l'an 1409, Martin, roi d'Aragon, en Sardaigne, contre le vicomte de Narbonne. Il suivit ce prince en Navarre, contre le comte de Mandosse, et il se distingua au siége de Lourde en Bigorre, contre les Anglais. L'an 1412, après qu'il eut succédé au comté de Foix, le roi le nomma capitaine-général en Languedoc et en Guienne, pour l'opposer à Bernard VII, comte d'Armagnac, qui désolait ces provinces, et surtout le pays de Comminges. Ce dernier était attaché aux ducs d'Orléans et de Berri, et formait, avec eux, une ligue, appelée de son nom, contre le duc de Bourgogne. Assez mal mené dans cette guerre, où il eut en tête les plus braves du royaume, le comte Jean fait la paix avec le comte d'Armagnac, le 6 décembre 1415, au château de Mazères. L'an 1419, au mois de janvier, le roi Charles VI et le dauphin (depuis Charles VII) le nomment, chacun de leur côté, gouverneur-général aux pays de Languedoc, d'Auvergne et de Guienne. La conduite équivoque qu'il tint entre les deux partis, du dauphin et du duc de Bourgogne, engagea le premier, qui s'était rendu, l'an 1420, en Languedoc, à lui ôter son gouvernement. Le comte s'y maintint par un traité qu'il fit le 3 mars 1422 (n. st.), avec le roi de France et le roi d'Angleterre. L'an 1423, au mois de mai, il se réconcilie avec le dauphin, devenu roi par la mort de son père. Ce prince, l'an 1425, lui confie le commandement de son armée, et lui donne la même année, par lettres datées de Méhun en Berri, le 18 novembre, le comté de Bigorre. (Vpy. *ci-dessus*, *les comtes de Bigorre*.)

L'an 1427, le comte Jean fait le siége de Lautrec, qui lui appartenait, et reprend cette place sur les routiers par capitulation du 20 mai. Il meurt, l'an 1436, au château de Mazères, la nuit du 3 au 4 mai. Il avait épousé, 1°. JEANNE, fille de Charles III, roi de Navarre, et d'Éléonore de Castille, morte sans enfants, l'an 1420; 2°. L'an 1422, JEANNE, fille de Charles d'Albret, connétable de France, morte en 1433, après lui avoir donné deux fils, Gaston et Pierre. Le premier succéda, étant encore mineur, à son père, sous la tutelle de Mathieu, comte de Comminges, son oncle, dans tous ses domaines; à l'exception des vicomtés de Lautrec et de Villemur, qui furent le partage du cadet; mais ils demeurèrent sous le vasselage de l'aîné. Celui-ci fit la branche des vicomtes de Lautrec de la maison de Foix-Grailli. Jean porta fort loin la gloire du nom des comtes de Foix. Il est qualifié *très-haut et très-magnifique prince* dans plusieurs actes de son tems.

GASTON IV.

1436. GASTON IV, né l'an 1423, reçoit, le lendemain de la mort de Jean, son père, c'est-à-dire le 5 mai, l'hommage et le serment de fidélité des états de Foix. L'an 1443, le 2 avril, il rend lui-même hommage au roi dans Toulouse, des comtés de Foix et de Bigorre et de ses autres domaines. Le roi lui demanda alors pourquoi il se qualifiait *comte par la grâce de Dieu*, et lui donne un délai pour produire ses titres. Cette qualification, qui n'était originairement qu'un témoignage de reconnaissance envers Dieu, était devenue alors une marque de souveraineté. Le comte de Foix donna, en cette occasion, au roi la satisfaction qu'il désirait, en renonçant à une formule qui lui faisait ombrage. Le comte d'Armagnac, qui l'employait de même dans ses titres, sommé pareillement de l'abandonner, ne montra pas la même docilité. Arrêté pour ce sujet et pour d'autres bien plus graves et remis entre les mains de la justice, pour instruire son procès, il trouva dans le comte de Foix un solliciteur ardent et d'autant plus généreux, que les deux maisons vivaient depuis long-tems dans une inimitié qui semblait exclure toute réconciliation. (*Voy*. Jean IV, *comte d'Armagnac*.)

L'an 1447, le 26 décembre, Gaston achète de Pierre de Tinnières la vicomté de Narbonne; acquisition, dans laquelle il fut maintenu contre ceux qui la lui contestaient, par arrêt du parlement de Toulouse du 6 mai 1448. Établi, l'an 1450, lieutenant-général pour le roi de France, il met le siége devant la ville de Mauléon, dans le comté de Soule, occupée par les Anglais. Jean II, roi de Navarre, puis d'Aragon, son beau-père, à la garde duquel les Anglais avaient confié cette place, vient le trouver pour le détourner de cette entreprise. Il répond, qu'il n'y renoncera pas, *s'il n'est combattu et vaincu*; ajoutant que son beau-père peut, en toute autre occasion, compter sur ses services, excepté ce qui touche *le fait et l'honneur de la couronne de France*. Jean se retire, les assiégés capitulent, et le comte prend possession de la place au nom du roi de France. L'an 1451, après la réduction de Dax et de plusieurs châteaux voisins, il investit, au commencement d'août, avec le comte de Dunois, la ville de Bayonne, qu'il assiége ensuite dans les formes, et dont il se rend maître par capitulation, le 25 du même mois. En reconnaissance de l'heureux succès de ce siége, le dernier qui restât à faire pour chasser entièrement les Anglais de la Guienne, Gaston fit présent à l'église *de la couverture de son coursier, qui était de drap d'or, prisée quatre cents écus, pour faire des chapes*. Le chanfrein et le poitrail de cet animal étaient encore d'un plus grand prix, selon Froissart, qui les estime à quinze mille écus d'or.

L'an 1455, le beau-père de Gaston le déclare son successeur au royaume de Navarre, après avoir déshérité le prince de Viane, son fils. Les ambassadeurs de Ladislas, roi de Hongrie et de Bohême étant venus, au mois de décembre 1457, demander en mariage, pour leur maître, madame Madeleine de France, fille du roi Charles VII, eurent leur audience aux Montils, près de Tours, où ce monarque était alors, et le comte de Foix avec lui. On leur fit tous les honneurs possibles, et on leur donna de belles fêtes. Gaston, particulièrement chargé de les traiter au nom du roi, leur donna entr'autres, et à ses propres frais, un banquet superbe, dans lequel, suivant Jean Chartier, il y avait une quantité immense de viandes les plus délicates et des vins les plus exquis. À l'entremêts il y eut des danses de morisques et des mystères; ce repas coûta au comte de Foix dix-huit cents livres. On était sur le point de livrer la princesse aux ambassadeurs, lorsqu'on apprit, avec grande douleur, la mort funeste du jeune prince, arrivée le 26 décembre. Les fêtes alors furent converties en cérémonies funèbres. Ce qui est à remarquer, c'est que le comte de Foix, qui avait été chargé de faire tant d'honneurs aux ambassadeurs pour la demande qu'ils étaient venus faire de la princesse Madeleine, l'obtint ensuite pour son fils aîné. Il ne manquait au comte de Foix, pour égaler les plus grands du royaume, que la dignité de pair; Charles VII la lui conféra par lettres du 6 août 1458. Il servit le roi Louis XI avec le même zèle qu'il avait montré pour son père. Louis le nomme capitaine-général des troupes qu'il envoyait au secours de Jean, roi d'Aragon et de Navarre, contre les Catalans rebelles, appuyés par le roi de Castille. Il s'empara du Roussillon, et obtint du roi, pour récompense de ses services, l'an 1463, ce comté avec celui de Cerdagne, ou plutôt les droits que Louis XI y avait comme engagiste du roi d'Aragon.

Gaston, s'étant joint, l'an 1463, au sire d'Albret, vole au secours de la reine d'Aragon, assiégée dans Gironne par ses sujets rebelles, et la délivre. L'an 1471, il entre dans les intérêts de Charles, duc de Guienne, contre le roi, son frère, et par là s'attire les armes de ce monarque. Mais la mort de Charles, arrivée le 21 mai de l'année suivante, dissipa son parti. Gaston ne survécut pas deux mois à ce prince, étant mort au commencement de juillet de la même année. Son corps fut inhumé dans l'église des Dominicains d'Ortez. Ce prince eut une cour magnifique et vraiment royale. Il aimait surtout les joûtes et les tournois, comme on le voit par les paroles suivantes, rapportées dans un écrit du tems. « L'an 1456, au mois
» d'octobre, le comte Gaston et madame Alyéonor, sa femme,
» allèrent en pélerinage à Notre-Dame de Montserrat et estoient
» en sa compagnée bien trois cents chevaux; et après allèrent à
» Barcelone, où estoit le roi don Jean de Navarre. Les tenants
» estoient le seigneur de Foix, le comte de Prades, le Maistre
» de Calatrave, fils du roi de Navarre, le comte de Palbas,
» Philippe-Albert. Ledit seigneur de Foix feist plusieurs beaux
» dons, et feist tost après donner les joustes à tous venants, et
» lui-mesme tint la table des joustes, et donna au mieulx
» courant une lance estimée deux mille ducats, et deux dia-
« mans, et finablement ledit seigneur Gaston de Foix eut sur
» tous les prys, et rompit quarante-deux lances. » Il avait épousé, l'an 1434, ELÉONORE, fille de Jean, roi d'Aragon et de Navarre, auquel elle succéda dans ce dernier royaume: (Voy. Eléonore, reine de Navarre.) Cette princesse lui donna quatre fils et cinq filles. Gaston, l'aîné, vicomte de Castelbon, prince de Viane, épousa, comme on l'a dit, Madeleine de France, le 7 mars 1461 (v. st.), et mourut à Libourne (et non pas à Pampelune), sur la fin de novembre de l'an 1470,

dans un tournoi que donna le duc de Guienne, son beau-frère, laissant un fils, François-Phébus, qui fut roi de Navarre et comte de Foix, (Madeleine, mère de François-Phébus, mourut en 1486.) Jean, le deuxième fils du comte Gaston, eut la vicomté de Narbonne et d'autres domaines; Pierre, le troisième, après avoir été cordelier, comme son oncle, fut créé cardinal en 1476, et finit ses jours en 1490; Jacques, le dernier, mourut sans avoir été marié. Les filles du comte Gaston furent Marie, qui épousa, l'an 1460, Guillaume V, marquis de Montferrat; Jeanne, mariée, au mois d'août 1468, à Jean V, comte d'Armagnac; Marguerite, qui épousa, l'an 1471, François II, duc de Bretagne, et fut mère de la duchesse Anne; Catherine, alliée, en 1469, à Jean de Foix, comte de Candale; Eléonore, la cinquième, mourut fille. (Voy. *pour la suite des comtes de Foix*, les rois de Navarre.)

CHRONOLOGIE HISTORIQUE

DES

VICOMTES DE NARBONNE.

N ARBONNE, *Narbo Martius, Decumanorum colonia, et Julia paterna*, ville ancienne dont on ignore l'origine, devint une colonie romaine, l'an 636 de Rome, après que les Romains eurent fait, trois ans auparavant, la conquête du pays des Volces, aujourd'hui le Languedoc, dont elle était regardée comme la capitale. Elle donna son nom à la province romaine, qui fut appelée Narbonnaise, et s'étendait depuis les Alpes jusqu'aux Pyrénées. Vers l'an de Jésus-Christ 138, elle fut entièrement consumée par les flammes; mais elle trouva un restaurateur dans l'empereur Antonin Pie, qui en fit rétablir les édifices publics à ses dépens. L'an 413, elle fut conquise par Ataulphe, rois des Visigoths, dans le tems des vendanges. Ce fut là qu'il célébra, au mois de janvier suivant, ses noces avec Placidia, sœur de l'empereur Honorius. Ataulphe ne fit pas un long séjour à Narbonne. Constance, général romain, l'engagea à quitter cette ville et à se retirer au-delà des Pyrénées où il subit, l'année suivante, le sort funeste qui l'attendait à Barcelonne. Rendue par sa retraite à ses anciens maîtres, Narbonne retomba, l'an 462, sous la puissance des Visigoths par la trahison du comte Agrippin. Les Sarrasins l'enlevèrent à ceux-ci vers la fin de l'an 719; mais ils n'en jouirent que l'espace de quarante ans. Pepin le Bref, roi de France, après sept ans de blocus ou de siége, la délivra enfin des mains des infidèles l'an 759, au moyen des intelligences qu'il y avait pratiquées avec les Goths, et l'unit à ses états. Ses premiers comtes, sous la domination française, furent les mêmes que les marquis de Septimanie, dont elle était la métropole, après la division faite en 864 de ce marquisat et de la Marche d'Espagne. Les lieutenants que les marquis de Septimanie mirent à Narbonne, appelés d'abord vidames, ou viguiers, puis vicomtes, furent au commencement amovibles, et ensuite héréditaires.

VIDAMES, OU VICOMTES DE NARBONNE AMOVIBLES.

CIXILANE.

802. CIXILANE présida, l'an 802, à un plaid qui se tint à Narbonne. C'est tout ce que nous savons sur la personne de ce vidame. M. le président Hénaut prétend, contre le sentiment de D. Vaissète, que le titre de vicomte commença d'être connu en sa personne. Sous le gouvernement de Cixilane, le roi Charles le Chauve, l'an 849, après s'être rendu maître de presque toute l'Aquitaine, s'avança jusqu'à Narbonne. Il y confirma, le 7 octobre, Théofred, son vassal, dans la possession de plusieurs terres situées dans le diocèse de cette ville et dans le reste de la Septimanie.

ALARIC ET FRANCON I.

851. ALARIC et FRANCON I, vidames de Narbonne par indivis, à ce qu'il paraît, assistèrent, en qualité d'assesseurs, à un plaid qu'Aledran, marquis de Septimanie, tint à Narbonne en 851. On croit que Francon est la tige des vicomtes suivants. Les Normands, l'an 859, profitant de la mésintelligence qui régnait parmi les princes français, étendirent leurs courses par mer jusque sur les côtes de la Septimanie, et s'emparèrent, entr'autres places, de Narbonne, qu'Alaric et Francon ne purent défendre. Mais ils l'abandonnèrent après l'avoir pillée.

LINDOIN.

878. LINDOIN était vicomte de Narbonne en 878.

MAYEUL.

MAYEUL, successeur de Lindoin, tint la vicomté de Narbonne jusque vers l'an 911. Il eut deux fils de RAYNOLDIS ou RAYMONDE, sa femme, Valcharius et Alberic, qui lui succédèrent.

VALCHARIUS ET ALBERIC.

911. VALCHARIUS, ou GAUCHER, et ALBERIC, après la mort de Mayeul, leur père, partagèrent entre eux la vicomté de Narbonne. Le second abandonna dans la suite sa portion à l'aîné, lorsqu'il épousa TOLOSANE, ou ETOLANE, fille de Raculfe, comte de Mâcon, qui lui apporta en dot ce comté, où il alla résider. (*Voy.* Alberic I, *comte de Mâcon.*)

FRANCON II.

FRANCON II paraît avoir été fils ou frère de Valcharius. Il avait épousé ERSINDE, dont il eut deux fils, Odon et Wlrérad, qui suivent. Francon mourut en 924.

ODON ET WLRÉRAD.

924. ODON et WLRÉRAD succédèrent à Francon, leur père. Le premier épousa RICHILDE DE BARCELONNE, dont il eut Matfred, qui suit, et Garsinde, femme de Raymond-Pons, comte de Toulouse. Le second devint archevêque de Narbonne en 926. Odon vivait encore en 933.

MATFRED.

933 au plutôt. MATFRED succéda en bas âge à Odon, son père, sous la tutelle de Richilde, sa mère, qui gouvernait encore la vicomté de Narbonne en 952. On ne voit plus de trace de l'existence de Matfred depuis l'an 966, époque d'un voyage qu'il fit à Rome avec sa femme ADÉLAÏDE, qui lui survécut. De son mariage il laissa deux fils, Ermengaud, archevêque de Narbonne, et Raymond, qui suit, avec une fille nommée Trudgarde.

RAYMOND I.

966 au plutôt. RAYMOND I, successeur de Matfred, son père, demeura quelque tems, à raison de son bas âge, sous la tutelle d'Adélaïde, sa mère. Les grands de son tems s'étaient emparés des prélatures, et regardaient le droit d'y nommer comme attaché à leurs domaines; Raymond les imita. L'an 1016, il vendit pour cent mille sous l'archevêché de Narbonne à Guifred, fils de Guifred, comte de Cerdagne, qui n'avait que dix ans. L'an 1018, les Sarrasins ayant débarqué près de Narbonne, vinrent en faire le siége; mais ils furent vigou-

reusement repoussés dans une sortie des habitants. Raymond perdit peut-être la vie en cette occasion ; il est du moins certain qu'il était mort en 1023. De RICHARDE, sa femme, qui vivait encore en 1032, il laissa deux fils, Bérenger, qui suit; et Ermengaud, destiné à la cléricature; avec une fille, Ermengarde, femme de Loup-Atton, vicomte de Soule.

BÉRENGER, ou RAYMOMD-BÉRENGER.

1023 au plus tard. BÉRENGER, fils et successeur de Raymond I, fut presque continuellement en querelle avec Guifred, archevêque de Narbonne, touchant leurs domaines respectifs. Souvent ils en vinrent à une guerre ouverte, où le prélat joignit plus d'une fois les armes spirituelles aux temporelles pour réduire plus efficacement son ennemi. Bérenger, de son côté, fit tomber sur Guifred les foudres de Rome en faisant connaître au pape la licence de ses mœurs. Il y eut cependant entre eux quelques réconciliations passagères durant l'une desquelles Bérenger, l'an 1048, alla au secours de Raymond-Bérenger I, comte de Barcelonne, contre les Maures. Raymond, pour reconnaître ses services, lui fit présent de la ville de Tarragone; mais il ne paraît pas que ses successeurs l'aient conservée. L'an 1067, il mourut vert la fin de mars, laissant de GARSINDE DE BÉSALU, qu'il avait épousée vers 1010, trois fils, Raymond, Bernard et Pierre, qui partagèrent de son vivant et par sa démission la vicomté de Narbonne, et terminèrent, au mois d'octobre 1066, leurs différents avec l'archevêque Guifred. Les médiateurs de cet accommodement furent Raymond, comte de Saint-Gilles, Raymond, comte de Cerdagne, les évêques de Toulouse, d'Elne et de Gironne, Bérenger de Menerbe, et d'autres seigneurs. Par le traité qui fut conclu, les vicomtes reconnurent la suzeraineté de l'archevêque pour ce qu'il possédait dans cette moitié de la ville de Narbonne, dont nos rois avaient donné le domaine aux prédécesseurs du prélat. La suzeraineté de l'autre moitié de la ville de Narbonne appartenait à Raymond de Saint-Gilles, en qualité de comte particulier de Narbonne ; et les vicomtes le reconnurent pour leur seigneur dans cette partie. (Vaissète.) Bérenger eut aussi de son mariage une fille nommée Rixinde, mariée à Bernard, vicomte de Milhaud. Parmi les lettres d'Yves de Chartres on en voit une du pape Alexandre II, au vicomte Bérenger, par laquelle il le félicite d'avoir sauvé la vie aux Juifs de ses terres, que des fanatiques, en passant par le Narbonnais pour aller à une croisade contre les Sarrasins d'Espagne, voulaient mettre à mort. Cette lettre est de l'an 1065. L'archevêque Guifred n'exerça pas en cette occasion la même humanité. On le juge ainsi par la lettre qu'Alexandre lui écrivit dans le même tems pour lui prouver qu'on devait mettre une grande différence entre les Juifs qui vivaient paisiblement dispersés en divers pays, et les Sarrasins qui persécutaient les Chrétiens.

RAYMOND II.

1067. RAYMOND II, l'aîné des enfants de Bérenger, lui succéda dans une partie de la vicomté de Narbonne et des autres domaines de sa maison. Il était déjà marié, à la mort de son père, avec GARSINDE, sœur aînée d'Ermengarde de Carcassonne, et fille de Pierre Raymond, comte en partie de Carcassonne, et de Rangarde de la Marche. Il eut de ce mariage deux fils, Bérenger, qu'il dévoua, suivant l'usage du tems, à l'état ecclésiastique, et Bernard Pelet, (en latin *Pelitus*.) Garsinde lui donna aussi une fille, nommée Richarde. Raymond II mourut avant l'an 1080. On ignore ce que devinrent ses enfants, et s'ils laissèrent postérité.

BERNARD.

1067. BERNARD, deuxième fils de Bérenger, eut en partage une partie de la vicomté de Narbonne et des autres biens qui avaient appartenu à son père. Il était mort en 1080. De FOY, son épouse, fille de Hugues, comte de Rouergue, il laissa trois fils, Aymeri qui suit, Hugues et Bérenger.

PIERRE.

1067. PIERRE, que Bérenger, son père, avait destiné à la cléricature, n'en partagea pas moins avec ses frères l'héritage de sa maison. Il était évêque de Rodez dès 1051 au plus tard. L'an 1080, après la mort de Guifred, archevêque de Narbonne, il s'empara de ce siége, et s'y maintint malgré l'excommunication prononcée contre lui, par le pape Grégoire VII, au concile de Rome, tenu au mois de mars 1080, renouvelé par les légats du pape au concile d'Avignon de la même année, et confirmée dans un autre concile de Rome au commencement de l'année suivante. Pierre ne paraît pas avoir cédé la place qu'en 1085 ou 1086, à Dalmace, élu par ordre du saint siége en 1081. Il vivait encore en 1089. (*Gall. Chron.*, no. t. VI, p. 38 et 39.)

VICOMTES HÉRÉDITAIRES DE NARBONNE.

AYMERI I.

1080. AYMERI ou AMAURI, fils aîné de Bernard, demeura, quelque tems après la mort de son père, sous la tutelle de l'archevêque Pierre, son oncle. Il réunit en sa personne (on ignore par quel événement) toute la vicomté de Narbonne. L'an 1097, après la mort de l'archevêque Dalmace, successeur de Pierre, il se saisit non-seulement de toute la dépouille de ce prélat, mais aussi de tout le domaine de l'archevêché, qu'il refusa de rendre à Bertrand, qui remplaça Dalmace, prétendant dominer seul dans Narbonne, à l'exclusion de l'archevêque. L'an 1104, il part pour la Terre-Sainte, où il exerça les fonctions d'amiral. Il y meurt l'année suivante, ou l'an 1106 au plus tard. Pendant sa dernière maladie, il avait été visité par Pierre, évêque d'Albara, nommé à l'archevêché d'Alep, qu'il chargea entr'autres choses de réparer les dommages qu'il avait causés à l'archevêque de Narbonne, ce qui fut sans effet. Aymeri avait épousé, vers l'an 1083, MATHILDE, fille de Robert Guiscard, duc de Pouille et de Calabre, et veuve de Raymond-Bérenger II, comte de Barcelonne. Cette princesse lui donna quatre fils, Aymeri, Bérenger, Guiscard et Bernard. Le premier lui succéda dès son départ pour la Terre-Sainte, sous la tutelle de sa mère. Le second fut offert à l'abbaye de Saint-Pons de Thomières en 1103, et devint archevêque de Narbonne en 1156. On ignore le sort des deux autres. Mathilde eut jusqu'en 1111 la tutelle de ses enfants, et se qualifia toujours comtesse.

AYMERI II.

1105 ou 1106. AYMERI II, (nommé mal-à-propos Guillaume dans la chronique de Maillezais) fils aîné d'Aymeri I, hérita seul de la vicomté de Narbonne, à l'exclusion de ses frères. L'an 1112, au mois d'octobre, Aymeri et l'archevêque de Narbonne, de concert avec les autres seigneurs de la province, abolissent la coutume barbare établie sur presque toutes les côtes de France, de s'emparer des débris des vaisseaux qui avaient fait naufrage. Par l'acte d'abolition, on convint de laisser ces débris au maître du vaisseau de quelque nation qu'il fût. On n'excepta que les Sarrasins. Aymeri, l'an 1107, avait fait hommage à Richard, archevêque de Narbonne, pour les biens qu'il tenait de son église; mais bientôt après ils se brouillèrent. L'an 1117, Richard, ayant excommunié le vicomte, tombe entre les mains de ses gens, qui l'enferment dans une étroite prison. Pour recouvrer sa liberté, le prélat est obligé d'acquiescer à toutes les demandes d'Aymeri. Celui-ci part, l'an 1134, avec le comte de Toulouse, pour aller au secours d'Alfonse I, roi d'Aragon, qui faisait le siége de Fraga, sur la frontière de ses états. Il est tué, la même année, avec plusieurs autres seigneurs, dans une bataille donnée le 17 juillet, devant cette place, défendue par les Maures. Ce prince avait déjà signalé sa valeur contre ces infidèles au siége de Majorque, en 1114. Il avait été marié deux fois, 1°. avec ERMENGARDE, qu'il perdit au plus tard en 1129; 2°. avec ERMESSINDE, qu'il avait épousée au mois de janvier 1130. De ces deux femmes il laissa deux filles en bas âge, qui portèrent chacune le nom de leur mère. On verra dans la suite ce qu'elles devinrent.

ALFONSE-JOURDAIN.

1134. ALFONSE-JOURDAIN, comté de Toulouse, après la mort d'Aymeri II, se saisit de la ville de Narbonne par droit de suzeraineté, soit comme protecteur de la jeune Ermengarde et de sa sœur, soit dans le dessein d'unir cette vicomté à son domaine; mais, l'an 1143, il la rendit à l'aînée de ces deux princesses.

ERMENGARDE.

1143. ERMENGARDE, fille aînée d'Aymeri II, mariée, le 11 octobre de l'an 1142, avec Alfonse, seigneur espagnol, dont on ignore la maison, rentra dans la vicomté de Narbonne, par l'abandon que lui en fit Alfonse-Jourdain, comte de Toulouse. Vers l'an 1145, ayant perdu son époux, elle se remaria avec Bernard d'Anduse. On la voit, l'an 1148, à la tête de ses troupes au siége de Tortose, entrepris par Raymond-Bérenger IV, contre les Sarrasins. L'an 1155, elle se trouve à Montpellier au passage du roi Louis le Jeune, à son retour de Saint-Jacques, renonce en sa présence à la dépouille des archevêques de Narbonne, et fait hommage à Pierre, qui occupait alors ce siége. Elle va, l'an 1162, au-devant du pape Alexandre III à Montpellier, et lui rend ses devoirs comme au légitime pontife. L'an 1163, elle se fait autoriser par le roi Louis le Jeune, pour rendre la justice par elle-même, quoique les lois romaines, alors suivies exactement dans la province, le défendissent aux femmes. « Mais sans avoir recours à l'autorité du » roi, dit l'historien de Languedoc, elle pouvait se servir de » l'exemple de plusieurs comtesses, ou vicomtesses du pays,

» qui avaient auparavant présidé à divers plaids, et se fonder
» ainsi sur un usage déjà établi, et pour lequel on avait dérogé
» en cela au droit romain. » L'an 1167, elle conclut un traité de commerce avec les Génois, qui étaient alors en guerre avec les Pisans. La république de Gênes ayant perdu la protection du comte de Toulouse pour son commerce le long des côtes du Languedoc, chercha à se faire un nouvel appui dans cette province, et convint, l'an 1166, d'un traité avec Pons, archevêque, Ermengarde, vicomtesse, et le peuple de Narbonne. Ermengarde, l'an 1168, se voyant sans espérance de laisser de postérité, attire à sa cour Aymeri de Lara, fils de sa sœur Ermessinde, l'adopte, et le désigne pour son héritier. Ce jeune prince étant mort sans enfants vers le mois de juillet 1177, Raymond V, comte de Toulouse, veut, comme suzerain, s'assurer de Narbonne, afin d'empêcher Ermengarde de se donner un autre héritier sans son aveu. La vicomtesse, pour prévenir ses desseins, fait une ligue contre lui avec le roi d'Aragon, les vicomtes de Nismes et de Carcassonne, et le seigneur de Montpellier. L'an 1182, à la prière de Henri II, roi d'Angleterre, elle amène des troupes à Richard, duc d'Aquitaine, fils de ce monarque, pour l'aider à réduire ses grands vassaux révoltés. Lasse du gouvernement, elle se démet, l'an 1192, de la vicomté de Narbonne en faveur de Pierre de Lara, son neveu, qu'elle avait appelé auprès d'elle depuis la mort d'Aymeri de Lara, son frère. Elle meurt à Perpignan, le 14 octobre 1197, dans les états d'Alfonse II, roi d'Aragon, son parent, où elle s'était retirée depuis son abdication. Le monastère de Fontfroide, au diocèse de Narbonne, auquel elle fit de grands biens, fut le lieu de sa sépulture. Ermengarde mérite un rang distingué parmi les femmes illustres. « Elle ne se distingua pas moins, dit l'his-
» torien de Languedoc, par les vertus viriles, que par celles qui
» sont propres à son sexe, et par la sagesse de son gouverne-
» ment. Sa cour fut une des plus brillantes de la province. »
Les poëtes provençaux y furent très-bien accueillis, et on prétend qu'elle tenait *cour d'amour* en son palais; mais cet usage ne paraît pas si ancien à M. l'abbé Millot.

PIERRE DE LARA.

1192. PIERRE, fils d'Ermessinde, sœur d'Ermengarde, et femme de Manrique de Lara, seigneur de Molina, qu'elle avait épousé l'an 1152, prend possession de la vicomté de Narbonne, dont Ermengarde s'était démise en sa faveur. L'an 1193, voyant que Raymond V, comte de Toulouse, n'approuvait pas cette démission, il chercha un appui dans la protection du comte de Foix, fait alliance avec ce prince, et l'appelle à sa succession, en cas qu'il meure sans enfants. Pierre, l'an 1194, fait une démission absolue de cette vicomté, en faveur d'Aymeri, son fils, et se retire en Espagne, où il possédait de grandes dignités. Il y mourut le 10 juin 1202.

AYMERI III.

1194. AYMERI III, fils de Pierre de Lara, jouit, sans contradiction, de la vicomté de Narbonne, dont son père s'était démis en sa faveur. Il rend hommage de ce domaine, l'an 1204, au comte de Toulouse, sans que le roi d'Aragon, que ses prédécesseurs avaient reconnu pour suzerain, y forme opposition. L'an 1209, de concert avec Bérenger, archevêque de Narbonne, il dresse des statuts très-sévères contre les hérétiques. Il se rend ensuite avec ce prélat à l'armée des croisés, qui venait d'emporter d'assaut la ville de Beziers; et l'un et l'autre font à Simon de Montfort leurs soumissions; ce qui détourne l'armée des croisés d'aller faire le siége de Narbonne. L'an 1214, sur le refus que Simon de Monfort faisait de rendre à ses états le jeune prince Jacques, fils de Pierre, roi d'Aragon, tué à la bataille de Muret, il se ligue avec plusieurs seigneurs, pour le contraindre à remplir ce devoir de justice, et y réussit. L'année suivante, il se réconcilie avec Simon de Montfort, qui l'oblige à le reconnaître pour duc de Narbonne, et à lui rendre hommage en cette qualité. Arnaud, archevêque de Narbonne, et auparavant abbé de Cîteaux, proteste contre cet hommage, et ordonne à Aymeri d'y renoncer, se portant lui-même pour duc de Narbonne. Le vicomte entre dans ses vues, et se soumet. Aymeri, l'an 1223, se déclare contre Amauri de Monfort, fils et successeur de Simon, et prête serment de fidélité au comte de Toulouse. Ce dernier ayant fait sa paix, l'an 1229, avec le roi saint Louis, le vicomte de Narbonne obtint le pardon de l'attachement qu'il lui avait marqué, en considération des services rendus à l'état, par Mathieu de Marli ou de Montmorenci, son beau-frère. Sa réconciliation avec Pierre, successeur d'Arnaud dans l'archevêché de Narbonne, ne fut pas si facile. Ne pouvant se résoudre à plier sous ce prélat, il appela dans cette ville des catalans, avec le secours desquels il l'obligea de sortir de la ville. Mais enfin, l'an 1232, il fut contraint de lui faire solennellement hommage, en présence des évêques de Beziers et d'Agde, du comte de Foix et d'autres témoins distingués, pour tout ce qu'il possédait dans le bourg de Narbonne et pour la moitié de la cité. Nous remarquerons, d'après D. Vaissète, que dans l'acte qui en fut dressé, il est fait mention du capitole de Narbonne, situé dans la partie de la ville qui était soumise au vicomte. Aymeri fit rédiger, et confirma, au mois d'octobre suivant, à la demande des chevaliers du pays, les anciennes coutumes dont ils avaient joui jusqu'alors. Ce vicomte, l'archevêque et l'abbé de Saint-Paul, confirmèrent ensuite celles des autres habitants de Narbonne, à la réserve de l'article où il est porté que les fils destinés par le testament de leur père à la cléricature ou à l'état monastique, ne pourront demander que ce qui leur sera légué par cet acte. (*Hist. de Lang.*, t. III, p. 394.) L'établissement de l'inquisition à Narbonne, en 1234, y occasionna des troubles qu'il ne fut pas facile d'apaiser. Aymeri termina ses jours, le 1er. février 1239, à Narbonne, où il fut inhumé dans l'église des Hospitaliers de Saint-Jean. Il avait épousé, 1°. GUILLEMETTE DE MONCADE, dont il n'eut point d'enfants; 2°. MARGUERITE, fille de Mathieu de Montmorenci, seigneur de Marli, morte au plus tard en 1232, et enterrée à Fontfroide. De cette alliance il eut deux fils et trois filles. Aymeri, l'aîné des fils, embrassa la cléricature et fut chanoine de Chartres; Amalric, ou Manrique, le second, succéda à son père; Marguerite, l'aînée des filles, avait épousé, l'an 1233, Guillaume de Moncade; Ermengarde, la seconde, fut mariée, l'an 1232, avec Bernard-Roger II, comte de Foix; Alix, la dernière, se fit religieuse à Port-Royal, au diocèse de Paris.

AMALRIC I, ou MANRIQUE, DIT AUSSI AYMERI IV.

1236. AMALRIC I, fils et successeur du vicomte Aymeri III, ayant accompagné Raymond VII, comte de Toulouse, à la cour de France, y prêta serment de fidélité au Roi saint Louis, le 15 de mars de l'an 1241. L'année suivante, il entre avec le comte de la Marche, et d'autres seigneurs, dans une ligue formée contre le roi par ce même Raymond, dont il se reconnaît vassal, et lui livre la ville de Narbonne. Les armes des confédérés firent de grandes conquêtes dans les domaines du roi. Mais les affaires changèrent de face dans la suite. Le vicomte de Narbonne passa, l'an 1249, sous la suzeraineté d'Alfonse, frère de saint Louis, avec tous les seigneurs de Languedoc, après la mort de Raymond dont ce prince hérita.

Les habitants de Montpellier, voulant se soustraire à l'autorité du roi d'Aragon, mirent dans leurs intérêts le vicomte de Narbonne, qui, par un traité du 25 octobre 1254, promit de leur fournir deux cents arbalêtriers, de prendre leur défense et de les protéger contre tous ceux qui donneraient atteinte à leurs droits, excepté le roi de France, ses frères, et le roi de Castille. Il attira, dans cette confédération, le dernier, au nom duquel il défia le roi d'Aragon, par un acte public du 10 mars, de l'an 1256. (Vaissète, t. III, p. 483-486.) L'histoire ne nous apprend pas quelle part eut Amalric, aux hostilités réciproques qu'exercèrent les infants d'Aragon et de Castille, dans la sénéchaussée de Carcassonne à cette occasion. L'an 1270, la ville de Narbonne accorda, par le conseil du vicomte, un don gratuit à saint Louis pour son voyage d'outremer. Amalric touchait alors au terme de sa vie. Il meurt la même année au mois de septembre, *fort regretté de ses sujets*, dit l'historien de Languedoc, *à cause de ses excellentes qualités, entre lesquelles on loue beaucoup sa valeur, et son expérience dans l'art militaire*. Il eut de fréquents démêlés avec les archevêques de Narbonne, qui, deux fois, le frappèrent d'excommunication. Amalric laissa de PHILIPPE D'ANDUZE, sa femme, qui lui survécut, trois fils et trois filles. Aymeri, l'aîné des fils, lui succéda; Amalric, dit aussi Aymeri, le deuxième, épousa Algayette, fille de Hugues IV, comte de Rodez, et fit la branche des seigneurs de Talayrand; Guillaume le troisième fut seigneur de Verneuil et chanoine de Chartres et de Narbonne.

Le commerce florissait alors dans les principales villes du Languedoc. Celui que faisait la ville de Narbonne, lui avait acquis beaucoup de réputation. Cela se prouve par les différents traités que les Narbonnais conclurent en 1222, en 1224 et 1225, avec les villes de Marseille, d'Hières, de Nice, de Vintimille, de Gênes et de Pise, avec les seigneurs de Toulon, etc. et par les traités qu'ils renouvelèrent en 1246 et 1255, avec ceux de Vintimille et de Savone. Raymond de Moncade, seigneur de Fraga en Aragon, confirma, l'an 1271, les priviléges que Raymond-Bérenger leur avait accordés l'an 1148, par rapport à leur commerce dans la ville et le territoire de Tortose, après qu'il en eut fait la conquête sur les Sarrasins. On trouve même que deux citoyens de Narbonne, en qualité d'ambassadeurs de cette ville, étant à Pise, y ratifièrent, le 6 juin 1279, suivant le calcul pisan, l'élection d'un consul qu'avaient faite en cette ville les commerçants de Narbonne. (M. Expilli, *Diction. de la Fr.*)

AYMERI IV, ou V.

1270. AYMERI, fils aîné d'Amalric, après s'être accommodé avec Amalric, son frère puîné, pour sa part de la vicomté de Narbonne, réunit en sa personne tout ce domaine. L'an 1273, le 31 mai, il rend hommage à Pierre de Montbrun, archevêque de Narbonne. Il est arrêté, l'an 1282, avec ses deux frères, et amené prisonnier à Paris, par ordre du roi Philippe le Hardi, sur la déposition de son frère Amalric, qui s'était accusé à ce prince d'avoir fait, lui et son frère, un traité de confédération avec le roi de Castille, contre lui. S'étant excusé, comme il put, il recouvra sa liberté l'an 1284, au mois de septembre. Il reçut le monarque français l'année suivante à Narbonne où était le rendez-vous des forces de terre et de mer, qu'il rassemblait pour porter la guerre en Aragon. Les milices du royaume s'étant rendues de toutes parts aux environs de cette ville, l'armée de terre se trouva forte, à ce qu'on prétend, de dix-huit à vingt mille chevaux, et de plus de cent mille hommes d'infanterie, sans compter les étrangers, et surtout les Italiens, qui s'étaient empressés de prendre part à cette expédition, qualifiée du nom de croisade. Quant aux forces maritimes, on les fait monter à cent cinquante galères, outre les vaisseaux de charge. Il n'y a guère lieu de douter que le vicomte de Narbonne, ne se soit joint aux seigneurs qui accompagnaient le roi. Mais l'histoire n'a point recueilli les noms de la plupart de ces guerriers. (Vais. t. IV, p. 47.) Philippe étant mort le 5 octobre de la même année, à Perpignan, ses chairs, après la dissection de son corps, furent apportées à Narbonne, pour être inhumées dans la cathédrale. Aymeri, l'an 1289, signala son zèle pour le service du roi Philippe le Bel, par les deux traits suivants. Le roi d'Aragon, redoutant toujours les armes de la France, avait fait partir deux ambassadeurs pour la cour de Rome, dans la vue de mettre le pape dans ses intérêts. Le vicomte les fit arrêter comme ils passaient à Narbonne, et les livra aux officiers du roi, qui les renfermèrent dans la prison de cette ville. Peu de tems après, ayant découvert que le chevalier Bernard de Durban, son vassal, entretenait des intelligences avec les sujets du roi d'Aragon, et qu'il était convenu de favoriser la descente que deux vaisseaux aragonais devaient faire sur les côtes de Languedoc, il le fit aussitôt mettre dans les fers. Durban sortit de prison au bout de deux ans, et fit sa paix avec le vicomte en le reconnaissant pour seigneur de la portion du château de Leucate, qui lui appartenait. Aymeri, l'an 1298, termina le cours de sa vie au mois d'octobre, laissant de SIBYLLE, fille de Roger IV, comte de Foix, sa femme, deux fils et trois filles, dont l'aînée, Marguerite, épousa l'infant don Pèdre, fils de Frédéric de la Cerda. Amalric, l'aîné des fils, lui succéda dans la vicomté de Narbonne.

AMALRIC II, ou AYMERI VI.

1298. AMALRIC II, fils d'Aymeri IV, avant que de succéder à

son père, avait fait ses preuves de valeur en diverses occasions éclatantes. Charles II, roi de Sicile, l'avait donné aux Florentins, l'an 1289, pour les commander dans la guerre qu'ils faisaient aux Gibelins, ennemis du pape; et le 11 juin de la même année, Amalric avait remporté une victoire complète sur ceux d'Arezzo; victoire qui lui mérita l'honneur d'être porté dans Florence sur les piques des soldats, couvert d'un drap d'or. Aussitôt qu'il eut succédé à son père, il fit hommage au roi Philippe le Bel, des fiefs que ses prédécesseurs avaient tenus auparavant des archevêques de Narbonne. Gille Aycellin, qui occupait pour lors ce siège, assembla, vers la fin d'octobre 1299, un concile qui députa au roi plusieurs prélats, pour le prier de rendre sur cela justice à l'église de Narbonne. Cette affaire eut des suites qui furent le germe du grand démêlé de Boniface VIII et de Philippe le Bel. Ce monarque, dans le dessein d'établir un port à Leucate, convient, l'an 1309, d'un partage avec le vicomte de Narbonne. On vit arriver à Narbonne, le 5 avril de la même année, le pape Clément V, allant fixer sa résidence dans la ville d'Avignon. Le vicomte Amalric était alors en différent avec les habitants de Narbonne, touchant leurs prétentions respectives. Il y a lieu de présumer que le pontife prépara l'accommodement qui se fit entre les parties peu de tems après son départ. Amalric fut nommé, l'an 1323, par le roi Philippe le Bel, pour commander, en qualité d'amiral, une flotte qu'il envoyait au secours des rois d'Arménie et de Chypre, contre les infidèles. Il était alors dans les prisons du Châtelet de Paris, pour avoir condamné à mort et fait exécuter deux gentilshommes, ses vassaux, nonobstant leur appel au roi. Ayant obtenu des lettres d'abolition, il fait l'armement nécessaire pour cette expédition, qui n'eut point lieu. L'an 1328, il meurt, le 19 juin, après avoir signalé sa valeur, depuis sa jeunesse, en diverses guerres publiques, et en avoir soutenu quelques-unes qui lui étaient particulières. Il laissa de Jeanne de l'Ile-Jourdain, son épouse, trois fils, Aymeri, Guillaume et Pierre, avec quatre filles, Sybille, Jeanne, Gaucerande et Constance. L'aîné des fils eut la vicomté de Narbonne; Guillaume épousa Gaillarde de Levis, et fit une branche de la maison de Narbonne; Pierre devint évêque d'Urgel.

AYMERI VI, ou VII.

1328. Aymeri VII, fils aîné d'Amalric II, et son successeur dans la vicomté de Narbonne, ne paraît pas avoir hérité de ses grandes qualités; du moins l'histoire n'a-t elle transmis aucun fait mémorable de lui à la postérité. Il avait été marié

deux fois; la première (le 24 novembre 1309), avec CATHE-
RINE DE POITIERS, fille d'Aymar IV, comte de Valentinois, et
de Marguerite de Genève; la deuxième (en 1321) avec TY-
BURGE DE SON. Il mourut au mois de juin 1336, laissant de
Tyburge deux fils, Amalric et Aymeri, qui lui succédèrent
l'un après l'autre. Il fut inhumé, comme il l'avait ordonné,
dans l'abbaye de Fontfroide.

AMALRIC III, ou AYMERI VIII.

1336. AMALRIC, fils aîné d'Aymeri VII, succéda immédiatement à son père dans la vicomté de Narbonne. Il ne jouit de
cet héritage que cinq ans. Le seul trait que nous remarquions
de son gouvernement, c'est l'opposition qu'il fit, avec l'archevêque Bernard de Targes, à l'union des consulats de la cité et du
bourg de Narbonne, établie, le 21 juin 1338, par le roi Philippe de Valois. Les deux opposants prétendaient que les consuls de Narbonne ne tenaient pas leur autorité du roi, et le
roi soutenait au contraire qu'en qualité de duc de Narbonne,
les consuls lui étaient soumis. Le vicomte Amalric III mourut
le 8 février de l'an 1341, à Montpellier. Son corps fut inhumé
dans l'église des Jacobins de Narbonne. Amalric ne laissa point
d'enfants des deux femmes qu'il avait épousées, VRIANDE D'AIX
et MARIE DE CANET. La dernière vivait encore en 1367.

AYMERI IX.

1341. AYMERI IX, deuxième fils d'Aymeri VII, remplaça
son frère, Amalric III, sous la tutelle de Tyburge, sa mère.
Dès qu'il fut en état de porter les armes, il suivit ce parti, et
se fit un nom par sa valeur. Il fut pris, l'an 1345, par les Anglais, au combat d'Auberoche en Périgord, donné le 23 octobre. La peste, qui ravagea la plus grande partie du haut Languedoc, en 1347, s'étendit, l'année suivante, jusqu'à Narbonne,
où elle commença dans la première semaine de carême. On fait
état de trente mille habitants de cette ville qu'elle emporta. L'an
1355, Aymeri soutint le siége de Narbonne, contre le prince
de Galles, qu'il obligea de se retirer. L'année suivante, il est
fait prisonnier à la funeste bataille de Maupertuis, ou de Poitiers, après avoir été blessé. S'étant racheté au mois d'octobre
de l'année suivante, il continua de servir avec distinction dans
les armées de France. Le roi Charles V le nomma, l'an 1369,
amiral de France, par ses lettres du 28 décembre; il fut le
premier qui posséda cette dignité en titre d'*amirauté* ou d'*office*;
mais il s'en démit six ans après, en faveur de Jean de Vienne.

Charles, en reconnaissance des services qu'Aymeri avait rendus à l'état dans cette charge, lui donna, l'an 1371, une maison à Paris, dans la rue de Château-Feston. S'étant déclaré, l'an 1382, pour le duc de Berri, dans la guerre que ce prince faisait au comte de Foix, il eut pour ennemis ses propres vassaux de Narbonne, qui lui firent une guerre des plus vives pendant deux ans. Une sentence du duc de Berri, rendue à Carcassonne, en 1384, suspendit ces hostilités. L'an 1388, Aymeri meurt après le mois d'avril, et son corps fut inhumé dans l'abbaye de Fontfroide. Il avait été marié quatre fois. BÉATRIX DE SULLI, sa première femme, ne lui donna que des filles. Son mariage avec YOLANDE, fille d'Amédée, comte de Genève, sa deuxième femme, qu'il épousa, l'an 1358, paraît avoir été stérile. BÉATRIX, fille aînée de Marian, juge ou prince d'Arborée, dans l'île de Sardaigne, et comte de Gorian, sa troisième femme, le fit père de deux fils, Guillaume et Pierre. GUILLEMETTE, veuve de Gaucerand de Pinos, fut sa dernière femme, et ne lui donna point d'enfants.

GUILLAUME Ier.

1388. GUILLAUME Ier., fils d'Aymeri IX, et de Béatrix d'Arborée, posséda la vicomté de Narbonne, depuis la mort de son père, jusque vers la fin de l'an 1397, époque de sa mort. Il reçut, l'an 1389, le roi Charles VI, qui fit son entrée à Narbonne avec beaucoup de solennité. Ce monarque y rendit une ordonnance par laquelle il réduisait à quatre les consuls et les capitouls de chaque ville du Languedoc. Narbonne le revit encore le 17 janvier de l'année suivante, lorsqu'il était en route pour retourner à Paris. (Vaissète, tom. IV, pag. 395-398.) Le vicomte Guillaume Ier., laissa de GUERINE DE BEAUFORT-CANILLAC, sa femme, un fils nommé comme lui.

GUILLAUME II.

1397. GUILLAUME II. fils de Guillaume Ier., lui succéda dans la vicomté de Narbonne, et comme petit-fils de Béatrix d'Arborée, forma des prétentions sur une grande partie de la Sardaigne. L'an 1407, les peuples de Sardaigne, après la mort de Marian Doria, prince de cette île, l'invitèrent à venir en prendre possession ; mais il eut pour rival Martin, roi de Sicile, contre lequel il perdit une bataille à la fin de juin de l'an 1409. Martin étant mort le 25 juillet suivant, et Martin, roi d'Aragon, son père, ne lui ayant survécu que dix ou quatorze mois, Louis, roi de Sicile, ou de Naples, prétendit à son tour, à la principauté de Sardaigne, et força le vicomte d'entrer en accommodément. L'empereur Sigismond dans le voyage qu'il fit pour l'extinction du schisme, honora de sa présence, l'an 1415, la ville de Narbonne où il fit un assez long séjour. Ce fut là qu'il reçut les ambassadeurs des rois de Castille, de Navarre et d'Aragon, des comtes de Foix et d'Armagnac, tous engagés dans l'obédience de Benoît. Sur le refus opiniâtre que fit ce pontife de se démettre, il convint, le 13 décembre, avec eux, de certains articles qu'on nomma la capitulation de Narbonne, et qui furent approuvés par le concile de Constance.

L'an 1419, le 10 septembre, le vicomte Guillaume II accompagna le dauphin Charles, à son entrevue avec Jean, duc de Bourgogne, sur le pont de Montereau, et fut un de ceux qui assassinèrent ce dernier. Pour venger ce meurtre, le roi Charles VI, à l'instigation de la reine, et de Philippe, nouveau duc de Bourgogne, confisqua tous les domaines du vicomte. Cette confiscation, qui n'eut point lieu, augmenta l'affection du dauphin pour Guillaume, qu'il envoya commander en son nom sur les côtes de Normandie. Il défit, en entrant dans cette province, les Anglais à Bernai, conjointement avec le comte d'Aumale qu'il créa chevalier avant l'action. Le roi Charles VII, pour le récompenser de ses services, lui donna en 1422, le château et la ville de Cessenon dont il jouit jusqu'à sa mort. (Juvenal des Urs. *Hist.* p. 394.) Il eut part, l'an 1424, à la prise de la Charité-sur-Loire et à celle de Cosne. Mais, le 17 août de la même année, sa précipitation fit perdre la bataille de Verneuil contre les Anglais. Il y périt, et plusieurs seigneurs de distinction avec lui. Son corps ayant été trouvé après sa mort, le duc de Betfort le fit écarteler et attacher à un gibet, après quoi il fut porté à l'abbaye de Fontfroide, où il fut inhumé. Guillaume n'eut point d'enfants de sa femme MARGUERITE, fille de Jean III, comte d'Armagnac, qu'il avait épousée le 30 novembre de l'an 1415.

PIERRE DE TINIÈRES, DIT GUILLAUME III.

1424. GUILLAUME II, se voyant sans enfants, avait institué son héritier PIERRE, son frère utérin, fils de sa mère, Guérine de Beaufort, et de Guillaume de Tinières, seigneur de Mardoigne, qu'elle avait épousé en secondes noces. Pierre prit le nom de GUILLAUME III, conformément au testament de son donateur; et comme il était en bas âge, d'ailleurs imbécille, il demeura sous la tutelle de son père, qui mourut vers le mois d'août 1447. La même année, à la sollicitation d'ANNE D'APCHON, son épouse, il vendit, par contrat passé à Tours, le 26 décembre, la vicomté de Narbonne, avec ses dépendances, à Gaston IV, comte de Foix, qui l'unit à son domaine. Mais avant cette vente, il avait fait donation entre vifs de la même vicomté, 1°. à Louis de Beaufort, seigneur de Canillac; 2°. à Marguerite de Tinières, sa sœur. On ignore la date de la mort de Pierre ou Guillaume de Tinières, dont l'histoire ne parle plus depuis la dernière aliénation de sa vicomté.

GASTON Iᵉʳ.

1447. GASTON Iᵉʳ., comte de Foix, quatrième du nom, eut des oppositions à essuyer pour la vente qui lui avait été faite de la vicomté de Narbonne. Jean de Narbonne, seigneur de Talayrand, comme substitué au vicomte Guillaume III, et les seigneurs de Canillac et d'Arlenc, comme donataires, l'attaquèrent au parlement de Toulouse; mais un arrêt de cette cour, rendu le 6 mai 1448, le maintint dans la possession de ce domaine. L'an 1468, il fait une donation entre vifs de la vicomté de Narbonne, à Jean, son fils puîné, par acte du 15 juin. Il mourut au commencement de juillet 1472. (*Voyez* Gaston IV, *comte de Foix.*)

JEAN.

1472. JEAN, fils de Gaston IV, comte de Foix et vicomte de Narbonne, était chevalier, gouverneur de Guienne, et premier chambellan du roi, lorsque son père lui fit, en 1468, donation de la vicomté de Narbonne; mais il ne prit possession de ce domaine qu'après la mort de Gaston. Le roi Louis XI, pour récompense de ses services, lui donna, en 1478, le comté d'Étampes qui avait été nouvellement réuni au domaine de la couronne, en vertu d'un arrêt du parlement; et, le 20 février de l'année suivante, il lui donna celui de Pardiac. Jean eut ensuite les gouvernements du Dauphiné et du Milanez. L'an 1483, après la mort de François Phébus, roi de Navarre, son neveu, il disputa ce royaume, et le reste de la succession de Foix, à Catherine, sa nièce, sœur de ce prince; il prit même le titre de roi de Navarre. L'an 1494, il suit le roi Charles VIII en Italie. Il fait, l'an 1497, avec Catherine, reine de Navarre, un traité signé à Tarbes, le 7 septembre, par lequel il renonce à ses prétentions sur la Navarre, moyennant quatre mille livres de rente en fonds de terre. Le roi Louis XII, ayant convoqué, l'an 1498, le ban et l'arrière-ban du Languedoc, l'envoya servir en Bourgogne, sous les ordres du vicomte de Narbonne, contre le roi des Romains et son fils, qui avaient envoyé une armée pour conquérir cette province. Cette guerre fut bientôt terminée par une négociation. L'an 1500, le vicomte Jean étant malade, le 27 octobre, et s'étant fait transporter, le 5 novembre suivant, à Etampes, il y mourut peu de jours après. Il laissa de MARIE DE FRANCE, sœur du roi Louis XII, un fils unique, nommé Gaston, qui lui succéda dans la vicomté de Narbonne et le comté d'Etampes, et une fille, nommée Germaine, mariée à Ferdinand, roi d'Aragon. (Voyez *les comtes d'Étampes.*)

GASTON II.

1500. GASTON II, fils de Jean, vicomte de Narbonne, et de Marie de France, né à Mazères le 10 septembre 1489, succède à son père dans la vicomté de Narbonne, le comté d'Etampes, et dans ses prétentions sur la Navarre. L'an 1502, il obtient au parlement de Paris, par le crédit du roi Louis XII, son oncle, la cassation du traité de Tarbes. Catherine, reine de Navarre, forme opposition à l'arrêt. Les parties continuèrent de plaider et de se faire la guerre jusqu'en 1512, que Gaston fut tué à la bataille de Ravenne. Il avait épousé ANNE de NAVARRE, dont il ne laissa point d'enfants. Il avait échangé, l'an 1507, le 19 novembre, à Blois, avec Louis XII, la vicomté de Narbonne, contre le duché de Nemours. Le roi, l'année suivante, étant à Lyon le 25 mai, donna commission aux trésoriers de France de prendre possession en son nom de cette vicomté, qui fut par-là réunie à la couronne. (*Voy.* Gaston, *comte d'Etampes.*)

Les maisons de Narbonne-Pelet et Narbonne-Lara, issues des vicomtes héréditaires de Narbonne, subsistent encore de nos jours (1818.)

CHRONOLOGIE HISTORIQUE

DES COMTÉS DE MAGUELONE,

DE SUBSTANTION ET DE MELGUEIL.

MAGUELONE, *Magalona*, ou *civitas Magalonensium*, était autrefois une ville épiscopale située dans une île entourée d'un étang qui porte son nom et communique à la mer. Elle fut comprise dans la conquête que les Visigoths firent de la Gaule Narbonnaise sur les Romains au commencement du cinquième siècle. Dans le siècle suivant elle devint un siége épiscopal, mais l'époque précise de cet événement n'est point connu. Le premier évêque de Maguelone, qui paraisse dans l'histoire, est Boétius, qui assista, l'an 589, au troisième concile de Tolède. L'an 719, les Sarrasins, après avoir fait la conquête de l'Espagne, portèrent leurs vues sur la Gaule Narbonnaise, pour achever d'envahir tout ce qui avait appartenu aux Goths. Dans ce dessein ils envoyèrent une armée de terre, sous la conduite de Zama, pour faire le siége de Narbonne, et équipèrent une flotte qui, étant allée sonder les côtes de la province, aborda devant Maguelone par l'ambouchure de son étang, qui fut depuis appelée le port Sarrasin. Maîtres de ces deux villes, ils firent de grands progrès dans la province, qu'ils eussent entièrement subjuguée sans la valeur d'Eudes, duc d'Aquitaine, et de Charles Martel, duc de France. Ce dernier étant venu à bout, l'an 737, de les chasser de Maguelone, la ruina de fond en comble pour qu'elle ne devint pas de nouveau la retraite et la place d'armes de ces barbares. Ce fut alors que l'évêque de cette ville transféra son siége à Substantion. Il paraît néanmoins que Maguelone se releva bientôt après de ses ruines. Car Pepin étant venu, l'an 752, en Septimanie, y trouva les places de cette province occupées par des seigneurs goths, qui, les ayant recouvrées sur les Sarrasins, s'en étaient fait autant de seigneuries sous le titre de comtés, et de ce nombre était le père de Saint-Benoît d'Aniane, qui était qualifié comte de Maguelone. Dom Vaissète présume, avec assez de fondement, que Pepin, après avoir reçu leurs soumissions, les confirma dans leurs possessions. Le nom du père de Saint-Benoît d'Aniane est inconnu, et le nom d'Aigulphe, qu'un moderne lui donne, est de son invention. On sait seulement qu'il rendit à Pepin d'importants services, surtout au siège ou blocus de Narbonne, qui occupa ses troupes depuis l'an 852 jusqu'en 859, qu'il se rendit maître de la place.

AMICUS.

AMICUS, en 892, se montre avec le titre de comte de Maguelone. Mais on ignore d'où il sortait et jusqu'à quand il vécut.

ROBERT.

ROBERT fut vraisemblablement le successeur immédiat d'Amicus. Il est fait mention de lui dans un diplôme de Louis le Débonnaire, daté du 15 mars, de la sixième année du règne de ce prince, qui le qualifie dans cet acte comte de Maguelone, et parle de lui comme assez nouvellement décédé. Depuis ce tems, les comtes de Maguelone disparaissent dans l'histoire, et l'on voit dans la suite à leur place les comtes de Substantion et de Melgueil.

COMTES DE SUBSTANTION ET DE MELGUEIL.

SUBSTANTION, *Sextantio*, ou *Sestantio*, dont tous les anciens itinéraires font mention, était anciennement une ville considérable, comme il paraît par les anciens monuments qu'on y découvre. Ce n'est plus aujourd'hui qu'un village ruiné, qui n'a d'agréable que sa situation sur une colline voisine de la rivière de Lez. Ce lieu, distant d'une lieue ou environ de Montpellier, du côté du Nord, devint le siège épiscopal de Maguelone après que Charles Martel eut ruiné cette ville, et il eut des comtes qui, ayant succédé à ceux de Maguelone, prirent tantôt le titre de comtes de Substantion, tantôt celui de comtes de Melgueil, du nom du château de Melgueil ou Melguiel, *Melgorium*, situé à deux lieues de Montpellier, sur un étang qui communique à ceux de Maguelone et de Frontignan, et s'appelle aujourd'hui l'étang de Mauguio. La monnaie qui se fabriquait à Melgueil était célèbre dans la province, et l'on y comptait ordinairement par sous melgoriens.

BERNARD Ier.

Nous trouvons au commencement du dixième siècle une dame, nommée GUILLEMETTE, qui fait son exécuteur testamentaire le comte BERNARD, son fils. Il n'y a pas lieu de douter, dit D. Vaissète, que ce comte ne le fût de Substantion ou de Melgueil, tant parce que cet acte se trouve dans l'ancien cartulaire des comtes de ce nom, que parce que sa teneur fait assez voir que la testatrice et son fils exerçaient leur autorité dans le comté de Maguelone. Ce testament, daté vaguement du *règne du roi Charles*, paraît devoir être rapporté aux dernières années de Charles le Simple. BERNARD, qui vivait alors, a donc été le premier de ce nom.

BÉRENGER.

BÉRENGER vient à la suite de Bernard Ier., dont il était vraisemblablement fils, dans la liste des comtes de Melgueil. Il vivait sous l'épiscopat de Ricuin, évêque de Maguelone, c'est-à-dire vers le milieu du dixième siècle. Sa femme se nommait GAVISLE. Il laissa d'elle en mourant un fils, qui suit.

BERNARD II.

BERNARD II, fils et successeur de Bérenger, épousa SÉNÉGONDE dont il est fait mention dans une charte de l'an 989 ou environ, par laquelle cette comtesse, son fils Pierre, évêque, ses deux petits-fils, le comte Bernard, et Pierre, et ses petites-filles, font donation à l'abbaye de Saint-Guillelm du Désert d'un alleud situé auprès du château de Substantion. Il est visible que non-seulement Bernard II était mort alors, mais aussi le père de ses petits-fils, duquel on ignore le nom.

BERNARD III.

BERNARD III, l'aîné des petits-fils de Bernard II, était comte de Melgueil, en 989, sous la tutelle de Sénégonde, son aïeule. Il mourut au plus tard en 1055. Sa femme qui se nommait ADELE, et dont il eut un fils qui suit, lui survécut. Du tems de Bernard III, l'évêque de Maguelone, Arnaud, forma le dessein de rebâtir cette ville dont il ne restait que la cathédrale, desservie par quelques chapelains, et d'y transférer son siége qui était à Substantion. S'étant rendu à Rome pour conférer de ce projet avec le pape, Jean XIX, il en rapporta une bulle adressée aux fidèles pour les exhorter à contribuer à cette bonne œuvre. Plusieurs personnes de piété se firent un devoir de seconder le prélat, et avec leur secours il fit édifier des maisons dans l'île de Maguelone, les ceignit de murs et de tours, et fonda une nouvelle ville qu'il alla habiter avec ses chanoines, *trois cents ans après la destruction de l'ancienne*, et par conséquent en 1037. Pour mettre l'île à couvert des insultes des Sarrasins, qui infestaient souvent la côte, il fit combler un petit port, à la faveur duquel ces infidèles pouvaient y aborder, et en fit ouvrir un autre du côté de la terre ferme, où il fit construire un pont de communication. Il travailla ensuite à réparer la cathédrale : ainsi ce prélat doit être regardé comme le second fondateur de la ville de Maguelone, qui subsista jusqu'en 1530. L'évêché ayant alors été transféré à Montpellier, la ville de Maguelone s'est insensiblement détruite ; en sorte qu'il n'y reste plus qu'une ferme avec l'ancienne cathédrale de Saint-Pierre qui est encore dans son entier. (Vaissète.)

RAYMOND Ier.

RAYMOND Ier., fils de Bernard III et son successeur, gouverna, conjointement avec Adèle, sa mère, le comté de Melgueil. C'est ce que semble prouver un acte de l'an 1055, par lequel *Adèle, comtesse de Melgueil, Raymond, son fils, et Béatrix, femme de ce dernier*, font une donation à l'église de Maguelone. Nous voyons, dit D. Vaissète, qu'Adèle prenait encore le titre de comtesse de Substantion en 1066. Raymond ne vivait plus en 1079, et avait laissé de BÉATRIX, qu'il avait épousée en 1055 au plus tard, un fils qui suit, avec deux filles, Judith, qui épousa Robert II, comte d'Auvergne, et Ermengarde, femme de Guillaume III, seigneur de Montpellier.

PIERRE.

PIERRE, fils de Raymond et de Béatrix, était comte de Melgueil en 1079, comme on le voit par diverses donations qu'il fit cette année à l'église de Maguelone. Il était marié dès-lors avec ALMODIS, fille, comme le prouve D. Vaissète, de Pons, comte de Toulouse, et d'Almodis de la Marche, sa femme. L'an 1085, à la persuasion du pape Grégoire VII, qui ne cherchait qu'à multiplier les vassaux de l'église romaine,

Pierre se donna *lui-même*, *sa femme et son fils*, au saint siége, au pape Grégoire VII et à ses successeurs, avec tous ses biens, son comté de Substantion, l'évêché de Maguelone et ses dépendances; pour les posséder à l'avenir en *alleu* de l'église romaine, de laquelle lui et ses successeurs tiendraient le même comté en fief sous la redevance d'une once d'or. « On voit
» par cet acte, dit dom Vaissète, que le comte de Substantion
» prétendait posséder ses domaines en *alleu*, c'est-à-dire sans
» les tenir d'aucun seigneur: mais si lui, ajoute-t-il, et ses pré-
» décesseurs s'étaient dégagés de la dépendance des marquis de
» Gothie, qui avaient autrefois une autorité supérieure sur
» toute cette province (de Languedoc), on ne saurait discon-
» venir du moins que ce comte ne fût soumis à la souverai-
» neté de nos rois; et qu'ainsi il ne pouvait se soustraire à leur
» fidélité et à leur vasselage pour reconnaître une puissance
» étrangère. Le comte Pierre donna donc à l'église romaine
» ce qui ne lui appartenait pas: aussi ses successeurs ne firent-
» ils pas beaucoup de cas de sa donation. » On ignore l'année de son décès; mais il ne devança pas l'an 1090. De son mariage, il laissa deux fils, Raymond, qui suit; et Pons, qui fut abbé de Cluni, avec deux filles, dont l'aînée, nommée Ermessinde, épousa Guillaume IV ou V, seigneur de Montpellier, et Adèle, la seconde, fut mariée à un seigneur nommé Pierre du Puy. La mère de ces enfants vécut jusqu'en 1134.

RAYMOND II.

RAYMOND II succéda en bas âge à Pierre, son père, sous la tutelle d'Almodis, sa mère. Devenu majeur, il prit l'administration de ses domaines, et partit, l'an 1109, pour la croisade. Avant de se mettre en route, il fit son testament par lequel, en cas qu'il mourût dans cette expédition, et que son fils décédât sans héritier, il léguait à l'église de Maguelone le droit qu'il avait dans les salines et sur le port de Maguelone, avec tout ce que Pierre du Puy tenait en fief de lui, à l'exception de ce que ce même Pierre avait dans la mouvance d'Adèle, sœur du comte. « Et si la mort me surprend, ajoute-t-il, dans la route, je laisse
» mon fils entre les mains de ma femme avec toute ma terre
» pour en jouir tant qu'elle restera veuve. Que si elle se re-
» marie, elle aura pour son douaire dix mille sous melgoriens,
» et mon fils passera sous la garde de son aïeule. » (*Spicil.* tom. IX, p. 135.) On ignore si ce comte revint en France. Ce qui est certain, c'est qu'il n'existait plus en 1120. De MARIE, sa femme, il laissa un fils, qui suit.

BERNARD IV.

BERNARD IV, fils de Raymond II, était comte de Melgueil, en 1120, comme le prouve D. Vaissète. Il épousa GUILLEMETTE, fille de Guillaume V, seigneur de Montpellier, dont il n'eut qu'une fille nommée Béatrix. L'an 1132, étant tombé dangereusement malade, il fit son testament en présence d'Almodis, son aïeule, qui se qualifiait alors comtesse de Montferrand. D. Vaissète prouve qu'il mourut de cette maladie la même année dans l'abbaye de Saint-Chafre en Velai, où il avait pris l'habit monastique dans ses derniers moments. (*Voy.* Guillaume VI, *comte de Montpellier.*)

BÉATRIX.

1132. BÉATRIX, fille unique et héritière de Bernard IV, lui succéda à l'âge de sept ou huit ans sous la tutelle de Guillaume VI, seigneur de Montpellier, son oncle maternel, qui la fiança, sur la fin de 1132, avec BÉRENGER-RAYMOND, comte de Provence. Alfonse, comte de Toulouse, qui convoitait l'héritage de Béatrix, étant venu sur les lieux, disputa la garde-noble de Béatrix à Guillaume, et l'obligea de consentir à un traité par lequel il fut arrêté qu'ils gouverneraient, chacun par moitié, le comté de Melgueil durant l'espace de six ans, jusqu'à ce que la jeune comtesse fût parvenue à l'âge nubile. Mais Guillaume n'attendit pas ce terme, et conclut, en 1135, le mariage de Béatrix avec le comte de Provence. Etant devenue veuve l'an 1144, elle se remaria, l'an 1146, à BERNARD PELET, de la maison de Narbonne, seigneur d'Alais, qu'elle fit père de Bertrand et d'Ermessinde ; Bernard mourut l'an 1164. Peu de tems après, Béatrix, qui n'avait des yeux que pour sa fille, lui fit épouser un seigneur du voisinage, nommé Pierre Bermond de Sauve, malgré Raymond V, comte de Toulouse, qui la recherchait pour son fils. Bertrand Pelet, frère d'Ermessinde, approchait cependant de sa majorité. Il commença dès-lors à disputer à sa sœur l'héritage que leur mère lui destinait à son préjudice. On voit qu'en 1171 il s'en regardait déjà comme propriétaire, par la vente qu'il fit de plusieurs portions du comté de Melgueil au seigneur de Montpellier, son grand-oncle. Béatrix, irritée de cette conduite, déshérita Bertrand Pelet par un acte authentique du 1er. avril, et reconnut pour ses héritiers Ermessinde Pelet, sa fille, et Douce, sa petite-fille, née de Bérenger-Raymond II, comte de Provence. Pierre Bermond, son gendre, étant mort l'année suivante, elle chercha un appui, pour elle et pour sa fille, contre les entreprises de son fils, en remariant Ermessinde Pelet à Raymond, fils aîné du comte de Toulouse; alliance qui s'accomplit sur la fin de l'an 1172, et dont une des conditions fut la donation que Béatrix fit à sa fille du comté de Melgueil. C'est ainsi que ce domaine passa dans la maison de Toulouse, et devint un membre inséparable de ce comté. Bertrand Pelet fit à la vérité quelques mouvements pour retirer le comté de Melgueil; mais, l'an 1174, il prit le parti d'en faire l'abandon à Raymond, son beau-frère, à des conditions que l'histoire ne nous apprend pas.

FIN DU TOME NEUVIÈME.

TABLE DES MATIÈRES

CONTENUES

DANS CE VOLUME.

Suite des empereurs de la Chine. 1
Empereurs du Japon 134
Discours préliminaire sur les grands fiefs de la
    couronne 166
Grands ducs de France. 208
Rois de Toulouse et d'Aquitaine. 222
Comtes ou ducs de Gascogne 235
Comtes et princes de Béarn. 248
Sires, puis ducs d'Albret 264
Comtes de Comminges. 277
Comtes de Bigorre. 287
Comtes de Fezenzac 296
Comtes d'Armagnac 300
Comtes de Fezenzaguet 323
Vicomtes de Lectoure et de Lomagne . . . 330
Comtes d'Astarac. 337
Comtes de Pardiac. 353
Comtes ou ducs de Toulouse 361
Ducs et marquis de Septimanie. 362
Comtes de la Marche d'Espagne 399

COMTES DE ROUERGUE	408
COMTES PARTICULIERS DE RODEZ	412
COMTES DE CARCASSONNE	415
COMTES PARTICULIERS DE RAZEZ	420
COMTES DE FOIX	433
VICOMTES DE NARBONNE	457
COMTES DE MAGUELONNE, DE SUBSTANTION ET DE MALGUEIL	470

FIN DE LA TABLE DES MATIÈRES.

www.ingramcontent.com/pod-product-compliance
Lightning Source LLC
Chambersburg PA
CBHW051618230426
43669CB00013B/2094